韩国文化语言学综论

本书的出版得到中国国家社科后期资助项目
《认知语言学视域下的韩国语研究》（20FYYB045）的资助。

韩国文化语言学综论

王芳·王波

역락

前言

　　文化语言学通俗地说就是将文化与语言结合起来进行研究的科学，此类研究在西方最著名的当属19世纪前期德国的洪堡特，20世纪初的美国人类学家Franz Boas、萨丕尔、沃尔夫，并且有了萨丕尔——沃尔夫假说，欧洲则有马林诺夫斯基，不过西方人的研究更多的属于人类语言学，因为他们的主要研究对象是没有文字传统的民族语言。

　　中国的文化语言学源远流长，最初的专著有罗常培的《语言与文化》，这是中国文化语言学的开山之作(游汝杰 1995:11)，但是文化语言学在中国作为一门相对独立的分支学科主要起源于20世纪后期，并形成了三大流派，其中之一是以游汝杰为代表的"双向交叉文化语言学"，强调语言与文化的双向研究，以及历时与共时研究；其二是以陈建民为代表的"社会交际文化语言学"；第三派是以申小龙为代表的"全面认同文化语言学"，认为语言是一个民族看待世界的样式，是对该民族具有根本意义的价值系统的意义系统(邵敬敏 1995:2)。关于文化语言学，虽然各个流派的观点有的分歧较大，但在文化语言学是立足于描写语言基础之上的解释性语言学(游汝杰 1995:12)这一点上比较统一。

　　语言文化研究最终要上升到思想研究，纳日碧力戈在《地方知识》的代译序中提到"对现代思想作描述，是一项庞杂繁纷的工作，要涉及'爬虫类动物学、亲属关系理论、小说写作、心理分析、微分拓扑学(differential topology)、流体力学、图像学与数量经济等一切可以对我们构成起码范畴的东西',这些都是我们这个生活世界中的社会活动"。文化囊括了整个社会的方方面面,文化还是一个自古延续至今的传承过程,对这样一个庞大的内容,要想面面俱到、保证正确无误,其难度之大可想而知。要想对一个民族社会的思想作描述是非常遥远的事情,这需要无数学科的共同努力,而文化语言学则要主动借用社会学、历史学、人类学、心理学、生态学尤其是哲学等学科的知识进行研究。

"文化的分析不是一种寻求规律的实验科学,而是一种探求意义的解释科学"(格尔茨 2014/2017:5)。正因为文化分析的这种特点,所以纳日碧力戈在格尔茨(2014)的代译序中曾说"这是一门奇怪的学问,最有说服力,也最脆弱。"但"正是这样一项工作,不仅可以使我们熟悉一个国家的历史、文学和思维方式,而且将会照亮人类心灵中朦胧昏暗的领域"(赫尔德 2011:64)。

洪堡特(2011:28)曾说"每一种特定的语言实际上都是三种不同的力量会同作用的结果,其一是客体实在性质的作用,这种性质在心灵中造成印象;其二是一个民族的主观作用;其三是语言自身特性的作用。"这里所说的客体实在与民族的主观作用都是文化,换句话说,一种语言是文化和语言内在特性的有机合成,所以借助文化语言学,我们可以通过语言来反观一个民族的客体文化、主观文化的投影,来探讨一个民族的思维和认知,也可探讨三种力量对语言影响作用的大小和程度以及语言的演变。

本研究共分五部,分别是《韩国自然文化语言学》《韩国生活文化语言学》《韩国精神文化语言学》《韩国文化语言学综论》以及《语言与文化》。

《韩国文化语言学综论》是在《韩国自然文化语言学》《韩国生活文化语言学》《韩国精神文化语言学》等研究的基础上展开的综论性研究，共十三章，分为绪论篇、自然文化篇、生活文化篇、精神文化篇、结论篇。

　　其中绪论篇有两章，第一章是"什么是文化语言学"，第二章是"韩国文化语言学研究框架"。自然文化篇分为三章，其中第三章为"人体与语言"，第四章为"地理环境与语言"，第五章为"动植物与语言"。生活文化篇也分三章，其中第六章为"饮食与语言"，第七章为"服饰与语言"，第八章为"住居与语言"。精神文化篇也分为三章，其中第九章为"关系与语言"，第十章为"关系与交际"，第十一章为"婚丧嫁娶观与语言"。结论篇为两章，其中第十二章为"文化、性格与语言"，第十三章为"韩国语言文化结构"。

　　本书不是对前面三部专著的简单重复，而是选取了最能反映韩国文化特色的部分，是对韩国语言文化的高度总结与综合性论述。

　　本研究主要是研究韩国语言这种媒介与韩国文化的关系，研究语料主要为韩国《표준국어대사전》收录的词条释义、惯用语和俗语。为探讨语言是如何与文化交融在一起的，本研究还借用了大量的电视剧剧本语料、新闻文本、小说文本、语料库、现行韩国语教科书等。借此，可以检验词语、惯用语、俗语的时效性以及它们在人们的日常文化生活中是如何得以具体运用的，也可对大量的文化现象进行更细致具体的分析。例句都标明了出处，如未标明出处，则来自《표준국어대사전》。本书例句只是为了例证相关语言现象的用法，不代表任何政治立场。

　　另外，关于本书中的标点符号，原则上采用汉语标识，与英语有关的采用英语标识，与韩国语有关的采用韩国语标识。关于参考文献作者的引用，为便于与参考文献统一，如果引文是外文原文，作者姓名则使用外文；如果引文是外文译文，作者姓名则使用译著中所标出的中文译名；韩译日本文献的作者姓名因为要与参考文献一致，所以在文中引用时也使用韩译日语姓名。例句、图表序号以每章为单位编号。

目录

绪论篇

自然文化篇

生活文化篇

结论篇

图表目录

第九章　　关系 (集体主义) 与语言

第十章　　关系 (集体主义) 与交际

第十一章　婚丧嫁娶观与语言

第十二章　文化、性格与语言

绪论篇

第一章

什么是文化语言学

丹尼斯·库什(2016:59)曾提到:

"文化主义者认为，文化'阐释'自然，并使之变革。甚至生命机能也是由文化'告知'的：吃饭、睡觉、交合、分娩，以及排便、撒尿，甚至是走路、跑步、游泳等。所有这些身体实践，看起来绝对很自然，但他们却很深刻地决定于每一种特殊的文化。"

可以说文化是无处不在的，它影响了人类的一切。而语言作为人类拥有的特有现象，自然与文化有着千丝万缕的联系。Patrick(2001)将语言与文化的关系总结为语言的四大功能，即"构成文化、记述文化、解释文化、反映文化"，学习和了解文化非常重要的一步就是从语言开始的。要想研究一个民族的文化就需要研究语言，因为"民族语言是民族文化的形式"(斯大林 1971:18)。当前对语言和文化的研究，根据侧重点不同，有生态语言学、社会语言学、人类语言学、认知语言学、心理语言学、文化语言学等，其中，文化语言学作为语言和文化研究的一种范式，已经引起了广泛的关注。

文化语言学的兴盛得益于人类已经认识到文化和语言的密切关系，认识到文化对语言的作用，李国正(1991:56)认为"过去传统意义上的语言学长期固守语音、词汇、语法的模式，这个模式本身存在的缺陷以及由此引起的误解和偏见，给认识语言，分析语言，解释语言带来很多困难"。虽然李国正的观点也引起了一些争议，但不可否认的是：普通语言学与文化语言学都是研究语言现象的重要手段，两者不应该是对立的，而应该是互为补充的关系，利用文化语言学理论来研究语言和文化也具有极其重要的地位。

1.1 文化的定义

关于文化的定义，历来受到众多的关注，英国学者克朗搜集的文化定义有150个，美国学者克罗伯等统计的文化定义有164个（王恩涌 1995:32），其中最著名的是英国人类学家爱德华·泰勒提出的，他认为：

"所谓文化或文明乃是包括知识、信仰、艺术、道德、法律、习俗，以及包括作为社会成员的个人而获得的其他任何能力、习惯在内的一种综合体。"(泰勒 1871/1988:1)。

在泰勒的文化定义基础上，还有一些西方人类学家也给出了文化的定义，如：

"文化指的是任何社会的全部生活方式，从诸如洗碗之类最世俗的行为，到那些高妙雅致的事物，都可以算作文化。"(Ralph Linton，转引自恩伯等(1988:29))

"文化由工具、器物、器具、衣服、装饰物、风俗习惯、公共机构、信仰、仪式、游戏、艺术作品、语言等组成。"(怀特 1988:72)

"文化指的是特定人群或社会的思维方式和行为特征；某个社会集团的文化包括多种事物，如人们使用的语言、抚养孩童、男女性别角色、宗教信仰、实践与音乐偏好、其他被群体成员广泛接纳的行为、观念或习俗。"(恩贝尔、恩贝尔 2016:7)

"文化是一群人通过习得，对其所作所为和每件事物的意义共有的认识。"(奥莫亨德罗 2017:17)

"文化是能够影响个体行为的信息，这些信息通过教学、模仿和其他形式的社会传递从物种中的其他成员那里获得。"(里克森、博伊德 2017:6)

上面的五个文化定义中前三个主要强调了文化的范围之广，第四个强调了文化的习得性、群体性，第五个强调了文化的作用、习得性。

国内学者关于文化的定义也有很多，例如，文化语言学家张公瑾(1996/2007:24)认为：

"民族文化指具体某一民族所拥有的文化总体，是文化的具体存在形式。"

哲学家梁漱溟(2010/2015:7)提出：

"文化就是人生活所依靠之一切……文化之本义，应在经济、政治，乃至一切无所不包。"

这么多的文化定义说明研究者们对文化的理解和研究方法不同，也说明文化内容极其丰富，文化是个极其广泛的概念。例如，中国的汉语、汉字、格律诗、戏剧、国画、中医药、各种特有的风俗习惯、宗教信仰、特有的生活方式、制度机构、建筑等都是中国文化的要素。韩国的한글(韩文)、시조(时调)、국악(国乐)、서편제(西便制)、한의학(韩医学)等，以及韩国人特有的生活方式、制度机构以及其他思想、精神、民俗、宗教、文学、曲艺等也都是韩国文化的要素。但这些都是狭义的文化要素，本研究持大文化的观点，认为与人类发生关系的一切都可以视作文化。因为即使是表面上看自然性很强、文化性很弱的事物或动作行为也都具有隐含的文化意义。

1.2 文化的性质

人类学家在研究人类的多样性时提出了"普遍性、一般性和特殊性"的观点，也就是说，某些特定的生物、心理、社会和文化特征是具有普遍性的，在每种文化中都能找到；其他的则是一般的，某些文化中比较普遍，但并非所有人类群体都具有；还有一些是具有特殊性的，只独特地存在于特定文化中(科塔克 2012/2016:300)。

实际上，人类所具有的这三个特性与文化的特性是一致的，文化也具有普遍性、一般性和特殊性的特点。韩国文化具有与一般人类文化一致的普遍性，与中国文化相比，也具有类似于中国文化的一般性，但是也表现出很大的特殊性。例如，韩国的儒家文化源于中国，但是在中国随着社会的变迁，由儒家文化而衍生出的礼节、礼仪、风俗习惯等有的已经消失，有的发生了较大变化。与此同时，韩国的儒家文化也发生了适应于自己民族的变化，这最终导致韩国儒家文化具有了异于中国的特殊性。所以文化的性质不是一成不变的，会随着社会的发展而发生整合和模式化。

文化还具有"习得性"这一特点，"一个社会或社会群体共享一种习得的行为或观念(信仰、态度、价值观和理想)，那么这些东西就属于文化的范畴"(恩贝尔、恩贝尔 2016:26-28)。

文化传播还具有"选择性"特征，韩国文化在吸收中国文化的过程中，也表现出了很强的选择性特征。文化也具有很强的"融合性"，也就是说某种文化在吸收外来文化的同时，还会加入本民族人的主观意识和文化，从而使文化出现异质性的变化。韩国文化在吸收中国文化以及世界文化的过程中也表现出了这种融合性特征，代表性的就是韩国人对中国儒家文化的吸收、融合，使其具有了异于中国的异质性变化，在具体的文化表现形式与语言形式上有了很多的特殊性。

1.3 文化的分类

关于文化的分类，一般有两分法、三分法、四分法、五分法、七分法、十分法以及十三分法等。

两分法一般将文化分为物质文化和精神文化，在韩国也存在文化的两分法，如김대행(2003)将文化分为"일반문화 一般文化"和"언어문화 语言文化"。

三分法一般将文化分为物质文化、社会生活文化和精神文化(梁漱溟 2010/2015:20)，或者分为物质文化、制度文化与观念(主观)文

化(赵志裕、康萤仪 2011/2015:6-7)，或者分为物质文化、精神文化和行为文化。具体到韩国文化，有的将韩国文化的范畴分成三类：第一类是"성취 문화 成就文化"，即人类完成的各种形态的成就型的物质以及有人类加工痕迹的生态文化[01]；第二类是"행동 문화 行动文化"，指人类的沟通、行动、生活方式、日常活动类型、处理事务的方式[02]；第三类为"관념 문화 观念文化"，包括民族性、价值观、世界观、情绪、信仰、思想等，这三类文化以观念文化为基础，然后产生成就文化和行动文化(권오경 2009)。

关于文化的四分法，有的将文化分为物质文化、制度文化、风俗习惯、思想与价值(余英时 1984)，有的则将文化分为物质文化、制度文化、行为文化和心态文化(何晓明 1994:108-109)。

文化的五分法代表性的是Newmark(1988:95)，他将文化分为五类：第一类为生态系列，包括植物、动物、山丘、风等；第二类为物质文化，包括衣食住、村庄、运输手段等；第三类为社会文化，包括职业、休闲等；第四类为团体活动、惯习、概念，包括政治的、宗教的以及艺术活动等；第五类为身体语言与态度。韩国支持五分法的有이근희(2005:250-251)，他的分类方法是：第一类为固有名词，如与特定人物、建筑、组织、团体、著书等名称有关的词汇；第二类为特定文化词汇，如衣食住、地区、社会、惯习；第三类为特定事件或人物词汇；第四类为与俗语、流行语、隐语、惯用语有关的词汇；第五类为度量单位，如货币、长度、高度、重量词汇等。

01　成就文化包括日常生活的衣食住行、风俗、制度(教育、行政、文化资源、交通通讯)，还包括艺术文化，如语言、文学、音乐、美术工艺、舞蹈、综合类型，此外还包括产业技术建筑、产业技术和各种象征物品。

02　行动文化表现在语言形式上有对话方式、惯用表达，以及准语言范围内的音量(语速)、发音、杂音等，还包括非语言的身体动作、距离、时间等。

文化的七分法代表性的是전미순、이병운(2011:197)，他们将文化分为七类，分别是生活文化、艺术文化、制度文化、语言文化、命名文化、精神文化、文化财等，共包括"衣食住、娱乐、交通、健康、观光、音乐、美术、体育、文学、电影、电视剧、演剧、庆祝活动、游戏、政治、经济、教育、社会、科学、历史、日程、生老病死仪礼、语言、称呼、人名、地名、动植物名、价值观、宗教、有形文化、无形文化"等内容。

从文化的教育来看，민현식(2006:151-154)提出将教育用文化分为十类，分别是精神文化(文化史、精神史、和平史、经济史、政治史)、概况(韩国的象征；韩国的语言；韩国地理；韩国政治、外交、经济、教育)、生活文化(生活礼节、生存文化、趣味文化、生活风俗、生老病死)、衣食住文化(服饰、饮食、住居)、媒体文化(演艺、媒体)、创造(音乐、美术、舞蹈、发明)、文学、历史、人物、语言文化等。

从学习外语的角度来看，G.Lazar(1993:65-66)提出需要注意的文化要素主要有十三类：仅存在于那个社会而不存在于其他社会的东西(objects)、产物(products)；具有文化价值的俗语(格言proverbs)、熟语(idioms)、公式化表达(formulaic expressions)；社会结构(structure)、作用(roles)、关系(relationship)；习俗(customs)、意识(rituals)、惯例(traditions)、节日(festivals)；信念(beliefs)、价值观(values)、具有迷信性的惯习(superstitions)；政治、历史、经济背景；制度(institutions)；禁忌(taboo)；隐喻性、隐含的意义；幽默(humor)；表彰性(representativeness)；体裁(Genre，장르)；各文化中书面语的地位以及与之相关的文段阅读策略等。

如上，关于文化的分类方法各有各的特点，不同的分类方法适用于不同的研究目的。综合上面的观点，本研究采取三分法，将文化分为自然文化、生活文化与精神文化。其中，自然文化包括人体、地理环境、动物、植物，生活文化包括食、衣、住、行、农业、经济、政治法律、军事、医学、教育等，自然文化与生活文化又可以统称为物质文化。精神文化分为事大主义、关系、语言与交际、人名、地名、外貌观、婚丧嫁娶、性别文化、宗教信仰、文学、曲艺等。

庞朴（1988:67-69）曾将文化分为三个结构层次，分别是"物的层次（物质的层次）、心的层次（心理的层次），中间是心和物互相结合的层次"，但他也提出这三个层次不是互相割裂的，而是互相结合的。因为"物"也是文化的一种载体，也具有文化蕴涵（陈先达2017:417），并且如果从历史的角度来看待事物的话，事物所具有的文化性会更加突出，许多所谓的文物（承载文化之物）在古代原是实用物，但悠久的历史使这些古代实用物具有了更强的符号意义，即文化意义（赵毅衡 2017:291）。即使是一般的实用物，但一旦反映到语言上来，再发生语义的变化或者产生相关的惯用语、俗语等，那么其文化性将进一步增强。虽然本研究中物质文化部分所涉及的内容大部分都是具体的物，但是表现这些物的语言所反映出的并不是单纯的物，还有被物化在物里面的心的部分，即：抽象的精神文化，所以物质文化属于"心和物互相结合的层次"；本研究中的精神文化部分虽更多涉及抽象内容，但因为很多精神文化是客体化在某个或某些物里面的，所以才被人接受，被人感知（庞朴 1986:68），因此本研究的精神文化部分也涉及很多具体的物，从文化层次来讲，既包括"心和物互相结合的层次"，也包括"心的层次"。

正像霍尔、尼兹（2009:21）所说，"既然存在着物质文化和观念文化的相互依赖和相互渗透，那么强行将某些种类的文化逐出思维的疆域是过于武断的。相反，认真去探索文化客体中观念与物质的相互作用倒是更为重要的事"。所以，本研究与其说是分别研究物质文化(自然文化、生活文化)与精神文化，倒不如说是想试图做到以下两点：

第一，透过具体的物质来探究它所反映或体现的精神文化；

第二，通过分析精神文化来看其韩国人是如何看待物质的。

1.4 文化语言学的性质、任务

关于文化语言学，各个流派的观点有的分歧较大，但是在文化语言学是立足于描写语言基础之上的解释性语言学(游汝杰 1995:12)这一点上的认识比较统一，这个观点包含三个含义：它不属于描写语言学，但脱离不了语言描写，并且推动更高层次的语言描写；解释语言学要对各种语言现象进行追根究底的解释，需要调动人类所有的知识；文化语言学是文化学与语言学的交叉学科，可以进行双向研究，相互验证，以弥补各自的不足(邵敬敏 1995:82)。

但文化语言学具体包括哪些学科，有很多不同的观点。其中，申小龙(1990:397)提出要使文化语言学成为一个"包括社会语言学、民族语言学、心理语言学、语言民族学、语言人类学在内的""大学科"。

高长江(1992:18-20)认为"社会语言学、人类语言学、文化语言学是同一学科，但不是并列学科，彼此有总属之别。社会语言学和人类语言学是文化语言学下面的两个分支学科"，他还认为"文化语言学是从宏观的角度来描述人类的语言和人类的文化是如何起作用，彼此渗透，促进人类文化发展的; 研究语言作为人类文化的一部分，怎样帮助人建立人的世界。"

邢福义(2000:38)提出"文化语言学是一门具有广泛接缘性的综合性学科，文化语言学与各门科学都有不同程度的联系……与文化语言学关系最密切的，还要算人类语言学、社会语言学和民族语言学。……可以说，文化语言学是最具广泛性的综合性的一门学科，它包括了早期人类语言学、社会语言学、民族语言学中的内容，而后者则可看做文化语言学的分支。"

如上，这些学者都将文化语言学看作是囊括其他学科的上位学科。由此可以看出文化语言学所含内容的丰富性。或者说，文化语言学研究需要涉及社会语言学、人类语言学、民族语言学等多类学科的内容。

具体到文化语言学的研究任务，李国正(1991:48-50)曾用金字塔形来表现语言生态系统的基本结构层次:

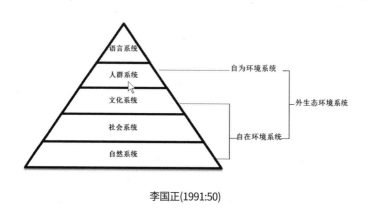

李国正(1991:50)

如上图所示，李国正从语言生态系统的角度将其分为内生态系统(语言系统)和外生态系统(自然系统、社会系统、文化系统和人群系统),这里的文化系统指的是狭义的文化。而从大文化的角度来,人群、文化、社会、自然都属于大文化,也就是说,这里所说的外生态环境形态等同于大文化。语言系统是在外生态系统即大文化的基础上构建起来的。因此,要研究语言系统,就要研究作为其基础的外生态系统,即要研究包括自然、社会、狭义文化、人在内的所有大文化因素。

戴昭铭(1996/2010:24)认为"文化语言学是从文化学的角度对语言进行的研究。它把语言看作民族文化的模式和构成民族文化的符号系统。其旨趣在于揭示隐藏在语言形式、语言结构、语言运用和语言变化背后的文化内涵。"汪大昌(2009/2013:15)也提出"单一地对语言结构的研究是不全面的,是远不足以说明人类语言活动规律的。语言科学如果要获得进步,就必须把语言与民族、历史、文化等多方面的关系都纳入自己研究的范围。……也是语义科学获得进展的一个重要方向和领域。……举凡政治、经济、军事、民族、地理、艺术、宗教、民俗,无不需要我们做详细深入的考察。"

潘文国(1995:287)认为文化语言学的研究内容分为三大方面,即社会交际文化语言学(人名、地名、避讳、跨文化交际等)、双向交叉文化语言学(语言与文学、音乐、历史、地理、民俗等)和汉字心理学(音韵、构词、语义、结构、修辞、文体审美、文化翻译等),前两者属于行为或产品范畴,第三者属于心理范畴。

虽然上述研究各有侧重点,但总体来说,文化语言学囊括的内容非常丰富,需要对文化的各个方面进行探索,并发现其与语言之间的联系。但是因为研究者个人和时代的因素,文化语言学研究大部分都集中于某一个分支。

例如,陈建民(1995:19-26)曾专门强调要重视语言的交际功能，认为文化语言学和社会文化语言学是互相交叉的，他还提到文化语言学要进行跨文化对比，研究历史和社会变革，也可通过词汇验证古人的思维方式、婚姻制度等，分析文化结构和文化心理。

文化语言学还与方言调查和对比研究发生关系，代表性的研究有游汝杰的《方言与中国文化》。文化语言学也与历史语言学、考古学以及其他各种科学产生关系。罗常培(2011/2016:108)曾提出：语言，像文化一样，是由不同年代的各种因素组合成的；其中有些因素可以推溯到荒渺难稽的过去，另外一些因素不过是由昨天的发展或需要才产生的；假如现在能够把文化变迁和语言变迁的关系安排好了，文化因素的相对年代就可以估量出来。Edward Sapir(1919:51-54)也提出：语言为解明文化的次第提供了一种"累积的基层(Stratified martix)"，它对于文化历史的关系，就像地质学对于古生物学似的(转引自罗常培 2011/2016:108)。耶费梯语言学[03]将这种研究方法称作语言学上的古生物学分析法，这种研究方法可以把语言发展的各阶段和社会经济构成的各阶段联系起来(罗常培 2011/2016:108)。

语言文化研究最终要上升到思想研究，要想对一个民族社会的思想作描述需要无数学科的共同努力，而文化语言学则要主动借用社会学、历史学、人类学、心理学、生态学尤其是哲学等学科的知识进行研究。

03　耶费梯(Yafety)语言学以马尔(Nicholai Yakovlevitch Marr，1864-1934)为代表性人
　　物，特别重视语义的(semantic)研究，认为语义的转变是随着社会环境和经济条件
　　而发展变化的，是动态的而不是静态的。

1.5 韩国文化语言学的研究现状

1.5.1 韩国国内的文化语言学研究

在韩国，虽然语言与文化的关系很早就被研究者所关注，但过去的研究主要集中在哲学、心理学和语言学等基本学科领域，文化语言学并没有作为一个独立的学科而被重视，韩国学界的"国语文化"和"国语文化教育"被正式作为一个学科概念提出来始于민현식(2003)，他对"언어문화 语言文化"的狭义概念和广义概念进行了界定，狭义的概念是"在语言领域里寻找文化现象"，广义的概念是"在所有文化领域寻找语言现象"，并指出之前的语言文化研究的出发点主要是狭义概念(민현식 2003:431)，相关的学科在韩国一般被称作"语言文化学"，"文化语言学"只有最近才被个别学者提出来，如김훈호(2008)的"汉字和文化：文化语言学的视角"和조현용(2017)的"文化语言学讲义"。

目前，韩国关于语言和文化关系的研究主要可分为四大类型，第一类是与词汇有关的语言文化研究；第二类是社会语言学研究；第三类是以文化教育为目的的语言和文化研究；第四类是语言文化的综合研究。

与词汇有关的语言和文化研究主要是词源学研究，代表性的研究有이숭녕(1961，1966/1982)，主要研究了鱼名和时间词汇的词源；양주동(1942/1970，1962)主要研究了国名、王的称号、官职名、地名、城名、人名、风俗信仰、歌乐名、梵语、一般词汇等的词源；지헌영(1942)主要研究了地名的词源；이택(1958)主要研究了历史古词汇和一般词汇的词源；남광우(1960/1979，1961)主要研究了古词汇的合成派生过程中所出现的音韵、形态和意义变化；유창돈(1964，1971)主要研究了朝鲜王朝时期的词源；박시인(1966，1967，1970ab)

主要从韩国语与阿尔泰语之间的关系角度分析了韩国语中与王的称号、人名、国名、地名、风俗等有关词汇的词源; 서정범(1979, 1986)主要分析了隐语、色彩词等的词源; 강길운(1976)主要分析了转义词和消亡词汇的词源; 박갑천(1965/1968, 1973, 1974)主要研究了与人有关的流行词汇、印欧语系的外来语、一般固有词、世界地名、韩国地名等的词源; 김승곤(1978, 1984)主要研究了韩国语助词的历史演变过程, 还分析了身体部位词语的词源; 이병헌(1982)主要研究了韩国古代国名和地名的词源; 최창렬(1986, 2002/2003, 2006)主要从语义的角度研究了系列词语的词源; 이남덕(1985-1986)的系列词源研究主要着眼于系统论的词源分析; 김방한(1983)主要是从系统论的角度来分析了韩国语的词源; 심재기(1982)主要分析了15世纪韩国语的语义变化; 정인갑(1983)主要分析了韩国语中汉源词的词源。如上, 以上绝大部分研究都是着眼于词汇的演变, 而不是借助语言的演变来研究文化。真正将研究重心放在文化之上的研究较少, 主要有천소영(2000, 2005, 2007/2010)、조항범(2004, 2005, 2014)、서정범(2005)、홍윤표(2009/2010)等, 这些研究都以词汇为中心来研究语言和文化的发展变化。词汇研究还有一部分是方言词汇研究, 韩国的方言研究比较丰富, 本研究涉及方言很少, 所以略过不提。

社会语言学是文化语言学的一个分支, 韩国的语言和文化研究主要集中于社会语言学研究之上, 具体可分为十种类型: **第一,** 以敬语为中心的研究占了绝大多数, 如이경우(1990, 1994, 1995, 2001, 2003, 2004, 2008)、이정복(1996, 1999, 2006, 2011)、김명운(1996)、김정호(2004, 2005)、박용한(2012)、이경우와김성월(2017)、황보나영(1993)、유경희(2008)等, 大部分集中于现代韩国语敬语的发展变化, 양영희(2005, 2006, 2007, 2009)则主要研究

了中世纪的韩国语敬语。**第二，**以性别语言为中心的研究，主要有민현식(1996，1997)、최성윤(2003)等，以特定文本为分析对象的研究有안진현(2018)，主要分析了新闻里出现的女性用语以及所反映的社会现象。**第三，**以韩国语教育与语言政策为中心的研究，主要有심영택(1997)、조성문(2002)、박창원(2017)等，其中关于韩国语语言纯化的研究有이정복(2003)、허재영(2014)等。**第四，**以委婉语为中心的研究代表性的有채춘옥(2013)。**第五，**以教师语言为中心的研究代表性的有신호철(2014)、박태호(2004)等。**第六，**以音韵为中心的研究主要有김혜숙(1995，2005)、강희숙(1992，1994)、이승명(1997)、오새내(2006)、박정자(2006)、김주필(2010)、엄태수(2014)等。**第七，**以语言使用现状调查为中心的研究代表性的是민현식(2002)。**第八，**与句法有关的研究主要有박영준(1987)、박영노(1987)、안예리(2013)等。**第九，**以某种类型的具体词汇为中心的研究很多，其中송원용(2000)研究了临时用语的形态，구현정等(2006)研究了电视儿童漫画的语言使用问题，박종덕(2006)研究了儿童文学作品的价值表象，양영희(2009)研究了中世纪韩国语的呼格助词功能，오명기(2011)研究了第二人称代词，채완(2007)研究了二十世纪五十年代的广告用语，윤재연(2009)研究了模仿广告用语，박인기(2010)研究了韩国语教育与媒体语言文化，이정복(2013)研究了社会方言及教育，이경숙(2016)研究了时事新闻的对话。如上，这些研究都集中于某种语言形式或语言现象，属于个别研究。**第十，**社会语言学的综合研究有김혜숙(1991)、박영순(2001/2007)、왕문용(2008)、왕한석(2008)、김미형等(2013)、김현석等(2014)等，与前面大部分研究仅侧重于某一个小的语言现象相比，这些研究对较多的语言和文化现象进行了研究。

以交际为目的的文化和语言教育研究可分为五类：**第一，**文化

教育现状的研究，如김장미(2010)、송용실(2012)、서옥란(2012)、이미향(2012)等对现状进行分析的同时提出了改进的方向和方案。**第二**，文化教育内容的选定和教育策略研究，这类研究主要有강승혜(2002)、조현용(2003)、김해옥(2005)、민현식(2006)、조수진(2010)、박영순(2011)、최준식(2012)、이소연(2017)等。**第三**，文化教育教材的编撰和研究，如김해옥(2016)、이상억(2016)、송재란(2018)、SUNJING(2018)、이군(2018)、김홍매等(2019)、강경호等(2009/2010)、김진호(2011)等，除了几篇是博士学位论文之外，其他都是概论性质的大学教材。**第四**，利用某一语言内容来进行文化教育的方案研究，这些研究主要是硕士学位论文，如박진경(2004)以俗语为中心，이재춘(2010)以惯用语为中心，이동규(2005)则兼顾了俗语与惯用语，이미혜(2004)研究了语言与文化的统合教育，박찬숙(2008)以电视剧为中心，고혜화(2009)以新闻为中心，차인애(2009)以讲故事为中心，这些研究都分别侧重了某一方面。**第五**，综合性研究主要有박영순(2006)、조항록(2008)、조재윤(2009)、강승혜(2010)、김진호等(2011)、김은일(2018)等。

关于语言与文化的综合性研究，有的是从历史语言学的角度来研究包括词汇在内的各种语言现象，如강신항(2007/2008)主要从语音、词汇在不同时代的使用现状和发展分析了文化对词汇造成的影响，김미형(2012)研究了韩国语的整体发展变化；有的侧重语义研究，如이어령(2002/2011)主要是借助词语的语义来研究文化；有的侧重认知与思维，如김진우(1996)主要分析了语言与思维和文化的关系、语言的习得与文化和交际的问题，김미형等(2005)分析了语言与认知、人性的关系以及在人的思维支配下的各种语言表现形式；有的研究范围比较广，如박갑수(2013，2014ab，2015)集中于词语语义、文学修辞、文化教育等方面，권경근等(2016)分析了语言交际的环

境、语言变异、文字、语音、敬语、意义以及语言与文化的关系; 有的是对比研究, 如论文集연세대언어정보연구원(2018)从文化对比的角度出发, 在对中日韩三国的词汇和语篇进行分析的基础上来研究各自的文化。

此外, 研究韩国文化代表性的是이규태(1983/2011, 1991ab, 1999/2000, 2000, 2009), 但其研究中涉及的语言成分较少。文化语言学也包括生态语言学研究, 韩国代表性的有박인기(2003)、김규훈(2015)等。

如上, 韩国的语言文化研究都是侧重于某一方面的研究, 文化语言学还没有作为一个真正独立的学科被重视起来。

1.5.2 中国国内的韩国文化语言学研究

汉语文化语言学研究从20世纪80年代开始发展, 取得了一系列丰硕的成果, 之后中国刮起了文化语言学研究的热潮。随后外语教学和对外汉语教育领域对文化语言学的关注也是有增无减。在中国知网之上, 以主题"文化语言学"、篇名"英语"或含"美国/英国"为检索词进行高级检索, 检索出相关的核心期刊文章11篇; 以同样的检索条件, 检索到日语、俄语的相关核心期刊文章分别是11篇、4篇; 以同样的检索条件, 检索到韩国语或朝鲜语的相关核心期刊文章为零。以同样的检索条件来检索博硕学位论文, 与英语有关检索到37篇硕士学位论文, 与俄语有关检索到21篇硕士学位论文, 与日语有关检索到7篇硕士学位论文, 与韩国语或朝鲜语有关检索到零篇。

分别以主题"韩国文化"、篇名"韩国"为检索词进行高级检索，检索到核心期刊文章115篇，其中只有一篇涉及语言学，是李艳华(2011)发表的《论高校韩国语教学中的文化渗透》。反观国内相关的大学韩国语专业的教材，主要有《韩国社会与文化》(李承梅，李龙海)、《韩国社会与文化》(朱明爱、禹英兰)、《韩国社会与文化》(赵爱仙)、《韩国文化论》(田景等)，《文化韩国语》(乔伟等)，前四个主要侧重文化介绍，第五个虽然是文化语言学的视角，但仅局限于俗语。

再看国家社科项目的研究，1994年至2021年28年间与朝鲜语和韩国语有关的国家社科立项中语言类共49项，其中只有一项与韩国语言文化有关，是2009年的《中·日·韩三国语言文化比较研究》，并且只关注了文化语言学中一个小的分支，即"性向词汇"。

如上，从文化语言学角度研究英语、日语、俄语的论文还是较多的，当然最集中的还是英语领域。专著方面，其他小语种有的已经有了专著，如日语有王健宜的《文化语言学》(高等教育出版社，2013)，阿拉伯语有李小卫的《文化语言学视野中的阿拉伯语言与文化关系研究》(旅游教育出版社，2013)，越南语有祁广谋的《越南语文化语言学》(世界图书广东出版公司，2011)。而与韩国语相关的文化语言学专著却极少，并且大多是局部研究，所涉及的文化现象分析比较单一，难以对韩国文化做全面的分析，研究面较广的有틔찡무(1999)，主要从社会语言学角度研究了朝鲜语的信息传达、思维方式、阶级和阶层、性别、年龄、隐语、姓、名、文化和汉字文化、成语、俗语、民族、语言政策等内容。国内还出版了朝鲜学者金荣晃的两部韩文专著，其中金荣晃(2013a)主要从社会语言学角度研究了语境、语言的历时和共时变化，金荣晃(2013b)是文化语言学研究，涉及色彩文化与语言、命名文化与语言、礼节文化与语言、生活文化与语言、民俗文化与语言、文化的接触交流与语言等诸方面

的关系，但这两部专著依然是以朝鲜人的视角来研究朝鲜语言与文化，并不是中国人的研究。目前，中国国内还没有一部比较全面的关于韩国文化语言学研究的专著问世。

如上所述，国内韩国语的文化语言学研究极其薄弱，这与中韩两国自1992年恢复建交以来飞速发展的中韩关系非常不相称，所以需要对包括朝鲜在内的韩国文化进行全面的研究与探讨，以便更好地为中韩、中朝关系的健康发展提供某些文化支撑。所以本研究在汲取国内文化语言学研究成果的基础上，拓宽韩国语文化语言学研究的视角和范围，希望能够在国内引起对韩国文化语言学研究的重视和关注。

1.6 存在问题

不仅仅是韩国文化语言学研究存在问题，整个文化语言学研究都存在一系列问题。

关于文化语言学研究，刘丹青(1995b)对此进行了深刻剖析，他共提出了三点问题：

首先，"现在的文化语言学研究从内容、观点到文化，似乎都是感性的、甚至宗教式的。热心程度有余，而严格的科学说理不足。更严重的是，某些提倡文化语言学的论著中出现了许多有根本性科学问题的观点。……某些文化语言学提倡者，把自己与现行的语言学对立起来。……确定文化语言学在科学体系中的恰当位置，提倡科学精神，已成为发展中国文化语言学的紧迫课题"(刘丹青1995b:93)。这个问题也出现在韩国文化语言学研究里。

其次，有的研究集中于某一本古籍、一篇现代小说，很少考虑理论的可操作性，即如何能有效而一致地能适用于其他语料(刘丹青 1995b:98)。这个问题同样适用于韩国文化语言学研究，并且韩国文化语言学研究中即使是对某一本古籍或小说进行的研究也非常罕见，所以更加难以达到理论的操作性问题。

第三，有的研究很少顾及地域文化、民俗、口语研究的大量成果，以及其他文化和语言(刘丹青 1995b:98)。

如上，刘先生对中国20世纪90年代的文化语言学做出了深刻的反思与批评，尽管存在上述问题，但是却不能因此而否定文化语言学的重要性与它的学科地位。相反，刘先生所提出的这三点问题恰恰反映了文化语言学研究范围的广度和难度，说明文化语言学研究任重道远。因为要想全面探索语言与文化的关系，所涉及的内容可以说包罗万象，而很多研究都是从某一个小的方面开始的，并且受研究者所掌握知识以及其他各种外界因素的限制，难免会造成观点具有一定的偏颇性，并且语言与文化之间的关系并不是一对一的，有的语言现象是多种因素造就的结果，而某一文化现象可能表现为几种语言现象，并且语言与文化的关系有的比较显豁，有的则显得比较隐晦，对关系比较隐晦的语言和文化关系如何去进行验证都是需要解决的难题，并且要想对文化与语言的关系进行穷尽式的研究非常困难。尽管如此，要想使文化语言学的解释更具科学性，应该尽量在更广范围内对语言与文化展开研究。

具体到韩国文化语言学研究，除上述问题之外，还存在如下十个问题：

首先，文化的内容本身很难界定。因为文化不是固定的，而是发展的，即使是现代文化也残存着旧时代的文化，并且即使是同一时期的文化，也存在不同阶层和年龄阶层的文化差异，所以很难说明哪些是韩国文化的一般特性。

其次，韩国文化深受中国文化的影响，例如儒家文化、道家文化、佛教文化等对韩国产生了巨大影响，与中国具有很强的相似性，并且韩国语里还有占据词汇量一半以上的汉字词，在这两种"大同小异"的文化中寻找比较点非常困难。

第三，韩国的语言文化学起步晚，现在学者们所进行的研究大多数将语言与文化人为分割开来，现有的研究大部分集中于社会语言学和词源学，研究的重心还是在语言的变化之上，而不是将文化与语言作为一个有机的整体来研究。

第四，部分研究虽然以韩国语言与文化为中心展开研究，但是绝大部分研究都非常凌乱，一部分研究停留于泛泛而谈，一部分研究则多表现为对某些文化语言现象的感性描写，没有形成一定模式，也没有上升为理论，绝大部分研究都集中于个别语言或文化现象的浅层分析。即使是综合研究，也都没有建立起语音、词汇(惯用语、俗语等)、句法等不同语言现象和文化之间以及不同语言形式之间的关系，没有上升到哲学语言学角度，表现出了很大的局限性。但实际上某一语言现象可能与多个文化现象相关，某一文化现象可能表现为多种语言形式，所以单一的、个别性研究无法发现韩国语与韩国文化之间错综复杂的关系，无法将语言与文化有机结合起来，也无法全面概括和总结韩国语的演变与文化发展关系的基本方向或趋势，当然也无法对韩国各种文化现象作出较为全面的解释，更无法从一定高度与层次来建构语言与文化的关系网络和结构。

第五，绝大部分研究都集中于韩国语和韩国文化内部，跨文化的语言文化对比研究多集中于韩英、韩日对比，中韩跨文化对比的研究很少，已有的中韩跨文化对比研究多侧重于文化，即使是韩国代表性的语言文化研究学者——박갑수的相关研究虽然有关于汉韩和

韩日的语言文化对比，但相关内容也非常薄弱。

第六，没有将文化研究与语言研究、文化教育与语言教育有机结合起来。文化教育内容的选定与文化教育的研究成果直接相关，现在与语言文化教育有关的论文绝大多数都是期刊论文式的碎片研究，学位论文、专著非常少，所涉及到的语言与文化现象太少或太偏重某一方面。

第七，研究主体单一。现在韩国语言文化综合研究的主体是韩国人，韩国的语言教育与文化教育的主体也绝大多数是韩国人，是以韩国人的视角来决定研究内容和教授内容，至于外国人尤其是中国人到底怎样看待韩国？最关心的是什么文化内容？如何对外国学习者尤其是中国的学习者更有效地进行韩国语言和文化教育？这些还没有引起研究者和教育者足够的重视。

对于同样的文化现象，不同人的观察视角与每个人所持有的比较尺度都会出现不同。而外国人还持有一个外国文化尺度，所以能够发现韩国文化中不易被察觉的文化。因为外国人具有本国人所不具有的认知上的长处，那就是外国人可以摆脱本国人所常犯的错误即"日常的熟悉感"(Hofstede 1997:26)，也就是说，对本国人来说非常熟悉而不会被关注到的现象反而会被外国人因生疏感而关注(김숙현등 2001/2007:106)，并且在一种文化里，与表露出来的文化相比，深含不露的文化更多，而最有意思的是属于本文化的人们反而不知道这些深含不露的文化。

例如，韩国女人的裙子对韩国人来说司空见惯，并不会引起人们的注意。但是在中国长大的美国作家赛珍珠却以一个外国人的视角发现了韩服与恭敬度之间的关系，她说："在世界上所有的礼节中，没有礼节比韩国女人的礼节更郑重。在将裙子轻轻提起而形成一个容器的过程中，恭敬度被大大地提升了。韩国的裙子真是富含精神性的服饰。"[04]

正因为外国人具有外国文化的尺度与视角，所以外国人视角下的韩国文化语言学就具有了不可替代的特殊意义。

第八，在选定教育内容时哪些是需要教育的文化范围很难界定。借用김대행(2008：14)的话说，现在韩国的文化教育处于无政府状态。文化教育的范围和内容与学习者的目的、对象、对文化学习的要求等密切相关，文化教育要有区别性。中韩两国文化具有很强的相似性，面对中国学习者的韩国语言文化教育应该以中韩两国的语言和文化差异为主要着眼点来选定教育内容和范围，才能使教育和学习更有效。但现在以韩国人为主体的绝大部分研究并没有针对对象而做出具有区别性的研究，以中国留学生为主体的语言文化教育类学位论文研究虽然大部分以中国学习者为对象，但建立在跨文化对比基础上的差异性文化教育研究几乎没有，大部分具体性不足，多有泛泛而谈之嫌。

第九，教科书的文化内容分散且不成系统。现行韩国语教科书有很多的文化内容在内，但都零散地分散在不同的角落，没有将语言与文化有效地融合在一起。教学现场的教师如果发现不了或者教授不到位，就会使这些内容得不到更好的教育。并且教科书的文化内容不成系统，不利于对韩国文化的全面理解。

第十，教师教育能力低下，教育方法单一。文化教育的内容与教师的教育能力直接相关，文化教育应该以学习者为中心，展开具体的、有区分的研究。现在韩国语言教育机构中能够进行文化专门教育的教师非常不足，大部分都是由语言教育教师来兼任，即使有

04　이 세상의 절 가운데 한국 여인의 절처럼 공경도가 큰 절은 없을 것이다. 치마를 약간 들어 올려 만든 용기(容器) 속에 존경심이 감싸인 것 같은 그 과정이 공경도를 크게 하고 있다. 한국의 치마는 정말 정신적인 의상이다. (이규태, 2009(2)：84)

的教师拥有文化知识，但多倾向于文学领域，多是利用自己所学知识进行教育，并不是根据学习者的要求进行文化教育。

在教师中，既精通文化知识又精通语言教育的教师屈指可数，所以现在教育现场所进行的文化教育多集中在文化现象与个别文化词汇的词义解释上，无法从规律上来分析语言与文化的关系。例如，俗语是反映文化的重要的语言要素，但俗语教育不仅没有受到重视，并且教育方法比较单一。现在韩国教育机构所实行的俗语教育非常分散，多集中于解释某个俗语的字面意义，没有系统地来讲述俗语所反映出的文化特性，并且在教授文化时并没有积极利用俗语。

文化语言学研究尤其是外国语言文化研究要从基础做起，这个基础就是对语言文化现象的全面细致的描述。母语的文化语言学研究虽然也要立足于基本的语言基础，但无需面面俱到，仍可以将语言与文化之间的关系讲明白、理解清楚。韩国语作为一门外语，对外国研究者以及学习者来说，都不同于母语，需要踏踏实实地做好基础性的描写研究。不能在没有做好全面研究的基础上只举几个或几种例子来进行空洞论述，这样就很难保证论述的准确和全面，也难以深入到语言与文化的深层与核心层。外国语言文化的基础研究需要研究者付出长期默默无闻的努力。

以上是中韩两国在韩国语言文化研究与教育中存在的诸多问题。在研究内容和方法选定上，在韩国文化语言学这个学科还非常薄弱的情况下，需要先以文化词汇为中心进行基础性的文化语言学研究，在此基础上，再上升到文化和认知对语法、语言结构等深层结构的影响研究，最终实现研究和描述韩国人思想的目的。

鉴于此，本研究利用宏观和微观角度相结合的方式，利用尽可能多的鲜活的语料，对韩国语和汉语、韩国文化与中国文化进行对比，对尽可能多的文化词汇和表达进行研究，探讨语言与文化之间错综复杂的关系，并探讨韩国人的性格特点、思维和认知特点，挖掘韩国语与韩国文化的关系和规律。

第二章

韩国文化语言学研究框架

2.1 研究目的

本研究将借助文化语言学的理论对韩国语以及相关文化现象进行大范围系统分析和解释[01]。

具体而言，本研究的对象是韩国各种文化与语言现象的产生、发展及变化，研究目的主要有如下四个：

第一，建立韩国文化语言学宏观和微观结合的综合研究范式。通过分析各种语言形式、语言演变所蕴含的文化现象，并借助心理学、认知学、社会学、人类学、进化论、生态学、宗教学等理论尽可能全方位、多角度地分析解释韩国语现象，探讨语言和文化的关系。

01　朝鲜族的语言在中国国内是一门少数民族语言，而放在朝鲜半岛来说，对我们则是一门外国语言，作为少数民族语言时，因为在我国境内受到汉语和中国文化的影响，已经表现出了与韩国语很多的不同。所以本研究将以朝鲜半岛的韩国语作为本研究的对象。而朝鲜人民共和国的语言与大韩民国的语言虽然同属一种语言，但由于两个国家分为两个国家已经多年，在语言上已不可避免地出现了较大差异，并且韩国与中国的经贸、文化和人员交流更广泛、关系更加密切，对韩国的语言和文化进行研究更有必要、更迫切，所以本研究将韩国语定为主要研究对象。虽然在研究中也不可避免地会涉及大量的古代韩国的内容，但为了行文的方便，本研究一律将其称作"韩国语"，只有需要特别指出的地方，会区分为"韩国语"和"朝鲜语"。

第二，建立同一文化圈中文化语言学跨文化对比"同中求异"的研究范式。中韩两国同属于东方汉字文化圈和儒家文化圈，韩国受中国历史、文化的影响深重，文化与哲学观具有很大的相似性，语言也受到了中国的很大影响，拥有50-60%的汉字词，在"同"大于"异"的文化之间进行"求异"研究尚无范式可依。前人关于韩国语言与文化的研究多集中于纯粹文化现象或纯粹语言现象的对比，或者研究范围太小，本研究将探讨在中韩两种文化之间进行文化语言学综合研究的范式，以促进外国文化语言学研究的理论发展。

第三，探讨文化、语言对民族性格的影响，构建韩国语言文化结构网。

第四，探讨体验与文化对语言的产生、发展以及消亡的影响与表现，探讨文化对认知的影响，并从文化认知角度解释中韩两国在语言文化方面的差异，探讨语言文化是如何影响交际生活的。

2.2 研究价值

2.2.1 丰富文化语言学研究理论

首先，本研究可以丰富世界范围内文化语言学研究的理论，并为跨文化研究提供基础研究材料。语言和文化只有在对比中才能凸显差异，韩国文化语言学研究应该与其他文化做对比研究，而首要前提是对韩国文化语言学进行研究。

其次，对于同样的文化现象，不同人的观察视角与每个人所持有的比较尺度都会出现不同。而外国人还持有一个外国文化尺度，所以能够发现韩国文化中不易被察觉的文化。因此，外国人视角下的韩国文化语言学就具有了不可替代的特殊意义。

第三，本研究致力于对中韩这种文化基本相同、但语言却非常不同的两种语言文化进行对比并借此来探讨语言与文化的关系，寻求以往东西方语言文化对比研究中所难以发现的更多的比较点和特点，这是在"大同"中"求异"。之前关于语言、文化、认知的研究多集中于东西方文化和语言的对比之上，东西方语言文化作为两种异质性非常强的语言文化，比较点很容易寻找，也取得了丰硕的成果。例如，从思维方式上来看，大多数研究成果普遍认为西方文化是"分析思维、抽象思维、线性思维"，而东方文化是"综合思维、形象思维、环形思维"。而具体到东方文化圈，中日韩三国虽然具有类似的思维方式，但三国的文化语言又有各自的不同，其中研究最多的是日韩两国的语言文化对比，相反，关于中韩两国语言与文化的综合研究非常少，并且因为韩国受中国文化的影响巨大，两国文化更是"同"大于"异"，而从语言上来说，两国语言不仅属于不同的语系，而且基本语法结构也不同，并且，期间研究成果很少，难度非常大，从这一点来说，本研究也是一个崭新的尝试。

2.2.2 丰富韩国语言文化的研究数据

本研究与单纯地研究韩国文化或者韩国语截然不同，而是将韩国文化与韩国语研究融合在一起的全面的综合性研究。

以往的韩国文化语言研究绝大部分都是以韩国人为中心进行的，韩国文化研究多侧重于与西方文化进行对比研究。以中国人为中心的韩国文化研究多关注于中国文化在韩国的传播研究。本研究是从同处汉语文化圈的中国人的视角去观察韩国的文化与语言，更关注中韩语言文化的微观差异，可以更加客观、细致地对韩国文化做出分析。

本研究囊括了韩国社会文化的整体，包括自然文化、生活文化以及精神文化，是在对韩国文化事实和要素进行全面描述性分析的基础上来研究韩国语与文化的关系；在对韩国语进行追根溯源的同时，借助语言资料来研究韩国文化，例如通过词语比喻意义、俗语、惯用语来研究韩国的文化，并借助电视剧语料来印证这些语言表达形式的现实性，借助电视剧作品、新闻、文学作品等语言资料来分析韩国的日常生活文化；最终力图能从哲学的角度来分析韩国人、韩国文化以及韩国语言，对韩国文化的内在性、民族性和本然性进行阐释，力争能从一个更大、更广、更深的范围和角度来保证研究的全面性与客观性。因此，本研究内容分量极大，共分五部专著(193万字)。这不同于以往仅仅侧重于某个小方面的研究。

2.2.3 丰富韩国文化语言学视角下的认知思维研究模式与方法

面对仅拥有五千万人口的韩国，面对它所取得的令世人瞩目的成就，面对声势浩大的"韩流"，我们不能再说什么弹丸之地，而应深思，是什么成就了韩国的一切？韩国文化具有什么特点？韩国人具有怎样的思维认知方式？韩国人的心理发展具有什么样的规律？之前很多研究都从其他方面进行了分析和研究，我们则换一个视角，即从文化语言学的角度来分析。在两个相似的文化之间进行文化的"求异"对比研究是文化对比研究的重要内容之一，但之前的研究多停留在片段式、分散式研究阶段，本研究从一个较大的范围、借用较全面的语言来进行研究，可以发现更多的未曾发现的不同之处。

2.2.4 丰富韩国语言美学、哲学观

什么是美？关于美的定义很多，有哲学意义上的美学，有艺术意义上的美，也有生活美学，但美学不仅仅体现在这些方面，美学也可从语言学的角度去分析。正像萨丕尔(2011：20)所说："许多原始的语言，形式丰富，有充沛的表达潜力，足以使现代文明人的语言黯然失色"。何况是现代语言？

对一个中国人来说，中国文化的博大精深、汉语的无穷魅力带给我们的是自豪，是美的享受。汉字在中国更成了一种自古延续至今的艺术形式。而作为一个韩国语学习者和研究者来说，随着学习的深入，笔者也越来越被韩国语的美所吸引，并深陷其中而不能自拔，惊讶于韩国语美学背后所彰显的韩国人特有的认知，惊叹于他们是如何将认知具象化为事物的，也惊诧于中韩两国语言背后所揭示出的人类认知的共性和差异。而在研究韩国语和文化的同时，笔者也对汉语和中国文化有了更深刻的认识和理解。

"用语言来研究生活，也即在语言研究中来追寻生命存在的本真意义(即文化之根)，乃是文化哲学的一个重要方法。"(李鹏程1994/2008：56)正像维特根斯坦所说："所有的哲学问题都是语言问题。""二十世纪西方哲学最核心的问题，即所谓'语言的转向'(甘阳，卡西尔 2017：19(序言))"，哲学研究唯一可能的途径就是分析语言，阐明各种词语和陈述形式的确定的意义，语言要成为哲学的分析对象、思想的实验室(申小龙 2014：17)。因为"哲学的特点之一是从具体事物上升为抽象的哲理。人类的思维经历了从具体

到抽象的发展过程，这在人类的语言中留下了许多痕迹"(伍铁平2011/2015:113)，具有语言的共性。潘文国(2004)呼吁语言学家要从哲学角度研究语言学以发掘语言的本质特征，强调对语言本质的哲学思索过程，呼吁建立"哲学语言学"(philosophical linguistics)这一新的学科，把对语言现象的思考更自觉地放到人类对自然、社会、人类自身思考的大背景中去进行，并将之作为语言学的一个重要分支。卢梭也曾说过："即使对司空见惯的事物进行观察，也需要具有哲学的头脑"(叶斯柏森 2011: 序言)，所以借助语言来讲文化，讲美学，借语言学来探讨哲学，利用哲学的观点和头脑来研究语言和文化，这应该是一个统一体。

2.3 研究范式

申小龙(1990:376)曾说："文化语言学的建立和开张，是极为重要的。一方面可以使人们更清楚地看到语言的人文性和世界性，另一方面也可以加深人们对人类世界语言性的理解。这样，文化语言学的建立，将使中国语言学和人文科学研究站在一个纵观上下古今，横通多维世界的聚焦点上，将为中国新文化建设拓开一个风光无限的全新视野。"虽然这里讲的是中国文化语言学，其实这同样适用于韩国文化语言学。

韩国语研究应该突破纯粹语言学的研究，应该将韩国语放在一个更大的学科范围内，借助包括语音、语义、语法等基本语言现象在内的跨学科大文化研究，将语言学研究提高到一个新的层次，这将有助于探究语言本质的问题。韩国文化语言学研究应借助相关学科的理论和研究成果，来探究影响韩国语发展的各种因素。

2.3.1 借助文化解释语言

关于对语言现象的解释主要有两种途径，一种是对语言现象进行语言内解释，一种是对语言进行语言外解释，第一种方式是传统语言学的研究方式，根据前面的分析我们已经深刻认识到语言从发生之时起就注定了是文化的产物，作为一种文化积淀的语言，要想从纯粹语言内部对其进行解释，可能只能做到对个别时期的个别语言现象的个别方面作出解释，而无法解释所有的语言现象，也无法解释语言现象的深层含义，也无法对跨文化的语言作出较全面的解释。因为对语言的产生、发展甚至消亡发生作用的更多的是文化，而不仅仅是纯粹语言内的原因。所以要想对语言或跨文化语言作出更全面的解释不得不引入文化解释，也就是说，要借用文化来解释语言。

从语言的学习和解读来看，文化心理学家Allan Paivio(1963)在关于记忆的研究中发现，个体更容易记住可以被想象的具体名词(如卡车、大树)；反之，对一些难以被想象出来的抽象名词(如真理、正义)的记忆效果就会比较差(转引自E. Bruce Goldstein，2017:357)。换句话说，与抽象的东西相比，具体的东西或词语更容易被记忆。而语言的发展是从具体到抽象的过程，那么这就给我们一个启示，如果将语言现象进行倒推，将其从具体到抽象的过程复原，那么就可以降低记忆难度，增强对语言的理解和提高学习效果。

具体而言，如果在语言内部对词语、短语、句子、惯用表达、俗语、成语等的内部结构作出分析的基础上，再以"语言是一个民族观察世界的方式和过程"(潘文国 2001)为依据，来分析其深层所蕴含着的文化，其比喻意义产生的方式与路径、语义泛化的基础，沿着这个思路返回词语的基本义——相对具体的意义，那么就会加深对语言的理解和掌握，从而避免死记硬背，借此增强语言学习的乐趣与成就感，使语言学习成为有经可循，有络可依的庖丁解牛式的学习，最后形成自己的词汇、句法语义网络，使学习内容具象化、网络化。而不是粗放式的、大刀阔斧式的蛮干，总是浮在表面之上，深不下去，将具体与抽象人为地分割开，使某个词的抽象意义以及抽象词汇或表达难以与具体意义相联系，使学习内容形成一个个的"孤岛"，导致学习难度加大，兴趣尽失。

例如，汉语里指称女孩子的发型时用"马尾巴、羊角辫"等，韩国语却用"꽁지머리(鸟尾巴)、새앙머리(生姜辫)"等，那么就有几个疑问产生：形容人的发型时为什么用动物或植物语言？为什么不同文化用的是不同的动植物语言？这些表达反映的文化意义是什么？为什么会产生这些意义？这些疑问在语言内是无法解释的，必须借用文化语言学的知识来解释。

文化和认知也会对语言现象的理解起综合作用。例如，北京大学出版社的《大学韩国语》第五册第六课《사장》中有一句话"아는 후배가 술 한잔 사달라고 하고는"，上课让学生们翻译时，大家都翻译成了"认识的一个晚辈要给买酒喝"，之所以出现这种错误，与学生们不理解"사달라고 하다"这个语法知识有关，但更重要的是没有理解韩国不同的酒文化。因为我们在理解一种语言现象时是带着一定的思维和认知去进行主观性理解的，中国学习者深层的思维和认知是：在中国一般都是晚辈或下属请长辈或上司吃饭。因为对中国人来说，"一般情况下，下对上所做的一切都是应该的，即符合日常的或儒家的规范，比如孝和敬。但如果是上对下给予某种优待或好处，就是难得的，让人感激涕零的"(翟学伟 2011/2014:210)。中国学习者的这种主观认知必然影响他们对韩国语语言现象的准确

分析。相反，韩国的文化是：长辈(或上司)给晚辈(或下属)买酒喝、买饭吃是比较常见的，并且韩国语还有俗语"나이가 들면 지갑을 열고 입을 닫으라"，意思是年龄大了把嘴关上，把钱包打开，指年龄大了少说话、多给予，所以这也就可以理解在韩国聚餐请客掏腰包的大多是长辈、上级这种现象了。如果对韩国的这种文化有所了解，那么就不会出现认知上的误导，也不会出现上面的理解和翻译错误。

总而言之，语言现象的语言内分析是语言外文化分析的基础，没有语言内分析，文化分析就成了无本之木，两者的结合可以使对语言的理解更接近语言表达的原初状态——具体表象，或者与相关、相似的具体表象连接起来，增强理解和记忆，并且恢复语言与文化的纽带关系。正像金圣叹在《西厢记》的评语中所说，"胸中的一副别才。眉下的一副别眼"(转引自林语堂 2013b:242)，学习者要想拥有这种特殊的才能和眼力，就需要专门的培养。而前提是展开韩国文化语言学研究以及以此为基础的学科建设的发展。

2.3.2 借助语言研究文化和认知

不同的民族、社团和文化群体，有着各自不同的文化模式，在社会制度、意识形态、宗教信仰、伦理道德、民族心理、生活习性、文学艺术、审美情趣、人文精神、风俗风尚等诸多方面有着许多差异。语言的交际活动往往受到传统文化的规范或制约，充分体现出传统文化中的语言使用观念，显示一个民族的精神文化内核(王永聘 2003:158)。要想理解一个人的思想甚至是一个民族或国家的文化思想或认知特征，就要研究语言。

并且，就像美国描写语言学、人类学的创始人博厄斯(F. Boas 1858-1942)所说，通过语言去分析文化现象，特别是他所接触到的那些道德范畴，远比一般化的解释和说明来得有效和可靠，只有语言才是最客观地反映本民族认识发展的过程(张公瑾 1993:347)。哲学家乌西诺(Usener)在自序中也曾提到自己的研究方法，即"只有全神贯注地思索已经逝去的时代留下的精神痕迹，也就是说，只有借助语文学的研究，我们才能训练自己和过去沟通情感；只有这样，同情的素质才会渐渐地在我们心中活动起来，使我们在自己的意识中找到连接古代和现代的线索。只有更加丰富的观察和比较结果才能使我们继续前进，从特殊的事例中得出某种规律。如果探究细节的研究实际上给心智套上了枷锁，使它无法追求一种总的意象，那么，人类知识就会陷入一种可悲可叹的境地。你发掘得越深，你就愈会期待对普遍性的顿悟"(卡西尔 2017:52)。这都说明了借助语言研究文化和认知的重要性。

借语言的文化分析进而进行思维认知分析是本研究的目的之一，而如何展开从语言到思维认知的分析，是否有模式可依，却是本研究所要解决的最重要的问题。本研究拟从以下角度来分析韩国语，在此基础上对韩国文化、认知思维以及语言艺术展开分析。

2.3.2.1 研究各种词汇(包括消亡的词汇)

格尔茨(2014/2017:57)曾提到"思想……是由在……象征意义符号之中进行交流构成的，这些符号——绝大多数是词汇，但是也包括姿态、图形、音乐、钟表类的机械装置，或珠宝类的自然物等任何东西，它们与纯粹的现实脱离并被用来将意义赋予经验。"也就是说，要想研究人类的思想，就要研究包括抽象词汇以及机械装置、自然物等在内的象征意义符号，而其中提到的这些机械装置、自然物等的载体最终也表现为语言形式。

汪凤炎等(2004/2015:23)在谈到研究中国文化心理时说道："只有研究各式各样的中国文化里所蕴含的心理学，将它们互相印证，才可能更加准确、全面、系统地揭示出中国人的心理与行为规律"。如果说单词是一种包含着文化内容的象征物，那么这个单词本身同时也和一个民族庄严的文化一起，成为规定该民族思考方式和行为方式的精神财富(金文学 2015:10)。

所以研究文化非常重要的一个方式就是研究词汇，文化语言学所研究的词汇一般称作文化词汇。所谓文化词汇，即承载文化的词汇。但文化词汇也有广义和狭义之分，Newmark(1988:94)将每个语言集团中具有文化特征的词汇称作文化词汇(cultural word)，Hervey & Higgins(1992:41)将反映特点概念、制度或人物的词语称作文化词汇，Federici(2007:148)将比喻性表达以及指称那些不太为人所知的社会、历史、地理事实的词语视作文化词汇。这些研究中所涉及的其实都是狭义的文化词汇。

格尔茨(2014/2017:66)在谈到文化概念对人的影响时提到：

"作为人并不仅仅是呼吸，还要学会用类似瑜伽的方法控制呼吸，在一呼一吸中听到神呼唤自己的名字的声音：'hu Allah'；不仅仅是说话，而是要在适当的社交场合，用适当的语调和适当的含蓄间接的方式说出适当的词语；不仅仅是吃，而是要提供以特定的方法烹调的特定的食品，按照严格的饭桌上的规矩来吃掉食品。甚至不仅仅是感受，而是要感受特定的非常独特的……情绪……。"

根据上面的观点可以说，人在发展成人的过程中，一直处于文化的影响之中。"在人类这里，没有什么是完全自然的。即便是那些与生理需求相对应的人之机能，比如饥饿、睡眠、性欲等，也是通过文化来传达的：不同社会对这些需求并不提供完全相同的回应。更不必说在没有生物学限制的领域内，人类的行为是受文化引导的"(库什 2016:2-3)。也就是说，与人类有关的一切都受到文化的影响，都属于文化研究的范畴。同样，表达这些人类文化的所有词汇都可以视作文化词汇，这是一种广义的文化词汇。

赫尔德(2011:63)曾指出要为一种语言编一部词源词典非常困难，他说：

"要把不同动机和不同思维方式的词及其意义搜集起来……要具备多么敏锐的眼光，才能洞察育成词义的那种环境和条件；要有何等的判断力，才能对不同时代的意义做出不偏不倚的解释！我们的心灵要掌握多少知识，要达到多么灵活的程度，才能彻底了解那种野性的智慧、大胆的幻想和异时异地的民族感情，并用我们现代人的现代语言把这一切表达出来！"

本研究虽然不是编词源词典，但为了更加客观地借助韩国语言来研究韩国的文化(包括认知思维)，所以也应该确保研究范围要足够大，才能保证研究结果更加全面、准确、系统。因此本研究持大文化的观点，更倾向于研究广义的文化词汇，文化的范围涉及自然文化、生活文化与精神文化三大部分。

自然文化包括人体、地理环境、动植物，这些相关词汇对任何国家来说都是存在的，一般不被视作传统意义上的文化词汇。但这些基本词汇绝大部分都是多义词，虽然有的词语在基本义或某几个引申义上与汉语词一致，但随着语义的抽象，却出现了较多的不同。这些不同语义的产生归根结底是受中韩两国不同的文化和思维认知方式导致的，也就是说，这些多义的产生现象本身就带有了丰富的文化成分在里面。

生活文化包括衣食住行、农业、政治法律、经济、军事、医学、教育等词汇，其中衣食住行虽然一般被视为文化词汇，农、政、经、军、医、教等领域的词汇一般不被包括在传统文化词汇中，但这些领域的基本表达却也具有较强的文化性，体现了韩国不同的文化特点以及韩国人的思维方式。

以上词汇在进行中韩对比时，是同中有异、异中有同，在分析中韩两国文化和思维认知异同点时，能够借此发现更细微的差异。

最后是带有鲜明民族文化色彩的精神文化词汇，这是最抽象、最具民族文化性的部分，包括事大主义、关系、重礼、人名/地名、外貌、婚恋、性别、宗教、文学符号、曲艺等内容。

以上讲的是三个大的文化分层，具体到每个文化分层内部，首先是对各部、各章的词汇按照词汇分节、语义场的理论进行分类，但进行分类时也有侧重点，即主要针对有语义变化的词汇或表达，如果词汇只有概念意义，没有很强的文化色彩，则不列入研究范围。根据词汇分节，分节越多的领域说明在韩国文化里的地位越重要。

此外，本研究不仅包括现存的词汇，还包括已消亡的词汇。消亡的文化词汇包括一些现代生活中已经不存在具体实物、现象等的词汇。因为这些词汇所表现出的"演化、嬗变的轨迹，不仅展现着语言的社会演变规律，更重要的在于其同时也印证着社会的发展变化轨迹，是历史文化的'语言化石'"(曲彦斌 2015:34)。这些"语言化石"反映的是自远古以来人类的思考与创造，而"人类一直靠轴心时代所产生的思考和创造的一切而生存，每一次新的飞跃都回顾这一时期，并被它重燃火焰，自那以后，情况就是这样，轴心期潜力的苏醒和对轴心期潜力的回归，或者说复兴，总是提供了精神的

动力"(雅思贝尔斯的《历史的起源与目标》，转引自郭齐勇 2011:22)
也就是说，消亡的文化词汇蕴含了过去的思想与文化，而隐含在文
化词汇里的这些思想与文化一直被传承到现在且发挥着作用。所
以，本研究在阐述事物、思想的变化与比较时，会涉及到一部分已
经消亡的词汇与表达。

2.3.2.2 研究词汇系统

韩国语的词汇系统包括固有词、汉字词、外来语，不同的语言
代表不同的文化。因此，借助这些词汇的词义研究，可以分析韩国
固有的传统文化、中国文化对韩国的影响、其他外国文化对韩国的
影响；通过汉字词与同形汉语的比较，可以分析韩国文化对汉字词的
改造和应用以及所显示的思维和认知；通过汉字词与外来语不同时代
的竞争态势可以分析文化优势、国家影响力对语言的影响。

例如，与人体语言有关，与外部器官有关的词语中固有词非常
多，或者是固有词与汉字词共存，而内部器官却大部分是汉字词。
人体器官的命名与医学的发展密切相关，医学用语中除了与身体畸
形有关的词语多是固有词外，其他绝大部分都是汉字词，由此可以
验证中国的中医对韩国医学以及韩国语词汇的影响之巨大。此外，
与经济、政治法律、军事、教育、宗教、曲艺有关的词汇中，也是
汉字词多于固有词，这也说明在这些领域中国文化对韩国文化的重
大影响。

2.3.2.3 研究词汇数量、词汇分节

霍尔(2010/2015:83)曾说："每种文化的大部分词汇都是用来表
示集合的。看一种文化的词汇，你就可以对这一文化的内容及其所

看重的事物有个大致的了解"。从语言表达的数量来看，对一个社会特别重要的事物或自然现象方面一般都有着非常丰富的词汇(C.恩伯、M.恩伯 1988:111)。在不同的文化中，经常会出现一物多名的情况，"某个事物丰富的名称有助于辨别它对于某一文化的特殊重要性"(哈维兰 2014:13)，有时某一个事物也可以作修饰语来修饰非常多的各种类型的事物，例如韩国语里与贝壳有关的众多表达。所以通过某种文化与其他文化相比所表现出的尤其丰富的某种事物名称或相关表达，可以判断这种事物在这种文化中的重要程度，可以进一步分析产生这种重要性的原因，而这种原因的分析就是对此文化里人类的认知思维的分析。

例如，与排泄有关的表达在不同文化里几乎都是禁忌语，在韩国文化里也毫不例外，但是韩国语里也有非常丰富的与排泄有关的表达，形成了韩国特有的"排泄文化"。韩国语里还有丰富的与葫芦有关的表达，形成了"葫芦文化"，这都反映了韩国人特殊的认知思维。

与词汇研究有关，还有词汇分节的概念，词汇分节与义类相似，词汇分节反映的是人类认知机制对事物及本身生活经验的归类和概括，表示某一类事物或某一部分生活经验的词的类聚构成一个词汇分支系统(许余龙 1992/1997:116)。如果一个词汇分支系统越复杂，那么说明相关领域的事物在某一文化的重要性，反之，则说明不重要。

本研究的文化(词)分类虽然不是严格意义上的词汇分节或义类研究，但是也可以从语言表达的多寡、词汇分节的复杂度来推测韩国人认为重要的事物或现象。在这些研究的基础上，继而为研究韩国人的文化、韩国人的思维做出辩证分析，从而将语言分析与文化分析有机结合起来。

2.3.2.4 研究词义

语言是文化的载体，语言反映一个民族的特征，它不仅包含着该民族的历史和文化背景，而且蕴藏着该民族对人生的看法、生活方式和思维方式等。尤其是词汇的词义，"词义所代表的其实并不是某种事物或现象，而是这些事物或现象在人们意识中的一定反映"（岑麒祥 1961），具体而言，"词反映出人们如何理解现实的某一部分以及该部分与现实其他部分的关系，反映一个社会中社会和人们是如何理解他们的"（维诺格拉多夫 1958），这种观点也可称作"词义反映说"。

杨元刚(2005:86)曾提出了"文化语义"这一说法，所谓"文化语义"指的是"在词语的概念意义上附着或所包含的价值观念、宗教信仰、生活方式、审美心理、人文地理、风土人情等民族文化因素，词语的文化语义是反映使用该语言的民族文化精神的一面镜子，非本族语使用者不能直接从字面上推导出其民族文化蕴含和民族文化精神，只有凭借特有的民族文化背景知识才能理解词语中的文化意义"，而这种具有特定文化语义的词语就是文化语义词语。他还说"词语的文化语义不仅体现在词语的表层概念意义之中，而且更多地是隐藏在词语的语用内涵意义之中"。要想研究一个民族的各种文化，其中一个很重要的途径就是研究一个民族语言的文化词的词义，尤其是词的感情色彩意义和语用意义等。

其实所谓的文化词不仅仅局限于文化色彩非常浓厚的词语，即使不是通常意义上的文化词，也暗含着很多文化因素，因为词语是演变而来的，"在各国语言里有很多语词现在通行的涵义和它们最初的语源迥然不同。如果不明了它们的过去的文化背景，我们简直推究不出有什么关系来。你若知道它们的历史，那就不单可以发现很有趣的语义演变，而且对于文化进展的阶段也可以反映出一个很清晰的片影来"（罗常培 2011/2016:3），所以借助对语词的溯源研究，可以研究语词的演变历史，还可以发现文化的发展历程，当然也会发现在现代人眼里文化色彩不浓的词语其实隐含着浓厚的文化气息。

例如，汉语"刺猬"在韩国语里是"고슴도치"，其原型为"고솜돝"，是"고솜+돝"结构，而朝鲜语里为"가시도치"，所以"고솜"与"가시"对应，意为刺，"돝"与"도치"对应，意为猪，也就是说，"고슴도치"的造词原理利用了刺猬与野猪的形态相似性（조항범 2014:268），即刺猬是带刺的猪。相反，中国人在为刺猬造词时，只着眼于"毛带刺"，所以称之为"猬"，而不是与"野猪"关联，这反映了两国人民不同的思维方式。此外，虽然两种文化里都着眼于刺猬的刺多这一特点，但韩国语有"고슴도치 외[오이]따 지듯[걸머지듯]"，意思是就像刺猬摘了黄瓜背在身上一样，比喻背了一身债，这种比喻意义的产生源于黄瓜也有很多刺，刺猬本身多刺，所以比喻负债累累，但汉语多形成"猬立（猬毛竖起。多比喻因恐惧而毛发耸起）""猬列（猬毛竖列，形容多而密）""猬附（纷纷归向）""猬合（比喻纷纷集结）""猬起（比喻事变纷起，如猬毛竦竖）""猬结蚁聚（比喻人多而聚集在一起）"等比喻词。由此可见，从最初的命名开始，一直到利用这种动物的特点进行语义引申、造词，这些过程都反映了不同文化所具有的不同思维方式和认知特点。

2.3.2.5 研究惯用语、俚俗语等

利用惯用语、俚语、俗语等来研究各民族文化的方法被称作"镜像法"，即以这些语言表达为镜子照出各民族的审美情趣和观念来（钱冠连 2004/2006:251）。因为惯用语、俚语、谚语、想法等都是一种语言的"素材"，如果一门语言仅作为交际语言，没有素

材，就没有了文化内涵(海然热 2015:131)。其中，"在几乎所有文化中，谚语作为一种丰富多彩的和生动的语言，为后代提供行动的指南。……以至于一句德国谚语认为'一个国家的文化取决于这个国家谚语的质量'"(萨默瓦等 2013/2017:23)。

李庆善(1996:35-37)在谈到中国民谚的研究价值时，曾总结了民谚的四个特点，即"经验的结晶、民俗文化的创造、经久而广泛的传承、口头语言"，还提到，民谚凝结着广大民众的聪明才智，谚语里隐含着人们"做人处事、待人接物的各种成训、规则、方法、策略和技巧"，并且"谚语是属于整个世俗社会的"，"普及的广泛程度简直令人瞠目"。所以罗常培(2015:96)说：从许多语言的习用词或俚语里，我们可以窥探不同语言造词的心理过程和那个民族的文化程度。박갑수(2014b:66)曾说"惯用表达是文化的一个非常有特征的断面"。

例如，1592年(壬辰年)发生了日本人侵略韩国的壬辰倭乱，根据这一历史事件，韩国有了俗语"임진년 원수다"，比喻永远忘不掉的千古仇人，这反映了韩国人对日本人的态度。对现代韩国人来说，虽然他们没有经历壬辰倭乱，但是通过这种语言的形式，他们的思维被规则化，让他们的思想被统一到"日本人是千古仇人"上来，而不会产生其他的偏离，这是一种潜移默化的历史和思想教育。

如果一种文化里，与某个文化现象相关有众多的近义惯用语或俗语，也说明这种文化现象在相关文化里的重要位置。韩国语里人体语言中有发达的近义惯用语表达，例如与听有关的惯用语主要分为两大类，一类与不好好听有关，足有七类惯用语，分别借用耳朵的总称"귀"和不同部位"귓등、귓전"以及动词"흘리다、흘려보내다、넘기다、듣다"等来表达不好好听的意义，另外"귓등으로 듣다、귓등으로도 안 듣는다"虽然一个是肯定句，一个是否定句，

但表达的都是不好好听之意。相反，汉语只有"一只耳朵进一只耳朵出、当耳旁风、耳朵干什么去了"三种表达，并且第三种表达并不是惯用语，一般情况下更常用抽象表达"不好好听"。第二类与偏听偏信有关，有六类惯用语，还有俗语"귀가 항아리만 하다"，有时也用"팔랑귀"，而汉语一般只有"耳朵根子软"或抽象表达"偏听偏信"。由此可见"耳朵"和"听"在韩国文化中的重要性。

有时一种文化现象可能为两种文化所共有，但是有的文化里发展出了相关的词语、惯用语或俗语，并且产生了比喻意义，有的文化里却没有产生类似表达，这也是文化差异的一种重要表现。

例如，中韩两国人都有拿灯芯或棉芯放到别人鼻子里使其痒痒的顽皮行为，但汉语里一般都用词组来表达，相反韩国语里可以用词语"코침"来表达这种行为，并且还多用于惯用语"코침(을) 주다"中，指刺激鼻子，如(1)，在此基础上还产生了比喻意义，比喻使别人烦、发火。第二个意义是从第一个意义发展而来的，因为刺激别人鼻子的结果就是使人发火，而鼻子被别人捅并不是令人愉快的事情。

(1) 장난을 좋아하는 그는 자는 사람들에게 **코침 주기**를 계속하였다. 他喜欢开玩笑，所以别人睡觉时，他经常用棉芯来捅人家的鼻子。

汉语有时用吐口水来表示所有权，如对某个东西感兴趣，不想让别人占有时，可以围着这个东西，吐唾液，表示所有权，但没有相应的语言表达。相反，韩国语里产生了惯用语"침을 바르다"来表达这些意义，说明"口水文化"在韩国文化中具有更重要的地位。

综上所述，文化研究不仅需要研究词语、词义，还需要研究和分

析一个文化里的谚语、民谚、习用词、俚语等，韩国语里称作惯用语和俗语。本研究所涉及的惯用语与俗语均来自《표준국어대사전》。

2.3.2.6 研究修辞

人们在表达思想时，会利用各种修辞方式来达到自己的交际目的，例如可以利用比喻、通感、拟人、用典、对比、夸张、反问、反语、双关等修辞方式，其中比喻、通感、拟人等还出现在语义变化中。而用典是韩国人语言表达中的一个突出现象，韩国人用典主要集中于人名和地名的用典。对比、夸张、反问的手法经常出现在俗语表达中。日常交际中韩国人经常使用谐音、委婉语、反语与多义双关表达。韩国人还经常在日常生活中使用与排泄物有关的禁忌语、与死亡有关的禁忌语，这本身就是一种值得关注的文化现象。

2.3.2.7 研究语法

语法包括词法和句法。其中词法包括词汇的结构、词缀的形成、词性、搭配关系、语用频率等，这些都与文化密切相关。

例如，从词组到合成词的发展很重要的一个条件就是语用频率，而语用频率反映的是社会对某个事物或概念的关注，反映的是社会文化的发展和变化。从合成词的前后成分再继续发展成前缀或后缀，也与语用频率高以及结合范围广有关，并且也与人们对它的语义的抽象有关，这种语义的抽象归根结底是人们对它所代表的事物的一种抽象认识，是文化和认知作用的产物。

合成词是比单纯词更复杂的结构，刘丹青(1995a:102)曾说："组合性单位的相对长度，与其文化重要性成反比，即同样的所指内容，在甲语言中用较简短的语言片段表示，显示它在此文化中占有较重要的地位，否则则处于非文化中心地位。"

韩国语里有丰富的与睡觉有关的词语，这些意义在汉语里却多用词组或解释性语言来表达，这说明与中国人相比，睡眠在韩国人文化里占据非常重要的位置。同样的道理，韩国语的"개 狗"从实词发展成否定意义的前缀"개-"，反映的也是狗对韩国社会的重要性、韩国人对狗的细致观察以及韩国人对狗的消极印象，前缀"개-"所表达的否定意义在汉语里更多地是用词组或解释性语言来表达，这也说明狗在中国文化里的重要性赶不上在韩国文化的重要性。

"构成合成词是出于用简捷的语言手段表达新义。除此之外，构成合成词还有一个用意，就是对同一事物进行分类"（张世广1992:133），例如"개떡、개먹、개살구"是根据物品的质量进行分类，从而使"떡、먹、살구"产生了联系，并且用前缀"개-"来表达这种质量意义。这反映了韩国人喜欢以动物来喻人、喻物的思维方式。

合成词的词序也是重要的研究内容之一。韩国语有固有词"눈비 雪雨"，结合顺序是"눈"在前"비"在后，但汉字词"우설(雨雪)"是"雨+雪"的顺序，由此可见，汉字词"우설"不是日源汉字词或者韩国人自创的汉字词，而是从中国传入的汉字词，因为这种先后搭配反映的是中国人的思维。类似的还有"풍상(風霜)"，这个词也是源自中国的汉字词，因为韩国人思维里用"风"来表达挫折或困苦意义的情况很少，一般多用"雨雪"。所以借助汉字词与固有词的构词方式也可以来探索中韩两国人的认知与思维的不同。

句法研究内容除了基本的句子结构、语序、句子成分、时态、单复句等之外，还包括各种具体的句式、句型。韩国语代表性的语法内容之一是敬语系统，反映的是韩国的权威文化、尊卑文化、关系文化；韩国语的被动句和被动词的使用也是韩国语的特点之一，这也反映了韩国人复杂的精神文化；各种非直抒性的句型也是韩国文化的体现；汉韩两种语言的句子结构和语序也表现出很大差异，反映的是中韩两国人不同的认知和思维方式。

句法也包括搭配关系。韩国语与汉语在词语搭配特点上也有很大不同，并且韩国语表现出了更强的搭配自由性，词或词组之间的这种搭配特点以及由此形成的词语的搭配意义除了与语言本身的特点有关，也要从文化和认知的角度去分析。并且，搭配关系还可分为中心类搭配、中间类搭配和边缘类搭配(许余龙 1992/1997:156)，其中，与中心类搭配相比，边缘类搭配反映了词义的泛化方向，在跨文化对比中更容易出现对应差异。从搭配的结合程度来看，有惯用语、固定搭配、临时性搭配，其中惯用语更能集中体现文化和认知。

2.3.2.8 研究语用

洪堡特(2011:57)认为，语言的精髓，那种最深奥、最微妙的东西，绝非体现在散乱的词汇、规则、孤立的要素中，而是体现在每一个生动的说话行为中，体现在连贯的话语中，只有在现实发生的语言中，我们才能深入探讨语言的生动本质。

例如，韩国语的敬语表达在日常语用中有很多非语病的策略表达，那么为什么会有这些用法，这些用法表达的意义是什么？表达了怎样的感情和心理？这里面包含了丰富的文化信息，这也是文化分析的研究内容之一。此外，语法中的不同句式表达也具有重要的交际功能，例如，反问句可以表达肯定，也可以表达否定意义。词汇、惯用语、俗语以及修辞等也只有在生动的话语中才能更好地理解和体现文化，并且语用环境还会对这些语言形式的发展起制约作用。为了更好地研究韩国语文化语词和表达的实际语用意义，本研究的例句大部分都采用了电视剧的台词、新闻语言、文学作品语言等。

2.3.2.9 研究语言的演变

"一个词语的演变实际上与众多因素有关，它们并非都是语言学范畴内的。它所继承的语义使之在当代应用中与过去建立了一定的依存关系"(库什 2016:8)。"如果我们想要发现把语词及其对象联结起来的纽带，我们就必须追溯到语词的起源。我们必须从衍生词追溯到根词，必须去发现词根，发现每个词的真正的和最初的形式。根据这个原理，词源学不仅成了语言学的中心，而且也成了语言哲学的基石"(卡西尔 1985:145)。而词源与词族的关系也可以形象地比喻成橡树和灌木丛，即"每个词族都像是一片灌木丛，围绕着一棵神圣的橡树——即一个感性的基本概念——交错纵横地生长起来，而在那棵橡树上面还残留着一些痕迹，让人看得出树精或森林女神曾经带给语言发明者的印象……"(赫尔德 2011:47)。

韩国语是形态语言，在历史发展过程中很多语言形式(包括汉字词)已发生了形态变化，如果仅着眼于共时研究，有时很难对相应语言现象作出正确合理的解释，所以有时需要综合借助词形和语义变化来复原不同词语之间的同源关系。例如，韩国语里腿称作"다리01"，过去韩国女人戴在头上的假发称作"다리03"，如果仅从词义来看，两者看似没有什么关系，但如果考虑语言的形态变化，则可以发现两者都与表示挂、关联意义的动词"달다"有关，即"다리01"意为连着身体的，"다리03"意为连着头部的，两者都是动词"달다"的名词形式(최창렬 2006:40)。韩国语里还有很多汉字词发生了形态变化和语义变化，有的词典里已不标注是汉字词，但从词源学的角度去分析的话会发现一些词语与汉语有着很大的关联性，例如"동냥"是从与佛教有关的汉字词"동령(銅鈴)"演变而来的。

研究语言的演变不仅仅是复原词语之间的词源学关系，语言变化的内涵还有助于增加我们对人类过去的了解，通过辨别相关语言中从古代祖先语言残留下来的词语，语言人类学家也可以联想到祖先语言者生活在什么地方以及如何生活(哈维兰等 2014:14)。例如罗常培(1989:10)以汉字"家"为例曾说过："我推想中国初民时代的'家'大概是上层住人，下层养猪。现在云南乡间的房子还有残余这种样式的。若照'礼失而求诸野'的古训来说，这又是语言学和社会学可以交互启发的一个明证"。顾炎武《日知录》卷二十三考证《春秋》共有二十二个姓，其中从女的姓有"姬、姜、姚、姒、妫、嬴"等，从中我们可以得出这些姓的产生时期是母系社会这一文化信息。韩国的古代歌词、时调里出现了很多中国古代的人名、地名名称，借助这些语料也可以对中国人名、古代地名的形态、语义进行研究，借此来探究中国人名、古代地名的变迁过程。

研究语言的演变、对语义进行溯源研究还可以发现语义变化背后所隐藏着的认知和思维。例如，韩国语里"예쁘다 美"是从表示可怜意义的"어엿브다"演变而来，由此可以发现韩国人对美的定义是一种被动的"可怜美"，而同样表达美意义的"곱다"是从表示曲线的"굽다"发展而来，这也可以发现韩国人是以曲为美的(허세립、천소영 2014:58-59)。

所以说，"从研究词汇的出现、变化、派生、消失等语言现象着手，去探索社会生活的变动，是有可能的，也是有必要的"(陈原 1983:266)。

2.3.3 对文化、语言、认知的综合研究

文化与语言无法完全割裂，各个文化要素之间也是互相牵扯连贯的，文化与语言形成了一个个或明显或隐晦的语言文化框架，只不过不被人们所识别而已。如果只对某个文化或语言现象进行研

究，则很难全面地理解文化和语言，因为看似简单的文化或语言现象，其生成原因可能涉及很多方面。只有在一个更广阔的视野里去审视才能深刻地观察韩国的语言与文化。

文化语言学研究的目的不外乎两个，即借助文化解释语言或借助语言来分析文化。如果是借助文化来解释语言，要与纯粹的语言学内部研究结合起来，只有两者结合，才能保证解释的合理和客观。如果是借助语言来研究文化，那么需要确保语言资料的全面。如果是将这两个目的结合起来进行研究，那么涉的内容将更加广泛。

本研究是将两个研究目的融合在一起的综合研究，所以为保证研究的科学性和全面性，在具体研究分析时要综合借鉴描写语言学、词源学、话语分析、人类语言学、社会语言学、认知语言学、民族语言学、生态语言学、文化相对论、文化地理学、进化论、心理学（人格心理学、社会心理学、生理心理学、生物心理学）、一般社会学等多种理论的成果。这对研究者也提出了更高的要求，即不仅要通晓语言学知识，也要具有其他相关学科的各种理论知识和素养。

具体而言，首先要利用描写语言学理论对某一语言与文化进行描写；第二，在对具体的语言现象进行分析时，除了利用普通语言学知识外，还要利用词源学理论、认知语言学等理论进行分析。第三，探讨语言现象所反映的文化现象时需要利用话语分析、社会语言学、人类学、进化论、民族学、心理学等众多理论。第四，在对文化进行分析时，还要贯彻人类学的"整体性、比较性、时间性"理论与研究方法，还要利用民族学、文化相对论以及对比语言学理论。只有这样才能保证研究的客观性、全面性和科学性。理由有如下五点：

首先，在研究内容上要进行大范围的综合研究，才能从一个较全面的角度来探讨语言和文化的关系。

例如，面对惯用语"꼭지가 돌다"时，首先要分析"꼭지"的意义，而韩国语里"꼭지"是多义词，可以指植物叶子或果实能够挂在枝干上的蒂、器皿的盖子或把手等，此外，还作依存名词，指各种单位。那么就要分析惯用语利用的是"꼭지"的哪一个意义，而在这个过程中需要了解韩国人表达生气发火时可以用动词"끓다"，而这个动词这种比喻意义的产生则要涉及认知语言学的隐喻这种语义演变方式，此外还要对"烧水"这种生活常识有充分的了解，才能将表达生气意义的"뚜껑이 열리다"与其联系起来，然后再根据烧水时壶盖转动的形象特点，再与"꼭지가 돌다"联系起来，最终判断"꼭지"利用的是多义词的哪一个意义。而"꼭지가 돌다"的产生还有另外的语义线索，即韩国语里动词"돌다"可以俗指精神出现异常，而出现精神异常的诱因之一就是强烈的精神刺激，所以韩国人在表达生气等消极感情时还会自言自语地说"돌겠다 真要疯了！"这种表达。只有对这一系列的过程和内容都进行研究，才能从一个较全面的角度将语言和文化的关系解释清楚。

再如，本研究通过分析大量俗语发现，韩国人对高个子持否定态度，要解释这种思想的形成需要对古代人物画作、人物描写入手，才能发现贱视劳动的思想最终影响了韩国人的外貌观。

其次，只有以大量例证为依托，语言和文化的关系解释才能更客观、全面，尤其是在分析语言与思维的关系时，"只有在充分把握丰富的语言现象的基础上和前提下，我们才能言之有据地分析思维形态，因为正是在复杂纷繁的语言现象中，留下了操某一特定语言的民族的思维方式、特征和风格的蛛丝马迹"(刘宓庆 1992:74-75)，并且根据这种发现也可以对语言的追根溯源提供理论根据。

本研究通过大量语言资料发现，韩国人喜欢用不存在的事物来比喻不可能、不可理喻、荒唐等意义，这一发现可以对박갑수(2014(상)a:408)中所提出的"개뿔、쥐뿔"的语源研究进行否定，

该研究认为这两个词中的"뿔"不是角，而是"불 阴囊"的形态变形后形成的，因为"개+불""쥐+불"的发音是重音，所以最后形成了"개뿔、쥐뿔"。这一观点是从形态变化角度来为这两个词溯源，但根据我们的发现，这两个词中的"뿔"应该就是"角"，并且韩国语还存在汉字词"토각(兔角)"，比喻不存在的事物，这也是对本研究观点的支撑。

第三，为了将文化和语言的关系上升到理论层次，发掘出规律性的东西，必须依靠综合性研究。

中韩两国都具有很重要的"关系文化"，但本研究发现中韩两国的关系文化并不相同，其中中国人是"圈子文化"，而韩国人是"线绳文化"，为了说明两者的区别，就需要对韩国语的相关语言现象进行细致分析。虽然中韩两国人都注重人际关系的和谐，但与中国人相比，韩国人更具有察言观色的文化特点，其中最重要的表现就是"眼睛文化"的发达，这就需要对韩国语里与眼睛有关的词语、惯用语、俗语进行彻底的分析，并与汉语进行对比，才能使"韩国人有察言观色的文化特点"这个观点成立。

韩国人有席地而坐的坐式文化，在过去这只是被看作一般住居文化现象而已，但本研究发现，韩国人的这种坐式文化对韩国社会产生了非常深远的影响，韩国的建筑、服饰、饮食、礼仪、教育、艺术，以及韩国人的肢体语言、婚姻、死亡等都与席地而坐的坐式文化密切相关，而韩国人代表性的性格特点"重感情、重视身体接触"的形成其实也与这种坐式文化有不可分离的关系。

第四，只有综合性研究才能发现看似无关的文化和语言现象之间的关系，增强文化语言学研究的深度。人类世界是互相关联的，人类认识世界的方式、手段、工具等也都是互相关联的，语言形式是对人类生活的记述，所以不同的语言形式之间、文化之间、各种语言现象与文化之间也必然是相互关联的。

例如，韩国语有很多与酒掺水有关的俗语，也有意为没有味道的词语"맹물、맹물단지"，汉字词"당돌하다(唐突--)"发生了异乎于汉语的语义演变，在重视权威和秩序的韩国社会还产生了大量与"빠치다"有关的表达，这些语言现象看似没有任何关系，但在综合研究思维下会发现这些语言现象其实都是受韩国人的认知思维特点和饮食文化的影响产生的。

再如，韩国人有非常突出的"恨文化"和"排解文化"，这些文化特点也表现在众多的语言形式上。韩国社会还是关系社会，但与中国人的"圈子文化"不同，韩国人的关系文化是"线绳文化"，这也表现在丰富的语言形式上。而正是在综合分析大量语言形式的基础上才会发现"恨文化、排解文化、线绳文化"彼此之间是相通的，最终可以借助语言将韩国人的文化研究上升到一个完整、有序的统一体。

第五，综合性研究还需要借助跨文化对比研究的方法。对中韩两国这种具有很大相似性的两种文化进行对比，会发现在抽象的、上层层面上具有非常强的相似性，例如两者都属于儒家文化圈，都具有辩证思维、具象思维，都有天人合一思想，都重视人际关系的和谐，都是强语境文化……这些文化特性都是抽象的，概括的，具有很大的笼统性，要想发现两种文化深层的、本质的区别，必须深入到语言文化的深层和细节之处，这就需要对两国的语言文化，尤其是对韩国的语言文化进行大范围的综合研究。

如上，通过语言资料来推断思维方式，反过来再对语言现象进行探究，这种研究方法的基础是大范围的综合研究。尤其是研究外国语言与文化，更需要大范围的充分研究，才能保证研究结果的正确性、普遍性和科学性。

例如，韩国语里有与眼睛有关的丰富表达，涉及眼睛的动作(睁、合、闭、眨、揉)、眼珠子的动作、视线的正斜、眼睛的空间关系、眼睛的感觉、眼睛的颜色、眼里长出的东西、眼角等，并且眼睛还与能力发生关系。对这种突出的语言现象如何做出解释？只有借助文化进行综合分析才能做出合理的解释。

反过来，如果要了解韩国文化里的"笑文化"，则需要对与"笑"有关的词语的语义和引申方向、构词形式、俗语等进行充分分析，在此基础上与传统的儒家思想进行联系，才可能对韩国的"笑文化"有更全面的认识。

再如，关于中西方和中韩两国的"墙壁文化"和"锁具文化"，不同学者有不同观点，如何对其进行判断，并进而挖掘出深层次的东西，不仅需要借助观察所得的表层文化，还需要通过语言来研究深层文化，只有两者结合才能使研究更加客观、全面。

所以本研究通过对韩国语言文化的尽可能广泛的研究，力图在建立一个个小范围的韩国语言文化框架的基础上，逐渐建构起一个大的韩国语言文化框架，从而使各个语言与文化要素成为一个有序可循、有章可依的统一体，不再是杂乱无章的个体的组合。

2.4 研究方法

2.4.1 对语言展开跨学科研究和描写

"想象一种语言就意味着想象一种生活方式"（维特根斯坦 2017:12），因为"每一个语言都浓缩了其使用者的世界观——他们如何思考，他们重视什么，相信什么，如何将身边的世界分类，如何安排自己的生活"（迪克森 2010:122）。沃德华(2009:448)在引用迪克森的话时说道："每一种语言都概括了使用者的世界观——即他们的思想、价值观、信仰，对世界的划分方式以及组织生活的方式"；两人都同时提到"一旦一种语言死亡了，人类文化的一部分也随之消失——永远消失。……当下语言学家最重要的任务——唯一真正重要的任务——就是在还来得及做的时候，走到田野去描写语言。"这说明，对语言学家来说，研究、描写语言具有重大意义。

卡西尔(2014:60-62)曾说过："我们不能对人类文化的任何分支进行衡量，除非在衡量之前已经有描述性的分析。……对人类文化进行整理的尝试在某些具体学科里已经开始，例如语言学、神话和宗教比较研究以及艺术史。所有这些学科都在努力寻求某些原则，寻求具体的分类，本质上是把宗教、艺术和语言现象纳入一个系统化的秩序当中。如果没有这些学科建立起来的综合，哲学将无从起步。"也就是说，研究文化首先要对其载体——语言进行描述性分析，并综合和集中各个学科，使其上升到哲学的层次。

因为语言是浓缩了的文化，当经历很长的历史时期后，语言与文化之间的显著的关联性就会因为人类代际间的死生、环境地域的变化等所阻断，从而使语言有了滞后性，所以为了研究语言与文化之间的关系，就需尽可能地借助多种学科的帮助，例如为了解释不同语言里"牛-马"和"牛-鸟"等动物经常成对出现的现象，需要借助宗教、考古发现等。

2.4.2 进行跨文化对比研究

"只有当我们拿自己与其他社会的人们相比较时，才会意识到人们在文化方面的同和异"(C.恩伯、M.恩伯 1988:2)。因为"存在的并不就是意识到的。人们对自己所属的文化世界熟视无睹，习焉不察，尤其是语言"(姚亚平 1990:224)。本族语使用者对于母语及其各种表征总是习焉不察；而对非母语语言的某些特点，尤其是异于本族语的部分，则高度敏感，因而对比分析是语言研究的基本方法之一，在对比中语言的共性和特性能更好地显现。

正像洪堡特(2011:72)所说："每一语言里都包含着一种独特的世界观"，"人从自身中造出语言，而通过同一种行为，他也把自己束缚在语言之中；每一种语言都在它所隶属的民族周围设下一个圈子，人只有同时跨进另一种语言的圈子，才有可能从原先的圈子里走出来。所以学会一种外语或许意味着在迄今为止的世界观领域里赢得一个新的出发点。"歌德也曾说："如果一个人连一门外语也不懂，那么就连他自己的语言也不懂了。"也就是说，为了真正懂得语言，一个人必须掌握互相比较的材料(戈德伯格 2003:196)。

首先，跨文化对比可以借助不同的语言表达对两种或多种文化进行对比。因为语言反映不同民族的价值体系，由于各民族的价值观念不同，对语言中词语的感受不同，对事物的处理也各不相同(潘文国 1997/2014:29)。语言是仅次于宗教的、是一种文化的人民区别于另一种文化的人民的要素(金英君 2015:21)。例如，中韩两国所说的北斗七星，北美人认为像勺子(Dipper)，有的文化认为像犁(Plow)，有的文化认为像熊(Bear)，对同一事物的这些不同表达的产生是经验的结果(普罗瑟 2013:161)。也就是说，不同文化背景下所产生的经验影响了各自的语言表达和语义引申，反过来，通过这些语言表达和语义引申可以反观不同的文化经验和思维方式，而这也是本研究的重点。

第二，跨文化对比研究可以借助他国文化来验证本国文化，可以借助其他文化里的语义引申规律来为韩国语某些文化词或表达的语义引申提供借鉴。例如，裙带菜在韩国语里拥有很强的文化内

涵。惯用语"미역국을 먹다"可以比喻生产，也比喻失败，关于失败意义的产生，有的韩国学者(홍윤표、류수현)认为：裙带菜是生孩子后吃的东西，而韩国语生孩子为"해산03(解産)"，这个词语与"해산04(解散)"同音，这与日本侵占朝鲜半岛、解散朝鲜军队产生联系，因此"미역국을 먹었다"就成了"해산 당했다 被解散"的隐语，发展到现代社会就具有了失败意义[02]。但是还有一种观点立足于裙带菜的特点和饮食禁忌的角度，即裙带菜非常滑，滑的话，就容易掉下来，可以帮助产妇排除体内的有害物质，在此基础上，滑的意义继续发展，就有了不成功之意，这与汉语"掉下来就是失败"的思维是一致的。两种观点哪一个更具理据性呢？我们可以借助其他文化的知识来进行验证。例如，恩登布族的男巫禁食有黏滑叶子的几种菠菜，因为这些叶子会使他的占卜能力滑走(V.W. 特纳尔 1961:47-48；转引自列维-斯特劳斯 2006/2014:90)。由此，我们可以判断上面关于"미역국을 먹다"产生原因的第二个观点可能更具理据性。

第三，跨文化对比研究可以找到解释某种文化的方法论，并且能保证研究结果的正确性。例如，为了解释"牛-马""牛-鸟"成对出现的语言现象，需要对欧洲、中国等地的史前文化、考古发现、原始思维、原始宗教进行综合分析。

第四，跨文化对比研究可以更多地发现不同语言文化的民族性和特色。过去的语言文化对比研究多集中于东西方语言文化之间，同是东方语言文化之间的对比则多集中于中日、韩日之间，专门针对中韩语言文化对比的研究非常少。不同文化之间进行对比时会有相应的比较点，在东西方进行对比时不突出的比较点可能在东方文

02　网络资料："우리말 어원 이야기"。

化圈之内成为突出的比较点，在日韩语言文化对比中没有引起注意的可能是中韩语言文化对比的突出比较点。

例如，与英语进行对比时，英语的海洋语言发达，而韩国语是情绪性和感觉性的语言发达(박갑수 2013:46)，也就是说，与岛国英国相比，半岛国家韩国的海洋语言不发达，但是当韩国与中国相比时，韩国语却有丰富的鱼类、贝类语言，并且都产生了比喻意义，汉语里此类表达却相对较少。再如，东西方文化进行对比的话，与西方文化相比，东方文化具有强语境的文化特点和具象思维的特点，但中韩两国再进行对比的话，会发现韩国人的强语境性和具象思维的程度明显高于中国，语言也具有异于汉语的语义模糊性。这种差异就是跨文化对比的比较点，就是民族性和特色。

第五，跨文化的语言对比和语义引申研究还有助于对同音词进行语义重塑。

例如，韩国语里"치다"有很多同音异义词，박갑수(2014b:39)认为表示繁衍意义的"치다07"其实与表示打意义的"치다02"应该同源。它们之间的关系可以从古代最早的饲养形态来分析，古人以狩猎为生，要对野兽围追堵截、驱赶、殴打，得到的野兽如果很多也会暂时圈起来养着，慢慢地开始了牲畜的饲养和繁育，在这一过程中，最初表达"打"意义的"치다"慢慢产生了繁衍之意。这种分析正确与否可以借助其他文化里的语言学知识来进行验证。例如，汉语的"牧"字在小篆里也是赶牛的形象，之后发展出了放养牲畜之意。因此借助汉语的造字法可以证明韩国语同音词"치다"的语义分化分析是正确的。

再如，与猪的象征意义有关，韩国语有汉字词"돈(豚)"与"돈"，后者意为钱，《표준국어대사전》没有将其标注为汉字词，但是笔者认为这个词应该与"돈(豚)"有关系。因为"古时候拿牲口当做一种交易的媒介物"具有文化共性，例如，英语的fee是

由古英语feoh变化而来，其意义是"牲口、家畜、产业、钱"；梵文的þaçu或拉丁语的pecu也是同样的类型(罗常培 2011/2016:5)。英语的cattle(牛、牲口、家畜)在中古英语中指"财产"，同英语的chattels(动产、奴隶)、capital(资本)也是同源词；乌克兰语的товар既表示牲畜又表示货物(伍铁平 2011/2015:107)。根据这些语言中牲畜与钱的关系，又因为"돈(豚)"与"돈 钱"词形相同，所以可以推断两者同源，都是汉字词，不过后来，"돈 钱"单独分化成出来成了独立的词，而两者的关系也被慢慢地遗忘[03]。

第六，跨文化对比也可以发现由语义搭配上的不对应而反映出的语义特点以及文化和认知上的差异。借助中韩相关词的搭配问题对比可以发现中韩两国文化以及认知的不同。

总之，韩国文化语言学研究应该与其他文化做对比研究，例如，韩国语汉字词语音与中国方言对比研究，韩国语与日语、英语等语言的跨文化对比研究等。

2.4.3 其他研究方法

本研究采用的其他主要的研究方法还有田野调查法、话语分析法、例证法、语义镜像法、描写与解释相结合、归纳法、微观与宏观相结合的方法。

田野调查法。笔者从事韩国语学习和研究已达二十八年，期间

---

03 关于"돈"的语源，韩国有几种不同的说法，有的认为是动词"돌다[回]"演变而来的；有的认为是"동(銅)"和"은(銀)"合音形成的；有的认为是从"刀"演变而来的，因为一直到高丽时期韩国的"錢"和"刀"被同时用作货币单位，发音分别为"도"和"돈"，到朝鲜时代创制韩文之后都统一成了"돈"，但是都没有定论(김동진、조항범 2001:91)。

在韩国累计研修、学习、工作八年多，接触过无数的韩国人，并与很多韩国人以邻相处，以友相交，参与到他们的日常生活中去，在自然状态下对韩国人的文化展开观察，并做了相关的第一手的早期资料搜集。这些直接与间接的调查对理解分析韩国文化有很大的帮助。

话语分析法。对电视剧台词、新闻、文学作品、网络资料进行话语分析，分析话语的语义结构与意识形态、社会文化传统的关系，分析话语活动与认知、心理之间的关系等。

例证法。语言研究不仅仅限于词典里的概念研究，还需要大量的语用研究，才能将语言表达的实际语用意义和隐含的文化意义分析清楚，尤其是在进行外语研究时，因为外语研究不同于母语研究。所以本研究采用了大量鲜活的例句来进行例证分析。这也是本研究的重要内容和创新之处。

语义镜像法。"语义镜像法"最初起于自然语言处理，其基本假设是：在单一语言下，看似一致的语句一旦翻译到其他语言中去，其语义和语用差别就会清晰地显示出来。这意味着"我们观察一个词项时，它的意义在其他语言中也会被反映出来"(Dyvik 2002:1785)。鉴于语言翻译中的对等性，有时源语中因某种因素未能明示的意义往往能够通过目标语中的不同等价词得以体现，所以对等价词的选择在一定程度上能够反映出源语中隐含的语义及语用差别(姚双云 2017:3)。因此本研究的例句都提供韩汉对译的方式，借助在汉语的等价词来反观韩国语的语义。

描写与解释相结合的方法。本研究先根据文化的不同层级分类确定相关的语言表达，并对其意义和语用进行分析，这些属于描写部分。然后分析这些语言表达方式的产生和变化原因，这是解释部分。

归纳法。本研究总的结构是归纳式的，先对自然文化语言、生活文化语言、精神文化语言等三个层面的语言文化现象作具体、细致的分析，以此为基础归纳和综合。不过，具体到某些章节，也会利用演绎与归纳相结合的方法。

微观研究与宏观研究相结合。首先对自然文化、生活文化和精神文化的相关语言表达进行细致入微的、详尽的分析，形成《韩国自然文化语言学》《韩国生活文化语言学》《韩国精神文化语言学》三部专著，这属于微观研究。以此为基础，用归纳法进入宏观分析，宏观分析主要集中于《韩国文化语言学综论》与《语言与文化》两部专著之上。这种微观分析与宏观分析相结合的方法有利于更细致、更全面地分析韩国的语言、文化以及认知。

2.5 研究思路与框架

2.5.1 研究步骤

本研究主要按照以下三个步骤展开：

第一步，以文化语言学理论为基础对文化进行语义分类，将文化分为自然文化、生活文化和精神文化，再各自进行各个层次的多层级下义分类，以各个层级的文化分类为纲，确定反映这些文化的语言表达（词语、惯用语、俗语、语篇等），相当于建立一个个小的语义场，不过与严格的语言学上的语义场相比，本研究建立的是文化意义浓厚的词语所组成的语义场，可以称作"文化语义场"。

第二步，按部就班、详细分析各文化层级的代表性词语，首先看这些文化词的具体意义表现（词典意义和语用意义）、惯用语和俗语，并借助在日常生活中的语用现象（电视剧台词、新闻、文学作品、语料库、网络资料）来进行例证，同时分析这些语言表达的意义变化或语用变化的原因，探讨它们与文化的关系。在分析过程中，主要借助与汉语和中国文化的对比分析，必要时还会借助与其他语言和文化的跨文化对比分析。最终发现、归纳语言与各文化分类、各文化层级之间的关系以及背后所隐藏的韩国人的认知、思维和哲学思想等。

本研究的分析可以看作是一种穷尽式的分析，目的是为了从更大范围内来验证语言与文化关系的普遍性，并发现语言现象与文化现象之间多维度的对应关系，确保研究内容的客观性和科学性。

第三步，以第一、二步的研究结果为基础，对所得到的具体、丰富、详实的语言和文化资料进行科学地归纳分析，得出本研究的结论性分析。从多角度来分析韩国人的性格特点，构建"韩国语言文化框架"。

第四步，总结分析韩国语产生、发展、消亡的演变过程以及影响因素，探讨文化与认知对语言、交际的影响。

2.5.2 研究语料

词典是每种语言的集大成者，所以要想研究一种语言，利用其代表性的权威词典是最好、最便捷的方式，所以本研究关于词语的释义采用的分别是韩国《표준국어대사전 标准国语大辞典》、中国的《汉语大辞典》(v6.70注册版)《汉典》[04]的词典释义，如无特殊需要，文中不再做特别标注。本研究涉及的韩国语惯用语和俗语都取自《표준국어대사전》。

本研究涉及到的汉语俗语、歇后语等来自《汉语大辞典》、前人

04　http://www.zdic.net/

研究以及网络资源。有关韩国文化的解释参考了《한국민족문화대백과사전 韩国民族文化大百科事典》(网络版)[05]、《대중문화사전 大众文化词典》(김기란、최기호 2009)，有关韩国语词语的历史变化语料主要涉及的词典有：《韩佛字典》(1880年)、《韩英字典》(1897年)、《朝鲜语辞典》(1920年)、《朝鲜语辞典》(1938年)等，涉及的古代典籍有：《雞林類事》(1103年)、《救急方諺解》(1466年)、《月印释谱》(1459年)、《譯語類解補》(1775年)、《法華經諺解》(1463年)、《新增類合》(이수룬가판)(1605年)、《同文類解》(1748年)、《疮诊方撮要》(1517年)、《东医宝鉴》(1613年)、《蒙语类解》(1790年)、《通学经编》(1921年)等。

2.5.3 分析语料

赵志裕、康莹仪(2011/2015:18)曾提到"文化是一个集体现象，它包括一系列共享的意义……这些意义体现在共有的物质环境(如一个村庄的空间布局、维持生计的经济)、社会机构(如学校、家庭、工作场所)、社会实践(如劳动分工)、语言、会话图式和其他媒介(如宗教经文、文化符码、民间传说、习惯用语)当中。"赵志裕、康莹仪(2011/2015:18-19)还在总结前人研究的基础上提到：流行歌曲、新闻媒体、谚语、广告、消费符号以及法律和社会政策等媒介是文化的外部载体，文化知识在各种媒介中得以具象化，并被高效地进行传播。

因为本研究主要是研究语言这种媒介与文化的关系，探讨韩国人的文化，分析韩国人的性格、思维和认知方式等，所以需要能够对

05　http://encykorea.aks.ac.kr/

韩国人的文化和思维认知进行有效描写和解释的资料。因此在选取分析语料时主要遵循"文化性、时效性、全面性"等原则。根据这个原则，本研究的主要分析语料是热播韩剧台词，其次是新闻报道，第三是文学作品，第四是词典、语料库以及网络资源。

2.5.3.1 电视剧台词

本研究充分利用了韩国电视剧的剧本语言，之所以选择电视剧剧本语言，有如下理由：

第一，电视剧语言是口语化的，与实际生活极其相似，是社会生活和民族文化的集中体现方式之一。蒋勋(2014/2015(四):70)曾说：小说的语言是研究一个社会最好的资料，而电视剧语言又有与小说语言的不同之处，因为电视剧尤其是现代剧的对话内容与现代人实际生活中的对话并无二致，是活生生的生活用语，更能反映真实的语言和文化生活。并且，它还通过戏剧化的手段表达出了同时代的生活万象、价值观、思想、生活行为等(최선열等 1999:21)。所以电视剧包括它的语言和所反映的文化是理解和把握韩国人的语言活动和文化特性的具有时效性的重要资料。

第二，电视剧语言能提供更多的惯用语、俚语、俗语表达，钱冠连(2004/2006:82)曾指出俚语诙谐生动、粗俗却有表现力，符合人们求新脱俗的心理，因此在日常生活中经常使用，是挂在人们嘴边的表达。韩国语的惯用语、俚语、俗语也频繁出现于电视剧对话中，对高级外语学习者来说，这是交际必须学习的内容；对研究者来说，这部分内容是文化性非常突出的部分，更能反映韩国人的语言和文化特点。

第三，电视剧语言能提供词典和教科书里所涉及不到的丰富的语用表达，能更清晰地反映韩国人的语言生活以及韩国语的文化特性。本研究所选的都是近年来的热播韩剧，时效性强，更能反映现代韩国人鲜活的文化生活与语言生活，具有词典、语料库所无法企及的优势。

第四，从语料的语体形式来看，文学作品、词典、语料库里所涉及的语料更多的是书面语语料，相反，电视剧语言是口语语言，更贴近生活，更能深刻反映文化。与以往研究多集中于书面语料相比，口语性的电视剧剧本台词可以使本研究的语料更具全面性。

第五，同一段电视剧话语所隐含的文化内容并不唯一，可以进行多角度的文化分析。

第六，电视剧语言的运用能够增加趣味性，使研究内容免于过于单调。

本研究所涉及的主要是2005年至2020年十五年间的115部、合计4734小时的韩国人气电视剧。资料的收集除了利用了部分纸质剧本之外，大部分是笔者在完成本研究的几年期间直接收看、转写的，从中挑选出了与本研究相关的文化内容和语料。

在收看电视剧影像资料时，笔者感到有疑虑的内容都咨询了相关外教和专家。个别例句如果在理解上感到比较突兀，更多的是因为：本研究受篇幅所限，很多电视剧台词没有提供完整的上下文语境，而只是截取了部分内容，但由于电视剧台词的语境性太强，所以有可能会带来理解上的难度。为解决这个问题，本研究中用作例句和分析材料的语料都在后面标注了剧名以及出现的集数，以便于研究者、教学者与学习者需要时可以查看相关的前后语境。

从电视剧的题材上看，既有家庭伦理剧，也有爱情剧；既有现代剧，也有历史剧[06]；既有现实写实剧，也有浪漫穿越剧；既有50集以上

06　关于历史剧的台词问题，虽然电视剧为了再现历史会故意采用一些古代的表达方

的长篇，也有30集以下的短篇，保证了题材的多样性，确保了语料的全面性。文中引用时，标记为《电视剧名，集数》。

2.5.3.2 新闻报道

本研究语料还参考了部分新闻报道资料，因为新闻是对新近发生的事实的报道，具有准确、真实、简明、及时等特点，能快速、真实地反映现代社会人们的现实与思想，具有很强的文化性，可以作为本研究的有效资料。从语体上看，新闻报道属于书面语，可以与口头语言的电视剧语料形成互补，保证语料的全面性。

所有的新闻都标注报道的年月日，便于需要时查询。新闻报道的网址标记分两种类型，作为例句来引用的报道资料，因为有原文引用，可以直接复制查找相关报道内容，所以不单独加脚注标明网址；还有一部分报道资料不引用原文而是引用报道的翻译内容，为便于读者对这部分内容进行查找确认，将加脚注并标明网址。

2.5.3.3 文学作品、语料库、词典例句、一般网络资源

本研究还充分利用了文学作品与语料库的资源，韩国语料库主要参考了"꼬꼬마 세종 말뭉치(KKMA)"以及国立国语院的"말뭉치"，而汉语主要利用了北大中文语料库(CLL)和BCC现代汉语语料库。

式，但是电视剧的观众是现代韩国人，为了使现代韩国人在收看时不出现交际障碍，历史剧的台词也不得不采用现代韩国语的表达方式，所以历史剧的台词仅仅具有一点复古风或拟古体(의고체)的特点而已(김미형 2012:226, 229)，所以历史剧的台词拿来作为本研究的语料不会出现问题。并且历史剧中的情节以及所反映的文化现象一般都力求与古代相符，而这部分内容也是本研究的内容之一，因此本研究选用了部分历史剧语料。

前三种渠道中无法获得的例句参考了词典的例句，文中不作特别标示。最后，对一些新词、新的表达方式，由于以上渠道难以获得相关例句，所以参考了一般性的网络资源。

2.6 成果形式

本研究的成果共有五部专著，首先是三部分论性专著，分别是《韩国自然文化语言学》《韩国生活文化语言学》《韩国精神文化语言学》，这三部专著是微观视角下的系统性研究，致力于探讨每个语言现象与文化之间的关系，以及每个文化现象是如何与语言形式结合在一起的，并探讨各类文化现象与语言之间的复杂关系，是"面面俱到"式的分析。

笔者之所以坚持采取这种"面面俱到"式分析方式，主要有以下几个理由：

第一，关于语言与文化之间的错综复杂的现象已成为研究者的共识，很多研究已从多个学科以及视角展开了分析，并得出了比较一致的理论观点。所以关于韩国语言文化的研究不是致力于创建关于语言与文化关系的新的理论，而是利用文化语言学这种理论与方法来验证它的类型学特征，探讨韩国语言文化现象与中国语言文化现象的异同点，纠明韩国语言与文化之间的关系、构建韩国语言文化结构，最终从文化与认知角度来解释韩国语的演变过程。

第二，与韩国语言文化有关的现有研究未受到广泛关注，已有的研究在范围与内容上大多比较狭窄。本研究的穷尽式分析是为了弥补现有研究的不足，并保证研究结论的客观性与准确性。

第三，如果无法对每一个语言现象和每一个文化现象做出详尽的分析，那么就无法发现语言与文化之间的复杂关系，也无法最终上升到理论总结阶段，最终对文化语言学理论与方法做出验证；对语言和文化现象的具体分析是理论分析与得出结论的基础与源泉；只有对最大范围内的语言与文化现象做出分析，才能保证理论与结论的可靠性与客观性。

综上，本研究前三部专著《韩国自然文化语言学》《韩国生活文化语言学》《韩国精神文化语言学》是于细微处见大义。

第四部专著是《韩国文化语言学综论》，是在前三部分论成果基础上，从宏观角度来论证语言与文化之间的复杂关系，从内容上来看，分别选取了自然文化、生活文化以及精神文化里最具代表性的某几个文化与语言现象展开分析，属于"以点带面"式的分析。

第五部专著是《语言与文化》，是跨文化对比分析，是对前四部专著的深化与延伸，共分四编，第一编分析体验（尤其是感觉体验）与语言之间的关系，第二编分析文化与语言变化，第三编分析文化与语言共性，第四编分析文化与语言差异。

自然文化篇

第三章

人体与语言

3.1 引论

关于人体，李鹏程(1994/2008:111-113)认为：

> "人的身体本身从其根本意义来说，并不是'文化的'，而是'自然的'……然而，当'人'一旦成为有意识的人，人的身体性就同动物的身体性有了根本的区别。……身体就不再是动物性的躯体，而成为人本身的意识指向的'载体'，成为文化的载体，从而成为'文化的'身体，成为文化的现实性的一种形式。而且，就人的生命存在的'自身性'来说，它是文化现实性的最基本的、也是最有意义的形式。……身体的存活对人来说已经不像动物那样是一件不得不'顺应'自然的事，而成为人自己'本身'的事，因而，人必须为这个自身生存的'目的'去'想'、去'做'。……当人类成为为自己的生命存在去'想'、去'做'的存在物的时候，人类就开始了自己的文化历程。而这种历程正是由人的身体的行为(活动)所表现出来的。"

也就是说，人体属于自然界的一部分，但同时又具有强烈的文化性，这种文化性表现在人体的行为活动上。与其他事物相比，

"人体是我们最熟知的物质宇宙的组成部分。它不但是体验世界的条件，而且是一种可以接近的物体，我们总是能够观察到它的特征"(段义孚 2017:72)。正因为如此，我们可以借助身体来体验世界，"身体是我们掌握世界的最原初的工具"(舒斯特曼 2014:34)。例如，汉字构形就是"人本位"，大量汉字在字形上描绘出了人生景象，而一些非人类所有的事物，在造字构形时也采用人体或人事图像来表达(陈载舸 2017:17)。

简而言之，人体主要被人类用来与人沟通、传递信息，以及表达心理感情。

3.2 人体与沟通

"身体是我们身份认同的重要而根本的维度。身体形成了我们感知这个世界的最初视角，或者说，它形成了我们与这个世界融合的模式。它经常以无意识的方式，塑造着我们的各种需要、种种习惯、种种兴趣、种种愉悦，还塑造着那些目标和手段赖以实现的各种能力"(舒斯特曼 2014:导论13)。也就是说，人体是我们认知和感知世界的主要手段。但人体是由不同部位构成的，不同部位在感知和认识世界时所起的作用并不相同。

人体中最便于利用的是手脚，所以比手划脚是人类最初的沟通模式(托马塞洛 2012/2016:2)。这是一种自然的沟通方式，研究也证明了言语和手部运动之间的联系，这种联系支持了人类现今的口语是由手势进化而来的这一假说(Carlson 2017:410)。例如，Gentilucci(2003)进行了一项研究，要求被试看他抓不同大小的物体时说音节ba或ga；实验结果发现：与主试抓小的物体相比，当主试抓大的物体时，被试的嘴张得更大，并且音节说得更大声。由此可见，言语的产生受到了所观察到的抓握运动的影响，其中的机制可能是，观察抓握运动这一行为激活了观察者与手和嘴相关的运动准备，而嘴的这种运动准备则影响了音节发音。(朱明泉、张智君2007:90)

在最初的这种手语基础上，"借由这种自然的手势沟通来协调，演化史上任意的语言惯例才会随之诞生。约定俗成的语言(先是手语式的，后来才是口说的)于是依附在已知的手势上，以共享的(而且众人彼此知道是共享的)社会学习经验，取代了自然的比手划脚"(托马塞洛 2012/2016:7)。当然这种口头语言替代手语式语言的过程是极其漫长的。

正因为手势在人类语言产生之初所起到的无比重要的作用，所以人类对手势语非常熟悉，即使产生口头语言之后，人类也没有把手势语丢掉，并且在很长一段时期内，"最早的声音表达都是伴随情绪而有自然反应，或是故意制造音效来辅助原本就有意义、以动作为基础的手势，或辅助其他早有意义的合作行为……随着其他人经由社交学会这样发声后，这些声音就变成惯例而约定俗成，于是就没有必要比手划脚了"(托马塞洛 2012/2016:163-164)。

但是，即便是口头语言已经取代了手势语言，但人类并没有丢弃手势语，而是将手势语所表达的众多意义赋予口头语言之上。现在的人类在表达相关意义时，不再亲自用自然方式的"比手划脚"，只要用口头语言把这些比手划脚的动作表达出来，也可以达到表达意义的效果，这就形成了语言惯例。并且随着社会的发展，当出现新的概念时，我们的祖先总是借用这些语言惯例来表达，因此这些最初的与人体有关的语言被借用得越来越多，其意义也越来越丰富，这在认知语言学的体验主义中被称作"embodiment 身体化"(Lakoff & Johnson 1999:36)。简单地说，之所以产生语言的"身体化"，是因为人体对人来说是最重要的，也是距离最近的，所以最便于拿来用于沟通。例如，在韩国语里"手"这个词本身产生了非常丰富的比喻意义，并且"手"可以做出的几乎所有的动作也都形成了各种语言形式，并且被赋予了比喻意义。这种用口头语言形式所表达出来的人体语言比具体的肢体上的比手划脚更加快速、便捷，可以超越时空的限制(尤其是对一些肢体不便的人来说)。并且，口头语言形式还可以继续抽象化，产生多种新的意义，使人类的概念表达更加丰富。

比手划脚可以看作是一种沟通信号，此外还有一种沟通式的呈现(communicative displays)。例如，人生气时会脸红脖子粗、呼吸急促、握紧拳头等，这些生理现象"由特定的刺激或情绪状态所引发，个体不能自发控制，会影响他者的行为"(托马塞洛2012/2016:9)。对人类来说，虽然这种生理现象与前面的比手划脚相比，不是有意的沟通，但在共同的文化背景下，他人却可以利用这些特征来揣摩心理感情，并且用于沟通策略的选择上。

现代人类在进行沟通时有各种手段，"一类是语言手段，包括文字语言和口头语言；一类是半语言手段，主要指听觉方面，如声音的大小高低长短等；第三类是非语言因素，主要指视觉方面的，如人的动作、姿势、表情、时空、距离、接触以及外貌、化妆、香水等"(윤애선 1998:368)。这里所讲的非语言因素主要指具体的人体动作或表情。当然，听觉方面的半语言手段也可看做人体动作的一部分。这些半语言手段和非语言因素是对语言手段的补充，《礼记·乐记》中就曾记载"言之不足，故长言之。长言之不足，故嗟叹之。嗟叹之不足，故不知手之舞之，足之蹈之也。"由此可见，古人早就对

此有了很深的认识。

根据上面的论述可以发现，语言手段产生的基础是基于共享的合作需要，其最初就是从手势发展而来的语言惯例[01]，所以可以说：现代人类所用于沟通的三种手段的基础其实都是人体(动作)。

3.3 人体与信息

人体之所以可以用于沟通，是因为人体可以给他人传递各种信息。人们可以借助他人的人体来获得个人信息，包括身份信息，这也就有了"以貌取人"的说法。虽然借助人体所表达出的信息具有个人差异，但也具有很强的共性方面的东西，因此人们的交际才会得以成功。

不同的人体部位以及相应的状态、动作等所传递的信息是不同的。人体所透露出的个人信息中最典型的就是表情，"表情是人的文化意识比较直接地在脸上的展现，因为表情表达并代表着一定的文化经历和文化经验，代表并表达着人的内在文化修养的程度，是文化累积在人的脸上的写照"(李鹏程 1994/2008:120)。并且，与其他部位的肢体语言相比，面部表情传达的感情信息可以说是最丰富的。据说，颜面肌肉的动作可以表达两万种表情，但是不管哪种文化的人，一般都只会利用到其中的部分肌肉。Mehrabian(1972)利用公式"对人交际效果=(0.07 语言表达)+(0.38 非语言性的行

---

01 高名凯(1995:357)提出不能说手势发展为语言，但他也承认手在人类文化史中的巨大作用。语言的起源不是本研究的焦点，本研究只是想解释以手势语为代表的人体语言是如何发展为口头语言的。

为)+(0.55 面部表达)"证明了非语言的行为与面部表情的重要性。在表达基本的喜、哀、惊、惧、厌、怒、轻视等七种感情时，人的面部表情基本一致(Ekman & Friesen 1971; 1986)。恩贝尔、恩贝尔(2016:102)也提到：大家都能从面部表情识别出一个人是否高兴、悲伤、惊奇、愤怒、厌恶或者惊恐。Matsumoto and Willingham(2009)通过对残奥会选手面部表情的研究发现，在获知自己赢了或输了的时候，先天失明选手与视力正常的选手面部表情一样(转引自M. 汉斯林 2016:73)。而面部表情如何在艺术当中呈现似乎在许多不同的文化中也有相似性，例如，旨在令人感到恐吓的面具通常具有尖尖的、有棱角的特征和内凹、向下的眼睛和眉毛。

不过，对他人进行观察时，一般人可能获得的是很粗略的信息，只有具有丰富经验的人才可以获得超出常人以上的信息。人们可以通过接受训练来提高对"微表情"的识别能力。2009年美国"微表情"之父保罗·艾克曼在美国交通安全管理局(TSA)培训了1000人，通过教授留意"微表情"来帮助发现试图乘坐飞机的恐怖分子(艾克曼、弗里森 2014/2017:作者介绍第8页)。

表情之所以能够被观察到并且被识别，是因为表情具有共性。而表情之所以具有共性，김인택(2009:180-181)认为人的面部表情受文化影响的因素较小，具有一定的独立性。达尔文在《人和动物的感情表达》中解释说，这是因为表情是一种社会行为，其中传达的是物种在其生命过程中逐渐形成和保存下来的信号；并且这些表情中有很多程式化的情感表达，这是进化中的人为了生存而通过适应和遗传逐步形成的(转引自贝尔廷 2017:105)。正因为人们经历、感知过"自己的感情"与"身体上所产生的生理表现"之间的同步对应关系，所以能够做出表情与感情之间的这种推理，即人们能够从某种观察推论出跟自己在同样情形下相同的心境(帕默尔 2016:8)。所以

表情成了一个集体特征，它适用于所有人，人们在某一张脸上所能看到的，曾经出现在所有人的脸上(贝尔廷 2017:107)。

现在出现的一些网络表情符号实际利用的也是人们在出现一定感情时所显现出的面部表情上的共性，如表1所示：

[表1] 面部表情符号

=^_^=	～～～^_^～～～	\(^o^)/～	o(︶︿︶)o
温馨的微笑	笑死我了	好	心情不好
(｡﹏｡)	(·ˇ︿ˇ·)	(ˇ_ˇ)	(╯_╰)
低头难过	不高兴	郁闷	难受

综上所述，人的表情可以表达众多具有共性的感情意义，所以脸在人体中就具有了举足轻重的作用。韩国语里"脸"的基本词是"얼굴"，这个词最初指整个身体，后来语义缩小了，仅指人的面部，其语义变化的过程是用身体来转喻部分的过程，这也说明，面部在人体中是最重要的部位。反过来，在日常生活中，脸却经常被用来转喻整个身体。正像贝尔廷(2017:23)所说，"脸不仅是身体的一部分，它更是整个身体的代表，它以局部代替了整体。"我们凭借脸来引起他人的关注，通过脸进行交流、表达自我。

例如，在韩国古代社会，人们通行都要有腰牌，但有时即使没有腰牌，大家都认识的一张脸也可产生腰牌的作用，所以有俗语"얼굴이 요패(腰牌)라"，意思是脸就像腰牌一样，大家都认识，无法隐藏。

从古代社会起就有肖像画，后来有了照片，如身份证照片、护照照片，而肖像画和照片都以人脸为主，这是一种有着久远历史的文化习惯，也反映了人们共同的思维方式是"脸转喻人"(Kövecses

2006/2010：192）。这种转喻方式发展到现代社会又出现了"刷脸"这种电子考勤方式，即通过人脸识别技术进行考勤，现在中国还出现了刷脸坐车、乘飞机、付款等现象。

正因为脸具有以上特性，所以韩国语里"얼굴을 내밀다[내놓다/비치다]"可以转喻人在聚会等地方出现，此时汉语用"露面"或"露脸"。汉语"露脸"也指显示才能或指因取得成绩而获得荣誉或受到赞扬，脸上有光彩。

在中韩两国，脸还与医学关系密切，中医讲究"望闻问切"，这种行医行为与中国的五行相生相克思想密切相关，其中的基础思想之一就是"脸会反映一个人的健康状况"，所以韩国语有"얼굴에 외꽃이 피다"，是用一脸菜色来指一脸病态。

在汉语中，"看相"的词典释义是"一种迷信活动，观察人的相貌、骨骼或手掌的纹路来判断人的命运的好坏"，不过看相之所以从古流传至今，并不是没有道理的，因为人生的阅历、学识的深浅很大程度上能在面部显露出来。这种思想在韩国也存在，还很兴盛，并且还有惯用语"얼굴에 씌어 있다"意为脸上写着呢，一般指阅历在人脸上留下的印记。

常言说"脸是一面镜子"，"脸部表情越来越多地取代了一般意义上的肢体语言……人们通过生动的面部表情进行自我表达"(贝尔廷 2017：4)。人的心理变化、感情变化等都会形于色，所以自古以来"喜怒不形于色"可以说是修身养性的最高境界，但一般人是做不到的，所以韩国语里经常会用脸部的变化来表达感情、心理。

面部表情的变化最明显的莫过于变红，但红也各有不同，主要分为几种情况：当人感到害羞、羞耻或激动时，都会出现脸色变红这一生理特征，韩国语里有不同的表达，其中，"얼굴에 모닥불을 담아 붓듯"指感到羞耻而脸变得火辣辣的；"얼굴이 선지 방구리가

되다"指因非常激动而脸变得通红。吵架时一般的生理特征也是脸变红，所以韩国语用"얼굴을 붉히다(大家)红了脸"来表示双方冲突，汉语多用"脸红脖子粗"。

有时心情不好时，汉语称作"脸色阴沉"或"阴沉着脸"，有时也用"拉长了脸"，韩国语多用"얼굴을 길게 늘어뜨리다"。

因为脸代表着人的心声，所以要想知道对方的心声，就需要看对方的脸，所以韩国语里"얼굴만 쳐다보다"指为得到他人的帮助而察言观色或阿谀奉承；反过来，如果从脸上读不出任何信息，那么说明没有任何的感情和想法，从而引申出了束手无策义，"얼굴만 쳐다보다"指没有任何对策而互相依赖，汉语多用"面面相觑"。

正因为人的心态或态度发生变化时首先表现在脸上，所以"얼굴을 고치다"指改变对人的心态或态度，有时也用"얼굴을 바꾸다"。

除了以上惯用语意义之外，"얼굴"本身还产生了很多比喻意义，如：评判或面子，心理状态所表现出的外部表情，活动于某领域的人，代表某个事物的标志。也就是说，脸是我们身上最能体现社会性的那一部分[02]。

日常生活中，人们为了遮脸或达到异样的装饰效果经常会采用带面具的方式。在西方，"传统意义上的'面具'转变成了一个贬义词，它被认为是脸的假象"(贝尔廷 2017：131)。韩国语也不例外，"탈、가면"都可用来比喻隐藏内心真实想法而表面上却假装傻乎乎的脸，或那样的态度或样子，是贬义词。

02　引自导演汉斯·齐施勒(Hanns Zischler)关于角色挑选的访谈，转引自贝尔廷 (2017：2)。

3.4 人体与感情

美国心理学家詹姆斯曾对情感的生理机制进行研究，认为"情感是由生理变化如脉搏、血液循环、呼吸等所引起的主观体验，没有生理变化，便没有情感体验"(陈新夏等 1988:31)，也就是说人们情感的外在表现是人体的生理变化。不过情感的外在表现形态与显现程度不尽相同，有的生理变化比较外显，有的表现不明显，有的表现在内部器官中，因此不能被观察到只能感觉或体会到。正因为情感与人体具有这种对应关系，所以人的抽象的思想感情可以通过人体语言表达出来。例如：英语中至少90%的情感信息不是由口语传递的，而是由人体语言和语调传递的(哈维兰等 2014:116)。不仅英语如此，其他国家的语言也具有这样的特性，韩国语也不例外。正像俗语"떡 사 먹을 양반은 눈꼴부터 다르다"所说，想买年糕的人其眼神就与不买的人相异，也就是说，当人内心有真正想干某件事情的想法或感情时，这种想法和感情就都会表现在外表上，并能够被他人所识别。

3.4.1 感情的影响因素

人体表达感情时主要有两大方面的影响因素。

首先，人体语言表达感情"在某种程度上是由遗传基因决定的"(格尔茨 2014/2017:63)。因为人类的遗传基因对人体表达感情起很重要的影响作用，所以这使人体语言的发达具有语言的共性。并且由于各民族在认知上也有一定共性，所以在人体语言的比喻引申上也有很多相似之处，具体来说，很多人体语言都存在中性词与贬义词的对立；人体语言的比喻意义都源于对生活的观察；某种身体行为所呈现出的心理、感情意义非常相近等。

人体语言表达感情还深受文化的影响。即使是相似的人体语言，也会受到文化的影响。人体语言中最重要的就是手势语，所以人体语言也可称作手势语。手势语(以手指物、比划示意等)需要有相同的共同基础或共同的关注框架(Clark 1996；托马塞洛 2012/2016:51)。

"共同基础包括我们共同知道的一切(我们也都知道彼此皆知)，如世界上属实的事、理性的人在特定情况下会采取的行动或一般人通常觉得重要及有趣的事"(levinson 1995；托马塞洛 2012/2016:52)。换句话说："拥有共同概念基础的能力——共同的注意力、共有的经验、相同的文化知识——是所有人类沟通必备的重要条件……"(托马塞洛 2012/2016:3)。"而如果沟通者和接收者间共享的背景越多，彼此需要明确说出的话就越少"(托马塞洛 2012/2016:55)。换句话说，就是如果双方具有了"默契"或"心有灵犀一点通"，那么可能会借助更多的人体手势语来进行沟通。

如果处于不同的文化背景下，那么共享基础会很少，从而导致单纯的人体语言沟通出现问题。也就是说，"许多身体语言和手势事实上并没有我们想象中那么具有普遍性。特殊的手势和姿势在不同文化中可能有不同的意义，这也是引起文化误解的原因之一"(恩贝尔、恩贝尔 2016:103)。如握手在中国、韩国都表示合作，但沙特阿拉伯人在与事业伙伴终止商业关系时可能会和他的事业伙伴握手(谢弗 2014/2015:87)。所以，不同文化背景的人沟通时要更多地借助语言表达形式，而不是人体手势语。具体的人体语言所表达的感情非常丰富，但并不是所有的人体语言都会发展出口头语言表达形式，如果一种人体语言能够发展出口头语言表达形式，那说明这种人体语言在该文化里具有很重要的地位。

除手势语之外，与人体有关的口头语言表达形式也深受文化的影响。因为从具体的人体手势语再到抽象的口头语言形式，中间经历了一个飞跃，口头语言表达本身还会随时间和文化的变迁继续发生变化。也就是说，因为不同民族的认知和文化存在较大差异，表现在口头语言上时，因对不同人体语言的联想不同，导致与人体有关的口头语言具体所表达的各种意义出现了很多的不同。

在外语学习中，很多学习者在运用语言时，尽管自己的语言实力不错，但却经常会因为对手势语等非语言表达理解不够而出现交流障碍(조현용 2005)。不仅如此，还有很多与手势语等肢体语言直接相关的比喻性的口头语言表达对学习者来说也是拦路虎。

例如，韩国人认为大嘴巴能吃，看见大嘴巴会说"저 애, 곳간을 다 들어먹겠다. 那个孩子就是仓库也能吞下去了"(오주석 2003/2010:112)，但汉语没有这种表达；有时同样的比喻意义的载体在汉韩两种语言中用的是不同的人体语言；在韩国语里用人体语言所表达的比喻意义在汉语里用的是非人体语言，反之亦然；韩国语里有的人体语言具有多义性，在汉语里不一定都能与人体语言形成一一对应。

文化对身体不同部位的口头语言表达形式的影响力有所不同。其中人的面部表情受文化影响的因素较小，具有一定的独立性；而视线、身体动作、姿势等则具有较强的文化依存性(김인택 2009:180-181)，其文化依存度如图1所示：

表情	视线	身体动作	姿势	象征
弱←				→强

[图1] 文化依存度

面部表情虽然受文化的影响较小，但也具有一定的文化特性。例如，艾克曼(2016:4)对美国人与日本人做比较试验后提出，与面部表情有关的情绪词汇有可能具有不同的内涵。这种不同内涵的文化意义也同样表现在韩国语的面部表达词汇上。如果对中韩两国进行比较会发现，虽然中韩文化具有很多相似性，也都具有相似的哲学和医学基础，但在人体语言上也有很多不同，首先表现为人体语言发展出口头语言时出现差异，口头语言所表达的意义尤其是表达心理、感情意义时出现很多差异。

之前关于韩国人体语言的大多数研究都集中于头、眼、脸、鼻、肩、胸、手、脚以及内脏器官之上(나익주 1995; 이기동 1997; 임지룡 1999，2007; 박경선 2001; 정희자 2002; 노진서 2005; 김해연 2009，2010; 권연진 2017)，这些研究大多数涉及某一个或某几个人体器官，鲜有研究对人体语言进行全面分析。

本小节将以与人体各部位(嘴、牙、胸、肩、背、腹、手、脚、腿、膝、骨)有关的词语、惯用表达为中心，探讨韩国人体语言是如何表达心理感情的，并探讨不同器官与心理感情之间的密切程度如何。

3.4.2 嘴与感情

韩国语里可以用嘴的状态来表达感情，所表达的感情主要有吃惊与高兴、不满意、不高兴、情绪激动等。

3.4.2.1 吃惊、高兴

人吃惊时表情多表现在眼睛和眉毛之上，此外还有一个表情就是嘴也会有相应的变化，不同的变化表达不同的感情程度；另外，在表达吃惊和高兴这两种不同的感情时，嘴所结合的动词不同。

　　表示吃惊时韩国语有两类表达。第一类是"입을 딱 벌리다"，这里的"벌리다"表达的是使动意义，如(2)，也就是说吃惊是受外来因素影响的。第二类是否定结构的"벌린 입을 다물지 못하다"，字面意义是张开的嘴合不上，可以表达两种意义，第一个意义指话匣子一打开就关不上，如(3a)；第二个意义是非常惊叹或者感到令人无语，如(3b)，也就是说，非常吃惊的时候嘴会张很长时间。而这个惯用语之所以产生这两个意义，是因为这两个动作是密切相关的，因为人们在惊叹或吃惊时的代表性的表现就是嘴张得很大但却说不出话来。类似的还有"벌어진 입을 다물 줄 못하다"，如(3c)。

(2) 거의 죽었다가 살아온 듯한 그의 모험 이야기에 모두들 **입을 딱 벌리지 않을 수 없었다.** 听了他那九死一生的冒险记, 大家不禁惊得目瞪口呆/惊得嘴巴张得老大。

(3) a. 그는 이야기를 한번 시작하면 **벌린 입을 다물지 못한다.** 他只要一开口说话就停不下来。

　　b. 하는 짓거리를 보니 정말 기가 막혀서 **벌린 입을 다물지 못하겠다.** 看他的所作所为, 真是让人瞠目结舌啊。

　　c. 소희는 **벌어진 입을 담을 줄 못했대요.** 《그래 그런 거야, 4회》苏姬说自己惊得嘴张得老大, 都合不上了。

　　惊讶常与快乐混合。如果有意外情况发生，而当事人判断该情况对自己有利，就会出现所谓的惊喜（艾克曼、弗里森2014/2017：148）。正因为吃惊经常伴随着快乐，所以韩国语里也有相

关的表达，与使动词"벌리다"相关的自动词是"벌어지다"，其形成的惯用语"입이 (딱) 벌어지다"可以表示两种感情，可表达非常吃惊，如(4a)；也可表达非常高兴，如(4bc)。

(4) a. 주인은 **입이 딱 벌어지게** 음식상을 차려 왔다. 主人准备了一桌丰盛的饭菜, 惊得大家张大了嘴巴。

b. 내가 능력만 되면 그 깟 혼수 예단 딱 **입 벌어지게** 해 줄 텐데.《우리집 꿀단지, 105회》如果我有能力的话, 那点结婚礼单我肯定会准备得像模像样的, 让他们嘴都合不上。

c. 형님 **입 벌어지신 거** 봐.《우리집 꿀단지, 106회》看嫂子您高兴得嘴都合不上了。

表达高兴时的程度"主要取决于嘴唇的动向"（艾克曼、弗里森2014/2017:146），根据嘴唇动向的程度可以表达不同程度的快乐，韩国语里比"입이 (딱) 벌어지다"程度更深的是"입이 가로 터지다 [째지다]、입이 귀밑까지 찢어지다[이르다]"，如(5)，都是从嘴唇伸展的长度来讲的，汉语多用"嘴咧到后脑勺了"。如果看嘴唇伸展后所形成的口型，则是口型变得极大，所以韩国语还有"입이 함박만 하다 高兴得嘴张得像面盆大"。

(5) a. 그는 너무 좋아서 당장 **입이 가로 터졌다.** 他太高兴了, 嘴都咧到后脑勺了。

b. 좋아서 **입이 찢어진다야 찢어져.**《왕가네 식구들, 38회》高兴得嘴都咧到后脑勺上去了, 到后脑勺了。

快乐高兴时如果看嘴角的话，会发现嘴角都是上扬的，所以韩国语里"입꼬리를 올리다"也表示高兴，如(6)。因为汉语表示高兴时一般多用否定的"嘴都合不上了"，而(6)用的是否定句，所以汉语"嘴都合不上了"如果再加否定就不成句，所以要意译成"不要高兴得太早了"。

(6) 입꼬리를 너무 올리지 마라. 니 매형 회장직 못 내려
　　놔.《천상의 약속, 83회》你不要高兴得太早了。你姐夫
　　不会卸任会长一职的。

如上，当用嘴的状态来表达感情时，韩国语里虽然有时前面可以添加表示感情的抽象表达作为提示，但很多情况下没有提示语。相反，汉语一般情况下都要补齐表示具体感情的抽象词，或者只用抽象词。

3.4.2.2 不满意、不高兴

与吃惊、高兴相反，人不高兴、表示厌恶时的表情多表现在嘴唇上，"上唇的动作可能伴有鼻梁及其两侧出现褶皱，也可能没有；……下唇可能会上抬并稍向前推，或者下压并稍向前推。脸颊上抬，使得下眼皮的外观改变，眼睛变小，其下方出现很多褶皱"（艾克曼、弗里森 2014/2017:96）。这是从微表情来观察厌恶的表情，但这些表情很多是微观、难以察觉的，容易让人觉察的就是嘴唇的动作，通俗地讲就是嘴噘着。韩国语有"입을 열 자나 빼고 있다"，意思是嘴噘出去十尺长，是夸张手法，比喻愿望没有实现，不高兴，如(7)。

(7) 장난감 총을 사 주지 않자 아이는 심통을 부리며 **입을 열**
자나 빼고 있다. 因为没给买玩具枪, 孩子使性子, 嘴噘得
有十尺长。

有时也用 "주둥이가 삐죽하다[삐죽 나오다]", 如电视剧《천
상의 약속, 28회》中妈妈看到女儿金凤이不想干活而把嘴噘得老高
时, 说了下面的话, 如(8), 并且用了 "오리주둥이", 因为鸭子嘴比
人的嘴更加突出。有时也用 "입이 나오다", 如(9), 汉语用 "嘴噘
起来、嘴头子噘这么高啊"。

(8) 왜 닭집에서 **오리주둥이 삐죽하고 있어?** 在炸鸡店里怎
么噘着鸭嘴头子啊?
(9) 아빠하고 운동 좀 가자는 게 그렇게 **입 나올 일이야?**《밥
잘 사주는 예쁜 누나, 6회》爸爸让你一起去运动就让你
的嘴噘起来了啊 / 嘴头子噘这么高啊?

不高兴除了表现在嘴巴上, 还可表现在口味上, 如 "입에서 신
물이 난다、이에 신물이 돈다[난다]" 比喻讨厌。此外, 不高兴还
表现为嘴里发苦, "입(안)이 쓰다" 指对某些事情或话语不满意, 心
情不好, 如(10a), 汉语表示不高兴多用 "心里不是滋味", 而不用
与嘴有关的表达。不过在具体生活中, "입(안)이 쓰다" 也指没有胃
口, 如(10b), 这与汉语 "嘴里发苦" 的意义一致, 但日常表达中更
常用的是 "没胃口"。

(10) a. 동네 사람들에게 친절한 사람으로 비쳤던 김 씨가 사
실 엄청난 사기꾼이었다는 말을 듣고 모두들 **입이 썼**

다. 对村里人来说, 姓金的是个很亲切的人, 但听说他
是个大骗子后, 大家都觉得心里很不是滋味。

b. 잠을 못 자서 그런지 **입이 쓰다.**《가화만사성, 1회》
可能是没睡好觉的原因吧, 没有胃口啊。

如上, 用口味来比喻心情是一种通感现象, 属于隐喻的一种。

3.4.2.3 情绪激动

表示情绪激动时, 韩国语用"거품(을) 물다", 比喻情绪非常
激动地说, 如(11)。类似的还有"입에 게거품을[거품을] 물다",
指非常生气而说个不停的样子, 如(12)。类似的还有与动词"품다"
结合形成的"거품을 품다", 比喻感情状态突然变得非常激动, 没有
说话之意, 这与"물다"类结构可以表达说话意义正好相反。

(11) 당신과 내가 **거품을 물고** 반대하니까 할 수 없이 헤어지
겠다고 하는 것 아니에요?《전생에 웬수들, 74회》你和
我口吐粘沫反对, 所以她没办法才说要分手的, 不是吗?

(12) 두 사람이 입에 **게거품을 물고** 살릴 놈 하며 싸우고 있
다. 两个人嘴里唾沫星子乱飞, 一边骂着该死的该活的,
打在了一起。

3.4.3 牙齿与感情

韩国语里与牙齿有关的一些语言形式可以表达轻松、愤怒、难
以忍受、下决心、厌烦、吝啬等众多感情。具体而言, 如果一直疼

痛的牙齿突然掉了，则会心情大为轻松，韩国语用"앓던 이가 빠지다"来表达此类意义，如(13)。但如果不强调是生病的牙齿掉落的话，则没有轻松之意，如"이 빠진 강아지 언 똥에 덤비다"，意思是掉了牙的小狗挑战冻成冰的大便，比喻盲目地做某事。

(13) a. 결정을 내리고 나니까 **앓던 이가 빠진 것 같아.** 속이 시원해.《최고의 연인, 69회》下定决心后, 就像一直疼痛的牙齿突然掉了一样, 很轻松。

b. **앓던 이가 빠진 기분**이야.《최고의 연인, 69회》感觉轻松得就像疼痛的牙齿一下子掉了一样。

韩国语还用"咬牙"比喻下决心或忍受，如"이를 악물다[깨물다/물다/사리물다]"中的动词原型都是"물다"，"악물다、깨물다、사리물다"都是从"물다"基础上发展来的，其意义比"물다"表示的程度要强。这些惯用语都比喻下定决心战胜困难或打破难关；也比喻在非常困难的情况下勉强坚持下去或忍受，如(14)。

(14) a. 그는 이번 일은 꼭 해내겠다고 **이를 악물었다.** 他咬着牙说这件事一定要干好。

b. **이를 악물고** 꽉 잡고 계시라구요.《천상의 약속, 16회》一定要咬牙挺住(不能死)。

c. 니가 나한테 돌아올 때까지 나 **이 악물고** 참으면서 기다릴게.《여자의 비밀, 20회》我会咬牙忍着等你回来。

表达愤怒的感情，汉语多用"咬牙切齿、恨得牙痒痒"等，韩国语一般根据动词和名词的不同表达不同的意义，如表2所示：

[表2] 与"咬牙"有关的惯用语

表达	意义	例句
이(를) 갈다 [갈아 마시다]	无法忍受怒气而暗下狠心。	내가 감옥에 있는 동안 **이를 갈았어**.《최고의 연인, 73회》我在监狱里下定了决心。내가 감옥에서 얼마나 **이를 갈며** 오늘 기다렸는지 알아?《최고의 연인, 70회》你知道我在监狱里是怎样咬牙切齿地等到今天的吗？
이(가) 갈리다	非常生气。	나만 보면 **이 가는 놈**, 나도 정없어.《다시, 첫사랑, 3회》对一见到我就咬牙切齿的小子，我也没什么感情。 이젠 하라라면 사장이고 디자이너이고 다 **이가 갈려**.《사랑이 오네요, 13회》现在一提到哈拉，连老板带设计师，我都恨得牙痒痒。
이빨이 갈리다		그녀는 그 일만 생각하면 **이빨이 갈려** 잠을 잘 수 없었다. 她只要想起那件事，就气得牙痒痒，连觉也睡不着。

当动词是"갈다、갈리다"时，多与"이、이빨"结合，其中"이빨이 갈리다"是"이(가) 갈리다"的贬称。这三个惯用语中，动宾结构的"이를 갈다"还指暗下狠心，因为其主体是人。反之，主谓结构的"이(가) 갈리다、이빨이 갈리다"表达被动意义，只能指生气。

韩国语里还用"牙抖"来表达愤怒、厌烦、吝啬等感情或性格。韩国语里表示发抖意义的动词为"떨리다、떨다"。

[表3] 与"牙发抖"有关的惯用语

表达	意义	例句
이(가) 떨리다	非常愤怒或厌烦，再也无法忍受。	지금도 그 일만 생각하면 **이 떨리는데** 왜 그 이야기를 꺼냈니, 짜증나게. 现在只要想起那件事我就气得哆嗦，你怎么又提起来了，真烦人。그가 쉴 새 없이 떠들어 대는 것도 하루 이틀이지, 이젠 정말 **이가 떨려.** 他不停地唠叨也不是一天两天了，现在真是忍受不了了。
이(를) 떨다	愤怒或厌烦。	그는 치미는 분노에 **이를 떨었다.** 突然涌上来的愤怒让他不禁怒目切齿。그 녀석에게 졌다는 사실에 나는 **이 떨었다.** 败给了那小子这一事实恨得我切齿痛心。
	非常吝啬，舍不得拿出来。	
치가 떨리다	非常愤怒、厌烦。	어떻게 고개 처들고 우리 강호하고 결혼하겠다고 나서냐구? 내가 아주 **치가 떨려!** 《최고의 연인, 80회》你们怎么有脸说要和我们江浩结婚啊？我真是恨得牙都痒痒啊！사람들이 니 아버지를 어떻게 **치가 떨리게** 싫어했는지 아들인 너 알아야지. 《다시, 첫사랑, 58회》作为儿子，你有必要知道人们恨你父亲恨得是多么咬牙切齿啊。
치를 떨다		니 엄마한테 똑똑히 물어봐. 나랑 강호씨가 왜 고흥자라면 **치를 떠는지?** 《최고의 연인, 103회》你好好去问问你妈，为什么我和江浩一提到高亨子就咬牙切齿的？양복점이라면 **치를 떨더니** 지발로 뛰어들었다 하더라. 《월계수 양복점 신사들, 12회》以前一提起西服店他就不耐烦，但现在却自己主动去了(西服店)。
	非常吝啬。	기방에선 시퍼런 지전을 물 쓰듯 하다가도 인력거 삯은 고린전 한 푼에 **치를 떠는** 건 영락없이 개성상인이라는군. 《박완서, 미망》在妓院里崭新的钱花起来像流水一样，但给人力车付车钱时，一分钱都哆哆嗦嗦地舍不得拿，这就是典型的开城商人吧。

* 空白处表示没有找到相关例句。

如上，"이(가) 떨리다"与"이(를) 떨다"以及"치가 떨리다"与"치를 떨다"都表示愤怒或厌烦，首先，"치"作为一个词单独使用时，只用于上面两个惯用语中；其次，在表达愤怒或厌烦两种意义时出现的是两种结构，分别是被动结构和主动结构，但表达的意义却没有差别；第三，主动结构的"이(를) 떨다、치를 떨다"都还表达极度吝啬。

综上所述，韩国语里牙齿可以表达六类感情，即轻松、下决心、忍受、愤怒、厌烦、吝啬等；在表达这些感情时主要与三类动词结合，一类是"갈다、갈리다"，一类是"물다、깨물다、악물다、사리물다"，一类是"떨다、떨리다"；所出现的语法结构既有主动结构也有被动结构。

与韩国语相反，汉语里名词与动词的结合是各有各的搭配，例如"齿"与"切(갈다)"结合，而"牙"与"咬(물다)"结合，并且两者还会形成四字格"咬牙切齿"。不过，汉语也有一些惯用表达，如"气得牙齿发抖、气得牙痒痒"，这与韩国语的"치(이)가 떨다、치(이)를 떨리다"有一致之处。在表示愤怒时韩国语还有汉字词"절치부심(切齿腐心)"。但汉语里表示吝啬时不用与牙齿有关的表达。

3.4.4 胸与心理感情

3.4.4.1 各种心理

韩国语里的"가슴"有很多惯用语，其中很多可以表达心理，如表4所示：

[表4] 表心理的"가슴"惯用语

	表达	意义	例句
1	가슴에 새기다	牢牢记在心里。	알았어. **가슴에 새길게**.《천상의 약속, 60회》知道了。我会牢记在心的。
2	가슴이 넓다	理解心很强。	내가 까불고 덤벙대도 그는 귀엽게 봐주는 **가슴이 넓은** 사람이다. 他是个心胸宽广的人，即使我胡闹、不沉稳，他也会原谅我。
3	가슴이 좁다	没有理解心。	너는 그렇게 **가슴이 좁아** 무슨 일을 할 수 있겠니? 你心这么小，能干什么事啊? /能成什么气候啊?
4	가슴이 트이다	怨恨、误会等解除，心里变亮堂。	오해가 풀리니 **가슴이 트이는** 기분이다. 误会解除了，感到心敞亮了。
5	가슴을 헤쳐 놓다	痛快地将心里的想法或话说出来。	
6	가슴을 열다	说出或接受心里话。	그와 나는 **가슴을 열고** 이야기하는 사이다. 他和我是推心置腹/无所不谈的朋友。
7	가슴에 칼을 품다	对对方怀有敌意或有邪恶的想法。	당신이 그 말을 한 이후로 저 사람은 **가슴에 칼을 품고 있으니** 조심하시오. 您说了那话之后他就有了敌意，您要小心才好。

* 例句空白表示未找到相关例句。

如上，韩国语里这些表达都与心或想法有关系，如1指记在心里，2、3指理解心，4、5、6都与说出想法、心里话有关，而7指怀有不好的想法。

韩国语里表示心脏意义的是"염통"，但用法非常少。所以汉语里所表达的与"心"有关的抽象意义在韩国语里都由"가슴"来表达，如良心与恻隐之心以及感动、情绪高涨、高兴等心情。与积

极感情相比，"가슴"表达的消极感情更多，主要有着急、紧张、焦虑、害怕、恐惧、痛苦等。

3.4.4.2 良心和恻隐之心

韩国语里与良心有关的惯用语较多，其中，"가슴에 손을 얹다"指以良心为根据，如(15a)，后面再添加"생각하다"。"가슴이 뜨끔하다"指受到刺激心里非常受惊或感到良心的谴责，如(15b)。"가슴이[가슴에] 찔리다"指良心受到严重谴责，如(15c)。"가슴이 아리다"指感到非常可怜或产生了恻隐之心，心里像刺痛了似的，如(15d)。汉语里在表达此类意义时多用"心、心口、良心、心里"等。

(15) a. 네가 진짜 잘못한 것이 없는지 **가슴에 손을 얹고** 생각해 보아라. 你把手放心口上好好想想/扪心自问你真的没有做错的地方吗?

b. **가슴이 뜨끔했지만** 그는 아무렇지 않은 척 행동했다. 虽然良心很受谴责, 但他却装作没事人一样继续行动。

c. 그 말을 들으니 **가슴이 찔려** 더 있을 수가 없다. 听了他的话, 我受到良心的谴责, 再也坐不住了。

d. 아이들의 불쌍한 모습을 보자 **가슴이 아렸다**. 看到孩子们那可怜的样子, 我心里一阵刺痛。

3.4.4.3 感动、情绪高涨、高兴

表达感动、情绪高涨时，与"가슴"结合的词语一般与高温度

有关。其中，"가슴이 뜨겁다"意为胸口很热，指因受到照顾或感受到至高无上的爱而非常受感动，如(16a)。"가슴에 불붙다"意为胸口着火了，比喻情绪高涨，如(16b)。"가슴을 불태우다"意思是点燃心胸，比喻在意欲与气势非常高涨的情况下活动，如(16c)。这反映了"情绪高涨"与"高温度"之间的隐喻关系。

(16) a. 어머니의 정성을 생각하니 다시금 **가슴이 뜨거워** 눈물이 난다. 想到母亲无微不至的关怀, 我的心又一下子沸腾起来, 不禁流出了眼泪。

b. 다시 한번 도전해 보겠다는 생각이 **가슴에 불붙었다.** 想重新展开挑战的想法在心中燃烧起了熊熊大火。

c. 선수들은 승리를 하겠다는 의지로 **가슴을 불태우며** 훈련을 했다. 选手们充满了必胜的决心, 以全部的热情投入了训练。

韩国语里在表达高兴时还会用表达闷、疼痛类的动词"막히다、미어지다"，有惯用语"가슴이 막히다、가슴이 미어지다"指因喜悦或激动而心里满当当的，如(17)。其中"가슴이 미어지다"也表达痛苦意，详见同一章的"3.4.4.6"。

(17) a. 합격한 기쁨으로 그는 **가슴이 막혔다.** 他合格了, 所以心里说不来的高兴。

b. 다시 그를 만난 기쁨으로 **가슴이 미어질 듯했다.** 因为重新遇到了他, 心里不知有多高兴。

如上，表达积极感情时，人们的生理感觉可以出现截然相反的两类反应，反映在语言上就出现了两类不同的惯用语。而同一生理感觉也可能是两种不同感情的生理反应，所以就有可能使语言表达出现多义性。

韩国语里还有使动形式的"가슴을 뒤흔들다"，意为使心情激动或兴奋，如(18)，汉语可用"令……为之振奋"或"令……心潮澎湃"。

(18) 그녀는 많은 남자들의 **가슴을 뒤흔들 만한** 속내를 털어놓았다. 她说出了可以令许多男人都为之振奋/心潮澎湃的心里话。

3.4.4.4 着急、焦虑、紧张

韩国语表达着急、焦虑心情时多用"가슴"和"복장"。其中，"가슴이 숯등걸이 되다"指因非常焦虑而心里受伤，如(19a)，汉语用"心急如焚"，但韩国语具象化更强。"가슴이 타다"指心里犯愁，心里好像变得非常烫，如(19b)，汉语有类似的"心焦"。"가슴이 무겁다"指因悲哀或担心而心情沉重，如(19c)，汉语也用"心里沉重"。

与"복장"有关，"복장(이) 타다"比喻担心、着急的感情；"복장(이) 터지다"意为感到非常郁闷、着急，如(20a)；"복장(이) 뒤집히다"意为发火，如(20b)。韩国语用的是具象化动词"타다、터지다、뒤집히다"，汉语分别用"心急、心焦、急死、气死"，抽象性强。

(19) a. **가슴이 숯등걸이 되도록** 아들의 소식을 애타게 기다렸다. 他心急如焚地等待着儿子的消息。

b. **가슴이 타서** 견딜 수가 없다. 心焦/心里难受得不得了。

c. 어찌할 도리가 없어 **가슴이 무거울 뿐이다.** 心里很沉重, 不知怎么办好?

(20) a. 그의 답답한 언행에 **복장이 터지는 것 같았다.** 看他那令人郁闷的样子, 真是急死了。

b. 그는 애써서 이룬 결과가 남 좋은 일을 한 꼴이 되자 **복장이 뒤집혔다.** 看到自己辛辛苦苦完成的结果反而成就了别人的好事, 他快气死了。

综上, 韩国语表达情绪高涨、感动、高兴等积极意义时, 都用了与高温度有关的词语 "뜨겁다、불붙다、불태우다" 或者表示闷的 "막히다" 或者表示疼痛的 "미어지다"。而表达着急、焦虑的感情时, 韩国语用表示烧糊意义的 "숯등걸이 되다、타다", 也可用表示沉重的 "무겁다", 也可用表示迸开的 "터지다" 或者表示颠倒的 "뒤집히다"。从前后两类不同感情所用的谓语的程度高低来看, 着急、焦虑等情绪的程度要强于感动和高兴, 因为与之搭配的谓语的程度都很强。

不仅如此, 表达兴奋时前面已经分析了 "가슴을 뒤흔들다", 而在表达紧张之意时, 韩国语用 "가슴이 방망이질하다" 与 "가슴이 두방망이질하다", 两者都指心跳得厉害, 如 (21)。与 "뒤흔들다" 相比, "방망이질하다" 的频率要快, 更逼真地描写出了人紧张时的心脏状态。

(21) a. 그 남자의 얼굴을 보자 왠지 **가슴이 방망이질하여** 고개를 들 수 없었다. 一看到那个男人的脸, 不知怎么我的

心就像两头小鹿在跳一样, 连头都抬不起来了。

    b. **가슴이 두방망이질하여** 똑바로 서 있을 수가 없다. 心
里咚咚直跳, 连站都站不稳。

    表达紧张心情时, 与韩国语用"(두)방망이질하다"来表达相反, 汉语多用"像两头小鹿在跳"或用拟声词"咚咚直跳", 两种语言的表达各自具有自己的文化性。

3.4.4.5 担心、害怕、恐惧

    表达担心、害怕、恐惧时, 韩国语有"가슴이 서늘하다", 指因恐惧而像寒风扫过一样的心寒, 如(22a), 汉语"心寒"与韩国语相似。"가슴이 콩알만 하다[해지다]"用的是夸张的手法, 形容因不安或焦急而心放不下, 如(22b), 汉语一般用"缩成一团", 而不是"缩成一个豆粒", 这也显示了语言所具有的文化性。

    (22) a. 하루 만에 차갑게 식은 그의 눈길을 받자 **가슴이 서늘**
        해 미칠 것 같다. 看到他那在短短一天时间里就变得
        异常冰冷的眼神, 我感到了一阵难以抑制的心寒。
      b. 무서운 폭음을 듣고 **가슴이 콩알만 해졌다**. 传来了一
        阵吓人的巨响, 我的心不禁缩成了一团。

3.4.4.6 痛苦

韩国语里关于痛苦的惯用语非常丰富, 主要有四种类型。

第一, 指单纯的痛苦, 例如, "가슴(을) 앓다"指心里着急、痛苦, 如(23a); "가슴을 짓찢다"指感到非常痛苦, 如(23b); "가슴(을) 태우다"指非常痛苦, 如(23c)。

(23) a. 그는 오랫동안 혼자 **가슴을 앓으며** 살아야 했다. 长时
间以来, 他只能自己痛苦地生活。

b. **가슴을 짓찢는** 아픔을 느꼈다. 感到揪心地疼痛。

c. 조바심에 **가슴을 태우며** 시간이 되기를 기다렸다. 焦
急、痛苦地等待着时间的到来。

第二, 指因其他感情而感到心痛, 如表5所示:

[表5] 因感情而感到心痛的惯用语

表达	意义	例句
가슴에 멍이 들다[지다]/ 가슴에 피멍(이) 들다	因无法抹掉深深埋藏于内心的痛苦和悲哀而痛苦。	세상의 천대와 멸시로 **가슴에 멍이 든** 사람 他因世人的薄情与蔑视心里很受伤。
가슴이 저리다	因某事而担心、心痛。	그때 생각만 하면 지금도 **가슴이 저려와**. 《옥중화, 3회》想起那时的事情我现在仍然心痛不已啊。
가슴을 찢다	因悲哀和愤怒而使心像撕裂般的疼痛。	그녀는 잔혹한 말로 나의 **가슴을 찢어 놓았다.** 她那残忍的话刺痛了我的心。
가슴이 찢어지다	被撕裂的痛苦。	**가슴이 찢어지는** 고통을 참으며 걸어갔다. 我忍受着撕裂般的心痛往前走。
가슴이 무너져 내리다、가슴이 무너지다	因冲击或打击而痛苦。	이젠 아들까지 내몰리고 **가슴이 무너진다**. 《우리집 꿀단지, 128회》现在连儿子也被赶走了, 我实在是痛得承受不了了。

如上表所示, 这些惯用语虽然都表达痛苦, 但是痛苦的原因不
同, 其中 "가슴에 피멍(이) 들다" 是 "가슴에 멍이 들다[지다]" 的
强调形式, 而 "가슴이 찢어지다" 是 "가슴을 찢다" 的被动形式。

第三，指因痛苦而难以坚持，多用于"가슴이 미어지다"结构，如(24)。类似的还有"심장이 터지다、창자가 미어지다"，也就是说，在韩国人的感受中，人在痛苦得难以坚持时，腹部(창자)也会产生类似类似于心脏的感觉。

(24) 그는 고생만 하시다가 돌아가신 어머니를 생각하면 **가슴이 미어졌다.** 一想到一辈子受苦，一点福都没享受就去世的母亲，他就心痛不能自已。

　　第四，还有一类是使动意义的惯用语，如表6所示：

[表6] 使动意义的"가슴、복장"惯用语

表达	意义	例句
가슴(을) 치다	受到很大打击。	할머니의 사연은 내 **가슴을 치는** 것이었다. 奶奶的故事让我很受打击。
가슴에 대못을 박다	使伤心。	엄마 **가슴에 대못을 박아도** 분수가 있지.《폼나게 살 거야, 4회》你就是气妈妈，也得有个限度不是？
가슴(을) 저미다	因想念或感受非常深而心里感到刀割般的疼痛。	전사한 친구의 유품은 10년이 지나도록 **가슴을 저며 왔다.** 时间已过了十年，但战死的朋友的遗物仍让我心痛。
가슴을 도려내다	使伤心。	여자 아이의 새까만 얼굴과 새까만 손과 발이 내 **가슴을 도려낸다.** 女孩子那黑乎乎的脸与黑乎乎的手脚让我很伤心。
복장(을) 뒤집다	使发火。	그는 평소에 어머니가 하지 말라는 일만 골라 해 어머니의 **복장을 뒤집어 놓았다.** 他平常专捡母亲不让做的事情去做，让母亲伤透了心。

복장 (을) 긁다	使发火。	괜히 그 영감님 **복장을 긁어서** 아까운 숙련공 하나 놓치고 싶지는 않으니까요. 《윤홍길, 무제》因为我不想因惹那个老头生气而丢掉一个让人可惜的熟练工人。
복장을 짓찧다	给予痛苦。	교통사고로 아들이 죽었다는 소식을 접한 그는 **복장을 짓찧는** 슬픔에 몸을 가누기가 힘들었다. 听到儿子因交通事故死亡的消息, 他感到锥心的痛苦, 站都站不住了。

如上, 这些表达可以用"가슴", 也可以用"복장", 当主语是他人或事物时, 意为使生气、伤心、痛苦等。

如上, "가슴、복장"之所以产生丰富的感情意义, 是因为两者都可以以实在的身体器官来转喻抽象的"마음"。

3.4.5 肩与心理感情

韩国语里与肩有关的心理感情主要有三类, 第一类与轻松或沉重有关, 第二类与昂首挺胸、得意洋洋或垂头丧气有关, 第三类与谦虚或骄傲有关, 这些心理感情之所以能产生都与肩膀所能做出的动作有关。

首先, "어깨가 가볍다、어깨가 무겁다"是通过肩膀的感觉来表达心理感觉, 前者指摆脱某种责任而感到轻松, 后者指因沉重的责任而感到心里有负担, 如(25ab)。类似的还有"어깨를 짓누르다", 指义务、责任、制约等给人重压, 如(25c); "어깨에 걸머지다"指沉重的责任落到了自己身上, 如(25d); "어깨에 지다[짊어지다]"指心里感到对某事有责任或义务, 如(25e)。

(25) a. 이제 그 일을 끝내게 되어 **어깨가 가벼우시겠습니다.**
현在那件事结束了, 您应该感到很轻松吧。

b. 분에 넘치는 일을 맡게 되어 **어깨가 무겁습니다.** 接
手了超出能力的工作, 感到压力很大。

c. **어깨를 짓누르는** 책임감 压在肩膀上的责任感

d. 그 일은 이제 자네가 **어깨에 걸머질** 차례네. 现在这
工作要落到你肩上/身上了。

e. 장남이라 집안일을 **어깨에 지고** 살아야만 했다. 作为
长子不得不负担起了家里的事情。

第二, 昂首挺胸、得意洋洋或垂头丧气以及谦虚或骄傲这些感
情都可通过肩膀的张开、挺起来、上耸、扭动、下垂来表达。

打开肩膀为 "어깨를 펴다", 比喻堂堂正正, 如(26a)。肩膀要
想抖起来需要故意施加力量, 所以 "어깨에 힘(을) 주다/넣다、어
깨에 힘이 들어가다" 指态度傲慢, 如(26bc), 有时 "어깨에 힘이
들어가다" 也指紧张, 而 "어깨를 풀다" 意为放松, 如(26d)。

(26) a. 내가 미인대회 일등 진을 먹은 이후에 **어깨 펴고 다
니는 것** 처음이다. 《미녀 공심이, 5회》自从我得了
韩国小姐第一名"真"之后, 这是第一次挺直了腰板走
路。

b. 다들 어디서 그런 사위를 얻었냐구 어찌나 칭찬해 주
는지 내가 간만에 **어깨에 빡 힘을 주었다.**《별난 가
족, 46회》大家都称赞不已, 问我是从哪儿找的这样
的好姑爷, 我终于把胸脯挺起来了。

c. **어깨에 힘 들어가는 것** 보니까 뻔한 데요 뭐. 어디 좋

은 무대 하나 만들어왔나 봅니다.《딴따라, 14회》看
你那么傲慢的样子还用说吗? 肯定是从哪儿搞到了
一个很好的舞台吧?

d. **어깨에 힘 들어가는 것** 봐라. **어깨를 풀고** 눈의 힘 빼
고.《동네 변호사 조들호, 2회》看你紧张的啊。放
松, 别瞪眼。

肩膀上耸有 "어깨가 올라가다、어깨가[어깨를] 으쓱거리
다", 都指洋洋得意, 但前者指受到表扬时的情形, 如(27a), 后者指
想炫耀的感情或感到非常自豪的感情, 如(27b)。相反, 如果肩膀耷
拉下来则表示相反的意义, 其中 "어깨가 움츠러들다" 指感到不光
彩或丢人、害臊, 如(27c)。"어깨가 처지다[낮아지다/늘어지다]"
指因失望而垂头丧气, 如(27d)。

(27) a. 선생님께서 잘된 그림이라고 칭찬해 주셔서 소년은
어깨가 올라갔다. 老师称赞说这是幅好的画作, 所以
那个少年的胸挺了起来。

b. 예뻐서 쳐다본 거라니까. 옆에 있는 내가 **어깨가 다**
으쓱하네요.《월계수 양복점 신사들, 36회》(别人)
是因为你漂亮才瞧你的, 连站在你旁边的我都觉得
肩膀抖起来了啊。

c. 아이는 수업 시간에 준비물을 챙겨 오지 않아 **어깨가**
움츠러들었다. 孩子上课时, 因为准备物品没带来, 所
以一下子觉得矮了别人半截。

d. 적장들은 장수를 잃은 채 **어깨가 축 처져서** 촉석루 아
래로 기운 없이 내려간다.《박종화, 임진왜란》敌军

丢了将领,垂头丧气地朝矗石楼的下方撤退了。

第三，如果故意将肩膀拉下来或往前伸也可表达不同的心理状态，其中"어깨를 낮추다"指态度谦虚，如(28)。将肩膀往前伸也代表心理状态，如"어깨를 들이밀다[들이대다]"指在干某事时不顾一切地往前冲。

(28) 우리 부장님은 아랫사람에게도 **어깨를 낮출** 줄 아는 인격자이시다. 我们部长非常有涵养, 对下属也非常谦虚。

如上，在表示心理感情或态度时，韩国语都可用肩膀的动作来表示，而汉语在表达此类意义时分别用"昂首挺胸、胸膛挺了起来、腰板挺起来、昂首阔步、矮半截、垂头丧气、谦虚、傲慢、嘚瑟"或者"往前冲"等。之所以如此，是因为汉语里众多的与肩膀有关的词语一般不用来表达心理或态度，如"抖肩、耸肩"等多指具体的肩部动作。

3.4.6 背与感情

韩国语里后背也可以表达内心感受与感情。其中，"등골(이)빠지다"指非常辛苦，难以忍受，如(29a)，也可用来比喻其他事物的感受，如(29b)，译成汉语时可以说"被整得奄奄一息"，或者译成"被整垮"。

"등에 찬물을 끼얹는 듯"意思是后背被浇了凉水，比喻精神

非常紧张，如(30)，这与汉语不同，汉语多用"被兜头浇了冷水"。
"등(이) 달다"指事情没按预想的进行，非常伤心。"등이 서늘어
지다、등골이 선뜩하다"指极度害怕。

(29) a. 공사장에서 **등골이 빠지게** 일을 해도 식구들 먹여 살
리기가 힘들다. 在工地上累死累活地工作, 也难以养
活家庭。

b. 인테리어를 이렇게 해대니까 하청업체들이 **등골이
빠지는 거지**.《동네 변호사 조들호, 12회》总是把装
修弄得这么豪华, 所以下面的承包商/转包企业才会
被整得奄奄一息/整垮啊。

(30) 그가 죽었다는 말을 듣는 순간 **등에 찬물을 끼얹는 듯**
정신이 번쩍 들었다. 听说他已经死了的那一瞬间, 我像
被人兜头浇了一盆冷水, 精神为之一振。

与"등"有关的词语还有"등쌀", 指让对方非常厌烦的行为,
如(31a)。惯用语"등쌀(을) 대다"也指折磨对方到厌烦的程度, 如
(31b)。

(31) a. 앞으로 우리 윤재가 혜리 **등쌀에** 버텨낼 수 있을런지
모르겠네요.《별난 가족, 100회》不知道我们允在以
后能不能受得了慧利的折磨啊?

b. 자꾸 **등쌀을 대야 해요**. 나도 한번 가서 야단을 치고
와야 할 텐데 틈이 있어야지.《염상섭, 동서》要经常
去烦他才行。我也得去一趟闹他一闹, 但是也得有
时间啊。

3.4.7 肚子与感情

韩国语里肚子主要表达两类感情，其中一类是男女感情，主要指男女不正当关系；另一类是心理感情。

3.4.7.1 男女感情

韩国语里不正当关系有多种表达，其中"배(가) 맞다"主要指有不正当关系的男女之间通奸，相关的还有"배꼽을 맞추다"，之所以会产生这样的意义，是因为肚子是人体中很隐私的部位，只有赤裸了才会知道合适不合适，所以产生了这种贬义，如(32a)。韩国语还有"복상사하다(腹上死—)"，与汉语的"男人倒在/死在女人的肚皮上"[03]意思一致。

"배(가) 맞다"还与"눈 맞다"一起使用，如(32b)。"배(가) 맞다"的这种贬义性适用范围继续扩大，还指双方在不正确或不正当的事情上一拍即合，而汉语"倒在肚皮上"的语义却没有继续发展，如(32c)，汉语多用"沆瀣一气"等否定意义词语。

> (32) a. 며느리 년은 서방이 군대 나간 사이에 어느 놈하고 **배 가 맞아** 도망갔다.《김승옥, 동두천》儿媳妇那小蹄子趁老公入伍期间, 和哪个小子对上眼私奔了。
>
> b. 이것들이 하라는 일 안하고 둘이 **눈 맞고 배 맞고** 그런 거구만.《옥중화, 41회》你们这两个家伙, 让你们干的活不干, 却对上眼谈情说爱了啊。
>
> c. 그들 둘은 군대에서부터 **배가 맞더니** 사회에 나와서

03　汉语有"敞开肚皮生孩子"类的说法，这其实利用的也是肚皮、腹部所具有的性的意义。

못된 짓만 하면서 어울려 다닌다. 他们两个在军队时就沆瀣一气, 进入社会后也是狼狈为奸, 专拣坏事干。

3.4.7.2 心理感情

韩国语里肚子表达的心理感情主要有四类, 第一类是高兴, 第二类是得意, 第三类是嫉妒, 第四类是生气。

表示极度高兴时, 具有世界共性的动作就是捂着肚子笑, 韩国语里与肚子有关的 "배를 잡다" 也可表达笑的意义, 如(33a)。但用的更多的是 "배꼽(을) 빼다、배꼽(이) 빠지다、배꼽(을) 쥐다[잡다]", 如(33b-d), 这些表达都是利用与肚脐眼有关的不同动词来表达 "大笑"。

(33) a. 내가 이테리어를 배운다고 언닌 아침 **배를 잡고 웃었지?**《미녀 공심이, 1회》听说我学意大利语, 姐姐你早上捂着肚子笑我了, 对吧?

b. 그 행동이 어찌나 우스운지 **배꼽을 뺐다.** 他的行动不知道有多可笑, 让大家都笑弯了腰。

c. 그 얘기를 듣자 모두 **배꼽을 쥐었다.** 听了他的话, 大家都大笑起来/不禁捧腹大笑。

d. **배꼽이 빠지게** 우스운 이야기 让人笑得直不起腰的可笑故事

在与他人较劲或非常得意时, 人类的身体语言是抖起肩膀来, 而另外一个身体语言就是肚子也会挺起来, 所以惯用语 "배(를) 내밀다" 有两个意义, 一个指不答应别人的要求, 硬撑着, 如(34a); 也

指得意洋洋的，好像只有自己了不起一样，如(34b)。

(34) a. 글쎄 뻔뻔스럽게도 못 들은 척 **배만 내밀고** 있잖아. 这不厚颜无耻地挺着肚子硬是装作没听见呢。

b. 그런 거라도 있어야 당신 **배 내밀고** 살지. 돈 될 만한 것은 다 당신 앞으로 돌려놓으려고.《나도 엄마야, 98회》你也得有点财产才能活得舒心啊。所以值钱的东西我打算都转成你的名义。

如果是对别人的感受和感情，可以说出来的就是赞扬；如果说不出来的，那么就是嫉妒或嫉恨，虽然这种感情可以理解，但却不是光明正大的，所以韩国语里这种感受就用比较私密的身体部位"배"来表达。例如，"배(가) 아프다、배(를) 앓다"都指看到别人家有好事心里不舒服，并且后者的程度要比前者更强，如(35)。

(35) a. 귀하디 귀한 아들이 떼어놓고 보자니까 도저히 **배 아파서** 안 되겠어서…《부탁해요 엄마, 50회》和视若珍宝的儿子分开过，所以心里不舒服/不自在，忍不下了，(所以要让儿子搬回去)。

b. 우리가 중형 자동차를 장만하니까 옆집에서 은근히 **배를 앓는 것 같았다.** 我们家置办了中型私家车后，邻居家好像很嫉妒我们。

比喻不高兴、生气时，韩国语多用惯用语"배알이 꼴리다[뒤틀리다]、밸이 꼴리다[뒤틀리다]"，如：

(36) 아이유와 노래를 할 때 이상하게 **배알이 뒤틀렸다.**《뉴
스웨이, 2014.07.08》和IU唱歌的时候, 奇怪的是心里
不太高兴。

3.4.8 手与感情

表达心理感情时手有多种表现形式, 例如手麻、出汗, 其中
"손(이) 저리다"指因意外情况的发生而吃惊或着急, "손에 땀을
쥐다"指心急如焚, 战战兢兢, 如(37)。

(37) 아슬아슬한 곡예를 보고 있노라니 나도 모르게 **손에 땀
을 쥐게 되었다.** 观看令人心惊胆战的曲艺表演时, 我手
里也不禁冒出了汗。

手的状态还表现为手凉, 与此相关有俗语 "손이 차가운 사람
은 심장이 뜨겁다", 意思是感情丰富、热情洋溢的人反而表面上很
冷, 类似的汉语有 "刀子嘴豆腐心"。

如果手的状态表现为双手合十, 有时还伴随着小幅度的摩擦,
则可以比喻哀求, 如 "손이야 발이야" 与 "손이 닳도록" 都形容苦
苦哀求的样子[04], 如(38)。与此相关, 还有俗语 "손이 발이 되도록
[되게] 빌다", 比喻苦苦哀求对方原谅自己的错误或缺点, 如(39)。

(38) a. 살기 싫으면서도 정 선생이 찾아와서 **손이야 발이야**
빌지 않는 것이 괘씸했을 것이고….《박경리, 토지》

04　此外, "손이 닳도록" 还指被艰苦的工作所累的样子。

他一边说不想活了，但同时肯定还生气，郑先生为什么不来找自己求饶……

    b. 형은 아버지께 잘못했다고 **손이 닳도록** 빌었다. 哥哥向父亲求饶说自己做错了。

(39) 하여간 일하고 싶다고 **손이 발이 되도록** 빌어봐라. 내가 눈 하나 깜짝하나?《월계수 양복점 신사들, 14회》等你想工作了，再来求我的时候，我连眼皮都不会翻一下的，你等着吧。

3.4.9 脚与心理、感情

人们做事之前一般要脚步先行，所以"脚"的动作代表了人的心理状态和感情，韩国语里通过"脚"的动作可以表达五类感情：

首先，与手结合的"두 손 두 발 다 들었다"比喻佩服。

第二，不情愿、舍不得。如果不愿意干某件事，那么肯定是脚步沉重，所以"발/발길이 내키지 않다、발길이 무겁다"比喻心里不情愿，不乐意去做某件事，而汉语"迈不动步"没有此类心理状态义，而是多指身体状况不好。

如果一个人不愿离开，那么肯定是不想迈步，所以"발/발길/발걸음이 떨어지지 않다"等都比喻因留恋、担心等原因放不下心，无法离开，此时汉语不用"足、脚"，而是用"拉不动腿、拖不动腿"来表达，如(40)。

(40) 혼자 두고 가려니까 **발걸음이 안 떨어지네**.《아이가 다섯, 27회》把你一个人留下，我这腿有点拉不动啊。

第三，当人着急时一般的身体语言是跺脚，所以"발(을) 구르다"指非常担心、着急，汉语"脚、足"也有此用法，如"急得直跺脚、捶胸顿足"。

第四，当人非常害怕时，一般出现的身体特征是腿发软，迈不动步，所以汉语有"吓得腿都软了"，而韩国语却用脚的状态来表达，如"발이 저리다"指犯了错误或有罪时心里非常害怕，如(41)，汉语多用"心虚"。

(41) a. **발이 저리니까** 입만 벌리면 변명이구나. 都说做贼心
虚, 只要一张嘴就是辩解。

　　 b. 도대체 또 뭐가 **제 발이 저려서** 그래요?《빛나라 은
수, 94회》你这又是因为什么这么心虚啊?

第五，人睡觉时要伸直了双腿才会舒服，除了腿之外，韩国语里还用"발(을) 뻗고[펴고] 자다、두 발 뻗고 자다"表达睡安稳觉，这是用脚来比喻感情，如(42a)。而惯用语"발(을) 뻗다[펴다]"也产生了安心、没有担忧之意，与此相关还有合成词"발편잠"，比喻没有任何担心忧虑睡得安安稳稳的觉，如(42b)。

(42) a. 여기가 니가 **두 발 뻗고 자는 집**이 아니야.《아이가 다
섯, 14회》这里可不是你四仰八叉躺着睡觉的地方。

　　 b. **발편잠**을 잘 수 없었다. 睡不安稳。

3.4.10 腿与心情

人们睡觉时有各种姿势，这些不同的姿势反映了人不同的心理

状态，当人心情舒畅，没有心事时，一般都会伸直了双腿睡觉，在表达这种情况时，韩国语用惯用语"다리(를) 뻗고[펴고] 자다"，如(43)。

(43) a. 조들호 그 놈을 어떻게 처리를 하면 내가 **두 다리 딱 펴고** 잠을 잘 수 있을 텐데 말이에요.《동네 변호사 조들호, 10회》如果把赵德浩那小子不管怎样处理了的话, 那我就可以伸开双腿安睡了啊。

b. 나를 그렇게 배신해 놓고 **두 다리 뻗고** 잠이 자?《최고의 연인, 54회》你那样背叛了我, 自己却睡安稳觉?

3.4.11 膝窝与感情

膝与行走密切相关，如果行动自由则心情必定不错，所以"오금을 펴다"指可以放心地、悠闲地过日子，如(44a)。人们做错了事情后，多会担心露馅或出现不良后果，因此而心里不踏实，此时韩国语用"오금이 저리다"来表达，如(44b)。韩国语里还有"오금이 가렵다"，表达积极感情，如(44c)。在表达这三类不同感情时，汉语分别用"放心、浑身发抖、让人拍案叫绝"等。

(44) a. 기말 보고서를 내고 나서야 비로소 **오금을 펼 수 있었다**. 把期末报告交上后, 才放了心。

b. 니 장모가 얼마나 무서운 사람인데 난 그 사람 얼굴만 보면 **오금이 저려**.《다시, 첫사랑, 13회》你丈母娘太可怕了, 我一看到她的脸, 就浑身发抖。

c. **오금이 가렵도록** 멋있는 청탁 처리 유형이 아닐 수 없

다.《이규태, 한국인의 버릇》这种处理人情世故的
方式真令人拍案叫绝。

3.4.12 骨与心理感情

韩国语的骨头与其他身体器官一样也可以表达心理感情意义，主要表达两类感情，第一类是极度后悔与怨恨；第二类是痛苦。

首先看第一类，有的可以比喻极度后悔，主要有"뼈저리다、뼈아프다、뼈속 깊이"，如(45)。此外，还有"뼈에 사무치다"，可以表达两个意义，其一是极度后悔，如(46a)；其二是比喻怨恨或痛苦、思念之心非常重，痛彻骨头，如(46bc)。在表达这两类感情意义时，汉语一般不用骨头来表达，而多用"痛彻心扉"或者用"把肠子都悔青了"。也就是说对同样的生理感觉，汉韩两种语言的呈现形式出现了差异。

(45) a. 그의 비판은 매우 **뼈저렸다.** 他的批评让我汗颜。

　　b. **뼈저리게** 후회하고 있다. 把肠子都悔青了。

　　c. 제 인생에서 가장 **뼈아픈** 실수죠.《월계수 양복점 신사들, 10회》那是我人生中最后悔莫及的失误。

　　d. 그분 **뼈속** 깊이 후회하고 있어.《천상의 약속, 84회》他现在是痛彻心扉/真心地在后悔。

(46) a. 아무리 그 사람이 **뼈에 사무치게** 후회해도 도희도 새별이도 못 돌아와.《천상의 약속, 84회》虽然他把肠子都悔青了，但道姬和新星都回不来了。

　　b. **뼈에 사무치도록** 그리운 임 痛彻心扉地思念难忘的爱人

c. **뼈에 사무치도록** 보고 싶냐? 你就那么想他? 日思夜
想也不忘?

第二类与痛苦有关。其中"**뼈(가) 빠지게、뼈가 휘도록**"都是
用骨头都断了、弯了来比喻长时间忍受着肉体的苦痛来干非常困难
的事情，如(47)。类似的还有"**뼈가 녹다[녹아나다]**"意思是骨头
散架了，指因困难或艰难的事情而受苦，如(48)。

(47) a. **뼈 빠지게** 일해서 회사를 키워 놔 봐야 뭘 해?《천상
의 약속, 3회》累死累活地把公司发展壮大了, 有什
么用啊?

b. **뼈가 휘도록** 일해도 손에 들어오는 건 쥐꼬리만 한
월급뿐이다. 这样干活, 累得腰都直不起来了, 但得到
的只有一丁点的工资。

(48) 아버지는 여름 내내 **뼈가 녹도록** 일을 하셨다. 父亲整个
夏天都在拼命干活。

比喻痛苦时还有惯用语"**뼈를 깎다[갈다]、뼈를 긁어내다**"。
其中"**뼈를 깎다[갈다]**"指非常痛苦，难以忍受，如(49)。"**뼈를 긁
어내다**"指内心的苦痛非常严重，如(50)。这两个表达都与"刮骨之
痛"有关，有时可对应，有时可译成"无尽的牺牲、彻骨的疼痛"。

(49) a. **뼈를 깎는** 고통 속에 세 가지 비상 개혁방안을 내놓게
되었습니다.《김과장, 18회》我们忍受着刮骨之痛
制定了三个应对特殊情况的改革方案。

b. 사랑은 **뼈를 깎는** 희생을 통해서 완성된다. 爱情是用
无尽的牺牲换来的。

(50) 주검을 묻는 것이 첫 경험인 학수에게는 그것이 너무도 끔찍한 짓같이 생각되어 **뼈를 긁어내는** 듯도 한 느낌이 었다.《이효석, 약령기》对第一次埋死人的鹤洙来说, 那种事情实在是太恐怖了, 想起来就感到彻骨的疼痛。

除以上表达外，韩国语还有"뼛골(이) 아프다"比喻痛彻心扉，"뼛골에 사무치다"比喻怨恨或痛苦非常深。

3.4.13 不同器官与心理感情的密切程度不同

柏克在《崇高与美的观念起源之哲学探讨》中提到："一般的劳动是一种痛苦，是比较粗重部分之活动，恐怖则动用我们身心比较精细的部分；由于眼与耳是最细致的器官，某种痛苦如果对这些器官发生作用，引生的情感就比较接近心理原因"（艾柯 2011/2017：293）。这是从生理角度来分析不同器官与心理感情的关系，也就是说，细致的人体器官具有产生心理感情意义的生理基础。反之，则不具备基础。例如，臂本身能够产生的动作非常简单，所以所表达的感情意义也非常单一，主要用"胳膊肘往里拐"来比喻对自己人的袒护，具有文化共性。

除生理基础外，段义孚（2017：72）认为"人体是一种等级组织的图式，并被灌输了各种价值观。这些价值观或源于带有情绪的生理作用，或源于人们深入了解的社会经验"。具体而言，人体的各个部位在人心目中的地位不尽相同，人类根据自己的心理作用或社会经验赋予了人体部位各自不同的价值，这些抽象的东西最终使人体语言各自具有了具体意义之外的很多抽象意义以及丰富的惯用语、俗语等语言形式。并且在不同的文化条件下，人体语言也具有了明显的民族性。

　　具体到韩国语，几乎所有的人体语言都可以表示人的心理与感情，但不同人体器官所表达的具体的感情意义和丰富程度不同。김향숙(2001:175)认为表达感情的器官主要集中于人体上部，其顺序分别是"眼睛>胸>脸>肠子>肩膀"。这与本研究的结果基本一致，本研究发现，"头、眼、胸、口、鼻、肩"具有极其丰富的感情意义，其中"胸"表达心理感情意义具有文化共性，杜兰特(1997:37)曾说，"情感的位置在血液循环的心脏，它是经验和欲望的有机的共鸣。"因为心脏是最重要的脏器之一，心脏能更精细地感受人的生理与心理变化，所以韩国语里的"가슴"和汉语的"心"都能表达丰富的情感意义。其次，具有文化共性的还有"头、眼、口、肩"。除了人体上部器官外，韩国语里的"肚子、腿、膝、手、脚、骨"等也都可以产生心理感情意义。

3.5 人体语言与深层文化

3.5.1 相似表达丰富

　　韩国语人体语言中相似表达非常多，这种现象的产生主要有三种类型。

3.5.1.1 不同人体器官的相同动作或状态表达相似意义

　　韩国语里很多不同的人体器官动作或状态可以表达相似的意义，即"不同人体器官+相同或类似的动作、状态=相似意义"，出现这种情况的原因有八点：

第一，有些人体动作会让人产生相似的联想意义。如"손을 뻗다"与"발을 뻗다"都可表达索取意义，这是因为在韩国席地而坐的坐式文化里，脚也具有了与手同样的联想意义。再如"코밑、턱밑"都比喻非常近的地方，这也与这些部位的位置有关。不过"코밑"还比喻马上就要到来的未来。

第二，有的相似表达只有程度差异，如"두 손 두 발 다 들었다"与"손들다"的意义相同，多出来的"두 발"部分是为了加强前面手的意义。类似的还有"손을 뻗치다"和"손을 뻗다"，前者是对后者的强调。

第三，某些人体部位紧密相连，所产生的动作与这些人体器官都发生关系。

例如表示望眼欲穿时韩国语用"눈이 빠지게 기다리다、목이 빠지게 기다리다"，因为在表示焦急等待时，除了眼睛会出现相应的变化，脖子也会不自觉地伸出去张望。只动眼睛而不动脖子的可能性不是没有，但表达的多是用眼梢瞄人。

表示洋洋得意、傲慢时，可用肩膀系列的惯用语，如(51a)；也可用鼻子系列的惯用语，如(51b)；也可用脖子系列的惯用语，如(51c)；也可用与肚子有关的惯用语，如(51d)。

(51) a. 어깨가 올라가다、어깨가[어깨를] 으쓱거리다、어깨에 힘(을) 주다/넣다、어깨에 힘이 들어가다

b. 콧대가 높다、코가 높다、코가 솟다、코가 우뚝하다、코를 쳐들다

c. 목에 힘을 주다、목에 힘이 들어가다

d. 배(를) 내밀다

如上，之所以有这么多的类似表达，是因为这些人体部位的动

143

作在表达洋洋得意、傲慢这类心理感情时，基本都是相连的，可以感觉一下，当人洋洋得意时，肩膀自然会舒展打开来、大摇大摆，而脖子自然就挺起来了，鼻子也感到挺起来一样，肚子一般也会挺起来而不是收进去。不同的人体部位表达相似的感情也说明韩国人对人体的观察之细致，也反映了韩国人微观、全面的思维。

第四，人们对人体器官的理解和认识很相似。

例如，表示牢记时，韩国语有"가슴에 새기다、심장에 새기다、폐부에 새기다、뼈에 새기다、골수에 새기다"等丰富的惯用语，其中"가슴、심장、폐부、뼈、골수"与心、胸、肺腑、骨（髓）有关，所以可用来表示铭记。类似的还有"머리에 담다、눈에 담다、귀에 담다、마음에 담다"，比喻记在心里，因为记东西时首当其冲的是需要利用脑子、耳朵、眼睛等器官，而"记在心里"是因为中韩两国人都认为"心通灵"。这些近义惯用语反映的也是眼睛、耳朵、心、头等不同人体器官之间的通感。类似的还有被动形式的"눈이 열리다、귀가 열리다、마음이 열리다"等。

再如"손을 씻다、발을 씻다"，这两个惯用语都比喻不再做某事，之所以出现两个表达，是因为干事情时一般都会与"手、脚"发生关系。

韩国语还有"눈길、손길、발길、입길"，分别是眼睛、手、脚、口与"길"结合形成的合成词，之所以出现这样的系列表达，是因为韩国人对这些器官的认识是一致的。

第五，同一种思想感情表现在人体上可能会产生多种身体反应，所以也就有了多种表达方式。

例如，人们在撒谎时总会传递各种语言和非语言信号，如喋喋不休、停顿、卡壳，或试图转移话题，也可能会用单调的语气不断重复同一词组（泰丽·贾米森、琳达·贾米森 2013:200）。同样，

人在出现其他思想感情时身体也会有相应的一种或多种反映，如人害怕时会出现心缩成一团、身体僵直、拉不动腿等身体反应，所以韩国语里"가슴이 콩알만 하다[해지다]、발이 저리다、손이 저리다、오금이 저리다、뼈저리다"都比喻害怕，涉及的人体器官有胸、脚、手、膝窝、骨头等。感到痛苦时也会有多个身体部位发生反应，所以韩国语有了近义表达"가슴이 미어지다、심장이 미어지다、창자가 미어지다"等，分别涉及胸、心脏、肠子等器官。感到辛苦时会腰酸背痛，因此"등골이 빠지게 일하다、뼈빠지게 일하다"都比喻辛苦，涉及脊骨、骨头等器官。表示喜欢时，人体的反应可以是盯着看，也可以是咽口水，所以"눈독을 들이다、침을 흘리다"具有了类似的意义，涉及眼睛和口两个器官。表示生气时人体也会有多个器官共同发生反应，所以韩国语里"속이 끓다、피가 끓다"以及"울화/정열/증오/혐오감 끓다"等具有相似意义，涉及心、肠子、血等器官以及很多抽象的心理感情用语。

第六，对同一事件的观察描述角度不同。韩国语里形容人大笑不止时，可以用与腰有关的"허리가 부러지다、허리가 끊어지다"以及"허리를 잡다、허리를 쥐다"，前一组是直接描述腰的状态，后一组是描写人的动作。人大笑还有一个动作与肚子有关，如"배꼽(이) 빠지다"以及"배꼽(을) 빼다、배꼽(을) 쥐다[잡다]"，前一组是直接描述肚子的状态，后一组是描写人的动作。这两类不同的惯用语反映的是韩国人对大笑的两种不同观察视角。

第七，不同感官之间的通感。韩国人感官知觉发达，可以借用不同的感官表达相似意义。例如，韩国语里的"뒤통수"与"발"可以分别表达听觉和抽象意义，如(52)。

(52) 박옥순(부인):옆에 있는 여자를 헌신짝처럼 여기고 어

디 괜찮은 여자 없냐 **눈에 불을 켜고**…把身边的
女人当作破烂, 却**眼里放着光**去找哪里有不错的
女人……

장민호(남편): 어, 참! **뒤통수 닳겠네.** 그것. 한 번 우려먹
은 보리차는 평생 우려먹어. 연애하고 **발 끊은지**
언젠데?《아이가 다섯, 7회》哎, 真的。我**耳朵
都长茧子了**。这句话都说了一辈子了。我都多久
不谈恋爱了啊(还提个不停)。

如上, 这是夫妻间的对话, 与人体器官有关的表达出现了三
个, 分别是"눈에 불을 켜다、뒤통수 닳겠다、발을 끊다"。其中
"눈에 불을 켜다"与眼睛相关, 汉语为"眼里放着光"。"뒤통수
닳겠다"意思是后脑勺都要被磨平了, 但句中出现的诱因指的却是
妻子的唠叨, 所以表达的其实是听觉意义, 汉语用"耳朵都长茧子
了"。"발을 끊다"虽然与脚有关, 但表达的意思是不再与他人谈恋
爱了, 表达的是抽象意义, 汉语里无法用脚来表达。

此外, 上面对话中还出现了与服饰有关的"헌신짝"、与饮食有
关的"우려먹다"。这两个词语在句中表达的也都是抽象意义。

第八, 有时可用大的、整体、外部的人体器官来转喻小的、局
部、内部的人体器官, 或者正好相反。如"가슴이 타다、마음이 타
다"都比喻内心焦灼, 而"가슴"和"마음"分别是外部器官和内部
器官, 内心焦灼是内心的心理感受, 所以"가슴이 타다"中是用外
部器官"가슴"来转喻内部器官"마음"。

3.5.1.2 不同人体器官与同一动词结合表达不同意义

前面所分析的相似惯用语表达相似意义类型中, 很多惯用语表

现为"不同人体器官+相同的动词=相似的意义",但有时也会出现不同的语义类型,即"不同人体器官+相同的动词=不同的意义",这是因为不同人体部位和具体动作所产生的经验意义或联想意义不同,如(53)。

(53) a. 등이 닿다、손이 닿다

　　 b. 눈밖으로、귀밖으로

　　 c. 낯익다、귀에 익다、손에 익다、발이 익다

　　 d. 콧방을 맞다、뒤통수를 맞다

　　 e. 눈이 따갑다、귀가 따갑다

　　 f. 눈에 힘이 들어가다、어깨에 힘이 들어가다

　　 g. 머리를 모으다、입을 모으다

　　 h. 배를 내밀다、머리를 내밀다、얼굴을 내밀다

　　 i. 귀를 씻다、입을 씻다/닦다

　　 j. 눈맞다、배가 맞다、손이 맞다、발이 맞다、손발이 맞다、보조가 맞다

　　 k. 눈을 맞추다、입을 맞추다、말을 맞추다、배꼽을 맞추다、손바닥을 맞추다、발을 맞추다、손발을 맞추다、보조를 맞추다

　　如上,这些惯用语的动词都相同,但因为前面所结合人体器官不同,所以惯用语的意义也出现了较大的不同。

3.5.1.3 不同动词的不同语义韵使惯用语也具有了不同的语义韵

　　因动词意义的限制,很多动词在表达感情上表现出一定的共性,如具有消极意义的动词有"타다、태우다、끓이다、썩다、달

다……", 具有积极意义的动词有"열리다、트이다、펴다、뜨겁다……" 等，因为动词具有一定的语义韵，所以导致与身体语言结合形成的惯用语也具有消极或积极的语义韵[05]，所以从某种程度上具有了相似性。

3.5.2 多义表达众多

人体语言中有很多多义表达，其原因可以分为以下四种情况：

第一，某个人体动作可以使人产生多种联想意义，或某个人体动作可以表达多种感情。

例如，"눈에 불을 켜고" 既可以表示嫉妒、发怒，也可表示关心。"손들다" 既可以表达佩服，也可表达投降。"벌린 입을 다물지 못하다" 表达三个意义，一个是非常惊叹，一个是感到不可理喻，一个是指说起话来没头。"허리가 부러지다" 可以指累弯了腰，也指笑得直不起腰，也指气势被压制。

还有一种类型，首先 "눈을 부릅뜨다、눈이 동그래지다、눈이 등잔만 하다、눈이 화등잔(火燈盞)같다" 等惯用语都具有多义性，可以比喻惊讶，也可以比喻害怕，因为人惊讶或害怕时都表现为眼睛瞪大。另外，这些惯用语又都属于睁大眼睛的近义表达，这些近义表达的出现反映了韩国人对"瞪眼"这种动作的关注。

除惯用语之外，很多与人体动作有关的词语也具有类似特点。

05　"语义韵是语料库语言学研究的重要发现"(李文中等 2020:72)。"语义韵是表达态度的，并在语义学—语用学这个连续统中处于语用学一端"，其 "在整合词语与其周围环境中发挥主导作用，……其所表达的东西近似某一词项的功能"(Sinclair 1996:87，李文中等 2020:73)。

例如"쭈뼛거리다"有三类意义，其中第一类指物体很尖，第二类指把嘴唇噘出去成尖尖的状态，第三类是感情意义，分别表达害怕或吃惊，也表达害羞、羞愧等意义。之所以可以表达两类感情意义，是因为当人们处于这两类感情时所出现的生理动作是相似的。

第二，同一身体器官可以表达多种意义，也与这一身体器官动作的多样性有关，如：

(54) a. 허리를 굽히다

　　 b. 허리가 부러지다、허리가 끊어지다

　　 c. 허리를 잡다、허리를 쥐다

如上，与腰有关的动作主要有以上三种类型，表达三种不同意义，其中(54ac)都是主动形式，(54a)的动作比较复杂，可以表达弯腰屈服，也可表达谦虚之意。(54c)主要与人大笑时的动作有关，所以意为笑得直不起腰来。(54b)是被动形式，所以多用来比喻负担重、劳累。

与之相反，胳膊、膝盖的语义引申和表达较少，之所以出现这种现象，不是因为这两个人体部位不重要，而是因为两者能够产生的动作比较受限，难以引发更多的联想比喻。

第三，惯用语中名词具有多义性，如"손"是多义词，当与动词结合形成惯用语时，惯用语就具有了多义性，如"손을 나누다"。

第四，惯用语本身发生多义化。名词与动词(形容词)结合形成词组，然后发展成惯用语的过程，就是其组成部分的名词与动词(形容词)各自语义逐渐变得模糊而整个惯用语意义逐渐变得抽象的过程，因此会最终导致惯用语意义脱离原先的具体意义而发生多义化，如"발을 뻗다"，其具体意义为把脚伸出去，但惯用语意义却有

三个，首先可以表达无忧无虑，因为能伸腿睡个安稳觉说明无忧；其次，可以表示势力扩展，因为伸出脚说明是涉足、占地方；第三表示伸手要、索取，也就是说，这时惯用语中的"발"的意义已经极度模糊，重心集中在了动词"뻗다"之上。类似的还有"눈맞다""낯익다"等。

在日常交际中，靠人体语言来表达意义是比较受限的，因为同一种人体语言、面部表情可以表达不同的意义，因此就具有了模糊性，就会造成交流的障碍，不能正确传达感情。因此需要言语以及语境来厘定。从这个角度来看，"눈치를 보다"与汉语的"察言观色"虽然具有一定的实用价值，但其作用也并不是无限的。

3.5.3 人体器官的交叉

很多人体语言反映的是深层次的精神文化，并且很多不同器官之间是相互联系和交叉的。例如，韩国语里与"眼睛、耳朵、口、牙齿"有关的众多表达看似没有太大的关系，但却都是对韩国"关系文化"的反映。因为韩国人重视人际关系的和谐，强调上下秩序的维持，所以形成了"慎言"文化，这反映在与"口、牙齿"有关的语言表达中，"慎言"文化的反面就是对听和看的重视；对听的重视形成了众多的与"耳"有关的惯用语，并且很多表达的是对不好好听、偏听偏信等的批判；反过来，对看的重视，尤其是对观察他人的重视，使韩国语里形成了与察言观色密切相关的丰富的惯用语。

3.6 文化差异

　　人体语言很多具有人类共性，但具体的语言表达大多会出现文化性和民族性。例如，通过脸色来表达人的心理感情具有很强的文化共性，因为不管是哪个民族人们心理感情的变化表现在表情上具有一定的共性，但是生理现象需要再通过联想思维、借助语言描述出来，至于将同一生理现象与什么样的事物、动作或状态通过联想思维联系起来就会出现文化差异，例如描述因羞耻而出现的脸红现象时，韩国语用"얼굴에 모닥불을 담아 붓듯"，意思是脸上就像倒上了炭火一样，是将羞耻而脸红与炭火关联了起来。描述因激动而变得脸通红时，韩国语用"얼굴이 선지 방구리가 되다"，意思是脸变成了盛猪血的罐子，是将激动而脸红与猪血关联了起来。这两种表达中尤其是第二种表达具有很强的文化性。

　　人体部位的语义发展虽然与人体的基本构造、可能产生的动作密切相关，但不同文化的人有不同的认知思维，会产生不同的联想意义，因此随着语义的抽象化，会逐渐出现更大的差异。例如，对人来说，后膝是软肋，背后袭击人或者想让某人跪地时，在后面一踢后膝，自然就让对方跪地了。因此泰拳中就有招式"踏膝窝、踢膝内弯"等。面对同样的身体部位，汉语没有出现相关的语言形式。但韩国语里根据膝窝这个特点有时用"오금"来比喻把柄、弱点，如惯用语"오금(을) 박다"有两个意义，一个指当夸海口的人说了正相反的话或者做了正相反的事情时，就用他夸下的海口作为把柄来批判他；也指严厉地告诫或恐吓别人不要乱说话、乱行动。被动形式的"오금(이) 박히다"也有两个意义，一是指夸下海口后却兑现不了因此被当作把柄遭到严重质疑和批判；也可比喻被别人严厉告诫或遭到恐吓，不要乱说话、乱行动。这些意义在汉语里都不用

膝窝来表达。

　　身体是人类认识体验世界的工具，身体的动作还可反映各种社会规范。韩国语里表示低头的惯用语非常多，如"머리/고개를 숙이다、머리를 조아리다、머리를 굽히다、머리/고개가 수그러지다"，表示抬头的惯用语少，只有"머리/고개를 들다、머리/고개를 쳐들다"，且多用于命令句或疑问句；表示瞪眼的惯用语很多，如"눈을 뜨다、눈(을) 똑바로 뜨다、눈을 부릅뜨고、눈을 치켜들다、눈을 치켜뜨다、눈에 힘을 주다"，但多用于疑问句表示责难，这都反映了韩国重视上下秩序的垂直文化特点。中国虽然也是儒家文化圈，但与韩国语相比语言上的相关表达并不突出，这说明中国的上下秩序文化表现在语言上与韩国语具有较大差异。

　　人体主要分为躯体、内心活动和体外活动三种语义，躯体主要由器官和肢体、生理、仪容组成，体外活动主要包括动作、行为和处境，内心活动主要分为心理感情、感觉、性格、品行等，这些内心活动都是以躯体和体外活动为基础的，也就是说，躯体和体外活动表现的多是基本义，而内心活动表现的多是引申义。韩国语里，人体器官中除"臂"之外都发展出了心理感情意义。反过来说，韩国语的这些心理感情意义都是借助具体的人体器官表现出来的，但汉语很多情况下无法用人体器官，或者用的是较大范围的人体器官，或者用的是内部器官"心"，因此比韩国语更加抽象。

3.7 小结

　　人体是人类沟通、传达信息、表达感情的方式，与人体有关的二十二个部位，如头、脸、眼、眉、耳、口、牙齿、鼻、颈、胸、背、肩、臂、腰、腹、腿、膝、手、脚、骨、排泄物、魂魄等，根据其所能做出的动作、所能表现出的状态，以及韩国人据此所能产生的联想与联系，这些身体部位产生了在沟通、传达信息、表达感情等各方面的意义。

尤其是口、牙、胸、肩、背、腹、手、脚、腿、膝、骨等可以表达丰富的心理感情意义，但这些人体器官所表达的具体感情意义、丰富程度以及与相关感情的密切程度并不相同。韩国人体语言所表达的心理感情中，与积极意义相比，消极意义所占的比重更高。也就是说消极感情的表达是标记项。

韩国语里与人体语言有关的表达非常丰富，并且表现出了很多突出特点，如相似表达丰富、多义表达众多，很多人体器官在表情达意时还会出现交叉现象。

人体语言还与韩国的关系文化、席地而坐的住居文化等产生密切联系。

非口头语言的人体语言(或称手势语)虽然具有很强的文化共性，但表现为口头语言的人体语言却具有了很强的文化特性。

第四章

地理环境与语言

4.1 引论

关于环境与人的关系，不同学科的人有不同的认识，在地理学界，20世纪早期以前，英语国家地理学中曾流行环境决定论，他们认为自然环境，特别是气候和地形这两个要素对文化特征的形成起重要作用，人在其中只是被动接受(王恩涌 2010：19)。这种观点在20世纪30年代被可能论所代替，可能论认为在人与环境的关系中，起重要作用的是人。后来又出现了环境感知论、改造论，以及适应论、和谐论等。种种理论都强调了地理环境与文化的密切关系。

4.2 地理环境与文化

对很多文化现象，我们可以尝试从地理环境的角度去做分析。

首先，族群的多样性。人类学家恩贝尔、恩贝尔(2016：65)援引Elizabeth Cashdan的观点说，族群多样性程度与环境的不可预测性有关，与南北两极相比，靠近赤道的文化群体多得多，这是因为南北两极环境的不可预测性迫使社会群体有更广泛的联系，以便在当地资源枯竭时能够通力合作，这或许会使文化分歧减至最小，也极不易有民族生成，所以离赤道越远，文化就会出现得越少。

第二，饮食领域。先看辣椒，康奈尔大学的生物学家舍曼和比林(Jennifer Billing)通过研究发现，辣椒所具有的防止肉类腐败的抗生素样的作用是驱动居民食用辣椒的主要动力，并且在同一民族的食谱中，辣椒调料更多地出现在肉制品中，并且越靠近赤道，食物中含有更多的辣椒(纳卜汉 2015:13)。再看茶饮，中国北方一般喜欢喝大碗茶，在过去北方路边上就有卖"大碗茶"的，而南方则盛行"功夫茶"，即小口品茶，对这种现象，马未都(2017(5):48)解释说这是因为北方气候干燥饮水量大，南方式的喝茶方法不解渴。这都是从地理环境的角度分析饮食文化产生的原因。

第三，文化和节日。韩国受中国文化的影响非常大，但中国春节放鞭炮、贴红以驱逐"年"这种怪物的传统并没有影响到韩国，所以韩国的新年——"설"过得很安静。对此，金慧媛(2013:4)认为这与韩国的气候有关，因为正月正是韩国大雪纷飞的寒冬，与春天或春天的节日相距甚远，所以难以在户外形成热热闹闹的气氛。

第四，农业与教育领域。"各地人们的生活方式，亦即是他们的文化。……是这民族在创造、试验、学习、修正的过程中累积下来应付他们地理和人文环境的办法(费孝通 2013/2015:40)"。韩国有俗语"산중 놈은 도끼질 야지(野地) 놈은 괭이질"，意思是住在山上的人用斧头，住在野地里的人用镐，也就是说人们根据自己所处的环境而产生了不同的生存方式。地中海文明中，经常用波浪的符号来象征丰产(吉普森 2018:11)，因为大海是他们的主要食物来源地，是他们的"土地"。

那么农业又如何与教育联系起来呢？格拉德威尔(2014/2016:220)曾提到西方教育的传统可以从西方农业特点入手来做解释，西方无论是麦田还是玉米地，每隔几年都要休耕，否则土地就会变得很贫瘠。每年冬天都会有一些土地需要休耕，而休耕就会减缓春种秋收的节奏，在这种农业特点与思维方式的影响下，所以形成了美国特色的文化遗产，那就是把暑假假期延长，借此让学生的大脑得到休息，不要过度用脑而导致大脑贫瘠。这种思考方式的背后隐含了隐喻思想，即儿童的大脑就是土壤，要像对待土壤那样来对待儿童的大脑。

在中国，过去农村学校都有"麦假"和"秋假"，分别在小麦成熟的五月份左右或秋收时节放假，目的是让农村孩子和农村教师回家收麦子或秋收。但随着农村农业生产的机械化，这两个假期已经消失了。这也是农业生产方式对教育的影响。

第五，语言与艺术领域。利用地理环境来解释文化现象自古有之，如：

"吴声清婉，如长江广流，绵延徐逝，有国土之风。蜀声躁急，如急浪奔雷，亦一时之俊杰。"《朱长文《琴史》卷四》(转引自刘承华 2003:5)

"音由心生，心随环境而别。北方气候凛冽，崇山峻岭，燕赵多慷慨之士；发为语言，亦爽直可喜。南方气候和煦，山水清嘉，人文温雅，发为音乐亦北刚而南柔也。古琴本为我国普通乐器，历代知音者多有曲操流传，初无所谓派也。既因气候习尚，所得乎天者不同，各相流衍而成派，乃势所必然《论琴派》。"(《今虞琴刊》45页，转引自刘承华 2003:5)

上面第一段讲的是中国唐代赵耶利用地理环境的不同来解释川派与吴派琴乐风格的差异，第二段是现代琴家徐立荪对不同语言特点、音乐特点、琴派形成的解释。

"自古以来就以口头方式创作、流传的各类民间音乐同地理环境的关系最直接、最密切，也最为久远"，所以就有了京剧、楚剧、湘剧、沪剧、粤剧、川剧等之分，有了苏州评弹、山东琴书、四川清音、常德丝弦、天津时调、扬州清曲之别(乔建中　2010:144)，还有了山歌与小调之分，这都隐含了"音乐与地理"观念。

　　例如，中国代表性的民间音乐形式之一有山歌，山歌的特点是旋律高亢，节奏自由，这种特点的形成与它的歌唱舞台主要是野外、主要出现于高原、内地、山乡、渔村及少数民族地区等密切相关，在这种空旷的空间环境里，可以不受约束，所以就有了高亢、自由的特点。与山歌不同的还有草原之歌——蒙古歌，唐晓峰(2012:187)提到蒙古歌的特点，其长调拉得很长很长，这与周围的地理环境有关，蒙古草原视野开阔，而当地的生活节奏又非常缓慢。这在某些程度上会影响蒙古歌曲特点的形成。山歌、草原之歌外还有"小调"，小调多在人民群众生活中的休息、娱乐、集庆等场合演唱，所以自然形成了曲折细腻的特点。

　　也就是说，不同的环境和要求创作出了不同的艺术形式，而这些不同的艺术形式也反映了各自的环境和文化背景。不同艺术形式也适应不同的环境，例如，韩国的玄鹤琴一般是读书人喜欢的弦乐器，与山沟野地是两种完全不同意蕴的东西，所以韩国语"산중에 거문고라"借用穷乡僻壤之地的玄鹤琴来比喻完全不搭配的东西。

　　第六，社会科学领域。霍夫斯泰德(2010/2012:70)曾提出通过一个国家的地理纬度、人口规模、国家财富等三个变量可以清晰明确地预测一个国家的权力距离[01]指数，其中纬度、国家财富越

01　权力距离指人们对组织中权力分配不平等情况的接受程度，权力距离有大小之分，它的大小可以用权力指数PDI(power distance index)来表示。权力距离越大对权力分配不平等情况的接受程度越高。

高，权力距离得分越低，而人口越多，权力距离得分越高。当然，Hofstede(2001:71)也声明并不是地理纬度决定权力距离，而是说较高的地理纬度连同其他因素一起，多意味着较小的权力距离。

第七，哲学领域。梁漱溟(2011/2015:97)曾从两方面谈到人与自然的关系，他认为人类的生存依赖于自然，而人也时时劳动改造着自然，同时也借此发展了人类自己。

地理环境会影响到哲学思想的特点，如希腊临海，到处是水，所以希腊哲学很多与水有关，如被称为哲学之父的泰勒斯(公元前7世纪末—6世纪初)是希腊人，他的哲学观点认为"水是万物的始基，一切生于水还于水，大地漂浮在水上。"而赫拉克利特有著名格言"一切皆流"，"人不能两次踏入同一条河流"等。

对中国人来说，中国广博的地理环境产生了山水哲学。韩国多山的地理环境则形成了韩国人的山林哲学(详见本章"4.6.3")。此外，图德(2015:77)提到韩国人集体主义的原因之一也与地理环境有关。因为朝鲜半岛特殊的地理位置，历来是外国势力侵略和统治的目标，正因为这种地理、历史、政治原因，也形成了韩国人"团结就活、分离就死"这种强烈的集体主义意识。

如上所示，很多的社会文化现象可以尝试着从地理环境的角度去分析和解释，这也说明了环境与文化的密切关系，正因为如此，所以地理学中又分出了人文地理学或者文化地理学。

但是，环境与人、文化是相互关系和影响的，不能脱离一方而单独去考虑另一方。

文化本身就有地域性，不过，地域环境并不对文化起根本的决定性的影响。即"自然环境是文化起源的最初触因，而不是它的最终成因"(刘承华 2003:6)。乡村社会学家Sonya salamon研究发现，来自不同种族背景的人对于耕种和家庭有着截然不同的信念，对农场管理做出了完全不同的决策，即使他们拥有相似的农场，这些农场仅相距几英里且土壤几乎完全相同(里克森、博伊德 2017:25)。因为地理并不创造技艺和习俗：它只是给你机会或是不给你机会(路威 2015:2)。也就是说不同的民族可能处于相似的地理环境中，但是产生的文化却不可能完全一样，有时甚至会出现很大的差异，之所以如此，是因为"文化一旦产生，影响它的因素就是综合的了，而且，越是发达的文化，影响的因素就越是丰富复杂，环境的影响指数也就相应降低"(刘承华 2003:2)。

众多的文化影响因素中，最核心的莫过于人的因素，因为不同民族的人对地理环境的观察、认识视角是不同的，对事物的认知和接受程度是不同的，而这种认知视角反映在文化和语言上，就出现了既有一致之处、又有差异的矛盾现象。归根结底，对文化最终起作用的还是人。

4.3 地理环境与语言

环境影响文化的内容之一，就是影响语言。具体到语言与环境的关系，唐晓峰(2012:54)提到："从地理方面观察，语言的语音、词汇都反映环境的特点，具有生态性、区域性、传播性三大地理特性，语言内容是在自然环境与社会环境中生成的，有原生态的词汇，也有文化交流传播的词汇。"可以说，人周围的自然地理环境影响到语言最初的生成，例如，爱斯基摩人的语言里不会出现有关热带雨林的词语。但人又可以对自然地理环境进行改造，这种改造除了物理上的改造外，还表现在赋予自然地理事物以生命、以文化意义，使具体的自然地理事物具有了抽象的意义，表达某种概念或某种思想。并且与人的关系越紧密，其意义越抽象，反之亦然。

此外，地理对语言最重大的影响表现在世界语言的语系分类之上。例如世界语言可分为印欧语系、汉藏语系、乌拉尔语系、阿尔泰语系、高加索语系等，从名称来看都与地理有关。各个语系内还有不同的语族分支。不同语系、不同语族具有不同的语言特征。

地理还会影响到语言的基础词汇。例如，恩贝尔、恩贝尔(2016:130)曾提出"某种语言中基础颜色词的多少会受到某种生物因素的影响：眼睛颜色更深(色素更多)的人比眼睛颜色更浅的人更难辨别光谱末端的暗色(蓝-绿色)，所以可以推测：居住地距离赤道越近的人(这些人眼睛的颜色更深，可能是为了防护眼睛不受强烈紫外线辐射的损害)拥有的基础颜色词汇更少。"也就是说基础颜色词汇的数量多少与生物和地理环境因素有关系。例如，根据距离赤道的距离，从南向北分别是新几内亚高地的语Jalé语、尼日利亚中部的Tiv语、菲律宾的Hanunóo语、尼日利亚大西洋附近的Ibo语、墨西哥的Tzeltal语、印度的Plains Tamil语、北美印第安的Nez Perce语、欧洲英国的英语，这些语言中的基础颜色词也随着纬度的升高而呈现出逐渐增多的现象。

即使在使用同一语言的国家内，根据地区不同还有不同的地方方言，例如韩国虽使用同一语言——韩国语，但也有很多方言区，尤其是济州岛方言区与标准韩国语距离甚大。这种方言差异的出现也与地理环境有关，因为济州岛作为一个与朝鲜半岛主体相分离的岛屿，过去交通不便，与其他地区交流很少，所以导致济州岛方言异化严重，相反，朝鲜半岛上的其他方言与标准韩国语相比，其差异相对来说就要小一些。这都是地理环境对语言的影响。

不仅是普通语言会受到地理环境的影响，就是聋人的手语也会受到地理环境的影响，例如游顺钊(2013：41)研究离群聋人所创造的手语词汇资料发现，"个人自创的手语词语数量各不相同……。这种差异是由创造者的性格、他们生活的自然(地理及气候)环境和社会环境组成的。"

地理环境还会影响语言的文化气质，张公瑾(1996/2007:70)认为自然环境不仅影响不同民族社会发展的道路，也会铸造各个民族文化整体的特点，其中也包括这个民族的语言所独具的文化气质。

综上所述，地理环境对文化和语言有非常重大的影响，而这些影响也必然反映在语言上，本章主要从韩国语地理环境中代表性的事物(雷、火、山等)出发，来探讨这些地理环境语言的语义演变及其背后所隐藏的文化成分，并与相关的汉语进行对比。

4.4 雷

空中的电波与地上物体内的电波产生放电作用引起的自然现象，叫作"雷"，韩国语为"벼락"。雷是一种自然现象，通过对它的详细观察，根据打雷的条件、速度、声音、方向以及后果，"벼락"产生了很多比喻意义。

4.4.1 打雷的条件

一般阴天要下雨的时候会打雷，但晴天偶尔也会打雷，这种雷韩国语称作"마른벼락、날벼락"，而汉语多用"晴天霹雳"，如"대낮에 마른벼락、마른날에 벼락 맞는다、청천 하늘에 날벼락"，因

为晴天打雷的几率很小，所以这些惯用语都用来比喻突然遭受到的意外事故或灾祸，如(1ab)，汉语虽然也用"晴天霹雳"，但有时也会译成"大发雷霆"，如(1c)。

韩国语还有"감벼락"，指意外灾难，如(2)。类似的还有"생벼락(生一)"。

(1) a. 이유없이 **날벼락** 떨어져.《아이가 다섯, 4회》没有任何理由地遭遇晴天霹雳。

b. 이게 웬 **날벼락**인지…《동네 변호사 조들호, 15회》这是什么晴天霹雳啊?

c. 우리 시어머니가 내가 양복점 그만둔 걸 아시면 당장 안성으로 내려오라고 **날벼락 치실 텐데**.《월계수 양복점 신사들, 13회》我婆婆如果知道我辞了西服店工作的话, 肯定会大发雷霆让我马上回安城的。

(2) a. **감벼락**을 맞다 遭受打击

b. 사기를 당하다니. 무슨 **감벼락** 같은 소리야. 你竟然被骗了? 这是什么晴天霹雳啊?

以前人们对打雷这种现象了解不多，因此认为是老天爷在打雷，所以有了俗语"벼락 치는 하늘도 속인다"意为连打雷的老天爷都能骗了，比喻要存心行骗的话没有骗不了的。这也反映了韩国人对天的畏惧心理。

韩国语还有"벼락대신(一大臣)"，可以比喻不论是多么困难的事都能够忍受的性情坚韧、狠毒的人；也比喻极其聪明，不论对谁说话都非常唐突的人，也就是说在韩国人眼里，"聪明"与"唐突"是一个事物的两个方面，这种思想也反映在形容词"당돌하다"的语义

泛化上。汉语有"铁打的汉子"，主要与"벼락대신(大臣)"第一个意义一致。汉语里比喻说话唐突时，有时用"吃了枪药了"，但没有聪明意义。

4.4.2 打雷的速度

因为打雷的速度很快，所以汉语有"迅雷不及掩耳"或"迅雷不及掩耳之势"等。韩国语的"벼락"也产生了第二个意义，比喻非常快，如(3a)；也可用于惯用语"벼락 치듯"，如(3b)；其名词形式"벼락치기"多用来指学习，如(3c)。韩国语的这两种惯用表达在汉语里对应的分别是"三下五除二"和"临时抱佛脚"，前者体现的是中国特有的算盘文化，后者体现的是佛教文化。

> (3) a. 일을 **벼락처럼** 해치우다. 三下五除二就把事情干完了。
>
> b. 그는 귀찮은 일을 **벼락 치듯** 해치웠다. 他把烦人的事情三下五除二都解决了。
>
> c. **벼락치기** 공부를 하다 平时不学习, 临时抱佛脚。

4.4.3 打雷的声音

由于打雷时常伴随着巨大的声音，因此惯用语"벼락치듯"也比喻突然出现的非常嘈杂的声音，如(4)。

> (4) a. 아버지께서는 **벼락 치듯** 고함을 치셨다. 父亲高声喊叫着, 声音大得就像打雷。

b. **벼락 치듯** 불호령이 떨어졌다. 一顿臭骂从天而降。

汉语里与雷声有关的是"如雷贯耳、平地三声雷"等，虽然可以指声音大，但多比喻名声大、声名远播、地位上升。从这里我们也可以看出这样一种现象，也就是人的名气多是靠声音传播的，而不是书面文字的，这也符合古代文化"口耳相传"的基本传播形式。原因之一是因为过去普通老百姓大多不识字，无法读懂书面资料，所以口耳相传的波及效应要比书面资料来得快速，来得生动。这也是古代说书人之所以存在的原因吧。可见声音对古代人的重要性。

4.4.4 打雷的方向

打雷是从天上到地下的突如其来的运动，根据这种运动方向，"벼락"产生了第四个意义，比喻意料之外地被水浇了一身，如(5a)，所以就有了合成词"물벼락、돈벼락、소금벼락"等，如(5b-d)。

(5) a. 샤워 꼭지를 틀었다가 찬물 **벼락을 맞고**. 打开洗澡的花洒时被浇了一身凉水。

b. 저한테 **물벼락** 준 것 사과하시라구요.《폼나게 살 거야, 35회》您泼我一身水, 您给我道歉!

c. **돈벼락** 맞았는데 그 깟 풍길당 경비는 뭐 대수야?《우리집 꿀단지, 99회》发大财了, 丰吉堂保安还算什么呀?

d. **소금벼락** 그 정도 맞았으면 되지. 왜? 아직도 심심해? 또 뿌려줘?《최고의 연인, 43회》被我用盐砸得还嫌

不够啊? 怎么? 还觉得无聊啊? 我再给你砸?

    韩国的房屋建筑中有一种窗户,不像一般窗子一样是左右开扇的,而是上下开的,上面与墙是连着的,开窗子时,只要把底部推出去,然后用杆子撑住就可以,这种窗子在韩国语里称作"벼락닫이",顾名思义,就是关的时候像打雷一样快速而且发出很大声音的窗子。汉语里叫作"上悬窗、提拉窗、支摘窗"等,在《水浒传》中这种窗子还促成了潘金莲与西门庆的纠缠,从而引发了武松杀嫂祭兄一段故事,这也算是这种建筑用品的"文化光晕"吧。

4.4.5 打雷的后果

    关于打雷的后果,《周易·说卦》有"动万物者,莫疾乎雷",即震动万物者,没有比雷电更猛烈的。正因为如此,在实际生活中,打雷时一般很难躲避,但在危急时刻总要采取一些方式自救,所以就有了俗语"벼락에는 바가지라도 쓴다[뒤집어쓴다]",意思是打雷时,哪怕是个瓢呢,也要戴上做最后的防备。这生动地描绘了人们在危急时刻所做出的应激行为和自救行为。但这样做基本是没有效果的,所以也就有了俗语"벼락에는 오히려 바가지를 쓴다",意为打雷时反而头上扣了一个瓢,比喻厄运与灾祸不论采取什么办法也是无法逃脱的。

    打雷时逃避不了的后果就是经常会出现动物或人被雷击而死,有俗语"벼락 맞은 소[소고기] 뜯어 먹듯",因为被雷击中的牛是没有主人的,已经看不清是谁家的牛,所以大家就一窝蜂地冲上来疯抢,比喻自顾自地争夺自己利益的样子。

    由于打雷给古代先民带来的灾难是有目共睹的,且给人们带来

了无尽的不安与恐惧，而这与斥责、责骂所带来的结果是相似的，根据这种相似性，"벼락"就产生了比喻意义，比喻受到严厉的训斥和责骂，如(6)。

(6) 아버지의 **벼락**을 조용히 기다렸다.《유주현, 하오의 연가》静静地等待父亲的斥责。

与打雷有关产生了两个惯用语，主谓结构的"벼락(이) 내리다[떨어지다]"可比喻遭受巨大的变故，如(7a)，也比喻受到非常严厉地责骂或指责，如(7bc)。宾动结构的"벼락(을) 맞다"可比喻因做了非常坏的事情而受到严厉惩罚，如(8a-c)；也比喻受到严厉斥责，如(8d)。"벼락(을) 맞다"的相关表达还有"벼락 맞을 소리"，指不合道理、该受天谴的话，如(8e)。两个惯用语多义性的形成与"벼락"的多义性有关。

(7) a. 이러다간 정말 큰 **벼락이 내리겠는데.** 这样下去, 真的会遭雷劈的/出大事的。

   b. 이틀이나 외박을 하고 들어온 내게 아버지로부터 **벼락이 내렸다.** 我在外边住了两天, 刚回家, 爸爸就对我一顿臭骂。

   c. 돈 몇 푼 받고자 괜한 짓 하지 말아. 값은 얼마 안 되더라도 니 아버지가 신줏단지처럼 아낀 거니까 또 **벼락 떨어진다.**《가족을 지켜라, 49회》你可不要为了换几块钱做傻事啊。虽然这个不值几个钱, 但你爸爸却爱惜得不得了, 拿着就像爱惜祖宗牌位那样, (弄不好)他会发火的。

(8) a. 남의 눈에 피눈물 나게 하다가는 **벼락을 맞지**. 你让别
人流血流泪的话, 会遭雷劈的。

b. **벼락맞게** 생긴 년 天打五雷轰的女人

c. 우리는 앉은 자리에서 **벼락 맞고** 모양새가 아주 안 좋
습니다. 《천상의 약속, 8회》 我们平白无故地挨了一
闷棍, 样子很难看。

d. 오늘도 비 오는데 콘크리트 비벼서 아저씨한테 **벼락
맞았잖아**. 《내딸 금사월, 9회》 今天又因为抹混凝土
时下起雨来, 被叔叔教训了一顿。

e. 말 한마디에 천 냥 빚을 갚는다는데 하필이면 **벼락 맞
을 소리만** 골라서 하니? 都说一句话就可以化干戈为
玉帛, 你为什么却偏偏挑那些遭天谴的话说啊?

如上，这两个惯用语用于第一个意义时，译成汉语多是"遭雷
劈、天打五雷轰、遭天谴、挨棍子"等，用于第二个意义时，一般
不用与打雷有关的表达，而是用"挨臭骂、发火、被教训"等。

虽然雷非常可怕，但汉语还有"雷打不动"，形容决心和意志
坚定，在任何情况下也不能动摇; 或形容不可改变的规定和制度。此
时，韩国语一般不用雷来表达。

4.5 火

巴什拉(2016:1-3)在《火的精神分析》里曾说过："唯有它在一
切现象中确实能够获得两种截然相反的价值: 善与恶。它把天堂照

亮，它在地狱中燃烧。它既温柔又会折磨人。它能烹调又能造成毁灭性的灾难。它给乖乖地坐在炉边的孩子带来欢乐，它又惩罚玩弄火苗的不规矩的人。它是安乐，它是敬重。这是一位守护神，又是一位令人畏惧的神，它既好又坏。它能够自我否定；因此，它是一种普遍解释的原则。"这段话对"火"正反两面的作用与危害进行了分析，说明人类很早就认识到了火本身所含有的这种自相矛盾的性质。人们的这种认识和经验也反映到了语言里。

　　韩国语的火为"불"，主要有五类联想意义。首先，火是危险的东西，进入火中基本不会生还。根据此意义，俗语"불에 든 나비와 솥에 든 고기"的字面意为飞入火中的蝴蝶和进入锅中的鱼，比喻命运已被决定马上就要被处死的处境。正因为火会给人带来伤害，所以"불(을) 주다"指给别人屈辱或伤害，如(9a)，汉语在表达此意义时一般不用"火"。反义表达"불(을) 받다"指受到别人的侮辱或伤害，是将原因归于他人或外界，如(9b)，这时汉语有与火有关的"引火烧身"，"引"字意为原因在自己身上，与火无关的表达是"自讨其辱、自取其辱"等，表达的也是原因在自身。汉韩不同的表达反映了中韩两国人的思维方式不同，韩国人是外部归因的被动思维。

(9) a. 그것은 본의 아니게 남을 도우려다 오히려 **불을 준 행위였다.** 那样做本来是想帮助别人, 结果却事与愿违地伤害了别人。

　b. 그러게 남한테 **불 받을 짓**을 왜 하느냐? 我说吧, 你怎么做些引火烧身/自讨其辱/自取其辱的事啊?

　　因为火是危险的东西，所以人见到火容易吃惊，因而"불에 놀란 놈이 부지깽이[화젓가락]만 보아도 놀란다"意为被火吓着的人

看到烧火棍也会吃惊，与汉语的"一朝被蛇咬十年怕井绳"同义，但两种文化中的比喻方式不同，韩国语用的是相关比喻，而汉语利用的是相似比喻。

其次，"불"还有一个意义是"火灾"，而火灾是十万火急的事情，所以"불을 끄다"指处理紧急事情，如(10)，但汉语"救火、救火队长"用于比喻意义时，一般要加引号。

(10) 미안해. 급한 일이 갑자기 생겨서 그 **불을 끄느라고** 좀
늦었어. 对不起。突然有点急事, 为了去"救火"所以晚
了。

第三，火代表气势大，其对象是事物时，一般指情势，如果对象是人，则指人的感情，如热情、生气两种强烈感情，经常用于惯用语中，如表1所示：

[表1] 与火有关的惯用语

表达	意义	例句
불을 뿜다 [토하다]	开火。	**불을 토하는** 기관총 冒着火舌的机关枪
	热情或气势高涨。	소대장은 **불을 뿜는** 듯한 고함 소리로 돌격을 외쳤다. 小队长用烈火般的声音高喊着"突击"！푹 패어 들어간 두 눈에 **불을 뿜던 사내** 얼굴이 떠오른다.《박경리, 토지》我想起了那张深深凹陷的两眼中喷射着火光的脸。
불이 일듯	形势快、紧急。	

불이 일다	意外地遭到让人生气的事情而感情激昂。		병사들은 그 처참한 광경을 보자 눈에 **불이 일었다.** 士兵们看到那悲惨的场景不禁眼冒怒火。그는 모욕적인 말을 듣고 가슴에 **불이 일었다.** 听到那种侮辱性的话语后，他不禁胸生怒火/义愤填膺。
불이 나다	生气。		낮에 널 보고 있자면 난 가슴에 **불이 난다.**《한수산, 부초》白天看到你的话，我心里就冒火。
	非常紧张或头挨了打，眼里像冒火一样。		그는 눈에 **불이 나도록** 사내의 뒤통수를 후려쳤다. 他狠狠地打了那个男人的后脑勺，打得他眼里直冒金星。
	干活认真有活力。		봤지? 눈에서 빛이 나고 손에서 **불이 나게.**《사랑이 오네요, 82회》看见了吧? (拖地)要眼发光，手冒火才行。
불나다	火势控制不住。		집에 **불나다** 家里起了火。
	火爆、有人气。		**불나면** 대박나잖아? 火大不是意味着有人气吗? 내 친구들이 날 찾느라 전화통에 **불난 것**도 처음 봤다.《왕가네 식구들, 16회》我的朋友找我把电话都打爆了，这种情况对我来说还是第一次。
	忙碌。		지 약혼식날까지 발바닥에 **불나게** 일하는데.《우리집 꿀단지, 1회》今天是他订婚的日子，还这样忙得脚不着地的……
불붙다	着火。		공장에 **불붙다** 工厂里着起了火。
	比喻事情开始发展或感情开始出现。	普通感情	부인들의 '내조 경쟁'도 **불붙고** 있다.《한국일보, 2017. 01. 28》夫人们的"内助竞争"也是如火如荼。
		爱情、性爱	지금 한창 **불붙어** 있는데 다른 여자 얘기는 씨도 안 먹힐 것 같아.《사랑이 오네요, 36회》现在他们正是爱情甜蜜期/打得火热，其他女人的事情他不会听的。

*例句空白处表示未找到相关例句。

173

如上表所示，"불을 뿜다[토하다]"主要指人的热情高涨，"불(이) 일 듯"指形式紧急，"불이 일다、불이 나다"表示某种形式非常快而盛大。"불이 일 듯"的意义比较笼统，主要比喻形势紧张，而"불이 일다"表示因意外而生气或感情激昂，也就是说语义发生了缩小。"불이 나다"也可表达生气之意，也可比喻眼冒金星，但此时一般前面会加状语"눈에"。"불이 나다"也可表达有活力。也就是说，对韩国人来说，生气、眼冒金星以及有活力都被视作内心冒火。此时前面经常出现处所助词"에(서)"，所结合的多是表身体部位的"가슴、눈、손"。

　　词组"불이 나다"有合成词"불나다"，两者意义不同。合成词主要指火势控制不住、火爆、有人气，这与汉语一致，因为汉语里表示有人气时也用"火了"。当"불나다"与"발바닥"一起出现时，一般比喻忙碌，汉语也是用脚的状态来比喻忙碌。此时前面也经常出现处所助词"에(서)"，但所结合的虽然可以是表身体的"발바닥"，但也可以结合表空间的"집"，也可结合一般事物，如"전화통"等。与词组相比，合成词的结合范围更广。

　　最后一个合成词是"불붙다"，指着火，引申指事情或感情开始发展。"불붙다"所表达的感情之一有男女感情，相关的还有"불장난"，是用玩火这种危险行为来比喻随便结交异性。用火来比喻性欲具有文化共性，汉语有"打得火热、欲火、欲火中烧、欲火焚身"等表达。关于火与性欲的这种关系，叶舒宪(2018:179-190)引用世界各国的文学作品，指出：远古时曾把太阳视为宇宙间阳性力量的本源，而太阳又与光和火密切相关，所以太阳的性能力也自然而然地转换到了光和火之上。

　　第四，如果脸上着火一般用来比喻羞愧，如俗语"얼굴에 모닥불을 담아 붓듯"意思是遇到令人羞愧或害羞的事情而脸觉得火辣辣

得发烫。

第五，火的重要作用之一是照明，所以看着火会觉得非常明亮，因此"불(을) 보듯 뻔하다[훤하다]"比喻将来发生的事情非常明确，没有任何怀疑的余地，如(11a)。汉语有"洞若观火"，指清楚得就像看火一样，形容观察事物非常清楚，如(11b)。汉语强调看得明确，结果是没有怀疑的余地，而韩国只是强调看得很清楚。

(11) a. 어머니가 우리 을숙씨 잡을 게 **불을 보듯 뻔한데**. 一
看就知道阿姨您铁定会教训我们乙淑。

　　 b. 两个人对罗子浮的鬼花样**洞若观火**，但都不动声色。《北大中文语料库》

4.6 山

山和水是地理系统中两个最重要的物象。古代中国至迟在春秋战国时代，人们就把"山水"作为至尊至敬的自然之"神"。从秦始皇、汉武帝开始就祭五岳(《尔雅·释山》、《周礼》有记)、敬四渎(为江、河、淮、济四水，《尔雅·释水》有记)(王铎、王诗鸿 2000:46)。之后，中国土生土长的道教则把"深山、深水"发展成了道教的"仙境"，人和仙境的交流成了中国人和环境关系的一项特殊内容(唐晓峰 2012:63)。表现在艺术上，中国有发达的山水画、山水诗，东方的文人在政治失意时多走向山水(蒋勋(二) 2014/2015:164)。中国的山水精神、山水哲学背后有老庄思想、风水与道教思想、陶渊明等人的山水诗、隐逸和隐居的文化、人们对净土和桃花源的憧憬、异民族的入侵等各种因素交织在一起形成了中国的山水哲学(松冈正刚 2017:57)。这都表明"山水"对中国人的重要性，说明"山水"是祖国壮丽山河的象征，是自然的最高代表。

韩国地形以山地为主，在这种自然环境的影响下，山自然也成了韩国人生活的重心，并且产生了山神信仰，在韩国朝鲜时期，文人们最喜欢的是陶渊明的"귀거래(歸去來)"，意思是弃官返乡，返乡即归隐山林(이종묵 2006:15)。不仅是文人，就是普通百姓也非常喜欢山，如강정구(2005:420)提到，韩国人非常喜欢上山和唱歌跳舞，一到春天大家都去山上玩"화전놀이(花煎--)"，就是上山采摘野花煎饼吃、玩乐。这种游乐现象的出现当然与韩国多山的地理环境有关，所以韩国有的小山村干脆就取名为"산넘어"[02]，还有一首歌叫"산 넘어 남촌에"。由此可见，山在韩国文化里也具有非常重要的意义，不过韩国的"山文化"表现出了很多与中国文化的不同之处。

4.6.1 山的象征意义

"산(山)"指土地上高高耸起的比平地高的部分，还可以指"산소(山所)"，如"산에 가서 성묘를 하다"意为去墓地省墓，因为韩国墓地一般都是修在山上的，这是用处所来转喻墓地。

中国有一首名诗是写山的，其中非常有名的一句是"横看成岭侧成峰"，讲的是因观察角度的不同山所呈现出来的面目是不同的。也就是说，山能给人们带来很多的联想，这些联想可分为以下几类：

02　朝鲜平安南道南浦市剑山里东南的一个小村庄。

4.6.1.1 山清水秀、青山流水

山川是一个地方代表性的地貌景观，所以山水就成了地方的象征，如"산 설고 물 설다"指因为是他乡异地，所以山水看起来非常陌生，但汉语一般不用"山生水生"或"人生水生"，而多用"人生地不熟"。

山也是风景秀丽的地方，所以汉语就有了"山清水秀、山好人更好"等表达，但韩国人的观察视角与中国人不同，例如，"산 좋고 물 좋고 정자 좋은 데 없다、물 좋고 정자 좋은 데가 있으랴"，分别用否定句和反问句的形式来说明：既拥有美丽的自然景观，又拥有人工韵致的地方是不存在的，因为"정자(亭子)"是人工的产物。与中国人借用"山好"来强调"人更好"相反，韩国人是借"山好水好但亭子不好"来强调没有十全十美的人，如(12)。

(12) a. **정자 좋고 물 좋은 법이 없어.** 사업하는 남자는 그렇지. 얼마나 심하게 긁었길래 이혼 소리 들어? 그런 남자랑 이혼하는 것도 우스워. 바가지 깨지 말고 적당히 돈 팍팍 써주면서 스트레스를 풀고 살아라고 그래. 그게 남는 장사야.《그래 그런 거야, 19회》人不可能十全十美, 做生意的男人都这样。她肯定是唠叨得过头了, 要不她老公怎么会说离婚啊? 和那样的男人离婚也不好看。让她不要把事情搞砸了, 多花点钱消除消除压力, 就那样过吧。那才是聪明人干的事。

b. **산 좋고 물 좋고 정자 좋은 게 니 차지가 되겠어? 뭘** 하나 포기해야지. 山好、水好、亭子好这样十全十美的, 能到你这儿来吗? 总是要有所取舍的。

对一般人来说，青山绿水就是一副水墨画，若近距离观看的话，就会发现山水从山上流淌而下时，由于顺山势由高而低流下，所以畅通无阻，根据这一特点，汉语有了"高山流水"，比喻知己、知音或乐曲风韵高雅不俗，所以也就有了"高山流水遇/觅知音"。与此相关，韩国语有汉字词"청산유수(清山流水)"，多用来比喻流畅至极的话语，如(13)。韩国语里类似意义的还有"청산우수(青山雨水)"，汉语里"青山流水"主要用于古代汉语，并且也不用来比喻口才，现代汉语一般用"口若悬河"来比喻口才好。

(13) a. **청산유수** 같은 말솜씨 口若悬河/能言善辩的谈吐

　　　b. 그는 아버지의 질책에 **청산유수**로 자신의 변명을 늘어놓았다. 他口若悬河/头头是道地反驳父亲的指责，为自己做出辩解。

　　　c. 말은 **청산유수**다. 《사랑이 오네요, 54회》你嘴皮子来得挺快啊。

4.6.1.2 山高、困难、力量

山的最大特点是高，并且山一般呈现出山山相连之态，在古代交通不发达的时候，人们出行要翻山越岭，古人因不堪其苦，所以就出现了寓言"愚公移山"，我们现在对其赋义为战胜自然的大无畏精神，但其背面所隐含的却是老百姓对山的无奈，更何况韩国这个多山的国家？

正因为触目皆是令人感到不便的山，所以韩国语里有很多俗语用山带来的不便来比喻困难，其中，"산 넘어 산이다"或者"갈수록 태산[수미산/심산] (이라)"意为过了一座山又是一座山，如(14)。韩国语还有"산은 오를수록 높고 물은 건널수록 깊다"，意

为山越走越高，水越走越深，也形容越来越艰难。有时实际生活中还会有一些活用用法，如(15)，用的是"산 넘어 화산이고 물 넘으면 태평양"，借用了中国的华山以及太平洋来表达强调之意。汉语里类似结构的有"一波未平一波又起"，不过更强调事情尤其是烦心事接连不断。

(14) 에이고, **산 넘어 산이네**. 형부랑 언니는 이혼할 판국에 승혜 상견례 저 지경 났으니.《오늘부터 사랑해, 98회》唉，一波未平一波又起啊。姐夫和姐姐正闹离婚呢，盛惠的婚事又成了那样子。

(15) 뭐 놈의 인생이 **산 넘어 화산이고 물 넘으면 태평양이라**고?《천상의 약속, 21회》怎么这日子过的是越来越难啊? 爬过山之后是华山, 越过江去是太平洋。

韩国语还有"넘어야 할 산"，比喻必须经历的困难，如(16)，此时汉语一般不用"山"来表达，而多用"坎"，汉语的"坎"比喻坏运气或被迫的处境。但有时也可直译，可以将"산"直译为"山"，"강"直译为"江"。

(16) a. 한번은 **넘어야 될 산**이니까.《쾌걸춘향, 13회》这是必须过的一道坎。

b. 양가 어른들, 우리 처가, 아이들까지 **넘어야 할 산도** 많고 **건너야 할 강도** 많아요.《아이가 다섯, 31회》两家长辈、我岳母家, 还有孩子们, 这些都是我要翻越的山、要跨过的江。

正由于山给人们带来的种种不便与困难，所以如果能够克服它则意味着强大无比，因此汉语的"愚公移山"意为大无畏，韩国语也有类似的俗语"산도 허물고 바다도 메울 기세"比喻具有强大无比的气势，什么困难都能克服。

有时韩国语里还单纯利用山高这一特点来作比喻，用"산을 넘었다 超过山了"比喻操闲心太过头了，如(17)。汉语一般用"管得太宽"。

(17) 주책이 **산을 넘었다**. 생전에 지 새끼 만나겠다는데 그걸
막아?《천상의 약속, 16회》你管得也太宽了吧。他第
一次想去见自己的孩子，你为什么拦着不让去啊?

4.6.1.3 山幽、藏身、冷清、蛮荒、脱俗

山是非常幽深的地方，又加之以韩国特有的文化，因此产生了藏身、冷清、蛮荒、脱俗等联想和象征意义。

因为山非常幽深，易于藏身，因此在战争年代，就出现了"进山打游击"的作战方式，而韩国语"산으로 들어가다"也有此意。

山一般也被看做无主之地，所以汉语有"荒山野岭"，而韩国语有"무주공산(無主空山)"，指没有主人的山，也比喻无人问津、冷冷清清的地方，如(18)。类似的有"육리청산(陆里青山)"。

(18) a. 허허, 난군은 금방 쳐들어온다는데 **무주공산**이 되어
버렸구먼.《송기숙, 녹두 장군》呵呵, 听说一些散兵
游勇马上要闯进来, 这里就人去楼空了。

  b. 현재 육개장 맛집은 **무주공산**(無主空山)이기 때문에
달에 맨 처음 착륙한 닐 암스트롱처럼 육개장 최초

의 지존이 될 수 있다는 의미일 것이다.《조선닷컴,
2012.07.23》현재 辣牛肉汤名吃店没有一家, 所以
(如果做好了)就能像第一次登月的阿姆斯特朗一样,
可以成为辣牛肉汤的至尊。

山处于野外, 远离闹市, 一般也被认为是蛮荒之地, 汉语有
"山野之人、山野村夫", 都意为粗俗、没有学识之人, 而韩国语里
也有俗语 "산 놈의 계집은 범도 안 물어 간다", 意为山野村夫的
老婆连老虎也不会要的, 也就是说住在深山老林的女人很蛮横、不
懂礼貌, 不好惹。

由于山里人迹罕至, 远离俗世, 所以山就成了建设寺庙的首
选之地, 因为佛教的核心思想是出世思想, 追求脱离尘世和清净修
行。唐晓峰(2012:65)认为佛教传入中国, 逐渐与山林结合, 怀疑是
受到道教的影响, 他的理由是最初佛教重要的活动主要在大城市附
近, 北魏都城洛阳佛教十分繁盛[03]。后来佛教才逐渐远离了闹市。

在韩国, 寺庙进入山林也有较复杂的原因, 首先, 三国时期
的新罗是佛教立国, 而新罗有自然崇拜以及对各种自然要素的敬
畏思想, 并且有山神崇拜, 山神被当作护国之神, 后来这种思想
又与佛教思想相结合, 最终形成了新罗佛教的特色, 即尊山、敬
山, 死后埋在山里就像回归老家一样(송석구 1988:70-76)。而 김
태균(2007:136)认为韩国的灵山信仰成了佛教在朝鲜半岛发展的背
景。其次, 也有政治原因, 韩国朝鲜王朝早期有几位国王曾下令拆
除城镇及佛教建立区的寺庙, 相对与世隔绝的偏远山区的寺庙则幸
免于难(图德 2015:16)。后来韩国的寺庙也大多选择建在山林中,

---

03   见于《洛阳伽蓝记》。

韩国佛教也被称作"산중 불교 山中佛教"(규장각한국학연구원 2010/2011:278)。

不管原因如何，最终的结果是不管是中国还是韩国，禅宗寺庙最初都建在山里(邢台市传统文化协会 2016:39)，因此寺庙的大门叫作"山门"，韩国语"산으로 들어가다"也有了做和尚或削发为尼之意，当然也指进入寺庙过隐居生活，但不一定非要落发，如(19)。

(19) 내가 오죽하면 **산에 들어가** 몇 년동안 썩고 살았겠냐? 내가 오죽하면.《딴따라, 14회》我当时是多么的无奈啊，才躲进山里呆了那么多年。当时我是多么无奈才……

不仅"산으로 들어가다"与当和尚有关，就是汉字词"등산(登山)"受这种文化的影响，也产生了与汉语不同的意义，指僧人为了修行而住在山里。

过去，除了一般人之外，还有很多有识之士归隐山林，所以韩国语里"산림(山林)"除了指山和树林或山上的树林外，还指虽然德高望重有学识却不做官归隐于山林的读书人，这是用居住地来转喻人，汉语"山林"虽可以指隐士居住之地，但一般不转喻人，指人时一般用"隐士"。韩国语也有直接指人的"산장(山長)、은사(隱士)"。与"산림"有关，还有俗语"산림도 청으로 하는 수가 있다"，意思是德高望重通过请求也能做到，主要用来嘲笑有些人求爷爷告奶奶地请别人推荐自己到某种可通过荐举制而得到的职位上。因山林还多是庙宇所在地，所以"산림"也指佛教徒聚众学习佛法，如"법화 산림(法華山林)、화엄 산림(華嚴山林)、정토 산림(淨土山林)、미타 산림(彌陀山林)"。

因为高人、隐士多居于山中，因此汉语"出山"多用来指隐士出来担任官职，但韩国语汉字词"출산(出山)"仅有具体意义，相

反，在朝鲜语里"출산"有与汉语"出山"类似的意义。这种意义的产生与中国文人的山水思想有关。中国文人多喜欢游历山川，归隐山林，如果结束归隐生活，就要走出山林，因此"出山"就从具体的意义发展成了做官义，现在多用来比喻主持某项工作或担任某项事情。

虽然韩国语里"출산"没有比喻意义，但"하산(下山)"除了具体的下山意义外，还产生了比喻意义，指再也没有可学习或者生活的，因此结束山上的生活，日常生活中可直接比喻出师，但不一定必须与山有关系。例如，电视剧《아버지가 이상해, 25회》中，看着儿媳妇腌泡菜，婆婆김말본说道：

(20) (배추가) 간간해서 잘 익었어. 야, 너 이젠 **하산해도** 되겠어.(白菜)腌得咸滋滋的, 刚刚好。哎, 我看你可以学成下山了。

如上，虽然韩国语可以直接用"하산하다"，但汉语一般前面加上"学成"，形成"学成下山"来明确语义。

有寺庙就有念经之声，山里的乌鸦听多了自然也会模仿，因此韩国语里就有了俗语"산 까마귀 염불한다"，比喻即使一无所知的人，如果看多了、听多了也就会了。

4.6.1.4 山深、宽广

在韩国语里，山经常象征某种条件，与其相关的表达也多是条件性表达。首先，山大了才会有老虎，林子大了才会鸟多，俗语"산이 깊어야 범이 있다"除了这层表面意义外，还比喻只有具备了一定条件，才会出现相应的成果，此意义继续延伸，又可比喻只

有自己德高望重才会有人追随。类似的俗语还有"숲이 깊어야 도깨비가 나온다、숲이 커야 짐승이 나온다[든다]、덤불이 커야 도깨비가 난다、물이 깊어야 고기가 모인다"。

此外，有山才有谷，并且山高了，谷才会深；山高了，形成的山阴才会大，汉语多用"虚怀若谷"来形容谦虚，比喻心胸像山谷一样深而宽广。相反，韩国人更强调做到心胸宽广的条件，如俗语"산이 높아야 골이 깊다"，意思是只有山高才会谷深，比喻只有志向远大，才会有更大的抱负或更深的思虑，类似的还有"산이 커야 그늘이[굴이] 크다"，也就是说，是用山来比喻志向，用"골谷""그늘 阴凉地""굴 洞窟"等比喻报负、思虑。

正因为山大了谷才会深，才会有老虎，如果没有这个条件，就会出现不利的情况，所以汉语有"虎落平阳"，后面跟着的就是后果——"被犬欺"。韩国语多侧重于不合事理而不是后果，如俗语"산보다 골이 더 크다 山谷比山还大""산보다 호랑이가 더 크다. 老虎比山还大"用来比喻不符合事理。

因为"山"与"老虎"是紧密相连的，所以韩国语有俗语"산에 들어가 호랑이를 피하랴"比喻遇到无法逃避或逃避不了的事情时却硬要去逃避。从另外一个角度看，正因为进山才会有老虎，所以才能抓得老虎，因此"산에 가야 범을 잡지"比喻只有准确定位努力的方向，才会实现自己的目标，另外对称结构的俗语"산엘 가야 꿩을 잡고 바다엘 가야 고기를 잡는다"也有此意，不过与"산에 가야 범을 잡지"相比，还有另外一个意义，即任何事情都不是唾手可得的，都需要努力才能成功。

上面的俗语都是从人对事物的观察角度来分析问题，但如果站在事物这个角度去看的话，就会发现，如果某种事物离开了赖以生存的环境，结果就是"虎落平阳被犬欺"。韩国语也有类似的俗语，

如"산 밖에 난 범이요 물 밖에 난 고기라"比喻失去了依存之地而束手无策，也可比喻进入了无法施展才能的境地。

4.6.2 与"山"相关的词发展成前缀

因为韩国多山，山是韩国人过去的重要食物产地，而人类给事物命名的重要方式之一就是产地命名，因此韩国语里产生了很多合成词，如"산비둘기、산갈가마귀、산갈퀴、산각시취、산밤나무"以及"뫼돼지、뫼밤나무、뫼뽕나무"等，这些合成词里出现的"산、뫼"慢慢的都产生了"野生"之意。

同样的道理，表示田野意义的"들"也形成了很多复合词，如"들깨、들배、들떡쑥、들모란、들버들"，这里的"들"除命名意义外，其意义逐渐虚化发展成了"野生的"，因此还可以形成"들개、들꽃、들무(우)"类派生词，"들"也逐渐发展成了前缀"들-"，意为野生的。

意为石头意义的"돌"也慢慢发展成了前缀"돌-"，其产生方式最初也与产地命名有关，因为韩国多山，自然石头多，所以很多野菜、野花其实是长在石头缝里的，因此用"돌"来命名，这些复合词里的"돌-"慢慢的语义发生虚化，变成了"野生的"，最终发展成了前缀，如(21)。

(21) a. 돌배、돌미역、돌조개、돌감、돌벼、돌씨、돌팥、
　　　돌능금、돌미나리
　　b. 돌김、돌꽃、돌말、돌외、돌콩、돌피、돌나리、돌
　　　단풍、돌나물、돌동부、돌마늘、돌메밀、돌바풍、
　　　돌버섯、돌부체、돌앵초、돌장미、돌창포、돌가사

리、돌바늘꽃、돌부채손、돌뽕나무、돌양지꽃、돌
채송화、돌가시나무、돌갈매나무、돌감람나무、돌
잔고사리、돌통끼고사리、돌돔、돌고기、돌고래、
돌마자、돌모란、돌붕어、돌잉어、돌가자미

c. 돌계집、돌치

d. 돌중、돌놈、돌무당、돌잡놈(王芳 2013:118)

(22) 둘소, 둘암소、둘암캐、둘암탉、둘암돼지、둘암말、
둘암컷(王芳 2013:118)

"돌-"主要用于动植物名词前，表示质量低下的或者野生的，如(21ab)，随着语义的发展，也可用来修饰人，如(21cd)，其中(21c)指不生育的，(22d)指行为不端的。另外，"돌-"还发生形态变化，成了"둘-"，主要指不孕的，如(22)。

"돌-"所表示的"质量低下"这个意义是从"野生的"这个意义发展而来的，那么这后面隐含着的观念是"野生的即质量低下的，而加工过的即质量好的"，所以在以前大家都喜欢吃精粉面，而粗粮则代表着生活水平低，但这种观念随着社会的发展已经发生了变化，现在吃野生的、粗粮反而成了健康的首选。尽管人们的思想观念变了，但是前缀"돌-"并没有随着人类的思想观念的改变而改变，这也是语言落后于文化发展的一种表现。

4.6.3 山与韩国人的认知方式

前面我们分析了韩国多山的地理环境以及与山有关的语言现象，这些语言都反映了韩国人对山这种自然现象的认识。而山本身

也给韩国人的认知带来了一定影响，影响着韩国人的认知和思维方式。因为山高且多树林，幽深、冷清，让人难以翻越，这影响着人们的视线，也影响着人们视野的宽窄，使人们的视线集中到周围环境上，形成了微观视野，而不是宏观视野。所以与山有关的各种事物都被得以细致观察，并被赋予了丰富意义，因为语言是人们细致观察、产生经验并进行丰富联想的结果。

对周边事物的详尽而细致的观察是韩国人微观视野的一个反映，这种观察世界的视角被称作"산림적 사고 山林式思考"(이규태 1983/2011(3):82)或"청산적 사고 青山式思考"(이규태 1983/2011(3):126)，即被高山所限制而形成的微观视角。这种微观视角也形成了韩国人微观、全面的思维方式。韩国人的这种认知和思维方式也表现在语言和生活上。

例如，韩国人对物质文化以及精神文化都有细致入微的观察，并有各自相关的语言表达以及丰富的文化意义，具体而言，日常交际生活中对周围环境的观察与利用、韩国特殊的历史背景、追求人际关系和谐的关系文化等综合作用形成了交际中善于察言观色的特点，形成了韩国人在交际时喜欢使用依赖于语境的模糊性语言……

但是，韩国人的这种认知和思维方式影响人们在更广阔的视野中来观察、思考问题的方式，所以이규태(1983/2011(3):128)认为这也是造成今天的韩国在学问上没有太大业绩出现的原因之一。

4.7 小结

语言是文化的载体，语言出现的形式以及数量可以从侧面反映相关事物在该文化中的地位和重要性。与其他领域的语言相比，地理环境语言表现出了很强的特点。

自然现象词语的语义变化并不是空穴来风，都与这些事物本身的特点以及人们对这些事物、与这些事物相关的事件的细致观察有关。

词语及其相关表达是自然万物、世态万象的万花筒。例如中国古诗中很多关于自然界的诗语都源于对自然界的极其细致的观察，这些诗语反映的是古人对自然界的热爱。蒋勋(2012:49)曾说"与西方相比，西方人多在人体上看风景，中国人则完全相反，是在山水中看到了人的诸多变貌"，其实不仅是中国人，韩国人也表现出了对山的钟爱，这都表现在与山有关的众多的词语、惯用语和俗语里。而"雷、火"也是韩国人极其关注的自然事物，因此也产生了众多表达与意义。

因为韩国语形态语言的特点，自然现象的"돌、들、불"等在语义变化发展的终端发展成了前缀"돌-、들-、불-"。词语发展成词缀的一个重要条件是有很强的结合率和很高的语用频率，所以这也说明石头、野、火等三种事物在韩国语里具有很强的结合率和语用频率，而这也说明了这三种事物在韩国文化中的重要性。前缀"불-"详见作者的《韩国自然文化语言学》。

此外，对同一事物或事件的不同角度的观察和联想可以使同一表达产生多义性，而同一事件也可以因观察角度的不同产生不同的惯用语或俗语表达。中韩两国人具有不同的观察视角与认知特点，所以同样的自然事物在中韩两种不同文化里虽然表现出了具有共性的地方，也呈现出了很多不同。

第五章

动植物与语言

5.1 引论

　　人与其他生物产生关系的文化过程表现在语言上就是产生了各种生物词汇和表达。"一种语言的词汇能够反映出对该社会来说有重要意义的日常特征。……那些具有特殊重要性的环境或文化的各方面在语言中受到高度的重视(C.恩伯、M.恩伯　1988:134)"。苏新春(1994:172)也曾提出：对动物观察得粗细成为人们接触、认识动物的一个重要标志。也就是说，描绘一种动物的词语越丰富、细致，说明人们对这种动物观察得越细致，与人们的关系也就越密切。

　　通常情况下，一般的城市居民可能知道某些动植物的一般名称，但对一些特殊的动植物名称相对来说比较生疏。如果一种文化环境下，一些特殊的动植物名称都被人们用来作比喻的话，那说明这个社会非常重视这些动植物。

　　例如，在韩国文化里，饭桌上的鱼多达150多种(이규태2000:137)[01]，常见的24种鱼类以及其他一些特殊水生动物的名称还都被赋予了比喻意义(详见作者的《韩国自然文化语言学》)，说明韩国人非常重视这些水生动物，也说明了对半岛国家——韩国来说，捕

01　世界上约有一万三千多种鱼类，其中能上饭桌的有350多种。

捞业和养殖业的重要与发达。韩国语里也有丰富的具有浓厚文化色彩的植物用语。

关于动物，本章主要举例分析具有韩国特色的鱼的文化意义以及动物之间的关系意义；关于植物，主要分析韩国葫芦的文化意义；最后分析中韩动植物文化的差异。

5.2 鱼类的文化意义

熊培云(2011/2016:309)曾提到鱼是思想家们常用的道具，从庄子的"濠梁之辩"中提到的"子非鱼，焉知鱼之乐"，到"鱼肉百姓、鱼死网破、鱼龙混杂、鱼目混珠、鱼尾纹"等，都反映了过去中国人借鱼来作比喻的思想。发展到现代社会，汉语又用"炒鱿鱼"来比喻解雇。不过，汉语里最常见的还是用上义词"鱼"作比喻，成语中出现的只有"鲍鱼之肆、信及豚鱼、鲂鱼赪尾、鲇鱼上竹竿、鲍鱼之次"等鱼类，日常生活中出现的多是"中国四大河鱼"——鲤鱼、鳜鱼、鲢鱼、鳙鱼，这些鱼类经常出现在古代瓷器上(马未都 2017(8):101)。

西方人也十分善用鱼来作比喻，如英国人威廉·申思通在论及法律时从鱼与渔网的搏斗中获得灵感，他说"法律就像一张网，触犯法律的小的可以穿网而过，大的可以破网而出，只有中等大小的才好束手就擒"(熊培云2011/2016:309)。俗语有"As mute as a fish"，意思是像鱼一样静默，即噤若寒蝉。还有与贝类有关的表达，如"As close as an oyster"意思是像牡蛎一样的紧密，比喻守口如瓶；"As close as a clam"意思是像蛤蚌一样紧密，比喻一毛不拔。而"fish eyed"比喻无法聚焦的浑浊的眼神，"cold fish"比喻冷酷的人，而"fish belly white"意思是阴险的灰白色。

韩国人也善用鱼来作比喻，并且这种现象非常突出，不仅是上义词"고기、대어"，还有各种具体的鱼也被用于日常语言生活中，并使用至今，这些比喻意义多与鱼的长相、习性、味道、食用方法等联想意义有关。

5.2.1 长相、习性

韩国语里有很多鱼的文化意义与长相、习性有关，代表性的有河豚、明太鱼、鲇鱼、短蛸、鱿鱼、八爪鱼、青鳞鱼、桃花鱼、鳓鱼等，下面主要分析一下河豚鱼。

因味道鲜美，中韩两国人都喜食河豚。韩国语里河豚称作"복어、복"，此外，根据品种不同也有不同名称，如红鳍东方鲀称作"복쟁이、흰전복、참복"等。

虽然河豚的习性相同，但由于中韩两国人民的观察角度和认知的不同，导致所产生的语言形式也出现了很大不同。

首先，听叫声。因河豚被捕获出水时会发出唧唧的声音，中国人把它联想成猪叫声，所以取名"豚"。但韩国人却想象成咬牙的声音，所以有了俗语"복의 이 갈듯"，意思是就像河豚大声磨牙一样，比喻因深仇大恨而咯吱咯吱地咬牙。

第二，看形态。韩国语有俗语"복 치듯 하다"，意思是渔夫抓住河豚后随便摔打，比喻随便摔打东西的样子。之所以有这种俗语，可能与河豚的习性有关。因为河豚被捕后，会迅速地吸气并膨胀成圆鼓鼓的状态——诈死，这个时候人们往往会觉得它很可恶，

很难看，不由自主地用脚踢或摔打（百度百科）。根据河豚遇到危险会迅速胀肚子的特点，汉语有"河豚浮在水面上——气鼓气涨、气鼓鼓"或者"气得成了河豚"。韩国语则有惯用语"복의 배"，多用来嘲笑那些肚子大的人，汉语表达此意义时多用"啤酒肚"。韩国语里"복의 배"也用来嘲笑那些财产多的人。此外，还有俗语"복쟁이 헛배 부르듯"，比喻没有内容，只会虚张声势。河豚同样的形态特点在中韩两种不同文化里发展出了不同的语言表达以及意义。

第三，看毒性。关于河豚有毒这一点，笔者在中国没有吃过河豚，但在韩国笔者却受人之邀在江原道原州吃过"복어탕"，即河豚豆芽汤。"복어찜"也是韩国寻常人家常吃的菜肴之一，如电视剧《수상한 삼형제，12회》中，当父亲주범问女儿어영想吃什么时，어영说道："복어찜이에요. 想吃河豚豆芽汤。"

如果在韩国国民网站naver上搜索"복어"，就会出现非常多的河豚商品，而在中国的国民网站淘宝上搜索"河豚"，出现的都是河豚模样的烟斗或者河豚观赏鱼；以"乌狼鲞(河豚鱼干)"搜索，也只有十几家店在卖。在中国，河豚曾是禁卖品，现在虽然放开了，但也是有条件地放开，见《关于有条件放开养殖红鳍东方鲀和养殖暗纹东方鲀加工经营的通知》，原因是因为河豚有毒，根据河豚有毒这一特点，汉语有歇后语"墨鱼肚肠河豚肝——又黑又毒"，但韩国语没有类似的表达。

5.2.2 味道

韩国语里有的鱼所具有的文化意义主要与味道有关。例如，韩国语里鲥鱼为"준치"。鲥鱼因味道鲜美而著称，中国历代都有赞美

鲥鱼的诗句。但鲥鱼很不易保存，容易腐臭，与此相关中国还有一个典故，讲的是明清时期鲥鱼是贡品，但因为从江南送至北京，即使星夜兼程到达时也多已变味，据说清宫中一元老到江南第一次吃到新鲜的鲥鱼后却坚决不承认这是正宗鲥鱼："模样倒是差不多，就是没有宫中鲥鱼的那股味"（汪郎 2006:110）。尽管中国人认为新鲜鲥鱼与腐臭的鲥鱼味道不同，但韩国人却认为"물어도 준치, 썩어도 준치"，意思是不管形态、味道变得如何，但鲥鱼还是很好吃的啊。

再看另外一种鱼，古眼鱼称作"전어(錢魚)"，因肉质鲜美闻名，所以有了俗语"전어 굽는 냄새에 나가던[나갔던] 며느리 다시돌아온다"，意思是煎斑鰶的香味让离家出走的儿媳妇又回来了，强调斑鰶味道非常好。

5.2.3 食用方法

韩国语里有的鱼类的文化意义与食用方法有关。首先看鱿鱼。对韩国人来说，鱿鱼的常用吃法之一是把鱿鱼挂起来晒干后做下酒菜或零嘴。因此韩国渔村到处都有挂晒鱿鱼的情景，据此产生了"오징어 신세"这种表达。

电视剧《내딸 금사월, 9회》中，当윤선영对儿子说起儿媳妇的事情时，但儿子却不听扭头就走了，所以윤선영慨叹到：

(1) 아들한테 지성을 들여봤자 이놈의 오징어신세. 把儿子拉
    扯大, 有什么用啊, 我现在倒被他晾/挂起来了。

汉语用来比喻人不被重视时用"被挂/晾起来"，如"在公司里天天特别闲，被挂起来了，这是要被炒鱿鱼的前奏吗？"，此外，汉

195

语里还有"自挂东南枝",意思是上吊,而"他挂到墙上去了"意思是他已经死了,挂在墙上的是照片。

综上,中韩两国人在比喻人不受重视时都是用"挂起来/晾起来"这种动作形象,不同之处只是汉语用具体动词,而韩国语受渔业和饮食文化的影响转而用了"오징어"来表达。

5.2.4 民俗语源

韩国语里有的鱼类的文化意义与民俗语源有关。例如,韩国语里银鱼为"은어(銀魚)",也叫作"도루묵",这个名字与韩国的一个历史故事有关。朝鲜第十四代王宣祖(1552-1608)在壬辰倭乱去避难的路上无食可吃时,吃了一个渔夫献上的叫作"묵"的鱼,因为极度饥饿而感到味道很可口,所以赐名叫"은어(銀魚)"。壬辰倭乱结束回到王宫后,宣祖怀念银鱼的味道,但一吃却没有逃难时那样好吃,就说"도로 묵이라고 불러라. 还是继续叫它'묵'吧。""도로묵"之后变形最终成了"도루묵"。之后还产生了惯用语"말짱 도루묵",比喻费尽心血但却没有成功的事情。而"도루묵 자식"比喻不中用或不孝的孩子。

5.3 动物关系

在韩国文化里,人们根据对动物的观察与了解,产生了对动物之间关系的认识,从而形成了很多关于动物关系的表达,这反映了韩国人的关联思维。

5.3.1 猫鼠关系

猫与老鼠是宿敌，是冤家对头，韩国语俗语中将两者的关系从各个角度进行了刻画。

猫见了老鼠，会死死地盯着老鼠，那样子令人非常害怕，所以"고양이 쥐 노리듯"用来比喻令人害怕地盯着对方的样子。而猫盯着老鼠的目的是为了抓住老鼠，并且一般是势在必得，所以"쥐 본 고양이(같다)"用来比喻不管是什么，只要见到了肯定要见结果的人。

正因为见了猫必死无疑，所以老鼠听到、见到猫的状态自是不言自明，所以俗语"고양이 간 골에 쥐 죽은 듯"用来比喻非常害怕或吃惊时屏气凝神、一动也不敢动的样子。类似的俗语还有"고양이 앞에 쥐[쥐걸음]、고양이 만난 쥐、쥐가 고양이를 만난 격、이리 앞의 양"。汉语一般用"老鼠见了猫似的、像见了猫的老鼠一样"等。不过老鼠也会实行自救，老鼠想出的办法是给猫脖子上挂铃铛，俗语"고양이 목에 방울 달기[단다]"指没有意义地讨论不可实现的东西。

猫捉老鼠是本份，不捉或捉不住老鼠就是失职，所以"쥐 안[못] 잡는 고양이라"有两个意义，第一个比喻那些虽存在但不能发挥作用的无用之物或无用之人；这个俗语还可从另一个角度去考虑，即猫不可能一住不住地捉老鼠，有时也可能老鼠被捉完了，所以才看起来没用了，但如果把猫赶跑了，等再有老鼠，就会感到后悔，比喻看起来好像没用的东西，真要没有了才会感到珍贵。

猫捉老鼠后，那就是随心所欲了，所以"고양이 쥐 어르듯"可以比喻随心所欲收拾对方的样子，也可比喻跃跃欲试地想当场把对方抓住、消灭掉的样子。

被猫抓住后，如果想祈望猫能网开一面，那就大错特错了，因

为就像"고양이가 쥐를 마다한다"所示，哪有送上门来再退回去的道理啊。此外还有"고양이 쥐 사정 보듯、고양이 쥐 생각"，比喻那些心怀恶意，但表面上却装作很关心别人的行为。反过来老鼠死了猫不会流眼泪，而猫死了老鼠也万万不可能流眼泪，因此俗语"쥐 죽은 날 고양이 눈물、고양이 죽는 데 쥐 눈물만큼"都用来比喻不可能，即使有也非常罕见的情况。

韩国人化妆比较浓，如果口红抹得过于红艳，那么就会用俗语"쥐 잡아먹은 고양이"来进行批评。

老鼠咬猫这种情况比较少见，但韩国语有"쥐에 물린 고양이 신세"，意思是被老鼠咬了的猫，比喻被一般意义上的弱者所欺负。

上面的俗语表达的都是猫鼠斗争之态，但"고양이 죽 쑤어 줄 것 없고 새앙쥐 볼가심할 것 없다"中，猫鼠却成了"同病相怜"的知己，意思是没米给猫熬粥，没米给小老鼠湿湿嘴皮子，比喻非常贫穷、艰难。

5.3.2 牛与其他动物的关系

在韩国语里，牛经常与马、羊、鸡、老鼠、鸟等发生关系。

5.3.2.1 牛与马

牛经常与马发生关系，例如产生了合成词"마소、우마"，也产生了丰富的俗语，如：

(2) a. 소 갈 데 말 갈 데(가리지 않는다)

　　b. 말 갈 데 소 간다

c. 소 가는 데 말도 간다

d. 말 갈 데 소 갈 데 다 다녔다

e. 말 살에 쇠 뼈다귀

f. 쇠 살에 말 뼈

g. 말 살에 쇠 살

h. 말 삼은 소 신[짚신]이라

如上，(2a)意为不管是牛去的地方，还是马去的地方，比喻为某种目的到处奔波，不论是什么艰难危险的地方也在所不辞。(2bc)有两个意义，首先可以指没有不去的地方，其次也可以指别人能干的事情，我也可以干。(2d)指去过各种地方。这些俗语都与牛马的行走有关。很多俗语还借用肉、骨头来作比喻，如(2e)指相互间没有任何关联，(2f)比喻一点也不搭调，(2g)指说一些不合理的话。另外，(2h)意思是马给牛编的草鞋，比喻事情完全乱套，没法用了。这些俗语的存在说明了牛、马在韩国古代社会的重要性与普遍性。

5.3.2.2 牛与羊

牛还与羊产生关系，主要表现在两个俗语上，其中"소 잃고 외양간 고친다"意为牛被偷之后才去忙忙碌碌地修理牛栏，讽刺事情搞砸后再去收拾已经不管用了。在汉语里与此相关的是"亡羊补牢"，但汉语"亡羊补牢"多会加上一句"犹未晚也"或"为时已晚"，使语义更加明确。从视角来看，汉语与韩国语的视角既有相同之处，亦有不同。此外，韩国语还有"빈 외양간에 소 들어간다"意思是把牛拴在空牛栏里正好可以填充空间，比喻事情的格局变好，搭配得非常合适。

5.3.2.3 牛与鸡

牛还与鸡发生关系，主要有两类：第一类是"소 닭 보듯、닭 소 보듯"，都表示没有兴趣，如电视剧《그녀는 거짓말을 너무 사랑해，10회》中，当看到剧中人物유현정来到酒吧坐在自己身边时，한유석说道：

(3) 웬일이야? 그동안 아주 사람을 **소 닭 보듯** 하더니…你是刮的什么风啊? 之前对我毫不关心……

第二类是"닭의 부리가 될지라도 소의 꼬리는 되지 마라、닭의 입이 될지라도 소의 꼬리는 되지 마라、닭의 볏이 될지언정 소의 꼬리는 되지 마라"等，这里鸡嘴、鸡冠等都可以比喻出头，而牛尾比喻落后，相当于汉语的"宁为鸡头，毋为牛后"或"宁为鸡头勿为凤尾"。

5.3.2.4 牛与老鼠

牛还与老鼠发生关系。在韩国文化里，牛是大的象征，而相对于牛来说，老鼠能让人产生非常小的联想意义，所以韩国语里老鼠与牛经常用来做大小对比，如：

(4) a. 쥐구멍으로 소 몰려 한다
　　b. 쥐구멍이 소구멍 된다

俗语(4a)意思是想把牛赶进老鼠洞，用来嘲笑硬是去做不可能的事情。俗语(4b)意思是小小的老鼠洞如果不去收拾的话，将来就会变成牛那么大的洞，比喻小的祸患不处理会惹出大祸。

牛与老鼠还会发生另外一种关系，如(5)，(5a-d)意思是牛往后倒退着走偶然地踩住了一只老鼠，比喻偶然地立了一次功。(5e)比喻偶然成功或者猜中。

(5) a. 소 뒷걸음질 치다 쥐 잡기
    b. 황소 뒷걸음치다가 쥐 잡는다
    c. 소 밭에 쥐 잡기
    d. 황소 뒷걸음치다가 쥐 잡는다
    e. 소가 뒷걸음질 치다가 개구락지 잡는다

电视剧《불어라，미풍아，12회》中，当得知千亿(韩币)遗产的既定继承人희라与游手好闲的孙子장수坠入爱河，장수的奶奶掩饰不住内心的高兴，说道：

(6) **소가 뒷걸음질 치다가** 개구락지 잡는다고 이게 무슨 일
    이냐? ㅎㅎㅎ… 都说歪打正着，这是哪来的这样的(好)事
    啊? 哈哈哈。

这是用俗语比喻不可能的偶然性。比喻偶然性时有时也用"소뒷발질"，如(7)。

(7) **소가 뒷발질한 게** 우연인지 실력인지 지금부터 본격적으
    로 보여주려고.《사랑이 오네요，27회》牛往后踢蹄子到
    底是出于偶然还是实力，从现在开始我要让你亲眼见识
    一下。

5.3.2.5 牛与鸟

牛还与鸟发生关系。"새 잡아 잔치할 것을 소 잡아 잔치한다"意思是本来可以用只鸟来请客，最后却用牛请了客，比喻开始准备不充分最后会遭受更大的损失。类似的还有"닭 잡아 겪을 나그네 소 잡아 겪는다"。这两个俗语都用鸟和鸡来比喻小的东西，用牛来比喻重要东西，由此可见牛对古代韩国人的重要性。与力气有关，韩国语还有"소 힘도 힘이요 새 힘도 힘이다"，意为虽然鸟的力气比牛的力气要小，但也是力气，指任何人都有自己的能力，只不过是有大小之分而已。

5.3.2.6 牛与其他动物的关系解释

如上，韩国语里的牛马主要作为对比的对象来比喻抽象的意义。汉语里的牛马也经常一起出现。不仅是语言现象，在古代考古中也有相关的发现。

例如，古昂(1990)在研究欧洲旧石器时代洞穴壁画中的动物形象时提出了性别符号论，他发现牛马的形象占动物总数的半数以上，并且牛和马两种动物总是配对出现在画面上，分别代表雌性和雄性两种性别，野牛不论雌雄都被划入雌性一类，而马的形象不论雌雄都被视为雄性一类，而山羊和长毛象也是与马同类的雄性象征。

朱狄(1988:375)发现"牛-马"的二元体系在中国古代文献中也能找到，并且内涵也完全相同，即牛代表雌性，马代表雄性，他还说"为什么马为男性，牛为女性，《周易》并没有做出任何解释，因此也是一种'先验的体系'。但这两种世界上最古老的文化何以如此巧合，实在令人费解"。

如上，在很多文化里牛象征雌性，马象征雄性，前人研究中虽然对前者为什么象征雌性都有详细的论述，但对后者却没有明确说明，根据类比思维，马之所以被用来象征雄性，可能与其性情有关。韩国语里有很多俗语，如(8a)意思是就像咬人的马的嘴巴，就像打破的缸壁的锐利瓦片一样狠，比喻为人狠毒，无法靠近；(8b)意思是在脾气暴躁的人身边就有与他类似的人聚集；(8c)意思是又咬又踢的性情暴烈的马，比喻元气旺盛的人。而性情暴烈、狠毒、元气旺盛、强势等正是雄性的典型特征。所以说，马代表雄性是有自然基础的。

(8) a. 무는 말 아가리와 깨진 독 서슬 같다

　　 b. 무는 말 있는 데에 차는 말 있다

　　 c. 물고 차는 상사말(相思-)

　　古代不同文化中还普遍出现了"女人-母牛-新月"的三联象征(the triple symbol of woman, cow and crescent moon)，其中，每一个形象都有某种特征而同另外的两个形象发生联系(Wheelwright 1962:137)[02]。而欧洲史前洞穴壁画所显示的"马-牛"分类体系却把母牛和公牛都纳入了雌性符号一类，这显然是比三联象征更为原始的分类模式，其分类依据为：公牛母牛都有牛角，形状都类似于新月，可视为同类；女人有周期性变化——月经，月亮也有类似的周期性变化)——圆缺，因此也可视为同类；牛角亦有脱落和再生的周期性变化，所以不论公牛还是母牛都应当归入女人和月亮所代表的雌类(叶舒宪 2005:21-22)。

　　根据上面的研究成果，我们也可以推断，韩国语里所出现的

02　如果以A、B、C分别代表女人、母牛和新月，那么三者互为象征的逻辑关系为：A和B都产奶，A和C都有以月为周期的变化，B和C都长着角(英语中的horn一词既有牛角的意义，也有新月之钩尖的意义)(Wheelwright 1962:137)。

"牛-马"语言现象——"말 갈 데 소 간다"中，是不是也隐含着"牛为雌性，马为雄性"的思维，因为韩国语里有很多类似结构的俗语，如(9)，这些表达中，线象征男性，针象征女性，凤象征男性，凰象征女性，都与汉语"夫唱妻随"意义一致。

(9) a. 바늘 가는 데 실 간다
    b. 바늘 따라 실 간다
    c. 바늘 가는 데 실 가고
    d. 실 가는 데 바늘도 간다
    e. 봉 가는 데 황 간다

前面"牛与鸟"小节中我们还发现韩国语里"牛-鸟"也一起出现在俗语里作对比。而苏联考古学家格拉西莫夫在西伯利亚的马耳他(Mal'ta)发现了史前村社的内部结构布局，发现房间被分割为两半，右半边为男人空间，发现了鸟像，左半边为女人空间，发现了女性小雕像(叶舒宪 2005:23)，格拉西莫夫把男人空间中所发现的鸟类形象解释为阳具的象征，正好与女性空间中的女性小雕像相配(Eliade 1978:20)。所以，可以推断：韩国语"牛-鸟"共同出现的背后隐藏的也是"牛代表雌性，鸟代表雄性"这种象征意义。在东西方文化中，鸟以及与鸟有关的动作都与雄性有关。

这种原始的象征意义表现在语言现象中只是"牛-马""牛-鸟"的成对出现，其原始象征意义已经不被现代人所认识。

5.3.3 马与其他动物的关系

上面已经分析了马经常与牛联系在一起。此外，马还与其他动

物发生关系，汉语有"猴年马月"，这与天干地支有关，意义相当于韩国语的"어느 세월에"。

与汉语不同，韩国语里马还与其他一些动物如苍蝇、跳蚤、乌鸦发生关系，如"말 꼬리에 파리가 천 리 간다"指依靠别人的势力来扬眉吐气，"말에 실었던 짐을 벼룩 등에 실을까"意为马驮的东西能驮到跳蚤身上吗？比喻不能赋予那些没有力量与能力的人以沉重的责任，"말 죽은 밭에 까마귀같이"意为马死在野外就会有乌鸦来吃马肉，用来形容乌压压地聚集了一堆人因而非常混乱、嘈杂的样子。

马肉是游牧民族常食用的肉类，但是강명관(2010/2011:127)提起马肉时，说日本人吃马肉，而韩国除了济州岛之外是不吃马肉的，但并没有说明什么原因。不过在韩国语里却有不少与马肉有关的表达。与牛肉、驴肉相比，马肉颜色更深、更红，根据这一颜色特点，韩国语里"말고기 자반"常用来嘲笑那些脸色变红的人，如(10)，而汉语却多用"脸红得像猴子屁股/猪血一般"。

(10) 버썩 무안당한 김 군수는 얼굴이 **말고기 자반**같이 벌겋
게 달아 있었다.《현기영, 변방에 우짖는 새》突然被弄
了个没脸的金郡守,脸像马肉一样腾地一下红了。

对很多中国人来说，有一种偏见和误区，认为马肉不好吃，产生这种偏见的原因有很多，其中一个应该是因为马肉在制作过程中会发出恶臭，但实际上马肉的营养价值很高，在韩国语里有俗语"말고기를 다 먹고 무슨 냄새 난다 한다"，意思是把马肉都吃了之后再说好像有什么味道，比喻在满足自己的贪心后说一些没用的闲话。

过去调料极少的时候，唯一的调料可能就是盐，所以俗语"말 잡은 집에 소금이 해자(解座)라"意思是许多人杀马吃时，主人免费提供食盐，比喻在无可奈何的情况下毫无报酬地提供某种东西，类似的还有"말 죽은 집에 소금 삭는다"。

5.3.4 狗与其他动物的关系

韩国文化里狗也与很多其他动物、事物发生关系，并且这些关系也被用来比喻人间世界。这种动物文化具有文化共性，也具有民族性。例如，因狗与猫的关系不好，所以韩国语有"개 고양이 보듯、고양이 개 보듯"，比喻关系不好的仇人。而"고양이와 개"指仇人关系，如(11)。"고양이 쫓던 개"指费尽心思的事情却最终失败了，或者尽管一起努力了，但最后还是落后于他人，所以觉得很丢人。

(11) 두 사람은 **고양이와 개의 관계**이다. 两个人是仇人关系/
仇人相见分外眼红。

此外韩国语还有"개소리괴소리、개소리괴소문"，意思是狗叫与猫叫，俗指没有任何逻辑性、乱说一气的话。另外，"개코쥐코"比喻你一言我一语地说废话的样子，如(12)。

(12) 기껏 둘이 앉아서 **개코쥐코** 떠들다가 갑자기 일어서니까 꽤 이상한 모양이었다.≪김유정, 만무방≫两人坐下说长道短地/你一言我一语地聊了一会儿, 突然起身后,

又觉得好奇怪。

狗与鸡好像没有交集，因为"개 닭 보듯"表示没有任何兴趣，如(13)。与前面提到的"소 닭 보듯、닭 소 보듯"同义。

(13) 종남이가 아빠, 아빠라고 하면서 노래 부르고 재롱 떠는
때도 **개 닭 보듯이** 하는 거야.《수상한 삼형제, 37회》
宗男爸爸、爸爸地叫着, 边唱歌边逗他开心的时候, 他
也无动于衷/只是冷冷地看着。

但狗与鸡好像又有交集，因为韩国语里还有俗语"닭 쫓던
개"，意思是追鸡的狗，如(14a)，汉语一般要在后面添加"望儿兴
叹"这样的解释性语言，而(14b)译成"望鸡兴叹"，用"兴叹"把
韩国俗语所表达的抽象意义明示化。

(14) a. 엄만 야망 있는 남자들을 모르는 구나. 원스식품 사위
가 되는 일인데 처가살이가 대수겠어?… 고생고생해
서 키운 부모만 **닭 쫓던 개가 지붕을 쳐다보는 개 꼴**
이 되는 거지.《가족을 지켜라, 109회》妈, 你也太不
了解有野心的男人了。他这是给元思食品做女婿啊,
去丈母娘家住又怎么样啊? ……辛辛苦苦把儿子养
大的父母成了追鸡的狗, 只能望儿兴叹了。
b. 세란 언니만 **닭 쫓던 개 신세**가 됐네.《최고의 연인,
57회》只有世兰姐成了"望鸡兴叹"的狗命了啊。

狗与鸡之所以产生上述表达与日常生活常识有关。例如在中国

农村，如果狗与鸡同处一个院内，狗追鸡的情况也并不是没有。汉语还有很多与鸡狗有关系的表达，如"鸡犬不宁、鸡飞狗跳、鸡零狗碎、指鸡骂狗、偷鸡摸狗、嫁鸡随鸡嫁狗随狗"等，不过这些讲的并不是狗与鸡的关系，讲的是狗与鸡是重要的家畜和家禽，以及人们对鸡狗的消极认识。

汉语里"狗"经常与"猫"连用，如"阿猫阿狗、猫呀狗的"等，而韩国语里却多用"개나 소나"，虽然有时用于具体动物意义，但一般多用来比喻人，意思是不管合适的人还是不合适的人，或者不管是相关的还是不相关的人，如(15)。

(15) a. **개나 소나** 끼어든다. 猫呀狗的都来凑热闹。

b. 드럼은 **개나 소나** 다 배우는 것인 줄 아나? 할 일 없는
아주마들이.《사랑이 오네요, 15회》你们以为架子
鼓是不管阿猫阿狗都可以学的吗? 这些闲极无聊的
大妈们。

韩国语之所以用"개나 소나"，不用"개나 고양이나"，可从韵律上去考虑，因为"개、소"都是单音词，所以连用时不会出现语感问题，但"고양이"是三音词，所以"개나 고양이나"不合韵律。此外，狗与牛是不说话的，即使说了"话"，也是让人听不懂的，所以"개 쇠 발괄 누가 알꼬"比喻话说得嘟嘟囔囔地没有条理，实在是让人理解不了。

狗与马的关系表现在合成词"견마(犬馬)"之上，这个词可以统称狗与马，也可以"견마의"形式来表示像狗与马这样低贱、不起眼的东西，多用作谦辞，不过对狗与马的这种关系认识反映的是中国文化。

5.3.5 鸡与其他动物的关系

韩国语里鸡主要与凤、鸭子、狗、牛、蚰蜒产生关系，鸡与牛、狗的关系前面已经分析过，下面再看一下与凤、鸭子、蚰蜒的关系。

鸡与凤代表了两个极端，如"닭이 천이면 봉이 한 마리 있다"比喻人多了其中必然有杰出人物出现，相当于汉语的"鸡窝里飞出了金凤凰"；但实际上这种可能性几乎是没有的，因此就有了反问形式的"닭의 새끼 봉 되랴"，意思是小鸡能变成凤凰吗？反问表达的其实是否定意思。不过鸡和凤凰站在一起的话，那肯定是凤凰夺目了，所以俗语"뭇 닭 속의 봉황이요 새 중의 학 두루미다"意思是鹤立鸡群，比喻众多的平凡人中的佼佼者。

鸡还与鸭子产生关系，有"닭 잡아먹고 오리 발 내놓기"，比喻干了不光彩的事情后却用奇怪的伎俩来试图掩盖罪行。而"닭오리"是隐语，指着女装的男性招待。这与汉语妓女被称作"鸡"，男妓被称作"鸭"有相似之处。俗语"오리 홰 탄 것 같다"意为鸭子上了鸡架，有三个比喻意义，第一比喻去了自己不该去的地方而处境岌岌可危的样子；第二比喻位置与呆在那个地方的人互不协调；第三比喻做了出乎意料、不相干的事情。

鸡还与蚰蜒产生关系，因为鸡吃蚰蜒，所以有了俗语"왕지네 마당에 씨암탉 걸음"，意思是在满是蚰蜒的院子里的老母鸡的走姿，比喻胖胖的身躯一扭一扭地慢慢走动的样子。

5.3.6 猪与其他动物的关系

汉语里有"猪狗不如"，比喻人非常下贱，韩国语虽然也有"개

돼지"统称狗与猪，但多比喻又笨又无能的人，如"개돼지만도 못한 사람 猪狗不如的东西"，汉字词"견돈(犬豚)、돈견(豚犬)"也有此比喻意义。

韩国语还有俗语"검둥개는 돼지 편、검정개는 돼지 편"，比喻模样、情况差不多、有缘分的人才会在一起，并且会互相照顾。汉语类似意义的有与动物相关的"狼狈为奸、狐朋狗友"以及与人有关的"沆瀣一气"。

比喻下贱时，韩国语多用"개소만도 못하다 狗牛不如"，如(16a)，韩国语里猪牛也可以一起使用，如(16b)。

(16) a. 당신들 인간도 아니야. **개소도 못한 것**들이야! 정말! 《돌아온 복단지, 117회》你们真不是人啊! 猪狗不如的东西! 唉!

　　 b. 짜! 아, 짜! 이게 무슨 **소돼지** 음식이냐?《꽃 피어라 달순, 22회》咸死了! 哎呀, 咸死了! 这是猪食还是牛饲料啊?

如上，与汉语多固定使用"猪狗不如"相反，韩国语"개돼지、개소、소돼지"等的存在可以说明韩国语构词词序的灵活性。

5.3.7 鸟与其他动物的关系

前面已经分析了鸟可以与牛发生关系，此外，鸟还与老虎、老鼠发生关系，与老虎有关，如"날개 돋친 범 长了翅膀的老虎"比喻非常敏捷、勇猛的样子。与老鼠有关，如"새 편에 붙었다 쥐 편에 붙었다 한다"比喻行动随利益而变，"새도 염불(을) 하고 쥐

도 방귀를 뀐다"用来嘲笑那些在众人面前既不能唱也不能跳的人，"쥐도 새도 모르다"比喻人不知鬼不觉。

再看人、麻雀、老鼠与凤凰之间的关系。麻雀吃谷物，所以人们会抓麻雀。与此相关有"참새 그물에 기러기 걸린다"，意思是抓麻雀的网却抓到了大雁，比喻真正想努力去做的事情没有成功，反而成就了其他事，相关的还有"새망에 기러기 걸린다. 撞在鸟网上的大雁"，因为大雁的价值要比麻雀大，所以这个俗语也可比喻幸运或意外的收获。

麻雀还与其他动物产生关系，如"약기는 쥐 새끼냐 참새 굴레도 씌우겠다、참새 얼려 잡겠다、참새 굴레 쌀 만하다、참새 굴레 씌우겠다"，都指麻雀已经非常机警了，但是老鼠更精，能给麻雀头上套套，抓住它。

在人类眼里，麻雀的价值不如凤凰，如"천 마리 참새가 한 마리 봉만 못하다"，比喻不好的东西再多也不如一个好东西有用。

最后看白鹳、雅雀、灰头鸦之间的关系。韩国语里白鹳为"황새"，是意为"大"的前缀"황-"与词根"새"结合形成的派生词，意为大鸟，所以"황새"的突出特点就是体型大。韩国语里鸦雀为"뱁새"，鸦雀非常小，所以经常与"황새"一起进行比较，如俗语"뱁새가 황새를 따라가면 다리가 찢어진다"比喻如果硬生生地去做力不从心的事情反而会倒霉。因为个子小，韩国语还有俗语"뱁새가 수리를 낳는다"，意思是小鸦雀养了个大雕，比喻父亲不怎么样但所生的儿子却很有出息。韩国语里灰头鸦为"촉새"，体型也较小，所以也有俗语"촉새가 황새를 따라가다 가랑이 찢어진다"。

根据白鹳的生活特点和习性，还有俗语"황새 논두렁[여울목] 넘겨 보듯"，比喻伸长脖子偷看的样子，而"황새 올미 주워 먹듯"比喻非常擅长捡拾东西吃；而"황새 조알 까먹은 것 같다"比

喻量太少不够或者表面上看好像不错但实际并不尽然。

5.3.8 鱼类之间的关系

虾虎鱼韩国语为"망둥이"，与此相关的俗语多与虾虎鱼的习性有关，因为虾虎鱼善跳，所以有了很多俗语，如(17)，可以与其他鱼类如"꼴두기、숭어、잉어"或一般事物"전라도 빗자루"等形成关联，比喻人云亦云，人去亦去；也可比喻不顾自己的处境和能力，无条件地追随那些能力强的人。

(17) a. 망둥이가 뛰면 꼴뚜기도 뛴다
　　 b. 망둥이가 뛰니까 전라도 빗자루도 뛴다
　　 c. 숭어가 뛰니까 망둥이도 뛴다
　　 d. 잉어가 뛰니까 망둥이도 뛴다

综上所述，动物之间的关系其实反映了韩国人对相关动物的观察与认识，也反映了韩国人的关联思维与比喻思维。

5.4 葫芦的文化意义

5.4.1 中韩两国不同的葫芦文化

中国人有很深的"葫芦"情节，中国神话中的盘古、槃瓠、伏羲、女娲这些神话人物，从象征意义上都隐喻葫芦这种自然的容器，葫芦在神话思维中是母腹、子宫、女性的象征(叶舒宪

2005:93)，7000年前的浙江河姆渡遗址发现了葫芦种子，葫芦是早期文化的种子(周有光 2102:54)。葫芦始终与神仙和英雄为伴，被认为是给人类带来福禄、驱魔辟邪的灵物。很多神仙、神医大多身背葫芦或腰悬葫芦，如八仙中的铁拐李、寿星南极翁、济公和尚等。所以葫芦自古以来就是中国人福禄吉祥的象征，也是保宅护家的宝物，因为"福禄"是"葫芦"的谐音。中国古代婚礼中有一个仪式为"合卺"礼，是把一个匏瓜剖成两个瓢，新郎新娘各拿一个饮酒。中国还有一系列《葫芦娃》文学、影视、游戏作品，以及与葫芦有关的众多的俗语、歇后语，如"葫芦里卖的什么药、东扯葫芦西扯瓢、按下葫芦浮起瓢、闷葫芦"等。

韩国人也有很深的"葫芦"情节，受中国传统婚礼的影响，韩国人在举行传统婚礼时也会有"合卺"礼，用的是小葫芦。韩国人家里如果有长大成人的女儿，就会在朝阳的干净墙角种一棵葫芦，用干净的肥料施肥，村里有不祥之事发生时要用簸箕盖住葫芦，以防不吉利，葫芦长满墙的时候，大家就会知道这家里有女待嫁，所以就会有媒人上门，等结婚之日，就将这棵葫芦结的小葫芦一分为二，举行"合卺"礼，而婚礼后会用红线和蓝线把葫芦酒杯对好、缠起来挂在新房里来纪念新人的爱情(이규태 2009(2):251-252)。

韩国传统小说《兴夫传》中，燕子报恩就是给兴夫衔来了葫芦种子，种出的葫芦里蹦出了金银财宝和美女"杨贵妃"；游夫种出的葫芦里蹦出来的全是令人讨厌的人。这与中国的葫芦娃和印度文化里葫芦生人的神话一致。印度史诗《罗摩衍那》中有"须摩底呢！虎般的人，生出来一个长葫芦，人们把葫芦一打破，六万个儿子从里面跳出。"(季羡林 1980:210)

与中国的葫芦文化不同的是，韩国还有很多与葫芦有关的活动。例如，韩国有一种传统的接力赛跑活动，在赛跑的各中间路段

以及终点处都扣放着瓢子，每队后面的选手听到前面选手踩破瓢子的声音之后才能开跑，最先踩破放在终点的瓢子的队伍则成为优胜者(이규태 2009(2)：17)。此外，还有很多与女性有关的葫芦活动是韩国女人发泄情绪的手段之一，详见第十二章"12.5.3"。

韩国的葫芦文化中与中国的葫芦文化最为不同的是关于葫芦的语言表达，主要表现为有很多与葫芦有关的词语，如"박、뒤웅박、대박、중박、중대박、독박、쪽박、오그랑쪽박、바가지、함지박、함박"等，并且这些词语广泛地用于日常生活中，产生了很多惯用语、俗语，有的还发展成了后缀。

5.4.2 박

韩国语里"박"虽没有比喻意义，但可用惯用语、俗语来表达比喻意义，其中俗语"되는 집에는 가시나무에도 박이 열린다"是用荆棘树上结葫芦来比喻幸运，汉语多翻译成"时来运来，买个牛带犊来"或"运气好，绊倒拾元宝"。"얼음에 박 밀듯"意思是就像在冰上推葫芦一样，比喻说话流畅或文章背得熟练，汉语用"滚瓜烂熟"。此外，惯用语"박 패듯"形容胡乱打人的样子。

因为葫芦破了就没用了，所以"박 터진다"一般比喻不好事情的发生，如"주먹구구에 박 터진다、주머니 구구에 박 터진다"比喻没有计划地随便猜测的话，最后会遭到横祸。

5.4.3 뒤웅박

"뒤웅박"指在葫芦稍那儿开个小口把葫芦瓢掏出来做成的葫

芦，作器皿使用，也可写作"뒤웅"。"뒤웅박"主要出现在俗语中，其中"끈 떨어진 뒤웅박[갓/둥우리/망석중이]"比喻没了靠山而非常危险，"뒤웅박 신고 얼음판에 선 것 같다、뒤웅박 신은 것 같다"比喻因非常危险而倍加小心。俗语"뒤웅박 차고 바람 잡는다"的字面意义是拿着葫芦想把风抓住，但"뒤웅박"的特点是口很小，所以用它来兜风是不可能的，因此这个俗语比喻办事不合常理、做无用功的人。另外，"여자 팔자 뒤웅박 팔자"指女人的命运不好。

5.4.4 대박、중박、중대박、독박

关于"대박"的语源，조항범(2005)提到有三种说法，第一种认为"대박"是汉字词"大舶"，如果是这种意义的话，应该形成"대박이 들다、대박이 오다"等结构才行，但事实是"대박"经常形成"대박치다、대박 터지다"等搭配；第二种说法认为"박"是赌博用语，但用于此意时"박"却经常用于"한 박 잡았다、한 박 떴다"等搭配，并且赌博用语里是否有"대박"还是问号；第三种说法认为"대박"与韩国传统小说《흥부전》有关，因为兴夫种上燕子赠送的葫芦种后，结了葫芦，打开葫芦一看全是金银财宝，根据这种意义，人们就造出了新词"대박"，所以就出现了"대박 터지다、대박 나다"类表达。

对以上三种语源说，笔者认为第三种说法更有说服力，因为第一、二种说法的理据是交通用语和赌博用语向其他领域的语义扩展，根据笔者的研究，这种情况并不是没有，但文学作品用语向其他领域的语义扩展好像例证更多。

除此之外，本研究想从另一个角度来进行说明。在现代韩国语里，"대박"指多次得到的大钱，一般用于积极意义，如(18)。"대박"有时也用来表示吃惊，如(19)，(20)对话中的"대박"表达的也是吃惊之意。

(18) a. 꼭 **대박** 칠 것 같애.《최고의 연인, 37회》好像马上就能火起来。

    b. 우리 **대박**쳤어요. 형님!《옥중화, 8회》我们发大财了, 大哥。

    c. 쪽박이 될지 **대박**이 될 지 살아 봐야 알아.《가족을 지켜라, 62회》是成为乞丐还是火起来, 那得过过才知道啊。

(19) 걔가 찬빈이 여친이면 이것이 **대박 아니야**?《내딸 금사월, 19회》如果她是灿彬的女朋友的话, 那可完全是猛料啊?

(20) 양말숙: 나중에 알고 보니까 동생은 개뿔! 어떤 놈하고 눈 맞아서 야반도주했잖아. 그 인간!《천상의 약속, 8회》后来才打听到什么弟弟不弟弟啊! 她和某个小子对了眼半夜跑了! 她!

    이나연: **대박**! 진짜 너무했다. 30년 전의 50만원이면 꽤 큰 돈 아니야?《천상의 약속, 8회》天呢! 那也太过分了。30年前的50万元(韩币)的话, 可是一大笔钱呢!

(21) a. **대박**기사 重磅新闻

    b. **대박** 부럽다.《부탁해요 엄마, 29회》太羡慕你了!

    c. 춘향 **대박** 웃으며, 그네 타고 날아오르는 모습에

서.《쾌걸춘향, 1회》春香开怀大笑, 荡着秋千飞扬
起来。

　　根据"대박"以上两种意义可以看出，不管意义积极与否，从
程度上来看，表达的都是极强的程度意义，因此"대박"逐渐开始
作定语，表达的是程度强，如(21)。从语义上来看，"대박"的这种
表达程度强的意义应该与"대"有关，并且应该是汉字词"大"。从
词语分类的角度来看，韩国语有"뒤웅박、쪽박、바가지"等，这些
都明白无误地与葫芦有关，并且"쪽박、바가지"分别是小瓢子、瓢
子之意，瓢子都可以分大小，那么葫芦有大小也是情理之中的，否
则瓢子何谈大小？所以从这个角度来看，有"대박(大-) 大葫芦"是
肯定的。

　　有"대박"，那也不能排除有"중박"吧？所以就有了这样的表
达，如(22a)；有时还会有"중대박"，如(22b)。

　　(22) a. 첫날 장사 **대박**은 못돼도 **중박**은 됐네.《쾌걸춘향, 9
　　　　　회》第一天开张虽然没有发大财, 但至少发了"中财"
　　　　　了。
　　　　b. 이 정도는 **대박**은 못 쳐도 **중대박** 정도 칠 것 아닙니
　　　　　까?《별난 가족, 24회》这种程度不算是发大财, 也
　　　　　算是发了不大不小的财了, 是吧?

　　由"대박"生成"중박、중대박"，这是相似构词。汉语网络语
言中，"菜鸟(新手)、中鸟(有一定上网经验，但技术不熟练的网络
用户)、老鸟(网络高手)"(吉益民 2012:69)也都是相似构词。
　　韩国语里还有"독박"，多用于惯用语"독박 쓰다"，指自己一

个人背黑锅，承担所有的责任，如(23)。从这个意义出发，韩国语还出现了很多新词，如"독박육아"意思是自己一个人负责养育孩子，感到很冤枉。

(23) a. 만의 하나 약 먹고 이상 증세가 있으면 그 책임은 누가 지는데요?제가 **독박 씁니다.**《빛나라 은수, 22회》万一你吃了药有什么异常症状的话, 那谁来负责任啊? 是我要负责任啊。

b. 만약 형수님이 딴마음이라도 먹으면 경찰에 넘길 겁니다.저 혼자 **독박 쓸 수 없잖습니까?**《아임 쏘리 강남구, 43회》如果嫂子你动歪心眼, 我就把它交到警察局, 我总不能一个人背黑锅吧?

5.4.5 쪽박、오그랑쪽박

"쪽박"指小瓢子，也作隐语，指"헌병(宪兵)"，"바가지"也有此隐语意义，这种意义的产生与宪兵头戴圆钢盔的形象特征有关。"쪽박"还经常用于一些惯用语中，其中"쪽박 들고 나서다"字面意义为：生活用品都没有了，只剩下一个瓢子。因为瓢子是用来舀米、盛水的必备工具，如果只剩下瓢子，说明非常艰难，什么财产都没有。

因为瓢子是家居非常重要的工具，所以瓢子破了可不是小事，因此"쪽박(을) 깨다"就有了很多比喻意义，可以指把事情搞砸，如(24ab)；有时也指离婚、分手，如(24c)；用于离婚义时，有时也用定中结构"깨진 쪽박"，如(24d)。

(24) a. 없는 사람들을 도와주지는 못할망정 **쪽박을 깨?** 你不帮助那些穷人也就罢了, 还帮倒忙。

　　b. 남의 가정을 **쪽박 깨고** 줄행랑이라니?《가화만사성, 39회》把别人的家庭搞得一塌糊涂, 自己却逃了?

　　c. 이혼 안 하고 서류만 부부면 뭐해? **쪽박은 이미 깨졌는데.**《아이가 다섯, 7회》不离婚, 只做户口本上的夫妻, 有什么用啊? 反正镜子已经破了。

　　d. 엄마가 아무리 여기서 이런다고 해도 20년 전에 **깨진 쪽박 다시 안 붙어.**《우리집 꿀단지, 7회》妈, 不管你在这儿再怎么努力, 20年前已经破了的镜子是无法恢复原样的。

　　瓢子不仅对一般人的生活很重要，就是对乞丐来说也很重要。中国过去要饭的人一般会拖着要饭棍、打狗棒，有时还会背着要饭篓子。韩国古时的乞丐一般都会腰里拴着瓢子，需要时就用来要饭吃。这种乞食文化可能来自佛教，因为瓢子能够发出很大的响声，便于招呼并聚集人群，所以具有了原始木鱼的作用，也用作化缘时的器物(이규태 2009(2):53)。

　　正因为文化的不同，所以韩国语用"쪽박(을) 차다"来转喻成为乞丐，这里的"차다"是"拴、带着"，而不是"踢"义，如(25)。有时"쪽박"也单独使用，如(26)。有时"쪽박"还可用来做定语，如(27)。

(25) a. 믿었던 며느리도 **쪽박 차게** 생겼어.《우리집 꿀단지, 95회》我那么信任的儿媳妇也完蛋了/也要讨饭了。

　　b. **쪽박 차는 것** 모자라서 이젠 **쪽박도 다 깨먹었으니**

까.《우리집 꿀단지, 121회》别说要饭了, 现在把要饭的瓢子都摔了。

(26) a. 잘못하면 시집은 커녕 **쪽박**이다.《사랑이 오네요, 41회》弄不好别说结婚了, 会竹篮打水一场空的。

b. 이러니까 만든 드라마마다 **쪽박**이지.《아버님, 제가 모실게요, 5회》正因为你们这样, 所以制作的电视剧每次都赔本啊。

(27) 오빠 뜻대로 해봐요. 드림팀 될지 **쪽박팀** 될지 내가 두고 볼 테니까.《달콤한 원수, 90회》你看着办吧。我倒要看看你的团队到底是梦之队还是散兵游勇。

有时"쪽박"也与"대박"一起使用, 如(28)。类似的还有"바가지(를) 차다", 如(29)。

(28) a. **대박** 찾다 **쪽박** 차!《빛나라 은수, 21회》想发财结果赔光了!

b. **대박** 아니라 **쪽박차게** 생겼으니까 부산 떨지마. 이 녀석아.《우리집 꿀단지, 58회》别说挣钱了, 现在得去要饭了, 所以别捣乱了。你这家伙。

(29) 착실하던 그가 노름에 빠져들더니 결국 **바가지를 차고** 말았다. 他本来为人很踏实, 但迷上赌博后, 最终破产了。

韩国语还有"오그랑쪽박", 指蔫了的、瘪了的小葫芦, 或者用没有成熟的葫芦做成的干了后变瘪的葫芦, 也比喻规模或形象等不体面、不像样的状态, 如(30)。近义词"우그렁쪽박"只有前两个意

义，没有比喻意义。

(30) 아니, 아이를 또 다섯은 낳아야 한다면서? 열을 낳고 얼
굴이 **오그랑쪽박**이 돼도 나가란 소린 안 할 테야?《염
상섭, 법 없어도 사는 사람》什么? 你说孩子还得再生
五个啊? 我给你生十个孩子, 如果成了黄脸婆, 你不会
赶我走吧?

如上，"쪽박、오그랑쪽박"的多个惯用语所表达的意义都已
经非常抽象，都无法与汉语的"瓢子"对应，而是对应"穷光蛋、
帮倒忙、搞得一塌糊涂、镜子破了、覆水难收、完蛋、要饭、竹篮
打水一场空、赔本、赔光、破产、成了黄脸婆"等。

"쪽박"还出现在俗语里，如"여산 풍경에 헌 쪽박이라"，意
思是去庐山游玩着个破瓢子，比喻非常不相配。

5.4.6 바가지

"바가지"是"박"与后缀"-아지"结合形成的派生词，当然
也可缩写成"박"，有四个意义，具体如下：

首先看基本义。"바가지"指将葫芦切成两半或者用木头、塑料
做成的类似的东西，主要用来盛水或盛东西。此外还有俗语"집/안
에서 새는 바가지는 밖에 나가서도 샌다"，比喻本性难改。用于此
意义时，有惯用语"바가지(를) 긁다"，主要指妻子对丈夫絮叨一些
生活困难的不满和闲话。

韩国语还有"바가지머리"，指的是用瓢扣在头上剪出来的头
型。汉语类似的有"茶壶盖头、西瓜头、蘑菇头"。

再看单位意义。"바가지"的单位意义可以分为两类，一类是具体单位意义，一类是抽象单位意义。"바가지"可作分量单位，如(31)。用于此意义时有一些合成词，其中"소금바가지"意为一瓢盐，因为韩国语里盐是驱鬼辟邪的，所以多用来表示不满，如(32a)；"눈물바가지"用来比喻爱哭的人，如(32b)；"땀바가지"比喻出汗特别多，也用来嘲笑汗多的人，如(32c)。"똥바가지"与汉语"屎盆子"同义，韩国语用"屎瓢子"很耐人寻味，因为盆子的底儿是平的，所以可以放在地上，因此汉语的"屎盆子"具有了理据性。但瓢子的底部是不平整的，而盛了粪便的瓢子，是无法放平在地上的，因此韩国语的"똥바가지"更强调的是一种"从粪桶里舀出来"的动态特点。不管怎样，韩国语有惯用语"똥바가지를 쓰다"，并且有两个比喻意义，可以比喻丢人、人格受损，如(32d)；也可比喻被冤枉地承担了别人的过错，如(32e)。

(31) 찬물 한 **바가지** 얼굴에 쏟는 기분이다《가족을 지켜라, 58회》那感觉就像一瓢凉水倒在脸上似的。

(32) a. 풍길당 사장 아주마한테 망신 주려 하다가 나한테 **소금바가지**를 뒤집어쓴 것때문에 화풀이하려고 기자들한테 우리 가게를 일러바친 것 아니야?《우리집 꿀단지, 99회》你本来想侮辱丰吉堂社长, 结果被我撒了一头的盐, 所以为了泄愤, 就把我们的饭店地址告诉记者了, 是吧?

　　b. 사돈 사모님 **눈물바가지** 팍팍 쏟고 애들 다시 데려가서 사시니까 좋으세요?《우리집 꿀단지, 113회》亲家母, 您大哭一场/鼻涕一把泪一把地把孩子们又带走一起过, 心情很爽吧?

c. 그는 뚱뚱해서 그런지 조금만 움직여도 **땀바가지**가 된다. 他可能是太胖了吧, 动一动就浑身是汗。

d. 노인은 깡패에게 훈계를 했다가는 **똥바가지**를 쓸지 모른다는 생각에 말없이 지나갔다. 如果对那些流氓 说几句训斥的话说不定会自取其辱, 老人想到这里, 没说任何话转身走了。

e. 너는 그 유순한 성격 때문에 늘 **똥바가지**를 쓰는 거 야. 都是因为你那软弱的性格你才总是被冤枉的。

有时"바가지"也可作抽象词语的单位, 如"욕만 바가지로 해. 《내조의 여왕, 15회》骂人骂了一大箩筐"。此外, 还可形成很多 合成词。其中, "싹퉁바가지"指没有教养, 与"싸가지"近义, "싹 퉁바가지"也用于否定句, 但与肯定句意思一样, 都指没礼貌。韩国 还有"욕바가지"比喻挨骂, "주책바가지"指多管闲事, "생고생바 가지"比喻非常受苦; 朝鲜还有"야심바가지(野心---)", 比喻非常 有野心。

第三, 抽象意义。"바가지"也指费用或物价比实际价格贵很 多。用于此意义时有惯用语"바가지(를) 쓰다", 第一个意义指费 用或物价非常贵而遭受损失, 并且有使动形式的"바가지(를) 씌우 다"。"바가지(를) 쓰다"也指被无辜地承担了某些事情的不正当的 责任, 用于此意义时一般没有被动形式。与"바가지를 쓰다"相 关, 韩国语还有"독박을 쓰다"。

第四, "바가지"也可作为军人们的隐语, 指宪兵。"바가지" 之所以有这个意义, 是因为过去的军人都戴着头盔, 而头盔的样子 就像个水瓢。与此相关, 韩国语还有"쇠바가지"指铁碗, 也俗指 "철모(鐵帽)", 如"쇠바가지를 쓴 군인들이 차에서 내렸다. 戴着

钢盔的士兵从车上下来了。"有时也用"철바가지(鐵—)"。

综上所述，"바가지"的意义从基本的具体意义，发展出了单位意义，而单位意义除了与具体名词结合，还可以与抽象名词结合，所表达的意义已经非常抽象，在此基础上又发展出了抽象意义和隐语意义，这说明"바가지"在韩国文化中占据非常重要的位置。

5.4.7 함지박、함박

韩国语还有"함지박、함박"，指用圆木挖出的像大瓢子一样的大木盆，而后者多用于"함박만 하다"结构，比喻张开的嘴非常大，如(33)，汉语有"血盆大口"，但多用于消极意义。

(33) 합격 소식에 입이 **함박만 해졌다**. —听到合格的消息，那嘴马上就咧到后脑勺了。

此外还有"내 것 잃고 내 함박 깨뜨린다"意思是把自己珍贵的东西都拿出来了，连木盆也打破了，比喻遭受双重损失。此外，还有"함박 시키면 바가지 시키고 바가지 시키면 쪽박 시킨다"，这里用"함박、바가지、쪽박"来比喻不同级别的人，意思是上级给下级安排工作，这个下级又会把工作安排给自己的下级。

5.5 中韩动植物文化差异

动植物是人类生存环境中非常重要的一部分，人类对动植物的观察、利用的过程使动植物这些本属自然的事物产生了很强的文化性。中韩两国所处的地理位置、自然环境的不同以及两国人的思维和认知的不同导致动植物文化也产生了很大不同。

第一，动植物语言的比喻意义丰富性有异。韩国语的动物从繁殖到动物的外表(角、毛、脚、尾巴)、排泄物都具有重要的比喻意义，尤其是与动物毛、排泄物有关的表达具有很强的文化性。具体到不同的动物分类的话，虽然中韩两国的家畜基本相同，但每种家畜的具体的比喻意义也出现了细微的差异，并且韩国语里的家畜比喻意义明显要更加丰富。野生动物文化则主要受地理环境和文化的影响，中国形成了独特的"狮子"文化，但韩国则形成了独特的"熊、獐、鹿、兔子、麻雀、野鸡"文化、"鱼类"文化，此外，众多的虫类也被韩国人赋予了比喻意义，尤其是"蚊子、虱子、跳蚤、螨虫"等的比喻和文化意义更加突出。与植物有关，韩国的食用植物具有很强的文化性，尤其是"豆子、芝麻、辣椒、南瓜、蕨菜、栗子"等语义非常丰富。中韩文化中拥有共同的"虎"文化和"葫芦"文化，但是也表现出了一定差异，尤其是韩国的"葫芦"文化产生了很多的惯用语表达，具有很强的民族性。

第二，不同的比喻意义折射出中韩两国不同的认知、思维方式。

例如，中韩两国人对皮壳类的观察角度有很大不同，韩国语用"쪽정이"来比喻没用的人，用"알"来比喻个子小的人、有钱的人，并且发展成了前缀。但汉语却用"肉头户"来表达有钱人。韩国语用酒杯样的硬质植物果壳意义的"깍정이/깍쟁이"比喻吝啬、计较的人，而汉语却没有这种隐喻视角。韩国语可用蜕皮之意的"탈피"来比喻摆脱之意，而汉语却没有产生这种比喻意义。再如，"小米"都是中韩两国共同拥有的，韩国人着眼于它"小"的特

点，用它来比喻小气的人，中国文化里虽然有"苔花如米小，也学牡丹开"这样的诗句，但是不会用小米来比喻人小气。同样都着眼于枣核很小这一特点，产生的比喻意义却各不相同。同样是着眼于树不能挪这一特点，韩国人却着眼于与人搬家的相似性，得出的结论是不要动辄搬家；而中国人却是用对比劝告大家要多挪挪窝(工作岗位)。

当一种事物具有多种属性时，不同文化之间会出现交叉现象。例如中韩两国人都关注"芝麻粒小"这一特点并赋予其类似的比喻意义，但中国人此外还关注芝麻的生长，而韩国人主要关注芝麻的收获、味道、食用方式。

从表达方式来看，韩国人经常用动物的发声、发笑来比喻不合理，如"소가 짖겠다、개가 웃을 일이다"，其实这是一种间接、委婉的表达方式，而汉语很少出现这种表达方式。

虽然中韩两国人都具有具象化的思维，但与中国人相比，韩国人的具象化思维更突出。其中一个代表性的现象就是语言中有更多形象生动的动植物比喻，除了动植物语言本身产生比喻意义外，有的还形成"-같다、-듯"等惯用语比喻结构，或者形成定中结构形式的暗喻，如"동네 개 짖는 소리、개 풀 뜯어먹는 소리、새 까먹은 소리、까마귀 아래턱이 떨어질 소리、고추 먹은 소리、시든 호박잎 같은 소리"等。其次，日常对话中频繁使用俗语也是韩国人语言生活的一个重要特点，而俗语最突出的特点就是借助具体的事物来表达抽象意义。

5.6 小结

本章分析了动植物语言与文化的关系，主要分析了鱼类的文化意义、动物关系、葫芦的文化意义以及中韩动植物文化的差异。

韩国有丰富的鱼类产品，大部分都根据长相、习性、味道、食用方法等产生了特殊的文化意义。有的鱼类还产生了一些典故。

不同动物之间具有不同关系，表现在语言上的动物关系反映了韩国人对相关动物的认识以及这些动物对古代韩国社会的重要性。语言里所表现出的动物关系与文化意义具有很强的文化共性，要对此做出解释的话，可能要借助人类学、考古学等跨学科的知识。

从宏观视角来看，葫芦文化具有文化共性。但是从微观视角来看，不同文化里有不同的具体的葫芦文化，尤其是在语言形式以及意义上表现出更多的差异。韩国语里不仅出现了众多的与葫芦有关的词语或惯用语，瓢还发展成了词缀"-바가지"。

虽然动植物与人类生活密切相关，但是对动植物语言进行对比的话会发现两者具有较大区别，语言上的这些差异反映了地理环境、生产方式、关系密切程度等对语言的影响。对中韩两国文化进行对比的话会发现，虽然中韩文化具有一定的共性，但是也表现出了很大的文化差异，而这则反映了不同文化的认知思维差异。

生活文化篇

第六章

饮食与语言

6.1 引论

　　"食物和人之间的关系，从来都是情感的体现和承载，只是我们习以为常，忽略了食物带给我们的思考"[01]，这里的"我们"指的更多的是现代人。在人类历史上，虽然最初饮食只是为了填饱肚子，但随着时间的推移，人类发展出和食物相关的规范和习惯，运用工具和知识创造风味，形成了最早的文化火花(麦奎德 2017:55)。所以，很早以来人们就把特定种类的食物当作族群认同的标志(本迪纳 2016:引言Ⅲ)。

　　文化人类学家John Holtzman(2009)曾对肯尼亚北部的山不奴(Samburu)人的饮食习惯进行了研究，提出"在山不奴人的生活里，最重要的人际关系和价值观的复杂建构中，核心问题之一就是一个人吃什么、怎么吃。食物和进食习惯对于社交行动和象征体系而言是非常关键的。而一个人吃什么种类的食物、在什么样的情境下吃、和谁一起吃，这些都是构建个人和群体身份的关键方面，受到种族地位、亲属关系、性别以及年龄因素的制约"(John Holtzman 2009:94; S.艾伦 2013:69)。而且在某种程度上，"进餐很明显已经不

01　摘自美食评论家朱虹写在《吃的美德》"主编有话说"里所写的"我享受的吃的美德"。

是单纯地吃饭，而是成为一种仪式，体现了秩序和服从，展示了经济实力，说明了社会关系"(本迪纳 2016:100)。不仅是对山不奴人来说是这样，就是对其他民族、社会、文化环境下的人来说，食物和进食习惯都代表了个人或群体的身份，例如韩国人自己不斟酒喝以及敬酒的习惯等反映的都是个人与他人的社会文化关系。

饮食不仅被用于满足营养需求这一纯粹目的，在很多情况下它们还被用于某一种庆祝仪式或宗教活动(哈维兰等 2014:27)，此时食物建立了"给予——获取、合作、分享"这样的关系，建立了普遍的情感纽带。

2010年韩国新兴起了一种新的电视节目，就是"먹방(mukban-g)"，并且迅速波及到全世界，2016年10月份美国的有线新闻网CNN还专门进行新闻报道，并认为这种电视节目形式开始只是着眼于有趣这一点上，但现在成了一种社会沟通方式，所以才引起地球人的关注《동아일보，2016.10.29》[02]。

中国人的饮食还被用于政治，如"杯酒释兵权""鸿门宴""治大国，若烹小鲜"等。

林语堂(2013a:6)在《美国的智慧》前言中说过："促进民族团结的并非信仰、希望和慈善事业，而是多福饼、热松饼和南瓜饼，这是比目前联合国还更加真实的团结。"这强调了饮食文化的重要性，也告诉我们，饮食文化具有极强的民族性。

饮食文化的民族性不仅局限于不同民族和国家有不同的饮食，还表现在饮食是民族文化的一个重要组成部分，例如：饮食习惯表现出很多的文化因素；很多关于"吃"的说法无不与民族心理密切相

02　http://news.donga.com/3/all/20161029/81061666/1，新闻的作者是韩国檀国大学教授/文学评论家권영민。

关，例如汉语的"吃醋、吃豆腐、吃香、吃亏、吃不消、吃透、吃得起苦、吃一堑长一智"。各种具体的饮食也充满了文化的气息，有时难以与外语进行一一对译，例如汉语的"露馅"对应的韩国语是"꼬리를 잡히다"；"正是我的菜"对应的韩国语是"딱 내 스타일이다.《내딸 금사월，11회》"；"他是老油条"对应的是"능구렁이、반질반질한 사람、가살쟁이"；"他的小品是中国人的年夜饭"对应的是"그의 단막극은 중국인에게 큰 인기다"，这些汉语饮食比喻表达在韩国语里用的都不是饮食语言。有时饮食语言还会发展出非饮食意义，如英语表达湿漉漉的意义时用"soppy"，来源于"sop 浸透的面包"(维萨 2015:193)。此外，饮食名称、烹饪方式、饮食器具、味觉词汇等也都反映了各个民族的不同文化。

"一个人吃什么取决于其演化史——为适应特定环境条件而演化出的生理特征，也取决于其私人史——他的经历与偏好，此外还取决于其文化史——诞生、成长、生活的文化环境"(S. 艾伦 2013:70)，也就是说，研究一个人可以从研究他的饮食入手，而研究一个民族、国家的历史与文化，也可以从饮食来入手。蒋勋(2014:82)就曾提出"如果从另外一个历史的角度来看待料理文化，它展现了一个民族长期生存下来的非常复杂的经验，料理最容易呈现出民族的美学。"所以研究韩国的历史、文化的一个切入点可以是饮食，韩国的饮食文化与中国有很大的不同，它也有自己的美学。

正像赵毅衡(2015:17)所说，衣食是排外的，起到了保护民族文化的作用。本章主要分析韩国人代表性的"汤文化、筷勺文化"，分析韩国人是如何利用饮食来直接或间接比喻道理、事件、状态、人等现象的。之后主要从饮食与性、人喻食物、饮食质量、饮食与身体和阶层、饮食与社会关系、饮食与人的态度等六个方面来分析韩国的饮食语言和文化。

6.2 汤

6.2.1 什么是汤?

杨荫深(2014/2015a:29)认为,《孟子》中曾有"箪食壶浆",说明浆与饭并列;并且根据《史记·信陵君列传》提到"薛公藏于卖浆家",可见古时浆对中国人的重要性。现代中国人吃饭也讲究几菜一汤,但现代汉语中的汤类表达并不多,上义词"汤"是多义词,可以指热水,如"汤婆子";也指煮东西的汁液,如"米汤";也指烹调后汁特别多的食物,如"菜汤";或专指温泉或中药剂型(《在线汉典》)。

与中国人的"汤"相比,韩国人的"汤"具有很特殊的文化意义。韩国语中与汤有关的表达有三种,即"국、탕、찌개"。정태경(2005)对韩国代表性的八大词典所收录的饮食名称进行了分析研究,根据有关汤类食品名称的统计可以发现,"국"共有50种,"탕"共有17种,"찌개"共有22种;其中,"국"的材料多是植物性和动物性的;"탕"的材料多是动物性的,植物性的极少;"찌개"的材料中植物性与动物性的基本相当。由此可见,韩国人对汤类食物的重视和细致区分。

> (1) 이런 식으로 아무것으로 때우라 이런 거냐? **국**을 끓이든
>   가 **찌개**라도 끓여야지.《왕가네 식구들, 43회》你这是
>   随便应付我啊。怎么也得煮个清汤或者做个炖菜吧?

如(1)所示,韩国人把"국、찌개"区分得很清,但译成汉语时却很难,因为汉语里水分比较多的菜都一律叫作汤,所以只能根据"국"水分较多,而"찌개"水分较少的区别,将两者分别译成"清

汤"与"炖菜"。

韩国语"탕"与"국"有时连用，但一般是"국"在后，例如咖啡最早传入韩国时被称作"양탕국(洋湯-)"(이성범 2013:103)，由此可见，在表示类属时一般多用"국"。当表示汤类菜的"汤"时，韩国语统一称作"국물"，而没有"찌개물、탕물"(조현용 2017:97)。这也说明"국"表示类属。

综上所述，韩国人喜食汤类食物，种类繁多，语言形式各不相同，基本处于互补状态。

6.2.2 汤与生活

韩国语里有"술적심"，意思是吃饭时弄湿勺子，指有汤有水的食物，如(2)，这说明韩国人吃饭一般要吃干米饭，外加喝汤。

(2) 우리 집 식구들은 된장찌개 같은 **술적심**이 있어야 밥을
잘 먹는다. 我们家的人得有大酱汤之类的汤汤水水的，
才能下饭。

对韩国人来说，如果吃饭没有汤就认为不是正儿八经地吃饭，韩国人对饭菜不满意时，很多都表现为对没有汤的不满意，如：

(3) a. 이게 무슨 밥이야? 밥은 **국하고** 쌀밥이 기본이지.《사
랑이 오네요, 100회》这是什么饭啊? 饭最基本的要有
汤和干米饭啊。
b. 아니 뭐 먹을 게 있어야 먹지. **국 하나도 안 끓여놓
고.**《내조의 여왕, 12회》那也得有可吃的才能吃不

是。连个汤也不煮。

c. 겨우 계란후라이? 어디 며느리가 시어머니한테 계란후
라이를 반찬이라고 던져서 밥 먹으라 해. 생선이라도
굽고 **찌개라도 끓여야지**.《왕가네 식구들, 36회》就
一个煎鸡蛋啊? 哪有儿媳妇给婆婆煎个鸡蛋就当菜让
她吃饭啊? 怎么也得煎条鱼, 做个汤啊。

先看(3a), 剧中当女朋友신다희给男朋友김상호一碗牛奶泡麦
片当早餐时, 상호不满意, 所以才有了上面的表达。(3b)中, 是丈夫
준혁对妻子봉순的抱怨, 也是埋怨没汤。(3c)是婆婆오만정对儿媳妇
做的饭不满意, 其中也提到没有汤。相反, 中国人在类似情况下一
般多会说"怎么连菜都不炒?"或者说"怎么光饭, 不炒菜啊?"因
为对中国人来说, 吃饭要有炒菜才意味着是正儿八经地吃饭。

韩国人喜欢喝汤还表现在有"가시어미 눈멀 사위"类俗语
上, 这与济州岛的风俗有关, 济州岛一般住户家里厨房的灶台没有
烟囱, 所以烧火时烟会弥漫整个房间。女婿非常喜欢喝汤, 所以为
了给女婿煮汤喝, 丈母娘("가시어미"是"장모"的旧称)的眼睛都
被烟呛瞎了(천소영 2000:217)。虽然这个俗语有夸张的成分, 但背
后却隐含了韩国人对汤的嗜爱。韩国语还有俗语"국이 끓는지 장이
끓는지 (모른다)", 是用煮汤来比喻不知事情进展如何, 这也反映了
煮汤在韩国人生活中的常见性和重要性。

有这样一则笑话, 孙子用英语"good moring 굿모닝"对爷爷早
起问安, 爷爷把发音记成了"goog moring 국모닝", 为了显示自己
有才学, 爷爷故意到厨房对奶奶轻声说道: "국모닝", 而奶奶误听成
了"국 뭐니", 于是回答说"감자국 土豆汤"。这则笑话只有在韩国
才能发生, 因为在中国即使老爷爷发音再不好, 顶多会让人丈二和

尚摸不着头脑而已，而不会发生"감자국"的联想，老奶奶这种联想的产生与韩国的汤文化有关，所以在这种文化背景下，再根据发音和语境，老奶奶产生了"他是来问今天喝什么汤的"这种联想，因而才做出上述回答。

综上所述，可见韩国人对汤是多么情有独钟。2013年3月13日韩国"식품의약품안전청 食品医药产品安全厅"决定将每月第三周的周三定为"국 없는 날"，即无汤日，原因是韩国人喝的各种汤食盐含量太高，所以借这个方式来降低吃盐量。"无汤日"设立后，韩国13家大中型饮食企业积极响应，三星集团、现代汽车集团、韩国新世界百货、韩国希杰株式会社等企业的职工食堂也纷纷加入低盐行列，供应低盐午餐，用果汁、锅巴水替代酱汤。现代汽车集团食堂还专门为职工提供"低盐"酱汤。不过，从这个节日的设定也能看出韩国人与汤是不可分割的关系，宁可开展低盐运动也不能倡导大家不要再喝汤。

那么对中国人来说"汤水"重不重要呢？在这里笔者想从另外一个角度来分析。汉语里有一个词是"干粮"，顾名思义，"干粮"就是干的粮食，没有汤水的。但汉语里并没有干粮的相反词"湿粮"，也就是说对中国人来说吃饭有汤有水属于常态，而吃干的是非常态，因此就有专门的词语"干粮"来进行标记。也就是说，中国人吃饭也有汤水，这从宾馆饭店的自助早餐肯定会出现各式各样的稀粥这一现象中就可以充分体现出来。从地域上来说，韩国人的"국"与广东人的"汤"比较类似，因为广东就有俗语"宁可食无菜，不可食无汤"，且还有"不会吃的吃肉，会吃的喝汤"等说法，并且广州宴席一般都是先上汤，后上菜。

尽管中国人也喜欢喝汤，但是关于"汤"的语言形式却多出现于成语中，所表达的意义与韩国语并不相同。

6.2.3 汤与汤料

煮汤时要先准备煮汤的材料，与此相关有俗语"똥 마려운 계집 국거리 썰듯"，意思是就像急着拉屎的女人切煮汤用的菜一样，比喻因自己的事情紧急就随便干完其他的事情。这里是用"국거리 썰다 切做汤的菜"来比喻做事情，由此可见，对韩国女人来说，最重要、最常见的工作就是做饭，并且是做汤，也暗示了汤对韩国人的重要性。

在中国文化里，中国人一般用"能否当饭吃"来评价东西的价值。相反，在韩国人眼里，东西或人的价值在于能否用来煮汤。因此韩国人在否定事物或人的价值时，多用疑问句、否定句或诅咒的形式将事物或人纳入煮汤的表达式中，因此导致韩国人"煮汤的材料"千奇百怪，如：

(4) 가게 주인: 이게 어떡할 거야? …피해보상해야지. 这些东西怎么办?.......你们得赔。

강유경: 얼마면 돼요? 得赔多少钱啊?

가게주인: 삼백만원 정도…300百万(韩元)左右……

강유경: 지금 당장은 없는데 제가 나중에 입금해 드리면…现在我们没带钱, 过后我给您寄钱……

…

신범수: 제가 학생증과 신분증을 맡길 게요. 내일까지 그 돈 꼭 갚겠습니다. 我把学生证和身份证压在这儿。最晚明天我一定还这个钱。

가게주인: **이것 받으면서 국이라도 끓여먹게?**《최고의 연인, 26회》你让我用(学生证、身份证)这些东西当饭吃啊?

上文是店主要求赔偿损坏的货架和商品，但因为강유경、신범수没有那么多钱，所以신범수说将身份证等押在这儿，明天来还钱，但店主却拒绝说"你这是让我拿它熬汤喝呢？"不过译成汉语时用"当饭吃"可能更符合中国人的文化。

再看下面的例句，如：

(5) a. 이 참에 그 뭉칫돈 꿍쳐 놓은 것 다 풀어. **그 많은 돈을 국 끓여 먹을 거야?**《최고의 연인, 93회》这次你就把自己的私房钱，把小金库打开吧。那么多钱，你留着熬汤喝啊？

b. 너도 너다. 아니, 그 똑똑한 척 다 하더니 그 유능한 **입 어디다 두고 국 끓여먹으려고?** 한마디도 제대로 못 붙여주고 와? 등신같이《당신은 너무합니다, 24회》你也是的。平时看着那么聪明，你那巧嘴放哪儿了？想煮汤喝啊？竟然连句话都说不利索就回来了？你傻啊！

c. 당신 혼자 아니야. 공적으로든 사적으로든 나하고 의논해. **남편 두다 국 끓여 먹을래?**《수상한 삼형제, 42회》你已经不是一个人了。不管是公事还是私事和我商量就行。要不你留着我这个丈夫将来煮汤喝啊？

d. 아이구, 언제간 **이 망할 놈을 국 끓여먹고 말거야.**《가화만사성, 5회》哎呀，我早晚要将该死的东西熬汤喝的。

如上，韩国人的日常口语中都出现了与煮汤、喝汤有关的表达，而所用到的材料除了(4)中的"신분증 身份证""학생증 学生证"之外，(5)中又出现了"돈 钱""입 嘴""남편 丈夫""망할 놈

该死的人"等，并且前三个都是用反问句来表达质疑或者批评，而最后一个表达的是咒骂。由此可见，煮汤、喝汤文化对韩国人的重要性和熟悉程度，所以可以将"物品""人"信手拈来"煮汤喝"。

不仅如此，韩国语还有俗语"헌 짚신으로 국 끓인다"，意为用破草鞋煮汤喝，比喻非常吝啬。另外还有"저런 걸 낳지 말고 호박이나 낳았더라면 국이나 끓여 먹지"，意思是当初就不该把那样的人生出来，要是生个南瓜嘛，还能做汤喝呢，生这么个人，一点用处没有。这也是用"能不能煮汤喝"来评价人的价值，如果没用的话，还不如可以煮汤喝的南瓜呢。

如上，韩国人日常口语中"将人当作煮汤喝的原材料"的这种用法反映了韩国人将人食物化的思想，也反映了韩国人喜欢用极端性表达的性格特点。

对做好的汤来说，最重要的是里面的菜，韩国语为"건더기"，而汤——"국물"并不重要，两者可以分别比喻好坏两种情况，与此相关有俗语"건더기 먹은 놈이나 국물 먹은 놈이나"，意思是不管吃稠的还是喝稀的，结果都会消耗掉变饿的，也比喻过得好的人和过得不好的人最终的结局是一样的。此外，"건더기、국물"还各自产生了不同的比喻意义。

首先，"건더기"除了指汤里的菜、液体里没有化开的疙瘩外，还俗指能拿得出手的东西或根据，如(6a-c)；也俗指努力的结果，如(6d)，用于这两个意义时多用于否定结构。有时也用来比喻人，如(6e)。

(6) a. 말할 **건더기**가 없다. 没有可说的。

　　b. 변명할 **건더기**가 없다. 没有辩解的借口。

　　c. 신문 지상에 얼굴이 나올 만한 일도 한 적이 없으니 우

쭐거릴 **건더기**가 없다.也没有值得在新闻报纸上出头
露面的事情,所以没有值得骄傲的资本。

d. 이 계약을 성사시키기 위해 이리 뛰고 저리 뛰었지만,
나에게는 아무 **건더기**도 생긴 것이 없다. 为了成就这
个合同, 虽然东奔西走, 但是却没有得到任何结果。

e. (박)재정이는 **건더기** 같은 느낌. 없으면 안 되는 건더
기.《mydaily, 2017.07.28》朴载正给人的感觉就像
汤里的菜, 是不可或缺的存在。

再看"국물"的比喻意义，这个词可比喻做某事得到的微小收
入或额外收入。如果连"국물"都不给的话，那就说是连极小的东
西或利益也不给予，在这种认知下所生成的惯用语就是"국물도 없
다"，也就是说，"국물"多用于否定结构，用来告诫或威胁对方，
如(7)。

(7) a. 언제간 나한테 걸리는 날에는 **국물도 없을 줄 알아요.**
…드림그룹 우리 아버지가 나한테 물려준 것이고 내
가 최대주주란 것 잊지 않고 있겠지요.《최고의 연
인, 94회》哪一天你要是被我逮住了, 你可就完了。
DREAM集团是我父亲留给我的, 我是最大的股东, 这
一点你应该没忘吧。

b. 우리 손녀한테 무슨 짓하면 **국물도 없을 줄 알아!**《가
족을 지켜라, 87회》你要打我们孙女的主意, 就小心
着点。

c. 이풍길씨, 나한테 거짓말하면 앞으로 **국물도 없을 줄
알아요.**《최고의 연인, 33회》李丰吉, 你要是敢对我

撒谎, 以后我可饶不了你。

当"국물"比喻额外收入时还可以作修饰语形成合成词"국물
재비",其中"재비02"是小偷的隐语,而"국물재비"字面意义为
喜欢额外收入的小偷,所以被用作地痞、流氓的隐语,也俗指喜欢
收受别人贿赂的人。

6.2.4 汤的温度、浓度、咸淡

韩国人喝汤时讲究热度,不喜欢喝温的,与此相关有俗语"중
의 이마 씻은 물",比喻温的、没有味道的汤。所以韩国人在准备吃
饭时,经常说下面的话:

(8) a. 국만 데우면 돼. 只要热热汤就行了。
　　b. 국 데워올게. 我去热热汤。
　　c. 얼른 먹어. 국 식겠다. 快吃, 汤该凉了。

因为韩国人喜欢喝热汤,热汤则容易烫嘴,因此就有了"시원
찮은 국에 입(이) 덴다",意思是被平平常常的汤烫了嘴,比喻因不
起眼的事情而遭受损失。此外还有俗语"끓는 국에 맛 모른다、뜨
거운 국에 맛 모른다",意思是喝滚烫的汤难以正确品尝味道,可以
想象一下喝滚烫的热汤时,人们会吐着舌头忙着去降温,就难以品
尝味道,比喻遇到紧急情况时难以做出正确判断;因为被热汤所折磨
的原因是人们行动不知轻重所导致的,所以这两个俗语也比喻不知
缘由地胡乱行动。

再看汤的浓度。韩国语有"전국、진국",两者都指不加水做

成的纯汤，与此相关有俗语"진국은 나 먹고 훗국은 너 먹어라"，意思是纯汤我喝，掺了水的淡汤你喝，比喻只想中饱私囊的贪婪行动。"진국"还可用来指人，比喻非常真实的、不撒谎的人，如(9)。

(9) a. 남자는 술 먹으면 알아. 엄청나게 마셔도 까딱 안하고 끝까지 예의 지키고 실수 한 번 안 했어…그런 남자 **진국**이지.《왕가네 식구들, 20회》男人, 可以从喝酒上来判断。喝了那么多, 但却岿然不动, 一直保持着应有的礼节, 没有一点失礼的地方……那样的男人才是男子汉啊。

b. 월급도 얼마 안 된다면서. 애가 보면 볼 수록 **진국**이야.《아이가 다섯, 16회》工资也没多少(却给我买项链), 越看越觉得他是个实诚人。

韩国语里还有形容词"툽툽하다"，本指汤不稠、很稀；但这个词还有一个意义指长相淳朴，没有特别的风采，可以是服饰的样子，也可以是人的长相。

如上，纯汤、浓汤具有积极意义，比喻人时也用作褒义词，而稀汤具有消极意义，比喻事物或人时也具有消极意义。

再看汤的咸淡，韩国语里有咸汤与淡汤之分，其中咸汤为"간국、간물"，其中前者还用来指污垢与汗水弄脏衣服，如"간국이 흐르는 작업복 到处是汗渍和污垢的工作服"，之所以有这种意义，可能是因为汗水也有咸味吧。

根据前面的分析可以发现，韩国人喝汤过去都是喝咸汤，否则会觉得不够味。如果汤非常淡，韩国语称作"맹탕"，因为这种汤味道一般，不受欢迎，所以在这个意义的基础上，也可比喻人，指人

不实诚、不中用、没劲，如(10)，"맹탕"根据语境译成汉语可以是
"废物、不中用、傻瓜、老好人"等。此外，"맹탕"还可以作修饰
语，如(11)，意为没用的。

(10) a. 젊은 사람이 이런 것도 번쩍번쩍 못들어? 젊은 거 하
　　　나 보고 데려왔더니. 영 **맹탕**이네.《내조의 여왕, 6
　　　회》年纪轻轻的连这个都没法轻松扛起来啊? 就是
　　　看你年轻才带你来的。完全是废物一个啊/真不中
　　　用。
　　b. 순경이가 완전 **맹탕**이네. 어디서 만날 사람이 없어서
　　　애 딸린 홀애비 만나?《내 사위의 여자, 34회》纯景
　　　完全就是傻瓜啊, 为什么要交往带着孩子的光棍子
　　　啊? 天底下又不是只他一个男人。
　　c. 살림하는 능력이나 가르치셔. 어떻게 시집보내면서
　　　하나도 안 가르치고 **맹탕**으로 보내려고 그래?《별별
　　　며느리, 1회》你也教教她做家务吧。怎么连做家务
　　　都不教, 像傻瓜似的这样什么都不会, 就让她出嫁啊?
　　d. 애가 구김살이 없지요. 착한 게 지나쳐 **맹탕**이구
　　　요.《그래 그런 거야, 27회》说的是啊, 这孩子挺开
　　　朗的。但是就是太善良了, 老好人一个!
(11) **맹탕** 보고서 没用的报告书

　　如上，对韩国人来说，不热的汤、不浓的汤、不咸的汤等都是
不受欢迎的，因此都产生了消极意义。

6.3 筷勺

西方人是刀叉文化，中国是筷子文化，一般人也许会认为韩国也是筷子文化，因为韩国人也用筷子吃饭，但其实韩国虽然也可纳入"筷子文化圈"，但"勺子文化"的特性更强，因为对韩国人来说，与筷子相比，勺子更重要。

6.3.1 勺子与筷子

韩国语里有汉字词"시저(匙箸)"，是"匙"在前，根据合成词构成中重要的东西一般在前(노대규 1988:258)这个规律，说明在中国古代，"匙"是先于"箸"的。据杨荫深(2014/2015a:66-67)的研究，现在的"匙"与古代的"勺"形状相似，但古勺容量可为一升，是饮器之意；此外，现在的"匙"仅限于取汤，但在古代"匙"却可以用来取饭，用饭时也可使用[03]。

现代中国人吃饭时更常使用筷子，即箸，而"匙子"多用来喝汤，盛汤用的器具是"勺子"。准备吃饭时，经常说"准备碗筷"，而不是"碗勺"；此外还会说"拿筷子来、摆筷子"，而开始吃饭称作"动筷"，所以在中国文化里筷子的地位要高于勺子。相反，韩国人一般经常说"수저를 나르다/놓다 拿/摆勺子"，如(12)，其中"수저"可以统称勺子与筷子，也可单独指勺子，当一个词既可以指一件东西，也可以指包括前者的两件东西时，说明前者更重要。所以，对韩国人来说，勺子是比筷子更重要的东西。筷子只是勺子的辅助工具(김영순 2003:60)。

03　《礼记·曲礼》："饭菜勿以箸"。注谓："贵其匕之便也"。

(12) 자기 손으로 **숟가락 한번 나른 적이 없는 사람**이 돈없는
생활 어떻게 해?《황금빛 내 인생, 33회》他从来都没
有用自己的手准备过碗筷, 没钱的日子怎么过啊?

这不仅限于一般家庭，就是饭店里，也都会同时准备筷子与勺
子，正像李御宁(2015:150-151)所说，韩国人必须筷子、勺子都一起
放好才吃饭，他认为筷子代表阳，勺子代表阴。

如果生气不吃饭了，中国人叫"摔筷子"，但韩国人却是"扔勺
子"，如(13)，译成汉语时，要将"밥숟가락을 던지다"译成"摔筷
子"，"밥숟가락을 뺏다"译成"夺筷子"。也就是说，韩国语的"밥
숟가락"对应汉语的"筷子"。

(13) a. 저, 저, 저 계집애. 어디 어른들 앞에서 **밥숟가락을 던
져**!《우리집 꿀단지, 20회》这, 这, 这丫头片子, 竟然
在大人面前摔筷子!

b. 누가 들으면 내가 **밥숟가락을 뺏을** 줄 알겠다.《천상
의 약속, 3회》别人听了, 还以为我把他的筷子夺了
呢?

韩国语还有俗语"먹던 술도 떨어진다"，意思是即使天天拿勺
子有时也会出现失误而把勺子掉在地上，告诫人们要万事小心，不
要犯错误。这里出现的也是勺子，而不是筷子。俗语"살강 밑에서
숟가락 얻었다[주웠다]"意思是在沥水板下捡到了勺子，比喻捡到
别人掉的东西好像发了横财似的正高兴呢，结果主人出现了，所以
是白高兴一场; 也比喻拿不起眼的东西就像干了很大的事情一样而自
豪不已，用于此意时，义同"부엌에서 숟가락 얻었다"。因为韩

国人最常见的吃饭工具是勺子，所以俗语里出现的代表性的厨房物品是勺子而不是筷子。

中韩文化中筷子和勺子的这种差异也反映在很多礼俗中，例如中国人祭祀、上坟时都是在供品上放筷子，而不放匙子或勺子。相反，韩国人祭祀时一般都要摆放"숟가락"，但有时也同时摆放"젓가락"。

前面我们提到韩国人喜欢喝汤，천소영(2007/2010:292-293)将韩民族定义为"탕민족"。韩国人祭祀时，不仅摆有米饭，一般还有汤，所以"숟가락"是必需的。但中国人祭祀时，一般不用汤，所以可以不放勺子。此外，韩国人祭祀桌上的勺子一般是插在米饭上的；有时则把勺子放在汤碗里。

关于韩国人为什么用勺子，김혜원(2013:16)从勺子与饭碗的角度进行了说明，因为韩国人的饭碗、汤碗都很大、很重，所以一般都放在桌子上吃，因此需要用勺子舀着喝；并且这也与朝鲜时代严格的儒学传统有关。相反，中国人的汤碗都很小，多是一大盆汤分别分到个人的小碗里，可以端着喝，因此可以不用勺子。不过笔者认为韩国人多用勺子还有一个原因，就是韩国筷子是金属制的，这种筷子相对于中国的木质筷子来说非常沉，并且头很细，被称作"새발 鸟腿"。所以我们中国人用筷子可以吃的东西，韩国人则多用勺子，如吃米饭时，因为细细的金属筷子吃米饭不太方便，韩国人多用勺子舀着吃，但中国人多用筷子夹米饭吃。

正因为勺子对韩国人至关重要，所以韩国语里还有专门的词语来区分勺子的质量，如"잎숟가락"指又薄又粗糙的勺子，"간자숟가락"指又漂亮又厚的勺子，"간자"也有此意。并且好的东西要给长辈用，所以"간자"还用来敬称长辈的勺子。

韩国人还将勺子和筷子作为礼物送给他人，韩国首尔南大门市场上有很多包装精美的礼包，礼包里是一双筷子与一把勺子。这种送勺子的文化与西方有相似之处，但西方的餐刀与餐叉却不用来送礼(维萨 2015:178)。

6.3.2 勺子的涵义

6.3.2.1 勺子的特点

因为"숟가락"相对来说是很轻的东西，所说韩国语里经常用"숟가락"比喻很轻的东西，如(14)。汉语里比喻人没有力气时多用"手无缚鸡之力"。

(14) 그 때 평소에 **숟가락 하나도 벅차던** 엄마가 내 손을 꽉
잡고…《미워도 사랑해, 19회》那时平常连勺子都拿不住的妈妈紧紧抓住了我的手……

对韩国人来说，勺子的个数是一个家里最琐碎、最重要的东西，所以可代表家里的人数或经济情况，俗语"뉘 집 숟가락이 몇 갠지 아냐"，意思是怎么会知道别人家里有几把勺子啊，比喻别人家的事情不可能都知道，也没必要知道。反过来，如果连几把勺子都知道，则比喻知根知底，如(15a)。在表达此类意义时，有时也用"그릇"，如(15b)。汉语一般用"(饭)碗"来表达。

(15) a. 부엌에 **숟가락 개수까지 빤히 아는** 처지에 어쩌자구
저러는 거야?《우리집 꿀단지, 105회》连我们家厨房里有几把勺子/几个碗都知道得清清楚楚, 她这是

要干什么啊?

b. 내가 모르는 고모 친구도 있어? 나 붙잡고 친구네 **그
릇수까지 떠드는 사람** 아니고? 고모가?《전생에 웬수
들, 5회》小姑子的朋友还有我不知道的啊? (不对吧)
你不是拽着我天天说自己的朋友, 连朋友家几个饭
碗都说的吗?

因为勺子是家家户户都有的、价值不高的东西，所以韩国语里
用偷勺子来比喻小偷小摸，如“나무 도둑과 숟가락 도둑은 간 곳
마다 있다”，这是用砍别人山上的树和办宴席时总会丢勺子来比喻到
处都有小偷小摸的人。

韩国语还有“범벅에 꽂은 저라”，意思是插在黏糊糊的食物上
面的筷子和勺子，比喻事情已经板上钉钉，不可改变了。

6.3.2.2 勺子与吃饭

勺子是人吃饭的最基本的工具，所以“숟가락만 갖고 와라”
意思是只要带把勺子来就行了，言外之意是什么也不带也能让你吃
上饭，汉语多用“空着手”。

韩国语里表示饭的分量用“술”，指用勺子所盛的饭的分量。而
勺子“숟가락”是由“술+ㅅ+가락”发展来的。此外，“수저”的原
型是“술져”，是“숟가락、젓가락”的总称，“수”在前，“수저”
也可单指“숟가락”。韩国语里表达少量的饭时用“밥숟가락、밥
술、한술、작은술、큰술”等，这些表达都是用工具来转喻食物。中
国南方虽然也是以米饭为主食，但一般吃米饭时多是用筷子吃，匙
只有喝汤时才用。所以汉语里指少量的饭时，多用“一筷子”，只有
汤才用“一勺羹”。

韩国语还有俗语"한술 밥에 배부르랴",有两个意义,第一个与"첫술에 배부르랴"同义,译成"一口或头一口就能吃个胖子吗?"如(16);第二个意义指不努力就无法期待它的效果。"밥술"还产生了比喻意义,指"생계(生計)",如(17)。

(16) **첫술에 배 부를 수 있냐**? 무일푼으로 가게를 시작하는 게 어디야?《우리집 꿀단지, 119회》一口能吃成胖子吗? 我们一分钱都没有能把店开起来就已经很好了。

(17) 포장마차가 단속에 걸리는 바람에 **밥술을 빼앗기게 되었다.** 因为大排档遇到城管来查封, 所以挣钱的家伙被抢走了。

如果没饭吃,韩国语有时用"손가락을 빨다",有时也用"숟가락을 빨다",如(18)。中国人则忌讳把筷子嘬在嘴里,原因与韩国人嘬勺子一样,就是显得馋、穷。从这里也可以看出勺子对韩国人的重要性,而筷子对中国人的重要性。

(18) 가만있으면 식구들이 다 굶어죽게 생겼는데. 그럼 나란히 앉아서 **숟가락을 빨아야 하디**?《훈장 오순남, 25회》不干活的话, 一家人都要饿死了。那我们就排成一排光舔勺子/筷子就好了?

"숟가락을 들다 拿起勺子"比喻吃饭,如(19a),汉语用"动筷子",不用"动勺子"。"숟가락 섞다"意为很多人一起吃饭,如(19b),这时译成汉语需要直译成"勺子",因为前面出现了"김치찌개"。

(19) a. 식구가 다 모였으니 이제 **숟가락을 들자**. 一家子都聚齐了, 动筷子吧。

b. 저녁이면 김치찌개 하나 놓고 온식구들이 **숟가락 섞어가면서** 텔레비전을 보며 울고불고 사는 평범한 인생이 훨씬 더 인간적인 것 같애.《수상한 삼형제, 63회》晚饭的时候, 煮上一锅泡菜汤, 一家人你一勺我一勺地边吃边看电视, 打打闹闹地过平凡的生活, 我觉得这更人性化。

"밥술을 쥐고 산다" 与 "밥술이나 뜨다[먹다]" 都指凑合着能过得下去, 如(20), 汉语一般不用勺子, 而是用 "能吃上饭"。"밥술깨나 먹다" 指生活比较富裕。

(20) a. 그나마도 **밥술을 쥐고 살려면** 네가 알아서 처신을 잘해야 할 것이다. 如果想吃上饭, 你就要好好地立身行事。

b. 너 그래가지고 **밥술이나 뜨겠냐**?《옥중화, 8회》你这样子还能吃上饭/混饭吃吗?

既然拿勺子是吃饭, 那么放下勺子则是不吃饭, 所以 "숟가락(을) 놓다、밥술(을) 놓다、밥숟가락 놓다" 就成了死亡的委婉语, 如(21)。"밥숟가락 내려놓다" 比喻失去职业, 如(22)。同样是放下勺子, 前三个惯用语与第四个的意义出现不同, 原因在动词 "놓다" 和 "내려놓다" 之上, "놓다" 的隐含意义是无力地撒手, 而 "내려놓다" 强调是一种主动地放下。

(21) a. **밥술을 놓는 그날**까지 자기 일에 충실해야지. 一直到
呜呼那一天, 我们都要老老实实地干好自己的工作。

b. 내 자식이야 그 자리에서 물러나도 굶어죽지 않지만!
내 자식이 잘못해서 판 깨놓으면, 내 식구 얼마가 **밥**
숟가락 놔야 되는 지 몰라?《내조의 여왕, 10회》我
的孩子即使从那个位置上退下来也不会饿死。但因
为我的孩子没做好, 把局面搞砸的话, 我公司得有多
少人会被饿死, 你知道吗?

(22) 오빠 한 짓이 까발려지면 변호사 간판도 내려놓고 **밥숟**
가락도 내려놓게 될 거예요.《달콤한 원수, 118회》你
干的好事如果被抖露出来, 你的律师事务所就会被摘牌
子, 饭碗就被端了。

捞汤里的东西吃需要用勺子在汤里搅来搅去的, 所以韩国语里
的 "숟가락질로 건지다" 比喻争取自己的利益, 如(23)。汉语最初
的说法是 "分一杯羹"[04], 但现在多用 "分一勺羹" 来强调利益不
大。

(23) 이 집 딸년도 그 돈에 **숟가락질로 건질** 자격 있어.《가
족을 지켜라, 27회》对那笔钱, 这个家的丫头片子我也
有资格分一勺羹/分一杯羹。

韩国语里放勺子、插勺子都比喻分沾利益, 惯用语 "숟가락부
터 얹는다" 指往上放勺子、插勺子, 意思是也来吃点, 但此意义

04　西汉·司马迁《史记·项羽本纪》: "吾翁即若翁, 必欲烹而翁, 则幸分我一杯羹。"

已抽象为一种概念，即使没有勺子，也可以这样说。有时还会出现
(24)中的"숟가락 놓다"，其对象是抽象的"말"，译成汉语时需要
意译。可见"숟가락 놓다"的搭配性很强。

(24) 오대표는 왜 자주 내 말에 **숟가락 놓냐구**?《터치, 3회》
吴代表为什么总是学我说话啊？

惯用语"한술 더 뜨다"指本来事情已经不好了，却还又做出
不合常理的举动，如(25)，译成汉语时需要根据语境来翻译，可分
别译成"添油加醋、超前、更坏"等。

(25) a. 거기다 아영이까지 뭐에 반했는지 꼭 데려다 쓰라고
한술 더 떠.《사랑이 오네요, 10회》另外, 连亚英也
好像迷上她了, 添油加醋地说让我一定要招她进(公
司)来。

b. 내가 독립하겠다고 하니까 아버지 **한술 더 뜨셨어
요.** 아예 상견례하고 결혼날짜도 잡으라고 하셨어
요.《사랑이 오네요, 58회》我说要从家里独立出去,
爸爸他比我还超前, 说让我们安排双方家人见面, 定
日子结婚。

c. 태준이! 그 자식 **한술 더 뜨더라.** 나쁜 자식! 배은망덕
한 자식!《천상의 약속, 79회》泰俊!他更坏! 混蛋! 忘
恩负义的混蛋!

6.3.2.3 勺子比喻人

韩国语还用"숟가락"比喻人的身份，"금숟가락"指富二代，

"흙숟가락"指穷二代。当然韩国语里也用"수저"来做同样的比喻，即"수저계급론"，意为财富的世袭制，是按照"다이아수저 钻石勺""금수저 金勺""은수저 银勺""동수저 铜勺""흙수저 土勺""똥수저 粪勺"顺序给人定的阶层。这与汉语"富二代、新二代、贫二代、穷二代、红二代、官二代、黑二代(煤二代)、股二代"等有异曲同工之妙。

不过韩国语里最近还出现了"백수저"，如(26)，指吃闲饭的。

(26) 하지만 그는 관련 능력이 전혀 없다. 금수저를 뛰어넘는 '**백수저**'라며 비판했다.《국제신문, 2016.12.14》他批判说："但是他却没有一点相关的能力，是比金勺子还烂的吃闲饭的"。

6.4 饮食与性

列维-斯特劳斯(2016:174)曾说："世界上所有的语言，包括我们语言当中的俗语，都将食用行为和交媾行为同化在一起。"孔子在《礼记》里曾讲"饮食男女，人之大欲存焉"。而《孟子·告子上》也曾讲"食性，色也"。本迪纳(2016:32)讲到"把食品比作性器官，把进食过程比作性活动，这种比喻由来已久，也丰富了许多食物画"，例如牡蛎在18-19世纪的西方画作里就代表了性(本迪纳 2016:132)。而美国人类学家S.艾伦(2013:112)也曾提出"性行为和性器官的隐喻通常会用到与食物和进食相关的词语，而且很多情况下同一个词语或者短语既可以用来形容性活动，也可以用来形容与吃相关的那些事儿。就像吃东西一样，卿卿我我的亲密行为通常也是从嘴唇和舌头开始的，然后行动进一步扩展到其他身体部位。也许就是这两者在生理结构上的相似性促进了它们的语言学联系。这些联系在几乎所有的语言中都存在"。

例如，在约卢巴人的语言中"吃"和"结婚"用一个动词来表示，其一般意义是"赢得、获得"；法文中相应的动词"消费"(consommer)既用于婚姻也用于饮食；在约克角半岛的可可亚奥人的语言中，"库塔库塔(kuta kuta)"既指乱伦又指同类相食，这是性交与饮食消费最极端的形式，此外，还有俗语"faire frire"，意思是"炸一下、诱奸"，而"passer à la casserole"意思是"放进锅、诱奸"(列维-斯特劳斯 2006/2014:96-97)。

韩国语也不例外，"먹다"的基本义为吃，此外还有一个意义指蹂躏女性的贞操，合成词"따먹다"指夺取女性的贞操，"붙어먹다02"俗指通奸，有时"잡아먹다"也有此意，但多用于戏谑的口气。

例如，电视剧《TV소설 은희, 79회》中，当听说윤수민要和自己见面，박형식紧张得喝热咖啡而烫了嘴，所以윤수민很生气，说：

(27) 뭐예요? 내가 **잡아먹기**라도 해요? 你干嘛啊? 你以为我
     会吃了你啊?

而意为饥饿的动词"굶다"可用来俗指很长时间没有性生活，如"여자를 굶다 很久没碰女人"，"굶주리다"指很长时间没有与异性接触。汉语里类似意义用"素"的动词用法来表达，如果碰女人则用"开荤"。

关于饮食与性的关系的产生，列维-斯特劳斯(2006/2014:97)解释说这是因为世界上比较流行的观念就是：把男人比作食者，把女人比作被食者。也就是说它们通过互补性实现了结合。

韩国文化里与饮食有关的动作也可表达性交意义，如"떡을 치다"指性交，性交与打年糕之所以产生关系，可能与打年糕的工具和动作联想有关。另外，还有一些物品比喻性器官，多是利用了形态的相似性，例如，男性生殖器官用"고추 辣椒"或"가지 茄子"来比喻，尿频的男性生殖器官则用厨房用品来比喻，形成了合成词"조리자지(笊籬—)"，意思是总是淅淅沥沥地尿尿。

上面这些表达都是符合一般语言现象的，即用食物或饮食用语来隐喻性。韩国语里还有动植物喻性、用品喻性、性动作用作日常用语以及生殖器喻物等现象，详见第十一章"11.3"。

6.5 人喻食物、物品

韩国语里还有一种比喻方式，就是用人来比喻食物或物品，例如"눈、입、코、손、발、팔、다리、허리、등"等可用来比喻事物，汉语的身体部位用语"眼、口、鼻、手、脚、臂、腿、腰、背"等也都用来比喻事物，两者是一致的。此外，韩国语还用"입"来做定语修饰中心语形成合成词，如"입잔 小杯子""입사발 小砂钵""입장구 小鼓"等，在这里"입"表达的是小之意。

韩国语里还用指人名词来比喻食物，如表1所示：

[表1] 以人喻物的"홀애비、총각、곰보"

指人名词	食物名词	意义	汉语
홀애비	홀아비김치/환저(鰥菹)	只用萝卜或白菜等单一材料做成的泡菜	光棍泡菜

총각	총각김치 (總角—)	用手指粗的整根小萝卜腌成的泡菜	
	총각깍두기 (總角——)	带着萝卜叶腌成的萝卜块	
	총각무 (總角-)	用来腌制泡菜的根很小的萝卜	
	총각미역	裙带菜根	
	총각버섯		草菇
곰보	곰보빵	表面凹凸不平的面包	

　　如上，韩国语里"홀애비、총각、곰보"都指人，但又被拿来比喻食物。其中"홀애비김치"利用的是光棍独自一人的意义来比喻用单一材料做成的泡菜。而"총각김치、총각깍두기、총각무、총각미역、총각버섯"利用的是食物的形态特征与男性生殖器形态特征的相似性来命名的。"곰보빵"也是利用麻子脸与面包的表面都是凹凸不平这样的相似性而命名的。

6.6 饮食质量与荤素

　　对食物来说，最重要的当然还是营养，营养在韩国语里为"영양(營養)"，营养价值为"영양가(營養價)"，如(28)，根据不同语境有不同语义，译成汉语可以说"价值、用处、财力"等。

(28) a. 허사장 날라린 거야 만천하가 다 아는 거라 별 **영양가**
　　　　도 없지만.《내조의 여왕, 9회》许社长是混子这一
　　　　点满天下的人都知道, (这个消息)没有什么价值, 但

是……

b. 그 놈 잡아도 **영양가**가 있겠어요? USB는 벌써 윗선
  으로 넘어갔겠지.《동네변호사 조들호, 3회》就是把
  那小子抓住有什么用啊? USB肯定已经给上边了。

c. **영양가** 있는 사람 좀 만나.《그래 그런 거야, 21회》
  你也见见那些有财力的人。

　　如果饭菜质量不好就成了非正常的，特殊的，因此在韩国语里
就有了相应的表达。可以用形容词"사납다"来指饭菜质量粗、不
好，也可用与人有关的"거지 술안주（같다）就像乞丐的下酒菜"
来比喻，也可用一般事物来表达，如"거섶안주"，"거섶"有三个意
义，指设置的保护河岸的柳条帘子等设施、盖麻窖的草，也指用来
拌饭的蔬菜，而如果下酒菜都是蔬菜，很不像样，则称作"거섶안
주"。如上，通过这三类表达可以发现，在韩国人眼里，荤菜才是正
儿八经的菜，而蔬菜都是不像样的。

　　反映这种思想的还有很多汉字词，其中有"소증(素症)"，指蔬
菜吃太多了总是想吃肉、吃鱼的症状，类似的还有"육징(肉癥)"，
指总想吃肉的症候，与此相关有俗语"소증 나면 병아리만 쫓아도
[봐도] 낫다"，意思是想吃肉的话，就是光追着小鸡跑也好啊，比喻
如果非常期望，即使看到类似东西也能稍稍缓解一下内心的焦躁，
也比喻平时吃素的人如果偶尔吃到点肉，反而会更加诱发肉瘾。
"소증(素症)、육징(肉癥)"虽然是汉字词，但古代汉语中没有找到
"素症"这种表达，"肉症"虽然出现，但是一种疾病，与想吃肉无
关(《黄帝内经素问》《北宋史书《册府元龟》[05])。

05　资料来源于北大中文语料库。

韩国语还有很多俗语，如下所示：

(29) a. 쇠불알 떨어지면 구워 먹기

b. 쇠불알 떨어질까 봐 숯불 장만하고 기다린다

c. 쇠불알 떨어질까 하고 제 장작 지고 다닌다

d. 쇠불알 보고 화롯불 마련한다

e. 오뉴월 쇠불알 떨어지기를 기다린다

f. 황소 불알 떨어지면 구워 먹으려고 다리미 불 담아 다
닌다

(30) a. 벼룩의 간을[선지를] 내먹는다

b. 참새 앞정강이를 긁어 먹는다

如上，（29）中的俗语都与"쇠불알"有关，虽然这些俗语现在用来嘲笑不努力只坐等幸运降临的无用功，但是从这些俗语可以看出，韩国人吃"쇠불알"，即牛睾丸。（30）中的俗语都与动物的"간、선지、앞정강이"有关，俗语比喻人非常猥琐、吝啬，也比喻剥削民脂民膏。从另外一个角度来看，这些俗语中经常出现的牛睾丸、肝、血、麻雀腿等说明韩国过去荤菜的稀缺，也说明过去食物的短缺，也反映了认为"吃啥补啥""以形补形"的这种思想。

6.7 饮食与身体、阶层

饮食本身有时可以显示一个人的身份。前面已经分析，韩国人是吃内脏的，中国也有这种吃内脏的文化，所以在中韩两种文化里一般无法通过是不是吃内脏来判断吃者的身份，但在英国文化里却有不同的表现。Fawcett(1997/2015:16)在谈到文化对翻译的影响时曾提到，如果一个英国人去饭店点餐要"tirpe and chips 内脏和炸薯条"的话，很多人会认为这个点餐的人是非常粗俗的下层人，因为英国中产阶层的人一般是不吃内脏的。所以说，一个人的饮食在特定文化环境下可以代表身份。

韩国饮食文化中所表现出的身份和阶层主要表现在就餐方式、饮食准备、餐桌以及身体部位、饮食动作等方面。

6.7.1 单人单桌的就餐文化

천소영(2007/2010:290)指出韩国人的饭桌与西方人饭桌不同的一点是韩国人一般是把饭菜都摆好再吃，这样显得丰盛，而西方人是一道一道地上菜。16世纪末到日本的传教士路易斯·弗洛伊斯在比较日本和西方文化的时候写到"我们是先放好餐桌，再上食物。而日本人是先准备好食物，再从厨房搬出餐桌"(李御宁 2015:141)。实际上，日本人与韩国人的习惯差不多，而西方人与中国人的习惯差不多。

笔者认为中韩这种就餐文化差异可从以下几个方面去作详细分析：

首先，韩国传统建筑中，没有像中国传统房子中所常见的八仙桌，而是寝室、饭厅、会客厅三者合一的(两班贵族除外，因为会有专门的"사랑방"来会客)，晚上睡觉时铺上被褥就是寝室，早上起床把被褥收起来放进衣柜后就是饭厅、会客厅，因此饭桌都是从厨房准备好搬到"안방"或者"마루"来吃，所以才有了"상을 차려

쥐、상을 치워줘" 等表达。

第二，受韩国这种传统建筑文化的影响，传统的韩国社会里吃饭都是用"독상(獨床)"，也就是每人一个小桌，按照身份依次排开，并且都会保持一定的距离。当然这种进食方式为的是独自进食，而不是为了双方的交谈。这种进食方式导致吃饭时要准备很多小饭桌，从工作效率来看，不可能一道菜一道菜地上，只能像流水作业一样，每个桌都摆好后，再一起端过去。李御宁(2015:143)认为这种方式可以让食者随心所欲地尽情享用。当然，地位差不多的人有时会共用一个较大的饭桌，称作"겸상(兼床-)"，所以也就出现了"겸상밥"。

除了家庭吃饭，在过去比较正式的宴会上一般也都用"독상(獨床)"，而不用"겸상"，因为使用"겸상"被认为是一种低贱的行为(오주석 2003/2011:73)。并且还有俗语"되놈과 겸상을 하면 재수가 없다"，意思是不愿和别人一个桌吃饭，在表达不屑与谁为伍时，有时会说：

(31) 앞으로 너희들이 **겸상** 못하겠다。《대군, 17회》以后不
　　 能和你们一个桌子吃饭了。

这与世界各国的古代帝王不与人共食性质是一样的，也就是说独自一人进食显得身份更加高贵。汪郎(2013:85)提到，清代帝王像大多都比较清瘦，"究其清瘦的原因，应该是吃饭时孤寡所致。今人吃饭方式不同，所以胖。"这样的说法好像有一定的道理。不过，马未都(2015/2017:11)认为，中国一直到明朝也都是分餐制，直到清朝才改为共餐。看来虽然清朝皇帝让老百姓都共餐了，自己却仍然吃"独食"啊！不仅是帝王，美国的军事教本也规定将

校们不能让下级看到自己吃饭的样子，因为会失去权威 (이어령 2002/2018b:148)。

随着社会的发展，现代社会的韩国人也开始使用大餐桌，而较少使用"독상"。但如果为某个人单独准备饭菜，即准备"독상"，则是一种礼遇的象征。例如，电视剧《우리 갑순이，47회》中，儿子허갑돌在丈母娘家吃饭后回家向自己母亲炫耀说：

(32) 엄마 아들 얼마나 대단한 줄 알아? 지금 처가에서 군만두, 찐만두, 물만두 한 상 뚝 부러지게 대접받고 온 길이야… 어머님이 일부러 만드셨대. 나 **독상 차려주려고.** 이런 대접 받는 사위 있으면 나와보라고 해. 妈，你知道你儿子多厉害吗? 我刚刚在丈母娘家吃了煎饺、蒸饺、水煮饺子……丈母娘说是专门为我做的，是单独让我吃的。还有哪个女婿能有这种待遇啊? 如果有，让他站出来说话。

如上，对现代韩国人来说，受到别人"독상"招待是非常特别的一种礼遇。

如果地位高的人专门提出让下属与自己同桌吃饭，则是一种信任的表现，如电视剧《돈꽃，1회》中，当自己与儿子的人生遇到最大危机需要강필주来帮助解决时，정말란理事专门让강필주与自己同桌吃饭，如(33)，以此来拉拢对方。

(33) 이 결혼 너만 믿고 가는 거다. 장부천 인생 살리고 날 살려준다는 심정으로 해다오…나랑 **겸상**은 오래만이지. 这个联姻就全靠你了。就当是拯救张富川的人生，拯救

我的生命一样……你已经很久没和我一起吃饭了吧。

第三，与料理方式有关。中国菜最常用的料理方式是炒菜，讲究做菜的火候，也讲究吃菜的火候，所以中国人让菜时经常说"趁热吃，凉了就不好吃了"，例如拔丝地瓜做出来就要上桌马上吃，不可能等所有的菜都做好、上桌了，再吃。而韩国人的料理方式最常见的就是炖和煮，这些菜就不太强调火候，所以完全可以等所有饭菜都准备好了再吃。

第四，与菜肴的数量有关。中国人吃饭一般都要有凉菜、热菜、汤等，菜肴数量很多，所以中国人请客时都是边吃边上菜，然后边吃边往下撤盘子，所以我们经常对服务员说的话就是"慢点上（菜）"，因为桌子上放不下了。但韩国人吃饭一般没有这种情况，因为菜品与样数一般较少。韩国游客到中国后，经常会发出惊叹，说"중국 음식은 너무 푸짐하다 中国饭菜太丰盛了。"

韩国还有陪人吃饭的现象，类似中国的"陪客"，韩国语称作"배식(陪食)"或"반식(伴食)"，一般指陪伴地位高的人吃饭，所以"반식"可用来嘲笑那些没有能力的高官。汉语"陪客"一般不表达特殊意义。

如上，韩国人单人单桌就餐文化的形成与建筑文化、身份文化、料理方式、菜肴数量等密切相关。

在韩国传统社会，男女是分桌吃饭的，并且有时饭菜也会出现不同，但男孩子不管再小也可以与父亲同桌吃饭，这体现的是一种男女不同性别的人在家庭中的身份的不同。另外，外出就餐的场所也是身份和阶层的反映，其中"포장마차"是普通老百姓的去处，而"고급 레스토랑、호텔"是上层人士的去处。

6.7.2 饮食的准备

不管是在中国，还是韩国，如果需要添菜、添饭就需要有人去厨房拿，而这个差事一般都是女人(媳妇、儿媳妇)或下人所干的活儿，并且有的韩国家庭儿媳妇不能一起吃，需要在旁边伺候，因此就有了"반찬시중"类的词语。所以，韩国语里"시중、식모"这些词就具有了女性意义。在中国旧社会虽然也有这种现象，但现代社会这种现象已基本不存在。

韩国有很多节日，如"추석(秋夕)、설"是最重要的节日，节日自然就会有节日所必须吃的食物，所以韩国语里有"추석 음식、설 음식"，统称"명절 음식"。韩国新年即"설"的第一天，韩国人都要祭祖，叫作"차례(茶禮)를 지내다"，这时一般都要准备祭祖的食物，叫做"차례상"，下面看一个电视剧片段：

(34) 천연덕(시어머니): 설 준비는 어떻게 하고 있니? 过年准备得怎么样了？

나아라(며느리): 준비 다 했어요. 어머니. 都准备好了。妈。

천연덕: 무슨 준비 벌써 다 해? 你准备了什么? 这么快？

나아라: 설 **차례상** 제일 좋은 걸로 주문했거든요. 春节祭祖的食物我定做了最高级的。

천연덕: 뭐? 너 어떻게 모든 게 니 멋대로야? 시집와서 처음 하는 설날인데 어른과 의논도 없이 니 마음대로 **차례상**을 주문해?《폼나게 살 거야, 37회》什么? 你怎么什么事情都这么随便啊? 你结婚后过的第一个春节，怎么不和长辈说一声，就我行我素地把祭祖的食物给定了啊？

上文是婆婆与新进门的儿媳妇之间的对话，当婆婆问过节准备得怎么样时，儿媳妇的回答是都准备好了，这让婆婆很惊讶，而媳妇又说春节的祭祖食物都定好了。从这些对话可以知道，对韩国女人来讲，"설"最重要的就是准备"차례상(茶禮床)"，所以前面虽然没出现这个词，但却是韩国人心知肚明的事情，而且都知道"차례상"要准备的食物很多，所以婆婆对儿媳妇说已经准备好了表示惊讶。

对韩国人来说，祭祖食物以前一般都是在家里亲手准备，但现在出现了很多专门制作此类食物的公司，这种社会文化的变化也反映在上面的对话中，因为儿媳妇就采用了定做，而不是亲手做。正像上面对话中的婆婆最后一句话所说，儿媳妇自作主张定制祭祖饭菜是非常不对的。这说明，在韩国仍然有很多家庭不接受这种定做的节日饮食，一般多沿用在家里自己做的方式。但是自己做却费时费力，这让韩国女人颇受其累。

如电视剧《아버님, 제가 모실게요, 16회》中的大儿媳妇서혜주在忙活完新年的祭祀饭菜后，捶打着肩膀说道：

(35) 세상의 모든 **명절이란 명절은** 다 없어버려라! 让世界上
的所有能称为节日的节日都消失吧。

这反映的可能是许多韩国女人的心声。让节日消失这是不可能的，因此很多韩国儿媳妇为了逃避这种重体力活，所以想出了很多办法，如电视剧《빛나라 은수, 73회》中就提到韩国儿媳妇想出的办法：

(36) 지은: 가짜 깁스예요? 그런 것도 있어요? 假石膏? 还有

那样的东西?

현아: 명절 때 엄청 인기라잖아? 몰라? 说是逢年过节的
人气商品啊, 你不知道?

지은: 왜요? 为什么?

현아: 며느리가 명절에 시댁에서 음식하기 싫을 때 **깁스
하고 가봐**. 아무것도 안 하고 좋잖아? 儿媳妇过节
的时候不愿去婆婆家做饭, 就打着石膏去。那就
什么也不用做了, 多好啊?

지은: 뭐야? 명절 때 우리 새언니도 깁스했는데 설마? 와
~! 什么? 过节的时候, 我嫂子也打石膏了, 难道
是? 啊!

　　如上, 韩国儿媳妇们想出的招数就是给胳膊打假石膏, 假说自
己受伤了, 那自己就不用干活了。而剧中的大儿媳김빛나则更是采取
了实际行动, 为了逃避婆婆生日宴会的准备工作, 也去买了个假石
膏套在胳膊上, 谎说自己遇到交通事故受伤了。虽然这种方式欠妥
当, 但这种现象的背后反映的是: 在韩国准备各种节日饮食是多么
得令人疲惫不堪, 让人不得不去撒谎逃避。

6.7.3 餐桌

　　首先, 餐桌的材质与形状可以代表不同的身份。韩国现在常见
的小饭桌有圆形的、四方形的, 此外还有八个角的饭桌, 韩国语称
作"팔모반", 小说《흙》关于饭桌的形状有这样一段描述:

(37) 밥상! 숭의 밥상은 몇백 년째나 한갑의 집이 대대로 물려오는 **팔모반**이었다. …이 소반은 그래도 한갑의 집이 옛날에는 점잖게 살던 집인 것을 표시하는 대표적 유물이다. 한갑 어머니는 지금도 자기 집 가장의 밥상이, 비록 은반상, 고기 반찬은 못 오를망정 모반(네모난 소반)이 아니요 팔모반인 것을 큰 자랑으로 알고 있다…이 밥상은 이 집 가장 이외에는 받지 못하는 거룩한 가보였다. 이 상에 밥을 주는 것이 숭에 대한 더할 수 없는 큰 대접이었다. 饭桌! 给崇吃饭的饭桌是汉甲家里具有几百年历史的八角桌, ……这个小饭桌是汉甲家过去也过得很不错的标志性物品。汉甲母亲现在仍然很自豪地认为, 虽然自己家家长的饭桌不是银质的, 也没有荤菜可吃, 但至少是八角桌, 而不是四角桌……这个饭桌是非常珍贵的家宝, 除了这家里的家长之外, 谁也不能用。现在用这个饭桌来招待崇表达的是(这家人对崇的)一种无比的尊敬。

从上面的内容可以看出, 与一般方形的饭桌相比, 八个角的"팔모반"要显得尊贵, 所以文中提到的汉甲的母亲为了显示对来宾"숭 崇"的敬意而专门使用了"팔모반"。

其次, 准备饭桌的人是厨师。韩国语里准备饭菜称作"밥상을 차리다", 韩国一部电视剧名为《밥상 차리는 남자》, 有的网站将其译成了《摆饭桌的男人》, 不过感觉译成《男厨》更简练而且更切合实际, 因为韩国语的"밥상을 차리다"指的是做料理, 而不仅是把做好的饭菜摆在饭桌上, 相反, 汉语的"摆饭桌"却只表达具体的"摆放饭桌"之意, 而没有做饭之意。韩国语里给别人准备饭菜为

"밥상을 차려주다"，也可以比喻帮人成事，如(38)，但需要语境。

(38) 회사를 니 매형한테 맡길 셈이냐? 내가 떡하니 너한테
밥상을 차려줬는데 니 멋대로 진수성찬을 차버려!? 你想
把公司给你姐夫吗? 我把饭桌子都给你摆好了, 你却任
性地想把山珍海味踢了?

再如，电视剧《미워도 사랑해，23회》中，当看到自己给姐姐
创造了恋爱机会，姐姐还不明白时，妹妹不禁叹息地说道：

(39) **밥상을 차려주니까** 숟가락까지 챙겨드려야 해. 给她把
饭桌子摆好了, 还得给她筷子, 她才能吃得上啊。

正因为韩国人是将饭桌准备好之后再搬到客厅或卧室吃，因此
别人给自己准备好并端来的饭称作"받아 놓은 밥상"，比喻事情已
准确无误，类似的还有"받아 놓은 당상"。此外，还有一个意思
是他人给准备好的饭菜，吃也不是不吃也不是，比喻左右为难的情
况，如电视剧《아버지가 이상해，11회》中当知道儿子준형的女朋友
怀孕一事之后，妈妈나영실劝自己的老公，说道：

(40) 받아들이자. 방법이 없잖아요. 이미 **받아놓은 밥상**이고
벌어진 일이야. 我们就认了吧。没有别的办法啊。生米
已经煮成熟饭, 事已经犯下了啊。

韩国语还有俗语"받은 밥상을 찬다"，意思是别人给准备的饭
菜反而给踹了，比喻自己把自己的福气给踢跑了。

6.7.4 饭菜

饭菜的丰盛程度也是身份的象征。例如，韩国人表示饭菜丰盛时，多用"상다리가 부러지다[휘어지다]"，有时还用"상이 어둡다"，用桌子腿断了或桌面不见了来表达丰盛，这是转喻用法，即用容器的状态来表示内容的多少。韩国人有时还会用"사또 상 같다"来比喻饭菜丰盛，因为"사또"在过去是较大的官，吃穿用度自是很奢华，因此产生了这个比喻意义。

韩国人吃饭时有一个习惯，会将盛放各种调料例如辣椒酱、拌酱、包菜酱、酱油、盐、芝麻、香油等的小碟子放在桌子上，需要的人可以自己取。为了大家方便，这些小碟子一般都放在桌子中间，因为过去县令的饭桌非常奢华，这些碟子就显得喧宾夺主，所以就有了俗语"사또 밥상에 간장 종지 같다、사또 상의 장[꿀] 종지"，比喻不起眼的东西占据重要位置，也可比喻占据要职。而"사또 방석에 기름 종지 나앉는다"意思是县令的坐垫上放着油碟子，比喻众人聚会时有谁突然插进来。

如上，正因为饭菜多意味着身份高。所以反过来可以利用某种身份高的人的饭桌来比喻饭菜丰盛，或者用某种身份高的人的饭桌上的餐具来比喻人。

6.7.5 身体部位和饮食动作

饮食必然与身体部位中的"口"密切相关，汉语有"糊口"，韩国语有汉字词"호구(糊口/餬口)、호구질"、固有词"풀질"、混合词"풀칠(-漆)"，都指勉强能吃上饭，此外还有惯用语"누구 입에 붙이겠는가、누구 코에 바르겠는가[붙이겠는가]"，意思是够谁吃的啊？这些词语、惯用语都是借用"糊口"来比喻人很贫穷。这一点

271

中韩两国具有文化共性。

在韩国文化里，饮食、身份还与脖子产生联系。因为脖子是比较隐蔽的地方，我们经常可以从脖子的干净程度来判断人的卫生，而韩国语俗语"목의 때도 못 씻는 살림"意思是日子过得连脖子都没心思去洗，比喻连饭都吃不好，过得很寒酸的人。这也是人之常情，饭都吃不饱怎么可能再去注意仪表呢？尤其是比较隐蔽的脖子部分。但是借助不洗脖子来反观生活和身份的好坏，不能不说是韩国人的智慧。

有一些特定人群还会有一些特定的饮食动作，例如韩国的阿飞一般都习惯于嘴里嚼着口香糖，所以韩国语里"껌 씹었다"被用来转喻阿飞，如(41)，这是用饮食动作来转喻人。

(41) a. 내가 곱고 예쁘니까 만만해보이지? 너만 **껌 씹었냐**? 나도 왕년에 **껌도 씹었어**! 왜 이래!《부탁해요 엄마, 41회》你看着我长得好看、漂亮觉得我好欺负, 是不是? 你以为就你混过啊? 我以前也混过! 你想干啥啊!

b. **껌 씹는 세계에도** 나름대로 규율이 있다는 거야.《최고의 연인, 72회》小混混的世界里也有自己的规则啊。

6.8 饮食与社会关系

6.8.1 聚集性就餐文化

韩国语有俗语"음식은 한데 먹고 잠은 따로 자라", 意思是

吃饭要一起吃，睡觉要分开睡。之所以吃饭要一起吃(即使是单人单桌，但饭菜一般都是一样的)，主要是为了不造成饭菜有差别，比如有人吃好的，有人吃差的。

随着社会的发展，现代社会的韩国人大多成了上班族，午饭多在职场解决，于是形成了一种现象就是韩国人在外吃饭时一般多是三三两两地同吃。据调查，中国73%的大学生对自己单独在学校食堂吃饭感到无所谓，韩国的大学生对单独在食堂吃饭，只有14%认为还可以，剩下的人多认为与其出去自己吃，不如自己单独对付(金慧媛2013:62)。在公司里也一样，韩国人中午一般都是同事们约着一起去吃饭，而不是各自去吃自己的。笔者在韩国访学期间参加一个培训时，四人一组进行讨论活动，需要轮流提问问题，笔者提了一个问题是："午饭一个人吃的请举手。"结果四个人中举手的只有笔者自己，也就是说其他三个韩国人中午都不是一个人吃的。

为了决定共同去吃饭怎么买单时，韩国人甚至发明了一种叫做"사다리 타기"的游戏，根据游戏来决定每个人出钱的比例。

正因为韩国有这种共同就餐的习惯，如果有个人总是借故不与同事们一起吃饭，别人就会感到很奇怪，如(42)。

(42) 안미정: 그럼 점심은 맛있게 드세요. 那么你们午饭好好
　　　　吃吧。
　　직원1: 같이 안 먹어요? 你不一起吃吗?
　　안미정: 전 은행에 좀 가려고요. 我想去银行。
　　직원2: 요즘 안대리님 우리를 좀 피하는 것 같지 않아
　　　　요. 最近安代理是不是好像总躲着我们似的啊?
　　직원3: 그러게요. 밥은 계속 같이 안 먹네.《아이가 다
　　　　섯, 15회》就是。饭总是不和我们一起吃。

上面是电视剧的对话，女主안미정借故不与同事一起吃饭时，就引起了其他同事的猜测。

在酒店或饭店里，如果一个人吃饭、喝酒会让人觉得非常奇怪，或者会被人认为自己没朋友，如电视剧《사랑이 오네요, 12회》中，看到장한솔自己一个人在冷面店吃饭，김아영好奇地问道"혹시 직장에서 왕따세요? 你在公司没朋友吗？"

如果一个人在高级饭店吃西餐、吃牛排，则更会让人怀疑，例如：

(43) 소현(前妻): 그냥 집에 있겠다니까. 我说想呆在家里(不想出来的)。

태준(前夫): 너 여기 다 둘러봐. **혼자 스테이크 썰어먹는 사람 있나.** ···你看看周围。这儿哪有一个人吃牛排的啊？

소현: 그래서? 이혼남 티내기 싫어서?《내조의 여왕, 18회》所以呢？你害怕(一个人吃牛排)叫别人看出你是离婚男, 是吧？

如上，剧中两人是离异夫妇，前夫邀请前妻出来吃饭，说是因为没有人和自己一起吃牛排。因为在韩国，如果一个人坐在那儿切割牛排吃，会给人一种很奇怪的感觉。

看到独自一人喝酒，韩国人的看法也是一样的，如电视剧《혼술남녀, 1회》中看到男主진정석独自一人在酒馆喝酒，旁桌两个一起喝酒的就发出了如下议论：

(44) 여자1: 나 고기집에서 **혼자 술 마시는** 사람 처음 본다.

第一次看到有人在烤肉店独自喝酒。

여자2: 뭐. 주변에 사람도 없나 봐. 어떻게 여기서 **혼술**을 해? 看来他没什么朋友吧。要不怎么能一个人在这儿喝酒啊。

如果看见一个人喝酒，别人一般会认为很凄凉，如(45)。

(45) a. 처량하게 방송국 앞에서 **혼자 술 먹냐**?《질투의 화신, 2회》怎么一个人在电视台(大楼)前喝酒啊? 显得这么凄凉。

b. 너무 안쓰럽다. 외로우셨나 봐요? **혼술**은 같이 마실 사람 없는 외로운 사람들이 하는 것 아니에요? 생각만 해도 참 쓸쓸하고 처량하네요.《혼술남녀, 10회》太可怜了。看来您一直很孤独啊。自斟自饮的不都是那些孤独、没人陪喝酒的人吗? 我光想想就觉得很悲伤, 觉得很凄凉啊。

实际上，单独喝酒的人有时还会被认为是酒精中毒者。因为社会整体的文化以及他人这些视线的影响，所以很多喜欢一个人喝酒的人也不得不和别人一起结伴去饭店，电视剧《혼술남녀, 8회》中박하나的话真实地反映了这些人的心态，她说道:

(46) 나도 진교수처럼 혼술 좋아해요. 근데 전 진교수님처럼 고수는 못 돼요…집에서 혼술해도 술집이나 음식점에서 혼자 술 못 먹겠더라구요. 다들 무슨 사연으로 혼자 술 먹냐 쳐다볼 것 같아요. 我也喜欢一个人喝酒。但我

可能成不了陈教授您这样的高手。我可以在家自斟自饮,但是在酒馆、饭店里却不敢独自喝酒。因为总觉得别人会看我,猜我为什么一个人喝酒。

正因为在韩国社会一个人喝酒吃饭的现象非常罕见,所以对这样喜欢独自吃饭、独自喝酒的人韩国语里有专门的称呼,分别是"혼밥족(혼자 밥 먹는 사람)、혼술족(혼자 술 마시는 사람)",根据语言学的有标记理论,非正常的都是有标记的,由此可见在韩国人眼里,一个人吃饭、喝酒是多么的不合时宜。因为一般人都认为"술은 여럿이 마셔야 제맛이지.《혼술남녀, 3회》酒要几个人一起喝才有酒味呢。"

因为有与自己一起吃饭的人非常重要,所以韩国语还有了词语"밥동무",指一起吃饭的人,与汉语"饭友"类似,但"饭友"是网络新词,多指公司同事之间,因为只有吃饭时才能见面。相反,韩国语的"밥동무"却是旧词,因为"동무"主要用于朝鲜半岛分裂之前,后来因为朝鲜多用来指革命战友,所以韩国人不再使用这个词,但是这个词却保留在了"어깨동무、밥동무"等词语里。

对韩国人不单独吃饭喝酒这种文化产生的原因,金慧媛(2013:62)、图德(2015:77)都认为这是韩国人强烈的集体主义造成的。而이규태(1983/2011(3):28-235)则认为喝酒在过去并不是享乐的手段,而是强化契约关系和团结力量的手段,正因为聚众喝酒具有这种社会功能,所以韩国人将这种多人喝酒的习惯延续至今,并形成了韩国人一般不独饮的文化现象。也就是说,从现代社会的角度来看的话,喝酒成了现代韩国人人脉管理的一部分。

从大学生、上班族来看,好像可以这样去理解。但对那些自己在家不想做饭的人,却宁可点外卖也不出去一个人吃饭的群体来说，笔者认为这也与韩国人重视外在形象、重视礼仪有关。一般韩国女人出门都要化妆的，否则就不能出门，因此为省去化妆之麻烦，所以在家里叫外卖。

不过，现在这些单独就餐的人已逐渐增多了，2016年tvN广播公司还专门拍摄了反映这一社会现象的16集电视剧《혼술남녀》。2016年10月25日韩国《东亚新闻》刊登了一篇题为"나홀로 식사에 묘한 압박감… 불판위 고기는 왜 더디 익는지"的新闻，讲的是实验人员专门去体验一个人吃饭、喝酒，韩国语的表达是"요원들 혼밥—혼술에 도전하다"，用的动词是"도전하다 挑战"，而实验人员挑战独自吃饭、喝酒的体验和感想为：

一个人吃饭会产生"孤身一人站在周围都是女性的电梯间内的感觉"，并且有几个关口会让人产生一种"心理上的压迫感"，例如：一个人吃烤肉时总感觉烤肉熟得慢；一人份的肉点第三次时，饭店大妈会变得很奇怪；自己喝酒不自觉地会发出"啊！"的声音；饭后孤零零一个人站在柜台前结账时也会成为关口。

由此可见，一个人吃饭、喝酒在韩国需要多么大的勇气？即使在这样的社会里，韩国还是逐渐出现了很多"혼〇"[06]，即一人族，对于为什么出现这样的现象，韩国"东亚日报"2016年10月10日刊登了一篇题为"'혼자'의 사회학(关于一人族的社会学)"的新闻分析，认为"一人族"的出现不单纯是因为一人家庭的增加以及经济紧张，也许与人际交往需要太多精力和时间有关，并引用了韩国中央大学이민아教授的论文"사회적 연결망의 크기와 우울"中的一段话：

06　如"혼영(혼자 영화 보기)、혼행(혼자 여행 가기)、혼창(혼자 노래 부르기)、혼캠(혼자 캠핑 가기、혼놀(혼자 놀기)"等。

사회적 연결망의 크기가 50명 이상이 되면 인간의 우울이 오히려 늘어난다. 모든 사회적 관계는 보상뿐 아니라 비용을 동반한다. 사회적 관계의 긍정성만을 강조하는 건 인간의 삶이 가진 복잡성을 간과하는 일. 社交网的大小如果超过50人，反而会加剧人的忧郁程度。因为所有的社会关系不仅会带来补偿，也要求付出费用。而那些强调社会关系的积极方面的观点恰恰忽视了人类生活的复杂性。

综合分析，过去韩国人更注重的是集体生活，但随着社会发展、人际交往面被扩大，现代人已不堪重负，所以反而会后退一步来享受"一人生活"。当然也有分析认为2016年韩国颁布实行的"부정청탁금지법(不正請託禁止法)"也起到了推波助澜的作用，因为在外几个人喝酒吃饭，容易被误会是在吃请。所以在家一个人喝酒的增多了，而韩国人酒后经常吃的解酒药等东西的消费也减少了。之所以出现这种现象，是因为现在不再需要因业务关系在外面喝酒并喝醉了。

当然"一人生活"也有级别之分，韩国网上有"혼밥족 레벨 테스트"，如下图所示：

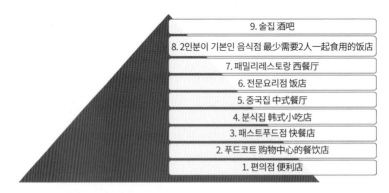

内容根据《동아일보, 2016.110.28》"'혼족' 전성시대"整理而成

根据上图可以看出，单独吃饭这一行为根据吃饭的场所被分成了9个等级，从一般的便利店开始，一直到酒吧，从下往上级别越来越高，像便利店、购物中心餐饮店、快餐店、韩式小吃店这样的地方，本来都是以便捷为目的的，吃饭的时间很短，人流量比较大，所以即使单独吃也不会有人注意。但在中式餐厅、一般韩式饭店、西餐厅等地方单独吃饭的人相对较少，而饭菜都是以双份为基础的饭店如果一个人去吃，则更会让人感到奇怪。处于最高级别的就是在酒吧独自喝酒。因为喝酒本是消遣的，如果一个人喝，就会显得凄凉无比。

　　所以哲学家巴里·史密斯曾说："独自一人在餐馆里感到自在，是成年人的真正标志。……你是最自在的人。你可以扫视房间，你看到已婚夫妇彼此之间默然不语，你看到约会中的热切青年，等等。总之，你很放松：你用心品尝食物，享受独处的时光"（朱利安·巴吉尼 2016:202）。也就是说，能够非常自在地享受一个人的进餐时光，是成熟的标志。

　　但"一人生活"毕竟还是孤独的，这种孤独并且具有世界共性，现在出现了"国际孤独登记表"，从第一级到第十级分别是：一个人去逛超市、一个人去餐厅、一个人去咖啡厅、一个人去看电影、一个人去吃火锅、一个人去KTV、一个人去看海、一个人去游乐园、一个人搬家、一个人去做手术。

　　随着社会的发展，韩国出现了更多的"일인가구"，所以也诞生了很多专为一个人为对象的"일인식당、길거리 스테이크、일인용 텐트"等。

6.8.2 单品菜+共食

韩国人吃饭时，除了几个小菜之外，一般都会有一个主菜，即使是汤类，一般也都没有公筷或公用勺子，都是大家几把勺子一起往里伸。韩国人这种饮食方式被图德(2015:77)看作是韩国人比较注重集体主义的表现之一。而李御宁(2015:143)认为韩国人的这种就餐方式是一种自制、礼让、公平分食的民主训练。而안기수(2011:299-300)认为这是共享各自口水的过程，代表的是关系的亲密和小集团意识，他还提到：即使是在吃"한정식(韓定食)"时，虽然其他食物都是分餐的，但只有汤是公共的。韩国人的这种就餐方式与中国很相像，但在中国，现在一般情况下在酒店吃饭都会有公筷、公用勺子，如果给别人夹菜、盛汤，多不会使用自己的餐具。不过，韩国人却喜欢用自己的筷子为别人夹菜，有时甚至喜欢用自己的手撕泡菜、去鱼刺后放到别人饭碗里，韩国人吃烤肉时还喜欢给对方包好"쌈"后直接送到别人嘴里，这些方式表达的都是亲密的感情，这种饮食方式也拉近了与对方的空间距离，也反映了韩国人喜欢身体接触这一性格特点。

6.8.3 一口锅吃饭、吃大锅饭

韩国语里表示"一口锅里的饭"时有三种表达，如"한솥밥、한가맛밥、한솥엣밥"，主要与动词"먹다"一起使用，表示一起吃饭的人。韩国人将公司同事称作"식구(食口)"，意即一起吃饭的人，这与韩国人一般不喜欢单独就餐的文化有关。因为在韩国职场，大家中午都是一起就餐，相当于吃一口锅里的饭，所以就成了一家人。这种文化还一直延续到下班后的聚餐上，这也是韩国人高

度重视"一起吃饭、一口锅里吃饭"的表现方式。与一口锅里吃饭有关，汉语有"吃大锅饭"，相当于韩国语的"평균분배주의"。

韩国人对"한솥밥"的重视，不仅体现在表达方式多样上，还表现在历史文化中。过去韩国人只有有血缘关系的人才能一口锅吃饭，因为家里做饭用的火种与饭锅是一种象征性的血缘媒介，即使是在搬家的时候，也都是由长孙背着火种和饭锅最先进入新家才可以；如果来亲戚，亲戚也分好几个等级，只有近亲才能一口锅吃饭，否则就要单独做饭(이규태 1999/2000:214-215)。而如果娶了小妾，一般也不让小妾一口锅里吃饭，而是单独让她做饭吃，叫做"시앗(妾)솥"；外来借宿的人住在家里，菜虽可以分给他们吃，但饭却不分，让客人自己另外做"단지밥"吃(천소영 2007/2010:291)。所谓的"단지밥"也就是用坛子自己做的饭。这都说明了在一口锅里吃饭才是一家人。

后来，"한솥밥"的意义有了扩展，可以指一个集体内的人，这种意义的产生也与"한솥밥"从家族血缘意识扩展为"共同体意识"有关，例如过去韩国官府里吃午饭都是以"상물림 分批吃饭"的形式来吃，准备一大桌饭，根据职位的高低来决定吃饭的先后顺序，先吃的前一波的人要留一定数量的饭菜给后面的人，一直到所有人都吃完，而这种吃饭方式成了集体凝聚力的粘合剂(이규태 1999/2000:216)。

6.8.4 拌食

一口锅吃饭的习惯还与韩国人喜欢吃拌饭的习惯密切相关。过去韩国人祭祀祖先后，有一个必不可少的节目就是参加祭祀的一个家族的人会共同吃把祭品掺在一起做成的"비빔밥"，也称作"골동반

(骨董飯)"，这种吃法实际上源自中国，当然也并不完全相同(이규태 2000:50)，通过这种方式纵向地将祖先与后代联系起来，横向地把有血缘关系的人联系起来(이규태 1999/2000:218)。现在"비빔밥"不仅具有饮食意义，也产生了非饮食意义，可比喻大杂烩，如(47)。

> (47) 본래는 조선집인 것을 일본식인지 양식인지 **비빔밥**으로 고쳐 꾸민 집인데.《이광수, 흙》本来是朝鲜的房屋样式, 后来又改成了不知是日本式的还是西洋式的大杂烩……

6.8.5 酒文化

中国过去有一种民间习俗是"曲水流觞"，即在夏历的三月上巳日人们举行袚褉仪式之后，大家坐在河渠两旁，在上流放置酒杯，酒杯顺流而下，停在谁的面前，谁就取杯饮酒，意为祛除灾祸和不吉。这种习俗也流传到韩国。在韩国庆州鲍石亭也有一处新罗时期的"曲水流觞"遗迹。这种多人共用一只酒杯的习俗被韩国人传承至今，即敬酒时喜欢用自己的杯子，也就是说要先把自己杯子里的酒喝干，然后把自己的杯子递给别人，然后再给他倒满。

敬酒时一般先从最年长者开始，对此韩国语多用"수구문 차례(라)"来表达，这里的"수구문(水口門)"指为使城里的水流出城外而做出的门。过去韩国汉阳城里的百姓们的尸首也是通过这样的水口门送出去的，所以"수구문 차례(라)"用来指围坐一起喝酒时，酒杯先给年纪大的人；也指年老多病离死没多远了，当然这都是用来开玩笑的。

用自己的酒杯敬酒时，对方喝了之后，有可能会拿同一个酒杯再给别人敬酒，那么这个酒杯就可能在整个酒席上转好几圈。尤其是如果有女士在场，有的酒杯杯沿上还会沾有口红……正因为有这种文化，所以韩国人一起喝酒也可称作"술잔을 나누다 分享酒杯"。这种文化不仅出现在韩国，1855年的一本美国的《图解礼仪手册》中提到，共用一只酒杯的文化是表达亲密关系的相当普遍的信号（维萨 2015:224）。

韩国人饮酒时还有一种文化，在长辈或年长者面前喝酒一般要转过身去，除非对方提出可以不这样做，例如电视剧《왕가네 식구들，39회》中，二女婿허영달与三女婿최상남一起喝酒时，两者虽然是同一辈分，但二女婿的位置在上，所以三女婿想转身喝酒，这时허영달就说了一句：

(48) 야, 돌려마시지 마. 哎, 不用转身喝。

6.9 饮食与人的态度

对古人来说，能够吃上饭是最重要的，是最幸福的，所以有饭吃就是有福，韩国语里有很多与此相关的俗语，如表2所示：

[表2] 与吃饭有关的俗语

	俗语	意义
1	밥이 얼굴에 더덕더덕 붙었다.	脸上挂着饭呢，指脸长得一副福相。

2	손에 붙은 밥[밥풀] 아니 먹을까.	粘在手上的饭/饭粒不吃吗？比喻那些不去抓住已经到手的幸运的人。
3	밥그릇이 높으니까 생일만큼 여긴다.	平时吃不上饱饭，看到饭碗盛得满满的，就以为是给自己过生日呢，讽刺得到稍好一点的待遇就开始洋洋自得的人。
4	밥 한 알이 귀신 열을 쫓는다.	一粒米饭可以赶走十个鬼，告诫人们得好好吃饭。
5	고기 한 점이 귀신 천 마리를 쫓는다.	

如上，这些俗语中第1-3个都是用"밥、밥풀、밥그릇"来比喻幸运，其中俗语2相当于汉语的"到手的鸭子就让它飞了？"俗语4、5强调的是饭的重要性，相当于汉语的"人是铁饭是钢"。这些俗语都反映了韩国人对吃饭的重视。

人类重视吃饭的同时，对偷吃、吃太多的饭、吃饭多的人、吃饭不干活的人也都持否定的态度。这种思想具有世界共性。

在西方社会，这种思想的产生多与禁欲思想有关。希腊古代作家曾"不厌其烦地重申丰盛饮食的危害、奢华晚宴的不道德，等等"(格林 2015/2016:37)。贪吃自古以来也是被讽刺的对象。例如荷兰16世纪画家彼得·勃鲁盖尔(Bruegel Pieter，约1525—1569)的画作《安乐乡》就描绘了传说中的贪吃者的天堂，也曾画过版画来描绘包括贪吃在内的人类之罪(本迪纳 2016:220-221)。中国也常说坏人的特点之一就是贪吃或者说贪食使他们成了坏人(韦利—科恩 2015/2016:71)。

在韩国也有对偷吃、贪吃等持否定态度的思想。当然这种思想的产生与过去食物短缺密切相关。例如，韩国语有"책력 보아 가며 밥 먹는다"，字面意义是看着历书挑好日子吃饭，言外之意是无法每天都吃得上饭，比喻吃了上顿没下顿的穷苦日子。而"아픈 아이

눈 들어가듯 한다"意思是就像生病的孩子眼睛变得深陷进去那样痛苦，这种痛苦的心情被韩国人用来比喻看到米缸里的米急剧减少时的样子，也就是说看着粮食减少是一种非常痛苦的事情。

因为过去食物短缺，所以出现了很多与"吃"有关的俗语。例如，俗语"이 장떡이 큰가 저 장떡이 큰가 这个糕大还是那个糕大?""방에 가면 더 먹을까 부엌에 가면 더 먹을까 进房间吃能吃的多呢? 还是去厨房吃的多呢?"，这两个俗语都是对吃的描写。韩国语还会用"산적도둑(散炙一)"来嘲笑那些只是挑好东西吃的人，此外也可比喻走娘家时把娘家的好东西都带回自己家的已出嫁的女儿。

韩国人对贪吃无度也持否定态度，这主要表现在俗语里，如表3所示：

[表3] 与贪吃有关的俗语

	俗语	意义
1	입도 염치 믿고 산다	嘴也要有廉耻啊，比喻不顾脸面，大吃特吃的人。
2	굴우물에 말똥 쓸어 넣듯 한다	就像往井里扫马粪一样，用来嘲弄不管什么都贪吃无度的人。
3	옆구리에 섬 찼나.	吃那么多是因为腋窝里夹着麻袋吗? 用来嘲弄饭量大的人。
4	파리한 돼지 두부 앗는 날	瘦猪碰到了做豆腐的日子，嘲笑那些遇到好吃的就不顾廉耻地填满肚子的人，还嘲笑那些津津有味地大口大口吃东西的人。
5	삼대 주린 걸신	三辈子的饿鬼，比喻看见吃的东西就风卷残云般吃个精光的人。
6	족제비 밥[밤] 탐하다 치어 죽는다.	比喻贪吃必遭殃。

如上，这些俗语中1-5都是对贪吃的嘲弄，而俗语6是对贪吃的告诫。其中俗语5在汉语里有类似的"像饿了八辈子似的"。从修辞上来看，俗语2、3、5都用了夸张手法。

吃饭多的还有一种人称作"밥빼기"，指有了弟弟妹妹后，因心生嫉妒而多吃饭的孩子，如(49)，这与大人世界里因压力等问题而会大量吃饭导致肥胖性质是一样的。

(49) 전에는 잘 안 먹던 아이가 동생이 생긴 뒤로 갑자기 **밥빼기**가 되었다. 之前吃饭并不多的孩子，从有了弟弟(妹妹)之后，突然成了大肚囊。

好吃懒做的人也是被鄙夷的人，韩国语称作"밥도둑"，将其归为强盗的一种，可见鄙夷之心之重。韩国语还有"죽반승(粥飯僧)"，意思是只吃不做的僧人，比喻无能之辈。而不工作只长了个大肚子、饭量大的人，韩国语称作"배퉁이"，如(50)。

(50) 밥만 축내는 저런 **배퉁이**를 누가 데리고 가려 할까. 光吃不干的那种大肚子到底谁会带走(结婚)呢?

还有一类人，不仅懒惰，连饭都要别人来伺候着吃，韩国语里对这种思想的告诫表现在俗语里，如"입에 들어가는 밥술도 제가 떠 넣어야 한다"告诫饭要自己盛着吃，而"입이 밥 빌리러 오지 밥이 입 빌리러 올까"意为是嘴来吃饭，可不是饭来吃嘴，比喻需要的人不来拿却想着让别人给自己送来。

韩国人还将"밥"与表示具有"某种特点的人"之意的后缀"-보"结合，形成派生词"밥보"(조현용 2009:48-49)，指那些好吃

懒做的人，之后，"밥보"逐渐发生了形态变化，最终形成了现在的"바보"，其意义也发生了变化，最终成了现在的"傻瓜"之意，也就是说光吃不干就会变成傻瓜。这与汉语的"饭桶"有异曲同工之妙，"饭桶"指那些能吃不能干的人。看来不论是中国还是韩国，不论是古代还是现代，能吃不能干的人都是不受欢迎的。

在物质匮乏的年代，过于讲究会被视为奢侈，如韩国语里"장 없는 놈이 국 즐긴다、없는 놈이 자 두 치 떡 즐겨한다"，字面意义分别是家里没酱的人却喜欢喝汤、没钱的人却喜欢吃两尺大的年糕，都用来比喻不合身份地喜爱奢侈。汉语也有类似的"吃饭穿衣量家当"，强调过日子要符合自己的本分。

随着社会的发展，汉语出现了"吃货"一词，指那些特能吃、爱吃的人，却没有贬义，属中性词，但在实际语用环境中还会带有褒义，并且可用于自称，如"我就是吃货一个"，而很少听有人说自己"我就是饭桶一个"。汉语"货"用于指人时都是贬义的，如"蠢货、贱货、这种货色"。至于"吃货"的中性义甚至是褒义是如何产生的，这可能与社会经济文化的发展有关。

在古代，因为粮食短缺，所以一般家庭中只有壮劳力才会吃比较硬的饭，而不干活的人一般是不能吃硬饭的，只能吃些稀饭，甚至饿肚子的人都有，在这种社会环境下，只吃不干就成了被人鄙视、不能容忍的行为，这样的人就无一例外地成了被嫌弃的对象，所以"饭桶"与"밥보"就有了贬义。没有钱却贪吃、大吃特吃也成了奢侈的象征。但是在现代社会温饱已经不成问题，问题是怎样才能吃好，怎样才能更好地吃，所以追求美食已经成了社会文化现象，这种环境下出现的"吃货"自然就没有了贬义。由此可见，词语语义的褒贬与社会经济文化密不可分。

虽然吃饱肚子非常重要，但心里平安有时比吃饱肚子更重要，

如俗语"죽사발이 웃음이요 밥사발이 눈물이라",意思是喝粥的在笑,吃干饭的在哭,换句话说即使有吃的,但如果生活在担心和焦虑中,还不如生活穷一点但没有担心好。类似的还有"밥은 굶어도 속이 편해야 산다",用现代人的话来说就是"宁可坐在自行车上笑,也不要坐在宝马车里哭"。如果心里高兴了,有时不吃饭也不觉得饿,表达这种思想的是俗语"밥 아니 먹어도 배부르다"。

民以食为天,帮助别人时最基本的就是给别人饭吃,也就是解决温饱问题,韩国语有"십시일반(十匙一飯)",字面意义是十勺饭就是一碗,比喻众人一起帮助一个人可能更轻松。

6.10 小结

饮食代表了个人和群体的身份,表现的是文化、思想、历史。饮食经常被用于庆祝仪式或宗教活动。研究一个民族与国家的文化可以从饮食入手。

韩国人喜欢喝汤,因此形成了具有很强文化特性的汤文化,而汤的相关表达也都产生了特殊的意义。

韩国虽然属于东方文化圈中的"筷子文化",但与中国相比,却又表现出独特的"勺子文化"。

饮食是人类生存最基本的保障,韩国人利用饮食来描述世界,还用饮食来比喻人,比喻性,反过来饮食也反映了人的阶层和生存状况,也反映了具有韩国特色的社会关系。

从世界共性的角度看,人类对贪吃、偷吃、奢侈等都持否定态度。

第七章

服饰与语言

7.1 引论

有学者认为服饰具有五大功能：明贵贱；弘教化；尊祭祀；慎丧仪；禁奇异(张铭远 1990：50；刘承华 2003：82)。奥莫亨德罗(2017：206)通过对中国十九世纪华南地区(福建省)的公会型宗族进行研究发现，"富裕家户⋯⋯的等级差别主要表现在，他们有着更考究的着装、更正式的语言、高深的学术、高雅的艺术爱好、大宅院⋯⋯"。德国社会学家凡勃伦(Thorstein Veblen)在《Theory of the Leisure Class(有闲阶级论)》中提到，所有时髦的衣饰都极富象征意义(塞缪尔·早川等 2015：34)。양경애(1997：X)通过对韩国三国时期统治阶层的服饰研究发现，统治阶层多利用服饰的色彩、材质、形态和装饰方法来凸显自己的威容和权威。也就是说，服饰是阶层与身份的最直观的象征。尤其是帽子更是体现了身份的高低，鞋子也是身份象征之一，并且鞋子与人的肢体动作还可以表达心理感情。

服饰根据不同区域和文化会对穿衣之人起到一种约束力的作用，而具有约束力的服饰也反映了该地区与文化圈的民族性和审美意识。

本章将分析与服饰有关的语言现象以及语言现象背后所反映出的文化思想。

7.2 服饰与身份

韩国人在问一个人过得好不好时，会问服饰，如(1a)；而评价一个人时也会提到服饰，如(1b)。由此可见，服饰与生活状态的关系是非常密切的。

(1) a. **입성**은 어땠어? 살 만해 보이디? 《내 사위의 여자, 9회》穿得怎么样? 看起来过得不错吗?
b. 얼굴도 활짝 피고 **입성**도 다르고. 《왕가네 식구들, 43회》脸也开朗了，打扮也不同了。

具体而言，衣服的颜色、长短宽窄、质地、新旧、样式与穿戴方式以及装饰品、鞋子等都与身份、阶层有关。

7.2.1 服饰颜色

过去受经济、贸易、工业发展水平的制约，服饰文化表现出了很强的时代特色。"在古代社会，尤其中世纪社会，贫富之别比现代西方的民主社会明显，而且，在一个资源稀少的社会，在贸易以物物交换为基础，疾疫与饥荒定期肆虐的体制里，权势主要以武器、甲胄及奢富的衣着为显现之具……取自矿物或植物的人工颜色于是代表财富，穷人则穿着颜色单调而寒素的衣料。农夫的日常衣料取自粗糙的天然素材，非灰即褐，没有加染……绿色或红色是难得的可羡之物……"(艾柯 2011/2017:105-106)。不仅是西方社会，在东

方社会也并无二例。韩国语里有"소족(素族)",汉语有"白衣"[01],都指没有官职的百姓。之所以用穿白来比喻平民,是因为过去有官职之人的穿戴都有一定的颜色规定,普通百姓一般都穿比较素朴颜色的衣服。并且在过去,"决定着装颜色的并不是品位,而是金钱。昂贵的面料用昂贵的颜料印染,便宜面料的染料自然价格低廉(海勒2017:5)",从这个角度看,韩国过去百姓都穿白衣的原因之一是因为白色是自然色,不需要印染,最便宜。

服饰文化也深受人们思想观念的影响。例如,同一颜色,在不同社会的不同时期也会产生不同的文化意义,在西方社会,"对中世纪的欧洲僧侣和稍后的加尔文派的新教徒而言,黑色意味着禁欲主义;但是发展到现代社会,对于大多数人来说,黑色则带有非精英的、平等的意思"(霍尔、尼兹 2009:122)。并且,在服饰颜色的选用上,说明人们懂得他们对于服饰选择的经济代价与后果,并采取了与当时的经济相适应的行动,例如十六世纪时欧洲社会之所以多穿黑色,是因为十六世纪的欧洲无法生产彩色染料,需要从亚洲进口,对黑色服饰的偏好使他们节省了资金,这间接地帮助欧洲成为了不断发展的世界经济的中心(霍尔、尼兹 2009:122)。

在中国,文化大革命期间女人之间流行的是"不爱红装爱武装",军装绿是当时非常受欢迎的服饰颜色,这是因为在当时的社会文化背景下,人们极度尊崇军人,自然将军装的颜色视为最爱的服饰颜色。

对韩国人来说,韩国人素有"白衣民族"之称,除了上面提到的客观条件的限制外,韩国人穿白衣也与心理因素有关,有人认为

---

01 不过在德国,白色是象征贵族的颜色,优质钢和不锈钢被称作Edelstahl(贵族钢),被译为雪绒花的草本植物在德语里称作Edelweiss,其字面意义是贵族白(支顺福 2012:101)。

韩国人认为自己是太阳、老天爷的子孙，并且认为太阳光是"흰빛 白光"，所以以穿白衣为豪，最后发展成了民族着衣习俗(최남선《조선상식문답》转引自주강현 1996:85)。也有人认为"在有生命、有欢乐的地方才会有色彩，身体张扬的地方才会光彩散发。而夜晚、死亡和悲剧都拒绝色彩。韩国人的历史充满了抑郁和苦闷，生活不但压抑而且泪水不断，在这样的背景下，色彩自然不会绚丽。"(이어령 2002/2018b:256-257)所以韩国人的服饰多白色也与这种心理因素和历史背景有关[02]。

关于韩国人喜欢穿白，이규태(2009(2):38)还给出了一个新的解释，他认为尽管穿白衣给韩国女人带来了整体劳动量的45%[03]，但过去的韩国女人仍然不放弃这种穿衣习惯是因为韩国女人无意识中知道忙着是幸福的，无事可做是不幸的，对韩国人来说，干活忙碌着已是生活中不可分割的一部分。

虽然韩国人喜欢穿白衣，但他们也并不排斥其他颜色。例如，韩国传统韩服多采用大片的红色，并且还有俗语"이왕이면 다홍치마"。韩国人结婚时的礼服一般也是大红色的，这是因为韩国人认为红色是南方的象征，能够驱走象征阴间的鬼怪，这与巫婆也都穿红色系列的服饰是一致的(이규태 1991a:143-149)。在韩国语里，红色一般象征女人，如"기라홍군(綺羅紅裙)"指打扮华丽的女人，"홍일점(紅一點)、일점홍(一點紅)"比喻群体中只有一个人夺人耳目，也比喻很多男人中间有一个女人。如果是一个男人处于多个女人之

02　过去韩国人穿艳丽服装的主要是贵族，因为有经济基础和精神上的余裕，第二是结婚时，第三是无忧无虑的孩子们。

03　韩国人的白衣服三四天就会变脏，因此要全部拆了用灰水洗净晒干，然后上浆晾干，之后用棒槌敲打展平，最后用熨斗熨平再缝起来(이규태 2009(2):38)，所以工作量非常大。

间则称作"청일점(清一點)",汉语用"葱花"。

韩国传统韩服中,小孩子的服饰一般比较鲜艳,即使是男孩一般也都穿粉红色的上衣,所以韩国有了"분홍방(粉紅榜)"这种说法,因为高丽祸王11年(1385年)的"감시(監試)"中,监考官尹就所选拔的99个人中有很多是豪门世家的孩子,都穿着粉红色上衣,乳臭未干,因此被称作"분홍방"或"홍분방(紅粉榜)"。

服饰还有禁忌文化功能。例如,中国服饰的功能之一就是禁奇异(张铭远 1990:50;刘承华 2003:82)。因为对中国人来说"标新立异"是贬义词,所以中国人的服装表现出来的多是随大流。

到了现代社会,随着工业技术、贸易的发展,获取颜色鲜艳的衣服已没有困难,所以人们的服饰颜色好像没了特定的限制。但在某些国家,特定职业的服饰依然具有较强的政治色彩。例如,朝鲜航空空姐的制服原先是红色的,象征的应该是社会主义吧,而裙子的长度也是长及膝盖以下。但现在朝鲜也加大了开放程度。2017年4月9日韩国中央日报报道了一则新闻:《짧은 미니스커트에 미소 띤 북한 고려항공 여승무원들》,指出自从2012年金正恩在平壤顺安国际机场做出指示:

(2) 안내원(승무원)의 복장을 새 세기의 요구에 맞게 잘 만들어주며 여객들에게 봉사하는 식사(기내식)의 질을 높이라. 根据新世纪的要求改变乘务员的服装,提高提供给乘客的机内餐的质量!

此次高丽航空空姐的服装由之前的红色变成了现在的蓝色,并且裙子的高度首次升到了膝盖以上,并且上升幅度很大。也就是说,服装颜色从红色变成蓝色,裙子变短是朝鲜认为适合时代要求的一种表现。

7.2.2 衣服的长短、宽窄、多少

衣服的长短、宽窄反映了地位的尊卑贵贱。韩国女人传统韩服的裙幅都很宽，并且还有一种特别用于举行仪式时穿的拖地多幅长裙，称作"큰치마"。韩国过去还有一种裙幅很小、长度很短的裙子称作"두루치기、두루치"，这样的裙子一般都是下层老百姓穿。之所以如此，首先是因为这样的裙子活动起来方便，有利于劳作。并且这种裙子从经济方面来看的话，也比较节省布料。而对上层社会的妇女来说，就无须考虑这两点，所以就会穿又长又宽的裙子。这种又宽又长却很不方便的裙子象征着身份，象征穿者可以不劳动这一意义。这在德国也是一样的，因为德语里"用布料包裹"意为富裕(海勒 2017:60)。

如果整个社会都流行又长又宽的服饰则说明这个社会的富裕与奢华，例如初唐时期人们的袖子和裙幅都比较瘦，但后来变得越来越宽、越长，裙子都拖地，为此，《新唐书·舆服制》记载"妇人裙不过五幅，曳地不过三寸，襦袖不过一尺五寸"。这是为了限制奢华的社会风气而制定的(马未都 2017(8):130)，但也说明了社会富足会滋生奢华的社会风气。

当然，韩国人穿肥大的衣服，还有一个原因，这从俗语"옷이 몸에 붙으면 복 들어갈 틈이 없다"中可见一端，这个俗语的意思是，如果衣服紧贴在身上，那么福气就进不去了(이규태 2009(2):204)。反过来，也就是说，衣服肥大那么就会吸收更多的福气。

为了显示自己的身份，过去韩国男人还会利用帽带的长度，朝鲜后期风俗画画家申润福就有一副美术作品题为"갓끈을 길게 늘어뜨린 양반"(下图1)，反映的是过去韩国贵族们的奢侈生活(송기호 2009/2010(2):233)。韩国女人过去还会利用假发来显示自己的身

份，假发称作"다리"，在朝鲜时期一个假发能赶上中产阶层10所宅院，不仅是贵族，就是一般百姓也开始追求奢侈，卖鱼的女人也戴假发（송기호 2009/2010（2）：224-225）（下图2）。

[图1] 갓끈을 길게 늘어뜨린 양반，신윤복　　　[图2] 다리 올린 여자들，신유복

这种现象不止限于韩国女人的裙子、假发和男人的帽带，鲁迅的小说《孔乙己》中也曾描述过服饰与阶层和饮食的关系，如：

(3) 做工的人，傍午傍晚散了工，每每花四文铜钱，买一碗酒，——这是二十多年前的事，现在每碗要涨到十文，——靠柜外站着，热热的喝了休息；倘肯多花一文，便可以买一碟盐煮笋，或者茴香豆，做下酒物了，如果出到十几文，那就能买一样荤菜，但这些顾客，多是短衣帮，大抵没有这样阔绰。只有穿长衫的，才踱进店面隔壁的房子里，要酒要菜，慢慢地坐喝。

从上面，我们就可以发现：在过去的中国，下层人穿短装，而上层人穿长袍；下层人站着吃，吃得简单、快，上层人坐着吃，吃得丰富，吃得仔细。

这种现象不仅出现在东方，也出现在西方。在德国，"一件衣服所用的布料越多，它就越高贵。……中世纪时期只有贵族才允许穿红色外套：此外套裁剪得像长袍一样，有钟形的褶裥，宽大的袖子，人们称它为'绍帛（schaube）'……使用较为廉价的染料和面料，布料用量较少——长度只到臀部且没有袖子——这是身份低微的人穿的'绍帛'"（海勒 2017:62）。

虽然服饰的长短可以体现身份的差距，但韩国语里还有俗语"옷은 나이로 입는다"，意思是穿衣戴帽要与年龄相符，还指即使个子小但年龄大的人穿衣要大一点。也就是说，年轻人可以穿得短、紧一点，但年纪大了就要穿得长一点、宽松一点。看来，服饰的长短肥瘦也受年龄的影响。

不过有些服饰长了反而代表穷苦，这就是过去的裹脚布，如"석 자 세 치 발감개를 하다"意为缠上三尺三的裹脚布，因为过去只有干粗活、重活时才会用很长的裹脚布，所以在这里比喻靠干粗活为生。

现代社会，衣服的长短宽窄虽然已没有明显的阶层划分，但从衣服的长短上可以看出人们思想的开放程度。例如，泳装比基尼被命名为"bikini"有个小故事，这个词本来指太平洋上的环礁珊瑚岛，因为1946年美国在该岛试爆了原子弹，所以有人就提出用bikini来命名新问世的"三点式"泳装，这种命名方式强调的是它对人的视觉和传统观念所造成的心理冲击极大（支顺福 2012:95-96）。

7.2.3 服饰的质地

服饰的质地主要表现在面料上，不同的面料在过去都有使用限制。例如法国国王弗朗斯一世(1494-1547)曾颁布法律，规定地位卑于王子的人不允许穿金色的面料，因为金色面料的金线是真正的黄金(贝恩 1986; 海勒 2017:275)。

反过来，人们也可通过服饰质地来判断对方的身份和处境，如韩国有一个词"어레미"，指大眼的竹制筛子，放筛子的地方称作"어레미집"，"어레미집"也比喻皮革的质地非常粗硬，如：

(4) 치마는 승새가 굵어서 **어레미집** 같으니 구차한 집 처자인
것이 분명하고….≪홍명희, 임꺽정≫她穿的裙子线条很
粗，就像大筛子一样，分明是个普通人家的姑娘。

如上，这是通过裙子质地不细密来判断裙子主人身份很低。而过去丧主也都穿粗布衣服，之所以如此，是因为丧主被认为是罪人，如"예부터 상주(喪主)는 죄인이라 하여 거친 삼베로 지은 옷을 입었다."，即自古以来，丧主是罪人，所以都穿粗布衣服。

质地良好的服饰当属丝绸，所以丝绸衣服是过去生活好的代名词，就像现代社会的人"炫富"时多炫耀豪宅、豪车、名牌包、手表等一样，虽然时代不同，但从古至今人类的心理却没有变。韩国人对这种现象进行讽刺时用俗语"비단옷 입고 밤길 가기"，意思是穿着绫罗绸缎走夜路没有人会知道的，比喻在一些没用的事情上白费功夫，没有任何意义。即炫富是没有任何意义的。韩国语还有俗语"가난도 비단 가난"，也是用丝绸来作比喻，意思是即使很贫穷，也不能随便行动，要保持原来的身份和体统。韩国语里"명주(明紬)"也可以转喻身份高的人，例如俗语"명주옷은 사촌까지 덥다"意思是丝绸衣服让姑表亲戚都感到暖和，比喻亲密的人发达后会帮助到一个家族的人。

7.2.4 服饰的新旧

衣服或袜子如果一次也没有洗过，称作"진솔"，也指"진솔옷"。如果没洗过、没动过的新衣服第一次洗弄得没法穿了，这样的人可以被悲惨地称作"진솔집"。

节日期间穿的新衣服韩国语为"빔"，过年的新衣服为"설빔"。极度喜欢新衣服的人称作"옷보"。韩国语还有俗语"옷은 새옷이 좋고 사람은 옛 사람이 좋다、옷은 새 옷이 좋고 임은 옛 임이 좋다、사람은 헌[때 묻은] 사람이 좋고 옷은 새 옷이 좋다"，意思是衣服是新的好，人是旧的好。过去人们穿衣服最好的时候是结婚时，所以有了俗语"옷은 시집올 때처럼 음식은 한가위처럼"，意思是衣服是刚过门时的(好)，饭是中秋节的(好)。对新服饰的追求反映了过去物质生活的匮乏。

破旧得不能再穿的衣服、被褥称作"넝마"。过去衣服破了都要缝了又缝、补了又补，这样的衣服称作"누더기"。这些衣服穿在身上实际上是一种无声的语言，因为这种衣服暗示了自己身份的卑微。与此相关，韩国语有俗语"누더기 속에서 영웅 난다"，意思是穷小子成了英雄，多用来指贫贱之家出了大人物。穷人有的时候连"누더기"都没有，所以俗语"벌거벗은 손님이 더 어렵다"中"벌거벗은 손님"除了指光屁股的小客人，也指穷人。这两个俗语都是用破衣服或没衣服来比喻贫穷。

7.2.5 服装样式与穿戴方式

服饰的样式和穿戴方式也具有文化差异。例如，西方社会的西装是直襟的，中国传统的上衣是斜襟的，这种衣襟的不同反映了气

候对服饰的影响，因为在地中海和西欧等地冬季西南风居多，并不太冷，所以直襟衣服也无大碍，但中国冬季多西北风，需要斜襟衣服来抵御寒冷的西北风(竺可桢 2011/2015:35)。此外，中国传统上衣衣襟的方向一般是右衽，也就是说左襟压右襟，只有边远、文化不发达地区是左衽(许嘉璐 2011/2016:31)，这也是一种文化差异。韩国传统韩服过去曾是左衽(조지훈 1996:278)，但受中国服饰的影响，高句丽时期的韩服上衣已经逐渐从以左衽向右衽发展(국사편찬위원회 2006:24)。对韩国女性来说，过去根据身份的不同，裙子的折叠方向也不同，下层妇女的裙子往右折叠，而上流社会的女人则向左折叠裙子。

7.2.6 头部服饰

帽子也属于服饰的一类，中国过去称帽子为"头衣"(许嘉璐 2011/2016:1)。帽子有防寒避暑、礼仪装饰的作用，并且受多种因素，如性别、年龄、职业、社会地位、功能用途、民族差异、区域时节、质地款式和审美观念等的影响而呈现出复杂的文化特征和文化内涵，折射出不同民族的性格特征(蒋栋元 2005:106)。

강정구(2005:419)曾提到，在美国人眼里，19世纪末的朝鲜非常突出的特点就是韩国男人都有三四种帽子或纶巾，并且贵族和下人、葬礼和婚礼上，人们所戴的帽子都各不相同。能够引起异文化者注意的东西都是极具文化特色的，所以由此也可看出，帽子对朝鲜时代的韩国人来说是多么重要的东西。韩国朝鲜时代的帽子与防寒避暑的功能相比，其功能更在于表达一定的礼仪和身份，从不同的帽子上可以看出帽子主人的身份高低。

汉语"帽子"有比喻意义，比喻坏名义，如"扣帽子"，也比喻罪名或带某种标志的名称，如"'小偷'这顶帽子"，"戴高帽"则比喻说奉承话。韩国语里汉字词"모자(帽子)"没有比喻意义，但各种传统帽子及相关内容都产生了比喻意义，或用在俗语、惯用语中来表达比喻意义，也就是说，韩国古代的帽子文化消失了，但语言表达却保留了下来并用于日常生活中。

7.2.6.1 束发与帽子

过去韩国男人行冠礼后就要束发，束发后的发髻称作"상투"，因为位于身体的最高处，根据这种形态特点，现在可用来比喻股市的最高价。俗语"상투 위에 올라앉다"比喻慢待对方、踩着鼻子上脸的行动，这与身体语言中的"머리 꼭대기에 올라앉다"是一致的。惯用语"골이 상투 끝까지 나다"比喻非常生气，相当于汉语的"怒发冲冠"。与发髻的形状有关，俗语"상투가 국수버섯 솟듯"意思是发髻像豆芽菌那样耸着，比喻得意洋洋，过于傲慢的样子。

需要束发的男人用来使发髻不散开的装饰品是"동곳"，汉语为"发簪、簪子"。过去官员上朝穿礼服必头带簪子手持笏板，合称"잠홀(簪笏)"，这些必备的物品可转喻礼服或转喻穿礼服的官员。如果把发髻上的簪子拔下，那么头发就会无力地散开来。并且过去男人束发戴帽是正常的服饰礼仪，如果解发尤其是在公共场所则意味着向别人屈服，所以犯罪之人首先要解发，因此"동곳(을) 빼다"比喻力量不足而服从，汉语"簪"无此类意义。

有官职的人把头发束起后会在头上戴一个网状东西，称作"망건(網巾)、탕건(宕巾)"，这源自中国的"唐巾"。韩国男人居家时一般戴"망건、탕건"，出门时再在上面戴上帽子。为戴紧纶巾，在最下面靠近眼眶的地方会有一根厚质的用马尾编的绳子，称作"망건

编자(網巾--)"，有俗语"망건편자를 줍는다"，意思是虽然没有什么过错却被打，衣冠被撕坏，且无处去伸冤，只能捡拾掉地上的纶巾绳子。在纶巾前上方一般还有装饰品叫作"풍잠"，是用来固定帽子的，帽子正好卡在风簪与头发之间，所以就有了俗语"되지 못한 풍잠이 갓 밖에 어른거린다"，比喻不好的东西总是露出来在眼前乱晃。

贯子指纽扣样的穿纶巾绳的环，官阶不同所用材料和装饰也不同，主要有玉、金、琥珀、玛瑙、玳瑁、角、骨等材质。其中经常留存在俗语中的主要有以下几种，如表1所示：

[表1] 与贯子有关的俗语

分类	适用人员	俗语	意义
옥관자 (玉貫子)	堂上官以上官员	성은 피가(皮哥)라도 옥관자[동지] 맛에 다닌다	虽然姓皮，不是两班贵族的姓，但头巾上挂着玉贯子，用来讽刺那些本质不好的人只重视外貌并洋洋自得。
금관자 (金貫子)	正二品、从二品官员	금관자 서슬에 큰기침한다	比喻自己胡作非为，依仗自己的身份权势而耀武扬威、呵斥他人。
		망나니짓을 하여도 금관자 서슬에 큰기침한다	
대모관자 (玳瑁貫子)	堂下三品以下的官员或一般人	대모관자 같으면 되겠다	人如果像玳瑁贯子这样用处大、大家来找自己就好了。
		대모관자 같으면 뛰겠다	玳瑁贯子如果总是重复系上再解开的动作的话也会断的，比喻召唤人的次数太多了。

如上，贯子中"玉贯子、金贯子"是身份高的象征，而"玳瑁贯子"的适用范围比较广。其中与玉贯子有关的俗语"성은 피가(皮

哥)라도 옥관자[동지] 맛에 다닌다"反映了韩国的姓氏文化，即姓氏有贵贱之分。与金贯子有关的两个俗语反映了身份权势的重要性，与玳瑁贯子有关的俗语中，"대모관자 같으면 되겠다"强调的是韩国人对出世的渴望，"대모관자 같으면 뛰겠다"反映的是韩国人的出行文化，即过去韩国人出门都要戴纶巾、系上贯子，这是用"系上贯子"的动作来转喻出门。

韩国语里还产生了很多与纶巾有关的俗语，如表2所示：

[表2] 与纶巾有关的俗语

	俗语	意义
1	망건 쓰고 세수한다	嘲笑办事颠倒顺序的情形。
	탕건 쓰고 세수한다	
2	망건 쓰고 귀 안 빼는 사람 있느냐	带纶巾时为了舒服需要把耳朵露出一点。比喻没有人讨厌挣钱或吃东西这些事情。
3	망건 끝에 앉았다	过去韩国男人出门都要穿戴整齐，如果坐在纶巾上或坐在织纶巾的模子上就会使纶巾变形、无法佩戴，比喻纠结于某事，难以动弹。
	망건골에 앉았다	
4	망건 쓰자 파장	等戴上纶巾，就散集、散场了，比喻做准备工作时错过时机而达不到预期目的。
5	이미 씌워 놓은 망건이라	纶巾已经被戴上了，比喻就按照别人做的那样放在那儿吧，不想再进行改变。
6	가진 돈이 없으면 망건 꼴이 나쁘다	比喻没钱的话，自然就外表寒酸，心里没底气。
7	급하면 임금 망건 사러 가는 돈이라도 쓴다	比喻事情紧急时不论什么钱都敢拿来用。
	나라님 망건값도 쓴다	
8	아저씨 아니어도 망건이 동난다	即使大叔不买我的纶巾，也会有很多人来买，比喻即使没有某个人的帮助，也会有其他人来帮助的；也指羡慕别人拥有的东西。

9	개구멍에 망건 치기	害怕别人偷狗而用纶巾挡上，比喻贪心本来不可能的事情，方法又很笨，因此遭受损失或丢脸。

如上，12个俗语可分成九组，纶巾这种事物在韩国现代社会基本不再使用，但却保留在这些俗语里来说明某些道理，这也是语言落后于文化的一种表现，也说明在过去韩国帽子文化的重要性，借助这些俗语反过来可以发现韩国与众不同的帽子文化：第1组俗语与人们的洗漱、纶巾的穿戴顺序有关；第2组反映了戴纶巾时的注意事项；第3组反映了纶巾的形态特点是挺直的；第4、5组间接地反映了穿戴纶巾的复杂；第6组反映了外表与金钱的关系，与汉语里"兜里没钱说话没底气"是一个道理；第7、8组反映了纶巾的买卖文化，并且从第7组俗语会推理出"一国之王的纶巾也要去买来戴"这一事实；第9组讲的是对纶巾的灵活使用，但是却没有获得好的效果。

7.2.6.2 帽子与身份

过去"平服无冠"是不合礼数的，尤其是帽子是身份和礼仪的象征，韩国人过去的帽子可分为官帽、书生戴的帽子、农民与女人的帽子、身份低下人的帽子、和尚/巫俗人/农乐人的帽子等，如下面各图，这些帽子都要按规定进行佩戴。

[图3-6] 갓、사모、전립、주립

[图7-10] 감투、삿갓、패랭이(图片来自《표준국어대사전》)、고깔

[图11-15] 파랭이、방갓/방립、백립、백전립、두건(图片来自《표준국어대사전》)

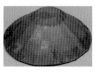

[图16-18] 갈모、초립、전모(以上图片如无特殊说明，均来自"한국민족문화대백과")

1) 官帽

(1) 갓

"갓"指过去成年男子戴在头上的帽子。高丽时代被用作官帽[04]。官员束发一般会带簪子，"잠영"也指簪子，并且可用这些装饰品来转喻贵族两班或高官，或转喻那样的地位。"갓"的外围有一圈圆圆的帽檐，称作"갓양태、갓양、양、양태、입첨"，因为帽檐

04　与此相关的最早记录是1357年，恭愍王命令文武百官佩戴"갓"。(한국민족문화대백과，한국학중앙연구원)

只是帽子的一部分，如果连买帽檐的钱都没有说明非常穷，所以俗语"양탯값도 못 버는 놈"比喻挣不到钱而娶不到媳妇的人。朝鲜时代官帽改为纱帽，"갓"就成了穿便服时戴的帽子，也是平时最常用的帽子，尤其受两班贵族阶层的喜爱。"갓"与"망건"相似，所以"갓 사러 갔다가 망건 산다"有两个意义，第一个意义比喻没有自己想买的东西，就买了虽然相似但用途完全不同的东西，另外一个意义比喻改变目的，听从他人的劝告。

带官帽本来是为了显示自己很威风、稳重，如果因意外事故而出丑，那么会觉得更丢人，用俗语来表达就是"갓 쓰고 망신(한다)"。如果帽子碎了，那更是无脸，俗语"부서진 갓모자가 되었다"比喻受到他人的责骂而颜面扫地。

人靠衣装马靠鞍，穿衣服要搭配得当。"갓"是过去的穿戴，如果配上现代的东西则不伦不类，所以俗语"갓 쓰고 넥타이 매기、갓 쓰고 구두 신기、갓 쓰고 자전거 타기[탄다]"用来嘲笑人的穿着打扮不得当。反过来，不同衣服对人也有不同的要求，"갓"是官帽，所以戴着帽子行事要求稳重，讲究礼仪，所以就有了俗语"급하다고 갓 쓰고 똥 싸랴"，言外之意是戴着官帽是不能大便的，还比喻再紧急也要遵循一定的顺序。类似的还有"양반 파립 쓰고 한번 대변 보긴 예사"，意思是有钱有势的人更经常做一些不知廉耻的事情。不过穿衣戴帽是别人的爱好，最好不要说三道四，这种道理韩国古人早就明白，所以出现了俗语"갓 쓰고 박치기해도 제멋(이다)"，字面意义是戴着斗笠以头撞东西，即使斗笠坏了，那他也觉得美，意思是不要管别人做什么，任由他去。类似的还有"저모립(猪毛笠)[05] 쓰고 물구나무를 서도 제멋(이다)"。如上，这些俗语反

05　"저모립(猪毛笠)"是朝鲜时期正三品以上大官戴的纱帽。

映了韩国人对服饰搭配的基本见解以及对个性的认可。

"갓"有时也指斗笠状的东西，如"둥근 갓을 단 전등 上面戴着帽的电灯"，汉语也用"帽"来表达类似形状的东西，如"笔帽"。汉语"帽"还是其他各种类型帽子的上义词，韩国语的"갓"在过去也是韩国帽子的上义词，现代韩国语里帽子的上义词是"모자(帽子)"。

(2) 纱帽

"사모(紗帽)"从高丽末期一直到朝鲜时代都被用作官帽，是用黑纱做成的，现在多用作传统婚礼上新郎的帽子，也称作"오사모(烏紗帽)"。因为纱帽本身是不要帽带的，所以"사모에 갓끈[영자]"比喻穿戴不合时宜，类似的还有"방립에 쇄자질、삿갓에 쇄자질"。

过去官员中的贪官污吏被称作"사모 쓴 도둑놈"，意思是戴乌纱帽的强盗。韩国语还有"사모 바람에 거드럭거린다"，意为官大一级压死人，当官的可以横行霸道。类似的还有"금관자 서슬에 큰기침한다、망나니짓을 하여도 금관자 서슬에 큰기침한다"。三个俗语都是用帽子或帽子的装饰品来转喻戴帽子的人。

(3) 武官帽

韩国语里帽子还有"전립(戰笠)、벙거지"，都是过去武官戴的帽子，相当于汉语的针织斗笠帽。此外"벙거지"还是"모자"的俗称。武官或文官战时穿戎装要佩戴红色的"주립(朱笠)"。因为战笠是戴在耳朵上的，不管再大也不会掉下来，所以"큰 벙거지 귀 짐작"比喻根据猜测就能知道某事八九不离十，或者根据推测把事情大体处理好了。

与武官帽有关，有俗语"벙거지 시울을 만진다"，比喻语塞时尴尬、没脸面的情况，而"벙거지 시울 만지는 소리"比喻含糊不清，不知所云的话。这两个俗语的产生与人慌张时用手摸头的习惯有关，相关的人体动作是"머리를 긁다"，如果头上戴着帽子，那么摸头时摸到的就是突出来的帽檐。因为"벙거지"是毛质的，如果边上沾了豆粉，那么是无法吃的，有俗语"벙거지 조각에 콩가루 묻혀 먹을 놈"意思是粘在帽子边上的豆粉也要想法吃了，比喻使用不良手段偷偷夺取别人财物的人。

韩国语还有"자비가 짚 벙거지"，意思是表面上看起来很仁慈，但实际并不是。

(4) 白头、黄帽

过去做官的人都要戴官帽，官帽下面还要戴"탕건(宕巾)"，所以不做官的老百姓称作"백두(白頭)"，即不戴宕巾的人，比喻地位或身份很高但不做官的人，也可称作"민머리、백신(白身)"。当然"백두"也指具体的白头发，相当于"백수(白首)"。

韩国语还有"황관(黃冠)"，指黄色的帽子，也指用草编制的平民的帽子，比喻不做官的百姓。"황관"也指道士或道士的帽子。

2) 从平民帽到官帽

"감투"多用马尾、皮革、碎布做成，与纶巾差不多，都是笔挺的，与此相关有俗语"주먹 맞은 감투(라)"，意思是皱巴巴的无法再处理的样子，也比喻装作很了不起而遭到斥责时一句话也不说的样子。因为"감투"这种帽子上没有帽带，与此相关在朝鲜产生了"감투끈"，多用于疑问句或否定句，比喻不知所以、摸不着头脑的状态，如(5)。

(5) 어떻게 된 **감투끈**인지 모르다.≪선대≫不知道这到底是
怎么了？

与“감투”有关还有俗语“오뉴월（자주）감투도 팔아먹는
다”，意思是五六月没饭吃的时候，连不能卖的紫色纶巾也卖了，比
喻不管什么东西都拿出去卖了；也比喻家境贫寒无东西可卖了。

“감투”在朝鲜时代是平民戴的帽子，现在用来俗指官职或职
位，实际用的是“탕건”之意(한국민족문화대백과)。与这个意义相
关有俗语“욕을 들어도 당감투 쓴 놈한테 들어라”，意思是即使叫
人责骂自己，最好叫戴高大官帽的人来责骂，也就是说让有德望的
人责骂会对自己有所帮助。此外还有俗语“오소리감투가 둘이다”，
这里的“오소리감투”指用獾毛皮做的“벙거지”，可以转喻官职，
比喻因为某事的负责人有两个，所以出现冲突。

汉语“乌纱帽”也是古代官吏的官帽，现在也指官位，与韩国
语“감투”是一致的。因为“감투”是高高竖起来的，日常生活中如
果盛米饭盛冒尖一大碗，被叫作“감투밥”。汉语“乌纱帽”没有此
类形象用法。

3) 书生戴的帽子

过去书生戴的帽子叫作“쳇불관(—冠)”，是用马尾做成的网状
帽子，网眼比较大。因为书生是比较稳重文雅的人，所以俗语“쳇
불관 쓰고 몽둥이 맞다”比喻稳重的人反而丢了脸。

4) 农民、女人的帽子

“삿갓”指用竹子或苇子做的挡风遮雨的比较粗糙的帽子，一
般多是农民戴，所以还称作“농립(農笠)”。

女人外出时为遮面所戴的帽子也称作“삿갓”，帽檐很大很深。

因为“삿갓”是用来遮面的，如果晚上戴着出来就很奇怪，让人不悦，所以俗语“열없는 색시 달밤에 삿갓 쓴다”比喻因不清醒做出了糊里糊涂的事情。而“달밤에 삿갓 쓰고 나온다、못난 색시 달밤에 삿갓 쓰고 나선다[다닌다]、예쁘지 않은 며느리가 삿갓 쓰고 으스름 달밤에 나선다”都比喻讨人嫌的人却专干让人烦的事情，有时也会有一些变形，如(6)。

(6) 미운 년 달밤에 **삿갓** 쓰고 나간다 하더니…애미 얼굴에 똥칠해도 유분수지.《밥상 차리는 남자, 20회》都说讨人嫌的女人在月夜里戴着帽子出去……给你娘丢人也得有点分寸啊。

“삿갓”很粗糙，不需要太多的保养，不像官帽那样需要定期用刷子去掸灰，因此俗语“삿갓에 쇄자질(刷子-)”用来比喻不合时宜的行动，类似的还有“방갓에 쇄자질、짚신에 정분칠하기”。“삿갓”还有惯用语“삿갓(을) 씌우다”，指让别人受损失或者让其承担责任，这个意义与汉语的“扣帽子”有相似性。

5) 杂役、行商的帽子

“패랭이”指用篾子、篾条做成的斗笠，朝鲜时代主要是杂役、行商等身份低贱的人戴，并且行商的人一般会挂白色的棉花团。此外，还可做丧帽。俗语“패랭이에 숟가락 꽂고 산다”意思是斗笠上插着勺子，比喻非常艰难，到处流浪乞讨度日。

6) 和尚、巫俗人、农乐人的帽子

和尚、巫俗人和农乐人戴的帽子称作“고깔”，是一种上部非常

尖的帽子，后面还垂着布条，俗语"고깔 뒤의 군 헝겊"比喻没用的东西总是跟在后面让人心烦。

像"고깔"这样高高耸起的帽子都统称为"고깔모자（--帽子）"，例如过生日时戴在头上的帽子也称作"고깔모자"。过去日本侵占朝鲜半岛期间总是给犯人戴这种高帽子，所以朝鲜有惯用语"고깔모자를 씌우다"，比喻把别人弄成罪犯。

7) 丧帽

丧帽除了上面提到的杂役、行商人戴的"패랭이"外，斗笠中还有方形的"방갓"，主要是家里出丧事时戴。与其他帽子相比，"방갓"的帽檐非常深，戴上难以看到天空，这主要源于《孝经》里所讲的，父母去世的儿子是居丧罪人，不能看天 (이규태 1983/2011(2)：150)。因为是丧帽，所以一般情况下是不能戴方笠的，有俗语"권에 못 이겨 방갓/방립 쓴다"意思是被人劝说得戴上了方笠，比喻无法拒绝别人劝说的人或者比喻喜欢听别人话的人。

根据"방갓"的样子和颜色产生了俗语"가난한 상주 방갓 대가리 같다"，有三个意义，第一个用来嘲弄人非常憔悴、不像样；第二个意义比喻某物品相不好、看着别扭、不高级；第三个意义比喻头发花白，已经过去了很长岁月。

韩国语还有"백립(白笠)"，主要是在国丧时老百姓戴，也可在祭祀村神时戴，或者在家里人去世两年祭祀时丧主戴。"백전립(白氈笠)"主要在国丧时戴。

过去服丧的男性丧主或服丧不满一年的成年人也戴"두건(頭巾)、엽관(厭冠)、효건(孝巾)、건(巾)"，俗语"병든 놈 두고 약지으러 가니 약국도 두건을 썼더란다[썼더라 한다]"意思是家里有病人跑去药店买药，结果发现药店遇上丧事已戴上孝帽子了，比喻

即使去也没用，所以没必要去了。

8) 下雨戴的帽子

过去下雨时农民多戴"우립(雨笠)、갈삿갓"，有俗语"우립 만드는 동안에 날이 갠다"，意思是下雨才做雨帽就已经晚了，比喻凡事要提前准备。过去遮雨的衣服是蓑衣，称作"도롱이"，与雨帽合成"사립(蓑笠/簑笠)"，如"짚신감발에 사립[사립짝] 쓰고 간다"意思是穿着袜子和草鞋、披着雨衣、戴着雨帽，比喻不搭配、别扭、看着难受。

过去下雨戴的帽子还有"갈모(-帽)"，是戴在斗笠上的油纸帽，上尖下宽，根据这种特点，有了俗语"갈모 형제라"，比喻弟弟比哥哥强。也就是说，从韩国人的思维来看，上面的是哥哥，下面的是弟弟，尖、窄是不好的，而宽大是好的。这也符合一般人的认知思维方式，但是从帽子的形状联系到人，好像不太常见。

7.2.6.3 帽子、年龄、性别、身份

过去成年人戴"갓"，刚举行冠礼的年轻人戴"초립(草笠)"，这种帽子用很细的黄色草或马尾做成，所以也称作"풀갓"。两班贵族或平民都可以戴，虽然从材质或形态上没有区别，但材料的粗细程度有差异，贵族一般用很细的材料，而平民一般用较粗的材料(국사편찬위원회 2006:291)。因为戴这种帽子的人还很小，所以就有了"초립둥이(草笠--)、초립동(草笠童)"，多指刚结婚的男人，有俗语"초립둥이 장님을 보았다"，因为都说在路上看到盲人不吉利，如果见到年轻盲人更不吉利，所以这个俗语比喻非常不吉利的情况。

以前女人是不能抛头露面的，如果出去需要戴很深的斗笠，如"삿갓、전모(氈帽)"，"전모"的材质是竹子，外面糊上一层纸，然

后再抹上油，所以称作"지삿갓"。女人外出还可以戴面纱，韩国女人的面纱称作"너울、개두(盖头)"。"너울"也指被火辣辣的太阳晒蔫儿的草或树叶，也比喻外表。惯用语"너울을 쓰다"比喻打着与内心和实际内容不相符的幌子。"너울 쓴 거지"比喻肚子非常饿无法顾及体面了。

与盖头有关，还有"장옷"，这个词本来指过去女性的外衣，后来变成了贵族家庭妇女的外出服，在一部分地方还用作新娘子的结婚礼服，是很华丽庄重的衣服，俗语"장옷 쓰고 엿 먹기"，意思是穿着华丽的衣服吃麦芽糖，比喻外表老实巴交的，但在人后却干不好的事情。类似的还有"포선 뒤에서 엿 먹는 것 같다"。与盖头有关，有外来语"베일(veil)"，指女人用来遮脸或装饰的薄薄的网纱，也比喻被秘密掩盖的状态。

如上，韩国女人过去出门要带深沿的帽子、面纱，这反映了女人不能出头露面的思想，但这种限制主要是针对有身份的贵族妇女来说的。一般平民则没这么多的讲究，最现实的原因可能是因为这样就没法干活了，因为韩国女人代表性的工作方式之一就是用头顶东西，如果是外披"장옷"，则需要用两手抓着，那么就更无法干活了。

7.2.6.4 帽子与现代文化

帽子除了具有以上功能外，还被用来做隐身的道具，例如电视剧《도깨비》中提到，阴间使者不戴帽子时与常人无异，但一戴上帽子，就成了隐形人。之所以赋予帽子以隐形的功能，实际上与帽子可以遮面的功能是一脉相通的。就像现在的罪犯为了掩盖面目时都会戴帽子，而隐形帽只不过是把这种功能给扩大了而已，不仅可以掩盖头部，还可以把整个身体都隐藏住。

从东西方来看，帽子也具有相似的性质。根据前面所述，韩国人与中国人的帽子基本都是身份的象征，是不可随意玩弄的。对西方人来说，帽子也有身份象征之意，如"hat"有一个意义是职务、职位，而脱帽则表示致敬。不过东西方文化中帽子的用处好像也有不同之处，如西方人沿街卖艺或乞讨时，用来收钱的可以是帽子，但东方人在卖艺、乞讨时一般不用帽子，而用瓢子、盒子等物件。此外，虽然中国的杂技中外闻名，道具也颇多，但以帽子为道具的传统杂技好像相对较少，相反，西方却有很多与帽子有关的杂技或戏法。英语里还出现了合成词"handicap"表示障碍，来自于"Cap in hand"，是从用帽子乞讨演变而来的。

7.2.7 手部饰品

戴在手上的装饰品最常见的莫过于戒指，过去称作"가락지、반지(半指/斑指)"，现在只用"반지"。材质过去主要是金、银、翡翠、玉等，如"금가락지(金---)、비취가락지(翡翠---)、옥가락지(玉--)、은가락지(銀--)"，其中银质的比较常见，俗语"뺨을 맞아도 은가락지 낀 손에 맞는 것이 좋다"，意思是挨打的话最好是用带银戒指的手来打。这里是用"은가락지 낀 손"来转喻德高望重的人。由此可见，对过去的韩国人来说，戴银戒指就是一种身份的象征。韩国语还有"실가락지、쌍가락지(雙--)"。

7.2.8 鞋子

鞋子与人的身份密切相关，如汉语有"赤脚医生"，这里不穿鞋子赤脚意味着"不是专业的"，而韩国语有"맨발의 청춘"，这里的

315

"맨발"意味着一无所有的年轻人。也就是说，穿鞋与不穿鞋的意义是不同的。

鞋子不同身份象征也不同。例如，韩国女人的传统服饰是韩服，穿韩服则要穿橡胶鞋，称作"고무신"，因此橡胶鞋成了韩国女人的象征，这是用典型服饰来转喻人，其中"고무신(을) 거꾸로 신다"俗指女人单方面地与男朋友分手。这种意义的产生与"짚신을 거꾸로 끌다、신을 거꾸로 신고"类似，都是急着去见客人，但女人倒穿着胶鞋，那么也是急于见(男)客，那么自然就与前男友分手了。

韩国喜欢看电视剧的三四十岁的女人被称作"고무신 관객"，之所以会有这样的称呼，是因为以前的韩国女人都喜欢穿胶鞋，另外还有一个原因，在20世纪五六十年代，韩国通俗电影十分流行，女性观众也非常多，拥挤到把胶鞋挤掉的程度，据说电影散场后，光地上的胶鞋就能有一车皮; 由于胶鞋在当时也是比较贵重的东西，所以到第二天，女人们都会来找自己的胶鞋(김학수 2002)。在青少年中有时会称三流剧场为"고무신 극장"，可能也与女人有关。

过去普通人还穿木屐，有俗语"뺨 잘 때리기는 나막신 신은 깍정이라"意思是穿木屐的吝啬鬼打人更厉害，比喻不成器、卑劣的人反而更耀武扬威地虐待人。韩国语还有"딸깍발이"，指日本人，因为日本人穿的木屐会发出嘎达嘎达的声音，这个词也转喻指穷书生。

过去还有一种鞋子称作"발막"，是过去富裕人家的老人穿的便鞋，有俗语"염치없는 조 발막이다"，意思是过去有个姓赵的人要进宫，因为没有鞋子穿，所以穿了妻子的便鞋，却并不感到羞耻，比喻没有一点廉耻的人。

因为韩国军人都穿军靴，所以有了合成词"군홧발(軍靴-)"，

指穿军靴的脚，因为军队里常有用脚踢打士兵的暴力行为，所以"군홧발"被用来比喻军人们所犯下的暴力，如(7)，译成汉语时用"军事暴力"，因为汉语的"军靴"没有这种比喻意义。

> (7) 광주민주화운동을 **군홧발**로 짓밟고 들어선 전두환 정
> 권…《시빅뉴스, 2018.02.13》用军事暴力镇压光州民主
> 化运动后建立起来的全斗焕政权……

　　韩国语有俗语"연못 골 나막신을 신긴다"，因为过去"연못골"这个地方产的木屐质量好，很有人气，所以韩国人通过给别人送这儿出产的木屐来溜须拍马。由此我们可以窥探古代韩国人的送礼文化，也就是说韩国人可以给人送鞋子当礼物。

　　现代韩国人也经常会送鞋子当礼物。不仅是给熟悉的人，有时还用作比较正式的礼物。但中国人绝对不会想到送鞋子的。实际上对中国人来说，除非非常亲近的关系，一般不送鞋袜。台湾民间有个习俗，就是别人送我一双鞋子，我要给他一块钱，表示是我买的（蒋勋 2014/2015(六):36）。

　　韩国人送鞋子也有忌讳，就是一般不给恋人送鞋子，因为韩国人认为送鞋子会导致分手。

7.3 服饰与人际关系

　　服饰用语可以表达很强的人际关系意义，例如汉语领子和袖子称作"领袖"，现在比喻为人表率的人或最高领导人。"襟"也可比

喻人际关系，如"连襟"。韩国语里的衣领、衣襟、裙子、裤子等服饰都可以表达人际关系意义，代表性的就是表示亲密、干涉、依赖与哀求、勾结与帮助、威严等意义。

7.3.1 衣领

韩国语里衣领为"옷깃"，人们在整理衣服时，最先做的就是将衣领整理好，所以就产生了惯用语"옷깃을 여미다"，指以虔诚之心整理好衣服，端正姿势。而如果为别人整理衣领则意味着关怀和亲密，如(8)，这也反映了韩国人喜欢身体接触这一点，因为为他人整理衣领意味着双方距离特别近。

> (8) 이효리, 윤아 **옷깃 여며주며** '다정한 모습 포착'《문화뉴스, 2018.02.18》李孝利为允儿整理衣领，这一亲密举动被记者抢拍了下来。

7.3.2 衣襟

韩国语里上衣或外套的前襟称作"오지랖"，韩服突出的特点之一就是前襟非常宽大，所以穿韩服的韩国女人一般都喜欢将手放在衣襟下面。另外，如果衣服的前襟很宽大，那么里面就能容纳很多的衣服，用来形容人时，就有了比喻意义，多用"오지랖 넓다"的形式来比喻对别人的事情干涉过多，如(9ab)；有时也单独用"오지랖"，如(9c)。

(9) a. 이젠 저랑 아무 상관 없는 회사인데 제가 **오지랖이 넓기에** 걱정하고 있네요.《최고의 연인, 108회》现在已经是和我没有任何关系的公司了，我却多管闲事，在这瞎操心呢。

b. 제가 **오지랖 좀 넓거든요.**《내딸 금사월, 15회》我是有点爱管闲事。

c. 아, 너 이 동네 일은 다 하는 구나. 여기 저기 **오지랖**은.《내딸 금사월, 27회》哎，你把这一片儿的事儿都干了啊。真是闲事管不完啊。

在表达多管闲事时，有时不直接用形容词"넓다"，而用面积宽大的事物如"태평양(太平洋)、팔당댐"来表达类似的意义，如(10ab)。太平洋之大、之宽自不必说，而"팔당댐"位于汉江主干道，蓄水量为2亿4400万吨，是首尔和首都圈用水供应源，对韩国人来说也是大的象征。为了表示强调有时还用"슈퍼 오지랖"，有时也用"오지랖을 떨다"来表达类似的意义，如(10c)。汉语里类似的表达多与"河水、海边"有关，如(11)。管闲事太多的人在韩国语里被称作"오지라퍼"。

(10) a. 진짜 **오지랖도 태평양**이네.《최고의 연인, 109회》你管天管地，还管着太平洋啊？/你管得也真多/真宽啊。

b. 우리 남편이 워낙에 지 앞가림은 못하면서 **오지랖만 팔당댐**이라....《내조의 여왕, 8회》我家老头子自己的事都管不了，但闲事却管得很多。

c. 지가 무슨 아빠라도 돼? 웃겨! 진짜. 맨날 나한테 뭐라

고 하더니 **오지랖은 지가 떨던데**。《우리집 꿀단지,
15회》他以为是我爸，还是怎么？真可笑。每天还
说我管他呢，自己管这么宽。

(11) a. 吃着河水管得宽。

　　　 b. 你家住海边吗？管这么宽。

7.3.3 裙子

　　韩服中，女人的裙子裙幅比较宽，一般有六幅[06]。并且，韩国
裙子原本就没有西方裙子那样的腰围尺寸，围在身上就行(李御宁
2015:210)。所以韩国人是"쌈 围、包"的文化，不仅是裙子围在身
上的，其实韩国人过去还有外出服，叫作"두루마기"，是由"두르
(周)-막(防)-이(后缀)"发展而来的(박갑수 2015:378)，强调的也
是"围在身上"。据说韩国贵族妇女围裙子的方式足有36种之多(이규
태 2009(2):85)。这样宽的裙幅实际上也并不是只有韩国才有。在中
国盛唐时期，中国女性的裙子就非常肥大，通常用六幅布帛制成，
形成"裙拖六幅萧湘水(李群玉诗)"的景象(孙机 2014/2015:105)，
中国古代的这种服装特点随着朝代的更替没有保留下来[07]。相反，韩
国女性的裙子裙幅宽大这一特点却一直延续至今，正因为如此，所
以"치마、치마폭"都有了比喻意义。

　　"치마"在俗语中表示干涉义，因为韩服中裙子的幅度虽然根

06　与"幅"有关，过去"六""十二"是幅，写诗常常是六首、十二首，就成幅了，页
　　册也是十二册、十二页，画也都是十二幅(蒋勋 2014/2015(四):188)。

07　西方人的裙幅也并不是没有宽大的，但西方人的裙幅是根据流行趋势不断发生变化
　　的，要么由窄及宽，要么由宽及窄。平克(2015:371)提到裙幅再宽也不会超过6米。

据身体的高矮、胖瘦会有所调整，但一般多为六幅，如果是十二幅的话，就过于宽了，所以"치마가 열두 폭인가、열두 폭 말기를 달아 입었나、열두 폭 치마를 둘렀나"等都用来讥讽对他人进行干涉。

"치마폭"指裙子的裙幅，与"치마"近似，也多用来表达干涉义，后面所结合的动词一般是"싸다"，因为韩服有宽大的裙幅，孩子都可以躲到里面去，因此可比喻躲在身后[08]，或者比喻被母亲干涉，如果这个对象不是母亲，则比喻被女人操纵。

有时"치마폭"可单独使用，如"치마폭이 스물네 폭이다"与"치마폭이 넓다"都讥讽平白无故地对他人进行干涉。与"치맛자락이 넓다"近义。汉语一般用"你管得也太宽了吧、多管闲事"，或者用"狗拿耗子——多管闲事"，都不是服饰语言。

"치마、치마폭"表示干涉意义，隐含的是将别人裹在裙子下保护起来，不过有时"치마폭"也可用于"치마폭에 떨어지다"，如(12)，这里指的是掉进裙子里被包起来，即需要照顾。

(12) 행여나 현수가 떠나 버리면 나랑 순이 니 **치마폭에 뚝 떨어질 까봐** 벌벌 떨지.《당신은 선물, 2회》你唯恐贤秀离开后，我和顺子会赖上你，所以你是吓得腿都发抖了，是吧？

裙幅宽大的裙子走路时会带起一阵风，韩国语里称作"치맛바람"，主要比喻母亲对儿女的过度保护，"치맛바람"多用来指孩子在

08　在中国也一样，经常看到小孩子如果害怕或者害羞时，都会躲到妈妈身后去，但却斜着身子偷偷地瞧。

学校出现问题时女性长辈去给解决。有时还会有一些夸张式的扩展用法，如(13a)的"치맛바람이 태풍급이다"；当然有时也用"치맛자락을 흔들다"，如(13b)。

> (13) a. 유치원 때부터 할머니의 **치맛바람이 태풍급**이었으며 김빛나 눈에 찍히면 학교 생활 힘들다고…《빛나라 은수, 9회》从幼儿园起，她奶奶就厉害得不得了，都说只要被金光娜盯上了，这学就难上了。
>
> b. 휘경이 학생 때도 **치맛바람이 없던** 사람이 왜 다 자라고 나서는 **치맛자락을 흔들어대**?《천상의 약속, 26회》辉京上学的时候，你都不曾太过于干涉他，怎么他都这么大了，你却开始想过分保护他啊？

在此基础上，现在还出现了新词"바짓바람 裤子风"，指的是爸爸们对孩子教育的过度关心。不过，一般情况下，"바짓바람"主要指爸爸们从小领着孩子培养学高尔夫[09]。

此外，韩国语还有惯用语"치맛자락이 넓다"，与"치마폭이 넓다"相同，也比喻爱管闲事。

如上，韩国语里与裙幅、裙风、裙角有关的表达基本都具有干涉意义，而中国的相关服饰却没有产生这种意义。

韩国语里还用裙角和裤腿表达依赖与哀求。裙角有两个表达，一个是"치맛자락"，一个是"치맛뿌리"。惯用语"치맛자락 (붙)잡다、치맛뿌리 (붙)잡다"比喻向妈妈学习，依靠妈妈，如

09　한국의 교육열은 대체로 엄마들의 치맛바람인데 골프만은 아빠들이 어릴 때부터 딸을 데리고 다니면서 자신의 재산과 시간을 쏟아 부어 얻은 결실인 경우가 적지 않다.《동아일보, 2017. 07. 18》

（14a），这与小孩子总是"拽着妈妈的裙角跟在身后"的行为特点有关。因为韩国女人都穿裙子，如果跪在地上抓她们，抓到的肯定是裙角，所以"치맛자락 (붙)잡다"也可用来比喻哀求，如(14b)。译成汉语时虽然可以直译，但因为汉语的"拽着妈妈的裙子"更多的是具体意义，所以一般意译成"躲在妈妈身后、跟妈妈、找她"等更合适。

(14) a. 지금 너 니 엄마 **치맛자락 잡고** 술 빚을 때가 아니야.《우리집 꿀단지, 120회》现在不是你跟你妈学酿酒的时候。

   b. 아쉬우면 가서 **치맛자락 붙잡고** 재결합하자고 해요.《최고의 연인, 37회》你觉得遗憾的话，就去找她哀求(她和你)复婚。

7.3.4 裤子

韩国语里裤子为"바지"，裤腿为"바짓자락、바지가랑이"，两者都没有比喻意义，与前面的"치맛자락 붙잡다"相同，与动词"붙잡다"结合时可比喻苦苦哀求。汉语可以译成"抓/拽/抱着裤腿"，但如果表示强烈的依靠，一般会用"抱大腿"。

汉语"穿一条裤子"有两个比喻意义，可以指关系密切，利害一致，如(15a)；还指遇事持同样的态度，串通一气，如(15b)。

(15) a. 把兄弟，两个人穿一条裤子的交情。《北大中文语料库》

b. 有人借此控告所长，说所长收受了我们的贿赂，与我们同穿一条裤子，一个鼻孔出气。《北大中文语料库》

韩国语没有此类表达，但有"바지 사장"，比喻不直接参与公司的经营，而只是因经营公司需要而出借了自己名义的老板。相当于汉语的"名誉老板、傀儡老板、打酱油的老板"。

关于"바지 사장"这种意义的产生，可借助汉语"穿一条裤子"的意义来分析，因为韩国语"바지 사장"隐含的意义是：名誉老板与后台老板是一伙的，具有勾结之意，所以才用"바지"来表达。从这个意义上来看，汉语"穿一条裤子"与韩国语"바지 사장"的语义理据是相同的。

合穿一条裤子意味着有一个人在需要时，要把自己的裤子脱给别人。所以就有了"바지까지 벗어 주다"，意思是连自己的裤子都脱给对方，比喻实在没有东西给对方或实在无法让步了，就连自己遮羞的裤子都给对方了。与韩国语"脱裤子"这种表达相似，汉语有"把裤子卖/当了"，现在当铺虽已不那么普遍，但过去当铺非常多，如果一个人已无东西可当，要把自己的裤子当了，这说明已倾其所有，如(16)。也就是说，"脱裤子"和"当裤子"的语义理据也是相同的。

(16) a. 即使当了裤子，也要把原子弹搞出来!《北大中文语料库》

b. 就是卖裤子当袄也要把三级光缆搞上去。《北大中文语料库》

如上，与裤子有关，"바지 사장"与"穿一条裤子"，"바지까지 벗어주다"与"当裤子、卖裤子"的语义理据相同，说明中韩两国对裤子的认识是相同的，只不过最终的语言表现形式出现了不同。

韩国语还有俗语"속옷까지 벗어 주다"，意思是把内衣都脱给别人了，比喻过分表现出好意，也比喻处于不得不答应对方要求的处境。这与"바지까지 벗어 주다"类似。

7.3.5 其他

女性穿韩服时挂在身上的装饰品叫作"노리개"，也指闲暇时的玩物；"노리개"还贬称带在身边当作玩物的女人。

女孩子的饰品中还有"부전조개"，是用巴非蛤和各种花色的碎布缝制成的，可穿上绳子挂在腰带上，因为开口是用蛤的开口，所以非常吻合，因此俗语"부전조개 이 맞듯、조개부전 이 맞듯"比喻事物非常吻合或者两人关系非常好。

韩国语还有"녹비(鹿皮)"，俗语"삶아 논 녹비 끈"意思是像煮熟做成的鹿皮带一样，比喻听从别人的布置不作任何反抗的人。

做衣服还需要线，而"올"指线或绳子的一缕，形容词"한올지다"可以比喻像一缕线那样非常亲近。

7.4 服饰与审美

服饰还可以表达审美意义。例如韩国语里衣襟为"섶、옷섶"，有俗语"마음씨가 고우면 옷 앞섶이 아문다"，意思是心地善良的

话，衣襟也是整齐的，比喻美丽的心灵也必然显露在外表上。此外还有俗语"의복이 날개(라)""옷이 날개(라)"强调的是服饰的积极作用，此外还有"가림은 있어야 의복이라 한다"，指能遮体才算衣服，比喻只有把自己负责的事情做好，才能得到相应的待遇。但这句俗语比较适合现代社会，因为现代很多年轻女性的"面条服、漏脐装"等实在是失去了衣服的本来作用。

韩国语里有很多俗语与外表美有关，如"명주 고름 같다"比喻性质非常漂亮、柔软。"비단에 수결(手決)이라"意思是在绸缎上签字画押，比喻有光彩、模样很好。但更多的俗语与反面意义有关，例如"비단 보자기를 씌우다、비단보를 씌우다"意思是用绸缎包袱包着，比喻虽然内容没什么，但却将外表装饰得非常漂亮；而更严重的是"비단보에 개똥[똥 (싼다)]、비단 보자기에 개똥、청보(靑褓)에 개똥"，意思是用绸缎包着狗屎，比喻外表光鲜，内心凶险、肮脏。而"명주 자루에 개똥"比喻外表光鲜、内里草包的人，相当于汉语的"驴屎蛋子外面光"。

此外还有俗语"춘포 창옷 단벌 호사"，意思是用春布做的衣服只有一件，"춘포(春布)"是江原道产的麻布，是质量好的象征，所以俗语比喻穿着出去时看着好像很奢华，但实际上却只有一件。

与睡衣有关的俗语也有此类意义，例如，俗语"기생의 자릿저고리"意思是妓女的睡衣满是油腻、脂粉味，非常脏，用来嘲笑外貌不端、话语不正的人；还有一个意思是虽然妓女的睡衣是脂粉味浓重的锦缎衣，但又旧又皱、不成样，比喻徒有其名，像破衣烂衫一样没有一点用处。

另外还有很多俗语都是对打扮不合时宜的嘲讽，例如与上衣有关，有俗语"적삼 벗고 은가락지 낀다、단삼 적삼 벗고 은가락지 낀다"，意思是打着赤膊戴银戒指，比喻非常不合时宜的行为，类似

的还有"속곳 벗고 은가락지 낀다"，因为内衣是遮羞的，所以脱了内裤戴戒指是不合时宜的，比喻不知美丑，不分四六。另外还有俗语"속곳 벗고 함지박에 들었다"，意思是脱了内裤赤裸裸地躲进无法将整个身体都遮盖住的大木盆里，比喻狼狈不堪的样子。而俗语"속곳 열둘 입어도 밑구멍은 밑구멍대로(다) 나왔다"比喻不管怎样都隐藏不住，一点用都没有。内裤是自己非常隐私的东西，别人一般不会知道放在哪里，尤其是男仆人，所以俗语"머슴보고 속곳 묻는다"意思是向没有任何关系的人问自己紧要的事情，问也是白问，因为对方不可能知道；也比喻总是不知羞耻地向不熟悉的人谈自己的事情。另外，裤子也有相关的俗语，例如"중의 벗고 환도 차는 격"，意思是把裤子脱了挎着刀，义同"벌거벗고 환도 차기"，比喻不合穿衣习惯，很奇怪。

除了衣服外，还有与鞋子有关的俗语，如"신발에 귀가 달렸다"比喻白白地加上一些没用的东西，反而不合时宜。这种意义的产生与鞋的前部叫做"코"有关，所以在侧面额外加上的东西就像人的耳朵一样，所以就有了这个俗语。与草鞋的装饰有关，有俗语"짚신에 국화 그리기、석새짚신에 구슬 감기"，都比喻质地粗劣的东西不配用华丽的东西来装饰。

7.5 服饰与性格

韩国语里比喻性格时代表性的就是裤子。例如，韩国有一种裤子叫作"핫바지"，指中间填了棉花的裤子，此外还用来比喻人，贬低农村人或无知、愚蠢的人，如(17a)。有时还会出现"핫바지 저고

리”类表达，如(17b)。

> (17) a. 누굴 **핫바지**로 알아? 꽃집 년이랑 바람 날 때는 꽃 사
> 오고 떡집 년이랑 바람날 때는 떡 사오고.《당신은
> 선물, 47회》你拿我当傻瓜啊？你和花店娘们偷情时
> 就买花回来，和糕店女人偷情时就买糕回来。
> b. 니 눈에 장순애가 **핫바지 저고리**로 보여?《아이가 다
> 섯, 7회》在你眼里，我张顺爱是个破烂货是吧。

与棉裤有关，韩国语还有俗语“핫바지에 똥 싼 비위”，比喻
厚脸皮的人。韩国语还有“바지저고리”，用来嘲讽没有一点主见或
能力的人。与此相关还有俗语“바지저고리만 다닌다[앉았다]”，意
思是没有身体，只有裤子和上衣在走动，比喻没有任何想法或者心
胸开阔、开朗地行动，这两个意义反映了事物的两个方面，没有任
何想法既具有积极性，也具有消极性，但这个俗语的第二个意义是
心胸开阔、开朗地行动，说明韩国人对“没有任何想法”持积极态
度。

韩国语里还用鞋子来比喻人的性格。例如，过去草鞋虽不值
钱但也是财产之一，所以有了俗语“짚신을 뒤집어 신는다”，意思
是穿草鞋为了穿得时间长一点，那么草鞋里外的破损程度一样才可
以，所以穿一段时间后得把草鞋翻过来穿一段时间，比喻极其吝啬
的人。

此外还有与木屐有关的俗语“살갑기는 평양 나막신”，意为
像穿起来很舒服的平壤木屐一样，人很温柔，很温顺。因为平壤木
屐的内里空间很大，所以这个俗语还比喻身体小但饭量很大的人。
这时可能就有人问，木屐那么大，穿着舒服吗？实际上古人穿木屐

常常在里面再穿一双鞋子。这和光脚穿的木屐不同。不仅是中韩两国，荷兰农民在田里干活也穿木屐，也是要穿上厚厚的袜子和软鞋，然后再套在木屐里(蒋勋 2014/2015(五):126)。

韩国语还有与上衣有关的惯用语"앞자락이 넓다"，比喻脾气非常好，也比喻关心的领域非常广。

7.6 服饰与工作、能力

韩国语里与工作、能力有关的服饰用语代表性的是袖子，因为干活需要用手，自然就会涉及到袖子。韩国语袖子为"소매"，古人的袖子一般都比较长，比较宽，所以抄在袖子里的手在干什么，别人是无从得知的，所以"소매 속에서 놀다"指手的动作或行为偷偷完成而不被人察觉，汉语有"袖手旁观"。古代人还有一个习惯，就是把东西放在袖子里，也就是说粗大的袖子有口袋的作用，如果要证明自己没有东西，则会把袖子翻起来让人看，所以"소매를 두르다"意为手头什么东西都没有，两手空空。藏在袖子里的东西一般比较小，所以汉语里"袖珍"指小巧的东西。

因为古人袖子长，根据这一特点有俗语"소매 긴 김에 춤춘다"，比喻顺便干某件事，所以也就有了俗语"소매가 길면 춤을 잘 추고 돈이 많으면 장사를 잘한다"，比喻如果手段或本钱足够的话就容易成功。汉语有"长袖善舞"，现在多比喻手腕高明，善于经营人际关系。

人在干活时一般为了方便会将袖子挽起来，所以"소매(를) 걷어붙이다、소매를 걷다"就有了积极从事某事之意。汉语"挽起袖

子"也有此类意义，习近平主席2017年的新年贺词中就提出要"撸起袖子加油干"。不过，汉语里"挽起袖子"还有准备吵架之意，例如《红楼梦(三十六回)》中，凤姐要骂赵姨娘时，就是"把袖子挽了几挽，踏着那角门的门槛子。"

做衣服首先要纺线织布，与织布有关有俗语"석 자 베를 짜도 베틀 벌이기는 일반"，意思是即使是织三尺长的布，也要打开织布机，比喻不管事情多与少，准备工作都一样让人操心。类似的"베는 석 자라도 틀은 틀대로 해야 된다"，意思是即使织三尺长的麻布也要摆上织布机子，比喻不管再小的事情，还是再紧急，也不能无视原则。

布料中代表性的有麻布，根据经线的粗细还分为细麻布"열새 베、열새"和粗麻布"석새삼베、석새베、석새"。细麻布是人们所希望的，而粗麻布是人们所不希望的，因此很多与粗麻布有关的俗语多具有消极意义。其中，"석새베에 씨도 안 든다"比喻手艺非常粗糙。"석새베에 열새 바느질"意思是缝粗麻布就像缝细麻布一样，比喻不管多么破旧的东西只要手艺好、功夫到也能做出好东西；也比喻手艺虽好但材料不好，互不相配，可惜了手艺。韩国还有一种衣料是"모시"，汉语为苎麻布，质地比麻布细腻，质量好，俗语"모시 고르다 베 고른다"指与预期所想不同出现了截然相反的结果；也指本来想挑选好的，结果最后得到的是不好的东西。与麻布有关还有"베주머니"，有俗语"베주머니로 바람 잡기"指用麻布口袋抓风，但因为麻布的缝隙很粗，所以风都漏走了，比喻白费力气。布料中还有绸缎，俗语"각전 시정 통비단 감듯"意思是就像各店的商人卷绸缎一样，比喻干什么事情非常熟练。

做衣服首先要裁剪，韩国语里表示裁剪的动词是"마르다"，这个词多用于俗语"잣눈도 모르고 조복(朝服) 마른다"，意思是还

看不懂尺子呢，就裁剪朝服，比喻还没弄明白就开始工作。裁剪要看尺寸，有俗语"척수 보아 옷 짓는다、치수 맞춰 옷 마른다[짓는다]"意思是量体裁衣，与此相关，还有俗语"체수 보아 옷 짓는다"，意思是所有的东西都是按照适合自己的规格来处理的。类似的还有"체 보고 옷 짓고 꼴 보고 이름 짓는다"，比喻做事按实际情况处理。

女性穿韩服时，有一种叫作"고쟁이"的衣服，有俗语"고쟁이를 열두 벌 입어도 보일 것은 다 보인다"，意思是不管穿多少但真正需要遮住的地方却没遮住，比喻不得要领，也比喻如果做事不稳妥的话还不如不做。比喻人干活不得要领的俗语还有与木屐有关的"나막신 신고 대동선 쫓아간다"，这个比喻意义与木屐走路不方便、很慢有关。

过去穿裤子多会打绑腿，尤其是行军作战的士兵。现在这种打绑腿的习惯已消失，但韩国语里绑腿的汉字词"행전(行纏)"却在俗语中保留了下来，如"남의 다리에 행전 친다"比喻该干的事情不干却干了不着边的事情；也比喻自己做的事成就了别人的好事。

7.7 服饰与婚恋

韩国语里表示婚恋关系多用鞋子。从象征意义来看，在中国文化里鞋子是性爱的象征(叶舒宪 2018:119)，并且鞋子的这种象征意义具有世界性，弗洛伊德(1984:118)指出，鞋和拖鞋都是女性生殖器的象征。

在中韩两种文化中，鞋子也经常用作情人之间的定情物，尤其

是在文学作品或电视剧剧情展开中，韩国人经常借用送鞋子来表达双方的情意，例如电视剧《百日의 낭군》中，王世子元德送给洪心的定情物就是一双绣花鞋，而双方被迫分离后寄托相思之情的也正是这双绣花鞋。

草鞋是过去老百姓常穿的鞋子，所以韩国人喜欢用草鞋来比喻婚姻。因为鞋子都是成对的，所以"짚신도 제짝이 있다、헌 고리[짚신]도 짝이 있다"意为小人物也都有自己的另一半，也是用鞋子来比喻婚姻，强调的是夫妻要成双成对。但这个俗语并不一定非指婚姻，有时也指没人作伴等情形。如电视剧《내일도 맑음, 98회》中，当金社长问大家一起去吃中午饭的时候，大家都说已经有约在先了，所以金社长落寞地说了一句话，如(18)，用法很灵活。

(18) **짚신도 제짝이 있다는데** 나 어떻게 짚신만도 못하나 몰라. 갑자기 겨울이 오나? 옆구리도 시고 춥다, 추워. 都说草鞋还都有对呢？我怎么连草鞋都不如啊？冬天这是突然要来了吗？怎么觉得浑身酸冷啊？冷啊，真冷啊。

韩国语里还有俗语"짚신도 제날이 좋다、세코짚신에는 제날이 좋다"，意思是草鞋的经线是草绳的话，那么纬线也最好是草绳，比喻不管是什么都要符合自己的分寸，尤其是配偶要找符合自己分寸的人。中国人也用鞋子来比喻婚姻，但多是用鞋子的舒适度来比喻婚姻的好坏，如"鞋子合适不合适，只有自己知道"。与韩国语用下位词"짚신"来比喻婚姻相比，汉语用的是上位词"鞋子"。

正因为鞋子的这种象征意义，所以汉语"破鞋"比喻乱搞男女关系的女人，韩国语里破鞋为"헌신짝"，但语义范围很广，比喻没有价值、不值得珍惜的东西，多用于"헌신짝 취급、헌신짝처럼、헌

신짝 같은、헌신짝 같이、헌신짝만도 못하다" 等结构，如(19)，可以指女人(19a)，也可以指男人(19b)，或不确指的人(19c)，也可以指抽象的事物(19de)。有时也用"헌고무신"，如(20)。所以韩国语的"헌신짝"译成汉语多需译成"不受欢迎、破烂(货)、废纸"等。

(19) a. 듣자하니까 우리 봄이 벌써부터 댁에서 **헌신짝** 취급 당하기 일보직전이라면서요.《우리집 꿀단지, 67회》听说我们春儿在你家快要成不受欢迎的人了。

　　 b. 기어이 우리 기표를 **헌신짝**처럼 버려?《월계수 양복점 신사들, 47회》她真把我们基杓像扔破烂一样给扔了啊？

　　 c. **헌신짝** 같은 신세 不受欢迎的人

　　 d. 약속을 **헌신짝**같이 여기다 把约定不当回事。

　　 e. 부귀와 영화가 아무리 좋다 한들 내가 싫은 바에야 **헌신짝**만도 못한 것….《현진건, 무영탑》不管荣华富贵多么好，如果我不喜欢，那还不如一张废纸。

(20) 나라도 니 신세가 딱하지 않겠니만? 어쩌겠냐? 니 처지가 낄 데 없는 **헌고무신** 신세인 걸.《우리집 꿀단지, 60회》你以为我不同情你的处境吗？但是有什么用呢？你的处境现在就像没有丝毫用处的破烂货啊。

7.8 服饰与心理感情

韩国语里很多服饰语言都可以表达心理感情意义。首先看垫

肩。韩国语上衣的垫肩为"뽕、어깨뽕",因为垫上垫肩后,肩膀就抖了起来,对韩国人来说,肩膀上耸即"어깨가 올라가다、어깨가 [어깨를] 으쓱거리다",表示洋洋得意;而肩膀耷拉下来即"어깨가 움츠러들다",表示感到不光彩或丢人害臊;"어깨가 처지다[낮아지다/늘어지다]"指因失望而垂头丧气。韩国人的这种人体语言也表现在垫肩上,所以"뽕 들어가다"也比喻肩膀高耸、得意洋洋、有面子,如(21),这也反映了韩国人的面子文化。

(21) 그날 근사했지…내가 어깨에 **뽕이 빵빵하게 들어갔었지**. 야, **뽕발** 세워준 지난 세월이 그게 다 사기였어.《밥상 차리는 남자, 17회》那一天我很得意啊。……觉得肩膀都抖起来了。哎,这么多年给我长了脸,但现在却发现原来都是骗局啊。

韩国语里的鞋子即"신"与"신발",本身没有特殊意义,但多用于俗语中,如"신을 거꾸로 신고"描写的是为了去迎接非常欢迎的人而慌慌张张地行动的样子,这种意义的产生与汉语"倒屣相迎、倒屣迎宾"类似,因为太高兴了,所以鞋子都顾不得穿好就跑出来迎接客人。与草鞋有关,韩国语还有"헌 짚신으로 국 끓인다",比喻极度吝啬,服饰文化与饮食文化被联系到了一起。过去的袜筒很深,很难看到底,所以韩国还用"버선목"来比喻内心,如"버선목이라 (오장을) 뒤집어 보이지도 못하고、버선목이라 뒤집어 보이나",意思是五脏六腑就像袜筒一样,又不能一圈一圈地翻着让你看,所以非常憋屈,用于不管怎么说对方都不同意、不认可的时候。

服饰中还有男人穿着做活的"잠방이、곤의(褌衣)",相当于现在的大裤衩,因为裤衩是不用绑腿的,所以俗语"잠방이에 대님 치

듯"比喻遇到尴尬的事情而心里忐忑不安。

与服饰材料有关，韩国语有俗语"비단옷 속에 눈물이 괸다"，意思是穿着绸缎衣服哭泣，比喻外表看起来好像很光鲜，但内心说不定满含了心酸和苦楚。

做衣服时还用到线，线或绳子的一缕为"올"，有惯用语"올(이) 되다"比喻很傲慢、固执。线或绳子等缠在一起称作"엉클어지다"，可以比喻某种东西毫无秩序地混杂在一起，也比喻事情缠绕在一起找不到头绪，更抽象的意义是指感情或想法等纠结在一起，主要指感情状态。此外还有"헝클어지다"，首先可以指线或绳子等细长的东西错综交织在一起解不开；也指东西无秩序地缠绕在一起，或者指事情搅成一团，理不出头绪；也指感情或想法非常复杂。除此之外，"헝클어지다"还有"엉클어지다"所没有的两个意义，可以指姿势不规范或打扮非常不整齐；也可指氛围散漫、秩序紊乱。

做衣服纺纱织布还需纱锭，称作"가락、가락꼬치"，纱锭是直的，有俗语"가락 바로잡는 집에 가져다가 세워 놨다 와도 좀 낫다"，意思是把弯了的纱锭拿到修理店放一会儿直接拿回来也会感觉到不弯了，比喻在好的环境里受一点影响也感觉到精神上得到了安慰。

与服饰有关还有"솜뭉치"，指棉团，因为人们在极度悲痛、痛苦的时候会捶胸顿足，俗语"솜뭉치로 가슴(을) 칠 일(이다)"意思是用棉团来抽打胸部，但因为棉团没有力度，所以用来比喻非常郁闷、悲痛。汉语类似的有"就像打在棉花上"。

韩国语里比喻心理感情的代表性的还有服饰工具——"방망이"，可以比喻心里冒火，如"방망이가 치밀다"意思是心里非常冒火(朝鲜)。也有合成词"열방망이(熱——)"，指心里冒出的火。"방망이" 还有很多相关词，如表3所示：

[表3] 与“방망이”有关的词语

表达	具体意义	比喻意义	例子
방망이질	用棒槌敲打。	比喻胸口咚咚地跳。	합격자 발표를 앞두고 가슴이 **방망이질을** 쳤다. 马上就要发布合格者名单了，我的心紧张得就像要跳出来一样。
방망이찜질	用棍棒无情地抽打。		서림이가 임시처변으로 거짓말을 하여 당장 **방망이찜질은** 면하였으나 거짓말한 뒤가 걱정이었다. 《홍명희, 임꺽정》西林虽然随机应变用谎话躲过了挨打，但说谎之后的事情更让人担心。
된방망이		无情地鞭打。	그 회사가 부도가 나서 우리까지 **된방망이를** 맞게 되었다. 那家公司破产后，连我们也受到了很大冲击。
두방망이질	一手一个棒槌交换着敲打。	用两只拳头交替打或敲。	속이 답답해 가슴을 **두방망이질하였다.** 心里难受，所以用两只手不断捶打胸口。
		比喻胸口咚咚直跳。	**두방망이질하는** 가슴을 간신히 진정하였다. 好容易才把咚咚直跳的心镇定下来。
쌍방망이질 (雙——)		比喻因意外事情受惊或上火而心咚咚直跳。	그의 발자국 소리를 들으니 가슴이 마구 **쌍방망이질하기** 시작했다. 听到他的脚步声，我的心不禁咚咚跳起来。
맞방망이질	面对面敲打。	比喻胸口或心脏跳得非常厉害。	그녀의 모습을 생각하기만 해도 가슴이 **맞방망이질하곤** 한다. 只要一想起她的样子，我的心就跳得厉害。

*具体意义空白意为没有具体意义。

如上，"방망이"有很多派生词和合成词，其中"방망이질、두방망이질、쌍방망이질、맞방망이질"都有具体意义。此外，"방망이찜질、되방망이"都比喻无情地抽打，惯用语"된방망이를 맞다"比喻受到极大的打击。因为用棒槌捶打衣服的声音与胸口咚咚跳的声音非常相似，所以"방망이질、두방망이질、쌍방망이질、맞방망이질"都比喻心跳得厉害，但是具体意义一致的"두방망이질、쌍방망이질"所表达的比喻意义却出现了不同，前者不具体指心跳的原因，而后者更强调因受惊或上火而心跳不已。

7.9 服饰与言语

韩国语的服饰语言还有一个突出的现象，就是可以表达与言语有关的七类意义。

第一，强调语言的重要性。例如"비단 대단 곱다 해도 말같이 고운 것 없다"意思是虽然丝绸很美，但也不及语言美重要，比喻说话人的语言是打动他人心灵的最有效的方法和手段。

第二，强调不能乱说话。韩国人对乱说话是持否定态度的。例如，韩国语有俗语"세모시 키우는 사람하고 자식 키우는 놈은 막말을 못 한다"，意思是养细苧麻就像养孩子一样，即使不如意也不能乱说话。俗语"여름 난 중의로군"意思是就像夏天穿的那种名义上的裤子一样，比喻不像样、只剩下说大话的一张嘴而已的人。韩国语有时也用"고무줄 빠진 팬티"来比喻嘴不严，如(22)。

(22) 이모는 왜 맨날 **고무줄 빠진 팬티**예요?우리 집 문제는

전부 이모가 만들었잖아요?《그래 그런 거야, 26회》姨
妈的嘴怎么整天都像没了松紧带的裤衩子/棉裤腰似的
啊？我们家的问题都是姨妈乱说话惹出来的。

如果嘴很严，韩国语一般用惯用语"지퍼를 채우다"，如
(23)，汉语也有类似表达，因此有时可以直译，如(23a)，有时也可
以意译成"嘴很严"。

(23) a. **입에 지퍼 채워.**《그래 그런 거야, 2회》给嘴上个拉
　　　链/把嘴关严实点。

　　b. **입에 지퍼 채우고** 아무 말도 안했으니까 걱정 마세
　　　요.《별난 가족, 52회》我的嘴很严，什么也没说，
　　　所以你就放心吧。

第三，强调不能说大话。韩国语里经常用与去籽机有关的俗语
来表达此类意义，去籽机工作时需要把棉花放入机器里，所以去籽
机不吃棉花就成了不工作，与此相关有很多俗语，如表4所示：

[表4] 与去籽机不工作有关的俗语

	俗语	意义
1	아니 먹는 씨아가 소리만 난다	不工作的去籽机反而出声音，比喻越是没用的人越到处传话。
2	못 먹는 씨아가 소리만 난다	比喻越是没用的人越逞能、说大话。
3	먹지 않는 씨아에서 소리만 난다	比喻越是没用的人越逞能、说大话；比喻什么事情也不干但却做出干的样子并且到处夸耀。
4	들지 않는 솜틀은 소리만 요란하다	

如上，这四个俗语都与传话、说大话、夸耀有关，这些意义的产生与"소리만 난다、요란하다"等有关。这些俗语也反映了韩国文化中对"不干活、只动嘴"的人的否定，也与韩国文化中的"慎言"思想密切相关。

第四，对话多的否定。韩国语有与线搓成绳子有关的惯用语"실이 노가 되도록"，比喻纠缠不休或反复地说，如(24)，汉语多用"喋喋不休"。

(24) 모르기는 왜 모르겠소. **실이 노가 되도록** 말씀하시지 않았소? ≪박경리, 토지≫还不知道呢，能不知道吗?你喋喋不休地说了多少次了？

第五，对插嘴说话的否定。先看俗语"털토시를 끼고 게 구멍을 쑤셔도 제 재미라"，这里的"털토시"指毛套袖，是比较贵重的衣物，俗语意思是即使我戴着毛套袖去戳螃蟹洞，但只要我喜欢就好，比喻我想做的事情不需要别人插嘴。此外韩国语还有与棒槌有关的"곁방망이、곁방망이질"，意思是别人敲棒槌时自己也跟着敲，比喻对别人说难听话时，自己也在旁边添油加醋地说，如(25)。

(25) 시어머니 잔소리보다 시누이의 **곁방망이**가 더 듣기 싫다. 与婆婆的唠叨相比，小姑子敲的边鼓更让人生气。

第六，与说话流畅度有关。传统韩服的上衣袖子不是用完整布料裁剪下来的，而是在腋下和袖口缝上其他布料做成，如图19所示：

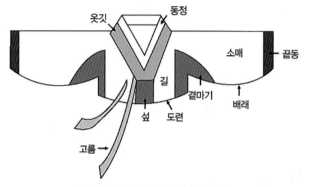

[图19] 저고리의 구조, 图片来自网络

　　如上，"곁마기、동"与袖子本身不是一块布料，这些另外连上的部分称作"동"，据此"동"可以比喻事物与事物的连接结，如(26a)；也比喻从何时起到何时结束的一段期间，或者从哪儿到哪儿的空间，如(26b)。这两个意义都用在与说话有关的语境里。

(26) a. **동이 닿지 않는** 엉뚱한 소리 联系不起来的胡话
　　　b. 그는 한참이나 **동이 뜬 다음** 말을 계속했다. 他停了
　　　　 很长一段时间后继续说起来。

　　与"동"相关有很多惯用语，其中"동(을) 달다"指重新接上继续说。"동(을) 대다"有两个意义，可以指中间不断开继续，也指使话说得通顺有条理。

　　形容说话流畅时，韩国语里有时也用"말이 비단같이 매끄럽다"来比喻。如果形容悲鸣，韩国语用撕裂绸缎的声音来比喻，如"비단을 찢는 듯한 비명"，这与日语表达相似(박갑수 2014b:47)。

　　第七，与说话内容有关。比喻说空洞无物的话时，韩国语多用

俗语"석새에서 한 새 빠진 소리 한다"。此外还有惯用语"씨줄을 먹히다、씨를 먹히다",这两个惯用语与织布有关,其中"씨줄"为纬线,织布时首先将经线固定在框架上,然后在"綜"的作用下,梭子带动纬线来回穿梭,与经线交织形成布匹。因为布匹能否完成,就看纬线是否与经线交织好,现在多比喻有条理、有内容的话,但多用于否定句中,如(27)。

(27) a. 지금 한창 불붙어 있는데 다른 여자 얘기는 **씨도 안 먹힐 것 같아**.《사랑이 오네요, 36회》现在他们正是爱情甜蜜期/打得火热,其他女人的事情他不会听的。
    b. 저런 성질머리 나한테 부려봐야 나 **씨도 안 먹혀**.《사랑이 오네요, 42회》你那种脾气不管怎么冲着我来,我也不会怕。

7.10 小结

与其他事物相比,服饰具有很强的时代特色,具有很强的时代敏感性。

服饰词语中汉字词多集中在帽子与服饰材料部分,这说明中国文化对这两个领域影响深重,尤其是帽子与儒家文化和政治文化密切相关。

服饰具有很强的文化特色,与身份意义密切相关,例如服饰的样式、颜色、长度、宽窄、多少、质地、新旧、穿戴方式等都是身份的象征，帽子、手部饰品、鞋子等也具有很强的身份意义色彩。

　　服饰语言很多已发生语义变化，其中衣领、衣襟、裙子、裤子以及与服饰有关的棒槌等都主要表达交际意义。此外，服饰还与性格、工作能力、婚恋、心理感情、言语等密切相关。

第八章

住居与语言

8.1 引论

住居文化最突出的表现便是建筑的不同。段义孚(2017:91)曾提到"建筑物对于延续传统而言是首要的教科书。对于没有文字的民族来说，房屋可能不但是一个居所，而且是一个举行仪式的地方和从事经济活动的场所。"他还说，村落、建筑空间等都清晰地表现出了一定的社会秩序，影响着人们的意识，对人的各种感觉和感受施加直接的影响(94页)。

例如，汉人对称的房屋建筑对汉字方正的字形的影响，西方尖顶建筑对拉丁字母和英文字母多尖形的影响，阿拉伯多圆形的建筑对阿拉伯文字多圆形的影响，这些都反映了建筑对文字的影响(钱冠连 2004/2006:228)。再如，汉语的"宇"本指前后屋檐，而向前转后的视线角度最能产生三维空间感觉，所以产生了"上下四方"之意；"宙"是横向栋梁，视线从左向右，能够绵延出时间流线，因此"往古来今谓之宙"，中国古人以近推远，果壳般大小的居所成了探求浩渺宇宙的观察起点(汪如意 2016:16)。正因为建筑与人的生活、思想意识、感觉感受息息相关，所以很多的建筑用语被用于日常生活中。

住居还代表着一种生活方式，住居既包括房屋的建筑形式、房屋的装饰，也包括人们的起居形式，与此相关的各种空间、事物等都是文化的象征物，并且得到其民众的广泛认同。表达这些象征物的语言最终发展出了抽象意义，并且广泛用于其他领域，而不仅局限于表面意义。

中韩两国由于地理环境和文化的不同，在住居上表现出很多不同。下面主要从墙壁、烟囱、锁具、磨坊等角度来分析中韩两国住居文化的不同。另外，与中国是高坐式文化相比，韩国是席地而坐式文化，这种生活方式对韩国文化也产生了深远的影响。

8.2 墙壁

8.2.1 墙壁与东西方文化

美国文化中的主流自我模型如同一座典型的美国房屋，有低矮的围墙和许多内部隔间。群体内部的个体分化明显，内群—外群界限则相对不固定；相反，东亚语境中的主流自我模型与典型的中国房屋类似，有高高的院墙和很少的内部空间；群体内部的个体分化不明显，但内群—外群界限相对固定(赵志裕、康萤仪2011/2015:164-165)。

具体到中国建筑，因为中国建筑的特点是高墙耸立，所以有了"胸无城府、城府很深、城府极深"等表达，并且被赋予了比喻意义。高墙之内的深宅大院中，女人呆的内宅都在最深处，并且女孩子是大门不出二门不迈的，多是呆在自己的闺房里，只有出嫁时才能离开自己的闺房。如果走出自己的闺房，就成了"出嫁"，有时也用"出阁"。因为"宫中之门谓之闱，其小者谓之闺，小闺谓之阁"《尔雅·释宫》，而"阁"是"閤"的误写(许晖 2015:90)，所以大姑娘出嫁就成了"出阁"。徽州方言中，人们很少用"一楼、二楼"来命名不同的楼层，也不使用"楼上、楼下"这样的表达，而是用"阁上、阁下"，反映的也是这种古代民俗(朱跃等 2015:43)。也就是说，对中国人尤其是古代的女人来说，高墙和一层层的门阻断了他们与外界的联系。

与西方文化相比，虽然韩国与中国都属东亚文化，都拥有围墙文化，在围墙内的群体内部，中韩两国都没有表现出明显的个体分化。但中韩两国在内群与外群的界线上却表现出了较明显的差异。因为中韩两国的围墙从高度上来说有较大差异。韩国房屋的围墙要明显低于中国的房屋围墙，绝大部分都不及一人高，下图1是韩国某所小学的围墙，比路边的栅栏高不了多少。韩国电视剧中有时会出现学生(包括女学生)翻学校墙头的场面，如果没有对中韩两国围墙高度的了解的话有时很难理解：墙头怎么能轻易翻越呢？如果看了图1就能理解了。韩国有的民房围墙甚至只有半人高(见图2)，围墙内的人要高出围墙一大截。

[图1] 全州中央小学, [图2] 全州韩屋村民房(2019年1月24日摄于全罗北道全州韩屋村)

从用途来说，如果说中国的城墙是封闭性的，尤其是福建的土楼。那么韩国的围墙则是一种半开放性的建筑(이어령 2002/2018b:69)，所起的更是一种象征性的内群与外群的阻隔作用，

济州岛的房屋一般是有围墙但却没有大门，这种围墙只起形式作用而已。

语言是文化的反映，具体到相关的语言表达，汉语有"墙、壁"以及"墙壁"，语义虽然有区别，但也有重合部分，一般会根据语境混用，并且对中国人来说，墙壁给人的联想主要是内外的阻隔，表现在语言上主要有"挖墙脚、拆东墙补西墙、墙倒众人推、墙头草、隔墙有耳、红杏出墙"等。韩国语里与墙壁有关主要有"벽(壁)、담、담벽(-壁)、담벼락、담장(-牆)"等。其中"담벼락"指墙壁的表面，也可统称"담、벽"。韩国的墙比较矮，但是其象征意义与中国围墙有相通之处，也着眼于墙对内外的阻隔，如(1)。

(1) 우리집의 일이야. 우리 **담장** 안에서 해결할 거니까 치유 아니라 누구도 끌어들일 생각하지마! 알아들어?!《내 사랑 치유기, 76회》这是我们家里的事儿，要在我们家内部解决，别人的帮忙，包括智瑜(人名)，你想都别想！听见了吗？

对韩国人来说，墙更是一种心理上的阻隔，这种心理上的阻隔要远远超过围墙的现实高度对内外具体空间的阻隔，有时甚至是无法逾越的阻隔，而这也表现在语言上。相反，汉语的"墙"却没有类似的心理阻隔意义。也就是说，韩国人生活空间里的"实体墙"虽然很矮，但精神生活空间里的"心理墙"却非常高大。

8.2.2 墙壁与韩国文化

墙壁对韩国人来说，意味着人际关系的阻隔，是阻碍交流的象征，让人无法交流，所以中间垒上墙则意味着断绝关系，而质地不同的墙壁所起的作用也不同，有的是无法逾越的。

8.2.2.1 阻碍交流

墙最重要的功能就是隔断与外界的交流，所以墙壁有内外之分，内墙为"안벽"，外墙为"밭벽"，有俗语"안벽 치고[붙이고] 밭벽 친다[붙인다]"，比喻表面上看好像是帮忙实际上却是在搞破坏，也可比喻对双方挑拨离间。

"萧蔷"指面对国君宫门的小墙，又称"影壁"，比喻内部。汉语多用于"萧墙之祸"，韩国语里主要有"소장지변(蕭牆之變)、소장지란(蕭牆之亂)、소장지우(蕭牆之憂)"，比喻内部祸乱，也可比喻兄弟之乱。而墙外意味着他人，有俗语"담에도 귀가 달렸다、벽에도 귀가 있다"，意思是隔墙有耳。

韩国语里的墙还有其他意义。例如汉字词"벽(壁)"本身有两个比喻意义，第一个指难以克服的局限性、困难，汉语用"门槛、山"。用于此意时，一般多用惯用语"벽에 부딪치다"，汉语虽然也有"碰壁"，但有时并不对应，如(2a)，汉语用"僵局、死胡同"。反义惯用语是"벽을 깨다"，如(2b)，与"벽"对应的是带有修饰语的"铜墙铁壁"。

(2) a. 진상규명 작업이 **벽에 부딪쳤다**.《동아일보, 2016.07.18》真相调查作业陷入了僵局/进了死胡同。

　　b. 남자 스피드스케이팅 1500m는 서구 선수의 독무대였지만 김민석이 그 **벽을 깼다**.《동아일보, 2018.02.19》男子速滑1500米曾是西欧选手的天下，但这个铜墙铁壁被金珉锡打破了。

"벽"的第二个比喻义指断绝关系或者表示隔阂，表达的是心理上的阻隔，如(3)。但汉语用"隔阂"或根据语境译成"躲着"，汉语的"阂"本义为关门，是用关门来比喻心理的阻隔，与韩国语用"벽"来表达具有不同之处。

(3) a. 우리 사이에 비밀이 있다는 건 우리 사이에 큰 **벽이 있다**는 것과 마찬가지예요.《빛나라 은수, 54회》我们之间有秘密就相当于我们之间有很大的隔阂。

　　 b. 아빠는 계속 안배우님이랑 가까워지고 싶어하시는데 안배우님은 계속 **벽을 쌓고** 아무것도 안 하시는 것 같아요.《아버지가 이상해, 23회》爸爸一直想和 (安演员) 您亲近起来，但您却总是好像在躲他，什么努力都不做。

　　与墙壁有关，韩国语还有汉字词"장벽(障壁)"，有具体意义，相当于汉语的"高墙"。"장벽"也有抽象意义，第一个指阻碍两者关系发展的障碍物，如(4a)；第二个指成为障碍的或难以克服的东西，如(4b-d)。这两个抽象意义对应的汉语是"壁垒、障碍"等。

(4) a. 마음의 **장벽**을 허물다 打破心灵的壁垒。
　　 b. 관세의 **장벽** 关税壁垒
　　 c. 언어의 **장벽** 语言障碍
　　 d. 가장 큰 **장벽**은 세율 인상의 역진성 논란이다.《동아일보, 2016.10.22》最大的障碍就是关于是否会因税率的提高而导致出现事与愿违的现象。

8.2.2.2 无法交流

墙是物体，没有思想，无法与人交流，汉字词"면장(面牆/面墙)"指家的正面建起的墙，也指就像面对墙壁一样无法看清前面的东西，比喻见识短浅。汉字词"면벽(面壁)、벽관(壁觀)"是佛教用语，指面对墙壁坐禅。

韩国语还有"벽 보고 얘기하다"，意为对牛弹琴，如(5a)，实际上这里不是指真的要和墙壁说话，而是说与对方谈不来；有时还有活用用法，如（5b）。类似的还有俗语"담벼락하고 말하는 셈이다"，意思是就像和墙谈话一样，比喻话不相投。类似的还有"너하고 말하느니 개하고 말하겠다"。

有时韩国语还用面壁来比喻生气、不交流，这是一种身体语言，如(6)。韩国语里还用墙来比喻人，如"담벼락"比喻非常笨、对某事完全理解不了的人，如(7)，汉语"墙"没有此类比喻意义，而是多用"木头、石头"等。

(5) a. 나 혼자 또 **벽 보고** 얘기했네.《사랑은 방울방울, 4회》我又对牛弹琴了啊。

　　b. 아이구, 됐어요. 내가 **벽에다 대고 말을 하지**.《최고의 연인, 34회》哎呦，算了吧。我还是和墙壁说话吧。

(6) 그녀는 화가 나서 **벽을 안고** 돌아누웠다. 她气得面向墙壁躺了回去。

(7) 그 사람은 **담벼락**이라서 말이 통하지 않는다. 他就是个木头/石头，无法沟通。

8.2.2.3 断绝关系

前面分析了墙阻碍人与外界的交流，与人无法交流等。如果

故意在他人之间垒上一堵墙，则意味着不关心或断绝关系。其中"담을 지다"指断绝交往关系，如(8a)，另外也指一点不关心，如(8b)。

(8) a. 그만한 일로 동료들과 **담을 지고 지내는** 것은 좀 너무
하지 않나? 因为这么点事就和同事们绝交，这也太过
分了。

b. 그는 요즈음 일이 바빠 취미 생활과는 **담을 지고 산다**. 他
最近工作很忙，趣味生活对他来说就像是天方夜谭。

"담을 쌓다"比喻断绝关系，有时也用"담벼락을 쌓다"。有时"담、벽"可连用形成加强形式的"담을 쌓고 벽을 친다"，比喻断绝双方之间曾经友好的关系。如果和知觉断绝了关系则说明没有知觉，因此俗语"지각하고(는) 담쌓았다"用来嘲笑没心没肺只做坏事，也比喻一点也不懂事。如果把墙垒了又拆，那说明没拿定主意，所以"담을 쌓았다 헐었다 한다"比喻左思右想，而汉语多用"举棋不定"，是用体育用语来进行比喻。

8.2.2.4 无法逾越

韩国语还有汉字词"철벽(鐵壁)"，指铁做的墙，主要用于比喻意义，第一个比喻不容易倒塌和被破坏的对象，如(9ab)，表达的多是人际关系；"철벽"也可比喻防备非常牢固，如(9cd)。汉语一般用四字格"铜墙铁壁"，或者意译。

(9) a. 밀당도 정도껏 해야지, 이거 완전 **철벽**이야, 철벽! 설
마 나 마음에 안 들었던가? 《최고의 연인, 54회》以退

为进/欲擒故纵也得有个限度啊，这完全是铜墙铁壁啊，铜墙铁壁! 难道是他不喜欢我？

b. 완전 **철벽남**이에요.《월계수 양복점 신사들, 10회》完全就是铁板一块啊，无动于衷。

c. **철벽** 수비 铜墙铁壁般的防备

d. 장인어른은 왜 이렇게 **철벽** 치라는 거야?《사랑이 오네요, 40회》岳父他为什么让你管这么严啊？

韩国语现在还有新词"넘사벽"，是"넘을 수 없는 4차원의 벽"的缩略语。

因为无法逾越，所以韩国语里有了惯用语"담 구멍을 뚫다"，指偷盗，表达此类意义时汉语用"翻墙越户"，对韩国语的"담 구멍을 뚫다"这种表达，根据中国人的思维好像很难理解; 要偷东西，跳墙进去就可以了，为什么要费力去钻窟窿啊？实际上这个惯用语来自《圣经》，据说古代巴勒斯坦一般都是土墙、土宅，所以小偷经常晚上在院墙或房屋墙壁上钻洞侵入家中，从而就有了这个惯用语(렘 2:34)[01]。不过韩国语也用"담장을 넘다"比喻偷盗。

"담벼락을 문이라고 내민다"意思是把墙当门一样去推，比喻装没事人，说丈二和尚摸不着头脑的话，或者矢口抵赖。

8.3 烟囱

韩国语里烟囱为"굴뚝"。烟囱在韩国人的建筑中占据非常重要

01　(네이버 지식백과] 담1 [wall, fence] (라이프성경사전, 2006. 8. 15., 생명의말씀사)

的位置，并且又高又大(如图3)，这与韩国人传统的暖炕文化密切相关。与烟囱有关，韩国语里产生了丰富的表达。

[图3] 굴뚝, 2019年摄于韩国全州韩屋村

韩国语有合成词"굴뚝같다"，多形成惯用语"마음은 굴뚝같다"，比喻心情非常迫切。"굴뚝같다"之所以会有此意义与以前物质的缺乏有关，因为对古代人来说吃饭问题是最迫切、最重要的，如果回家时远远看到自己家的烟囱冒烟，那说明家里有饭吃，所以就有了此惯用语，如"먹고 싶은 마음이 굴뚝같다"，汉语没有相关表达，只能译成"一心想吃"[02]。

韩国语还有"굴뚝 후비다"，是抽烟"담배를 피우다"的隐语，中国也有这种表达，看到人抽烟，可以说"有人抽大烟囱"。"굴뚝 보고 절한다"指因要半夜逃债无法向邻居告别，所以只能冲着邻居家的烟囱鞠躬来代替，比喻为躲避某事而偷偷逃跑。

如果烟囱里进了风，那么烟囱里的烟会从炉口冒出来，熏得人流眼泪，所以"굴뚝에 바람 들었나"用来反问"为什么哭"。而

02　也有人认为"굴뚝같다"是从"꿀떡같다"演变而来的。

"아니 땐 굴뚝에 연기 나랴" 意为不点火的烟囱能冒烟吗，比喻不可能有没有原因的结果。汉语多用"无风不起浪、空穴不来风"。

烟囱还有一个突出特点就是非常黑、脏，所以可以用来比喻恶劣的环境，与此相关有俗语"흰 개 꼬리 굴뚝에 삼 년 두어도 흰 개 꼬리다"，意思是白狗的尾巴在烟囱里呆三年也还是白狗的尾巴，意思是不管环境如何本质是不会改变的。与烟囱黑、脏有关有俗语"굴뚝에서 빼 놓은 족제비(같다)"，比喻脏兮兮、瘦弱的人，而"굴뚝 막은 덕석(같다)"比喻黑乎乎、脏兮兮的衣服或东西，这些俗语都源于对日常生活的敏锐的观察力。

与工业有关，传统的制造业多被称作"굴뚝산업"。工厂、火车、汽船的烟囱称作"화통(火筒)"，多用于惯用语"화통(을) 삶아먹다"中，比喻嗓门大。

8.4 锁具

关于锁具，首先东西方的表现是不同的，史密斯(2010:180)谈到美国纽约一个华人圈里的现象，他们把组织内的钱和文件放在一只很大的铁质保险箱里，并锁上了一排十二把、笨重的中国式大铜锁，管事的十二个人每人一把大铜锁的钥匙，如果要打开保险箱，则必须十二个人同时到场。当然，史密斯是从批判的角度来看待华人的这种现象的，认为中国人不信任人。但是笔者认为这种现象反映了中国特殊的"锁具文化"，不能简单地进行对错判断。

关于韩国的锁具有两种截然相反的观点，一种观点认为韩国人的锁具文化不如西方和中国兴盛，因为与西方人的私人空间不容许轻易进入相反，韩国人的空间内外意识不强，私人空间要让位于公

共空间，农村人很多都是不锁门的，外人可以随意出入；当然也与过去韩国农村人没有多少财产有关(이규태 1983/2011(4):25)；另一种观点认为与西方文化更重视门的"开放"相反，而东方人尤其是韩国人更重视"关"，所以韩国锁具很多(박태순 2009/2010:363)。

这两种看似矛盾的观点实际上反映了文化的复杂性和观察角度所带来的对立，이규태所关注的只是一般农村普通百姓、没有财产的生活现象，并且这只是带有强烈地区特点的显性的表层文化，以此为据来说明韩国锁具文化不发达、空间内外意识不强明显欠妥，因为从俗语"대문이 가문"中也可看出韩国人对高门大院的追求，对有一定身份或财产的韩国人来说，自古至今都是深宅大院，门户紧闭的，而在现代社会的城市中大家更是门户紧闭。韩国两位学者的不同观点以及所涉及的两种不同文化现象之间的矛盾也反映了文化的复杂性以及借助表层文化现象来探究文化心理的弊端。但是与此相反，借助语言来研究文化心理某种程度上可能更客观一些。因为语言是经历了历史考验的长期沉淀的文化，更接近于一个民族的文化心理，因为语言的发展需要有一个民族或特定群体的共享基础，而这个共享基础就是共同的民族文化心理。

前面"8.2"我们已经分析了东西方以及中韩"墙壁文化"的不同，虽然韩国人的"实体墙"都非常低矮，只是一种形式上的墙，但是表现在语言上的"心理墙"却难以突破，这就是表层文化现象与深层文化心理之间的矛盾。下面我们将借助同样的方式从语言学角度来看一下韩国的锁具文化。

从语言学的角度来看，韩国的锁具很多，足有十一个，如"쇠、자물쇠、자물통、어깃장、빗장、문빗장、관건(關鍵)、경관(扃關)、경쇄(扃鎖)、쇄금(鎖金)、쇄약(鎖鑰)"等，表示开的词有六个，如"쇠、열쇠、개금(開金)、약건(鑰鍵)、약시(鑰匙)、키

(key)"，其中"쇠"既具有锁具意义，也具有开的功能，而"자물쇠、열쇠"分别是后来产生的合成词；从词汇类型来看，锁具中固有词和汉字词都是五个，而表示开的词中汉字词有三个，固有词只有两个，英语外来语有一个；从词语意义类型来看，锁具中"어깃장、빗장、문빗장、관건"等四个词都产生了比喻意义，表示开的词语中只有"열쇠、키"有比喻意义，从数量、词汇类型和语义类型来看，韩国语里"锁"与"开"的不对称现象从某种程度上说明"锁"对韩国人具有某种特殊的意义。下面我们具体来分析一下相关的语言内容。

在古代，门都是用多块木板做成的，为了使门更加结实，会在大门每一扇的对角处增加一根斜的木棍来进行加固，这样的木棍韩国语称作"어깃장"，虽然"어깃장"不是直接用来锁门的工具，但是也具有加固大门、关闭门户的功能。从形态上来看，由于"어깃장"是斜着的，所以在基本意义基础上还产生了比喻意义，指故意做一些对着干的事情，如：

(10) a. 사위 결혼하는 것 싫어 그렇게라도 **어깃장 놓으려는 것** 아니냐구?《내 사위의 여자, 50회》她这样做是不是因为讨厌女婿再婚，所以用这种歪招来捣乱/捣鬼？

b. 너 어떻게 이렇게 **어깃장 놓을 거야?** 친딸 찾았다고 달라질 것 없어. 너하고 수경은 나한테 똑같아.《내 사위의 여자, 70회》你怎么这么不懂事啊？虽然我找到了亲生女儿，但这并没有发生什么变化。你和秀景对我来说都是一样的女儿。

c. 분위기는 좋게 흐르는데 너 왜 **어깃장**이야? 고맙다고

선물 보내고 밥 산다고 나오라고 그 다음에 뭐겠어? 결혼 허락한다는 소리 아냐?《당신은 선물, 5회》现在氛围已经越来越好了，你怎么自己没事找事啊？他们又是送礼物表示感谢，又说要请你吃饭让你去，下一步会是什么呢？肯定是同意你们结婚啊。

d. 주만이가 너를 너무 감싸고 도니까 괜히 **어깃장이 나고** 속으로 쓸쓸하기도 해서.《삼 마이 웨이, 15회》因为柱万总替你帮腔，我心里有点嫉妒，也有点失落，所以才……

如上，"어깃장"可与"놓다、나다"结合，如(10abd)，也可单独使用，如(10c)，根据语境译成汉语时，需要意译成"捣乱/捣鬼、不懂事、没事找事、嫉妒"等。

门上一般都有门闩，韩国语里有三种表达分别是固有词"빗장"、混合词"문빗장(門--)"，以及汉字词"관건(關鍵)"。"빗장"与"문빗장"多用于"빗장을 걸다/잠그다/열다/풀다/따다/뽑다/빼다"结构，如(11a)；"빗장"还用于惯用语"빗장을 지르다"中，比喻将自己心中的想法藏起来，不让他人发现，如(11b)。汉字词"관건"本来也指门闩，现在多用来比喻事物最关紧要的部分，对情况起决定作用的因素，这与汉语一致。

如果对固有词和汉字词进行比较的话，会发现，汉字词本身产生了比喻意义，但固有词本身并没有比喻意义，而是用于惯用语时才产生了比喻意义。

(11) a. 한국이 대북 교류의 **빗장을 다시 활짝 여는 것**이 적절한지 의문이다.《동아일보, 2017.06.02》韩国又敞开了对北交流的大门，这让人怀疑是不是合适。

b. 그녀는 마음의 문에 굳게 **빗장을 질렀다**. 她把自己的
心扉关上了。

上面讲的都是锁具，有锁具就要有钥匙，韩国语里钥匙为"열
쇠"与"키"，除基本意义外，两者也都有比喻意义，指解决某事时
所必需的方法或要素，如(12)、(13)。

(12) a. 그 결혼! 장담하건데 절대 못해. 왠줄 알아? 그 **열쇠** 내
가 쥐고 있거든.《최고의 연인, 88회》你的结婚! 我
发誓你绝对结不了! 知道为什么吗？因为你的把柄我
拿着呢!

b. 이게 당신이 가진 모든 문제들의 **열쇠**가 될 것 같아
서요.《최고의 연인, 108회》这会成为你所有问题的
敲门砖。

c. 그들은 또 진실을 덮었고 나는 **열쇠**를 풀지 못했
다.《동네변호사 조들호, 6회》他们又把真相掩盖
了，但我没有能力去打破这个僵局。

(13) a. 너 내가 무슨 **키를 쥐고** 있는 줄 알아?《최고의 연인,
92회》你知道我手里有什么证据吗？

b. 애가 **키를 잡고 있어**.《딴따라, 4회》那个孩子是线
索。

如上，汉语"钥匙"一般不用于比喻意义，"钥"多出现于成语
中，如"抱关执钥、抱关执籥、北门锁钥、北门管钥"等。所以韩
国语的"열쇠、키"根据语境可译成"把柄、敲门砖、证据、线索"
等。当用于否定句时，如(12c)，汉语为"打破僵局"。

综上所述，从语言学的角度来看，对韩国人来说，锁具文化更发达。

8.5 磨坊

韩国语里磨坊是"방앗간"，有的设在农村住户家中，有的设置在人们利用起来比较方便的地方，因为磨房是大家经常利用的地方，所以"방앗간"可以比喻人来人往的地方，如(14)。

(14) 여기가 동네 **방앗간**이에요? 어디라고 함부로 드나들어
요?《비켜라, 운명아, 35회》这里是小区聊天房/活动室
/活动中心吗？你以为这是哪里啊？随便来？

与实际生活相反，韩国文学作品里的"방앗간"多位于人迹罕至的僻静地方，人们多在此幽会(李御宁 2015:91)。小说《메밀꽃 필 무렵》中,허생원与성서방네 처녀就是在磨坊里偶遇并度过了第一晚。这种文化也体现在电视剧台词中，如:

(15) 해수란 애는 원래 그런 애야? 앞에서 얌전한 척하고 뒤
에서 밤마다 **물방앗간**이라도 가디?《보보경심:려, 1
회》叫解树的女孩原来是这样的女孩啊？人前装贤
淑，背地里，难道每天晚上还去水磨坊吗？

韩国之所以出现这种"磨房文化"现象，思想上的压迫是主要原因，电视剧《삼 마이 웨이, 12회》中对此进行了说明，"조선은 그

렇게 경직된 데 아니라면 전국 방방곡곡 속속들이 그 숱한 물방앗간들이 생겨나지도 않았겠지요?", 意思是如果朝鲜(王朝)不那么僵化的话, 全国也不会到处产生那么多的水磨坊。

与韩国相反, 中国文化里青年男女的恋爱场所多是花园, 如《西厢记》《牡丹亭记》等都与花园有关。西方中世纪类似的场所是树林, 如传统中的英国6世纪国王——亚瑟王宠爱的骑士连斯洛特与亚瑟王王妃偷情的地方就是树林, 瓦格纳的歌剧Tristan und Isolde(特里斯坦与伊索尔德)中两个恋人为了爱情逃进的也是树林。

与韩国的磨坊相反, 西方的水磨坊是所有产业化中枢——工厂的原型, 是财富的象征。之所以产生这种东西方区别, 是因为西方人以小麦磨成的面粉为主食, 而韩国人(亚洲人)以只要去壳就可以食用的稻类为主食, 所以西方最先开始了工业化, 而亚洲则明显地落后于西方, 表现在语言上, 英语的"mill"还有工场、工厂之意(李御宁 2015:90-91)。

现实生活中, 韩国的磨坊一般是用来磨米、磨面、榨油的地方, 不是用来做或存放辣椒酱的地方, 因此 "물방앗간에서 고추장 찾는다" 比喻到不合适的地方寻找不可能有的东西。在中国, 现在很难看到磨房的踪影, 但韩国依然有发达的 "磨房文化", 在韩国的农贸市场或居民小区附近经常会看到有磨房出现, 不过已经不是传统的磨房, 而是拥有自动化机器的磨房。

8.6 坐式文化

关于坐式文化, 首先分析这种文化的起源, 并探讨韩国席地而坐的文化对韩国传统建筑、服饰、坐具与饮食习惯、礼仪、肢体、结婚、艺术与死亡等的影响。

8.6.1 坐式文化的起源

中国古代是席地而坐的坐式文化，这可以从多个方面去分析，从汉字的造字来说，如甲骨文中"女"的形象就是席地而坐(如图4)。汉语的"病"字也是中国席地而坐的坐式文化的体现。因为中国古代是坐式文化，睡觉也都是睡在地上的，所以只有在人生重病时，才会把人放在木架上，抬出去看病，繁体字的"病"左边的偏旁就是竖起来的几案样(如图5)。

[图4]女，图片来自网络　　[图5]病，图片来自网络

从生活习惯来说，因为古人一般都坐在地上，并且多会铺上席子、坐垫等东西，所以才有了"席地而坐、管宁割席"，才有了"胡床"，所以王羲之东床坦腹，不是躺着，而是坐着。

关于坐式文化的起源，有两种分析视角：一种是从服饰的角度，一般认为是因为古代人穿衣裳，上为"衣"，下为"裳"，即裙子，并且都不穿内衣。所以在公开场合只好跪着，用长托到地的"裳"包裹着身体，不能分开腿坐(汪郎 2013:162)。这种习惯一直传到日本和韩国，日本人采取盘腿坐的习惯始于日式内衣出现之后（金文学 2011:86）。第二种观点是从自然环境的角度来分析，马未都（2017(1):81）认为与两千年前欧洲人都垂足坐在椅子上相比，亚洲地区的人大部分都是席地而坐，这是因为欧洲阴冷不宜坐在地上，而亚洲干燥所以可以坐在地上生活。

虽然中国古代是席地而坐的文化，但随着服饰变化以及生产技术、社会习俗、文化交流等的影响，中国人的坐姿发生了很大变化，对此也有两种看法：一种认为其动因主要是佛教的传入，因为佛像有"倚像"，即倚坐之像，而倚坐就是垂足坐。随着佛教的深入流行，老百姓逐渐接受了倚坐的方式，这种高坐的坐具最具代表性的就是椅子（孙机 2014/2015:164）。还有一种观点认为高坐的习惯是受西域人的影响，因为东汉就有了"胡坐(高坐)"的记载（马未都 2017(1):85）。不管是出于何种原因，中国最终抛弃了席地而坐的文化，到唐朝之后逐渐发展成了垂足而坐的高坐文化。

但韩国则从古代的跪式文化逐渐发展了具有特色的跪式与坐式相结合的席地而坐的文化。请看下面的资料：

(16) 2월 19일 아침 강의에 주상께서 "종묘 제사는 중국 예법에 따라 일을 맡은 신하가 서서 진행한다. 그런데 중국 사람은 서 있는 것에 익숙해서 종일토록 서 있더라도 힘들어 하지 않지만, 우리나라 사람은 그렇지 못한다. 연로한 신하들이 오래 서 있을 수가 없어 땀이 흘러 옷을 적시기까지 한다. 비단 아랫사람만 그런 것이 아니라 위에 있는 사람도 감당할 수가 없다…"고 하셨습니다.(선조실록 40년(1607)5월 3일)(转引自송기호 2009/2010(1):251)2月19日的早会上，王说："按照中

国的礼法，宗庙祭祀时，负责此项工作的大臣需要站着举行。但是中国人习惯站着，即使站一天也不累，但我们国家的人却做不到。年龄大的大臣站功不行，时间长了流的虚汗把衣服都湿透了。不仅是下属们这样，上司们也承受不了……"。

上面这段资料说明了中韩两国站立文化与坐式文化的不同。韩国坐式文化不仅局限于日常生活文化，就是在宫廷中也并无二例。例如中韩两国在古代的上朝文化就非常不同。

虽然中国在汉朝时上朝也是脱鞋进大殿然后(跪)坐着上朝，如刘邦给萧何的特权之一就是"践履上朝"，即可以穿鞋上大殿。到唐宋明清时期，大臣们在上朝时都是站着的，这种场面在中国古装电视剧里经常出现，如果皇上要给某个人特别的待遇，则会说"看座"，那么就会有人送个座位来，否则就只能站立。而韩国大臣在上朝时虽然有时是站着的，但有时也坐着，笔者去韩国首尔景福宫游览时，就发现景福宫勤政殿里的摆设异于中国，因为王座下首两侧分别依次有红色的坐垫，这些坐垫就是给大臣们准备的，这种情形在韩国古装电视剧里也有所体现。

韩国的坐式文化在拘留所、监狱也毫不例外，在这些地方也都是进门脱鞋，平时活动、晚上睡觉就直接睡在地板上，电视剧中都有这样的片段描写，如(17)。而中国的这些地方都是给小凳子坐，睡觉则是单人床。

(17) a. 우리 엄마가 이 밤에 차가운 유치장 **바닥**에서 지내게 생겼는데.《최고의 연인, 100회》我妈这大晚上的要在冰凉的看守所地板上睡觉了……

b. 오만정의 노예로 살래? 아니면 **찬 바닥**에서 콩밥 씹
  으면서 감방에서 노역할래?《천상의 약속, 70회》
  你是当吴万静的奴隶呢？还是睡在监狱冰冷的地板
  上、吃豆饭、服劳役呢？

8.6.2 坐式文化与传统建筑

8.6.2.1 坐式文化与"온돌"

　　中国古代人席地而坐是因为上古时代没有凳椅之设，可验证这一点的就是上古人驾车也都是站立的(杨荫深　2014/2015b(戊):95)，不过中国后来有了凳椅，所以就发展成了站式或高坐式文化。但韩国发展到现代社会仍然继承了古代的坐式文化，至于韩国为什么没有发展成站式或高坐式文化，송기호(2009/2010(1):251)认为这与韩国的"온돌"文化有关，暖炕的发达使席地而坐的坐式文化成了韩国人生活的中心。关于韩国暖炕文化的起源，一种学说认为始于青铜器时代(주명철 1980)，一种认为始于高句丽时代(신영훈 1983)。

　　暖炕对韩国人来说是非常重要的一种生活必需品，具有很强的文化性。

　　首先看暖炕的构造。韩国人在居住方面最典型的特点就是"온돌(温突/堗)、구들"，其中"突"即烟囱，"온돌"即烧火取暖的方式，与中国东北以及山东等地的火炕有相似之处，但韩国的"온돌"一般是整个房间都有，加热的话，通体都暖和，而中国的火炕只是建在房间的一侧。韩国火炕的炕灶、炕洞称作"방고래"，上面的炕面石为"구들장"，与此相关有惯用语"구들장(을) 지다"，俗指躺在暖炕上。对韩国人来说，过去有时也会把炕面石下面当做藏

东西的地方，如(18)。

(18) 내가 돈을 막 모았을 때는 내 **구들장** 믿었는데.《미워
도 사랑해, 3회》我开始攒钱的时候都是把钱藏在炕面
石下面。

汉语有"老婆孩子热炕头"的说法，指的是在家里享受天伦之
乐，这里是用"热炕头"来转喻家，韩国语里的"구들동티"中的
"구들"也是用热炕头来转喻家，这个词用来嘲笑无缘无故的死。
而"구들직장(--直長)"意思是炕上的官，"구들더께"意思是赖在
床上的人，都用来嘲笑"宅男、宅女"们。不过现在宅男宅女也称
作"집돌이、집순이"。

暖炕需要单独烧火，这种不是为做饭而烧的火称作"군불"，是
由表示无用意义的前缀"군-"与"불"结合形成的前缀派生词，从
这个意义出发，"군불(을)　때다"可俗指点火抽烟，因为抽烟的火
也是没用的火；另外这个俗语还作为隐语指"性交"，隐含的是"性
是玩火"这种思想，这与中国人看待性的态度是相通的。虽说这种
炕火没有太大的用处，但是也可和锅灶连起来用来做饭，因此俗语
"군불에 밥 짓기[익히기]"比喻借助某事而轻松完成其他事。

在烧炕时，因为炕洞很深，所以烧火棍就很长，因此产生了俗
语"군불 장댄가[장대처럼] 키만 크다"，用来嘲笑那些个子高的
人。

与烧暖炕有关还有俗语"급히 더운 방이 쉬 식는다、쉬 더
운 방[구들]이 쉬 식는다"，比喻轻松得来的东西不会长久。据此，
我们还可以分析出这样的信息，即韩国暖炕的构造讲究的是保温。
与此相关还有俗语"초저녁 구들이 따뜻해야 새벽 구들이 따뜻하

다", 意思是晚上把炕烧热了, 早晨才会继续保持热度, 比喻前面的
事情做好了, 后面的事情也才会跟着做好。

韩国 "온돌" 这种取暖方式产生了 "따뜻한 아랫목 热炕头"
之说, 因为离灶台越近温度越高, 所以过去韩国人给孩子们留的米
饭怕凉了, 就放在 "아랫목" 的被子底下。"아랫목" 也成了韩国房
屋中最尊贵的地方, 因此是老人、父亲、长兄睡觉的地方, 如果家
里来了客人, 即使年龄、辈分很小, 一般也安排睡在 "아랫목", 这
也反映了韩国人重感情的一面, 这种暖炕文化也对韩国人价值观的
形成起到了很大的促进作用, 这也为朝鲜时期儒家文化在韩国的发
展和势力扩大提供了土壤(안기수 2011:303-304), 对形成韩国人重
视年龄、身份、秩序的文化起到了促进作用。

在这种文化的影响下, "아랫목" 可用来比喻好的条件, 如俗语
"나중에 들어온 놈이 아랫목 차지한다" 比喻虽然来的晚但却占据
了最好的条件; 也可用来嘲笑晚来的人却不知分寸地占据好的位置
并洋洋得意。

随着现代社会的发展, 韩国现代建筑的取暖方式已全部改为
用锅炉加热的方式, 已没有了 "热炕头" 与 "非热炕头" 的区分,
整个房间都很暖和, 形成了 "锅炉文化", 所以在一个家庭内部,
至少在睡觉时的位阶关系已经消失, 而随着现代寝具——"床" 的
引入, 兄弟姊妹几个人共用一个被窝的亲密文化也已消失(안기수
2011:306)。

能够吃饱饭、睡热炕在古代是非常难得的事情, 所以韩国人在
形容自己的幸福感时会说 "배부르고 등 따뜻하다 有饭吃, 有热炕
睡", 也会说 "등이 따스우면 배부르다 天冷时有个热炕头躺着就
不会觉得饿", 有时也会出现反问句, 如 "등이 더우랴 배가 부르
랴"。正因为吃饱饭、睡热炕的重要, 所以俗语 "배부르고 등 따습

多"比喻生活富裕，其语序有时也可倒过来，用"등 따습고 배부르다"，这时的语序与汉语一致，因为汉语"温饱问题"的"温"在前。

在韩国这种暖炕文化氛围下，韩国人一般认为睡冷炕是很不幸的事情，如电视剧《빛나라 은수，51회》中网络漫画作家박형식在说服윤수민同意当自己的漫画主人公时使用的策略就是卖惨，所提到的惨相之一就是：天冷却不敢开地暖，如(19)。

(19) 날도 추운데 **난방도 제대로 못해서 콧물 달고 살고.** 天这么冷，地暖也不敢开，天天流着鼻涕生活。

此外，还有俗语来表达这种情况，如"소금을 굽다"指在非常寒冷的房间里睡觉，之所以用炒盐来比喻，是因为炒盐需要不断翻炒，与人在冷房子内睡觉时缩成一团不断地翻过来翻过去这种形象极其相似，如(20)，汉语需要意译。

(20) 어젯밤 **소금을 굽고 났더니** 감기가 심하게 걸렸다. 昨天晚上冻得翻来覆去地没睡着，结果得了重感冒。

类似的还有"사명당(의) 사첫방 (같다)、사명당이 월참하겠다、춥기는 삼청 냉돌이라"，都比喻房间冰冷难耐。

不仅如此，在形容不烧火的房间非常冷时，韩国语还用"빙산(冰山)"来比喻[03]。寒冷的身体感觉还会给人带来心理上的寒冷感

03　与冰山有关，韩国语还有"빙산의 일각(一角)"，与汉语"冰山的一角"比喻意义一致。

受，所以"빙산"还比喻家里冷清清的，如电视剧《별별 며느리，1
회》中，妈妈윤소희看到儿子出差回家后，高兴地跑过来抱住儿子说
道：

(21) 아들! 아들 없으니까 집이 정말 **빙산**였어. 儿子! 儿子不
在家，家里简直就是冰窖啊! 冷清死了。

睡冷炕不仅带来心理上的寒冷，还会导致更严重的后果，如
"봄 방 추우면 맏사위 달아난다"意思是春天房间如果很冷的话
大女婿就会逃跑的，比喻春天房子很冷的话是难以忍受的。由此可
见，热炕头对韩国人是多么的重要。
韩国人的暖炕文化也影响到了生活的很多方面，例如，韩国
人每到年末会为贫穷的人举行"送温暖"活动，有的活动名称就是
"따뜻한 아랫목 만들기"，过去有的送烧炕用的煤炭，称作"연
탄 봉사"，现在有的会送电褥子以及新产品"온수매트"等，这与中
国人"送温暖"主要是送食物、金钱不同；再如，韩国还有发达的
"찜질방"文化，这和世界其他国家的"桑拿"文化不同，因为韩国
的"찜질방"更强调烙后背，韩国人身体疲惫时会去"찜질방"，如
(22)对话中就提到消除疲劳的方式是去烙一下后背。

(22) 감미란: 왔어요? 来了？
을지해이: 집에 가서 눈 좀 붙이고 와요. 변화 있으면 전
화할 테니까. 你回家睡一会再来吧。有什么变化
我给你打电话。
감미란: 집에 가서 누우면 퍼질 것 같고 나 **찜질방 가서
등만 찜찌고 올게요.**《나인룸, 16회》我要回家一

躺下就起不来了，我去桑拿房烙一下后背就回
来。

与暖炕相关，韩国语有俗语"찬물 먹고 냉돌방에서 땀 낸
다"，意思是借助喝凉水睡冷房来出汗，比喻不合事理的话干脆别
说，或者讽刺想用不当方法来实现自己目的的愚蠢行动。此外，还
有"식은 죽 먹고 냉방에 앉았다"用来嘲笑无谓发抖的人。

8.6.2.2 其他取暖方式

除了过去传统的火炕之外，现在韩国供暖的设备或具有供暖
设备的房间称作"난방(暖房)"。汉语也有"暖房"，但指在亲友
结婚的前一天前往新房贺喜或者指温居，由于中国地域不同，房
屋建筑形式也不同，"暖房"的说法也不同，如陕北因住窑洞称作
"暖窑"；关中有的地方叫"暖庄子"；渭南等地叫作"暖锅"(张崇
1993:261)。

韩国有供暖设备的住宅虽然非常普遍，但也有部分南方地区有
的没有供暖设备，那么为了取暖经常会用电褥子，称作"전기 장
판"，韩国有一个乐队组合就叫"전기장판"。铺"장판"的房子称作
"장판방"，有俗语"못된 벌레 장판방에서 모로 긴다"，比喻越是
不成器的人越是干一些讨人嫌的事情。

电褥子有很多材质的，其中有"옥장판"，因为这样的电褥子
属于高价品，所以销售策略非常重要，因此，韩国语里"옥장판 팔
다"成了能说会道、花言巧语甚至诈骗的代名词，如(23)。

(23) 나한테 잘해 주는 남자들이 죄다 **옥장판 파는 놈들이**
야.《밥상 차리는 남자, 17회》对我好的男人，都是卖

玉质电褥子的花言巧语的男人。

韩国人取暖还用取暖炉，称作"난로(暖爐/煖爐)"，与此相关有"오월로(五月爐)"，意思是五月份的取暖炉，比喻虽然当时没用了，但如果真没了又觉得有点可惜，也就是说，韩国五月份的室温还有点低。

8.6.2.3 坐式文化与韩屋

具体到建筑的外观，比较明显的特点就是房屋高度、屋顶形态与房间面积的大小。

首先看高度特点。韩国的"온돌"、坐式文化使韩国传统民宅建筑出现了一个特点，那就是高度都比较低（见图6）。欧洲建筑也具有低矮的特点，原因都是因为低矮的房屋利于保暖，可减少取暖费用（竺可桢 2011/2015:42）。

[图6] 韩国的围墙与房屋(2019年1月24日摄于韩国全州韩屋村)

不过韩国现代建筑的楼房高度要比民房高多了。但即便如此，好像与中国的楼房建筑高度也有所差异。一般的办公场所好像差异不大，但住宅却有所不同。记得笔者曾送给韩国某位教授一幅字画，是竖幅的，长度是按照中国书画的一般规格做好的，在中国一般楼房里挂长度都是正合适的，但去韩国教授家里之后，却发现那副字画垂在地上一大截，根本无法挂起来。

关于韩国传统韩屋高度较低的特点，이규태(1983/2011(1):63，62)认为这与韩国人的敬天思想有关，天处于最高的位置，其次是君主，位置最低的是百姓，所以一般百姓的房屋都极低；而这种思想也影响到韩国人的生活居住方式，使得韩国人的席地而坐文化一直延续至今，因为韩国人的住居文化是一种"높이를 거절하는 문화拒绝高度的文化"。

再看中国的房屋高度，如果坐火车从中国北方往南方走，就会发现铁路沿途的房屋从高度上好像有较明显的差异，随着纬度的降低，而房屋的高度却是逐渐升高的。北方沿途的传统家居房屋单层的居多，而南方民居好像楼房更多一些，越往南走，傣族等少数民族都是两层，因为底层一般太潮湿无法住人。这种纬度与房屋高度的反比例现象，也可以把韩国囊括进去。

再看屋顶的形态特点。中韩两国的屋顶没有太明显的区别，一般都是坡顶的。如果对东西方的屋顶进行对比的话，可以发现，西方社会建筑的屋顶都非常高耸，地理学家竺可桢从地理环境的角度对此进行了分析，他认为西欧多雪地带的屋顶之所以坡度极大，是因为可以使雪不堆积在上面，不至于压坏房屋，相反，中国冬季少雪，所以说屋顶高度不会超过30度(竺可桢 2011/2015:36)。

也有人对东西方屋顶特点的差异从宗教方面做了分析与解释，刘承华(2003:174)认为西方高耸的屋顶"给人一种向上超升的感觉，具有一种要脱弃世俗，离开现实，趋向上帝的超越性，……这种屋顶设计正反映了西方人宗教意识中那种脱离世俗的精神倾向"，与西方相比，中国建筑一般多是坡顶，刘承华(2003:174)认为这种"中国式屋顶体现了中国宗教重视世俗，具有现实性；而西方宗教蔑视世俗，具有超越性。"也就是说中国建筑体现了宗教(神)与世俗(人与现实)之间的融合。李泽厚(2009/2017:65)认为中国的建筑"自儒学替代宗教之后，在观念、情感和意识中，更进一步发展贯彻了这种神人同在的倾向"。

最后看房间面积大小问题。传统韩屋的房间都不会太大，并且房间大多是卧室与会客兼用的，晚上铺上寝具就是卧室，白天从地上起"床"后，把被褥等寝具收起叠放到柜子里，再把折叠式的小桌子拽过来就是餐桌或者书桌，那么寝室就变成了饭厅、书房或会客室。尤其是外租的廉价房子，一般大多不会超过二十平方，并且还包括简易厨房和厕所。

韩国人这种传统的生活方式其实也隐含了韩国人认为包括被褥、枕头在内的寝具不能示人的这种思想，所以韩国首任美国公使박정양在华盛顿某宾馆开馆后，虽然房间里有床，但他都是睡在地板上，当收到各国公使和高官首次来访问的通报后，这位公使下的命令是赶快把床撤了(이규태 1983/2011(1):61)，因为他认为床是不能示人的。

8.6.3 坐式文化与服饰

人们的居住方式与服饰是互相影响的。中国在上古时代的服装是以"上衣下裳，束发右衽"为特点，这是因为那时人们在居室内通常是跣足席地跪坐，采取这种跪坐的方式也是因为以前内衣除中单外，只在两股间缠一块兜裆布，所以不能箕踞而坐或撩起下裳(孙机 2014/2015:96-97)。在现代社会也是一样的，例如女性如果穿裤子，可以坐得比较随便一些，但如果穿裙子就要小心了，因为我们现代人坐在椅子上或沙发上的这种居住文化使女性穿裙子比较受拘束。韩国延续至今的席地而坐的坐式文化也影响了韩国的传统服装，并形成了韩国特有的非常宽松的传统服饰文化。

8.6.3.1 坐式文化与韩服

韩国传统服装为"한복(韓服)"，这种韩服受韩国传统的坐式文化的影响而形成(김은정、임린 2009:7)，因为韩国人要席地而坐，所以要求裙幅、裤子都必须很肥大，才会起坐方便。裙子肥大其实也与韩国人过去内衣不发达有关。而内衣之所以不发达与韩国的热炕文化有关(박갑수 2015:377)。金文学(2011:49)认为韩国人穿韩服与韩国人尤其是女人的腿又短又粗有关，就像中国人喜欢穿旗袍是因为腿漂亮一样，这种观点也有一定的道理。

随着服饰文化的发展，现在韩服已逐渐远离了日常生活，人们尤其是女人开始穿起超短裙、热裤，但由于韩国人席地而坐的坐式文化并没有发生改变，所以在韩国就出现了一幕幕异于他国和他民族的风景。例如，去饭店吃饭，女人们在坐下之前，总先去取墙上或衣架上挂着的围裙盖在腿上，这一方面是担心吃烤肉会有油星溅到身上，但更重要的是为了盖住自己的下身，以免走光。

8.6.3.2 坐式文化与鞋袜

韩国的坐式文化也催生了具有民族性的鞋子与袜子文化。

1) 进门脱鞋

韩国人的坐式文化形成的非常突出的一个生活习惯就是进门脱鞋，如果穿鞋尤其是穿着鞋进别人家里是严重失礼，会遭到叱责，如(24)。

(24) 남의 집에 **신발 신고**…《연인, 6회》你进别人家里(竟
然)还穿着鞋?

由于韩国人进门脱鞋这一习惯,所以韩国人可以通过脱在门口
的鞋子来判断家里有没有人、有多少人,以及性别和年龄如何,如
电视剧《천상의 약속, 29회》中,女主이나연进门后就问:

(25) 엄마, 누가 오셨어? **못 보던 구두네**. 妈, 有谁来了吗?
怎么有双没见过的皮鞋啊。

因为鞋子可以告诉人们丰富的信息。所以韩国影视剧里经常出
现这些情节: 如果想藏身,那么就要去门口先把鞋子藏起来或者怀
抱鞋子藏起来。

如果单身女人自己住,门口就只会有女人的鞋子,为了不让坏
人发现这一点并乘虚而入,可以故意在门口放上一双男人鞋,如电
视剧《아이가 다섯, 15회》中이호태就把自己的皮鞋放在女朋友独居
的房门前,并说道:

(26) 이건 그냥 여기에 둘 거야. 이렇게 **현관에 남자 신발 하**
나가 있어야지. 여자가 혼자 사는 티가 안 나는 거야. 这
(双鞋)只是放在这儿的, 在玄关这儿要放双男人鞋,
这样才不会让人察觉是女人在这儿独住。

韩国这种鞋子文化在中国是没有的,不过中国的小偷、意图
不轨的坏人多是看阳台上是否晾有男人衣服来判断家里是否有男人
住。所以中国独居的女人可以通过在阳台上挂件男人衣服来为自己
提高安全系数。

韩国人的这种脱鞋文化还表现在"신발시중"之上，也就是长辈进门后，晚辈要将鞋子整理好；长辈出门时，晚辈要提前将鞋子头朝外准备好，并把提鞋器递给长辈。绝大多数的韩国饭店也都需要进门脱鞋，因此韩国饭店员工的工作之一就是把客人脱掉的鞋子头朝外——整理好。

　　从另外一个角度来看，去别人家里时，脱了鞋子才算进屋，如果不脱鞋就站在门口，表达的就是一种生疏和距离感。如电视剧《우리 갑순이, 14회》中，结婚分家的儿子来到父母家里，当站在门口听姑姑说自己妈妈不在家时，转身就走了，所以姑姑很生气，说道：

　　(27) 지 엄마 없다고 **신발도 안 벗고** 그냥 가는 것 봐. 你看
　　　　 他，一听说他妈不在家，连鞋都不脱就直接走了。

2) 穿鞋进屋

　　正因为韩国人有进门脱鞋的习惯，如果穿鞋进屋会有两种可能性：一种是文化的不同，如：

　　(28) 최강자: 야, 너 왜 **신발을 신고** 방에 들어왔냐? 呀! 你怎
　　　　 么穿着鞋子进屋里来了？
　　　　 권아름: 죄송해요. 호텔에서 살다 보니 습관 돼 가지
　　　　　　　 구.《최고의 연인, 32회》对不起，我在宾馆住得
　　　　　　　 成习惯了。

　　如对话中所说，韩国现代化的宾馆有的可以穿鞋进门(韩式车马店或旅馆一般仍需要进门脱鞋)，如果在宾馆里住久了就会习惯成自然。

另外一种穿鞋进屋的情况是：要么是情况非常紧急，要么是当事人极度愤怒，也就是说在这两种情况下，就不会顾忌什么礼仪了。例如，电视剧《별이 되어 빛나리, 122회》中，走投无路的서모란闯进同父异母的姐姐조봉희家里，要带姐姐回自己家，企图借此来挽救自己全家时，一个细节就是穿着鞋闯进了门。电视剧《연인, 22회》中，박유진看到하강재跪在自己面前祈求分手、要与윤미주结合，所以愤怒地闯进윤미주家里，这种愤怒不只表现在打윤미주的耳光，还表现在穿着鞋进她的家里。再如电视剧《최고의 연인, 70회》中，고흥자梦到自己的仇人한아름穿着鞋子进到自己家里，她说道：

(29) 뭐야? **왜 신발 신고 들어와**?...한아름! 어떻게 된 거야?

너 벌써 출소한 거야? 什么呀？怎么穿着鞋进来了？

……韩雅凛! 怎么回事啊？你这么快就出监狱了？

如上，穿鞋进他人家里这种身体语言可以无声地表达愤怒之情。正因为有这种文化，所以做梦的时候也会出现上述情景。

正因为在韩国穿鞋进屋是不正常的情况，所以生活中可以借助这种异常情况来做出某些特殊的推测。例如，警察进屋搜查或黑社会的人来搞破坏时都是穿鞋进的。根据这种特殊情况，有时也可用于身份判断，如电视剧《당신은 선물, 78회》中，当反面人物조비서追赶叫作남재현的人时，就是穿着鞋子进了남재현的住处，当撞见也来进行现场调查的警察황형사时，便谎称自己是房主的朋友，而警察황형사就反问道：

(30) 참 이상한 분이시네. **친구집에 이렇게 신발 막 신고 들**

어오시고. 您看起来很奇怪啊。进朋友家就这样穿着鞋

进来吗？

也就是说，警察借助他"进门没脱鞋"这点而对赵秘书的身份产生了怀疑。同一集电视剧中，当한윤호也赶到남재헌的住处寻找重要的破案证据时，发现房内放了一双干干净净的皮鞋，所以感到很诧异，自言自语到：

(31) 방 안에 **왜 구두가 있지?** 房间里怎么会有皮鞋啊？

于是，他不禁拿起皮鞋来查看，结果拔掉鞋跟后，发现了藏在里面的证据。因为一般情况下韩国人进门都是把鞋脱在门口或者放在门口的鞋架上，不会把鞋子放在室内。

电视剧《피고인, 6회》中서은혜为了证明박정우不是杀害自己妻子、女儿的凶手，公开了当时的录像，指出录像中出现的穿着皮鞋的脚，并说了下面的一段话，如(32)，借此来为他作证。

(32) 자신의 집에서 말다툼한 끝에 아내를 살해한 사람이 **구두를 신고 있었을까요?** 그리고 거실의 바닥에 이 **구두의 조족**을 발견하지 못했습니다. 경찰이 도착하기 전에 도망가지 않고 아내를 안고 울고 있는 피고인이 과연 조족을 지웠을까요? 피고인이 아니라 이 구두의 주인이 진짜 범인이 아닐까요? 如果被告人是在自己的家中和妻子吵架后杀死了妻子的话，那当时会穿着皮鞋吗？并且在客厅地板上并没有发现这双鞋的足迹。被告人在警察到达之前并没有逃跑，而是抱着自己的妻子在哭，这样的人真的会把自己的足迹抹掉吗？杀人真凶不是

被告，而是这皮鞋的主人，难道不是吗？

如上，进门脱鞋与否看似只是生活细节，但反映的却是完全异于中国人的生活文化，而根据这样的生活细节和身体语言来表达感情或者据此作出缜密判断等反映的更是深层次的文化。

4) 脱鞋与袜子

韩国人进门脱鞋的文化也催生了"袜子文化"。韩国的"袜子文化"与进门脱鞋密切相关。并且送礼可以送袜子也成了韩国的文化现象之一。韩国有"효도버선 孝道袜子"，是出嫁的女儿第一次回娘家时给家中长辈们的礼物之一，而回婆家时也会给婆家长辈们送袜子。随着社会的发展，"버선"已不再流行，现在一般多送"양말(洋袜/洋韈)"。

袜子文化还包括清洁和经济问题，因为韩国不仅在家里是以席地而坐为主，就是在外面吃饭，很多饭店也都是席地而坐式的长条桌，脱鞋落座后，就要把脚放在桌下。因此去韩国旅行，必须准备的就是多带几双袜子，并且一定要注意袜子不要有洞，否则就要出丑了。不过这种情况就是对韩国人来说也是比较尴尬的，对袜子破了而露出的脚趾头，韩国语还有专门的名词，叫作"알젓"，这个词本来指鱼子酱，之所以被用来指露出袜子的脚趾头，利用的可能是脚指头与鱼子酱在形态和味道上的相似性。韩国电视剧里描写一个人很穷时也经常会出现露洞的袜子这种场面。

因为袜子与韩国人息息相关，所以还有与袜子有关的比喻，俗语"버선목이라 (오장을) 뒤집어 보이지도 못하고、버선목이라 뒤집어 보이나"比喻非常憋屈。日常生活中还用"양말을 뒤집어 보여주다"，如(33)。

(33) **양말 같으면 뒤집어 보여드릴 수 있는데** 저는 더 이상

드릴 말씀이…하늘이 알고 땅이 알아주겠지요.《그래

그런 거야, 28회》如果是袜子，我还可以把它翻过来

让大家看。我没有其他可说的了。相信老天爷、土地

爷会知道我的真心的。

5) 脱鞋文化与交际障碍和风险

韩国人这种进门脱鞋的文化还从室内、家里扩展到了外部空间，在公共场所(大街、地铁、火车、公园长椅、图书馆、教室、公司)也随处可见。这种脱鞋的坐式文化即使到了国外一般也不会改变，所以很多韩国人来到中国买房后会将房子装修成韩国式的，在门口留出玄关，用来放鞋子。但如果是租房子则无法改变房子的结构，这时很多韩国人会将鞋子直接放在门外，而在与中国人混居的地方就会造成交流的问题。

就像田艳(2014:183)采访一位中国住户时，他就抱怨道："我们觉得(韩国人)这样(把鞋子放在门口)占用了门前的空间，污染了空气，还很晦气。因为按中国人的习俗，只有家里死了人，才会把鞋放到屋外。"

这就是不同文化造成的交际障碍。韩国人的这种脱鞋文化可能造成的不仅是交流障碍的问题，有时还会带来更严重的人身安全问题，因为对西方人来说，女人的脱鞋动作会被视作以身相许的身体语言。

例如，차종환(2007:70)提到了两个真实故事：有一韩国女性去意大利旅行，从罗马坐火车去意大利南部时，由于太劳累所以上车后就把鞋子脱了，把腿搭在了对面座位上。而这时旁边座位上的男子开始找话说，聊了很长时间后，对方却扑身上来了，这时这位韩

国女性才明白了对方的意图。还有一个在美国留学的韩国女性，去认识的某个美国男人家里玩，进门后就习惯性地把鞋子脱了，最后她被对方拉到了床上。后来，这个韩国女性鼓足勇气起诉了这个男人，但陪审团却说去男人家里连鞋子都脱了这是女人先诱惑男人的行为，结果对美国男人宣布无罪释放。

8.6.4 坐式文化与坐具和饮食习惯

中国人的坐姿经历了从跣足席地到垂足高坐的过程，所以坐具也经历了从蒲席、矮床到椅子的演变，并形成了明清时期硬木家具的兴盛。而韩国却延续了席地而坐的文化，与中国的现代坐具相比，韩国的坐具有很大不同，这也造成了不同的饮食习惯。

8.6.4.1 坐垫

关于坐具，中国高坐文化的典型产物是"（小）板凳"，并且还出现了阳谷民间歌谣《小板凳》，现在"小板凳"还产生了其他用法，如(34)，也就是说中国人不论去哪儿都需要自带坐具，这也是中国的"小板凳、马扎"文化发达的原因之一。

(34) a. 胡歌又获奖了! 大家自备小板凳，跟着胡老师学英语。
　　 b. 一张图看懂大学专业的就业前景，请自带小板凳入座。(网络)

韩国坐式文化的坐具中一般很少用到小板凳、马扎，用的最

多、最重要的是坐垫——"방석(方席)"，与此相关，韩国有这样一个笑话：

(35) a. 미국 사람 셋이 모이면 줄이 생기고, 三个美国人在一起会排队，

b. 이스라엘 사람 셋이 모이면 세 개의 정당이 생기고, 三个以色列人在一起就会出现三个政党，

c. 일본 사람 셋이 모이면 세 개의 상사가 생기고, 三个日本人在一起就会出现三个商社，

d. 한국 사람 셋이 모이면 방석을 편다. 三个韩国人在一起就会把坐垫打开。

以上这个笑话反映了四种不同文化下人们的不同生活特点。而从(35d)中可以发现韩国人的生活特点。

对韩国人来说，坐垫是最日常的生活用品，与中国和西方的椅子不同，韩国人家里的坐垫是人走垫收，也就是说韩国人的坐垫平时都是收好叠放在角落里的。当然这与前面所提到的韩国传统韩屋面积都很小有关，不过对这种现象，이규태(1983/2011(1):36)认为这也反映了韩国人拥有"贪图安坐这种具有本能性的享乐思想是一种罪恶"这种思想。

正因为韩国人有随时收坐垫的这种习惯，所以韩国语里整理坐垫可用来比喻小事情，如俗语"윤섣달엔 앉은 방석도 안 돌려놓는다"，意思是闰腊月时最好连坐垫都不要动，比喻闰腊月时什么事情都不做。这个俗语反过来也验证了韩国人随时收坐垫的文化。也正因为有这种文化，所以三个韩国人在一起的时候才会出现把坐垫打开这样的行动，如果不了解韩国人的坐垫文化，那么就难以理解上

面的笑话。

　　不仅如此，韩国语的"방석"这个词还被用于多种表达形式，产生了很多比喻意义。例如"비단 방석"与"꽃방석"意为又好又有意义的地位或位置，"바늘방석"与"가시방석、송곳방석"都比喻坐上去非常难受的地方或场合，如(36)。此外还有"엄나무 방석"，指用刺楸做的垫子，有俗语"아쉬워 엄나무 방석이라"意思是没办法只能坐在刺楸垫上，比喻虽然不满意但也只能将就了。

　　(36) 누나, 부자집 방석은 다 **꽃방석**이 아니야. 봄이나 나나
　　　　 완전 **가시방석**에 찬밥 신세 따로 없다니까.《우리집 꿀
　　　　 단지, 78회》姐姐，有钱人家的坐垫坐着可不一定都舒
　　　　 服。春儿和我(在那儿)完全是如坐针毡，是狗都不理
　　　　 的存在。

　　韩国语还有"돈방석"，比喻钱非常多，惯用语"돈방석에 앉다"比喻拥有很多金钱，处境变好。

　　坐垫的位置还可转喻坐在上面的人，如"앞방석"意为占据了最前面的垫子，转喻做秘书。而"곁방석(-方席)"比喻依附在有钱有势的人周围的人。

　　此外，坐垫还用来比喻事物的大小，如(37)是用坐垫比喻蛋糕、葱油饼、荷叶，汉语有时用"蒲团似的"，如(37ab)，这里的"蒲团"也是坐具。汉语有时也可用"盖垫大的"，如(37c)。因为坐垫是平的，所以韩国语里"臼齿"也被称作"방석(方席)니"，与汉语用"臼"来命名不同。

　　(37) a. **방석만한** 팬케이크를 혼자 다 먹으면 팬케이크 값이

무료다.《머니투데이, 2014.11.28》如果像大蒲团似
的大蛋糕一个人都吃掉的话，就免费。

b. **방석만한** 연잎들이 빼곡하게 들어차 수면을 덮어버
린 까닭이다.《데일리한국, 2016.08.15》因为像蒲团
似的荷叶密密麻麻地盖住了水面。

c. 그때 그때 구워 내는 총유병은 **방석만한** 크기다.《한
국일보, 2016.10.14》随时烙出的葱油饼像盖垫一样
大。

8.6.4.2 席子

韩国人的坐具除坐垫之外，还有一般的席子，可用来坐着或躺
着，根据用途、材质的不同，主要有以下几种：

1) 자리

"자리"指席子，也指被褥，因为韩国的坐式文化使韩国人形
成了席地而卧的休息方式，所以睡觉先要铺席子，因此席子也就可
用来转喻被褥。人生病后一般要躺下，所以"자리에 눕다"意为卧
病，如(38a)，汉语用"卧病在床"，而不是"卧病在席"。而把铺
盖收起来则说明不用再躺着了，所以"자리를 걷다"比喻痊愈，如
(38b)。表示痊愈时，有时也用"자리를 걷고[털고] 일어나다"，不
过这个惯用语也比喻卷起铺盖去别的地方。

(38) a. **자리에 누운 지** 벌써 3년째이다. 卧病在床已三载。
　　b. 본디 튼튼한 사람이니까 며칠 쉬면 **자리를 걷겠지**. 他
　　　身体素质很好，休息几天，就会好的。

韩国语里之所以形成“자리를 걷다”这样的惯用语也有深层次的文化思想。首先，与韩国的建筑构造有关，因为普通百姓家没有单独的会客厅，所以卧室把被褥收起来就要当会客厅用。正因为如此，传统韩国人一般起床后都会将被褥收起来放在柜子里，因为被褥是隐秘的东西，代表着“里、内”，内外有别，不能给外人看到，这反映的是一种“표리사상 表里思想”；而韩国人夫妇吵架到一定程度后，男人会将同床共枕的枕头扔出房门外或者扔到家门外，前者表示把妻子赶回娘家，后者表示要和妻子离婚的决心（이규태 1991a:363）。

　　2) 돗자리

　　“돗자리”意为草席，把席子铺开意味着占据一席之地，所以“돗자리를 펴다”有时用来比喻插手干涉，如(39)。事情结束时要把席子卷起来，草席卷起来非常轻松，所以惯用语“돗자리 말듯 하다”比喻非常麻利地把某事干完。

　　(39) 자리를 봐가면서 **돗자리를 펴**. 어디라고 훈수야?《당신은 선물, 34회》你看看情况再插嘴。你以为这是哪里啊？竟然插手干涉？

　　与“돗자리”有关还有惯用语“돗자리를 깔다”，有两个意义，第一个指坚守，如电视剧《빛나라 은수, 123회》中，看到妈妈坐在诊所外面的沙发上，女儿수미给男朋友打电话说道：

　　(40) 아예 **돗자리 깔았나 봐요**. 아침부터 쭉 지키고 있어요.(我妈她)看来是铁心要这样监督我了啊。从早上开

385

始就守在(诊所)那儿。

剧中妈妈坐的地方是沙发不是席子，但是也用了"돗자리를 깔다"，也就是说"돗자리를 깔다"的意义已经抽象化了，表示守着某个地方来监督人。

"돗자리를 깔다"的第二个意义指算命，如电视剧《다시, 첫사랑, 66회》中有这样的对话，박사장看到천세연好像不高兴，所以问起她是不是和男朋友分手了，两人就有了下面的对话：

(41) 박사장: 보아하니 그 놈이 아니라 니가 끝낸 것 같은데.
　　　　看样子，好像提出分手的不是那小子，而是你啊。
　　천세연: 사장님 **돗자리 깔아도 되겠어요**. 朴社长您猜得这么对, 都可以去天桥底下算命了啊。

"돗자리를 깔다"之所以产生这种意义，与韩国的算命先生都是拿张席子铺在地上算命的这种习俗有关。中国人一般用"去/在天桥下算命"。

3) 멍석

由于韩国人坐式文化的影响，所以吃饭也坐在地上吃。如果宴会人员众多在室内坐不下，就需要在室外落座，韩国的"평상(平牀/平床)"就有了这种作用，旧时韩国的一般传统饭店都会在户外放很多的平床。传统的韩屋家庭建筑中一般也会在院子里放这样一张平床。旧时的韩国农村居民经常聚集的地方也会有平床出现，如电视剧《응답하라, 1988》中，表达旧时回忆时的手段之一就是借助村子里

的平床，在这种敞开的空间里，男女老少可以不分你我地吃东西、聊天、休息(김소은 2017:21)。如果平床不够用时，一般会铺"멍석"，让大家都有机会坐下吃饭。

中国过去也有这种文化，《礼记》中有"五人以上长者必异席"，意思是五个人坐在一起时，长者、德高望重之人要另坐在一张席子上，这就是中国"主席"的来历，而英语的"主席"是"chairman"，即椅子上的男人(马未都 2017(1):86)。不过到了现代社会，中国人待客一般都是准备凳子或椅子。

正因为中韩两国过去都有席地而坐的文化，所以汉语里宴请、宴会称作"筵席、宴席、酒席"，去参加宴请可以说"去坐席"。而韩国语则有惯用语"멍석을 깔다[펴다]"，比喻为了让对方尽情地干某事而给他准备机会，如(42)。译成汉语时有时可以直译，如(42a)；有时可以译成"搭戏台"，如(42b)，有时需要意译成"办"，如(42c)。

(42) a. 그만 울어. 뭘 잘했다고 울어! 다 **깔아준 멍석**에 잘 차려진 밥상을 못 차려먹으면서 지금 울음이 나오니? 《최고의 연인, 61회》别哭了。有什么脸哭啊？把席子都铺好了，饭也做好了，自己还吃不到嘴里去，好意思掉眼泪!

　　 b. 제가 **멍석을 깔아드렸으니까** 이젠 형님은 신나게 춤을 추셔야 될 때입니다. 정난정이 잡혀가고 지금 그쪽 상단이 쑥대밭으로 됐으니까 형님께서 알아서 접수하십시오.《옥중화, 31회》我现在已经把戏台给您搭好了，大哥您尽情地去唱戏就行了。郑兰婷被抓走后，现在她的商团已经乱成一团了，大哥您就

尽管去接管好了。

c. 어머니가 자기 좋은 데로 시집보내고 그러시려나 본
다… 그러니까 자기도 **멍석 깔아줄 때** 못 이기는 척하
며 눕는 거야. 알았지?《빛나라 은수, 82회》看来你
婆婆是想给你找个好主吧。…所以你婆婆帮你办的
时候，你就装着拗不过答应了就是，明白吧？

不过韩国人认为有时给别人做好准备反而会坏事，要顺其自
然，如电视剧《미워도 사랑해, 19회》中，当得知双方儿女正在交往
中，동미애说再私下给他们撮合撮合，김행자则表示反对，并说了下
面的一段话，如(43)，句中的 "멍석 깔다" 意为帮忙。

(43) 보아하니 지들이 잘도 만나는 모양인데 하던 짓도 **멍석
깔면** 못하는 거야. 그러니까 가만히 놔둬. 看他们现在正
交往着。本来一直做的事情如果给他铺上席子反而就
不会做了。所以让他们自己看着办吧。

4) 덕석

与 "멍석" 有关，还有一种草苫子为 "덕석"，主要是冬天给牛
盖身体的，由于 "멍석" 与 "덕석" 有相似性，所以就有了俗语 "덕
석이 멍석이라고 우긴다、덕석이 멍석인 듯"，比喻仗着与某些东
西有些许的相似性，就摆出一副自己就是那种东西的样子。不仅如
此，"덕석" 还作定语，如 "덕석밤" 指很大的扁栗子。

5) 거적

韩国还有一种席子叫作 "거적"，可以用作垫子，也可用来盖

东西，有时"거적"还可用来当门，所以就有了"거적문"。与"거적"有关，有俗语"거적 쓴 놈 내려온다"，意思是披草苫子的家伙下来了，这里"披了苫子的家伙"指眼睛，俗语比喻非常疲倦，眼皮从上往下合上了。

上面介绍了韩国语的各种席子，汉语里与席子有关还有"席镇"，是用来压席子防止翻卷的，后来"镇"才发展为书房文具(马未都 2017(6):174)。

6) 보료

韩国还有一种坐具是"보료"(如图7)，韩国人席地而坐的习惯养成了喜欢靠着旁边的靠垫而躺卧的姿势，因为从坐到躺卧是一种顺势动作，非常轻松。这样的生活习惯催生了"누워서 떡 먹기、누워서 침 뱉기"等俗语(조현용 2017:179)。

[图7] 보료, 图片来自Getty Images Bank

8.6.5 坐式文化与礼仪

坐式文化还影响到了韩国人鞠躬问好(而不是握手问好)的礼

节，因为在坐着的状态下低头、弯腰、鞠躬很容易，而站起来去握手就比较繁琐（金慧媛 2013:4）。

韩国坐式文化还影响到韩国行大礼、屈膝跪地的礼节，因为给长辈行大礼，即"큰 절을 올리다"时，男人需要双腿跪在地上，双手伏地，而女人则需要坐在地上，这对坐式文化的韩国人来说，是很自然、平常的事情，或者说"是顺势而为的极方便的动作（丁广惠 2016:91）"，因为只要在平常的坐地状态下把头趴在地上就行，身体不需要发生太大的高低变化，这有利于人的心理稳定。并且因为受大礼的人一般也是坐着的，因为即便受礼者是站立状态或者是坐在沙发上，这时一般也要赶快坐到地板上来受礼。所以不会让行礼的人因双方的身体高度差异而感到心理上的不适。

例如，电视剧《빛나라 은수, 33회》中，当儿子与儿媳妇新婚旅行回来行大礼时，虽然客厅里有沙发，但作为父母的윤범규与이선영还是赶紧坐在地板上，等儿子与儿媳妇行礼，并且在儿子、媳妇行礼时，夫妻两人也都往前倾了一下身体、低了低头。这是因为接受晚辈行礼时，长辈如果感到有负担也要稍稍欠身或者低一下头。

相反，中国随着汉末胡床的传入，南宋太师椅的出现，六朝以来椅子、凳子的出现，人们出现了垂足而坐的方式，到元明清成为最常见的坐姿，"跪拜再不是顺势的动作，成为非同寻常之举，愈来愈加重其敬重和尊卑的内涵"（丁广惠 2016:92）。因为行跪拜礼时，从站立的状态到屈膝跪地，本人的身体落差很大；又由于对方是站立或者高坐在椅子上的状态，所以对方与自己的身体落差也很大，这两种身体落差都会给人造成很大的心理压力。所以从清末开始中国人已经很少跪地，民国起开始改为鞠躬礼，新中国改为握手礼（丁广惠 2016:93）。并且产生了"膝下有黄金"类表达，是用不轻易给人下跪来形容人刚正不阿，有志气。

从语义上来看，《北大中文语料库》共检索出与"屈膝"有关的语料464条，其语义搭配大部分都是消极意义的，其中出现最多的是"卑躬屈膝"(131条，占28.23%)、"屈膝投降"(34条，占7.3%)，也就是说屈膝跪地对中国人来说意味着屈辱和屈服，因此是不能随便下跪的。

这就让笔者联想起两件事，第一件，有位城市媳妇随乡村出身的丈夫回老家过年，丈夫一进门就扑通跪下了，城市出身、没有跪拜文化的自己也被迫随着跪下了，但是却感到备受屈辱。这就是中国文化中"跪地"这一特殊身体动作给人带来的心理压力。第二件，笔者之前一位年轻的男同事去韩国公务访问时，因业务能力强被韩国一位大公司的老板看中，非要认他做干儿子，但这位同事硬是没同意，据他讲，因为韩国认干爹是要磕头行大礼的，他说自己这膝盖跪不下去。

随着社会的发展，现代汉语里也出现了用膝盖来表达敬意的新用法，如"献上我的膝盖"表示尊敬，而"请收下我的膝盖"意为请接受我的敬意。但这并不能说明中国人的跪拜文化发生了变化，因为口头上的跪拜与身体上的实际行动完全是两回事。

2018年新年，就有网友发起了题为"磕头拜年是陋习还是优良传统，你怎么看？"[04]的大讨论，由此可见，对中国人来说磕头行大礼已经是难以接受的事情，尤其是对非直系亲属长辈的其他人磕头。

8.6.6 坐式文化与身体接触和肢体

韩国人重视身体接触，属于"身体接触型"或"触觉型"文

04　https://www.zhihu.com/question/20707274

化，这种文化的形成与韩国传统的坐式文化密切相关。

8.6.6.1 脚

韩国语里伸脚为"발을 뻗다"，可以表达伸手要东西，这种意义的产生可以从坐式文化的角度去分析，因为韩国是典型的坐式文化，向别人要东西或者想把身边不远处的东西拿过来时，不必起身或者站起来去伸手拿，完全可以在坐着的状态下，直接用脚"一勾一勾"的动作来示意索取之意，或者用"勾过来"这一动作来获取东西。而中国文化虽然古代是席地而坐的文化，但现在是垂足坐的文化，所以只会出现"伸手要"或"伸手拿"这种行为。

韩国人伸脚除了要东西、拿东西，还可以用脚踹人。如电视剧《아이가 다섯, 4회》中，当母亲오미숙与儿子이호태因拍摄电影的问题出现冲突后，母亲对儿子很生气，而表达这种感情的肢体语言就是：用脚冲着对面席地而坐的儿子做出了"踢"的动作。电视剧《월계수 양복점 신사들, 15회》中，母亲최곡지因为女儿把自己的钱偷出来给男朋友出唱片用了，所以非常生气，在坐着的状态下，先是用手拿枕头砸女儿，之后又双手按地，伸出两脚去踢女儿。如果是中国人，那么一般会"动手打"，因为中国人一般是坐在椅子上的，所以用手来表达愤怒更方便一些。但韩国人因为是坐在地上的状态，所以与站起来伸手打相比，以双手按地伸脚去踢的动作更顺势、更快速、更方便。

正因为韩国人的这种坐式文化，所以才有可能出现"두 손 두 발 다 들었다"类表达，因为这具有可实现性，但对垂足而坐的中国人来说却难以实现。也正因为如此，所以韩国语里才有了"발을 뻗고 자다"，即伸脚睡觉，因为在盘腿而坐的状态下，要想改成躺卧姿势，必然要先把脚伸开。

韩国语还有"발버둥",指在坐着或躺着的状态下两条腿交替蜷缩的状态,有惯用语"발버둥 치다",比喻用尽全身的力气或手段去争取,用的是脚和腿的动作。表达这种意义时汉语用"挣扎、拼死拼活",用的是手的动作。再如,形容快速应对时,韩国语用"발(이) 빠르다",用的是脚的动作;汉语多用"手脚麻利"或"眼明手快",用的更多的是手的动作。汉韩两种语言表达的不同反映的分别是站式或高坐式文化与席地而坐式文化的不同,即站式或高坐式文化关注手的动作,席地而坐的文化更关注腿脚的动作。

坐式文化也形成了韩国人的"양반다리",也就是盘腿席地而坐,即使随着社会的发展,现在很多韩国人家里也开始坐椅子,但却产生了与众不同的椅子文化,那就是韩国人即使坐在椅子上也采取盘腿坐的方式。笔者在韩国大学图书馆就亲眼看到很多大学生学习时,就是把鞋子脱了、双腿盘着坐在椅子上。不仅是韩国人,中国的朝鲜族也有这种习惯,记得一次参加学术会议,根据会议安排与一位陌生女老师住在一起,简单打过招呼后,那位女老师就坐在桌前工作,她的坐姿是散坐形式,即一条腿平放在椅子上,另一条腿用胳膊抱着,所以笔者猜测她是朝鲜族,后来一问果不其然。

8.6.6.2 膝

坐式文化还形成了韩国特有的"膝文化",与"膝"有关有"무릎 膝盖、오금 膝弯/膝窝、슬하 膝下"等三种表达。

首先看膝盖。当两个人的话相左时一般会找第三者来对前面的话进行是非判断,这种情况在汉语里称作"三头对质、三头对案",因为是三个人的头凑在一起进行讨论,韩国语也有"두질(頭質)",但是汉字词,表现的是中国人的思维。韩国语的固有词是"무릎맞춤",这种表达出现可以从坐式文化的角度去分析,因为大家席地而

坐时，膝盖是差不多高的，这有三种情况，一种是最端正的坐姿，就是跪坐，那么膝盖都是着地的；第二种就是男人的盘膝而坐，那么膝盖与地平行，另外还有一种比较随便的做法，尤其是女人之间，会搂着一条腿的膝盖坐在地上，而另一条腿半蜷着平放在地上。所以不管是什么坐姿，膝盖都是最明显的标志，所以产生了此表达，如(44)。

(44) 그들이 **무릎맞춤하면** 진실이 밝혀질 것이다. 他们进行讨论、献计献策的话，真相会被揭开的。

在室内，中国人如果在坐着的状态下想拿什么东西，会站起来或者还要走两步来拿东西，如果在坐着的状态下想靠近某人，则可以把凳子、椅子、马扎等东西往前拽一拽。而韩国人的习惯是盘腿坐或者跪坐在地上的，所以韩国人在上述情形下，会跪着前行一小步，所以也就有了词语"한무릎"，如"한무릎 다가앉다 往前一步坐下""한무릎 물러앉다 后退一步"，汉语多用"步"。坐式文化还产生了"膝行"这种动作，汉语"膝行"多用于古代汉语，现代韩国语里叫作"무릎걸음"。

正因为韩国人的这种坐式文化，所以还产生了惯用语"무릎을 마주하다[같이하다/맞대다]"，指面对面坐得很近，还有了惯用语"무릎(을) 치다"，比喻知道令人吃惊的事情、回想起某种模糊记忆或者高兴得拍膝盖，因为席地而坐时，手放在膝盖上，拍膝盖是顺势之举。而中国人表达惊叹时都是"一拍大腿"，因为垂足而坐时，手放在大腿上，中国人拍大腿是顺势之举。

此外，韩国还产生了独具特色的"膝窝文化"，产生了丰富的与膝窝有关的惯用语表达，如"오금이 쑤시다、오금이 뜨다、오금이

밀리다、오금이 붙다[얼어붙다]、오금이 굳다、오금을 못 쓰다[추다/펴다]、오금이 묶이다、오금을 떼다、오금을 펴다、오금이 저리다、오금을 박다、오금이 박히다",此外还有俗语"오금아 날 살려라、오금에 바람、오금에 바람[돌개바람](이) 들다[차다]"等。这都是典型的席地而坐文化的产物。

8.6.6.3 胳膊腿

汉语"胳膊腿"主要用来指身体，而韩国语"팔다리"却有很多意义，可以统称胳膊腿，如有这样一个例句：

(45) 아까부터 이런 생각이 맴돌았으나 **팔다리**는 움직여지지 않았다.
　　a. 这种想法在脑际盘旋，可是腿却难以动弹。(韦旭升、许东振 2006/2013:448)
　　b. 这种想法在脑际盘旋，可是腿脚却动不了/动弹不得。
　　c. 这种想法在脑际盘旋，可是胳膊腿却动不了/动弹不得。

如上，第一个翻译将"팔다리"译成了"腿"；第二个译成了"腿脚"，因为汉语"腿脚"可以指行走能力；第三个直译成了"胳膊腿"，从文脉上来看都讲的过去，但汉语"胳膊腿"并不是词，词典也没有收录。

与汉语"胳膊腿"仅单纯指四肢相比，韩国语的"팔다리"还有多个意义，可以比喻做事或活动时，按照上级部门、上司或其他集团或个人的意思代替其活动的人；也可比喻做某事时负责某事的

最积极的人；也可比喻按照别人的意图或指示来行事的跑腿的人，如"팔다리 노릇을 하다. 替人跑腿"。这些意义都是一种转喻意义，即用身体部位来转喻人。

比较汉语"胳膊腿"与韩国语"팔다리"，对后者多个比喻意义的产生，可以从文化的角度去分析，因为韩国人是席地而坐，如果要想站起身来，一般需要先用手和胳膊撑住地板，然后再支起双腿站起来，尤其是老人(男人行大礼时是用手按住膝盖站起来)。另外，干事情时，一般也少不了用胳膊，因此，胳膊腿对韩国人来说成了必不可少的非常重要的肢体之一。所以"팔다리"也就很自然地被赋予了很多的比喻意义。当然，做事情时最终还是胳膊尽头的手在起决定性的作用。

如上，"팔다리"这个合成词的形成以及意义的丰富说明胳膊腿在韩国文化里占据重要地位。

8.6.6.4 屁股

因为韩国人席地而坐，所以还出现了"엉덩이걸음、엉덩걸음"，意思是在屁股着地的坐姿下，通过挪动屁股来挪动地方，类似的还有"궁둥이걸음"，如：

(46) 다가서는 효원을 피하여 **엉덩걸음**을 친다.≪최명희, 혼불≫为了避开靠身过来的孝媛，我把屁股挪了挪。

8.6.6.5 落床

韩国人席地而坐的坐式文化也催生了韩国的"장판방(壯版房)"，即用油纸铺了地面的房子，韩国人一般都会直接躺在这样的地板上睡觉，所以不用担心出现落床，而俗语"장판방에서 자빠진

다、방바닥에서 낙상한다"比喻在安全的地方出现意外的事故，此外还有一个意义，意思是即使在熟悉的地方，人一大意也会失误，所以要小心从事。

相反，中国人都是睡床的，因此只会产生"落床"这种表达。

8.6.6.6 捶地

人在愤怒、悲伤时总会发泄，这种发泄表现在身体上可以是捶胸顿足，也可以是用头去撞墙，但韩国人受席地而坐文化的影响，经常用的肢体动作是以手捶地，所以有了惯用语"땅을 칠 노릇"，比喻非常愤怒、悲伤，此时汉语用"以头抢地"，这是站式文化的肢体动作；韩国语还用"땅을 치고 후회하다"结构比喻极度后悔，但此时汉语一般不用与"地"有关的表达，而是用"痛彻心扉地后悔、把肠子都悔青了、捶胸顿足地后悔"。也就是说，席地而坐的文化影响了韩国人表达心理感情的肢体语言。

8.6.7 坐式文化与艺术、结婚和死亡

席地而坐的坐式文化也影响了韩国的艺术表演形式。例如，韩国代表性乐器是"거문고 玄鹤琴"，这种琴都是横放在膝盖上来弹奏；而中国随着高坐方式的盛行，弹琴都是高坐而弹，即使是与韩国玄鹤琴极其相似的七弦古琴等也是高放在琴台上来弹奏。

韩国人睡觉也是睡在地板上，所以韩国语里比喻结婚过日子的表达都不与床发生关系，而与被子发生关系。

因为韩国人一般都坐在地上生活，如果人死了就呈躺着的状态，所以在朝鲜用"앉아있다"来委婉地表达年纪大的人还活着。

8.7 小结

本章主要分析了韩国的墙壁文化、烟囱文化、锁具文化、磨坊文化以及坐式文化等。其中墙壁、烟囱、锁具与磨坊虽然是具有文化共性的建筑、建筑物附件等，但表现在语言上却出现了极大的特殊性。

席地而坐的坐式文化被韩国人延续到今天，并形成了韩国代表性的"暖炕文化"，与暖炕的构造、人所坐(躺)的位置等有关的语言都产生了具有浓厚民族特性的意义。坐式文化还与服饰、进门脱鞋、坐具、饮食习惯、礼仪以及身体语言(脚、膝盖、胳膊腿、屁股、落床、捶地)、艺术、婚姻、生死等发生密切的关系。

精神文化篇

第九章

关系（集体主义）与语言

9.1 引论

关系存在于每一个社会中，即使在西方社会，他们也搞关系，根据1989年的"英国社会态度国际专题报道(The Britisch Social Attitudes Special International Report)"，影响德国人飞黄腾达的因素中，第一是教育，第二是野心，第三是人脉，第四是勤奋，第五是能力。关系排在了第三位，可见德国人是非常重视关系的。不过对德国人来说，关系只是一种辅助手段，关系不能破坏工作的基本原则，例如公平(김숙헌 외 2001/2007:126)。再看美国人，著名社会学家斯坦福大学教授马克·格兰诺维特(Mark Granovetter)的博士论文就是关于关系问题的，他发现在找工作时，通过正式渠道，比如看广告投简历，拿到工作的不到一半，100个中54个人是通过个人关系找到工作的；当然这种关系更多的指的是"弱联系(不经常见面的关系)"而不是"强联系(经常见面的亲朋好友)"(转引自万维钢 2014/2016:190-191)。

与西方社会相比，东方社会的关系又表现出不同的特点。中国的传统文化是"仁"，讲人与人之间的关系，并将"仁"作为最高的道德原则、道德标准和道德境界。中国人非常重视这种由"仁"发展出的国家、民族、家庭和个人之间所形成的关系网。所以亨廷顿(2013/2017:148)说"在中国，信任和承诺取决于私交。"虽然随着社会的发展，中国已成为一个法治社会，但中国的这种传统的关系文化仍然发挥着很大作用。例如在招聘方面，2005年"中国人力资源开发网"对全国各地的460多家企业进行的调查发现：尽管企业的招聘途径已日趋多元化，但无论是中高层岗位，还是一般员工的外部招聘，超过半数的企业还是把"熟人推荐"当做最重要的招聘渠道(赵毅衡 2015:9)。这种关系文化表现在汉语里就是出现了许多与"关系"有关的表达，如"拉关系、认关系、钻关系、关系户、关系单位"等，但中国的"关系"和"关系网"一般多少含有贬义。

　　韩国人对关系的重视也丝毫不亚于中国人。科尔斯(2004:48)曾指出，在带有"存在"倾向的文化背景中，如传统的韩国社会，一个人的价值和别人对他的尊重不在于他曾为社会做出了怎样的贡献，而是在于他是谁，他在这个社会中处于什么样的地位。

　　韩国首尔市女性能力开发院(서울시여성능력개발원)2016年11月27日公布的对500名女大学生的调查问卷结果显示，有30%的女大学生认为就业最大的障碍是"人脉"。2016年10月份韩国就业网站"취업포털 인크루트"对774名会员实行的书面调查也显示，大部分的待业人员认为"금수저 친구"，即有背景的人更容易就业，在选择理由时，有36%的人选择了"关系硬"[01]。

　　此外，对关系的重视也形成了韩国人善于察言观色、重视面子的特点，因此产生了俗语"조선 사람은 낯 먹고 산다"，意思是朝鲜人靠面子吃饭。韩国人的关系文化在语言上留下了深深的印记。

　　本章首先以集体主义和个人主义为中心对东西方文化进行对比，然后再分析韩国人的关系文化在语言上的表现。

01　http://news.donga.com/List/ColumnHS/3/040121/20161128/81550578/1#csidx665792
　　03d94424eb6d37747c64f1737

9.2 集体主义与个人主义

一般人都认为，美国文化是个人主义文化的代表，而中国、韩国、日本是集体主义文化的代表。个体主义和集体主义在不同社会中具有不同的表现形式(Triandis 1994；赵志裕、康萤仪 2011/2015：16)。

正像费孝通(2013/2015：5)所说："美国人主要的社会关联不是血统，而是那些名目繁多的'社'"。也就是说，美国人也与各种群体建立联系，并且从童年期开始一直到成年期，美国人都感觉到有相当强大的压力让他们去参加各种各样的群体，但人们常常从一个群体迁移到另一个群体，离开原来的群体后，他们并不固守原来的身份(普罗瑟 2013：56)。也就是说在个人主义社会里，人们虽然也有各种集体生活，但却没有忠于某个群体的责任和义务。

包括中国与韩国在内的东方社会的基础是集体主义，特别强调个人所归属的集体，强调个人对集体的义务、联系、责任等连带意识，强调集体主义与和谐，在这样的社会中，抑制个体与自我，鼓励节制与谦虚，这样形成的"我们主义"与西方的"我主义"形成鲜明对比。"在社会交往中，集体主义者关注自己的行为或决定对他人产生的影响、他人的想法和感受、他人对自己的看法、人际责任及角色期望"(Hui．Triandis 1986；赵志裕、康萤仪 2011/2015：16)。

在集体主义社会里，人们加入的群体很少，这些群体或集体更多指家庭、学校、工作单位、社区等。即使是对待家庭，美国人与东方文化圈的人也不相同。科尔斯(2004：46)曾对初抵美国的亚洲人问过一个问题："社会中最小的组成是什么？"被采访的韩国人、中国人、日本人总是会说："家庭"，而美国人却都会说："个人"。从这里可以看出东西方文化中对"家庭"与"个人"的观点是截然不同的。

对儒家文化圈的人来说，集体主义是与生俱来的，也就是说随着孩子的降生，他就处在了一个由血缘建立起来的集体关系网中，受集体主义思想的制约，最小的集体就是家庭、家族，最大的集体就是民族、国家。中韩两国都属于这种集体主义文化。但是，即使都是集体主义文化也有很多差异，与中国的集体主义相比，韩国的集体主义又有自己独特的特点，所以강준만(2012:38)说，韩国人已很难用"个人主义——集体主义"这种二分法来进行区分了。

霍夫斯泰德(2010/2012:84)对世界74个国家的个人主义——集体主义维度研究发现，虽然东亚地区属于汉字文化圈的这几个国家都具有浓厚的集体主义倾向，但各个国家的个人主义指数并不相同，其中中国大陆的个人主义指数为20，排名为56-61位，韩国个人主义指数为18，排名为63位。

韩国与中国最基本和重要的思想是集体主义思想，虽然在个人主义指数上中韩两国差异不太大，但是因各自具体的民族、历史文化的不同，两个国家的集体主义表现并不相同。[02]韩国是个人生活在集体中，而中国更强调的是当个人利益与集体利益冲突时，个人利益要服从集体利益。

韩国人所认为的集体要小于中国人所认为的集体，因为韩国人的集体主义是"패거지 집단주의"(강준만 2012:41)，即我们常说的"小集团主义"。即使韩国人属于某个集体，当认为自己的想法与集体内大家的想法一致时，就不会受集体的目标和规范的限制而自由行动，与集体相比，集体内成员之间的"우리 의식 我们意识"和"우리의 我们的"想法才是行动的准则(최상진 2003:744-745)。

02　随着西方文化的影响，임희섭(1994/2003)研究发现，现代韩国人同时具有集体主义与个人主义两种思想，这两种思想处于互相竞争的状态。

例如，韩国人外出不喜欢一个人就餐的现象，以及韩国中小学格外突出和严重的校园欺凌——"왕따"现象，这些文化现象背后其实都反映了韩国人与其他文化不同的集体主义，就像이규태(1983/2011(1):111)所说，韩国人只有与众人为伍才会安心，否则就会不安。也正因为有这种思想存在，所以使同样是集体主义的韩国人与中国人有了更多的异质性。因为儒家思想中的"礼""虽然有重秩序的一面，但其基础却在个人，而且特别考虑到个人的特殊情况。从这一点来说，我们真不妨称它为个人主义。……这一形态的个人主义使中国人不能适应严格纪律的控制，也不习惯于集体生活。……自由散漫几乎可以概括全部的中国人的社会性格"(余英时 1989:30-40)。所以中国人不像韩国人那样依赖于一个小集团，而是更喜欢独立活动，表现出了以个人为中心的倾向(石田浩1986:227)，韩国人所体验到的"왕따 欺凌"现象在中国并不是很普遍，从中国人的心理感受来说，韩国人所认为的某些欺凌现象对中国人来说并不属于欺凌范围。因为过分依赖于小集团导致的结果就是对脱离或被脱离小集团时的强大的失落感和失衡，中国人不过分依赖小集团[03]的思想也使得中国人对小集团的这种失落感很弱。而中国人这种思想倾向的产生也与中国人普遍拥有的极强的自尊心有关，因为中国人普遍都有以自我为中心的"中华思想"(소노다 시게토 2002:69)。也正因为如此，虽然中国人与韩国人都重视权威和层级关系，但中国人的上下级关系并不像韩国人那样井水分明，中国人之间的地位区分也不像韩国那样森严，也就是说，韩国人的集团

---

03 梁漱溟认为中国人缺乏集团生活，理由有三，第一是中国人90%以上都不属于某个宗教组织；第二，过去的所谓国家组织、地方自治等也有很大问题；第三，与职业团体有关，农民并没有所谓农会，同业者虽然有"行、帮、公所、会馆"等，但中国也有"同行是冤家"的俗语(转引自丁伟 2006:44)。

依赖性和被约束性要高于中国。

9.3 关系与面子

虽然东西方社会都重视关系，但是与个人主义倾向严重的西方人相比，"来自于集体主义国家的人更倾向于调整自己的行为以适应环境"(史密斯等 2009/2015)，也就是说，集体主义导致大家以自己的集体为中心生活，在自己的集体内，因为自己不是独立的个体，所以非常注重他人的看法，最终形成了"面子文化"。中韩两国都属于集体主义社会，都有"面子文化"，但中韩两国"面子文化"的具体表现形式和程度并不完全相同，在某些方面甚至有较大差异。

韩国人"面子文化"的发达可从两个大的方面去探讨，第一，面子文化的根源是过于重视他人的看法；第二，韩国语里出现了众多的与"脸皮"有关的表达。

9.3.1 面子与"他人的看法"

面子指的是自己在他人面前的表现，他人对自己的看法。김태길(1983:164)曾指出，韩国人更注重形式和外观，而不重视内在本质。对韩国人重视面子的现象，이규태(1983/2011(3):279)认为这是韩国人形式主义和结果主义的表现。차종환(2007:76)认为美国人不重视面子是基督教的影响，而韩国人重视面子是受了儒家思想的影响。但同是儒家文化圈的中韩两国人的面子文化其实也存在微妙的差异。

9.3.1.1 面子与竞争意识

韩国人的面子工程和形式主义归根结底是一种竞争意识过强的外在表现，韩国大众歌谣中有的曲名就是"위를 보고 가자 往上爬吧""출세를 하라 立身扬名吧"等赤裸裸的功利性的题目，而这都反映了整个韩国社会的竞争意识。这些社会现象的背后隐藏的是对自我的忽视，对"他人如何看待我"的过于重视。本来生活的主体是自己，但韩国人却经常说：

(1) a. 남다르다 与众不同

    b. 두고 봐. 等着瞧

    c. 남부끄럽다 抬不起头来

    d. 남부럽지 않게 잘 살거야. 我会比别人过得都好。

    e. 남부러울 것 없이 자랐다. 长这么大没羡慕过别人。

    f. 보란 듯이 잘 살거야. 我会好好过日子的，过给他们看。

    g. 부러울 것 없는 팔자. 命很好，不用羡慕他人。

如上，这些都是韩国人挂在嘴边上的话，里面充斥的都是与他人进行比较的思想，其中(1acde)都出现了"남"，(1bfg)虽然没有出现"남"，但也隐含了比较意义。由此可见，韩国人的面子文化根深蒂固，已渗入到韩国人的骨子里，成了韩国人特点的一部分。但这些表达中除了(1a-c)在汉语里有相应的常用的成语、惯用语，(1d-g)虽然可以直译成汉语，但中国人却很少说这样的话。

韩国人这种比较和竞争意识的背后反映的是韩国人所追求的极端的平等主义。韩国人的平等主义从对天的态度中就能看出来，对中国人来说，天是至高无上的存在，皇帝作为天子自然是世界的主

宰，皇帝与一般人是不平等的，封建社会的一切思想都由此产生，相反，韩国虽然也有敬天思想，但在韩国文化里，韩国的天与人处于平等地位，韩国人有深重的祖先崇拜文化(김태균 2007:248)，而不是敬天文化。天的代表是天子、是国家，祖先崇拜的表现是孝文化，所以当忠孝不能两全时，韩国人一般会倾向于选择尽孝，这与中国人倾向于选择尽忠是不同的。从地位与权势上来看，韩国的历代王与一般人处于平等地位，韩国的王没有绝对的权力(김태균 2007:186)，这也与中国不同，因为中国的皇帝拥有至高的地位与绝对权力。具有这种历史渊源的韩国人的平等意识要求的是绝对平等，而韩国人所追求的现世幸福如果得不到，如果过得不如别人，不管原因如何，都会觉得悲痛、冤枉，觉得自己很不幸，而一切的社会不平等现象就会成为被打击的对象，随之而起的则是韩国人自掣式的愤怒(김태균 2007:252-253)。韩国人的这种平等意识、竞争意识所带来的还有韩国人所表现出的急性子和极端性格。

9.3.1.2 面子与孩子

韩国人的面子工程反映在生活的方方面面，其中一个与子女有关，而与子女有关的攀比多表现在孩子的教育上。韩国人的教育热比较极端的表现就是很多韩国人将自己的价值观强加于孩子身上，为了自己有面子而强迫孩子当医生、当法官、当检察官，但有的却因此毁了孩子。很多韩国电视剧对此进行了深刻的刻画。

(2) 신세계: 언제 저한테 뭐 되고 싶으냐고 꿈이 무엇이냐고
물어보신 적이 있으세요? 무조건 의사 되라고 하
셨잖아요. 您什么时候问过我: 你想成为什么样的
人啊? 你的梦想是什么啊? 您不是一直说让我必

须当医生的嘛。

인내심: 너 대접 받으면서 살라고 그랬지. 의사 되면 모두 존경하고 부러워하잖아? 그 덕에 내가 **어깨뽕 세우고**. 我是为了让你过得有尊严，才那么说的啊。当医生不是受大家尊敬还让人羡慕吗? 顺便我也能抖起肩膀来。

신세계: 그놈의 **어깨뽕! 어깨뽕! 어깨뽕** 안 들어가면 어떠세요? 남들 앞에서 뭘 내세우고 사는 게 뭐가 그렇게 중요하세요? 말 배울 때부터 의사, 의사! 전 지금도 뭘 하고 싶은지 모릅니다. 태어나서 지금까지 32년 동안 로봇처럼 살아서 아무것도 할 줄 아는 게 없다고요. 앞으론 제가 하고 싶은 대로 살 겁니다. 그만 절 좀 놔주세요. 그만 놔주시라고요. 《우리 갑순이, 43회》说什么狗屁抖肩膀! 抖肩膀! 不抖肩膀又能怎么样? 在别人面前有点拿得出手的东西就那么重要吗? 从我刚学会说话，您就把医生挂在嘴边，天天医生! 医生! 我现在都不知道我到底想干什么? 我是说从出生到现在我这32年间活得就像个机器人，现在什么也干不了! 以后我自己想干什么就干什么! 求您放了我吧。饶了我吧。

如上，这是儿子신세계与母亲인내심之间的对话，儿子为了母亲而当了医生，而妈妈非让自己当医生的原因，是因为儿子当医生可以受人尊敬、自己也觉得脸上有光。而这一切都是以别人的眼光为标准的，是做给别人看的，但结果是儿子因此过得痛苦不堪。

2018年的热播韩剧《SKY캐슬》更加深刻地刻画了几代韩国父母都拿孩子的学习成绩、名牌大学作为人生目标的现象，告诫韩国人这样做的后果很可怕。剧中강준상因为往上爬的贪欲而致自己非婚亲生女儿死亡，当事后知道真相后他与母亲之间发生了下面的谈话：

(3) 강준상: 저 중남대 사표 낼 겁니다. 我要向中南大学交辞呈。

강준상 어머니: 뭐라고? 병원에 뭐를 내? 너 제정신이니? 여기까지 어떡해 왔는데. 병원장 코앞인데 사표를 내? 什么? 向医院交什么? 你脑子正常不正常啊? 我们到这一步多不容易啊。马上就能当医院院长了，你交辞呈?

강준상: 어머니는 대체 언제까지 절 무대 위에 세우실 겁니까? 그만큼 분칠하고 포장해서 무대에 세워놓고 박수를 받으셨으면 되셨잖아요? 妈，您到底想让我在舞台上还要站多久啊? 这么多年您让我粉面登场获得了那么多掌声，也该够了吧?

강준상 어머니: 뭘? 분칠? 什么? 粉面登场?

강준상: 어머님 뜻대로 분칠하신 바람에 제 얼굴이 어떻게 생겨먹었는지도 모르고 그 50평생을 살아왔잖아요? 因为我每天按照母亲您的意愿而擦脂抹粉，50多岁了，我连自己的脸长什么样都不知道。

......

강준상: … 내가 누군지 모르겠어. 허깨비 된 것 같다. 내가. 我都不知道我到底是谁? 我觉得自己就是一个空壳。

......

강준상: 어머니와 제가 인생을 잘 못 살았다고요. 我是
说，妈您和我这一辈子是活瞎了。

...

강준상: 남들이 우러러 본다고요? 어머님은 언제까지 껍
데기만 포장하면서 사실 건데요. 언제까지 남의
시선에 매달려… 别人的仰慕? 母亲您这种仅有外
包装的空壳生活到底要到什么时候才能结束啊?
天天在意别人的眼光要到什么时候啊?

...

강준상: 어머니, 내가 꼭 충남대 병원장 아니어도 어머님
아들이 맞잖아요? 나 그냥 엄마 아들이면 안 돼요?
妈, 我即使不是中南大学医院的院长不也是您的
儿子吗? 我只给您当儿子不行吗?

강준상 어머니: 잘못 살아왔다고? 이제 와서 니 놈이 날
배신을 해? 절대 안 돼. 너 병원에 사표를 내려거
든 날 죽이고 내! 날 죽이고 내라고! 죽이고 내! 죽
이고 내! 你说我活瞎了? 现在你小子竟然背叛我?
绝对不行! 你要想向医院交辞呈, 那先把我杀了!
把我杀了再交! 杀了我交! 杀了我交!

如上，这是50多岁的儿子对母亲的哭诉，控诉了母亲扭曲的教育让自己现在变成这样，而剧中母亲却至死也无法接受自己教育失败这样的现实。

两部电视剧中的场景反映了韩国父母的教育热、以子为荣的思想，但也反映了这种盲目追求成功人生的行为所造成的严重后果。

这背后也反映了韩国社会里个人的成功即家族的光荣这一思想(강준만 2012:53)。

除了教育这样的人生大事之外，对韩国人来说，与孩子有关的一些琐事也是攀比的对象。例如，电视剧《우리 갑순이, 41회》中，当허갑돌与갑순结婚后，因给不给父母零花钱一事而争执不停，当갑순决定不给父母零花钱而要劲攒钱买房子后，갑돌拿着自己一个月十万韩币的零花钱给了自己的妈妈，妈妈则说了下面的话，如(4)。

(4) 내가 꼭 받아서 마시는 것 아니야. 나가면 다들 자식 얼마 줬네, 뭘 사줬네. 자랑치는데 나만 입 꾹 다물고 있을 수 없잖아. **여기다 동그라미 하나 더 쳐서 자랑쳐야지.** 并不是我非要这个钱，出去玩的时候，大家都炫耀哪个孩子给了多少，哪个给买了什么，我也不能光闭着嘴不说话啊。我要在这上面再填个零(当一百万)，和她们炫耀一下。

如上，从剧中妈妈的话里可以看出韩国人是多么重视外人的看法，连孩子给多少零花钱、买什么礼物都要攀比，并且不惜撒谎骗人也要给自己找回面子。

9.3.1.3 面子与炫耀性消费

韩国语有俗语"대문이 가문"，指不管家世如何显赫，如果房子和大门很小的话，看起来也没什么威严；或者指只有外表华丽才会给别人威严感。这种思想反映的就是对外表和面子问题的重视。

韩国人重视面子的这种思想也反映在消费和打扮上，例如，韩国人非常重视服饰打扮，尤其是上班族一般都要穿正装，正装被韩

国人赋予了重要的文化意义；很多韩国人支撑自己面子的多是一些名牌、奢侈品，但实际情况可能是：怀抱名牌包挤地铁的女人以及系着名牌领带、带着一身昨天烤肉喝酒的怪味挤地铁的男人等，他们的经济条件一般却拥有名牌；韩国人日常支出中还有所谓的"품위 유지비 品味维持费"；很多人还会为了面子而整容，一说起韩国，人们就会联想起"整容共和国"[04]。韩国社会的教育热如火如荼，并且极其重视大学名气。与美国相比，韩国的无人加油站难以全面推广，也是因为"韩国人喜欢掏钱买服务"(차종환 2007:74)。韩国人还喜欢在大门上挂门牌(户主的名字)，办公桌上喜欢摆放名牌(名字+职务)，就是当个小区足球协会的会长也要去做一个刻着龙的名牌(김경일 1996:74)。出门喜欢发名片，国会议员都要戴徽章等。即便是选择职业时，也喜欢选择那些表面上光鲜的职业，所以20世纪90年代韩国出现了新词"3D(Difficulty、Dirtiness、danger)직업"(호영진 1993:143-144)，而这种思想也直接影响了词语的感情色彩，这些现象所体现出的都是一种面子主义。正像노명우(2013/2015:34)所说，这些都是韩国人的"과시적 소비 夸耀性消费"。

　　韩国人每逢有喜事都会大办宴席、送米糕等，金慧媛(2013:158)认为这是韩国人更加重视一体感的原因。但这除了有分享之意外，其次还有炫耀之嫌，也就是要让别人知道自己或自家人多么了不起。

　　韩国人的这种思想也反映在语言上，例如，韩国语有名词"치레01"，有两个意义，第一个指打磨成形，第二个意义指过度装饰。韩国语还有后缀"-치레02"，从一个实词发展成后缀，除了语义的虚化以外还要有语言学上所说的"생산성(生產性)"，即语用频率高、结

04　当然韩国的整容热潮也与现代麻醉医学的发展、影视行业的发展和宣传有密切关系。

合范围广，而成为后缀后，"-치레02"的结合范围也非常广，如(5)。

(5) a. 겉치레、눈치레、댕기치레、말치레、면치레、사당
　　　치레、속치레、신주치레、옷치레、외면치레、이면
　　　치레、중동치레、집치레、책치레、체면치레
　　b. 병치레、송장치레、잔병치레、손님치레
　　c. 인사치레、조상치레、혼인치레(例词引自박갑수
　　　2014(하)a:316)

　　如上，(5a)意思是只注重外表的打扮、修饰，(5b)意思是经历的事情，(5c)则兼具两种意义。相对于经历的事情而言，"-치레"表达注重打扮意义时的结合范围更广。

　　与打扮相关，韩国语还有"겉멋"，指没有内涵只注重外表打扮，汉语多用三音节的"花架子"或四音节的"徒有其表"，但没有双音节的词语来表达。词语的长度与其所表现的事物或思想在相应文化中的重要性是成反比的，因此这也说明，韩国文化中重视外貌的思想要高于中国。

　　当然韩国语里也有很多俗语，如表1所示，这些俗语虽然都表达讽刺意义，但这些俗语的出现从反面证明韩国人重视面子的程度是多么严重。

[表1] 与外表打扮有关的俗语

	俗语	意义
1	거적문에 (국화) 돌쩌귀	比喻超乎本分地过分打扮。
2	조리에 옻칠한다	挖苦在没用的事情上操心费力；也比喻不合身份地打扮反而显得很丑。

| 3 | 부러진 칼자루에 옻칠하기 | 比喻为不必要的事情花费心思。 |

与韩国人爱面子的种种表现相比，中国人虽然也存在这样的一些倾向，但与韩国人重视外在的面子相比，中国人的"要面子"更多的是希望得到一种内在的价值认可。例如，中国人选择离职的原因之一是得不到相应的地位或报酬，为了面子而离职(소노다 시게토 2002:79)。而调查显示，与其他国家和地区相比，中国台湾地区的公司员工非常关心升职，如果升职无望，选择离职的倾向非常强(今田高俊、園田茂人 1995:51-52)。这背后反映的是中国人认为"得不到升职即无面子"的思想。

9.3.2 面子与"脸皮"

韩国人重视面子的文化表现在语言上是有丰富的语言表达。与脸面有关的词语有"낯、낯짝、광대、쪽、얼굴、낯가죽"等，此外还有汉字词"면피(面皮)、면(面)、면목(面目)、체통(體統)、체면(體面)"，以及与此相关形成的丰富的惯用语和俗语。

9.3.2.1 看……的面子

韩国人非常强调看面子。惯用语"얼굴을 보다、낯을 보다"意为"看……的面子"，"얼굴이 넓다"指脸面大，面子大。"체통을 지키다/차리다、체면을 지키다/유지하다/차리다"意思是维持体统和脸面。除了这种直抒性的表达外，韩国人还用间接表达的方式，即借用动物来比喻脸面，如(6)。中国人则多用树来作类比，如"人要脸树要皮"。

(6) a. 족제비도 낯짝이 있다. 黄鼠狼还有脸有皮的呢。

　　b. 빈대도 낯짝[콧등]이 있다. 跳蚤还要脸呢。

　　c. 모기도 낯짝이 있지. 连蚊子还有脸呢。

　　d. 벼룩도 낯짝이 있는 법인데.《미워도 사랑해, 7회》连
　　　 跳蚤都有脸有皮的。

9.3.2.2 丢脸、厚脸皮

韩国语里还有很多表达强调的是对丢脸、厚脸皮等的零容忍。可以分为三种类型。

1) 用于否定句或反问句

韩国语里与脸面有关的表达经常用于否定句或反问句来表达消极意义。其中"얼굴을 들다、고개를 들다、낯(을) 들다"指堂堂正正地对人，多用于否定句，如(7)。表示脸面的词还有"면、면목"，也多用于否定句，如(8)。"체통、체면"用于否定句或疑问句比喻没有面子，如(9)。"낯"多用于否定句与反问句中，如(10)；"낯짝"多用于反问句中，如(11)，表达的都是消极意义，即"没脸、有什么脸"。

(7) 형은 호언장담하던 일이 그릇되자 **얼굴을 들지 못했다**.
　　哥哥夸过海口的事情没弄成，连头都抬不起来了。

(8) a. 애들한테 **면이 안 서잖아**.《그래 그런 거야, 14회》在
　　　孩子们面前觉得有点丢脸/没面子。

　　b. 너한테 **면목이 없다만** 무덤이 없다.《옥중화, 3회》我
　　　对不起你，没给你妈修个坟。

(9) a. **체통 없이** 굴다 行动不合体统。

b. 도훈이한테 봐달라고 빌었다면서요. **체통도 없이**.《아 임쏘리 강남구, 93회》听说(小叔子)你向(侄子)道训哀 求，让他多照顾照顾你了? 你怎么这么不顾自己的面 子啊?

c. 이거 참, **체면이 말이 아니군**. 这个，真是，真没面子。

d. 새색시 **체면이 뭐가 되겠나**.《박완서, 미망》新娘子 的脸往哪搁啊?

(10) a. 그를 대할 **낯이 없다**. 没脸见他。

b. 제가 그런 일을 저질러 놓고 **무슨 낯으로** 부모님을 뵙 겠습니까? 我做了那样的事情后，还有什么脸去见 父母啊?

(11) a. 니 놈이 **무슨 낯짝으로** 여길 아장거려?《내 사위의 여 자, 49회》你小子有什么脸在这里露面啊?

b. 너 여기 어디라고 **낯짝 드밀어**?《최고의 연인, 72 회》你知道这是哪儿啊? 竟然还敢来露面?

2) 与消极意义的词语结合

韩国语里与脸面有关的表达多形成惯用语或形成合成词表达消 极意义。例如，"낯이 깎이다、면이 깎이다、얼굴을 깎아먹다"指 做有损脸面的事情，如(12); "얼굴 팔리다、쪽팔리다"指很不像样 或做的事情丢脸面所以感到很羞愧，如(13)。"낯간지럽다"指因为 所做的事情不值一提或所做的事很丢脸而感到羞愧，如(14)。"체 면"也多与"깎이다、손상되다、사납다"等消极性词语结合。

(12) 점잖은 자리이니 **낯이 깎일** 행동을 하지 않도록 조심해 라. 那是个比较庄重的场合，小心不要做出伤脸面的事 来。

(13) a. 엄마가 카드를 끊어서 촬영감독과 스텝들 앞에서 완
전 **얼굴 다 팔리고** 지금 영화도 다 종났다고.《별난
가족, 1회》妈你把我的信用卡停了，让我在导演和
工作人员面前丢尽了人，现在电影也完蛋了。

b. 명색이 대기업 회장님께서 이게 도대체 무슨 짓입니
까? **쪽팔리지 않으십니까?**《동네 변호사 조들호, 16
회》怎么说您也是大企业的会长，这是干的啥事啊?
您不嫌丢人啊?

(14) 강마루: 고마워. 맨날 너한테 신세만 지네. 谢谢。我每
次都欠你的人情啊。

오　봄: **낯간지럽다**야. 우리 엄마 가게방 안 고쳐 준 바
람에 지아가 그렇게 감기에 걸린 건데 내가 뭐라
도 해야 덜 미안하지.《우리집 꿀단지, 17회》你
说这个，我该脸红了。因为我妈没有把店里的小
屋修好，才让智雅得了感冒，我总得做点什么，
才觉得对得住你啊。

3) 与脸皮厚有关的丰富表达

与厚脸皮有关，韩国语共有四种表现：第一，词语本身就有比
喻意义，如"낯가죽、면피(面皮)"除了指实际的面皮外，也都可
用来骂没有廉耻的人，此外还有汉字词"철면피(鐵面皮)"。第二，
脸面词与形容词"두껍다"结合，比喻脸皮厚，如"얼굴 가죽이 두
껍다、얼굴이 두껍다、낯가죽(이) 두껍다、낯(이) 두껍다、면피가
두껍다"，如(15)。第三，用惯用语"넉살 좋다"比喻脸皮厚，如
(16)。

(15) a. **낯짝도 두꺼워**?《아이가 다섯, 7회》你的脸皮还真厚
啊。

b. **낯짝에 철판을 깐** 것도 아니고《최고의 연인, 38회》
脸比铁皮还厚。

d. 아주마 원래 **철면피**인 건 알았는데 이 정도로 **얼굴 두
꺼운** 줄은 몰랐네.《우리집 꿀단지, 92회》虽然知道
(大妈)你本来脸皮就厚，但却没想到竟然这么厚。

(16) 그는 **넉살이 좋아** 어디 가서도 굶지는 않는다. 他脸皮很
厚，所以到哪儿都不会挨饿。

第四，拿人脸与其他事物做比较，根据"地厚"这个特点有俗
语"뱃가죽이 땅 두께 같다"，意思是肚皮比地球还厚，"낯바닥이
땅 두께 같다"意思是脸皮比地球还厚，都比喻厚脸皮。韩国语还用
服饰语来表达，如"핫바지에 똥 싼 비위"意思是在棉裤里拉屎，
比喻脸皮厚。韩国语还可用器物来表达，例如，韩国语里铜盆为
"양푼"，有俗语"뻔뻔하기가 양푼 밑구멍 같다"，因为铜盆的底
非常平，所以比喻没有廉耻、厚脸皮。而"양푼 밑구멍은 마치 자
국이나 있지"则是换了一种说法而已，意思是铜盆底上还有锤子印
呢，但人呢，却一点反应也没有，嘲笑认识不到自己的错误、脸皮
厚、没有廉耻的人。再如俗语"상판대기가 꽹과리 같다"，比喻人
非常厚颜无耻。此外还有很多与器物有关的惯用语表达或一般比喻
表达，如(17)。

(17) a. 얼굴이 **꽹과리** 같다 脸像小铜鼓一样厚。

b.낯짝이 **소가죽**보다 더 두껍다 脸皮比牛皮还厚。

c. 내가 그 년 찾아내서 **거북이 껍데기**보다 더 두꺼운 면

상에다가 침이라도 뱉어야겠다.《내 남자의 비밀, 34회》我要把那个女人找出来，冲她那比乌龟壳还厚的脸上吐点唾沫才行。

d. 아이구! 뻔뻔스럽기도 하지. 낯짝 두껍긴 **장화 밑창**보다도 두꺼워.《아이가 다섯, 14회》哎呦，真是不要脸啊! 脸皮比靴子底还厚啊!

e. 지 애미 **시멘트** 낯짝인데 그 피줄이 어디 가겠어?《천상의 약속, 1회》他妈脸皮比水泥地都厚，他儿子能好到哪里去啊?

f. 에이구, 내가 두껍다, 두껍다, 내가 그런 **아스팔트** 낯짝 처음 본다.《천상의 약속, 10회》哎呦，虽然都说脸皮厚，脸皮厚，但她的脸比柏油路还厚，这样的厚脸皮我还是第一次见。

如上，韩国语里在形容脸皮厚时用的是铜鼓、牛皮、乌龟壳、靴子底、水泥地、柏油路，因为这些东西的特点都很厚，这些表达都是用厚来比喻人没有廉耻。但韩国语没有与"脸皮薄"相关的比喻表达，一般多用"부끄러움을 잘 타다、수줍음을 잘 타다"等词组形式。

9.3.2.3 面子受损

汉语有积极意义的"脸上有光"或"往脸上贴金"，也有消极意义的"往脸上抹黑/扣屎盆子"。但韩国语一般没有积极意义的表达，但是消极意义的表达却很丰富，如"얼굴에 먹칠을 하다 给脸上抹灰""얼굴에 똥칠을 하다 给脸上扣屎盆子"等，损伤别人的脸面还有的动作就是往脸上吐唾液，如"얼굴에 침 뱉다. 驳面子"。

这些都强调了面子形成的外界因素。韩国人还认为没脸的事情归根结底原因都出在自己身上，如俗语"얼굴 가죽을 제가 벗긴다"比喻有损自己脸面的不名誉的事情都是自己招致的。

9.2.2.4 对面子文化的告诫

不过韩国人也借助惯用语和俗语对过于重视体面和脸面的现象提出了告诫，如"체면에 몰리다"意思是为了面子而在不起眼的人面前出丑，"체면이 사람 죽인다、체면 차리다 굶어 죽는다"比喻过于追求面子会导致无法干活、吃不上、赔本。此外还有俗语"밥 빌어먹기는 장타령이 제일"，意思是要想讨饭吃，唱一首"讨饭谣"最好了。因为放下脸面，还有做不成的事情？这是从另一个方面来看待脸面。汉语也有类似的"人要拿得起放得下""大丈夫能屈能伸""不一棵树上吊死"等表达。

9.4 关系与方位

虽然韩国与中国都是关系社会，但搞关系毕竟不是正大光明的事情。汉语里搞关系多用方位词"后"来表达，如"走后门、后台老板、背后势力"等，也就是说，方位词"前"代表的是光明正大，而"后"代表的是相反意义。韩国语也有这种现象，可分为五种类型。

第一，"뒷손"。这个词有两个同音词，意义有相关性。"뒷손1"有两个意义，首先指伸到身后的手；也指表面谦让但却偷偷伸出来接东西的手，如(18)。"뒷손02"指事情结束后又做整理，如

(19a)；也指偷偷在后面搞的事情，惯用语"뒷손(을) 쓰다"指秘密地寻求对策或善后，如(19b)。

(18) **뒷손**을 벌려 돈을 요구하다 悄悄要钱。
(19) a. **뒷손**을 보다 重新整理
　　　 b. 먼저 **뒷손**을 써 놓고 일을 시작합시다. 先秘密做好准备然后再开始工作。

　　第二，"뒷문、뒷구멍"。在中韩两种文化中，建筑物的前门一般是正门，而后门则是偏门，是备用的门。因此汉语"走后门"具有了贬义。韩国语也不例外，"앞문"意为前门，没有比喻意义。"뒷문"意为后门，可比喻用不正当的方法或手段来解决问题，如(20ab)。惯用语"뒷문으로 드나들다"比喻隐秘地出入，如(20c)。

(20) a. 대학을 **뒷문**으로 입학하다 走后门进大学。
　　　 b. 사람을 **뒷문**으로 뽑다 通过走后门的方式选人。
　　　 c. 그들은 밤마다 **뒷문**으로 드나들며 마을 회관에서 밀담
　　　　　을 나누었다. 他们每天晚上偷偷地在村会馆里密谈。

　　有时"앞문、뒷문"可对比使用，如"앞문으로 호랑이를 막고뒷문으로 승냥이를 불러들인다.　前门拦虎，后门引狼"，比喻表面上光明正大，但背后却干尽坏事。

　　但是与中韩两种文化不同，加拿大纽芬兰文化中"人们从来不走前门，即进入起居室(客厅)的门，除非是骑警或殡葬人员。……因为从厨房门进屋，'意味着'我们是邻居或亲戚，也就是说像家人一样熟悉。从前门进屋，则'意味着'死亡和麻烦"(奥莫亨德罗

2017:18)。

　　"뒷구멍"指后面的窟窿，也指不显露出来可悄悄行动的方法，如(21ab)。惯用语"뒷구멍으로 들어가다"指靠不正常的方法进入某个单位，如(21c)。

　　(21) a. **뒷구멍** 입학이 문제가 되다 不正当的入学成了问题。
　　　　b. 돈을 **뒷구멍**으로 빼돌리다 把钱偷偷转移了。
　　　　c. 그녀는 아버지의 힘을 이용하여 대기업에 **뒷구멍**으로 들어갔다. 她靠父亲的力量走后门进了大企业。

　　第三，"뒷배、뒷수발、뒷시중"。其中"뒷배"意为在背后照顾，如(22a)。"뒷수발、뒷시중"也指在背后偷偷给予帮助，如(22b)。

　　(22) a. 내가 자네 상단에 **뒷배** 대주겠네.《옥주화,17회》我来给你们商团做后台/后盾。
　　　　b. 생색도 못 낼 **뒷수발**만 많이 하면 뭐하겠나? 你这样偷偷帮助他，又不能说出来，是为了什么呢？

　　第四，汉字词"배후(背後)"有三个意义，指身体意义上的背后，如(23a)；也指某个对象或队伍的后面，如(23b)；也比喻某事深藏的内幕，如(23cd)。

　　(23) a. **배후**에서 갑자기 나타나 어깨를 치는 바람에 깜짝 놀랐다. 他突然出现在我的背后还拍了一下我的肩膀，让我吓了一大跳。

425

b. **배후**를 공격하다 攻击后面

c. **배후**도 드러나지 않겠어?《최고의 연인, 46회》那他
的后台老板还不会现形?

d. 지금 물어보면 되겠네. 그 자의 **배후**에 누가 있는
지.《구르미 그린 달빛, 15회》那现在问问就行了,
看看他的后台/靠山是谁?

第五,"백、빽、뒷백、뒷빽、벗바리"。"백"是外来语,俗指
在背后给予支持的势力或人,也写作"빽",如(24a-c)。有时"줄、
빽"也可一起使用,如(24d)。

(24) a. **백**이 든든하다 后台很硬。

b. 마누라 **빽**으로 들어왔으면서.《왕가네 식구들, 8회》
靠老婆进来的。

c. 제가 아는 지인 **빽**으로다가 어떻게 겨우 겨우 (예식
장) 잡았습니다.《우리집 꿀단지, 78회》靠我认识的
朋友关系好不容易才(把结婚的场所)定下来。

d. '**빽**' 없고 '줄' 없는 부모를 원망하다 埋怨没钱没势的
父母。

此外还有"뒷백、뒷빽",都指后台,如(25)。"벗바리"指在
背后给别人做后台的人,惯用语"벗바리(가) 좋다"意为后台很
多,如(26)。

(25) a. 니한테 어디 사장엄마 뿐이겠어? **뒷빽** 든든한 엄마도
있는데.《우리집 꿀단지, 94회》你不光有当老板的

妈妈，不是也还有后台很硬的养母吗？

b. 우리 정난정이 **뒷백**인 상단을 건드린 것 알면 난리 날 거야. 《옥중화, 4회》如果他知道我们抢了郑兰贞 为后台的商团，肯定会暴跳如雷的。

(26) 그는 어찌나 **벗바리**가 좋은지 근무 태도가 좋지 않은데 도 아무도 내칠 수가 없었다. 不知道他有多少后台，工 作态度这么不好，也没人撵他走。

如上，韩国语里这五类与"后"有关的词语都表达关系意义，并且都具有消极性。与汉语主要要有"走后门、后台"相比，韩国语的表达更加丰富，词汇类型不仅有固有词，还有汉字词、外来语，以及混合词。

9.5 关系与后背、靠山、门路、桥梁

韩国语里的后背也与关系有关，如"등(을) 대다"指依靠别人的势力，"등(이) 닿다"指依靠后面的力量。依靠别人势力的这种人在韩国语里用"등 진 가재"来表达。而"등에 업다"则比喻借助该人的力量。如果支持某人，则需要推着他去干，韩国语用"등을 밀어주다"来表达，但如果是生拉硬拽地让别人干或鼓动别人干，则用"등을 떠밀다"。表示断绝关系时，与后背的动作有关，一个是"등지다"，一个是"등(을) 돌리다"。

韩国语还有"언덕"，指丘陵、山坡，还可比喻能够帮助、照顾自己的令人信赖的对象，如(27)。

(27) 의원님, 제 아들 장부천에게 기댈 **언덕이 되어 주세
요.**《돈꽃, 1회》(罗)议员，请您扶持一下我儿子张富
川吧。

韩国语里还用建筑用语来比喻关系，在下面作支撑的柱子称作
"밑기둥"，因为这是建筑物赖以挺立的基础，所以"밑기둥"还比
喻可以依靠的势力。

韩国语道路为"길"，用于惯用语"길(이) 닿다"时表示建立
某种关系，如(28a)。而"길을 열다"比喻找到或准备好方法，如
(28b)。

(28) a. 이제야 그 나라와 대화를 할 수 있는 **길이 닿은 셈이
군.** 现在才找到与那个国家进行对话的办法。
b. 장학 제도는 학비가 없는 학생들에게 배움의 **길을 열
어 주기** 위한 것이다. 奖学金制度是为了给没有学费
的学生提供学习的机会。

韩国语里桥梁为"다리"，可以比喻连接两者关系的人或事物，
比喻中间需要经过的阶段或过程，惯用语"다리(를) 놓다"比喻为
使事情成功而使多人产生关系，"다리를 잇다"比喻把断了的关系重
新连接起来，"한 다리 건너다"比喻隔着一层关系，"다리(를) 건
너다[넘다]"指话或东西等通过某个人传给另外一个人。此外，"다
리"还被用来指地位的等级，如(29)。

(29) 그는 삼 년 만에 벼슬이 **한 다리가 올랐다.** 他三年才升
了一级官。

9.6 关系与线绳

中国人有典型的"圈子心理",所谓"圈子心理"指的是一个人在与他人交往时有意无意地产生一种划圈子的心理习惯(汪凤炎等 2004/2015:98)。中国人的这种圈子是封闭的、界限分明的,例如中国建筑的城墙、围墙、万里长城、客家人的"围屋"以及汉字"国"等都隐含着这种思想,现在还出现了很多合成词,如"娱乐圈、社会圈子、亲属圈子、朋友圈"。这反映的是中国人关系中的空间观念,因为"相同地理位置中的持久性交往是中国人结成关系的首要原则"(翟学伟 2011/2014:185)

对韩国人来说,建筑虽然一般也会砌墙,但韩国人的墙非常矮小,难以形成一个封闭的圈子,韩国语里与"-권(圈)"有关的派生词多局限于区域意义,如(30)。

(30) 고기압권 高气压圈 수도권 首都圈 상위권 上位圈 당선권 当选圈 검역권 检疫圈 북극권 北极圈

与中国相反,韩国人的关系文化有不同的语言载体,例如韩国语里表示线绳的词语"줄、끈/새끼、선、라인、고리"等都有关系意义。而数学用语"선상、접선、평행선、직선、비딱선"等以及医学用语"맥"也都可用来比喻人际关系,此外,还有动词"얽다、얽히다"都是用绳缠线绕来比喻关系交织在一起,而乘坐意义的"타다"也比喻依靠某种关系或机会,斩断线绳意义的"자르다"以及从线绳上掉下之意的"떨어지다"都比喻斩断或者脱离某种关系。所以将韩国人的这种关系文化定义为"线绳文化"可能更合适。

汉语虽然也用"千丝万缕、条子、线人"来比喻关系,但相对来说这样的表达非常少。

下面就来分析一下线绳在韩国人心目中的社会文化意义。

9.6.1 关系与"줄"

韩国人重视血缘、学缘、地缘等是集体主义的体现，也就是说韩国人需要在这众多的关系中来为自己定位，而这种思想也表现在语言的使用上。在这里，我们仅通过"줄"这一个词就足以来说明韩国人的这种无我的集体主义价值观。

9.6.1.1 "줄"的词典释义

"줄"是多义词，共有10个意义，其中第1-8个意义都是具体意义，分别指用来捆绑东西的细长的东西；展开的长长的东西；用于数量词后，表示单位；文章的横竖位置；在文章中的位置及其单位；作"弦"的日常说法；矿脉；香烟等的单位；第9个意义是抽象意义，指社会生活中的关系或缘分。这些意义的产生都源于形态上的相似性，尤其是第9个意义源于"关系的延伸"与"绳子"的相似性，如：

(31) a. 우리 형님은 그쪽 사람들과 **줄이 닿는다**. 我们大哥与那边的人有关系。

　　 b. 법조계에 있는 친척 어른께 **줄 놓아** 이 일을 어찌 수습해야 할지 알아보려고 합니다. 我想与法律界的亲戚家的长辈套套关系，打听一下这件事应该怎样来收拾。

　　 c. 완전히 그쪽으로 **줄을 타네**.《최고의 연인, 29회》完全站在那一边了啊。/完全和他们成一伙了啊。

d. 박비서, 오래 살고 싶으면은 **어느 줄에 서야 할지** 판
단 잘 서야 할 거야. 《폼나게 살 거야, 34회》朴秘
书，如果你想干得长远，最好盘算好到底要站在哪
一边?

e. 동만주 청년회 계통의 **줄을 밟아** 수사를 펴기로 했
다. 《안수길, 북간도》决定与东满洲的青年会的人接
上线/头，展开调查。

f. 줄을 놀리다 操纵

　　如上，"줄"多与"닿다、놓다、타다、서다、밟다、놀리다"
等搭配，译成汉语时，分别对应"有关系、套关系、站(队)、成一
伙、接上线/头、操纵"等。因为"줄"经常与动词"서다"结合，
所以还有了名词形式的"줄서기"，比喻靠上有权力的人或机构并建
立亲密关系，如(32)。

　　"줄"的第10个意义也是抽象意义，用作依存名词，用在表示
一定水平或程度的名词后，如(33)，指资格或能力能够达到某个标
准，这也是一种关系意义。

(32) a. 어느 라인에 설까 모두 **줄서기하고 있어.**《다시, 첫사
랑, 38회》大家都在盘算到底站在哪边。

b. 그가 세력을 키우자 그 밑에서는 **줄서기** 경쟁이 벌어졌
다. 他的势力一大，他下面的人就展开了站队竞争。

(33) a. 그분의 인품이야 **재상 줄에 오르고도** 남을 만하지. 那
一位的人品当宰相也绰绰有余。

b. 그만한 성적이면 **우등생 줄에 들고도** 남는다. 成绩如
此的话，足以挤入优等生行列了。

9.6.1.2 "줄"的相关词

"줄"还有很多相关词语，大部分都与关系产生意义，代表性的主要有四类，分别与身体、非人体词、民俗运动、植物等有关。

第一类，与人体有关的合成词，这类词主要有"명줄、핏줄、목숨줄、구명줄、탯줄、젖줄、입줄、힘줄、병줄、목줄、똥줄、정신줄"等，也就是说韩国人将人的身体看作了多条绳子，其中"입줄、힘줄、똥줄、병줄、정신줄"等不是关系意义[05]，其他合成词都有关系意义，表达"命脉、手段、靠山"等意义，如表2所示：

[表2] 与身体有关的"줄"合成词

词语	例句
명줄	육수와 춘장은 우리 가화만사성의 **명줄**이다.《가화만사성, 30회》高汤和春酱是我们家和万事兴饭店的命脉。인사부장이 나의 **명줄**을 쥐고 있다. 人事部长掌控着我的死活。예전에는 많은 어부들이 한강에 **명줄**을 걸고 살아갔다. 以前很多的渔民都是依靠汉江生活的。
목숨줄	지금 그 돈은 우리집 **목숨줄**인데.《우리집 꿀단지, 58회》现在我们全家就靠那钱来活命了/那钱是我们的救命钱。
구명줄	문재인 정부를 심판하자고 목청 높인 집회가 궁지에 빠졌던 문 정부의 **구명줄** 역할을 했다.《조선일보, 2020. 08. 27》高声呼吁弹劾文在寅政府的集会成了拯救陷入困境的文政府的救命索。
젖줄	한강은 서울의 **젖줄**이다. 汉江是首尔的生命源泉。
탯줄	역시 동아줄보다 **탯줄**을 잘 타야 하는 건가?《가족을 지켜라, 28회》难道说与靠山相比，还是托生一个好父母更管用？

05　"입줄"指话柄；"힘줄"指筋；"똥줄"意为大便；"병줄"为长期不好的病；"정신줄"指精神头。

금탯줄	**금탯줄**로 타고 태어나고 등짝에다가 자동 낙하산 매워 태어난 여자더러 뭐, 뭐, 뭐 보육원?《내딸 금사월, 15회》对那个生于富贵之门，后脊梁骨上还带着降落伞的女人，说什么，什么？孤儿院(长大的)？
목줄	당신 **목줄** 조를 날 얼마 안 남았어. 조금만 기다려요.《최고의 연인, 84회》离勒紧你颈套的日子不远了，请再耐心等待一阵子。그걸 잘 지키세요. 그게 지검장 **목줄**입니다.《동네변호사 조들호, 16회》你一定要把它管理好，那可是支检察长的小辫子。나는 지금 공영 방송에 **목줄**을 달고 있는 판이니 너와는 생면부지의 관계이고 싶어.《김원우，짐승의 시간》我现在是系生命于公营广播，我想和你保持互不相识的关系。

如上，"명줄、목숨줄、구명줄"都与人的命有关，而"젖줄"意为乳腺，比喻给带来某种必不可少的东西的重要手段；"탯줄"指脐带，并且还有"금탯줄"，比喻无比重要的靠山。而"목줄"指拴在脖子上的绳子，比喻把柄；因为颈套是拴在脖子上的，是重要的地方，所以"목줄"也比喻维持生活的重要手段或情况。

第二类，韩国的民俗运动中也有与"줄"有关的表达，其中"줄다리기하다"指拔河，也比喻互相对峙，谁都不想输，汉语多用"拉锯战"；"줄다리기하다"也可比喻交易，如(34)。

(34) 일자리 추경이 '정치적 **줄다리기**' 대상이 될 수 없다는 점을 분명히 하면서 추경안 국회 통과에 배수진을 친 셈이다.《동아일보, 2017.06.31》这切实表明了(文在寅政府)认为为增加就业而追增预算不是可以"玩政治交易"的，并且可以说对追增预算案在国会的通过是势在必得[06]。

06　"추경"是"일자리 추가경정예산"的缩略语。

另外还有一项民俗运动是踩钢丝，韩国语为"줄타기"，因为踩钢丝的动作晃晃悠悠，非常危险，根据这个特点这个词也比喻心存侥幸每天过着危险的生活，面对踩钢丝，中国人也会产生类似的联想意义，但韩国语"줄타기"还比喻根据对自己是否有利一会儿站在这边，一会儿站在那边，这种关系比喻意义的产生与踩钢丝的人在保持身体平衡时不断调整身体的动作有关，汉语"踩钢丝"一般只强调危险意义，所以"줄타기"表达关系意义时需译成"站队"，如(35)。

(35) a. 여기까지 **줄타기**야?너?《낭만닥터 김사부, 7회》到
这儿来你还一门心思地站队啊?

b. 어차피 인생은 **줄타기**야.《빛나라 은수, 72회》反正
人生就是站队。

c. 우리 문선배 얼굴이 많이 좋아졌다. **줄타기** 잘 했나
봐. 서커스처럼.《김과장, 18회》我们文哥脸色变得
好多了啊。看来站队站得很好啊，就像耍杂技踩钢
丝的演员那样。

第三类，与植物有关的"줄"，其中代表性的就是冬瓜秧"동아
줄기"，由于冬瓜秧非常粗重、结实，所以过去多用来做绳子，因此
就有了"동아줄"。韩国有个童话故事为《해님 달님》，故事中的兄
妹两人被老虎追赶走投无路时向老天爷祈祷道："우리 하느님께 기
도하자. 하느님, 하느님, 우리를 살려주시려면 새 동아줄을 내려
주시고, 죽이시려면 헌 동아줄을 내려주세요"。最终天上掉下来一
根粗绳子，兄妹两人上天分别成了太阳和月亮。

现在"동아줄"比喻像冬瓜秧一样又粗又结实的绳子；有时也
比喻关系，如(36a)。有时还用"황금동아줄"比喻坚实的关系，如

(36b)。有时也用"썩은 동아줄"比喻没用的东西，如(36c)。

(36) a. 역시 난 제대로 된 **동아줄**을 잡고 있던 거야.《여자의
비밀, 100회》我抓住的果然是一个结实的后台。

b. 정말 강미정 너 **황금동아줄** 제대로 잡았구나.《불어
라, 미풍아, 20회》江美静你真的是抓住了一条黄金
救命绳啊。

c. 잘 판단해. 동주야. 어떤 게 진짜고 어떤 게 **썩은 동아
줄**인지 잘 구별해야 돼.《낭만닥터 김사부, 6회》你
要想好了。东柱啊。你可要区分好了，什么对你真
有帮助，什么是无用之物。

第四类，与"줄"的比喻意义有关的"～+줄"结构的合成词
很多，代表性的有"뒷줄、연줄(緣-)、인연줄(人緣-)、밥줄、벌잇
줄、돈줄"等，如表3所示：

[表3] 与"줄"的比喻意义有关的合成词		
合成词	意义	例句
뒷줄	比喻背后的势力。	**뒷줄**이 든든하다 后台很硬。
연줄	缘分之路。	그는 **연줄**로 우리 회사에 들어왔다. 他依靠关系进入了我们公司。**연줄**을 대다 拉关系。**연줄**이 닿다 续上关系。**연줄**을 타다 借助关系。
인연줄		그 반지가 손녀딸을 찾아주는 **인연줄**인 것구만. 《불어라, 미풍아, 33회》看来那个戒指是找到你孙女的红线啊。

돈줄	能够融通金钱的关系。	너는 은행 맡고 나는 재단 관리하고 우리 부자가 새로운 정권의 **돈줄**이 되는 거야. 《불야성, 18회》你负责银行，我管理财团，那我们父子就是新政权的钱袋子。**돈줄**이 끊기다 钱脉断了。
밥줄	挣钱养家的方法或手段。	어쩜 이렇게 야박하게 사람 **밥줄**을 자른대? 《우리집 꿀단지, 102회》你怎么这么没人情味啊? 就这样把别人的饭碗给端/砸了?
벌잇줄	挣钱的方法。	**벌잇줄**이 끊어지다 挣钱的门路断了。

如上，韩国人将后台关系、缘分、融通金钱的关系、饭碗、挣钱的门路都看成了"줄"中的一种，由此可见，"줄"的影响和范围之大。与"연줄"有关还有俗语"가시나무에 연줄 걸리듯"，比喻受人情世故的限制左右为难，或比喻亲戚关系交织缠绕在一起。

9.6.2 关系与"끈、새끼"

韩国语还有"끈、새끼"具有关系意义，其中"끈"是多义词，有五个意义，如表4所示：

[表4] "끈"的意义

	意义	例子
1	捆或缝东西时用的又细又长的东西。	**끈**을 꼬다/풀다 捆/解绳子。
2	物体上用来系或者作提手的东西。	운동화 **끈** 运动鞋带
3	挣钱的方法手段。	**끈**이 붙다/떨어지다 有/没有门路。**끈**을 붙이다 找到门路。

4	能够依靠的力量或人脉。	너나 나나 회장님만 믿고 있다간 **끈** 떨어진 신세야. 《再一次9회》不管是你还是我，光靠会长的话，早晚得断线掉到地上。
		대화의 **끈**은 놓지 않겠다. 不想放弃对话这条路。
5	比喻缘分或关系。	속세와의 **끈**을 끊다 结束与俗世的联系。

如上，当"끈"用于第1个意义时，与"노、줄、실、헝겊 오리、가죽 오리"等同义。用于第3个意义时，与"벌잇줄、벌잇길"同义，有很多惯用语，其中，"끈(이) 붙다"比喻有了赖以生存的方法，如(37a)；"끈(을) 붙이다"指给安排了生活下去的方法或手段，如(37b)；而"끈(이) 떨어지다"指赖以生存的路被切断，如(37c)。

(37) a. 겨우 **끈이 붙었으니** 이제는 밥걱정은 안 해도 되겠다.
勉强找到了门路，现在不用担心挨饿了。

b. 네가 **끈을 붙이면** 나는 더 바랄 것이 없다. 只要你能混饭吃，我就别无所求了。

c. 병들고 직장까지 잃게 된 그는 이제 **끈이 떨어진 신세**이다. 他生了病，还失去了生路，完全是飘萍断梗啊。

"끈"用于第4个意义时，有惯用语"끈을 대다"，指接上关系。虽然三个俗语"끈 떨어진 뒤웅박[갓/둥우리/망석중이]、광대 끈 떨어졌다、끈 떨어진 연"里的"끈"用的是第1个意义，但俗语

的意义比喻无依无靠，一筹莫展，如(38)。也就是说表达的意义与"끈"的第4个意义有关。

(38) a. 하긴, 말하면 뭐 해? 나 이미 **끈 떨어진 이혼녀인데**.《천상의 약속, 9회》也是，说了又有什么用呢？我现在已经是没人要的离婚女了。

b. 검찰에서도 **끈 떨어졌다면**.《최고의 연인, 47회》如果你在检察厅那儿的关系也断了……

c. 오빠! 오래 오래 살아야 돼. 안 그러면 나 **끈 떨어진 연이지**.《빛나라 은수, 31회》哥，你要长久地活着。要不然我就是断了线的风筝啊。

风筝中有一种"방패연(防牌鳶)"，是盾牌模样的风筝，底端有一条长长的带子，称作"갈개발"，根据带子的形态特点有俗语"방패연의 갈개발[갈기] 같다"，比喻某物长长垂下来的样子。"갈개발"本身也有比喻意义，比喻那些依附在有权势的家门而获得权势的人，这也反映了带子在韩国文化里的关系意义。

再看"새끼"，这个词意为草绳子，有俗语"새끼에 맨 돌"，字面意义是缠在绳子上的石头，如果绳子动，石头也会跟着动，所以比喻难以分割的紧密关系，也用来嘲笑没有主见、受人支配的人。

9.6.3 关系与"선"

与线有关韩国语有上义词"선(線)"，也有下义词"접선(接線)、평행선(平行線)、직선(直線)"等，此外还有"윗선(-線)、선상(線上)、삐딱선(一線)、탈선(脫線)"。

第一，上义词"선"是多义词，可以指画出来的线，也指电线、光线、线路、物体的轮廓，或者指界限，也指与某个人物或团体建立起来的关系，如(39a)。用于关系意义时还有惯用语"선을 대다"，如(39b)。"선을 긋다"比喻划清界限，如(39c)。

(39) a. 권력층과 **선이 닿다** 和权力阶层接上关系。
    b. 그는 회사의 고위층에 **선을 대어서** 취직을 했다. 他和公司的高层拉上了关系，所以找到了工作。
    c. 윤호한테는 **선 분명히 그었어**. 나 결혼 안 할 거라구.《당신은 선물, 3회》我已经和允浩划清界限了。说我不结婚。

一个组织中具有高职位的人称作"윗선"，如(40)。韩国语还有"선상"，意思是在某个线上，指处于某种状态，如(41)。如果越过某条线为"넘다"，其合成词"넘어오다"意思是倒向我方，即成为我方的人。

(40) 자본이 든든하든가 **윗손**에 줄이 있으면 몰라도 그런 것 아니라면 쉽지 않을 겁니다.《그 여자의 바다, 46회》要么有充足的资金，要么上面有人，否则的话很难的。
(41) 사회주의 노선과 개혁 개방 정책을 동일 **선상**에 놓았다. 将社会主义路线和改革开放政策合为一体。

第二，切线、切点。韩国语里切线称作"접선"，但日常生活中指为了某种目的而秘密见面，或建立那样的关系，如(42)。切线与曲面接触的点称作"切点"，韩国语为"절점(切點)、접점(接點)"，其中"접점"还指通电的接线柱，在日常生活中，"접점"还用来比

喻双方的共同点或共识，如(43)。

(42) a. TSK에서 강세라랑 **접선하셨네**.《당신은 선물, 90
회》在TSK与姜世拉接上头了。

b. 니가 오늘 제보자에게 돈 받은 것도 다 알아. 여의도
접선 장면 찍은 사진도 우리에게 있다.《쾌걸 춘향,
15회》你今天从举报人手里拿到钱的事我们也知
道。并且我们还有你们在汝矣岛接头的照片。

(43) 야당과의 **접점**을 찾고 있다. 寻找与在野党的共识。

第三，平行线。平行线韩国语为"평행선"，可用来比喻对立双
方的主张处于不可协调的状态，如(44a)。此外，"평행선"也多与动
词"긋다、달리다"等结合，如(44bc)，译成汉语是"坚持己见、各
持己见"等。

(44) a. 결국 너하고 난 **평행선**이 되겠구나. 내가 이 집에 들
어온 그 날부터 너하고 난 평행선이었어. 영원히 합쳐
질 수 없는.《달콤한 원수, 30회》你和我最终只能是
平行线了。从我进入这个家门那一天开始，你和我
就是平行线，永远没有交集的平行线。

b. 노사 양측은 양보 없이 **평행선을 긋더니**, 결국 타결을
보지 못했다. 劳资双方互不让步坚持己见，最终没
有达成共识。

c. 버락 오바마 미국 대통령과 시진핑(習近平) 중국 국
가주석은 주요 20개국(G20)정상회의를 하루 앞둔 3
일 오후 항저우(杭州)에서 4시간 이상 마라톤 정상회

담에서 갈등현안을 놓고 **평행선을 달리며** 견해차를 좁히지 못했다.《동아일보, 2016.09.04》G20峰会的前一天9月3日下午，在杭州，中国国家主席习近平与美国总统贝拉克．奥巴马进行了长达4个多小时的马拉松式的首脑会谈，对于所存在的分歧问题，双方各持己见，没能缩小意见分歧而取得进展。

第四，直线韩国语为"직선"。"직선"虽然没有非常强烈的褒义，但在东方文化中，"直"是与"曲"相对的，所以可以说是褒义词，派生词"직선적"意为耿直的。

第五，韩国语里斜线称作"빗금、빗줄、사선(斜线)"等，这些词都没有比喻意义。韩国语里还有"삐딱선"，是形容词"삐딱하다"的词干与名词"선"结合形成的合成词，形容词"삐딱하다"意为倾斜，也指心灵、想法、行动等不正确、不正当。"삐딱선"主要比喻心灵、想法、行动等不正确、不正当，如(45)。这与出行语言中的"탈선(脱線)"有相似之处。

(45) 안 그래도 너희 집에서 너랑 나 때문에 심정 많이 상해 계신 것 같던데. 계속 이렇게 **삐딱선 타도 되겠어?**《내조의 여왕, 17회》本来你父母就因为你和我而心情不好，你却继续这样乱来，你觉得对吗?

9.6.4 关系与"라인"

"줄"的外来语近义词"라인(line)"也有比喻意义，如

(46)，都比喻关系、门路等，这种意义其实在英语里并不存在，是输入韩国后发生的语言变异。"라인"的这种意义的产生可以说是受了韩国文化里"线"所具有的关系意义的影响。

(46) a. **라인**은 제대로 탔다. 탔어!《월계수 양복점 신사들, 6회》终于找到了一个大关系! 找到了!

    b. 학연이니 인맥이니 이런 거 필요 없다고 하지만. 한국사회가 어디 그러니? 왜 다들 그렇게 **라인**에 목을 매는데.《내조의 여왕, 7회》虽然说学缘、人脉这些都不重要，但韩国社会怎么可能呢? 要不大家怎么都那样急于找自己的门路啊。

    c. 좋지 그럼! 우린 이제 한낱 하찮은 말단사원이 아니야. 사장님의 직속 **라인**인 거지!《내조의 여왕, 12회》当然好了。那么我们现在不再是不起眼的底层员工了。而是成了老板的直系亲信了啊!

9.6.5 关系与"고리"

"고리"指用长长的铁或绳子等弯曲做成的圆形或方形的东西；也比喻将某种组织或现象互相联系在一起的一个个的构成成分或者连接处，如(47)。

(47) a. 그 사건은 그들을 하나로 묶는 **고리**가 되었다. 那个事件把他们栓到了一起/他们因为那件事成了"拴在一根绳上的蚂蚱"。

b. 정금유착 **고리** 끊다 斩断官商勾结的链条。

与"고리"相关有"문고리 门环", 韩国语也可以用门环来比喻关系, 所以出现了"문고리 세력""문고리 3인방"。

9.6.6 关系与"맥"

"맥(脉)"是多义词, 当"맥"用于脉络意义时多用来比喻关系, 如(48)。另外还有惯用语"맥(도) 모르다", 比喻不知道内幕或原因等, 如(49)。

(48) a. **맥을 같이하다** 一脉相承。

　　　b. 오랜 전통의 **맥을 잇다**. 维系着传统。

　　　c. 그는 고위층과 **맥이 닿아 있다**. 他和高层人物有关系。

　　　d. 관과 깊이 **맥을 대고 있다**. 和官府有勾结。

　　　e. 그는 자신의 춤의 **맥을 잇기 위해** 제자를 양성했다. 为了使自己的舞蹈能传承下去, 他培养了自己的徒弟。

(49) 초대를 하기에 **맥도 모르고** 갔더니 그 친구 생일이었다. 不知就里地应邀去访问, 结果发现是那个朋友的生日。

用于医学意义的有"맥(을) 보다", 可以指观察脉搏的快慢, 还比喻观察他人的颜色或意思, 如(50a)。用于此意义时, 还有类似

的"맥(을) 짚다",指了解别人的内心想法,如(50b)。

(50) a. 가만히 **맥을 보니** 남편은 싸웠는지 적삼이 찢어지고 얼굴에 상처가 있었다. 仔细观察了一下,发现丈夫好像打架了,褂子撕破了,脸上也有伤。

    b. 나는 그의 속셈에 대한 **맥을 짚기 위하여** 딴소리를 해보았다. 为了了解他的内心想法,我试着说了一些别的话。

如上,"맥"的三个惯用语表达的是对人与人关系的处理意义。

9.6.7 韩国的"线绳文化"与中国的"圈子文化"

如上,我们主要从语言学的角度分析了韩国人的"线绳文化",与中国的"圈子文化"相比,韩国人的"线绳文化"有以下七点不同:

[图1] 中国人的圈子文化示意图[07]

07　根据汪凤炎等(2004/2015)的"中国人的自我边界示意图"修改而成。

[图2] 韩国人的线绳文化示意图

第一，在中国这种圈子文化里，有圈内人和圈外人之分，圈子文化强调内外，没有太强烈的权威与底层之分，在同一个圈子内大家都是平等的。相反，韩国人是线绳文化，强调上下高低，具有强烈的权威意识和末端、底层意识，所以韩国人经常自贬为"말단사원 末端员工"。虽然中国也有上下级之分，但中国的权威和上级意识要弱于韩国。

第二，圈子文化是封闭的，线绳文化是开放的。圈子文化冷待陌生人，因为圈子的封闭性意味着"中国人不接受无法构成关系特征的人，如陌生人或为正常工作、交易、交流而来往的人"（翟学伟2011/2014:300）。相反，线绳文化显得感情更加外露，更重感情，因为只要确定是同一层次的人，就有了同质感。韩国人非常重视邻里关系，因为邻里关系是同一层次的同质关系，即使不是一个圈子，但却是同一个层次，因此对韩国人来说，就可以感到非常亲近。所以韩国人用"동네"来比喻同一层次的人，如(51)，汉语用"圈子"。

(51) 형이 전에 말했지. 형의 **동네**에서는 일반인하고의 연애
쉽게 용납 안 한다고. 그게 이런 거 말한 거야?《황금빛

내 인생, 41회》大哥你以前说过，说你们那个圈子很
难允许孩子与普通人交往。你说的就是这种事情吗?

韩国人搬家率很高(当然这种现象与现代韩国社会的经济、社会结构等有关)，并且都渴望搬到高档小区的现象也反映了这一点，搬家后韩国人最先做的事情就是去拜访邻居，这其实是一种关系的建立和对同质感的确认。

但中国人即使同住一个小区，一般却无法产生同质感，所以也就出现了住对门的人都互不相识的现象。笔者认识的一个韩国妇女，因为陪伴孩子在北京早期留学，她说感受到了一定的文化冲击，例如，在中国，一个小区内的人一起坐电梯都互不打招呼，都装作没看见。这与韩国形成极其鲜明的对比，因为韩国一个小区内的人都非常熟悉，见面必须打招呼。即使是陌生人，在电梯内一般也都打招呼的。

当然，如果中国的小区是单位小区，即同一工作单位聚集而居的小区，那么就是另一番景象，因为同一单位属于同一个圈子。但即使是同一单位的居住区，对中国人来说也并不是关系圈。因为"中国人在组织中还要继续考虑关系的问题……在同一组织内，即使交流和互动是必需的，但没有关系，意味着成员依然没有归属感。"(翟学伟 2011/2014:296)

第三，圈子是一个平面空间，具有可伸缩性，即使同处于一个圈子内，也有远近之分，圈内人的关系距离弹性很大，因此使中国人的人际关系显得比较松散和独立。并且圈子与圈子之间是可以渗透的，可以比较轻松地从这个圈子转到另外一个圈子。

与圈子文化相比，线绳文化是一种垂直文化，线上的人一般无法自由变换各自的位置，也无法自由决定是否可以下线，因为下线

意味着坠落，所以使得人际关系显得比较稳定和僵化。另外，不同的线之间产生关系的可能性比较小，除非是最上面的线之间能够发生关系，也就是说线绳文化的主动权在顶层。

第四，圈子分大小，而线分粗细、材质，所以韩国语有"동아줄 粗绳子""썩은 동아줄 烂绳子""황금동아줄 黄金绳"分别比喻质量各不相同的关系。线绳粗意味着关系硬，所以韩国语里表达成为粗绳子的惯用语"올이 되다"可以比喻傲慢的态度。不同线绳之间也可以形成一个相对紧密的关系，所以"한올지다"是用成为一缕线来比喻关系亲密。

第五，线绳文化强调能否上线、上线是否牢固，强调线是否直顺，所以韩国语里表示"上、牢固、掉、断、缠绕、解开、被解开"的词语都有了关系意义。

动词"타다"的基本意义表示乘坐，还指利用时间、借助风力等，也指依靠某种系统、秩序或关系，如"연줄을 타다 搭上关系"。"갈아타다"的语境义中也有利用关系之意。汉字词"편승(便乘)"的基本义是搭便车，也比喻利用目前的事态或他人的势力谋求自己的利益，与乘坐意义有关的"상차(上車)、하차(下車)、무임승차(無賃乘車)"等也都表达某种关系的有无。表示系绳意义的"맺다"也比喻建立某种关系。

因为绳子不稳，越到底部晃动得越厉害，所以需要牢牢抓住，因此韩国语动词"매달리다"除了基本意义抓住、挂住之外，还指埋头于某事，还比喻依附、依靠，如"상부에 매달리다 把希望寄托于上级"。이규태(1983/2011(1):178)将韩国人的这种文化形象地比喻为"시계추 钟摆"。因为钟摆是左右晃动的，看起来极其危险。

从绳子上掉下来为"떨어지다"，关系或感情疏远用"정이 떨어지다"，如(52a)。关系断裂或分手也用"떨어지다"，如(52bcd)。

尤其是(52d)更加反映了中韩两国的差异，因为韩国人用的是"断线掉到地上"，反映的是线绳文化，而汉语更常用的是"被踢出局"，反映的是圈子文化。

(52) a. 이미 그 일에 **정이 떨어진 지** 꽤 되었다. 很久以前我就不喜欢那种工作了。

b. 아이가 부모와 **떨어져 지내는 것**은 힘든 일이다. 孩子与父母分住是件困难事。

c. 어떤 일이 있어도 우리 **둘은 떨어져서** 살 수 없습니다. 不管发生什么事情我们都不能分开。

d. 너나 나나 회장님만 믿고 있다간 **끈 떨어진 신세**야.《다시, 첫사랑, 9회》不管是你还是我，光靠会长的话，早晚会被踢出局。

拒绝建立关系或断绝关系，韩国语用"자르다"，如(53abc)。表示解雇时有被动式的"잘리다"，如(53d)。有惯用语"동(을) 자르다"，其中"동"指连接事物的结或者事物的条理，所以惯用语比喻断绝关系，或者切成段。

(53) a. 얘기했는데 딱 **잘라** 거절하더라구요.《그 여자의 바다, 20회》我说了，但是他却立马拒绝了。

b. 그는 부당한 요구를 단호하게 **잘랐다**. 他坚决拒绝了不当要求。

c. 근무 성적이 좋지 못한 직원들을 **잘랐다**. 把业务成绩不好的员工都解雇了。

d. 나 돈 벌어야 돼. **잘리면** 안 돼.《그 여자의 바다, 41

회》我得挣钱，不能被解雇。

线、绳子经常会缠绕在一起，代表性的易缠绕的东西就是葛藤类，汉字词"갈류(葛藟)"比喻互相关联在一起的混乱状态，"갈등(葛藤)"意为矛盾关系。表示缠绕的韩国语动词为"얽다"，比喻使到处产生关联，如(54a)。被动词"얽히다"除了指东西缠绕在一起，也比喻关系缠绕，如(54b)。"얽다、얽히다"所表达的都是消极意义。描述事情、关系缠绕在一起的状态时，韩国语还有"실타래"，是用缠绕在一起的线团来作比喻。

(54) a. 그는 죄 없는 사람을 **얽어** 옥에 가두었다. 他把没罪的人牵扯进去关进了监狱。

　　b. 제발 더는 그 쪽 집안하고 **얽히는 일이** 좀 없게 해 주세요.《아버지가 이상해, 20회》务必请不要再让我和你们家有什么纠葛/瓜葛了，好不好？

其实，韩国人的这种线绳文化所形成的互相交织在一起的人际关系文化也具有其局限性，还带来一定的社会弊端。反过来，事情、工作、关系理顺、恢复和谐用动词"풀다、풀리다"，所以韩国的文化还是"푸는 문화"，这与线绳文化是一脉相通的，并且"线绳"式的关系文化所带来的弊端也是导致韩国形成"恨文化"的原因之一。

第六，因为线绳文化是垂直文化，只有上下之分，不上则下，所以这种文化加剧了线上人的竞争意识和焦虑心理，但也加强了线上人的团结合作意识，因为如果绳子一旦断了，整个线上的人可能都会遭殃。相反，圈子文化是平面文化，人们处在其他不同人之间，形成一个个以某人为中心的小圈子，相比线绳文化来说，圈子文化里的竞争意识比较弱，合作意识也比较弱，容易产生互相埋怨、推诿现象，因为同一圈子里即使周围的某个人或某几个人出现问题也不会对自己造成非常明显的影响。

一个日本精神分析学家曾说：日本人得神经衰弱多是因为自己达不到他人的要求，而中国人得神经衰弱多是因为认为对方不理解自己，也就是说，日本人是从自身找原因，而中国人是以自我为中心，从外界找原因(소노다 시게토 2002:94)。其实韩国人的面子观与日本人比较相似，也就是说在线绳文化这种环境下，韩国人总是拿自己与他人比较，想让自己跟上别人，以使自己在线上呆的时间更长久、更安稳，这与中国人更多的是希望得到周围人的理解和认可不同，并且与韩国人更希望与周围形成亲密关系相比，中国人却表现出了希望得到认可但却又不与周围人合作的特点。这种思想上的不同与程度差异也反映在语言上，例如汉语有成语"怨天尤人"，韩国人虽然也有此类思想，但反映在语言上却是句子形式的"남을 탓하다"或"조상 탓하다"，而成语与句子的形成具有明显不同，成语是一种非常固化的结构，而句子是一种非常松散的结构，松紧度不同的语言结构所反映的文化思想的固化程度也不同，据此可以说，对中国人来说，"怨天尤人"是一种比较普遍的心理和社会现象，而韩国人的这种思想相对要差一些。

第七，因为圈子文化是游动的文化，所以圈子文化强调长期性，中国文化有很多词语是表达时间对人际关系影响的，如"来日方长、日久生情、路遥知马力、日久见人心、从长计议、故交、故人、老相识"等。相反，线绳文化是摇摇晃晃的悬空的"钟摆"文化，所以线绳文化强调时效性，如果不抓紧时间，就可能被别人抢先上线。因此虽然韩国人也重视长久的感情，但是韩国人所重视的感情是上线之后的与少数人的感情，但从感情程度上来看，韩国人对这些少数人投入的感情更深，而这些少数人就形成了韩国人的朋友关系，相反，中国人的朋友关系更加宽泛。

9.7 小结

中韩两国都是集体主义社会，但韩国的集体主义与中国的集体主义并不完全相同。

韩国人的面子文化主要表现为竞争意识很强，尤其是在孩子的教育问题上，韩国人讲面子使韩国社会的炫耀性消费非常严重，而表现在语言上则出现了与重视脸面、不能厚颜无耻等思想有关的丰富的词语、惯用语和俗语。

韩国关系文化还与"前、后"有关，一般走关系都隐含着背人之意，所以韩国语里与"后"有关的表达都发展出了消极意义。关系文化还与"后背、靠山、门路、桥"有关。

与中国人是"圈子文化"相比，韩国人是"线绳文化"，更强调垂直关系，表达线绳意义的"줄、끈/새끼、선、라인、고리、맥"等都发展出了关系意义，尤其是"줄"不仅具有丰富的意义，还产生了丰富的合成词，不论是与身体有关的，还是抽象意义的，不论是与民俗有关的，还是与植物有关的，这些合成词几乎都产生了关系意义。

虽然同属集体主义并且受儒家思想文化的影响，但中国的"圈子文化"与韩国的"线绳文化"具有七大方面的不同之处。

第十章

关系（集体主义）
与交际

10.1 引论

个体主义是一系列观念的统称，集体主义也并无二致(Ho & Chiu 1994; 赵志裕、康莹仪 2011/2015:16)。与西方文化相比，东亚文化更注重自我与他人间的内在联系，强调关注他人，与他人保持和谐的互动关系，与这种依赖型自我相近的概念还有社会中心主义、整体性、集体主义、非自我中心、全体化和关系主义等(Markus H R & Kitayama S 1991)。

韩国社会的文化价值体系是以儒家文化为基础的，当然有的人也称作"新儒教主义(Neo-Confucian Doctrine)"，指的是在朱熹的教理基础之上，并结合孔孟的社会伦理观和道教、佛教的形而上学思想形成的教理。这种新儒教主义思想具有浓厚的保守性，强调阶层体系和资质，人间社会的关系是以"君臣之礼、父子之礼、夫妇之礼、长幼之礼、朋友之礼"为基础的，这些关系中除朋友之外，其他四类都以不平等的权威与服从为基础。例如，在日常生活的男人们的聚会上，不管是私人场合还是正式场合，一般都是社会地位高或者年长的人掌握话语的主动权(정해신 2011:119)。这与中国基本类似。虽然中韩两国的文化都以儒家文化为基础，但具体到细节，两种文化并不完全相同。

韩国人非常注重共同体观念，并且形成了一种以"无我"为中心的社会文化。集体的地位和力量对个体的社会行为有着巨大的影响作用，它渗透到韩国社会每个个体的认知系统，集中体现在人们的交际规则和语言行为中。

韩国人的这种关系文化也影响着韩国人的交际文化，使韩国人的情感交流、谈话方式以及对人的评价态度和标准等具有了鲜明的文化特色。虽然中国人也具有相似的关系文化，并且两国都属于强语境文化，但与中国人相比，韩国人表现出了更强的强语境文化特点。

饮食文化中，韩国人不喜欢一个人就餐、不使用公共餐具等现象都体现了他们异于中国人的集体主义。另外，韩国人喜欢群体生活的表现还有咖啡馆文化。为了在社会这种群居生活中获得和谐的人际关系，韩国人形成了重视礼仪的文化习惯。礼仪，包含礼制和仪式，例如国家和社会的规章制度、统治阶级为公众制定的行为规范等都是礼仪的内容（丁广惠 2016:3-4）。礼仪是社会生活的重要组成部分，与老百姓最密切的是人生礼仪，包括出生礼仪、命名礼仪、成年礼仪、婚姻礼仪和丧葬礼仪等。

礼仪在语言形式上最突出的表现就是形成了韩国语中严格的敬语语言系统。这种敬语语言系统反过来也会约束人们的生活和思想，从而使韩国这种重视礼仪的文化传统不断得以延续下去[01]。言语能传达完全独立于词的意义之外的信息，如说话者的身份、性别和年龄线索等（Carlson 2017:412），而韩国语严格的敬语系统则是表达这些语词外意义的代表性的语言形式。

01　中国古代受儒家文化的影响，也曾有过严苛的礼貌礼节以及敬语系统，但随着社会的发展、社会制度的巨变已经发生了变化。

对韩国人来说，包括称谓语在内的敬语系统具有至关重要的意义，2004年8月韩国发生了一桩惨剧，两个小学同学又是小舅子和姐夫关系的40多岁的男人因为称谓语发生打斗，最后出了人命案件[02]。由此可见，称谓语和敬语对韩国人的重要性。

本章主要分析韩国的关系文化在"집"的语义泛化、称谓语、人称代词、食物的分享、情感流露、情商、谈话方式、干涉他人以及自我认同等十个方面的表现形式。与前面第九章所分析的与关系有关的表现性行为不同，这些表达人际关系的形式化的语言形式是一种"工具性行为"，"具有形式化的特征"（翟学伟2011/2014:157）。

10.2 关系与"집"的语义泛化

韩国人的关系是因血缘、地缘、学缘、居住地等建立起来的，这些关系的产生是以家庭为中心的，表现在语言上代表性的就是"家"的语义泛化。

李庆善（1996:59）将汉语"家"的语义泛化称作"非家族组织泛家族化"，并提到在中国这种泛家族化的口号和标语几乎充斥一切领域，如"少先队——儿童之家""共青团——青年之家""工会——会员之家""党委组织部门——党员之家""工厂——职工之家""宾馆饭店——宾至如归""四海为家"。

与汉语"家"不同，韩国语的"집"有六个意义，如表1所示：

---

02   박찬준, 동창 사이 처남·매제 호칭 다툼 끝 살인극, 세계일보, 2004. 08. 23.

	意义	例子
1	买卖东西或进行经营的店铺	갈빗집 排骨店；꽃집 花店；어린이집 幼儿园；점집 算卦的地方
2	刀鞘、枪盒、砚台盒等	갓집 帽盒；거울집 镜盒
3	身体部位	몸집 身体、体型；살집 体型、身体；귓집 耳罩；똥집 胃；웃음집 爱笑的人
4	病灶	고름집 脓包；병집 病灶；흠집 毛病、缺点
5	打牌、打麻将时某一方的人	
6	围棋中的地盘或地盘的单位	

[表1] "집" 的意义

中国人将"组织"看成家，因为组织与人有关；将空间如"宾馆、四海"看作家，只不过是将主体"人"隐藏起来了，也就是说中国人的"家"表现得更多的是与人有关的抽象意义，隐含的是一种"家国主义"思想。与此相反，韩国人是将经营场所、物品保管处或身体部位、某一范围都看作"家"，除了经营场所隐含了"人"这一主体外，第2、3、4个意义都与人无关，其主体反而绝大部分都是具体的事物，这实际也是一种泛家族化的现象。但与汉语不同的是，韩国语是将"집"看作是一个可以承载人的容器，然后将可以承载的东西扩大成为具体的非人的事物，如果汉语的"家"是一种从小(家)到大(组织、国家)的宏观泛化，那么韩国语的"집"则是一种从大(家)到小(身体部位、事物)的微观泛化，这也反映了韩国人认识事物着眼于细微之处的认知特点。

韩国语还有一种现象，就是用动物的家来比喻其他事物，如"개집"比喻又小又破的家，相当于汉语的"狗窝"，"까치집"比喻乱蓬蓬的头发，"벌집"比喻由一连串的小房子组成的家或布满了窟窿，"곰집"比喻派出所，"두꺼비집"指保险盒。

与家有关，韩国语还有"살림"，其基本义指一个家庭的生计或生活、生活状况、生活器具，最后还扩展到一个国家或集体的财产管理和经营，如(1)，语义从家庭扩展到了国家层面。换句话说，是将国家或集体财产这个大的范围缩小成了一个"家"的财产。"살림"的语义泛化方向与汉语"家"的语义泛化方向一致。

(1) 나라의 **살림**을 꾸리다 负责国家财政

"살림"还有惯用语"살림을 차리다"，意为居家过日子，但是日常生活中经常用来比喻占据某个地方或地盘，如电视剧《여우각시별, 2회》中，当看到对方航空公司占据了登机口时，另一方航空公司负责人质疑道：

(2) 사십분이면 되는 걸 왜 양보 못해준다는 겁니까? 6번 게이트에서 **살림이라도 차렸답니까**? 四十分钟就可以的，为什么无法让给我们? 难道6号登机口是你们家的吗?

如上，把占据某个地方用"살림을 차리다"来表达，也是"살림"的语义泛化现象，因为过日子要有一定的地方，属于空间意义的泛化。汉语"是你们家的吗?"表达的则是将某个地方当作家庭财产的一种，也是一种语义泛化。

10.3 关系与称谓语

在关系社会里，称谓语具有非常重要的地位。韩国语里的称谓语很多都发生了语义泛化，并且有的称谓语具有很强的感情色彩，这也反映了韩国人关系与交际的复杂，在韩国人交际中称谓语使用是否得当非常重要。

10.3.1 称谓语的语义泛化

称谓语中代表性的就是亲属关系词，亲属关系词主要指爷爷、奶奶、婆婆、父母、兄弟姐妹等相关词语。韩国语里与长辈有关的"할아버지、할머니、시어머니、아버지、어머니、아저씨"，表示兄妹姐弟关系的"형/오빠、누나/언니、동생"，表示孩子的"자식"等都可用来称呼非亲属关系的人，这实际是亲属称谓语的语义泛化。汉语也有这种现象，对这种用称呼进行的文化重构，萧国政(2015:390)认为这"从整体看是把若干家庭重新组构为一个大家庭，从而形成更有凝聚力的社会力量。让每个人在称呼建构的语言文化圈里身处一个'人人是亲人，处处有责任'的情感交织的相互依赖、相互帮助、相互制约的社会氛围里。"萧国政(2015:391)还将这种非亲属称谓称作"主观重构型"，而西方的非亲属称谓称作"客观反应型"。

中韩两国语言里所出现的这种亲属称谓语的泛化，在其他语言中也存在，如C.恩伯、M.恩伯(1988:140)提到：在苏丹的努埃尔人(Nuer)中也有这种表达，年轻人可以称呼任何年龄较大的男人为[gwa]，即"父亲"，而年长的男子又可以称呼任何一个小伙子为[gatda]，即"我儿"。

虽然很多语言中都有亲属称谓语的语义泛化，但泛化为哪些意义，表现出什么特点，在不同文化中却有不同的表现。

10.3.1.1 亲属称谓语

1) 爷爷、奶奶

韩国语里 "할아버지、할머니" 不仅可以称呼非亲属关系的人，而且还发生了异于其他亲属关系词的语义泛化表现，因为对韩国人来说，祖父母在一个家里是至尊长者，拥有不可忽视的地位，根据这种意义，意为祖父母的 "할아버지、할애비、할머니" 或曾祖母的 "증조할머니" 等表达可以比喻地位最高或势力最强的人。

电视剧《우리 갑순이, 8회》中，갑순的父亲来见갑돌的母亲，说打算让갑순与갑돌结婚，双方之间有了下面的对话：

(3) 갑순 아버지: 애까지 가졌는데. (갑순)已经怀了孩子了。
    갑돌 어머니: 애 아니라 **애 할애비** 가져서도 (결혼은) 안
        됩니다. 别说怀了孩子，就是怀了孩子他爷爷，
        也不能让他们结婚。

如上，갑돌的母亲说这话时，对面坐着的就是갑순的父亲，也即肚子里孩子的外公，韩国语也称作 "할아버지"，但갑돌的母亲却说即使甲顺怀了孩子的 "할애비"，却并没有引起任何的误会，也就是说，这里的 "할애비" 只是强调作用，已经失去了具体的指示意义，意义已发生虚化，虚指厉害的人。

韩国语里与祖父母和曾祖父母有关的称谓语的结合范围很广，如：

(4) a. 당신이 아무리 변호사 아니라 **변호사 할아버지**래도 법
        은 내 손을 들어주지, 당신 손을 들어줄 것 같아?《최
        고의 연인, 111회》虽然你是律师，但即使你是律师

爷爷，法律也会支持我，你以为会支持你啊？

b. 그쪽이 변호사 아니라 **변호사 할애비**도 나도 싫으니까.《전생에 웬수들, 58회》他别说是律师，就是律师他爷爷，我也不喜欢。

c. 사장이고 **사장 할애비**고 나한테 돈 안 주는 놈 혼나야지.《우리집 꿀단지, 103회》别管是老板，还是老板他爷爷，不给我钱，就得教训教训他。

d. 요새 **박사 할애비**도 취직하기가 힘들어.《밥상 차리는 남자, 25회》现在就是博士他爷爷，也不好找工作。

e. 이젠 생모 아니고 **생모 할애비** 와도 못 줘.《우리집 꿀단지, 85회》别说是生母了，就是生母她爷爷来，也不能把你让给他们。

f. 사돈 아니라 **사돈 할애비**라도 못 참겠다.《아이가 다섯, 11회》别说亲家，就是亲家他爷爷来了，我也不能忍。

g. 누나 어제 **고주망태할아버지**가 돼서 왔어요.《사랑이 오네요, 87회》姐姐昨天喝得人事不省才回来的。

(5) 니가 고수면 내가 **고수할미**다.《우리집 꿀단지, 31회》如果你是高手，我就是高手他奶奶。

(6) 그쪽이 일진이 아니라 **일진이 증조할머니**였대도 우리 누나랑 체급이 달라서 안 돼요.《강남스캔들, 12회》别说是小混混，你以前就是小混混的祖奶奶，也不是我姐姐的对手。

如上，(4)中的"할아버지、할애비"不仅可以与职业用语(律师、社长)结合，还可以与一般身份用语(博士、生母、亲家)结合，

(5) (6)中出现的是 "할미、증조할머니"，分别与身份词(高手、小混混)结合。这些句子里的 "할아버지、할애비、할어머니、할미" 等都可以直译成汉语 "爷爷" 或 "奶奶"。不同的是(4g)，句中的 "할아버지" 与醉鬼意义的 "고주망태" 结合，可以意译成 "人事不省"，也可译成 "醉鬼他爷爷"，但这里出现一个问题，因为句子的主语是 "누나 姐姐"，是女性，而如果将 "고주망태할아버지" 译成 "醉鬼他爷爷"，就发生了性别的不一致，但译成 "醉鬼他奶奶" 又与 "고주망태할아버지" 不一致，所以综合考虑，意译成 "喝得不省人事" 更好一些。

除了以上结合范围之外，"할아버지、할애비、할아비" 还可用于身体器官，如(7a)；也可用于一般的物，如(7bcd)；也可用于场所、机构，如(7ef)；也可用于抽象的 "戏"，如(7g)；也可用于抽象的数字，如(7h)。此时译成汉语时也可以直译。

(7) a. 안팀장 성격에 간 아니라 **간 할아버지**도 떼어주고 남지.《비켜라, 운명아, 82회》以安系长这种性格，别说是肝了，就是肝他爷爷，也会移植给他的啊[03]。

b. 하늘이 무너지고 땅이 꺼지는 심정인데 무밥이 아니라 **무할아버지**밥이래도 안 넘어간다.《우리 갑순이, 43회》现在我是万念俱灰啊，别说是萝卜饭了，就是萝卜饭他爷爷，我也咽不下去。

c. 할머니는 고요하게 미소를 띠며 이것은 돈 아니라 **돈 할아비**를 준다 해도 너 따위에게 내 줄 수 있는 것은

03　剧中讲的是听说安南进系长要给自己同父异母的兄弟최시우移植肝脏，안남진的未来的岳父한만석说了上面的话。

아니라고….(박태순 2009/2010:239)奶奶淡淡地笑着说，这东西，别说钱，就是把钱他爷爷给我，我也不会让给你的。

d. 내가 오밤 중에 빨래가 아니라 **빨래 할머니**까지 다 했어.《맛 좀 보실래요, 93회》今天晚上别说是洗衣服了，我连衣服她奶奶都洗了。

e. 나선영이 하버드에서 나왔으면 내가 **하버드 할머니**에서 나왔어.《사랑이 오네요, 22회》罗善英是哈佛毕业的，我就是哈佛他奶奶那儿毕业的。

f. 오늘 풍길당 아니라 **풍길당 할애비** 와도 안 되네. 좋은 말 할 때 얼른 가.《우리집 꿀단지, 29회》今天别说是冯吉堂，就是冯吉堂他爷爷来也不行。在我发火之前赶快走!

g. 이상한테는 생쇼 아니라 **생쇼 할아버지**라도 안 먹혀.《수상한 삼형제, 21회》别说演戏了，就是戏爷爷来了，对理想(人名)来说也不管用。

h. 천억이 아니라 **천억 할아버지**도 우리가 싫다고 가서 똑똑히 전해.《불어라, 미풍아, 13회》别说他家有一千个亿，就是有一千亿他爷爷，我们也不要(他家女儿)，你去和他们把话说清楚。

不仅如此，韩国语还有俗语 "염라대왕이 제 할아버지라도"，意思是即使阎罗王是我爷爷，也无法摆脱马上就要去阴间的处境，比喻犯了重罪或者得了重病无法保全自己，这里的 "할아버지" 与前面的例子是同样的用法。

2) 婆婆

韩国语里婆婆为"시어머니"，可以比喻约束自己的对象，如：

(8) a. 곳곳에 **시어머니**야. 좀 쉬려고 하면은 보호감찰관이
　　 뭐라 하지. 좀 살며시 하면은 CCTV가 노려보고 있지.
　　 게다가 할망구들의 감시가 얼마나 심하구!《빛나라
　　 은수, 52회》到处是婆婆，想休息一会的话，监察官
　　 就会说闲话；想偷点懒吧，摄像头又虎视眈眈地看着
　　 你。还有那群老太婆，监视得又厉害。
　 b. 우리팀의 승리! **시어머니** 갔으니 우리끼리 잘해보자
　　 고. 这是我们队的胜利啊! 恶婆婆走了，我们自己好
　　 好干吧。《수상한 삼형제, 14회》

如上，(8a)中根据后面的语境可以发现，这里的"시어머니"
指的是监察官、CCTV(摄像头)、老太婆等。而(8b)则需要背景，这是
剧中听说天天找茬的王在洙检察官调走了，警察局的警察们实在太高
兴了而说的话，当然，把检察官看作警察的恶婆婆，这也反映了韩
国长久以来所形成的检察部门与警察部门不和的事实。

中韩两国语言里之所以出现这样的语义泛化，是因为婆婆对儿
媳妇来说是顶头上司，是管制自己、令自己不舒服的人物，所以这
种语义逐渐可以用来比喻其他的人或者事物。

婆婆也是权力者的象征，如俗语"시어미가 죽으면 안방은 내
차지"比喻手握大权的人消失后，自己则可以占据那个位置。

3) 父亲、母亲

父亲、母亲类称谓语的泛化也具有文化共性，但亦有不同。先

看汉语，在过去"姓+妈"一般多用来指下人，如"李妈"，是一种比较低下的称呼，因为以前很多社会底层女性会给主人家的孩子当奶妈，并且被用"姓+妈"来称呼。不过随着社会的发展这种表达已经基本消失，现在能用的上"姓+爸爸/大大/妈妈"称呼的一般不是普通人，如中国人称国家主席习近平为"习大大"，称习近平夫人彭丽媛为"彭妈妈"，这里的"大大"和"妈妈"都是亲属称谓语的泛化。如果对一般人称呼，一般用"大妈、大爸"，除了表达父亲的哥哥和嫂子，也用作对与父母差不多年龄的人的称呼。

韩国语里母亲为"어머니"，父亲为"아버지"，两个称谓语都是多义词，如表2、3所示：

[表2]"어머니"的意义

	意义	例子
1	给予自己生命的女人。	
2	指或称呼有子女的女人。	영희네 **어머니** 英姬妈
3	指称就像生育了自己的那样的女性。	그는 동네 무당을 **어머니**로 섬겼다. 他把村里的巫婆视同母亲。
4	指称与自己母亲年龄相似的女性。	**어머니**, 저 모르시겠어요, 만수 친구 영호입니다. 大妈，您不认识我了吗？我是万寿的朋友英浩。
5	比喻用爱来支持自己的存在。	고아들의 **어머니** 孤儿们心中的妈妈; 고향은 **어머니**의 가슴과도 같은 곳이다. 故乡如同母亲的怀抱。
6	亲切地称呼自己的婆婆。	
7	比喻使某事出世或产生的根本。	한국 우주 과학의 **어머니** 韩国宇宙科学之母

[表3] "아버지" 的意义	
意义	例子
1 给予自己生命的男人。	**아버지**가 되다 当爸爸了。
2 指或称呼有子女的男人。	성균이 **아버지** 成俊他爸
3 指称就像生育了自己的那样的男性。	
4 指称与自己父亲年龄相似的男性。	**아버지** 저 철수 친구 영호입니다. 大叔，我是哲洙的朋友永浩。
5 在夫家祖父母面前亲切地称呼自己公公。	
6 比喻第一次完成某事或使某事成功的人。	음악의 **아버지** 音乐之父
7 用于子女的名字后来称呼自己的丈夫。	
8 基督教里，用来亲切地称呼 "하나님"。	

如表2、表3所示，韩国语里 "어머니" 有七个意义，"아버지" 有八个意义，意义基本一致，不同之处是 "어머니" 可以比喻用爱来支撑自己的存在，而 "아버지" 没有此意，但在基督教里可以指称上帝。"어머니" 可以作为对婆婆的亲切称呼，而 "아버지" 是在夫家祖父母前来称呼自己的公公，也就是说儿媳妇在没有祖父母在场的时候，只能用敬语 "아버님" 来称呼公公。从这里可以看出，公婆的地位以及与儿媳妇之间的距离感是不同的。

有时韩国人在表示感叹、无可奈何时也用 "아버지"，如电视剧《내 사랑 치유기, 72회》中，当听到自己抱养的女儿是被后妈扔掉后自己才捡到的，이삼숙不禁说道：

(9) 어머, 세상에. 그럼 성북동 어머니가 그 젊은여자였다 이

467

말이여? 야? 니 가방에다 쪽지를 넣고 버린. 아이구, **아버지**, 이게 무슨 일이래? 哎呦，这是什么事啊？那么说住在城北洞的你后妈就是那个年轻女人啊？在你包里塞了张小纸条然后把你扔了的那个女人？天呢，我的妈呀，这是什么事啊？

如上，韩国语在表示感叹时用了"아버지"，但汉语在表达感叹时，一般不用"爸"，而用"妈"，所以上文不能直译，而应该根据汉语习惯译成"我的妈呀"。

再如美国前总统"George H. W. Bush"，韩国语里称作"아버지 부시"[04]，但汉语一般称作"老布什"。

4) 哥哥、姐姐、孩子

韩国语里哥哥姐姐分别称作"형(兄)、오빠"和"누나、언니"，除了指与自己有血缘关系的人，也可用来指年龄比自己大的非血缘关系的人，其中"형"也可用来尊称他人，前面可以加姓或姓名，但有时也可以不加。汉语的"哥、姐"也有此意义，但一般要加姓，如"李哥、李姐"，并且有的还成了固定称谓，如"江姐"，有的可以与表示职业的语素结合，如"的哥、的姐、空姐"。韩国语的"오빠"也可形成多种构词形式，如"노빠、황빠"，前者指"노무현 대통령"的疯狂支持者，后者指"황우석 교수"的疯狂支持者，但是汉字词"형"却没有这样的用法。

韩国语里孩子的统称为"자식(子息)"，但也用作对小孩子的爱称，或者用来骂成年男子。

04　'아버지 부시' 의사당 안치……트럼프 추모 경례

10.3.1.2 非亲属关系词

1) 도령、도련님

韩国语里"도령"是对未婚小伙子的尊称，也可用作"도련님"，除了具有"도령"之意外，也可用来尊称未结婚的小叔子。此外，"도련님"还经常用来指富家子弟，如电视剧《내딸 금사월，20회》中，女主金沙月对男主姜璨彬谈起孤儿院的生活时说道：

> (10) 보육원에서 살 때 제일 힘들었던 건 뭔 줄 알아? 기대하는 것, 기다리는 것, 누굴 좋아하는 것 그게 얼마나 사람 지치게 하는지 너 같은 **도련님**이 어떻게 알겠어? 在福利院生活的时候，你知道最难的是什么吗？期待、等待、喜欢一个人这些感情会让人产生多么大的挫败感，你这种富家大少爷怎么会明白呢？

如上，금사월在提到강찬빈时用的是"도련님"，相当于汉语的"富家大少爷、公子哥、富二代"等。

2) 先生、师承、师傅、师母

韩国语里"선생(先生)"本指教学生的人，但也有多个引申意义，既可以指学艺比普通人高超的人，也比喻在某事上经验很多或通晓的人，添加在姓或职位后表示对对方的尊敬，如"김 선생 金老师、의사 선생 医生"，这时没有性别限制。此外，"선생"还用作对年龄比自己小的成年男性的敬称，如"선생, 길 좀 물어봅시다. 先生，问下路吧！"而汉语"先生"多指自己的丈夫，或称呼他人的丈夫，偶尔也用作敬称。

"선생"的敬语形式是"선생님"，是"선생"第一个意义和第

三个意义的敬语，此时没有性别限制，但也可尊称男性长辈。"스승
(師承)"指对自己起教育引导作用的人，其敬语形式是"스승님"，
也可以是"사부(師傅)"，"사부"也可统称老师和父亲。

相同意义的"老师、师傅"等在汉语里也有泛化现象，"老师"
指年老一辈的传授学术的人，现在尊称教师，但在山东济南等地却被
老百姓用来称呼出租车或公交车司机，并且多带儿化音，叫作"老
师儿"。"师傅"本指传授技艺的人，或用作对有技艺的人的尊称，
"老师傅"用于尊称擅长某种技能的年纪大的人。但在现实生活中，
"师傅"多被用来称呼一般陌生的男性，"老师傅"用来称呼年纪大
的人。从尊敬程度上来看，"老师傅"的尊敬程度要低于"老师"。

韩国语"사모님(師母)"本来指老师的夫人，现在可用来尊称
他人的夫人或尊称上司的夫人，如(11)，汉语多用"老板娘"。

(11) 너도 능력 빵빵한 남자를 만나서 시집가면 그깟 취업이
대수냐? **사모님** 소리 들으며 배 두드리면서 사는 거라
구.《우리집 꿀단지, 23회》你也找个有能力的男人结
婚，还用就什么业吗? 让别人都喊你老板娘，得意洋
洋地过日子，就行了。

但有时"사모님"无法翻译成"老板娘"，例如电视剧《내조의
여왕, 3회》中，영숙是理事夫人，所以女主지애尊称她为"사모님"，
但译成汉语要么译成"理事夫人"，要么省略而称呼"您"，如:

(12) 지애: 네, **사모님**.(90도 꺾는) 배려... 감사드립니다. 是,
理事夫人，(90度的大鞠躬)谢谢您的照顾。
영숙: 무슨… 정식사원도 아니라면서. 你客气了……又

不是什么正式员工。

지애: 그게 어디에요. **사모님**. 감사의 뜻으로... 떡케익
　　　좀 만들어 봤어요. 这已经很不错了。理事夫人，

为了表示对您的感谢，我用糕米做了一个蛋糕。

类似的还有"사장님"，也可表示对他人的尊称，不分性别差
异。

如上，"선생님、사모님、사장님"等已从职业或特定称呼发展
成了一般称呼，发生了词义的泛化现象。对韩国人称呼初次谋面的
人为"선생님"，科尔斯(2004:94)认为这是韩国人贬低自我、抬高对
方的一种方法，表达的是一种敬意。其实不仅是"선생님"，对初次
谋面的人称呼"사모님、사장님"也是出自相同的心理。

10.3.1.3 从政治语言发展而来的称谓语

韩国语里，"영감(領監)"本来是朝鲜时期对正三品和从二品官
吏的称呼，随着社会的发展这种官阶已消失，但"영감"却没有消
失，而是多用来尊称高级公务员或地位身份高的人，如：

(13) 신지욱: 나 서울지검 신지욱 검산데 니들 전부 다 불법
　　　　사채업자 혐의로 조사받을래 아니면 입 닥치고 조
　　　　용히 집에 갈래? 我是首尔支检检察官申志旭，你
　　　　们想以非法放高利贷的嫌疑接受调查呢？还是闭
　　　　上嘴静悄悄地回家啊？
　　　사채업자: 안 그래도 지금 막 가려던 참이었습니다. **영
　　　　감님**! 좋은 시간 되십시오.《동네 변호사 조들호,
　　　　10회》我们本来就想走了。爷! 祝您玩得高兴。

如上文中，高利贷者称呼신지욱为"영감님"，是因为신지욱是检察官。而汉语这时一般用"爷"。

"영감"还用于老夫妇之间，是老婆婆称呼自己丈夫的用语，有时也用来尊称上了年纪的中年以上的男子。

与政治语言相关的还有"마마"，这个词本来是对官吏妾室的尊称，也可用于国王与其家人的名称后表示尊敬，如"대비마마 大妃娘娘"；也可用来指天花，之所以产生这个意义源于过去韩国人对天花的惧怕，天花在过去是极强的传染病，所以人们产生了惧怕心理，就像其他宗教信仰一样，如果惧怕某种东西，就会把它当神一样供起来，定期举行祭祀，唯恐得罪它，所以在谈及此种东西时，也会用尊称，就像汉语也有"瘟神"类表达一样。

10.3.2 称谓语的感情色彩

关于称谓语的感情色彩，杨振兰(2003:57)认为用"医生、大夫"来指称非医生、大夫的人，是基于某些特殊表达或交际需要而产生的色彩意义的动态运用模式，是色彩意义以高出言语实际的姿态出现在动态的系统中的虚用，并指出称谓语是色彩意义高用现象的多发地带。

韩国语里有很多词具有很强的感情色彩，尤其是称谓语。韩国语不同的称谓语感情色彩是不同的，下面我们举三组例子来说明。

10.3.2.1 아주머니、아주마

韩国语里"아주머니、아주마"虽然都指中老年女性，但两者有感情色彩的差异。东亚日报2014年2月11日报道，该报特别报道小

组2月5日在首尔市内对120名40-60岁的中老年女性做了一项实验。即以其中60名为对象，称呼她们为"아줌마"然后进行搭话，对另外60名，称呼为"아주머니"然后进行搭话。这两种称呼听起来有一些微妙的差异，那么作为当事人的中老年女性是怎样看待这种差异的呢？实验的结果是，这两种称呼的差异超乎了报道小组的预想。在听到"아줌마"的称呼时，60名受试者中有30%的人，即18个人连回答都没回答就走掉了或者表现出了很不悦的反应。相反，听到"아주머니"的称呼时，60名受试者中不理睬直接走掉的人一名也没有出现[05]。

再如电视剧《다시, 첫사랑, 66회》中，当윤화란与천세연第一次在路上偶遇时，前者对后者品头论足，所以천세연叫住윤화란说道："아줌마！"而后者的反应是不高兴地反问道："아줌마？"천세연于是赶紧改口说道："아주머니！"

为什么"아줌마"这样的称呼会造成这样的交际和沟通的障碍呢，因为"아줌마"是"아주머니"的贬低词语。韩国人对初次见面的陌生人，不论年龄、级别与否，一般都要用敬语，而"아줌마"的称呼违背了这种潜在的社交准则，所以造成了社交障碍。这个词与汉语的"大妈"不同，因为汉语"大妈"是尊敬义。

在韩国语里，当无血缘关系时，但为了表达亲近或尊重之意，多用"어머니"或"아주머니"。当然，也可用语义已经发生泛化的"사모님"等。如果为了某种目的而刻意讨好取悦于某人，有时还要采用其他表示尊敬的称谓语。

10.3.2.2 씨

韩国语"씨(氏)"可用于表示对那个人的尊敬，或给予一定礼

05   http://news.donga.com/3/all/20140211/60734193/1

节的称呼，当用于正式的、事务性的场合或以大多数读者为对象的文章时，使用上限制不大。但如果不是上述情况，一般不能对长辈（领导）使用，多用于同事或下属。可用于姓名后，如"이 민호씨"；也可只用于名后，如"민호씨"；或只用于姓后，如"이씨"。但根据次序，如"이 민호씨>민호씨>이씨"，从前到后，尊敬程度是不断降低的，汉语一般对应"李敏镐先生>敏镐>老李"等。

在文章中当不提名字时，可用"이모+씨"的结构来指称某人，但当后面继续提到此人时可用"姓+씨"，如(14)，同一篇新闻中提到前面已经出现过姓名的两个人时用了"최씨와 신씨"这种方式。

(14) **최씨와 신씨**는 경찰에서 '아이가 잠을 안 자고 보채는 등 말을 듣지 않아서 그랬다'고 진술했다.(연합뉴스, 2017.02.22)崔某和申某在警察局录口供，说："孩子不听话，不睡觉、闹腾，所以才那样做的。"

韩国语"씨"还作对"那个人"表示尊敬的第三人称代名词，主要用于文章中，如果前面已经点明姓名，则可以单独使用，一般对应汉语"那位"，如"씨는 문단의 권위자이다. 那位是文坛的权威人士"。汉语"氏"也有类似用法，也作敬语，但多指对名人、专家的称呼，用于姓之后，如"顾氏(顾炎武)"。

在书面语里，韩国语"씨"没有明显的感情色彩，但在日常口语中"씨"却表达较强的感情色彩，尤其是"姓+씨"多用来指私人司机、家里的佣人等地位低下的人，所以当用这种方式来称呼一般人时表达的是贬低之意，会让对方生气，如：

(15) a. 사모님! 이봐요. **양씨**! 《오늘부터 사랑해, 80회》杨

老板! 喂! 姓杨的!

b. 동여사! 동여사! 그렇게 불러주면 발이 부러지냐? 정
말! 말끝마다 **동씨!** **동씨!** 《미워도 사랑해, 4회》董
女士! 董女士! 这样叫我还能崴了你的脚后跟啊! 真
是的! 句句都是老董! 老董!

　　如上，(15a)是剧中한선숙对양미자的称呼，先是用了敬语 "사
모님"，然后挑衅似的用了 "양씨"。(15b)是因为理发店老板장정숙
总是称呼自己为 "동씨"，作为理发店员工的동미애很不高兴所以说
了上面的话。

　　"씨" 还可用于其他称谓语后面，形成 "형씨、아주마씨、할
망구씨" 等结构，有时也形成 "그 모씨" 等结构，相当于汉语的
"老兄/大哥、大妈、老太婆、那个某某人"，但多含挑衅的味道，
如：

(16) a. 그럼 여기 **형씨**밖에 누가 있어?《아이가 다섯, 37
회》那这里除了你还有谁啊?

b. 그럼 **형씨**는 뭘 하던 사람인데…《김과장, 1회》那
么大哥你是干什么工作的啊?

c. 그 **아주마씨**들이 어디 꾸준히 음악을 할 사람들로 보
여?《사랑이 오네요, 17회》那些大妈们怎么看也不
像能坚持搞音乐的人。

d. **할망구씨**! 잠깐 나 좀 보지.《다시,첫사랑, 43회》老
太婆, 你过来一下。

e. **그 모씨**는 파파제과에 대한 유언비어를 퍼뜨리
고.《사랑이 오네요, 19회》那个某某人到处散布与

帕帕制果(公司)有关的流言蜚语。

"씨"还可以用于一些词语后面表达特殊的感情色彩，第一类表达尊敬或拟人之情，如"공방씨"指叶钱[06]，"도씨(-氏)"是对"도둑"的诙谐说法；第二类表达俗称，如"바지씨"俗指男人或女人的恋人；第三类表达嘲弄之情，如"갈비씨(--氏)"嘲笑非常干瘦的人，"만황씨(萬黃氏)"嘲笑蠢笨之人，"혼돈씨(混沌氏)"嘲笑精神萎靡不振的人。日常生活中，"씨"有时还用于表达特定身份或特点的词后面表示蔑视，如对方是开洗衣店的，可以说"세탁씨《전설의 마녀》"；如果对方因为80元韩币找事，可以称呼他为"80원씨《위대한 조강지처》"。

有时"씨"并不表达特殊的感情色彩，如电视剧《내일도 맑음, 33회》中，黄지은与박도경两人偶遇而成了经常见面喝酒的朋友，所以有时称呼对方为"술친구씨"，并且因为黄지은经常背一个带鱼状的小包，所以在知道对方名字之前，박도경就称呼她为"은갈치씨"。

综上所述，韩国语"씨"的语义非常复杂，根据不同的语境可以表达不同的意义以及感情色彩。

10.3.2.3 총각

韩国语里称呼未婚的小伙子为"총각(總角)"，虽然感情色彩并不明显，但从下面这个事例中可以发现"총각"这个词也是有感情色彩的。

电视剧《우리 갑순이, 44회》中，公司里的人不知道在公司物流

06　类似的表达还有"공방03(孔方)、공방형(孔方兄)"。

部门干活的금수조的真实身份，同是物流部门的员工반지아总是叫금수조为"총각 小伙子"，作为上司的여시내又不能明说금수조是自己的儿子，所以只是很不高兴地说道：

(17) 미스반, 어디 **시골총각** 부르듯 함부로 총각, 총각해? 앞으로 그런 교양머리 없는 말은 쓰지 마. 潘小姐，你怎么像称呼农村小伙那样随便叫他"총각"、"총각"的啊？以后不要说这种没教养的话。

从这段话里，我们可以看出，"총각"一般多用来称呼农村的年轻小伙子，平时如果直接用来称呼他人会显得很没礼貌。

10.3.3 称谓语与经商之道

前面我们分析了韩国语称谓语的语义泛化与感情色彩，不过有些称谓语用起来不能过于死板，要揣摩听话人的心思并且用得恰到好处才能起到"攻心"的好结果。如电视剧《수상한 삼형제, 7회》中有一段关于如何卖保险的对话：

(18) 김건강: 말재주도 없는데 어떻게 보험여왕씩이나 하냐?
　　　　뽕이지? 你口才又不好，怎么弄上"保险女王"称
　　　　号的啊? 不是骗人吧?
　　엄청난: 뽕 칠 것 없어서 그 딴 것 갖고 뽕 치겠냐? 오빠,
　　　　들어봐. 사람은 호칭은 중요해. 특히 우리 나라 사
　　　　람들은 호칭에 얼마나 민감한데. 일단 **직장 여성**

이나 아가씨한테는 무조건 '학생~!' 我闲着没事拿这个骗人啊? 哥，我说给你听啊。人很重视自己的称呼的。尤其是我们韩国人不知道对称呼有多敏感。首先对上班族女性或未婚女性一定要称呼"同学!"

김건강: 학생? '학생, 보험 좀 들어줘.' 하냐? 同学? 说："同学，买点保险吧?"这样?

엄청난: 응. 嗯。

김건강: 에헤, 학생은 무슨 보험 들어? 학생 돈 없어. 哎嗨，学生买什么保险? 学生没钱。

엄청난: 그런데 일단 그렇게 불러주면 무조건 쓰러진다니까. **아주머니면 꼭 '아가씨'**… 但是你这么叫她们，她们就全部中招。如果是结婚了的大妈，一定要叫她们："美女!"

김건강: 할머니는? 那老太婆呢?

엄청난: **'언니~!'** 叫她们"姐!"

김건강: 하하하…哈哈哈!

엄청난: 이러면 반은 성공이야. **'아주머니, 사모님'?** 이런 것 다 헛거야. 오히려 해줄 것도 안 해 주니까… 요즘 어떤 멍청한 사람들은 아무나 보고 어머니래. 마트 같은 데 가도 '어머니, 이것 좀 보고 가세요' '어머님, 정말 잘 어울리십니다' 그것 듣는 사람은 얼마나 짜증나는데. 물어보면 다 기분이 나쁘대. '어머니가 뭐야?' 如果这样去称呼她们，就成功一半了。叫"아주머니""사모님"这些都白瞎! 如果这样叫她们，本来想买(保险)的也不买了。现在

有的笨人不论见了谁都叫"어머니"，去超市这种地方也是，大家都说"大妈，您看看这个吧。""大妈，真的很适合您啊。"你不知道听到这话的人心里有多烦？你要问一下的话，大家都说听了之后不高兴："大妈，谁的大妈啊？"

김건강: 나도 이랬다. 누가 '아버님~' 이러면 살 것도 안 살걸. 그럼 남자는? 我也是。如果谁叫我"大叔——"，本来想买，也不买了。那么你是怎么称呼男人的啊？

엄청난: 늙으나 젊으나 무조건 '오빠~'… 不管他是老还是年轻，一律叫："哥哥！"

김건강: 하하하, 너 연구 많이 했다. 哈哈哈，看来你下功夫了啊，研究得很透彻啊。

　　上面两人的对话讲的是在面对不同年龄和性别的客户时如何用好称谓语的问题，对于女性顾客来说，要根据对方的年龄层次分别降低一个年龄级别来进行称呼，如称呼年轻女性为"同学"，称呼大妈大婶为"美女"，称呼奶奶辈的人为"姐姐"；对于男性顾客来说则更容易，不论年龄一律叫"哥哥"。实际上，这样的销售战略的心理技巧非常简单，即利用了人们都喜欢自己看起来更年轻一点，也希望别人这样来看待自己这样一种心理。

　　善用称谓语的还有一类人，即妓女。从事这种职业的人也以取悦于人为天职，马未都(2015/2017:8-9)在"妓女与文化"里谈到：民国时妓女称嫖客为"爷"，有"军爷、师爷"或"大爷"；改革开放后，南方的妓女称呼嫖客为"大哥"，之后称呼"老板、领导"，最近听说也有称嫖客为"老师"的。

479

10.4 关系与代词

在韩国人的交际中代词的正确使用至关重要，尤其是第二人称代词。韩国语里有时根据情况也需要使用第二人称代词，但根据听者身份，会有不同的人称代词，如表4所示：

[表4] 第二人称代词

听者身份	敬语等级	代词
上位	最高	어르신 (귀하、귀댁、각하)
同位	较高	댁, 그대
下位	普通尊敬 有点尊敬 (有点降等) 一般降等	당신 자네 (자기) 너

如上表所示，从"어르신、귀하、귀댁、각하"开始一直到"댁、그대"和"당신、자네、너"，对听者的尊敬程度是依次降低的，如(19)中的"자네、그대"一般多是年纪大的长辈来招呼一般的成人晚辈，而在汉语里对应的人称代词都是"你"，汉语无法通过代词来表达韩国语代词所表达的双方的位阶关系。

(19) a. **자네** 나 좀 보세(하게체).《우리집 꿀단지, 55회》你
过来一下。

　　b. 나는 이것을 사수하려 하니 **그대**의 뜻이 어떠하오?
我想保住这东西，你怎么想？

因为不同身份需要用不同的第二人称代词，所以根据称谓语，

他人可以判断说话双方的关系，如：

(20) 유재호(시동생)(전화 받으면서): 응, 그래. 아직 안 왔는
데 언제 나갔는데? 뭐야! 그런데 **자네** 이젠 찾는 거
야! 응, 是吗? 她还没来, 她什么时候出去的? 什
么!？但是你怎么现在才找啊?

…

하명란(형수): 나서방 아니야? 나서방 말고 자네 없잖아
요? 《그래 그런 거야, 19회》是罗姑爷吗? 除了罗
姑爷, 没有你可以叫"자네"的人啊?

    上面是小叔子与嫂子的对话。开始是小叔子在通电话, 虽不知
道是谁打来的电话, 但通过他接电话时用了称谓语"자네", 所以嫂
子하명란猜测是罗姑爷打来的电话, 因为在韩国语里, 丈人称呼姑爷
时, 虽然姑爷是晚辈, 但一般用"자네", 不用"너"。
    "당신"这个词在韩国语里虽然属于普通尊敬的人称代词, 但
一般多用于夫妻之间, 如电视剧《아이가 다섯, 9회》中女主안미정因
孩子的抚养费质问自己的前夫时, 说道：

(21) **당신! 당신은 무슨?** 윤인철! 양육비는 나한테 쓰는 돈이
야? 애들한테 쓰는 돈이야.《아이가 다섯, 9회》你, 什
么你啊! 尹仁哲! 抚养费是给我用的吗? 是给孩子们用
的。

    如上, 句中称谓语先是用了"당신", 但随后又改口说"당신은
무슨!"也就是说前面用"당신"是习惯了这样称呼自己的前夫, 这

是一种亲密称呼，但马上想到现在两人已经离婚了，所以就不能再用"당신"了，所以对他直呼其名，表达的是不客气之意。

有时即使不是夫妻，但是非常熟悉的类似恋人一样的关系也可以用"당신"，如：

(22) 좋아합니다. **당신** 좋아해요. **당신** 좋아요. 我喜欢你，我
喜欢你。喜欢你。《전생에 웬수들, 52회》

如上，剧中민지석、최고야因各种事情总是纠结在一起，最后互相了解并且产生了爱慕之情，(22)是민지석向최고야表白时说的话，第一句省略了人称代词，但之后都用了"당신"。

个体主义、集体主义与代词使用之间有一定关系，嘉志摩江身子(E.Kashima)和嘉志摩佳久(1998)发现个体主义维度较低的国家使用的主要语言更多地允许代词的省略(转引自赵志裕、康萤仪2011/2015：253-254)。换句话说，就是集体主义强的国家所使用的主要语言更经常省略代词，代表性的就是韩国。

在韩国语里，任何已知信息，包括指代交际者的人称代词，都可以省略，如"어제 전화했는데 집에 없더라. 昨天(我给你)打电话了，(你)不在家。"也就是说，韩国语不太使用人称代词(너、당신、그、그녀、그사람、그분……)，而多使用直接的称谓来表示双方关系。

与韩国语相反，汉语虽然有时可以省略代词，但在面对面的交谈中却经常需要使用第二人称代词"你、您"，相反，韩国语里的第二人称代词却是韩国人极力避免使用的代词。

如上，因为韩国语里的第二人称代词不能随便使用，所以在需要的情况下，一般多使用身份称谓。在一般社交关系中如果不清楚

对方的具体社会身份，一般使用语义已经发生泛化的"아저씨、선생님、아주머니、아주마、아가씨"或"사모님、선생님、사장님"，或者使用"손님"这种统称。例如，(23a)，这是对来理发店理发的顾客所说的话，韩国语用的是"손님"，有时也用汉字词"고객님(顧客-)"，但汉语却不能用"顾客"，因为汉语"顾客"之类的词语多用来在广播等里面表达泛指意义，如(23b)。

(23) a. **손님**은 숱이 좋아서 어떤 머리를 해도 어울릴 거예요.
　　　　您的头发多，不管做什么发型，都好看。

　　 b. 顾客朋友们，现在广播找人。

　　韩国人对家族成员的称呼一般也不用人称代词，通常使用对方的身份称谓，如：

(24) a. **어머니** 말씀하셨어요? 妈说了什么话吗? /您说什么话了吗?

　　 b. **할아버지**, 저도 **할아버지** 노래 부르는 것 봤어요《가족을 지켜라, 108회》爷爷，我也看到您唱歌了。

　　 c. 한마디로 **오빠** 이젠 **오빠** 앞날을 챙기겠다는 거구나.《부탁해요 엄마, 9회》也就是说哥哥你现在只管自己不想管别人了。

　　 d. **형** 보고 싶어.《폼나게 살 거야, 14회》哥，我想你了。

　　 e. 주라 **엄마**는 **엄마**구.《폼나게 살 거야, 33회》侏罗妈妈是您啊/侏罗妈妈是妈妈您啊。

如上，当面对面说话时，韩国语分别用"어머니、할아버지、오빠、형"来做称呼语，汉语则多用"您"或"你"。当这些称谓语出现两次时，前面的一般表示呼称，如(24b)；有时虽不是呼称，在翻译成汉语时，前面的可译成称谓语，如(24c)；(24d)中的"형"在句中作宾语，并不是呼称，在汉语里需译成呼称"哥"，而将原来的宾语位置用人称代词"你"来代替；再如(24e)，第一个"엄마"指身份，第二个是对称。

汉语用对方身份多是指称不在场的第三方，如"妈说了？"，此时译成韩国也是"어머니 말씀하셨어요？"，如(24a)，这句话有歧义，第一个意义与汉语相同，这里的"어머니"是背称词；第二个意义是用"어머니"指称说话的对象，即母亲，此时汉语多用"您"来表达。

综上所述，韩国人对人称代词的使用比较吝啬，除了有时可省略代词，一般多用称谓语，而这些称谓语表达的是双方的关系，如称呼对方的职务、身份，自称时也多称呼自己的身份，这也是韩国文化中"无我"思想的典型表现，即将自己或他人都置身于一个社会关系网中，借助自己或他人的身份来表现自己或他人。

10.5 关系、年龄、代词与称谓语

韩国人重视人与人之间的关系，年龄是韩国人划分关系的重要尺度。年龄对韩国语的影响表现之一就是称谓语。例如，对同一辈分的长者来说，韩国语有相应的"형、오빠"以及"누나、언니"两套模式，对应的汉语分别是"哥哥、姐姐"。韩国语里之所以要分

为两种模式，说到底是一种身份的象征，也就是说对年龄大的人来说，身份区分得越详细，说明等级越森严。

与重视长者相对应的就是对年龄小的人的蔑视，表现在语言上，就是语言出现模糊性，如汉语里有"弟弟、妹妹"，是两个不同的词，而韩国语里只有一个词"동생"，而"남동생、여동생"只不过是在前面添加上表示性别的"남""여"所形成的派生词。

类似的还有"서방(西方/書房)"，这个词是多义词，附在姓的后面来称呼女婿、小舅子或比自己小的连襟，一个称呼可适用三种年龄小的人。并且后面加了敬语之后形成的"서방님"可同时称呼已经结婚的小叔子或小姑子的丈夫，也具有模糊性。

对韩国语这种称谓语的数量不一致的现象，以及与年龄小的词语具有模糊性的现象，可以从以下四个角度去分析：

首先，这种称谓语的不对称现象反映的是韩国人的位阶思想。因为对年龄大的人来说，只要知道晚辈或小辈他们比自己小，地位比自己低就可以了，没必要区分什么性别，体现的是韩国人的年龄高于一切的思想，这贯穿了韩国人生活的方方面面。

第二，这种称谓语的不对称与必要性有关。前面已经分析过，对韩国人来说，对长辈或年长者不能用第二人称代词"너、당신"，要用身份称谓语来称呼。例如(25a)，这是同为青少年的姐妹两人之间的对话，姐姐对妹妹称呼自己时说"너"很生气。因为即使是对同辈的年长者也都应该用称谓语，可以直接称呼身份"언니/오빠"，也可以用"名字+언니/오빠"的形式，如(25b)。对长辈和年长者的这种称谓规则也决定了与其相关的称谓语的细分非常必要且重要。

(25) a. 뭐! 나보다 다섯 살 어린 게 감히 너래?《천상의 약속, 2회》什么！比我小五岁，你竟然敢对我说"你"！

b. 웃겨! **태준 오빠** 귀국 연기된 것 있지.《천상의 약속,
11회》真好笑! 泰俊哥回国说是延期了。

　　而在对待年小者或级别低的人时，可以有多种称呼方法，例如
可以直接用第二人称代词"너、자네"；也可以直接称呼"姓+씨"；或
者用"名字+씨/군"；或者用"姓+군/양"；或者直接称呼"(姓)名"，
这些称呼方法都可以代替对方的身份称谓，因此就不需要对身份称
谓语有很细的区分。

　　第三，韩国语称谓语的不对称现象如果与汉语相比，可能与称
呼角度的不同有关。

　　首先看汉语里"兄"和"弟"的造词原理，汉语的"兄"只有
一个，而"弟"可有多个，因为"韦束之次弟也"，即用绳子缠棍
子，一圈一圈的，表示有顺序，有多个。所以表示兄弟排行，过去
用"伯、仲、叔、季"，也就是说大哥只有一个为"伯"，其他都是
"弟弟"，这是居高临下的称呼方式，是站在大哥的立场来看待和称
呼弟弟们时的称呼。而韩国语的"형、오빠、누나、언니"是自下而
上的称呼方式，是从弟弟妹妹的角度来看待和称呼哥哥、姐姐时的
称呼。

　　第四，韩国语里晚辈称谓语不分性别的现象也有可能是受古代
称谓习惯的影响。

　　在汉语方言里，如湖南岳阳临湘一带，只有男性称谓，缺
少女性称谓，爸妈都叫爸，祖父母都叫爹，区分的方法就是加
"大""细"，即：爸爸是"大爸"，妈妈是"细爸"……而哥姐都是
"哥哥"，弟与妹都是"老弟"；叔叔与阿姨都是"细爷"。关于这种
称谓不分性别的现象，周振鹤、游汝杰(2015:217)认为这是对古代称
谓的继承，因为在汉语里分性别称谓到后代以后才成系统。

汉语方言的这种称谓语不分性别的现象与韩国语"동생"不分性别是不是有相似性，还有待进一步研究。

10.6 关系建立与食物的分享

集体主义思想使韩国人特别重视社会的和谐。例如，韩国人搬家到一个新地方或者店铺新开张都要给邻居们送年糕来表示问候，这样的文化背后其实隐藏的是一种社会和谐思想，隐藏着个人想融入集体的一种意愿，或者说是"人们意识深处的社会相互依赖感（C.恩伯、M.恩伯 1988:203）"。

关于分享食物，韩国语有俗语"개 잡아먹고 동네 인심 잃고, 닭 잡아먹고 이웃 인심 잃는다"，从这个俗语里，我们可以得知韩国人杀了鸡宰了狗会分给领居们吃，当然这个俗语还有另外一层意思，也就是说分给邻居们时容易产生误会，有闲言碎语说分多了、分少了，所以现在多用来指做了好吃的是否分给别人吃要事先考虑好。

这种分享的文化还表现在敬酒的礼仪上，韩国人敬酒时要用自己的酒杯，接受敬酒的一方要喝完再给对方倒满，对方喝完，那么敬酒的过程才算结束。所以一个人如果给在座的所有人都敬一次酒，那么就相当于大家共用了一个酒杯。这种敬酒的习惯是有历史渊源与民族共性的。

古希腊人在饮酒会上，也会通过传递一只装满葡萄酒的大陶杯来庆贺他们的友谊与共同的理想；如果违反这种饮酒习惯，则显示的是一个人的敌意与怀疑；尼日利亚的伊博人中，有头衔的男人可以带自己的杯具来参加宴会，但其他人如果这样做，则表示的是对主人的不信任以及与主人关系紧张；古希腊宴会上，如果不共享一碗酒或不让酒杯在人群中传递，那么就会使宴会氛围变得阴郁而沉闷；而在南美洲的印第安人之间则是借助传递烟斗来表达爱与分享，这里是用烟草来代替酒精(维萨 2015:224)。

发展到现代社会，很多文化中这种食物的分享方式已经发生了改变，现代人多借助碰杯来建立与他人之间的联系(维萨 2015:235)。但韩国人依然保留了这种古老方式的分享文化。此外，韩国人过去喜欢单人单桌吃饭，如果能与地位高的人同桌吃饭则是礼遇的象征。韩国从古至今还盛行"一口锅吃饭"、合吃拌饭，这些反映的都是韩国人特殊的饮食文化，其背后隐藏的都是韩国人的人际关系。

韩国人这种重视和谐的思想还表现其他语言形式上，如动词"더불다"，指两个以上的人在一起，也指和其他东西一起，或事情同时发生，韩国人特别强调建设一个"이웃과 더불어 사는 세상"，即和谐共存的社会。

10.7 关系与情感流露

霍夫斯泰德(2010/2012:91)对集体主义与个人主义社会的研究发现，集体主义与扩展型家庭结构相关，在这种文化中，要求个体要与所在的环境和谐相处，同别人发生正面冲突被认为是粗鲁的、不受欢迎的。而迪恩·巴恩伦德(1974:86-96)通过对比美日的传播风格指出：在日本，缄默的内省比公开的论辩重要，人们都极力避免强烈论辩的外露尤其是负面情感的表现(转引自普罗瑟 2013:12)。其实，这种文化特点也适用于包括中国与韩国在内的东方文化圈。

费孝通(2013/2015:121)曾提到中国人的情感，他说："人死了我们可以放声痛哭，不哭会受人背地里说话。可是久别重逢的夫妇，在人前却不能做出一点高兴的样子来，不然，人们会批评你肉麻，不庄重、轻薄。""在这样的社会里，我们逐渐变得'庄重'了……庄重的结果，除了眼泪(中国人一说到感情死活缺不了眼泪)，我们的感情却是麻木得厉害。……我们是这样实际：利害、权衡、过虑、斤斤计较，使我们失去了感情宣泄时的满足和爽快。"

在中韩这种集体主义的文化环境下，社会要求个体喜怒不形于色、退一步海阔天空、宰相肚里能撑船；并有很多告诫人们的语言，如"出头的橡子先烂""夹起尾巴做人"等。而韩国语里也出现了很多告诫要少说话、不要乱说话、注意说话内容等的语言表达，对此，费孝通(2013/2015:120)说，这是一种有系统地遏制感情流露。而这种思想也使得韩国人的语言表达具有了含蓄的特点，例如喜欢用谐音词、委婉语、俗语等隐晦的表达。

这种对感情流露的遏制思想也反映在词语的用法之上，例如，韩国语"사색(辭色)"意为话和表情，但这个词更多用于否定，如(26)。人们大笑时面部表情会出现变化，对此韩国语用混合词"내색(-色)"来表达，指内心的感受表现在脸上，或那样的脸色，但也多用于否定结构，如(27)，意思是不露声色、喜怒不形于色。再如，"기색(氣色)"指内心感受表现在脸上的光彩；也指为了让对方觉察某种行动或现象要发生而做出的眼色或者样子，但表达这些意义时，一般也多用于否定句，如(28)。从这些表示感情流露的词语大多用于否定句，具有了否定的语义韵这点来看，可以间接地反映出韩国人对感情的表露是比较克制的，或者说这是韩国人所追求的一

种理想的感情状态。

(26) a. **사색**을 드러내다 喜怒形于色。

　　 b. 그는 감정을 **사색에 나타내지 않는다.** 他不露声色。

　　 c. **사색(이) 없다** 泰然自若

(27) **내색은 안해도** 얼마나 마음 무거웠으면…《당신은 선물, 85회》虽然她没表现出来，但是心里的负担肯定很重，否则的话怎么会(晕倒啊)。

(28) a. 두려워하는 **기색 없다** 看样子一点也不害怕。

　　 b. 그렇지 않더라도 미안한 **기색은 있어야지요.**《별난가족, 109회》即使不那样(跪下请求原谅)，但至少要有对不起的样子啊。

　　 c. 해가 중천에 떴는데도 형은 일어날 **기색을 보이지 않는다.** 太阳都升到头顶上了，但哥哥还没有起床的迹象。

　　但是与中国人相比，韩国人属于感情相对比较外露的民族，不过韩国人的感情外露也是一种非常隐晦的方式，即多借助身体语言来表露，这与韩国人喜欢歌舞也是一脉相通的，因为歌舞本身就是一种情感的抒发，并且韩国人是喜欢身体接触的民族，所以很多无法用言语表达的内容多借助肢体语言来表达，而这种文化使得与人体有关的语言产生了丰富的语义引申，也产生了丰富的惯用语表达，这也是韩国语里身体语言的语义异常丰富和细化的原因之一。

　　集体主义的文化要求个体克制情感的流露，如果把感情强烈流露出来就意味着冲突，所以汉语有一句俗语为"打人别打脸，骂人别揭短"，但韩国语有时却专门打人的脸，如"뺨치다"类的表达，

用打了别人的脸来比喻超越比较的对象，这反映了韩国人喜欢用发泄性语言表达方式的特点，也反映了韩国人性格的两面性，即中庸与极端的共存。

虽然集体主义文化要求韩国人克制自己的感情表露，但韩国人又是一个重感情的民族，这两种现象虽然表面上看是矛盾的，但实际上两者是不同层面的东西，克制感情表露是一般人际关系的要求，但重感情所面向的更多的是深层人际关系——亲密的人。

10.8 关系与情商

中国人虽然有"尚和"的心态，讲求人际关系的和谐，但"圆滑"在汉语里却是贬义词。因为"在中国社会，从上到下无不倡导做正直人……做一个正直的人、堂堂正正的人、耿直的人，是中国人追求的基本做人目标。……圆滑是中国人做人的基本禁忌"（李庆善 1996：120）。虽然圆滑是做人的禁忌，但"中国人的社会化都是伴随着年龄增长由正直走向圆滑的过程。……成熟对于中国人而言，它意味着个体越来越适应于关系、人情和面子。一个老道成熟的人，必定是个善于人情世故的人。"（李庆善 1996：40）也就是说，从古到今，中国人虽然追求的是做一个正直的人，但现实中却不得不逐渐变成了一个圆滑的人。正因为这种理想与现实的矛盾性，导致汉语里的"圆滑"成了一个贬义词。

对韩国人来说，虽然也强调做一个正直的人的重要性，但韩国社会强调更多的却是做有礼貌的人、善良的人，要重视亲情、友情、邻里情，要学会察言观色，这些都是为人圆滑的表现。正因为韩国人

具有这种做人的思想，所以与汉语"圆滑"具有贬义相反，韩国语里的汉字词"원활하다(圆滑)"表达的是积极意义，而不是贬义。

对于"圆滑"，我们应该一分为二地来看，如果在讲原则时圆滑，那就是应该反对和避免的，但在一些非原则性的问题上，其实这种看似圆滑的态度体现的是对他人的关怀，是高情商。

社会心理学家金艺珍和黑兹尔·马库斯研究发现，如果要求美国人和韩国人从一系列东西中挑出一个比较喜欢的，美国人会选择最稀有的物品，而韩国人会选择最普通的物品；若要选择一支钢笔作为礼品，美国人会选择最不多见的颜色，而东亚人会选择最普通的颜色(转引自尼斯贝特 2017b:53)。

对这个研究结果，笔者深有同感。记得笔者大学毕业前在某地的韩资企业做为期一个月的毕业实习，适逢工厂里发T恤当工作服，当时韩方老板让笔者先挑，两大箱子的T恤都是深蓝色的(虽然工厂有很多女员工)，只有两件是不同颜色的，一件是粉红的，一件是豆青色的。当时笔者心里非常想要那件粉红色的，但经过瞬间的思想斗争(心想：粉红色的可能是专为某人准备的，我不能拿，那样会显得很自私)后，我随便拿了一件深蓝色的。但韩国老板却说，怎么挑这个颜色的，然后他把那两件特殊颜色的衣服给了我，这时我才知道这两件特殊颜色的衣服是给我这个实习生准备的。挑工作服这件事情直接验证了上面学者的研究结果是正确的。作为中国人，在人际关系中一般都不想"冒头"，而是寻求"不愠不火的适度"。

东方文化的这种重视关系和他人感情的文化所产生的结果就是高情商。与西方人相比，亚洲人能够更准确地觉察他人的情感和态度(尼斯贝特 2017a:58)。

10.9 关系与谈话方式

韩国人重视关系的文化还体现在谈话方式之上。西方人倾向于依靠人的外部行动来判断当事人的人格、责任感或人性；相反，韩国人更关注诱发行动的动机或感情（김해옥 2016:32）。根据前面的分析可以发现，韩国人善于察言观色，并以此来判断对方行动背后的内心在想什么，这种沟通方式决定着双方人际关系和第一印象的形成。这种文化属于强语境文化（high-context culture）。这种思考方式在心理学里被称作"심정중심주의（心情中心主義）"（최상진 1993:5-8）。从另外一个方面来看，在这种文化背景下，当与人沟通时，为了不暴露自己的内心想法或者寻求人际关系的和谐，说话者也不会将意思明确表达出来，而是借用社会文化背景间接进行表达。

这种强语境文化下的沟通和谈话方式给外国学习者造成了很大困难，한상미（2005:186）研究发现，对高级韩国语学习者来说，因为语法错误而导致出现交流障碍的情况几乎没有，经常出现的是因为语境义的失败而出现交流障碍的情况，其中代表性的就是尊称表达以及与价值观有关的内容。

10.10 关系与干涉他人

韩国人过去出门都要用包袱皮把东西包起来，称作"봇짐"，经常用于惯用语"봇짐 싸 가지고 말리다"，意思是不远万里去阻拦别人干某事，如(29a)。出门在外要带饭，韩国人经常使用的盛饭器具中有可以随身携带的"도시락"，相当于汉语的"饭盒"，汉语"饭盒"没有特殊意义，而韩国语"도시락"却有一些特殊表达，如

(29b)。当然，比"도시락"更夸张的还有"밥차"，如(29c)。因为韩国人的午餐一般都是在外面吃的，有时也用"점심밥을 싸가지고带着午饭"类表达。

(29) a. 내 자식이 나중에 정치가가 되겠다고 한다면 나는 **봇짐 싸 가지고 말리겠네**. 将来如果我的孩子说要从政的话，我一定要背着铺盖去劝他不要从政。
　　 b. 우진이가 그 집에 들어가겠다고 하면 내가 **도시락을 싸들고 다니면서 말릴 거야**.《가족을 지켜라, 106회》如果宇镇说去他们家生活，我提着盒饭也要去劝他不要去。
　　 c. 누가 나이 어린 남자한테 시집간다면 **밥차를 끌고 다니며 말릴 거예요.**《폼나게 살 거야, 2회》谁要说嫁给比自己年龄小的男人，我就是推着饭车也要劝她不要这么做。

如上，韩国语里之所以出现这类表达，是因为韩国人认为：当别人做自己认为不合适的事情时，那么自己就有必要去阻止对方的行动，但这种事情需要花时间和物力去做，并且对方也不会感激自己而给自己安排住处或招待自己吃饭，所以宁可自己带着铺盖、带着饭也要去阻止，这是一种夸张手法，但也反映了韩国人认为在必要时自己有权干涉他人生活的思想，这体现的还是一种关系文化，即韩国人没有真正意义上的私人空间，一切都依存于某个组织或集体中。这些表达译成汉语时虽然可以直译，但汉语的实际语言生活中并没有这种表达，一般多用"苦口婆心、费尽口舌、说破嘴"或者抽象的"极力、千方百计"等表达。这也反映了中韩文化的不同，虽然都属于关系文化社会，但韩国文化里可以介入他人生活的程度要远高于中国。

当然，在西方国家里一般不会产生这种思想或表达。例如，"鼓动"在汉语里是中性词，而同样意义的"agitation"在英语里却是贬义词，这反映了"西方人认为把自己的观念强加于人是不可取的"这种思想(沈锡伦 1995:61)。再对比中韩两个国家，在汉语里，"怂恿"是贬义词，相反，同样的汉字词"종용(慫慂)"在韩国语里却成了中性词，同样意义的固有词"꼬드기다"也是中性词，这也从语言学角度证明了韩国人对介入他人生活、将自己观念强加于人的认可。比较而言，在是否可以干涉他人生活的思想与态度上，中国人可能介于韩国人与西方人之间。

除以上表达外，韩国语还产生了很多与管闲事有关的表达，如"오지랖 넓다、오지라퍼、치마가 열두 폭인가、열두 폭 말기를 달아 입었나、열두 폭 치마를 둘렀나、치마폭이 넓다、치마폭이 스물네 폭이다、치맛자락이 넓다"等，这些惯用语、俗语都是对操心、管闲事这种现象的批评，这也从反面证明了韩国社会普遍存在"干涉他人生活"这种现象。

10.11 关系与自我认同

韩国语里经常出现的一个词是"정체성(正體性)"，这个词在汉语里很难找到能对应的词语。我们先利用语料库分析一下"정체성"在韩国社会的出现频率。国立国语院的语料库共有3.6亿个语词，其中检索到"정체성"共899次，以"4어절+정체성"为检索条件进行检索并根据出现频率进行统计的话，在"정체성"前面出现五次以上

的词语如表5所示：

[表5] "정체성"的语用频率

~+정체성	出现次数
자신、자기、자아、개인、나	165
문화、문학、학문	92
한국인、한국사람、국민	84
한국、대한민국	67
나라、국가、민족	108
사회	53
우리	53
여자、여성	30
인간	23
계층、계급、중산층	27
당	25
민주주의、자본주의、다문화주의、관려주의、만능주의	25
집단、단체、지역、기업	30
정부、대통령	19
성(性)	6

通过一个词的结合范围，我们可以分析一个社会的关注点，韩国语的"정체성"结合最多的是"자신、자기、자아、개인、나"等与个人的自我认同有关的词语。"정체성"也与"성"结合，汉语也有"性认同"，这两种类型在汉语里都能找到对应的表达。但是与韩国语相反，汉语里类似的表达如"自我认同、性认同、自我感、自我感觉"等在7亿字的北大中文语料库进行检索的话，会发现这些词的出现频率很低，具体如表6所示：

[表6] "~+认同" 与 "自我+~" 的语用频率

汉语表达	语料库出现次数
自我认同	35
性认同	10
自我感	87
自我感觉	463

韩国语的"정체성"此外还频繁地与文化、国民、国家、社会、阶层、集体、政府等相关的词语结合,这说明,在韩国人心目中,这些内容的认同非常重要,也说明韩国人缺乏对这些内容的认同,因此这些内容的认同才会成为标记项。韩国人对这些词语所表达的事物的关注反过来也证明了韩国社会的无我文化。相反,汉语里极少出现"国家认同""民族认同"等表达,这说明中国人从不怀疑自己的国家与民族认同的问题,所以相关表达也就不会成为语言标记项。

韩国语的"정체성"后面经常出现的表达分为两种类型(如表7),第一类是与"确立、保持、恢复"等有关的词语,第二类是表达"出现问题、缺失、危机"等消极意义的词语。这两种类型的搭配都证明韩国人对"정체성"的重视,也证明了韩国社会是一种无我文化,即缺失自我,自我感很弱。

[表7] "정체성" 的搭配

정체성+~	出现次数	정체성+~	出现次数
积极表达		消极表达	
확립하다	40	문제	48
유지하다	27	상실	32

가지다、갖다	22	위기	32
확인하다	24	혼란、혼돈	31
확보	19	고민	18
지키다	22	위협	12
형성	12	잃다	8
강화	11	부정	7
회복	9	갈등	7
획득	6	불안	6
정립	5	흔들리다、흔들다	6
살리다	5	훼손	6
보존	4	없다、소멸	7
보장	3	의문	4
견지	3	포기	4
모색	2	함정、은폐、균열、비판、걱정、위협	10
복원、존중、회귀、굳히다、결부、얻다、추적	10		

　　从韩国的地理位置来看，因为韩国特殊的半岛型地理位置，各种文化可以汇入、融合而形成独特的文化并扎根，例如儒教、佛教、基督教等流入韩国最终形成了韩国式的"잡종문화"，也形成了韩国人特有的流动性心理特点，与具有扩大指向的大陆文化和具有缩小指向的岛屿文化相比，韩国文化呈现出了没有自我主体性的特点[07]。从韩国的国内文化来看，韩国的关系文化、森严的秩序文化形成了韩国不同于中国的集体主义，也形成了韩国人特有的"眼色文

07　차승수, 융합·잡종의 반도기질, 경향신문, 2005. 05. 30.

化"，而这就造成了韩国人个体的自我认同感和自我感的缺失。从国际关系来看，因为韩国特殊的地理位置和历史文化，造成了韩国必须在中、美、俄、日等国家的夹缝里谋生存，这种国际政治经济关系反过来加强了韩国社会、民族以及个人的"眼色文化"。

这种现象也出现在欧洲，因为欧洲是一个多国家与多民族地区，欧盟作为这样一个多元组合体，自然存在认同的问题，而这种认同主要表现在经济和生活模式上(Thatcher 2002/2003:441)。欧盟委员会于2004年2月-3月期间实行的调查发现，56%的人有欧洲人这一地区认同，相反国籍认同却只有42%[08]。

与韩国和欧洲相比，中国自古以来就是一个多民族多文化的社会，一直到鸦片战争之前都是世界各国景仰的对象，所以从来不缺失自我感，不会怀疑国家、民族和社会的自我存在感，在这种文化背景下成长起来的中国人虽然与韩国具有相同的儒家文化的约束，也经历了过去封建社会的思想统治，但相对来说，整个民族性中并没有产生自我的缺失。所以汉语里的"自我感觉"经常与"良好"结合出现。

10.12 小结

因儒家文化和集体主义的影响，韩国人非常重视礼貌礼节，尤其是语言上的礼貌问题，并将其作为成功的必要条件之一。韩国语里称谓语、人称代词的使用都反映了儒家文化的伦理观念和权威意

08　문향란, 유럽 국민 56퍼센트 '나는 유럽인', 한국일보, 2005. 04. 28.

识，如对称呼名字和人称代词使用上有多种限制，而弥补人称代词与名字空白的就是各种称谓语的语义泛化。其中与爷爷、奶奶、祖父母有关的亲属称谓语还发展出了异于其他称谓语的特殊的语义泛化现象。

称谓语的使用虽然有一定的规则，但它的使用受交际目的限制，有时即使称谓语的使用看似"不合适"，但是在日常交际尤其是商业交往中却会获得不一样的交际效果。韩国人对称谓语非常敏感，尤其是对第二人称代词称谓语更加敏感。

集体主义表现在语言上还表现在代词的省略之上。

韩国人的关系文化、对年龄的重视以及第二人称代词使用的受限，使韩国人称呼年龄大的人时的称谓语更加细化，而称呼年龄小的人时的称谓语却比较笼统。

韩国人喜欢用食物来维系人际关系，而这也具有一定的世界共性。

集体主义文化下，人们交际时非常注意情感的流露以及谈话的方式，而这种交际方式从正反两面来看，可以说是圆滑，也可以说是高情商，但中韩两国人对此的看法却出现了不同。

韩国人为阻止他人做某些事情会不惜自己带着行李、带着饭去千方百计地阻拦，这栩栩如生地刻画了韩国人认为"可以干涉他人"的这种思想。正因为韩国人这种思想非常严重，所以"꼬드기다、종용(慫恿)"等都没有贬义，并且出现了很多表示干涉意义的服饰词语和表达，而汉语的"怂恿"是贬义词。

韩国人的集体主义和特殊的社会历史背景以及地理位置反映在语言上就是韩国人经常说"정체성"一词，因为个人在社会中没有存在感，国家和民族需要在国际社会的夹缝中生存，所以造成韩国社会对"정체성"的执着。

第十一章

婚丧嫁娶观与语言

11.1 引论

在集体主义文化社会里，婚丧嫁娶这些家庭集体活动都是不可缺席的。这些民俗"是人类社会长期形成的习俗、礼仪、信仰、风尚等民间文化传承现象的总和，是经群体、社会约定俗成并流行、传承的民间文化模式，是人类社会特有的人文意识形态"（曲彦斌1993:355）。韩国的婚丧文化深受中国儒家思想的影响，但韩国在吸收这些文化的同时也对其进行了整合，并加以时代的变化，所以与中国的婚丧文化出现了很多的差异。

本章主要分析择偶观、两性观、夫妻观、生育观、养育观、死亡观、丧葬观、祭祀观等，最后看韩国人的婚丧嫁娶观念是如何表现在物质形式，如头发与服饰之上的。

11.2 择偶观

韩国自古以来有同姓不结婚的限制，并且还有同一个地方的人很难结婚的说法，因为一个地方的邻居对彼此的情况都非常了解，很难成就婚事，所以就有了俗语"삼대 적선을 해야 동네 혼사를

한다"，也就是说要三代积德才能做到邻里乡亲之间结亲。

择偶时都想找一个优秀的人，中国人在强调人非常优秀、条件很好时用"打着灯笼找不着"，而韩国语用"너도 눈에 불을 켜고 찾아봐.《아이가 다섯, 16회》你也瞪大眼/擦亮眼睛好好找一个(男朋友)吧。"在形容绝配时，韩国语多用俗语"봉이 나매 황이 난다"，比喻出现了最好的伴侣，汉语也有"凤求凤"类表达。

从择偶标准来看，男女具有明显的不同。巴斯(2011/2016)曾对男女性不同的择偶标准进行具体研究发现，女性主要看重男性的经济实力、社会地位、年龄、抱负与勤奋、可靠性与稳定性、才智、和谐相处、体型和力量、良好的健康状况等，其中"较强的经济实力、较高的社会地位和较长的年龄加起来，构成了一个男性获取和控制资源的能力，这种能力可被女性用于她们自身和她们的孩子"(巴斯 2011/2016:30)。所以导致"全世界的女性都选择嫁给地位高的人"(巴斯 2011/2016:27)。而世界上的男性择偶时主要看重女性的年轻、体形、外貌等。用汉语来总结的话就是"郎才女貌"。

韩国婚姻介绍机构"행복출발"在1998年至2012年期间对未婚男女会员进行调查，结果发现男性更注重配偶的职业和性格，女性更注重配偶的经济能力，即对学历和外貌的重视程度有所下降[01]。换句话说，在韩国，与过去重视外貌、学历和家庭的习惯相比，现在更加看重职业、经济能力和气质。

从职业来看，在韩国律师、检察官、医生是女性择偶的首选对象。另外，大学教授也是非常抢手的择偶对象。普通老师也比较受欢迎，尤其是女老师则更抢手。

如果要找到这样的如意郎君，在韩国需要准备"三把钥匙"的

01　http://weekly.donga.com/List/3/all/11/95032/1

嫁妆，即"아파트 열쇠 公寓钥匙""자동차 열쇠 私家车钥匙""개업 사무실 열쇠 开业办公室钥匙"。韩国现在女性律师、检察官、医生越来越多，如果想得到这样的儿媳妇，男方反过来要准备"三把金钥匙"，这被称作"역(逆) 열쇠 3개"。

由此看来，韩国人与中国人的择偶观是一致的。因为韩国的律师、检察官、医生都是收入高、稳定、社会地位高的代名词。这与中国人择偶时的"高富帅"与"白富美"标准都具有"富"这个条件是一致的。男女性的这种择偶倾向具有世界共性。但是与韩国人追求财富相比，中国人的择偶标准显得更苛刻，因为不论男女还都要看外貌或身高。

进化论心理学家认为"配偶选择对一个个体的基因再生产具有至关重要的意义。因此个体格外关注那些能帮他们找到一个提供再生产成功几率的配偶的信息。这样的信息包括配偶的性别、身体魅力、健康状况、年龄、拥有的资源和地位。对男性来说，要使再生产成功的几率最优化，他们需要找到一位健康的、生育能力强的女性来携带他们的基因。……相反，由于卵子(相对于精子)的稀缺性以及与怀孕有关的成本和风险的存在，对女性来说，再生产能否成功取决于能否找到一个资源丰富的、可靠的伴侣来确保婴儿的存活。相应地，女性在选择配偶时比男性更重视与资源和地位有关的信息"(赵志裕、康莹仪 2011/2015:73)。韩国男性现在择偶时也开始看重具有专业技术的女性，这也主要是考虑到后代的智力遗传和教育问题。尽管时代发生了变化，但韩国男人的择偶标准仍兼顾外貌与职业和气质的选择。

择偶是双向选择，自古以来中韩两国人择偶都讲究门当户对，否则难结连理，即使结婚也容易出现问题。韩国语里反映这一思想的俗语有"사돈집과 짐바리는 골라야 좋다"，意为就像驮货的驮子

放的时候要端正不能歪一样，亲家也要挑选差不多的，孩子们才会过得幸福。但其实从古至今也存在门不当户不对的婚姻，所以韩国语里有了"치마양반"，而中国有了"裙带官"，都指借助将女儿高嫁而获得显赫地位的人(박갑수 2015:392)。从"치마양반"与"裙带官"这两个词可以看出，这种婚姻一般都是女方高攀男方。不过《표준국어대사전》已经将"치마양반"的意义扩大，不单指女方高攀男方，也指男方高攀女方。这也说明男攀女在韩国社会也已形成了一种社会现象。

除以上条件以外，对女性来说，年龄也是很重要的一项考察内容，对过了婚期的女孩韩国语有很多表达，其中"표매(摽梅)"是用成熟而蒂落的梅子来比喻婚期已过的女孩。而俗语"정월 지난 무에 삼십 넘은 여자"则把过了三十岁的女人与过了正月的萝卜相提并论，反映的是视女人为物的思想，并且这个俗语比喻过了季节没有行情的事物，是用人来比喻事物。

11.3 两性观

婚姻生活的中心是因夫妻而产生的两性关系。下面主要看五类问题，即动植物、物品是如何来比喻性问题的，以及性动作和生殖器是如何产生比喻意义的，最后看与性有关的词语如何喻物。

11.3.1 动物、植物喻性

关于植物语言，韩国语用"꽃"比喻漂亮的女人，而汉语有

"一朵鲜花插在牛粪上""路边的野花你不要采",也是用花来比喻女人,用折花、采花的动作来比喻占有女性。这种比喻具有文化共性,例如法语中的"défloration"就源于拉丁文"deflorare",即"enlever la fleur(采摘花朵)"(波伏瓦 2011/2016:219)。

"在好几种语言中,表示鸟或者捉鸟或者飞翔的词语都含有性交或阴茎或妓女或其他一些性目标和性行为的意思。例如,荷兰语中,'飞鸟'和其他一些相关的词都有'操'的意思。在意大利语中,握拳时把拇指夹在食指和中指之间,这种表示阴茎的侮辱人的手势被称为'无花果'"(本迪纳 2016:34)。在欧洲艺术品中凡是画一个女子旁边有一只鹅(或天鹅)也都有色情或性的暗示(马未都 2015/2017:33)。英语的"cock 公鸡"有阴茎之意,汉语也将阴茎称作"小鸡鸡"。韩国语也用鸟类来比喻与性有关的意义,如"제비 燕子"比喻男妓,汉语用"鸭子";韩国语用"꽃뱀 花蛇"比喻女妓或借性来骗人钱财的女人,汉语用"鸡"比喻妓女。韩国语还借用汉字词"포경03(捕鲸)"与"포경01(包茎)"的同音现象,用"고래잡이捕鲸"比喻割包皮。这都是用鸟、动物等来比喻与性有关的意义。

在指动物性交时韩国语还用"붙다",也可用于人,俗指男女走得很近或发生性关系。

11.3.2 物品喻性

韩国语还用物品来比喻性。韩国语里"臼"与"杵"这一组工具可用来比喻男女媾和的行为,并且这里隐含着重大的文明象征性意义,也就是说具有破坏力的攻击性一旦表现为男女阴与阳的两性关系,反而会成为创造生命的原动力,这不是相反的对立,而是互补的融合(李御宁 2015:78)，如(1)。

(1) 마누라가 있어야 안방에서 **떡을 치죠**.《윤흥길, 완장》
　　那也得有老婆才能在房里打年糕啊。

不仅是打年糕，韩国语里的"쑥떡을 먹이다"或"감자를 먹이다"也有性意义，但多用来骂人，在想骂的人前面，把左手手掌放在右手拳头下，然后前后推拉右拳，让人联想起男性生殖器插、抽的动作。众多年糕中唯独"쑥떡"产生了这样的意义可能与艾糕所具有的强烈的独特味道有关，借此被赋予了性的攻击性(주강형 2004:195)。此外，韩国语的"곰탕(-湯)"也是性交的隐语。

再看"통지기"，这里的"통"指"물통 水桶"或"밥통 饭锅"，而守着这两样东西的人自然是做饭的女人，所以"통지기"指过去家里负责做饭的女佣，也称作"반빗아치(飯──)"，此外这个词还指喜欢与男人乱搞的女佣。

在中外文化里鞋子也是性的象征，韩国语里有很多俗语，如"짚신도 제짝이 있다、헌 고리[짚신]도 짝이 있다"比喻夫妻要成双成对，"짚신도 제날이 좋다、세코짚신에는 제날이 좋다"比喻夫妻要找符合自己分寸的人。

关于两性关系，韩国语里还有一些相关的俗语，如表1所示：

[表1] 与两性关系有关的俗语

	俗语	意义
1	봄 보지가 쇠 저를 녹이고 가을 좆이 쇠판을 뚫는다.	比喻女人在春天而男人在秋天性欲旺盛。

2	복 없는 가시내(가) 봉놋방에 가 누워도 고자 곁에 가 눕는다.	没福气的女人即使住车马店，也躺在没有性功能的人旁边。
	십 년 과수로 앉았다가 고자 대 감을 만났다.	守了十年的寡最后遇到是太监老爷。
3	복 없는 년 봉놋방에 들어도 고 자 옆에 눕고, 복 많은 년 넘어 져도 가지밭에 넘어진다.	没福气的女人即使住车马店，也躺在没有性功能的人旁边；而有福气的女人即使摔倒也会摔倒在茄子地里。
4	복 많은 과부는 넘어져도 가지밭 에 넘어진다.	有福气的寡妇就是摔倒也摔倒在茄子地里。
	복 있는 과부는 앉아도 요강 꼭 지에 앉는다.	有福气的寡妇就是坐也会坐在尿罐盖把手上。
5	영감의 상투	就像老头的发髻，比喻不像样的小东西。
6	영감의 상투 굵어서는 무엇을 하 나 당줄만 동이면 그만이지.	老头的发髻粗了做什么用啊，只要能用帽绳系上就行了。意思是只要大小适度就行，没必要太大了。
	영감의 상투가 커야 맛이냐.	
7	아닌 밤중에 홍두깨(내밀 듯)	又不是晚上突然要性交，比喻突然遭遇意想不到的事情。
	아닌 밤중에	

如上所示，俗语1讲的是男女性欲。第2组俗语讲的是没福气的女人(主要指寡妇)，而第3组俗语是将没福气的女人与有福气的女人进行对比，第4组俗语讲的是有福气的女人，日常生活中可用于字面意思，也可用于比喻意义，如电视剧《그래 그런 거야, 34회》中，当하명란知道自己饭店里的员工수미与早年丧偶的大伯哥유민호(退休的银行行长、品牌服装店店主)谈对象，하명란撇着嘴说道：

(2) 운수 좋은 년은 **엎어져도 가지밭에 엎어진다** 한다더니.
都说运气好的女人就是摔倒了也摔在茄子地，她可真是命好啊。

因为在韩国文化里长茄子、长黄瓜等都是男性的象征，如果是小茄子则是女性的象征，这种象征意义一般出现在胎梦文化里(이규태 1983/2011(2):176)。德语里的"Gurke"指黄瓜，但也作阴茎讲，武汉黄陂话里也有这样的用法(黄树先 2012:157)。

第5、6组俗语指男人，都是用"상투"来隐喻男性生殖器，第5组俗语比喻生殖器很小，而第6组比喻适当就行。第7组俗语中是用"홍두깨"来比喻男人的性器官，并且"홍두깨"可以省略。

韩国语里还用"밑천"来俗指男人的性器官，其本意指做某事的本钱、东西、技术或才干，用它来喻指男性生殖器说明韩国人将它看作了男性生存的基础，这与汉语称作"命根子"相似。

11.3.3 性动作语义变化

韩国语有一个惯用语"빼도 박도 못하다"，比喻进退两难，非常狼狈，如(3)，其语源与男女关系有关，指男女正在通奸时，女人的丈夫回来了，通奸男的动作进行也不是，终止也不是，这种极为难堪的情景称作"빼도 박도 못하다"[02]。如果知道了这个语源一般人就不敢再用这个俗语了。但可惜的是知道这个语源的人太少了。不仅如此，因为这个表达用得太经常了，现在干脆还产生了缩略形式"빼박""빼박캔트(can't)"，如(4)。

(3) 리베이트 문제는 회사에서 명백한 자료를 갖고 있으니까
    빼도 박도 못할 겁니다.《사랑이 오네요, 101회》回扣问
    题公司里有明白无误的资料，所以你是无路可逃了。

---

02 http://blog.naver.com/21simon/220390589508

(4) a. 이게 완전 **빼박**이네. **빼박**.《김과장, 14회》这是铁证如山啊，铁证!（让他们动弹不得了）。

　　b. 그럼 결혼하고 혼인신고 도장 찍은 **빼박**이니까 대충해도 된다는 거야?《도둑놈, 도둑님, 50회》那你这是说结婚仪式弄了，婚姻登记做了，板上钉钉了，所以就可随便对付了，是吧?

　　若说"빼도 박도 못하다"是无意使用，有的表达则是有意为之，如"야합(野合)"意为男女通奸，但这种行为是不正当的，所以引申出比喻意义，指以不好的目的而交往，如(5)。

(5) 형님은 정말로 날 버리고 오랑캐들과 **야합**을 했던 거야.《대군, 10회》哥他真的是抛弃我而和蛮夷族勾结/勾搭在了一起。

　　韩国语里，男人与妻子之外的女人或与妓女等发生关系称作"오입(誤入)、외입(外入)、외도(外道)"，因为这种行为为人所不耻，所以有了"오입질(誤入-)、외입질、외도질"。此外，吃零嘴意义的"군것질"也有与他人通奸之意，这与汉语类似，因为汉语有时形容外遇也用"偷嘴、偷吃"。与人通奸的人称作"오입쟁이(誤入--)、외입쟁이、압객(狎客)"。与人通奸的人只是为了满足自己的一时之乐，而不考虑自己配偶的感受，因此俗语"오입쟁이 제 욕심 채우듯"比喻丝毫不考虑别人处境而一意孤行的情况。"오입쟁이 헌 갓 쓰고 똥 누기는 예사다"意思是放荡的狎客戴着破帽子拉屎这是常事，没必要惊奇，即不成器的人做不成器的事没什么可吃惊的。与前面提到的"통지기"有关的还有"통지기 오입이 제일이

다"，意思是闲汉们尾随外出赶集的不检点的女佣进行调戏的话，那么两者就很容易发生不正当关系。

在男女性行为中一般是男上女下，尤其是过去封建社会时，如果女上男下就不合礼数，所以与此相关就有了标记项叫作"감투거리 帽架子"，指男下女上。如果是男女躺着或站着进行性行为则称作"빗장거리 拴门闩"，如果性行为时女人因兴奋而又喊又叫称作"감탕질"。

性行为中阴茎勃起俗称"꼴리다"，也可比喻因某事不合心意而勃然大怒。与性行为有关，韩国语还有汉字词"불감증(不感症)"，在医学上指性交时感觉不到快感的病症，日常生活中可比喻感觉迟钝，或因习以为常而没有特殊感觉。

11.3.4 生殖器喻人、物品

在其他语言里用食物、物品喻性是常见现象，但反过来用与性有关的词语来喻人、喻物的情况却很少见。韩国语里的这类生殖器官主要与男性有关，与女性生殖器官有关的词语用作比喻的比较少见。

首先，汉语的"青梅竹马"在韩国语里虽也有汉字词"죽마고우(竹馬故友)"，但在表达同样的意义时，韩国语还用生殖器官来表达，如"불알친구(--親舊)、불알동무"，主要用于男人之间，指小时候的亲密伙伴，汉语多用"从穿开裆裤时就在一起玩""光着屁股一块长大的"。"불알친구"也可以比喻形影不离的东西，如电视剧《역적:백성을 훔친 도적, 11회》中，在向燕山君介绍自己从小弹唱的琵琶时，월하매说道：

(6) 이 비파는 소인이 어릴 적 의지했던 가장 좋은 친구이옵
니다. 보통 사내들은 이런 친구를 일러서 **불알, 아니, …
방울친구**라고 부르잖습니까? 그런데 소인은 **방울이 없
어서 댕기친구**라고 부릅니다. 머리를 올리기 전부터 댕
기를 하고 다녀서 댕기처럼 붙어다녀서 댕기친구라 하옵
니다. 这个琵琶是小人小时候最好的朋友，是我的心灵
安慰。一般男人不是都将这样的朋友叫作"屌……"，不
对，……叫作"铃铛朋友"吗？但是小人没有铃铛，所以
把它叫作"发带朋友"，因为在束发结婚之前一直是扎辫
子系发带，它就像发带一样与我形影不离，所以叫"发
带朋友"。

上面这段话里提到了"불알친구"，但因为是在王面前，所以临
时换成了"방울친구"。

此外，"불알"还用来比喻其他物品，如带钟摆的挂钟被叫作
"불알시계(--時計)"，而钟摆被叫作"시계불알(時計--)"，并且也
比喻没事乱逛游的人。

韩国语里还用"불알"或"신랑(新郎)"来比喻重要、紧要的
东西，如俗语"장가들러 가는 놈이 불알 떼어 놓고 간다、혼인집
에서 신랑 잃어버렸다"比喻将最重要、最紧要的东西忘了。

如果生殖器出现障碍，韩国人称作"고자"，现在韩国语出现了
一种新的用法，如"연애고자、요리고자"等，但这种用法还是一
种新词。例如，电视剧《톱스타 육백이, 10회》中，因为男主유백打
电话时被朋友嘲笑是恋爱白痴，所以生气地说道："나 연애고자 맞
네, 고자 맞아, 됐냐?"，结果被女主的奶奶听到而被误以为有生殖
障碍。这种误会的产生也反映了韩国年轻人的语言越来越趋于粗俗

的倾向性。

　　与女性生殖器官有关的例子非常少，主要有"할미씨깨비 白头翁、白头草、老和尚头"，这个词的原型是"할미십가비"，其结构是"할미"和"십가비"用属格助词"의"连接而成，其中"십가비"中的"십"指雌性的生殖器，现代韩国语为"씹"，而"십가비"整体也指雌性生殖器，这样命名的理据是因为这种草的根部就像老年女性的生殖器那样不好看(조항범 2014:398-399)。这种花还有一个名称是"할미꽃"，这个命名与汉语的"白头翁、白头草"的命名理据一致。

11.3.5 与性有关的词语喻物

　　前面分析过的意为通奸之意的"오입쟁이"也可比喻食物，如"오입쟁이떡(误入——)"指把枣、栗子、石耳等切成丝与黏米煎成饼后再切成一寸宽的四方条，最后撒上糖和桂皮粉做的装饰用的糕，也称作"건달떡(乾達-)、건달병(乾達餅)"。不仅如此，韩国高丽时代有歌谣为《쌍화점(雙花店)》，唱的都是男女相悦之词，其中有歌词为"雙花店에 雙花 사라 가고신 딘/휘휘回回아비 내 손모글 주여이다"[03]，与性相关的"쌍화"也产生了食物"상화떡"，也称作"상화병(霜花餅)"，是面粉添加酒曲或马格利酒发酵后放上红豆馅、炒肉等蒸制而成的(한국민속대백과사전)。不过《표준국어대사전》将食物意义的"상화떡、상화병"中的"상화"标注成了"霜花"。

03　歌词的意思是"만두집에 만두 사러 갔더니 회회아비 내 손목을 뒤더이다"，由歌词中出现的"회회아비 回回大叔"可见，在高丽时期，伊斯兰教曾经传入韩国(송기호 2009/2010:314)。

11.4 夫妻观

　　新婚生活不论在哪个国家与民族都是甜蜜无比的，但语言表达方式却不同，汉语多用"比蜜甜、如胶似漆"来比喻，且有"蜜月"之说，韩国语用"밀월（蜜月）"或外来语"허니문（honeymoon）"，此外，"밀월"还比喻亲密关系，如"한중 간 '밀월 관계' 中韩蜜月期"。

　　韩国语还用"꿀"比喻夫妻关系好，如(7)，汉语多用形容词"甜甜蜜蜜"。韩国语还用"깨를 볶다、깨가 쏟아지다"等表达，如(8)。表示夫妻和睦，韩国语还有俗语"봉 가는 데 황 간다""바늘 가는 데 실 간다"，汉语多用"夫唱妻随"。

　　(7) 둘이야 노상 **꿀 떨어져요**.《당신은 선물, 83회》他们俩呀还不是天天甜甜蜜蜜的啊。

　　(8) 이이구! 진짜 이 **깨 볶는 남새**에 내가 질식하겠다. 집에서는 동숙이랑 태평이가 시도 때도 없이 **깨를 볶아대더니** 양복점에서 또 둘…내가 진짜 신혼부부 없는 세상에서 살고 싶다.《월계수 양복점 신사들, 50회》哎吆! 我真要被这甜蜜的气息窒息了。在家有东淑和太平天天恩爱甜蜜，在西服店里你们两个又……我真想到一个没有新婚夫妇的地方生活啊!

　　表示夫妻关系不好时，汉语用"同床异梦"，如果指关系和好，则用"床头吵架床尾和"，都与床发生关系。韩国语在表达夫妻关系时用"부부 싸움은 칼로 물 베기 夫妻打架是抽刀断水"或"내외간 싸움은 개싸움 夫妻吵架如同狗打架"，这些表达都不与床发生关系。

　　中韩两国之所以出现表达上的不同可以从文化的角度去分析。

中国人是高坐式的文化，睡觉是典型的床文化，因此有"同床共枕"，而"上床"也具有了性象征意义。这种文化也出现在西方，英语的"go to bed 上床"已经产生了明显的性象征意义，所以人们都尽量在一般谈话中不用这个表达（戈德伯格 2003:95）。《红楼梦》中厨子"多浑虫"的妻子不甘寂寞，招蜂引蝶，周围"凡是想上手"的人都能得逞，人称"多姑娘"，Hawkes在翻译中将其译成了"the Mattress(床垫)"，这是隐喻转换，使浪荡的"多姑娘"形象跃然纸上（肖家燕、庞继贤 2007:198）。也就是说，英语里"床垫"也与性相关。

相反，韩国一直延续至今的是席地而坐式的坐式文化，大部分韩国人睡地板（但现在年轻人很多已改睡床上），所以多用"한 이불 덮고 살다"或汉字词"합금(合衾)"来表达一起生活，而"한 이불 덮었다"也转喻婚姻生活，"합금"还比喻性交。这里的"衾"是被子之意，因此韩国语的固有词表达或汉字词都与被子有关，而不与床发生关系。

随着社会的发展，韩国还出现了一些新型夫妻关系，如"펭귄 부부 企鹅夫妻"比喻饮食、时间、经济等家庭生活方式全部以孩子为中心、围着孩子转的夫妇。"기러기부부 大雁夫妻"指天各一方的夫妇，主要指父母中的一方随孩子到其他国家留学，另一方在韩国挣钱的夫妇，汉语里一般叫作"空中飞人家庭"。

11.5 生育观

生育的重要性毋庸置疑，人们经常将生育与农业生产联系起来，认为孩子和收获都是超自然的恩赐。乌干达、东印度群岛的班塔人认为一个不能生育的女人被看作对园地有危险；在尼科巴群岛，人们认为如果让一个怀孕的女人劳作，收获会更加丰盛（波伏瓦2011/2016：95）。这些都反映了人类对生育的重视，因为生儿育女被人类看作是追求不朽的方式，是人类应对死亡的一种方式（曼弗雷德2010/2016：204）。

虽然大部分社会都特别重视生育，但不同的社会却形成了不同的生育观。韩国人的生育观反映在生育时间、身体条件、送子娘娘、怀胎、产房、饮食等六个方面。

11.5.1 生育时间和生理条件

关于生育时间，过去韩国人认为"이십 안 자식 삼십 안 천량"，意思是孩子要在20岁之前生，财产要在30岁之间攒起来。不过发展到现代社会，普通韩国人已经不会在20岁时生育了，30岁左右一般也无法积攒财产。

结婚生育是正常顺序，如果还没结婚就怀孕，则称作"속도위반(速度違反)"，如：

(9) 준영형 **속도 위반**했어? 《아버지가 이상해, 11회》准英
　　哥没结婚就造小孩了啊?

要想怀孕生产还需要一些生理条件，例如女方要盆骨宽，屁股大。电视剧《월계수 양복점 신사들, 50회》中婆婆최곡지就对儿媳妇나연실说过：

(10) **애기 낳으려면 엉덩이가 좀 커야지.** 엉덩이가 그게 뭐
냐? 要想生孩子屁股得大点才行啊，你这是什么屁股
啊?(这么小)。

女人的盆骨一般比男人大，韩国语里用"떡판(-板)"俗指女
人的大屁股，如(11)。因为对女人来说屁股是非常重要而突出的部
分，所以就有了专门的称呼"방둥이"，这个词本来指动物的臀部，
但也俗指人尤其是女人的臀部。

有的人会因为生理上的原因而无法怀孕，这样的女人俗称为
"둘치"[04]，如(12)。男人的不育症韩国语称作"남성 불임"，这是
一种医学语言。

(11) **떡판** 넓은 여자가 자식도 쑥쑥 잘 낳는다. 大屁股的女
人生孩子也轻松。

(12) 자식 없는 걸 마누라가 **둘치**이기 때문이라고 여긴 시기
가 있었으나 결함은 문진 영감 자신에게 있었다.《황순
원, 신들의 주사위》虽然有一段时间认为没有孩子是因
为媳妇有问题，但结果却是文振老汉自己有问题。

11.5.2 送子娘娘

中国过去很多城隍庙里会供奉"送子娘娘"，有的会供奉菩萨，
但到了现代社会"送子娘娘"的说法已经很少出现在日常会话中。
就像中国有"送子娘娘"一样，韩国也有"삼신(三神)、삼신할머니
(三神---)"指能让人怀孕的三个神，也称作"산신(産神)、삼신령

---

04   "둘치"也指动物的不孕。

(三神灵)"。"삼신할머니"在韩国还是非常普遍信仰的民俗，尤其是对渴望孩子的人，所以韩国人日常生活中经常提到送子娘娘，如：

(13) a. 당신이나 내가 간절히 원하고 노력하면 **삼신할머니**가
　　　예쁜 아이를 점지해 주실 거야.《월계수 양복점 신사
　　　들, 14회》你和我真心祈愿并且努力的话，送子娘娘
　　　会给我们送个漂漂亮亮的孩子来的。
　　b. (임신한 사람의 배를) 좀 만져봐. **삼신할머니**의 신기
　　　를 좀 받으세요.(网络) 摸一摸吧，接点送子娘娘的
　　　神气。

　　送子的动词在韩国语里是"점지"，指神佛让人怀孕生育，如
(14a)；此外，"점지"还产生了比喻意义，比喻提前告知会发生什么
事情，如(14b)。

(14) a. 나 그 아이를 **점지할 때** 되게 정말 행복했어.《도깨
　　　비, 8회》我让那孩子降生的时候真的非常幸福。
　　b. 그녀는 자기 남편을 하늘이 **점지해** 준 배필이라고 생
　　　각했다. 她认为自己的丈夫是上天赐给的配偶。

　　韩国还有一种风俗就是怀孕之后不能大肆张扬，如电视剧《그
래 그런 거야, 41회》中，当得知孙媳妇怀孕后，奶奶说道：

(15) 초장에 일부러 소문 낼 것 없어. **삼신할머니** 심통내면
　　안 돼. 우리끼리 알고 천천히 하는 거야. 怀孕初期不要
　　大肆宣扬。要不送子娘娘会嫉妒的。我们几个知道，

慢慢再告诉其他人吧。

韩国人如果生了孩子，也不能说孩子漂亮，要说孩子长得丑，之所以如此，也是怕送子娘娘嫉妒，再把孩子收走。其实在中国过去也有这种风俗。

11.5.3 怀胎

韩国语里怀胎有多种表达，但意义并不完全相同。首先看固有词"배다"，除了基本意义之外，还指植物的茎开始结穗；如果与"알"结合，表示产卵或产鱼子；也可以指人的肌肉上出现肌肉疙瘩。与怀孕有关还有很多汉字词，具体如表2所示：

[表2] 与怀孕有关的汉字词

汉字词	意义	例句
임신 (妊娠/姙娠)	怀了孩子或小崽子。	
배태(胚胎)	比喻拥有某种现象发生、事物出现的原因。	불행/위험성의 **배태** 不幸/危险的苗头；화근의 **배태** 祸根的由头；불행의 씨앗/화근을 **배태하다** 埋下不幸的种子/祸根；비극의 씨가 **배태되다.** 为悲剧的开始创造条件。
잉태(孕胎)	比喻某种事实或现象在内部产生并成长。	민족적 비극의 **잉태** 民族悲剧的产生；그리움의 **잉태** 思念之情的产生；그녀의 가슴에는 사랑이 **잉태되고 있었다.** 她的内心燃起了爱情之花；또 무슨 정치적인 돌풍이 **잉태되고 있는** 듯했다.《유주현, 대한 제국》好像又有什么政治风波要发生了。

모태(母胎)	比喻事物发生、发展的基础。	내 인격 형성의 **모태**가 되었던 고향 故乡是我人格形成的基础；남도 민요는 우리나라 민속 음악의 **모태**가 된다. 南岛民谣是韩国民俗音乐的前身。
태동(胎動)	比喻出现发生某事的气韵。	이 원대한 계획은 아직 **태동** 단계에 불과하다. 这远大计划还处于酝酿阶段；민족의식이 **태동하다** 民族意识已经萌发。

　　这些汉字词的基本意义分别表达怀孕、母胎、胎动等，此外，"배태、잉태、모태、태동"还产生了比喻意义，其中"배태"多用于消极意义，汉语多用"苗头、由头"或"埋下……的种子"。而"잉태"却没有这种限制，既可以用于积极词汇，也可用于消极词汇，汉语可以是"产生、发生、燃起……之花"等。"모태"是中性意义，并且还产生了新词"모태솔로"，是汉字词"모태"与外来语"solo"结合形成的合成词，指从出生到现在没有恋爱经验的人。"태동"是中性意义，汉语用"酝酿、萌发"等表达。汉语里与此相关的"孕育"多与积极性词汇结合，如"孕育生命、孕育革命的种子"。

　　与怀孕生产有关，韩国语还有很多俗语，如(16ab)意思是刚怀孕时如果不顺利，那么这样的孩子出生时亦会受苦，比喻开始不顺将会事事不顺；(16cd)意思是养了个大草包，比喻人非常迟钝、愚蠢；(16ef)意思是让生根本没怀孕的孩子，比喻提无理要求。

　　(16) a. 설 때 궂긴 아이가 날 때도 궂긴다.

　　　　b. 설 제 궂긴 아이가 날 제도 궂긴다.

　　　　c. 태를 길렀다[길렀나]

　　　　d. 아이를 사르고 태를 길렀나.

e. 배지 아니한 아이를 낳으라 한다.

f. 아니 밴 아이를 자꾸 낳으란다.

11.5.4 产房、产妇

韩国语里产房为"산실(産室)、산방(産房)、해산방(解産房)",其中,"산실"还比喻筹划或促使某事成功的地方,或那样的基础,如(17)。

(17) 우리 연구부를 기술 개발의 **산실**로 키우겠다. 我们要把研究部培养成技术开发的孵化点。

产妇韩国语为"산모(産母)、해산어머니(解産———)、해산어미(解産——)",老年产妇称作"해산할미(解産——)",其中"해산어미"还比喻身体浮肿的人,"해산할미"比喻又老又浮肿的人,这都反映了生产给女性带来的伤痛。

11.5.5 生产、头胎、双胞胎、多胞胎

韩国语里孩子出生有固有词"낳다"、汉字词"출생하다(出生)",还有俗称"귀빠지다",如(18)。

(18) a. 며칠 전 내 **귀빠진** 날이었다.《문화일보, 2017.11. 10》几天前是我的生日。

b. 하필 **귀빠진** 날, 팔자는…근데 이상하게 느낌이 안 좋

아. 《내 뒤에 테리우스, 22회》怎么偏偏在生日, (他)命真……不过我怎么感觉情况不太妙啊。

刚生出的孩子身上都是血丝, 因此韩国人用 "핏덩어리、핏덩이、탯덩이(胎—)" 比喻刚出生的孩子, 并且刚出生的孩子看起来不好看, 就像小老头一样, 因此 "탯덩이" 还俗指长得非常难看的人。

人出生时要剪掉脐带, 称作 "배꼽", 所以 "배꼽도 덜 떨어지다" 用来指脐带剪掉的痕迹还没有完全长好的小孩子, "배꼽 떨어진 고장" 转喻出生地。人长到一定年龄后, 肚脐下会长出阴毛来, 所以惯用语 "배꼽 밑에 털 나다" 用来转喻成人了, 如(19)。汉语一般用 "脐带" 比喻某种密切联系, 用 "割断脐带" 比喻断绝联系。

(19) **배꼽 밑에 털 난 지**가 언제인데 아직도 그 모양이냐? 都长这么大了, 怎么还这模样啊?

小孩子刚生下时, 头顶都有一片一片的头垢, 韩国语称作 "쇠딱지、딱지", 多用于俗语 "딱지가 덜 떨어지다", 意为小孩子的头垢还没有掉干净呢, 指稚气未脱的样子, 但常用于否定意义, 如(20)。汉语用 "乳臭未干" 来表达类似的意义, 与韩国语都是用小孩子的典型特点 "有头垢" 或者 "浑身因喝奶而带有乳味" 来转喻小孩子。

(20) 아직 **딱지가 덜 떨어진 주제**에 나에게 이래라저래라 웬참견이냐? 你乳臭未干, 竟然对我指手画脚地管闲事啊?

韩国语里第一个孩子称作 "첫아기", 如果生了一个后就不生产了称作 "첫아기에 단산", 比喻一生中唯一的一次成了最后一次。自

古以来，韩国受儒家思想的影响，都有重男轻女的现象，所以一般都希望生儿子，但是天遂人意的情况并不是那么普遍，所以就有了俗语"첫아들 낳기는 정승하기보다 어렵다"，意思是生第一个儿子比当大官还要难。如果第一次生下的是男孩，则称作"초남태(初男胎)"，此外，这个词还用来嘲笑非常愚蠢的人。

生孩子比较特殊的现象还有双胞胎，韩国语为"쌍동(雙童)、쌍둥이(雙--)、쌍반아(雙伴兒)、쌍생아(雙生兒)"，其中龙凤胎为"아들딸 쌍둥이"，如果是双胞胎女儿，称作"쌍동딸(雙童-)"，如果是双胞胎儿子称作"쌍동아들(雙童-)"。三胞胎为"세쌍둥이"。如果是多胞胎称作"다둥이"。如果孩子比较温顺叫作"순둥이"，如果孩子调皮捣蛋子则是"악동(惡童)"。

其中"쌍둥이"还比喻长相完全相同的一对，如"쌍둥이 빌딩 双子楼"。"쌍동"还有合成词"쌍동중매(雙童仲媒)"，指两人合伙职业给人保媒，或这样的合伙人，如"쌍동중매를 서다 一起做媒"，因为这样的人总是在一起活动，所以有了俗语"쌍동중매냐 똑같이 다니니、쌍둥이 중매냐 똑같이 다니니"，指总是形影不离的人。

如果孩子长大后极其不成器，韩国人会用俗语"나올 적에 봤다면 짚신짝으로 틀어막을걸""저런 걸 낳지 말고 호박이나 낳았더라면 국이나 끓여 먹지"来进行咒骂，意思是这么不成器，早知道的话还不如不生你呢。

11.5.6 饮食与怀孕和生产

不论哪个国家都非常重视孕妇与产妇的饮食。在韩国，一般认为孕妇应该多吃鲤鱼，如电视剧《달콤한 원수, 87회》中，听说儿媳妇怀孕，马유정大包小包地来看儿媳妇，说：

(21) 이걸 **사골하고 잉어** 고은 거예요…루비 이제 제 손자를
가졌다는데 어떻게 가만있어요? 제가 직접 밤에 푹 고은
거예요. 산모 건강해야 아이도 건강하잖아요? 这是我熬
的骨头汤和鲤鱼汤……听说卢碧怀上了我的孙子，我
怎么能坐得住啊？这是我晚上亲自熬的。孕妇身体健
康，孩子才健康，不是吗？

　　如上，这里提到孕妇补身体要吃骨头汤、鲤鱼汤。如果是产
妇，在韩国还应该多吃"미역국"，其次韩国产妇还经常吃"가물치
곰、가물칫국"，即中国的黑鱼汤。

　　韩国产妇也有一些饮食禁忌，例如，不能吃硬的食物，不能吃
萝卜泡菜、南瓜、豆腐等，因为会损伤产妇的牙齿；不能喝冷水，否
则容易产生浮肿；不能吃年糕，因为不消化；不能吃辛辣的饮食，因
为会伤胃；不能吃鱼，因为会妨碍产后恢复；不能吃鸡肉，因为会妨
碍出奶[05]（고려대학교민족문화연구소 2001(2)）。此外，还有很多俗
语都与饮食禁忌有关，如"산모가 오리고기를 먹으면 아이의 발가
락이 붙는다"，意思是产妇不能吃鸭肉，要不然孩子的脚指头会长到
一起，这都源于一种相似联想。对这些饮食禁忌，최상진等(2015)曾
对韩国的大学生及学生家长进行问卷调查，发现不论男女，对饮食
禁忌依然比较认可，这与人们都期待生一个健康的孩子以及关注产
妇健康的思想有关。

　　韩国人为了给产妇催奶，在做了第一顿汤饭后，会把汤泼到房
顶或烟囱上让汤水沥沥拉拉地淌下来，借此来祈求奶水充足。产妇

05　西方的风俗与韩国不同，中世纪法国阿尔萨斯地区产妇调理身体可以吃鸡，并且如
　　果家里有小孩出生，可以把献给领主的年贡——鸡免掉，转而让产妇吃以调理身体
　　（이어령 1996/1999:121）。

还会在凌晨去井边放上稻米，并说"우리 애기밥 탄다"。

韩国语里奶水为"젖"，奶水味称作"젖내、유취(乳臭)"，关于奶水味，有人认为是香甜味，如(22a)；有人认为带有腥味，如(22b)；可能一般人认为腥味更明显吧，所以有了合成词"젖비린내"，主要指吃奶的孩子身上散发出的味道，因为吃奶的是幼儿，自然是幼稚无比，因此"젖비린내、젖내"还用来比喻幼稚，如(22c)；也多用于主动形式的"젖비린내가 나다、젖내(가) 나다、비린내(가) 나다"比喻露出身心不成熟的态度或气色。

(22) a. 여자는 목욕실 문을 열고 원탁으로 옷을 던졌다. **달콤한 젖내가** 그의 코앞으로 풀썩 날아왔다.《박영한, 인간의 새벽》女人打开浴室的门，把衣服扔到了圆桌上，一股香甜的奶味沁鼻而来。

b. 사직 공원에 벚꽃이 지고 나면 이윽고 온 산에 **비릿한 젖내를** 풍기며 아카시아꽃이 피어났다.《박완서, 그 많던 싱아는 누가 다 먹었을까? 》社稷公园樱花落了之后，不久整个山上就会盛开带着一股奶腥味的杨槐花。

c. 하는 행동이 **젖비린내를** 풍긴다. 他的所作所为都像吃奶的孩子。

韩国人生孩子后给孩子庆生要吃"출생떡(出生-)、탄생떡(誕生-)"，过周岁时要吃"돌떡"，之后过生日要吃"생일떡(生日-)"，所以年糕店的生意与孩子的出生率息息相关。如电视剧《별별 며느리, 19회》中，开年糕店的최수찬一边干活一边和妻子신영애有了下面的对话：

(23) 최수찬: **출생떡** 나가는 것 보면은 출생률이 떨어졌다는
　　　　　 말 맞긴 해. 大家都说"出生率降低了"，从出生庆
　　　　　 生的年糕出货量来看，看来这话是对的啊。
　　　신영애: **돌떡**도요. 옛전 같지 않아요. 周岁庆生糕也
　　　　　 是。不如以前卖的多了。

　　作为女人，生完头胎之后，就具有了少妇的风韵，产生一种成熟美，与此相关，有俗语"첫애 낳고 나면 평안 감사도 뒤돌아 본다"，意思是生了第一个孩子后，女人的态度和行动就会理直气壮而变得非常漂亮，回头率大幅上升，都能让当官的不住地回头看，这里当然用的是夸张手法，因为在过去"감사(監司)"是各个道(相当于中国的省)的最高长官，而"평안도"相当于现在的平安北道与平安南道，是朝鲜时期的首都所在地，是全国的中心，这里的最高长官自然是经多见广，所见美女无数，刚生完第一个孩子的少妇之美能让这样的人都忍不住顾盼留恋，可见韩国人夸张手法不同一般。

11.6 养育观

　　韩国语里还有很多与孩子有关的表达，这些表达主要与孩子的外貌、生长、玩耍、父母有关。

　　韩国语里形容男孩子有福气长得好时多用"떡두꺼비처럼、떡두꺼비 같은"的结构，如电视剧《월계수 양복점 신사들, 14회》中，在医院检查身体结束后，妻子복선녀对老公说道：

(24) 무슨 일이 있어도 오늘밤 숙제 잘해서 당신 닮은 **떡두꺼비** 같은 아들 꼭 낳고 말 거야. 今天晚上不管有什么事，也要把事办了，我一定要给你生个跟你一模一样的大胖小子。

　　韩国语之所以用"떡두꺼비"来形容孩子，原因可能在于蟾蜍长得胖乎乎的。因为"떡두꺼비"的基本义就是又大又结实的蟾蜍。韩国语里的"두꺼비"和"개구리"其比喻义都与蟾蜍或青蛙的长相有关，其中因为蟾蜍长相丑陋，所以表达的都是贬义或者消极意义。而在这里却可以用来比喻孩子，显然利用的不是长相。

　　根据中国的文化知识也可从较深层次上去分析。据《淮南子》记载，嫦娥偷吃了王母娘娘的长生不老药之后逃到月亮上变成了蟾蜍，成为月精。这个神话故事的背后隐藏的是古人的蟾蜍崇拜，因为蟾蜍会从小蝌蚪变成蛙，蛙的后代又可以变成小蝌蚪，这象征着："生命可以通过循环或周期性变化而战胜死亡，达到永生不死"(孙汝建 2012:23)。也就是说，在中国，人们观察青蛙更看重它超强的繁殖能力，所以在中国青蛙一直是多子的象征，壮族的图腾就是青蛙(马未都 2017(1):14)。中国文化中有蛙神主题，从五千多年前的马家窑彩陶上的蛙人神形象，直到清代作家蒲松龄《聊斋志异》中的小说《青蛙神》，再到当代作家莫言的小说《蛙》，中国的蛙文化已经绵延了几千年(叶舒宪等 2018:7)。从而形成了中国的蛙、娃、娲的神话类比联想(叶舒宪 2012:48-62)。这一点与韩国的蟾蜍文化相似。日本也有类似的蛙神文化，如村上春树创作的《青蛙君救东京》也是源于蛙神崇拜(叶舒宪等 2018:10)。韩国语用"떡두꺼비"比喻大胖小子，应该也与这种蟾蜍崇拜有关。

　　有了孩子自然就需要有摇篮，韩国语有固有词"아기그네"，但

现在已经不常用。此外还有汉字词"요람(搖籃)"，由于孩子是一个家庭，甚至是一个国家和民族的希望，所以"요람"还用来比喻事物的发生地或者源头。

韩国人喜欢把孩子背在身上，背孩子用"포대기"，而孩子还需要尿布，尿布为"기저귀"，与此相关有很多俗语，如(25a-d)比喻太早准备某事，(25e)比喻非常相配，一点也不别扭。

(25) a. 시집도 아니 가서 포대기 장만한다.

　　b. 시집도 가기 전에 기저귀[포대기] 마련한다.

　　c. 아이도 낳기 전에 포대기[기저귀] 장만한다[누빈다].

　　d. 시집도 가기 전에 강아지 마련한다.

　　e. 시집가는 데 강아지 따르는 것이 제격이라.

再分析上面的俗语会发现(25de)与狗有关，那么结婚为什么准备狗呢？최창렬(1999:254)认为这是因为小狗可以吃小孩拉的大便。也就是说，提前准备小狗与提前准备襁褓和尿布是同一思想所致。不过与狗有关韩国语还有很多俗语，如(26)。从这些俗语中可以看出，韩国的儿媳妇在受了委屈时都拿狗来撒气，即将对婆婆的恨发泄到狗身上，这反映了韩国人尤其是韩国女人性格中的"阿Q精神"。那么我们是否可以推测，新媳妇出嫁时准备小狗也是给自己提前准备出气筒？

(26) a. 시어머니에게 역정 나서 개 배때기 찬다

　　b. 시모에게 역정 나서 개의 옆구리 찬다

　　c. 시어미 미워서 개 옆구리 찬다

　　d. 시어미 역정에 개 옆구리[배때기/밥그릇] 찬다

过去刚出生的孩子第一次外出时要在鼻尖下用木炭点上黑点来防范杂鬼的侵犯，这种风俗虽已消失，但惯用语"첫나들이(를) 하다"仍存在，用来嘲笑那些脸很黑或者用其他颜色把脸弄得脏兮兮的人。

小孩子刚开始学会走路称作"첫걸음、첫걸음마"，多用于"첫걸음마를 타다 开始会走路"，类似的有"걸음발(을) 타다"。孩子一扭一扭地走路用"거위걸음 鹅步"来比喻。"첫걸음、첫걸음마"还比喻某事的开始，有惯用语"첫걸음마를 떼다/타다"。

小孩子不会说话时会用身体语言如摇头晃脑来表达意思，韩国语称作"도리머리"，指左右摇头表示不喜欢或不是，类似的还有"도리、도리질"，如(27ab)。"도리머리、도리질"也指刚能听懂话的小孩子在大人的指挥下摇头晃脑地卖萌。因为摇头晃脑一般在周岁前就会，如果到了三岁才会那说明发育慢，所以俗语"세 살에 도리질한다"比喻与年龄相比人不太成熟，也比喻学问的进度或事业的经营比别人慢半拍。

(27) a. 아이는 싫다고 **도리머리**를 절레절레 흔들었다. 孩子摇着头表示讨厌。

b. 그는 싫다고 손을 내저으며 **도리질**을 친다. 他摆着手，摇着头，表示不喜欢。

小孩子还会拍着手玩耍，韩国语称作"짝짜꿍"，也指言语或行动合拍，如(28)。小孩子还都喜欢玩"过家家"的游戏，韩国语为"소꿉질、소꿉"，小时候这样一起玩耍的伙伴称作"소꿉친구"。

(28) a. 두 사람은 **짝짜꿍**이 잘 맞는다. 两个人很合得来。

b. 딸년은 왜 애미하고 **짝짜꿍돼** 가지고.《우리집 꿀단
지, 84회》闺女怎么和当妈的一唱一和的?

　　小孩子所玩的游戏可统称为"장난"，这个词也指开玩笑、捣乱
或恶作剧，如(29a)。惯用语"장난에 팔리다"指埋头于游戏不闻不
问，如(29b)。"장난"也多用在疑问句或否定句表示强烈的反驳，如
(29c)，汉语多用"儿戏"表达类似的意义。虽然玩笑、恶作剧看似
是小事，但有时却会招来祸患，所以有了告诫意义的俗语，如"장
난 끝에 살인난다"比喻小玩笑会引起大事故，而"장난이 아이 된
다"意思是开始是玩笑事情结果让人怀了孕，比喻无意之举带来了
奇怪却不容忽视的后果。

　　(29) a. **장난** 편지 恶搞信件
　　　　 b. 소년은 옆 친구와의 **장난에 팔려서** 선생님이 부르는
　　　　　　 소리도 듣지 못했다. 少年一心和旁边的朋友玩耍，
　　　　　　 没有听到老师叫自己的声音。
　　　　 c. 오순남, 법은 **장난이 아니야**.《훈장 오순남, 37회》吴
　　　　　　 顺南，法律可不是儿戏啊。

　　小孩子调皮、耍赖时，大人多用感叹词"오냐오냐"来哄孩
子，就像汉语的"乖"，如(30a)。其动词是"오냐오냐하다"，意为
娇惯，如(30b)，其对象不仅限于孩子，还可适用于成人。

　　(30) a. **오냐오냐**, 예쁜 녀석. 乖, 乖, 好孩子。
　　　　 b. 어머니는 막내에게 너무 **오냐오냐하신다**. 母亲太娇
　　　　　　 惯老小了。

孩子小时容易尿床，尿床的行为可以用农业用语"논풀다"来表达，尿床后花花搭搭的样子可用"지도를 그리다"来表达。

不管是过去还是现在，孩子对父母来说都是责任，孩子多了父母必定摆脱不了辛劳。俗语"새끼 많은 거지 말 많은 장자"意思是孩子多了过得就会像乞丐一样贫穷，而马多了就会成为富翁，比喻孩子多了会穷上加穷，而"새끼 많이[아홉] 둔 소 길마 벗을 날 없다"意思是小崽子多了牛就无法摆脱工作，比喻孩子多了父母就要受苦挣钱养孩子。

现在韩国语里还出现了新词"독박육아"，指没有周围人的帮助自己一个人养孩子，这是从"독박을 쓰다"发展出来的。如果爷爷奶奶代替爸爸妈妈来照顾孩子，那么这样的爷爷奶奶就是"할빠、할마"，而爷爷奶奶因为隔代亲的原因对孩子更是舍得花钱，所以在韩国还引起了"할류 열풍"，这里的"할"取自"할아버지、할머니"的第一个音节"할"。

孩子长大后，随着现代生活成本的剧增，很多年轻人无法自立而成为啃老族，韩国语有外来语与汉字词的混合词"캥거루족(---族)"，指的是结婚前的啃老族，与之相对的是"연어족(--族)"，指离婚后又回到父母家的啃老族。

韩国人也会体罚孩子，用来体罚的工具(棍子、荆条、杖)或体罚这样的事称作"매"，经常挨打的孩子称作"매꾸러기"。汉语有"棍棒之下出孝子"，韩国语也有"매로 키운 자식이 효성 있다"。

11.7 死亡观

关于死亡，主要讨论韩国人对待死亡的态度、死亡的时间与状态、死亡背后的世态炎凉、死后的世界，最后分析迁坟与风水之间的关系。

11.7.1 对待死亡的态度

在过去，人类的寿命都比较短，所以汉语有"人生七十古来稀"的说法，而韩国语也有"남의 나이"，意思是六十岁之后的寿命就是别人的了，主要指八十岁之后的寿命。而中国也有"八十不留宿"的说法，因为八十岁的老人不一定什么时候就去世了。

有生就有死，但对待死亡的态度古今却有较大的变化。韩国过去有"고려장(高麗葬)"，意思是过去年老体衰的人会被活着扔在洞窟里，当人死之后再举行葬礼。从这种行为的命名来看，这种情况主要在高丽时期最为盛行。韩国语里现在有时用"고려장"来表示不孝，如(31)。

(31) a. 내가 돈이 있으니까 네가 한 달에 한 번이라도 들여다 보는 것이지. 내가 아무것도 없어보아라. 돌아다보기는 커녕 **고려장**이라도 족히 지낼 놈이 아니냐.《염상섭, 삼대》我现在是有钱，所以你一个月还能来看我一次，要是我什么都没有，别说来看我了，你肯定就把我扔到荒郊野岭了。

b. 난 니가 날 **고려장** 시킨 걸로 알았는데.《돈꽃, 16회》你不是已经不管我的死活了吗?

在儒家文化里，人们都讲究"寿终正寝"。过去，人们都是在

家里度过自己的最后时光的，家里人也慢慢地守候着亲人逐渐离开自己。因为韩国人睡暖炕，而病人或者老人一般会睡在最暖和的位置——"아랫목"，因此就有了俗语"사람 안 죽은 아랫목 없다"，意思是哪家的热炕头上都死过人，这个俗语也比喻不论什么地方都曾经出现过不好的事情。

　　尽管有生就有死，但自古以来，人们都是畏惧死亡的，汉语里反映这种思想的是"好死不如赖活着"，而韩国语也有很多俗语，如表3所示：

[表3] 与死亡有关的俗语

	俗语	字面意义
1	죽어 석 잔 술이 살아 한 잔 술만 못하다	死后的三杯酒不如活着时喝的一杯酒。
2	사후 술 석 잔 말고 생전에 한 잔 술이 달다	
3	소여 대여(大輿)에 죽어 가는 것이 헌 옷 입고 볕에 앉았는 것만 못하다	即使被以隆重的礼节送葬，不如穿着破衣烂衫晒太阳。
4	죽은 정승이 산 개만 못하다	死去的高官不如活着的一条狗。
5	산 개 새끼가 죽은 정승보다 낫다	
6	죽은 석숭(石崇)보다 산 돼지가 낫다	死了的石崇不如活着的一头猪。

　　如上，这些俗语分别从饮食、礼遇与服饰、地位、财富等方面表达了韩国人对生的留恋，并且也都反映了韩国的丧葬文化，其中，俗语1、2两个饮食类俗语的产生是因为韩国人在给亡人祭祀时都敬三杯酒。另外，俗语2还具有多义性，除了上述意义外，还比喻事情发生后要及时解决，如果等事情完全搞砸了再去费力气就已经

晚了。而这种思想不仅可以用祭祀酒来表达，还用出殡时的灵柩来进行比喻，如俗语3。

俗语4、5表达的是即使拥有显赫的地位和荣华富贵，但也不如活着。虽然这两个俗语的结构基本一致，但两个俗语的比喻意义却不同，俗语4是"죽은 정승"在前，可比喻不论是多么优秀的人如果不再发展就会止步不前，就难以抵挡继续发展的人。俗语5是"산 개새끼"在前，比喻的是世态炎凉，即：不论多么尊贵的人，一旦死亡就没有任何人再理会。俗语6意思是石崇虽然是富翁，但死后什么也不是。

随着社会的发展，现代人在生命的最后阶段一般都在医院度过，并且还产生了关于丧葬的一条龙服务。这样"有助于将死亡排除在日常存在之外。……能够有效地缓解死亡焦虑和濒死焦虑……"（曼弗雷德 2010/2016:211-212）。

11.7.2 死亡的时间与状态

关于死亡，韩国语里既可以用与季节、时间有关的表达，也可以用建筑用语、土地等来表达。

首先看与时间有关的表达，中国人一般说"熬不过这个冬天了""过不了这个年了"，而韩国人讲死亡却经常与春天有关，如"봄바람에 죽은 노인"意思是被春风吹得冻死的老人，比喻非常怕冷的人，类似的还有"보리누름에 설늙은이 얼어 죽는다"，意思是在大麦泛黄成熟的六月时节天气本来应该暖和了，但却非常冷，所以气力衰竭的人被冻死，比喻在该热的季节里反而感到很冷。这与韩国春天一直到春末比较冷有关系，也与气力衰竭的人怕冷有关。

所以韩国语还有俗语"봄바람은 품으로 기어든다",比喻虽然是春天但是刮风的日子还非常冷。韩国语里还用"오늘내일하다(--來日--)"来表达死期或生孩子的日子快到了[06],汉语也用"就这两天的事了"来表达他人的死期将临或快生孩子了。

韩国语还用建筑用语来比喻快死了,如俗语"대문 밖이 저승이라、문턱 밑이 저승이라"。韩国语还有惯用语"땅내가 고소하다[구수하다]、흙내가 고소하다",字面意义是闻着土味很好闻,实际意义是死期快到了,这反映了韩国人认为人死之后要回归大地的生死观。

人死之时不可能只有单一的表现,而是各个身体部位都会有所表现。首先表现在腿上,汉语的"伸腿、蹬腿"以及韩国语的动词"뻗다"等都可以俗指死亡,因为人在弥留之际会不断蹬腿,最后会伸直双腿而死。而"길게 눕다"也指人死后被埋在土里。第二种表现,人死时因为要拼命喘气,所以下巴颏会动,韩国语多用惯用语"턱을 까불다"来表达。人死时的这种痛苦称作"단말마(斷末摩)",这是佛教用语。"단말마"也用来指临终,派生词"단말마적(斷末摩的)"指就像要断气那样非常痛苦的。第三种表现,当人最后一口气上不来时人就死亡了,韩国语用"꼴까닥하다、꼴깍하다",本意是一口水或食物从嗓子里咽下的声音,也指人最后一口气上不来而死亡,即"咽气了"。第四种表现,人死后就没了鼻息,与此相关有俗语"죽은 놈의[아이] 콧김만도 못하다",意思是还不如死人的鼻息呢,比喻火灭热消,也用来讽刺非常清冷、一点也不暖和。第五种表现,与脚掌有关有俗语"죽은 놈[중]의 발바닥 같다",意思是就像死人或和尚的脚掌,比喻又硬又凉。

关于人死之时的这一系列过程，韩国面具舞之一的"凤山面具舞"中有"유유정정화화"的歌词，是间接地表达老僧人死亡，标记汉字为"柳柳井井花花"，即"버들버들 우물우물 꽃꽃"，但实际表达的是人在临死时，先是抖动、抽搐，最后身体变硬的过程(박갑수 2015:31)。

如果人非常优雅地死去，韩国语用"짚불 꺼지듯 하다 就像稻草的火苗熄灭一样"来比喻，这种比喻应该源于火苗熄灭时的美丽，不过火苗熄灭时也会显得非常无力，因此这个俗语也可比喻权势、荣华等没落得一塌糊涂。汉语用"人死如灯灭"。

11.7.3 死亡背后的世态炎凉

韩国语"물고(物故)"有两个意义，第一个指社会上的名人死亡，第二个指犯罪之人的死亡或者处决犯罪之人，这两个意义让人深思，因为名人与罪人是两个完全不同的概念，可以说完全不相干，但死后却被用一个词来表达，这让人产生多种思考，首先，不管生前如何，人死后都是平等的，这个词非常好地表现了这个思想；其次，这也让我们想起社会上一些天天追名逐利的人，名利不过身外之物，死后不过与罪人相提并论，所以生前为名利奔波不过是徒然。

韩国语还有很多反映世俗思想的俗语，如表4所示：

[表4] 与世态炎凉有关的俗语

	俗语	意义
1	대감 말이 죽었다면 먹던 밥을 밀쳐 놓고 가고, 대감이 죽었다면 먹던 밥 다 먹고 간다	大监的马死了，饭也顾不上吃就跑去了；大监死了，吃完饭再去。

2	대감 죽은 데는 안 가도 대감 말 죽은 데는 간다	大监死了可以不去；但大监的马死了，得抓紧去。
3	정승 말[개/당나귀] 죽은 데는 (문상을) 가도 정승 죽은 데는 (문상을) 안 간다	政丞的马、狗或驴死了，去吊丧；政丞死了，不去吊丧。
4	호장 댁네 죽은 데는 가도 호장 죽은 데는 가지 않는다	户长老婆死了去吊丧，户长死了不去吊丧。
5	원의 부인이 죽으면 조객이 많아도 원이 죽으면 조객이 없다	县官太太死了，吊丧的人很多；县官死了，没有吊丧的。
6	좌수(座首)의 상사라	因为是当官的丧事，（所以没人来吊丧）。

　　如上，韩国语里用大官家的"家畜死了、老婆死了"与"官死了"之后人们各自不同的表现进行对比，比喻当权力在时别人会阿谀奉承，而一旦没了权力，人们马上就会扭头，也就是说世上人心都是随着利益而走的。汉语有"太太死了压断街，老爷死了没人抬"。

11.7.4 死后的世界

　　东方人讲究叶落归根，韩国语里表达这种思想时有俗语"범도 죽을 때 제 굴에 가서 죽는다"，意思是老虎临死也会到自己洞窟里迎接死亡。死后的快乐世界韩国语称作"낙원(樂園)"，意思是没有任何苦难和痛苦的地方；"낙원"也比喻没有任何痛苦、可以安乐生活的好去处。类似的还有"낙토(樂土)"，比喻可以长久地过幸福生活的土地。同义词还有"낙지(樂地)、낙천지(樂天地)、낙향(樂鄉)、낙경(樂境)"，以及外来语"파라다이스(paradise)"。其中"낙경"中除了"乐土"意义外，还指安乐的处境或境地。

为了让死者死后进入极乐世界，那么需要为死者祭祀，每七天祭祀一次，中国从"一七"开始一直到"七七"都要祭祀，其中"七七"最重要，韩国语称作"49제(49祭)"。在韩国语里"49제"有时用来比喻结束。例如，电视剧《내 뒤에 테리우스, 1회》中，关于IT产业的就业问题有下面的对话：

(32) 주부1: 비서직? 준수 엄마 컴퓨터 이런 것 전공했다고
　　　　　안했어? IT 회사 다녔다매. 秘书? 俊秀他妈不是说
　　　　　是计算机专业毕业的吗? 不是说在IT公司上过班
　　　　　嘛。
　　　승기아빠: 5년이나 쉬었잖아? 이쪽 바닥 1년 쉬면 기술
　　　　　명함도 못 내밀어. 하루 멀다 신기술 나오는 판에
　　　　　5년 경력 단절이면 **49제** 끝났다고 봐야 돼. 她不
　　　　　是休息了五年吗? 在这个领域一年不上班的话，
　　　　　技术就跟不上了。新技术日新月异，五年不上班
　　　　　基本上已经完了。

如上，"49제"用来比喻时机已过，没有机会了。

11.7.5 迁坟与风水

韩国语有俗语"비가 오면 모종하듯 조상의 무덤을 이장해라"，意思是就像下雨要挪苗插秧一样，你把祖坟搬个地方吧。这个俗语之所以用插秧来作比喻，是因为韩国人以稻子为主要农作物，插秧的时间多选在春天下雨时，并且是将育好的苗挪到稻田里再插

秧。根据这种农业习俗而产生了上面的比喻，而"비 오거든 산소 모종을 내어라"则直接用了"산소모종"，意为将坟地像插秧一样挪走。

这类俗语的产生与风水思想有关，一般认为如果家里总是出祸患或者子孙不成才，那就是祖坟的风水不好，祖宗没有保佑后代人，出现这种情况，就要迁坟到风水好的地方去。这两个俗语多是对那些总是做坏事的人说的，用的是指责义。

11.8 丧葬观

人死亡之后需要举行葬礼。韩国的传统葬礼有很多地方与中国相同或相似，在这里我们不再详细记述，只简单分析一下韩国与中国有较大差别的部分。

11.8.1 尸体

尸首在韩国语里称作"시체(屍體)、송장、사시(死屍)、시구(屍軀)、시수(屍首)、연시(沿屍)、주검"等，有俗语"장사 지내러 가는 놈이 시체 두고 간다、송장 빼놓고 장사 지낸다"，比喻人太愚蠢了，临做事时却忘掉或丢掉最重要的东西。

"송장01"这个词在韩国语里没有被标注为汉字词，但是有动词性名词"송장03(送葬)"，与汉语"送葬"同义，所以"송장01"应该是从"송장03"发展而来的，是用事件来转喻尸体。韩国语还有"산송장"，意为活着的尸体，比喻虽然活着但是没有活力，感觉迟

钝，和死人没什么区别，汉语一般叫作"活死人"，根据搭配不同，"山送장"可以对应汉语的"半死"，如(33)。

(33) 니가 안 들어오니까 이렇게 **산송장**이 돼서 찾아나서려
는 중 아니야?《사랑이 오네요, 3회》这不是因为你没
回家，(你姐她)吓了个半死，这不正要出去找你呢。

韩国语还有"칠흡송장(七---)"，用来嘲笑那些精神恍惚行动不聪敏的人。与汉语的"行尸走肉"有类似之处。而"미랭시(未冷尸)"意思是还没有凉的尸体，指年老体衰、无法干活、行动不便的人，汉语一般用"糟老头子"或"老不死的"。因为年老体弱的老人喝泡菜汤时肯定会洒落很多，所以俗语"미랭시 김칫국 흘리듯 한다"比喻脏兮兮、撒的到处都是的样子。

11.8.2 棺

人死后要入殓，即放入棺材。也就是说棺材意味着死亡，所以中国有了"抬着棺材上战场"，比喻抱着不再生还的决心，豁上、拼命了。韩国语棺材为"관(棺)"，也有类似的表达。

其中，"관을 짜다"比喻做好死的准备，如(34a)。而"관 짜놓고 기다려"意为让扎好棺材等着，用来表示威胁他人，意思是"你就等死吧"，如(34b)。韩国语还有"관 짜놓고 죽기를 기다린다"，意思是提前做棺材等死，这与中国人的风俗是一样的，过去很多中国老人会提前做好棺材放在家里，但韩国语这个俗语主要用来比喻事情太操之过急。韩国语还有"관을 짜도 돈 갚을 재주 없다"，意为做了棺材还不起钱，如(34c)。

(34) a. 오늘 촬영 빵구에 내일 지각까지 하다가는 **진짜 관을 짜야 돼요**. 그러니까 늦지 마요.《이름없는 여자, 29회》今天你没去拍片，明天如果再迟到，我们肯定得等死了。所以(明天)不要晚了。

b. 이번에 꼭 니 딸 찾아서 우리 만후 앞에 데려올 테니까 **관 짜놓고 기다려!**《내딸 금사월, 15회》这次我一定会把你女儿找到并且带到我们万厚面前的，你就等死吧。

c. 저, 저, 저 양반, 웨만하면 돈을 빌려주지 마요. **관을 짜도 돈 값을 재주 없는** 인사인데.《내딸 금사월, 17회》那，那个人啊，一般情况不要借钱给他。他是个连自己的棺材本儿都没有的主儿。

在过去，根据风水学说，会在棺材底板上刻画北斗七星，韩国语称作"칠성판(七星板)"，因为人的脸上也有七个器官，所以"칠성판"也俗指脸，惯用语"칠성판을 지다"指人死亡，或者指奋不顾身奔赴死地。反义表达有"칠성판에서 뛰어 났다"，比喻从极其危险的死亡绝境里活下来。汉语类似的有"三长两短"，《礼记·檀弓上》对棺材的形制有这样的规定："棺束，缩二，衡三；衽，每束一"，意思是因为古时棺木不用钉子，而是用皮条把棺材底与盖捆合在一起。横的方向木板长，纵的方向木板短，所以横的方向捆三道，纵的方向捆两道(许晖 2012:188)。虽然这种棺木文化已经消失，汉语的"三长两短"却仍然被用来比喻出意外，尤指死亡。

人死入棺，如果把人气得要进棺材了则说明程度非常深，所以俗语"사람 세워 놓고 입관하겠다"意思是让人入棺的程度，用来批判行动或话语非常毒辣。

关于一个人的是是非非只有一个人死后才能做出评价，叫作"盖棺论定"，韩国语为"인사는 관 뚜껑 덮고 나서 결정된다"。盖棺也可用来威胁他人，如(35)，可以直译，也可以简单地译成"不想找死的话，滚！"

(35) 너 같은 건 한 주먹거리도 안 돼. **관뚜껑 덮고 향불 피우고 싶지 않으면 꺼져!**《달콤한 원수, 112회》你这样的还不够我一拳打的。不想盖上棺材盖闻香火味的话，滚!

11.8.3 丧主、守灵、吊丧

家里出丧事的家长被称作"상주(喪主)"，一般多由长子来负责。此外，还有"상제(喪制)、상인(喪人)"，指父母或祖父母去世的丧中之人，有俗语"상제보다 복재기가 더 설워한다、상인은 설워 아니 하는데 복인이 더 설워한다"，比喻与直接当事人相比，其他人反而更担心，而"상제와 젯날 다툰다、상주 보고 제삿날 다툰다"比喻与非常知情的人做无谓的争论。"상제가 울어도 제상에 가자미 물어 가는 것은 안다"意思是丧主即使在哭也会知道宴席上的鱼被叼走了，比喻对自己的损失不论何时何地都很敏感。

守孝之人要遵守很多的礼节，首要的是散发穿丧服，如(36)。守孝的礼节不见得所有人都会遵守，所以就有了俗语"포선(布扇) 뒤에서 엿 먹는 것 같다"，其中"포선"指居丧之人出门时用来遮脸的长方形的、带两根小木棍、便于双手相举的蓝色布扇，俗语意思是居丧的人在布扇后面偷吃麦芽糖，比喻表面上道貌岸然，别人看不见时却干一些不好的勾当。

(36) 내가 죽으면 네가 **머리를 풀 테냐? 거상을 입을 테냐?**

《염상섭, 삼대》我死了你会为我散发、穿孝服吗？

过去讲究要守孝三年，三年内他人家里出了丧事也不能去吊丧，叫作"삼년부조(三年不弔)"或"삼상불문(三喪不問)"。别人家里出了丧事，要去吊丧，俗语"삼년부조면 절교라"意思是在我服丧的三年内，如果一次也不来吊丧，我就要同他绝交。可见韩国人对吊丧的重视。

韩国人在吊丧时会有一些公式性的言语表达，如(37)，中国人在吊丧时多说"请节哀""请节哀顺变"。

(37) a. 상사(喪事)말씀 무어라고 드릴지 모르겠습니다.

b. 상고(喪故)를 당하시어 얼마나 상심이 크십니까?

c. 천수(天壽)를 다 누리셨으니 너무 상심하지 마십시오.

d. 고인의 명복을 빕니다.

为了招待来吊丧的人，丧主家一般要准备饭菜与酒，这样的酒叫作"초상술(初喪-)"。虽然丧主会准备酒，但一般不能像平时那样豪饮或者劝酒喝，所以俗语"초상술에 권주가 부른다、초상난 데 춤추기"比喻行动轻慢不分时间和场合的人。

举行葬礼韩国语用"장사를 치르다"，也用来恐吓别人，如(38)。

(38) a. 너 오늘 운 좋은 줄 알아. 어머님 아니었으면 너 오늘 **장사 치렀어.**《최고의 연인, 36회》今天算你运气

好。如果不是妈，你今天就完蛋了。

b. 니들 이 문을 열어주면 오늘 할머니 **장사 치르는 날
인 줄 알아.**《내딸 금사월, 15회》你们要是给她开
门，今天就等着给奶奶收尸吧。

11.8.4 起灵招魂

封建迷信认为人有灵魂，所以韩国人在过去有给死人招魂的风
俗。一般在丧家的墙边、屋顶的角上放上"사잣밥(使者-)"，一般
包括三碗米饭、三杯酒、一卷壁纸、三条明太鱼、3双草鞋、几吊铜
钱。这些饭是给阴间使者吃的，一直放到起灵时。

虽然随着社会的发展，丧葬仪式多在医院或殡仪馆进行，招魂
的风俗也已不多见，但是与"사잣밥"有关的表达却遗留了下来，
其中"사잣밥인 줄 알고도 먹는다"比喻虽然知道事情危险，不知
道什么时候会丧命，但因为别无选择所以不得已而为之。而"사잣
밥(을) 싸 가지고 다닌다、사잣밥을 목에 매달고 다닌다、덜미에
사잣밥을 짊어졌다"意思是随身带着招魂饭，这与中国的"抬着棺
材"有异曲同工之妙，但汉语表达的是义无反顾、视死如归，而韩
国语比喻处境危险不知何时就会丧命。

招魂饭在汉语里有时也称作"放食"或"施食"[07]。这种食物也
具有民族性，例如，韩国人用米饭，中国人多用馒头类的面食。

07　http://m.sohu.com/a/197625034_679208

11.8.5 出殡

出殡抬棺去往墓地的工具称作"상여(喪輿)"，国丧时用的是"대여(大輿)"，由32-60人抬着，用于宽阔的道路，此外，还有"소여(小輿)"，指国丧时用来在小路、险路上行走的灵柩，这种复杂的区分说明了葬礼的隆重。

过去举行葬礼时还会为死者准备很多仪礼，其中在给太上皇、皇上、皇太子、皇太孙以及有关妃子举行葬礼时会准备叫作"방상시(方相氏)"的戴面具的小人，主要作用是驱鬼。因此"방상시"就成了葬礼级别的象征，韩国语有俗语"도령 상(喪)에 구(九) 방상(方相)"，意思是在未婚男子的葬礼上准备了九个方相氏，比喻不合规格。

之所以为死人举办豪华葬礼，是因为这是亡人离开人世的最后一个程序，电视剧《아임쏘리강남구, 46회》中当정모아被婆家办了假死亡后，姑姑一家不知真相，为其办了葬礼，与葬礼有关，产生了下面的对话：

(39) 공만수(고모부): 우리 모아는 가는 길도 참 쓸쓸하네. 我们慕雅在人间的最后一程路也这么凄凉啊。

공신애(사촌동생): 도훈오빠, 회사 사람들은 왜 안 와? 道勋哥，公司的人不来吊唁吗？

신도훈(남편): 회사는 요즘 바빠서. 公司最近很忙。

이꽃님(사촌할머니): 와? 오라 하라. **원래 장례식은 시글버적해야 마지막 가는 길 안 외로운 법인데.** 为什么啊？让公司的人都来吧。本来葬礼就得闹哄哄的，去阴间的路才不会孤单的。

공신애: 그래. **조의금으로 저승 가는 길에 노자돈 하**

는 거래. 是啊。吊唁的钱也是去阴间路上的路费
啊。

根据上面的对话，可以得知葬礼要有很多人来吊唁才好，并且最好有很多礼金。

过去抬灵柩的人称作"상여꾼(喪輿-)"，但是一般都是比较低贱的人来做，有俗语"상여엣 장사 같다"，意思是就像抬灵柩的杠夫一样，没有什么风采。

出殡时前面一般会打一面旗子，称作"명정(銘旌)、정명(旌銘)、명기(銘旗)"，上写死者的官职和姓氏，多是红旗白字，到达墓地后将其盖在棺材之上进行掩埋。与此相关有"명정거리(銘旌--)"，意思是死后写在銘旗上的东西，就像《红楼梦》(第十三回)中当秦可卿死后，贾珍为了让丧事办得风光些，给贾蓉买了一个叫"龙禁卫候补侍卫"的官，而秦可卿的銘旗上就有了写头，称作"天朝诰授贾门秦氏恭人之灵位"。韩国语里的"명정"多用来嘲笑那些没能力的人不守本分、过度行动。

11.8.6 坟墓

中韩两国的坟型一般都是圆形的，韩国语里坟墓有固有词"무덤"，有时也俗称作"토만두(土饅頭)"。汉语里"土馒头"最早出自于唐朝王梵志的诗——《城外土馒头》(百度百科)，这种命名的理据是坟型与馒头在形态上的相似性。

坟墓一般在山上，所以韩国语里意为"山"的"뫼"成了坟墓义。而上山就意味着死亡，俗语"병 늙으면 산으로 간다"比喻久

病不愈结果就是个死。因为墓地在山上，去墓地就意味着要爬山越岭，很困难，所以"길을 두고 뫼로 갈까"比喻本来可以轻松做好的事情却采用困难的方法去做，或者比喻放着舒服的地方不去却去不方便的地方。而"길로 가라니까 뫼로 간다"意为教给他方便有利的方法，但他却执意按照自己想的去做，也指违背别人的指示或领导、长辈的命令。

墓地一般要选择风水好的地方，因为这样可以让祖宗保佑，但韩国语有俗语"명산 잡아 쓰지 말고 배은망덕하지 마라"，意思是：与其让祖宗来保佑自己，不如自己多行善事、积德积福更好。

"뫼"的敬语是"산소(山所)"，也指坟墓所在之处，俗语"산소 등에 꽃이 피었다"意思是祖坟上开了花，比喻子孙繁盛、有富贵功名。俗语"배꼽에 노송나무 나거든"意思是人死后坟上长出松树最后成为老松树，比喻难以约定的事情，义同于"절로 죽은 고목(枯木)에 꽃 피거든"。从这两个俗语可以看出，这种思想源于过去的土葬文化，并且韩国人认为在坟头上长出花或者松树来是好征兆。汉语里多用坟头上长草来比喻子孙旺盛，如果不长草反而不好，这种坟称作"光头坟"，据说其子孙会不顺。

关于松树，笔者曾坐高铁经过河南商丘与徐州之间的一段区域，发现这里的坟地大多位于田地中心，大部分的坟地四周有专门栽上的树木，多为两棵、四棵，有的则是旁边有一棵大树；并且所有的坟头没有一处是光秃秃的，都长着草，个别的坟头上还栽着小树。从树种来看，松柏更多一些。由此看来，在中韩两国人眼里，松树都与坟地相关。这让笔者联想起一件事。笔者家所在小区的楼前因绿化需要种了很多观赏类树种，其中就有一些松树。但是不久前，在某户人家窗前的几棵碗口粗的松树被拦腰斩断了。据说，这户人家里最近接连出现了一些不吉利的事情，有生病的，有去世的，所以嫁祸于松树，让好好的松树遭了殃。

　　与坟墓有关，韩国语里还有很多惯用语、俗语产生了比喻意义，其中，惯用语"무덤을 파다"比喻自取灭亡，如(40a)。"평계없는 무덤 없다"比喻凡事都有原因，如(40b)。"무덤에 들어가다"与汉语"盖棺论定"类似，但并不能完全对应，如(40c)。

　　(40) a. 강찬빈이 누굴 좋아하는지 뻔히 알면서 왜 비참하게
　　　　　니 **무덤을 파**?!《내 딸 금사월, 27회》你明明知道江
　　　　　灿彬喜欢谁，为什么要这样悲惨地自掘坟墓啊？
　　　　b. **평계없는 무덤 없다**더니 어디서 고개를 빳빳이 쳐들
　　　　　고!《최고의 연인, 62회》都说坟没有空坟，你竟然
　　　　　还挺脖子(辩解)？
　　　　c. 사람 일은 **무덤에 들어가기 전에는** 아무도 모르는 거
　　　　　야.《최고의 연인, 91회》人啊，不到踏入坟墓之
　　　　　前，不知道会怎么样。

　　韩国语还有俗语"입찬소리는 무덤 앞에 가서 하라、찬 소리는 무덤 앞에 가 하여라、입찬말은 묘 앞에 가서 하여라"，意思是自我吹捧的话等死了以后再说，言外之意是不要乱吹捧自己。其中"입찬말"指过分吹嘘自己的地位或能力。

　　与坟的形状有关，韩国语还用"무덤"比喻成堆的东西，如韩国冬天为了防止雪灾会在路边堆放一些沙子或沙袋以备不时之需，对其中成堆的沙子，有的标记为"예비-모래-무덤"(박갑수 2015:52)，译成汉语应该是"备用沙堆"。韩国语还有"젖무덤"，指女人的乳房或乳峰，汉语用"房、峰"来比喻。汉语"坟"不用来比喻像坟头一样的东西，因为坟对一般人来说是禁忌语，所以从心

理上难以用于日常生活来比喻其他事物。

韩国语还有"잔디찰방",意思是守护墓地上的草地的人,是死后被埋葬的委婉表达。

11.9 祭祀观

祭祀的对象是"鬼神",主要指已经死去的祖先。而"孝"的本义就是"祭;祭祀"(汪凤炎等 2004/2015:265)。所以在中韩文化里子孙后代尽孝的一个表现就是父母生前善事父母,而父母去世后要举行祭祀。

11.9.1 祭祀的重要性

在韩国,不仅每年的忌日要祭祀,称作"제사(祭祀)";每到寒食节、中秋节、春节也都要去扫墓、祭祀[08],称作"다례(茶禮)"。韩国首尔景福宫就有专门的祭祀文化表演,当然对象是外国人,旨在宣传韩国的文化。这种对包括祭祀在内的家庭庆典活动的重视也是集体主义的一种表现(霍夫斯泰德 2010/2012:93)。

与寒食节有关,有俗语"한식에 죽으나 청명에 죽으나",意思是寒食与清明只有一天之差,所以早死一天晚死一天都一样。寒食节的习俗多是去扫墓、祭祀,而春节一般是祭祀、给长辈拜年,根据这两个节日不同的特点,就有了俗语"정성이 있으면 한식에도

---

08   有时端午节也举行祭祀。

세배 간다", 意思是只要心诚，寒食节也可去给长辈拜年。

对韩国人来说，祭祀的庄重性还表现在服饰上。例如，韩国人祭祀时男人一般穿黑色西服正装或传统的白色(或玉色、米色)韩服，其他着装则不合规矩，与此相关有俗语"지게를 지고 제사를 지내도 상관 말라"，字面义是背着背架祭祀也别管他，比喻别人自己的事情自己会看着办，所以不要干涉别人。类似的有"지게를 지고 제사를 지내도 제멋(이다)、오이를 거꾸로 먹어도 제멋[제 소청]"。

祭祀的庄重性还表现在不容侵犯性上。韩国刑法158条规定：妨碍他人举行葬礼、祭祀、礼拜或传教的人将被处以3年以下的徒刑或500万元(韩币)以下的罚款。2016年9月14日韩国东亚日报道了一篇新闻："제사상 뒤엎으면 형사처벌 받습니다"，内容是韩国"사육신(死六臣)(朝鲜时期的忠臣)"的后裔两派之间因祭祀问题发生争执，其中阻碍正常祭祀的一方被大法院判决罚款50万韩币。

因为祭祀的重要性，韩国女孩子结婚后首先要了解的就是婆家各种祭祀、各人的生日等。如电视剧《역류, 6회》中김인영一住进男朋友강동빈家里，第二天就开始询问以上事情。

对韩国人来说，显示祭祀重要、庄重的当属饮食。首先，饮食的准备要非常虔诚，例如电视剧《수상한 삼형제, 62회》中，当看到怀孕的大儿媳一边准备祭祀用的"전(煎)"，一边吃了很多时，婆婆전과자不禁生气地责骂道：

(41) **제사 음식에 손 대는 것 아니라고 했냐 안 했냐?**......아무리 보고 배운 것 없어도 그렇지! **제사 음식은 정갈된 마음으로 해야지. 어쭉하면 간도 안 보고 하겠느냐?** 祭祀用的东西不能动! 我和你说没说?! ......你就是再没文化也不能这种程度啊! 做祭祀食物时心要非常虔诚才

551

行啊。要不怎么有的人家(准备祭祀食物时)连咸淡都不敢尝啊!

由此可见,韩国人对祭祀饮食的重视程度。祭祀需要准备种类繁多的饮食,这对女性来说是种苦役,所以在韩国祭祀已成为很多已婚女性尤其是长媳的负担。韩国网络上现在流行一首诗,题为《제사유감》,表达了女人们对祭祀的痛恨。

随着社会的发展,韩国的祭祀文化遭到了年轻人的反抗,例如有的会叫专门的祭祀外卖,有的年轻女性连叫外卖都嫌麻烦,甚至让一家人对着摆满祭祀饮食的电视机或电脑画面进行祭祀。而有的年轻人为了逃避准备饭菜这些劳役,还会想尽办法,如打石膏去婆婆家以避免干活。

社会的变化也影响着中国,虽然中国人祭祀时对饮食没有硬性要求,但是随着社会的快节奏发展,中国清明扫墓也出现了一些变化,中国青年网2017年3月25日报道,清明扫墓出现了"代客扫墓""微信扫墓"等新鲜事物。据调查,超四成的被调查者支持"微信扫墓",认为这为那些不能返乡的人提供了一种情感表达的途径;但仍有近四成的被调查者认为,"微信扫墓"没有仪式感,并不能表达对逝者的哀思和尊重。[09]

11.9.2 祭祀与身份

下面是与祭祀有关的电视剧台词:

09　http://minsheng.youth.cn/mszxgch/201703/t20170325_9351718.htm

(42) 모성애: 다 필요없다. 다 필요없어. **제사이고 나발이고 너희 할아버지 나하고 뭐 상관이여? 피가 섞였어? 살 섞였어? 산 사람도 죽었는데 죽은 사람 제사 뭐 하러 지내? 너희 아버지한테 연락해서 이 제사 당장 갖고 가라 그래. 당장! 다 갖고 가!** 都没有用。 都没用啊。管它什么祭祀呢? 你们的爷爷和我有 什么关系啊? 我们是有血缘关系啊? 还是有亲情 啊? 活着的人都要死了，死人的祭祀有什么用啊? 和你爸联系，让他马上把祭祀(的东西)搬走! 马 上! 让他都搬走!

...

남은정(며느리): 이게 다 어머니 고집때문이야. **아버님 제사를 갖고 간다고 했는데도 기어코 어머님이 고 집 쓴 거잖아.** 자식들이 그 집에 드나드는 꼴을 보 기 싫고 **첩이 제사 지낸다는 건 못 본다고. 어머니 지내시다가 장남한테 물려주신다고 저러신데** 참 대단한 것 물려주시네요. 这都是因为婆婆您太固 执了。原先公公他说要把祭祀搬走，您不是死 活不愿意吗? 说是不愿看到自己的孩子们去他那 里，也不想让小妾准备祭祀。您说自己守着祭 祀，等以后要留给长子。好像是什么好东西似 的，还要留着。

...

나노라(큰딸): 엄마도 하여간 못 말려. **다 뺏기고 꼴랑 제사만 끌어안고 있으면** 조강지처야? 조강지처 그 까짓 것 뭐냐고? 평생 그 자리를 지키고 싶어서 그

렇게 안달인지. 이게 뭐야? 우리까지! 엄마도 真是
的. 别的都被抢走了，光守着祭祀就是糟糠之妻
啊？糟糠之妻到底是什么东西啊？一辈子拼死拼
活就是为了守住这个位置。算什么啊？连我们也
受累。

나아라(둘째딸): 내년 그쪽에서 갖고 가라고 그래. 오빠
가 지내든가.《폼나게 살 거야, 6회》明年让爸他
那边的人来拿走，要么哥你来办(祭祀)。

    上文是剧中主人公모성애知道自己得了癌症之后，在给公公准
备祭祀时将供桌打翻在地后发生的一段对话，故事情节是：모성애与
丈夫已经离婚，丈夫另外组建了家庭，虽然丈夫要将公公的祭祀搬
走，但모성애一直没有同意。这段对话背后所隐藏的文化思想是：虽
然祭祀给女人带来的是劳累，但也是一种身份的象征，因为在韩国
只有长子、长孙才能主管家里的祭祀，对有两个妻子的人来说，谁
拥有了祭祀权，那么谁就拥有了糟糠之妻的名分。但是从儿女们的
对话中会发现，对老一代的人来说，祭祀是无比重要的，但这种思
想在年轻人中已开始淡化了。

11.9.3 "고사、제사、제삿날"的比喻意义

    韩国祭祀文化中还有"고사(告祀)"，指为祈福免灾而祭家神的
祭祀活动，例如"자동차 고사 祭车""개업식 고사 开业祭""개소
식 고사 开业祭"，此外还会举行与新建筑现场、文物发掘调查等有
关的"개토제(開土祭)、산신제(山神祭)"等，这些祈求安全的祭祀

都属于韩国告祀的范围。

中国在民间也有祭祀活动，例如买了新车、开始新的事业等一般都会简单地祭祀一下，但一般不宜公开。例如，中国新闻网2016年2月24日报道，河南洛阳东环路跨洛河大桥开工前出现了施工人员自行举行祭祀仪式一事，引起了比较大的风波，对此洛阳市政建设集团特向记者回应称，因施工人员是南方人，此举系按南方风俗习惯祈求大桥建设平安、顺利，但是祭祀仪式给当地造成了不好的影响，而施工方也已对自己自作主张的祭祀行为承认了错误。[10]

韩国人祭祀时一般都会将祭品、祭酒等整整齐齐地放在眼前，根据这种现象有了惯用语"차례를 지내다"，多用来比喻看着饭菜不吃，而与告祀有关的惯用语"고사(를) 지내다"则多用来指将酒杯放在面前长时间不喝，如(43)。

(43) 자네, **고사 지내지 말고** 한 잔 마시게. 你不要光看不喝
啊，来喝一杯吧。

另外，这种意义又发生了语义的扩张，如果将什么东西放在眼前，目不转睛地看着，韩国人也会用"고사 지내다"来作比喻，例如电视剧《가족을 지켜라, 117회》中，当看到男主우진的父亲拿着手机在犹豫该不该打电话时，우진妈妈对他说道：

(44) 당신 지금 **휴대폰 놓고 고사 지내고** 있어요? 老公，你
这是拿着手机祭祀/上供呢?

10　http://www.chinanews.com/sh/2016/02-24/7771448.shtml

再如电视剧《딴따라, 15회》中，当看到신석호干坐着不吃东西时，饭店老板娘说道：

(45) 오랜만에 와서 **술도 안 마시고 고사 지내?** 好容易来一趟，怎么连酒也不喝，搞祭祀/上供啊？

除以上情况外，"고사 지내다"还可用于其他消极的意义，有时表示诅咒，如(46a)；有时用反问形式表示质疑，如(46b)；有时用反问形式表示自己没有干某事，如(46c)；有时用让步形式表示后面的事情不可能发生，如(46d)。表达上述意义时有时也用"제사를 지내다"，如(47a)；有时为表示强调，可并列使用"제사를 지내다"和"고사를 지내다"，如(47b)。

(46) a. 내가 너 죽어라 쫓아다니면서 망하라고 **고사를 지낼 거야.**《천상의 약속, 23회》我会追你到天涯海角，还会天天祷告，让你早死。

　　b. 지금 우리 엄마 빨리 죽으라고 **고사 지내요?** ... 우리 엄마 수의 준비하자고요?《폼나게 살 거야, 9회》你这是诅咒我妈早死啊! ……竟然让准备我妈的寿衣!

　　c. 내가 어쨌다고? 내가 형부 망하라고 **고사라도 지냈어?**《왕가네 식구들, 3회》我做什么了? 我又没有求老天爷让姐夫破产!

　　d. 둘이 안 만나면 여기에 오라고 **고사를 지내도** 안 옵니다.《아이가 다섯, 31회》只要他们两个不再见面，你就是求我来，我也不来。

(47) a. 내가 이혼해달라고 **제사를 지냈대?**《수상한 삼형제，

5회》难道是我祈祷他们离婚的吗?

b. 내가 니 엄마 아프라고 **제사를 지내냐? 고사를 지내 냐?** 왜 여기 와서 따져?《폼나게 살 거야, 35회》难 道我天天上供、搞祭祀让你妈生病了? 为什么上我 这儿来找茬啊?

对韩国人来说祭祀是非常普遍的社会现象,所以威胁别人时也会 用"제삿날",如(48)。汉语一般用"死期"或"死定了"等表达。

(48) a. 집에 들어오는 날은 니 **제삿날**인 줄 알아!《가족을 지 켜라, 62회》你回家的那一天就是你的死期。

b. 우리 엄마 아님 **제삿날**인 줄 알아!《폼나게 살 거야, 10회》要不是我妈你今天就死定了。

11.10 头发、服饰与婚丧嫁娶

儒家思想认为: "身体发肤,受之父母,不敢毁伤,孝之始 也"。头发受之父母,是不能剪的。头发可能的动作一般是盘头或散 开,不同的动作表达不同的意义。

11.10.1 未成年人

在朝鲜时代,韩国受中国文化的影响,未成年人将头发分作左 右两半,在头顶各扎成一个结,形如两个羊角,称作"总角",韩国

语为"총각(總角)"，现在借指未婚的成年男性。韩国未成年人在过去不分男女还会把头发都拢到后面扎个大辫子，在辫尾系上发带，称作"땋은머리"，发带韩国语称作"댕기"，如"머리에 댕기를 드리다/물리다"，都表示未成年人。发带的颜色女性一般是红色、紫色、黄色等华丽的颜色，男性一般是黑色(한민족문화대백과)。女孩子的发型还叫作"댕기머리"，也可称作"귀밑머리"，因为这种发型要把耳朵前面的头发都拢到后面。

韩国人在头后部扎起的大辫子非常粗，尤其是女性头发可用"전반같다(剪板—)"来比喻，之所以产生这种比喻，是因为这种剪板是女性非常熟悉的用品，并且窄长的特点与辫子很相似，所以两者被联想到一起从而产生了这种女性化的比喻。

11.10.2 成年人

过去，人们大约二十岁时举行"冠礼"。男人一般要把发髻盘到头顶，挽成一个发髻，称作"상투"。在行冠礼前就要解下发带，因此解下发带这个行为就成了标志性的事件，并且成人后就可以喝酒了，所以韩国语形成了一个名词"댕기풀이"，指举行冠礼的人请朋友们喝酒吃饭。

因为发带是装饰品，是穿戴整齐的象征，而如果蓬头散发但却系了发带，只会显得不伦不类，所以韩国语有俗语"더벅머리 댕기 치레하듯"，比喻本质不好却过分注重外表装饰，显得很不合时宜不伦不类。其中"더벅머리"指头发乱蓬蓬的人，而汉语也有"毛头小子、蓬头散发"等表达。韩国语还有"중다버지"，指头发又长又蓬松的孩子的头发，或那样的孩子，有俗语"중다버지는 댕기치레나

하지[한다]" 比喻勉强用其他东西来弥补自己不足的部分。韩国语还有 "머리 없는 놈 댕기 치레한다"，意思是没有头发却系丝带，比喻过度重视外表修饰。

行冠礼后束发就可以结婚，所以 "상투(를) 틀다" 可以转喻男人结婚成为大人。

韩国语里，女人结婚一般也可以用头发来表达，并且不同表达有不同意义，具体如表5所示：

[表5] 与女人束发有关的惯用语

	惯用语	意义	例句
1	귀밑머리(를) 풀다	女子结婚。	그 애가 벌써 **귀밑머리를 풀었다니** 믿어지지 않는다. 那孩子竟然已经结婚了，真不敢相信。
2	귀밑머리 풀어 얹다	指女孩挽上发髻结婚。	부모님은 그녀더러 빨리 **귀밑머리 풀어 얹어야** 한다고 성화이시다. 父母天天催她快结婚。
3	귀밑머리 마주 풀고 만나다	按照正规仪式结婚。	**귀밑머리 마주 풀고 만난 때가** 엊그제 같은데 벌써 손자를 보다니. 她上头结婚的时候就像昨天的事情一样，现在竟然已经有孙子了啊。
4	머리(를) 얹다/올리다	女子把长头发盘起来；女子出嫁；雏妓正式成为妓女。	
5	머리(를) 얹히다	送年轻女子出嫁。	이젠 그 애도 **머리를 얹혀 줄 나이가** 되지 않았어? 现在那孩子也到了盘头的时候了吧?
5	머리(를) 얹히다	与雏妓发生关系而为其束发。	

如上，前三个惯用语都与 "귀밑머리" 有关，根据动词的不同

表达的意义略有不同，其中与动词"풀다"结合的惯用语1表达基本意义，指女子结婚，"귀밑머리 풀어 준 남편"指女孩子正式结婚的丈夫。与"풀어 얹다"结合形成的惯用语2强调挽上发髻结婚。惯用语3转喻正式结婚。惯用语4、5都与"머리"有关，其中惯用语4除了指女子出嫁外，还指一般性的盘发，或者表达与雏妓有关的意义，而使动形式的惯用语5只有两个意义。

此外，与盘发有关，还有"외대머리"，指没举行正式婚礼而盘起的头或这样的人，因为这样的人很多是妓女或卖淫之人，因此"외대머리"转喻妓女和卖淫的人。

大姑娘出嫁时，要等新郎来新娘家后才开始盘头。已婚女性将头发挽成一个发髻后，发髻上要绑上发带，称作"쪽댕기"，发带一般是红色的，如果上了年纪则用紫色的，寡妇用黑色的，家里有丧事用白色的(《표준국어대사전》)。

11.10.3 成年未婚

如果到了结婚年龄却没有结婚(包括男女)，那么头发就不能束起来举行冠礼，这种头发称作"떠꺼머리、엄지머리"，或者指这种人。这种过了婚期的人，如果是男性有时也称作"떠꺼머리총각(----總角)"，也比喻老光棍，有时"엄지머리、엄지머리총각(----總角)"也转喻老光棍。"떠꺼머리처녀(----處女)"指没结婚的处女，也指老处女。

之所以有这种习俗和看法，是因为过去不结婚是不能视为成人的，如电视剧《빛나라 은수，16회》中，当女儿윤수민说20岁就是成人，自己已经30岁了，不需要父亲管自己，父亲윤범규却说：

(49) 옛날에 **결혼 안 했으면 어른 취급도 안했어**. 내 지붕 아
래 사는 동안에는 내 말대로 해. 在过去不结婚的人就不
被当大人看待。你跟着我过，就得按我说的办。

这里提到的"어른"是动词"어르다/어루다"的冠形词形
式，而"어르다/어루다"的本意是交合之意，后来产生了结婚之
意，所以"어른"指已经发生交合的人、已经结婚的人 (박갑수
2015:391)，现在词典里给"어른"下的定义是成人。

其实电视剧的台词以及"어른"的语义都反映了韩国人对婚姻
的看法。这不禁让笔者想起了巴金先生《家》中关于觉新的故事，觉
新一结婚，父亲就不让他去上学，而要让他去参加工作挣钱养家，
理由是已经结婚成大人了。也就是说，对中韩两国人来说，未婚不
是"成人"，已婚即"成人"。

11.10.4 头发、服饰与丧事

"머리(를) 풀다"指遇到丧事，如(50)。把头发散开之所以
产生这种转喻意义，是因为"原始社会的先民出于对鬼魂的恐惧心
理，担心死者会降祸作祟，为了不被鬼魂辨识，免遭灾祸，在办理
丧事时往往披头散发，以泥涂面，衣着也同平时大不一样。"[11]

(50) 노비 서모를 어머니라 부르며 그 초상에 **머리를 풀고** 상
주 노릇을 해야 한다니. 《최명희, 혼불》竟然要将奴婢

11　中国古代的丧葬制度。http://wenku.baidu.com/view/98e42d3e5727a5e9856a61ac.
html

徐母叫作母亲，还要在她的葬礼上披头散发当丧主。

相关的还有俗语"남의 상사(喪事)에 머리를 푼다"，意思是别人家办丧事时自己跑去散开头发，比喻无端掺和别人的事情。

过去中国人在服丧时，还会根据亲疏远近而穿戴不同的五种衣服以表达不同的哀伤程度。其中"斩衰为最，即子为父，妻妾为夫，臣为君，诸侯为天子"，要身穿最粗的麻布；其次是齐衰、大功、小功、缌麻，而穿的布料也越来越好，但也表示与死者的关系越来越远。这种丧葬仪规逐渐引申成了"亲族间的辈分、等级、嫡庶、尊卑秩序"(李书崇 2015:292)。现代人服丧已经摈弃了这些繁琐的礼节，韩国人也不例外，一般多穿黑色正装。

11.11 小结

婚姻中的择偶观具有世界共性，男性重视女性的健康美丽，女性重视男性的经济、地位。

与两性关系有关，韩国人多用动植物、物品来比喻性，这具有世界共性。韩国语还用性动作这种隐晦用语来表达日常生活中的意义，生殖器还被用来比喻人或物品。

韩国人在对待生育问题时，生育时间、身体条件等都是必须考虑的内容，并且还相信有送子娘娘的说法，韩国人怀孕和产后对饮食都有一定的禁忌。韩国语还有很多与怀孕、胎儿、生产、婴儿、孩子的长相、摇篮、玩耍、外出、母子关系等有关的表达。

人生的终结是死亡。不同的文化对待死亡的态度不同，但也有共性，都表现出对生的留恋，对寿终正寝的向往。人弥留之际的身体语言是对人世最后的挣扎，韩国人对此有很多相关描述，如用建筑用语"门"来比喻快死，用身体动作如腿的动作、下巴颏的动作、鼻息、呼吸、脚掌等比喻人的死亡。韩国人还借用稻草的最后一丝火光来表达对"美丽死亡"的追求，也表达了荣华富贵不过是一场梦的叹息。死亡带走的是荣华富贵，带来的是世态炎凉，众多的俗语反映了韩国人对这一对比现象的观察与反思。

韩国的丧葬文化虽然源于儒家思想，但是也产生了很多异于中国的地方，表现在语言上也有较大差异，韩国语的很多丧葬语言都产生了比喻意义。

韩国人非常重视对故人的祭祀，祭祀文化反映了韩国人重视血缘、重男轻女的思想，与祭祀有关的"고사、제사、제삿날"等都产生了很多比喻意义。

在婚丧嫁娶等风俗中，头发、服饰也是非常明显的文化现象之一，并且还有各自特定的饮食文化。婚丧嫁娶文化中的表达很多是转喻。

结论篇

社会认知(social cogintion)又称社会知觉，是人们根据环境中的社会信息推论人或者事物的过程(Fiske & Taylor 1991)，即人们选择、理解、识记和运用社会信息作出判断和决定的过程(侯玉波 2013:58)。这种认知过程最终要表现为语言形式，语言反过来又会加强这种认知，并最终形成人们的刻板印象。而通过分析语言形式，我们则可以分析一种社会和文化的印象，继而分析背后的认知过程。

语言在一个民族中代代传播，它对民族中的每一个人都起着强大的限制作用，因为"每一个人一方面把语言作为工具使用，并在交际中表现出一定的个性色彩，但另一方面又在语言的制约下和本民族的其他人保持着共同的世界观和理解的可能性"(申小龙 2014:38)。而这最终对民族思维认知特点和性格的形成起到促进作用。

语言对人的制约表现之一就是使人的思考范畴化、规则化，正像钱冠连(2005:36)所说，"靠语言成功表述的思维才算是具有了逻辑的、概念的以至范畴化的形式"。语言对思维的影响有多种表现形式。

文化和语言对思维的规则化表现之一就是影响人们的分类思维，分类思维的不同在东西方人之间表现得更清楚，例如，对"猴子、香蕉、熊猫、鸡、牛、草"进行分类时，西方人一般会各将

"猴子-熊猫""鸡-牛""草-香蕉"归为一类，这是一种范畴分类 (김중순 2006:175)；相反，东方人一般会以"猴子-香蕉""牛-草" 来分类，这是一种关系分类。萨默瓦等(2013/2017:163)也提到在 对"海鸥、天空、狗、钢笔、笔记本、杂志"进行分类时，西方人 会以"海鸥-狗""笔记本-杂志"来分类，而东方人会以"海鸥-天 空""钢笔-笔记本"来分类。因为西方人重视范畴，东方人重视关 系(김중순 2006:175)。

不同文化对事物的认识和分类不同，例如，颜色词在不同语言 里有不同的词汇，在中韩两种语言里有赤橙黄绿青蓝紫七种颜色。 有的国家有5种颜色，有的则只有明暗两色(张公谨 1998:82-83)。世 界万物的实际颜色是一致的，但在以上不同语言里，基本颜色词的 数量却是不同的，这本身说明了不同文化的语言在对自然颜色进行 分类时出现了不同。反过来，当语言产生后，人类就要利用语言来 表达世界，虽然世界是多姿多彩的，但不同的语言利用的是各自语 言体系的颜色词(不管多少)来对具体存在的事物颜色进行描写，在 这个过程中则实现了对思考的范畴化和规则化。

语言对人类的思维控制的最终结果是，生活在相同的社会规范 下的韩国人具有了相同的认识和认知，而这反过来又作用于语言的 使用和创造上。这种反复的相互作用最终强化了民族文化、语言和 民族性格，使民族性和文化性变得更加突出。

第十二章

文化、性格与语言

12.1 引论

Triandis & Suh(2002:135)认为人格是由基因和环境的影响塑造而成的，而"后一个因素中最重要的就是文化的影响。"文化力量对基本人格特质会产生影响，并且具有文化的共性(舒尔茨、舒尔茨 2016:7)。例如东西方文化在命运归因和命运的概念上存在显著的文化差异(Norenzayan & Lee 2010)。可以说个人或民族的性格与这个民族所处的地理环境、生产方式、历史以及各种文化密切相关。

首先，文化环境会影响个人风格和社会性格的形成。

文化环境之一就是地理环境。关于地理环境对性格的影响，这在中国的风水说中总结的非常全面，《玄女青囊海角经》提到："福厚之地，人多富寿；秀颖之地，人多轻清；湿下之地，人多重浊；高亢之地，人多狂躁；散乱之地，人多游荡；尖恶之地，人多杀伤；顽浊之地，人多执拗；平夷之地，人多忠信"(董睿、李泽深 2008:51)。这是从整体来看环境是如何影响民族性格的。中国的俗语"一方水土养一方人"讲的也是环境对人的影响作用。因为长期处于某种典型地域环境下，人的性格自然会受到影响，这种性格的集合就是民族性格，民族性格会有异于其他民族的特点。例如中国五十六个民族中少数民族都具有因地理环境所形成的带有明显特色的与众不同的民族性格。

韩国气候从南到北依次是亚热带、温带，四季分明，气候多变，这使得韩国人形成了明晰的头脑和勤勉的性格（배해수 1995:74），也正因为韩国是半封闭、半开放的半岛国家，所以韩国人的性格属于温带半岛海洋根性，居于日本人与中国人之间，具有"爱好和平、充满激情、适应性和接收性强、保守、娴熟"[01]等特点（조지훈 1996:19-29）。

文化环境之二就是时代生活环境。例如李白诗风的形成除了个人生活经历外，他所处的时代生活环境对此也有很大影响；鲁迅的杂文特点也与中国20世纪上半叶的时代生活背景相关（吴礼权 2013:7），时代生活环境影响个人的性格，进而会影响一个民族的性格。而对韩国人来说，特殊的地理环境使其一直处于战争的漩涡中，长期形成的历史生活环境对韩国人民族性格的形成起到了至关重要的作用。

第二，不同的生产方式会造就不同的社会性格。地理环境决定产业结构和生产方式，而这一切也影响了文化和民族性格的形成。尤其是传统的渔猎、畜牧、种植业等对从业人员性格和民族性格产生了深重的影响。而韩国传统的生产方式也对韩国人的民族性格产生了很大作用。

第三，环境影响哲学思想的特点，哲学思想影响社会性格。

希腊临海，到处是水，所以希腊哲学很多思想与水有关，如被称为哲学之父的泰勒斯（公元前7世纪末—6世纪初）是希腊人，他的哲学观点认为"水是万物的始基，一切生于水还于水，大地漂浮在水上。"赫拉克利特的著名格言就有"一切皆流，一切都在变，人

01　原文表达是"평화성 爱好和平""격정성 充满激情""적응성 适应性""보수성 保守性""수용성 接收性""난숙성 娴熟性"。

不能两次踏入同一条河流"等。对中国人来说，中国广博的地理环境则产生了山水哲学，这种山水哲学与道教、佛教的遁世思想相结合，影响了中国人的性格特点。韩国多山的地理环境以及中国山水哲学的影响使韩国产生了山林哲学，韩国人深受这种山林哲学的影响，即使在现代社会，一般老百姓遇到不好的事情时也会选择暂时去远离人烟的僻静之处或者寺庙去静养。因环境而形成的哲学思想也会影响到个人乃至社会的性格。

第四，文化会影响不同国家和民族的语言，语言会影响社会性格。

韩礼德(2015:121)曾提出："如果我们声称语言在教育过程中占据关键的地位，这不仅是因为语言是传授知识的渠道这一明显的事实，而更多地是因为语言反映了多层面的人格，没有其他的东西能够做到这一点。"

例如英国人、日本人见面多谈天气，而中国人却极少谈天气，内山完造(2015:52-53)认为这是因为与海洋生活相比大陆生活变化较少、比较安定有关。问候语还与一个民族的思想文化和历史有关，例如中国人见面问候语典型的是"吃了吗?"关心的是对方是否吃饱肚子了，这与中国"民以食为天"的思想有关，也与古代社会缺少食物有关。而生活在2022年的中国人的问候语现在增加了一项，就是"做核酸了吗?"这也不能不说是新冠疫情的爆发以及防疫需要而催生的表现在问候语上的变化。再看韩国，韩国人的典型问候语是"안녕하십니까?您安宁/平安吗?""잘 지내셨어요?过的好吗?"关心的是对方是否安康，这与朝鲜半岛自古以来的多战争少和平的历史经历也不无关系。这种历史文化所形成的思考方式、语言表达也会影响到韩国人的性格，而透过语言也可以分析韩国人的性格。

虽然语言一般都很灵活、具有适应性，但已存在的术语还是有保留原样的倾向，以反映和揭示某个群体或民族的社会结构和世界观。例如，美式英语中有很多关于冲突和战争的词语，还有丰富的军事隐喻："征服"宇宙，与肚腩肉"打一仗"、展开和病毒的"战役"、在股票市场上"杀一个大猎物"(意为赚一笔)、"枪毙"一个论点、"爆破"(意为破坏)一个计划、为某个运动"扫清障碍"、把某个外国政府"斩首(意为推翻)"、考试考"爆"了(意为非常失败)等，可见美国文化对于竞争、胜利和军事力量的重视，"反映出美国文化是一种具有攻击性的文化群体"(哈维兰等 2014:115)。韩国语里也有丰富的军事隐喻，当然韩国语里大量军事用语的泛滥除性格原因之外，韩国男人必须服兵役的时代生活背景也起了推波助澜的作用。

对中国人来说，代表性的就是中国人有"避苦趋乐"的语言习惯，例如，不说"剩余、多余"，而说"富裕"；不说"失业"，而说"待业"；不说"解雇"，而说"下岗"等，可以说中国人是一个乐观的民族(周有光 2012:413)。再如，汉语"抱怨、埋怨"都是把怨恨藏于心中、埋在心头，所以也有了"记仇、记恨"，这反映出中国人一般不喜欢当场表露自己的感情，正像李庆善(1996:82)中所说："记仇的目的在于等待时机进行报复"，所以汉语也有了"有仇必报""君子报仇，十年不晚"。实际上中国人的这种特点是有历史渊源的。《公羊春秋》就曾赞许齐襄公复九世仇的做法，并且说"虽百世亦可也"，这是复国仇，如果是一般人复仇则不可超过五世(牟宗三 2010/2014:51)。所以中国人提倡不要与他人起冲突，不要红脸，凡事要忍，要一团和气。因为对中国人来说，与他人"不同"等同于"不友好"，中国人对事、对人容易产生"不是朋友便是敌人"的态度，凡有矛盾，就很容易导致对抗性矛盾(孙隆基 2015/2017:30)，所以，中国人提倡和气，如果再也忍不下去，起了冲突，也就从此成为路人、仇人。

另外，即使是有好事、心情好，中国人也强调"不形于色"，这种思想表现在语言上就有了"心里乐开了花""心花怒放"等表达，也就是说，中国人更喜欢把感情深埋于心里，属于内向型的性格(Yu 1995, 1998)，中国人的这种性格特点也使很多外国人误认为中国人情感麻木、迟钝，但项退结(1970)认为这种论断很肤浅，但他也认为这种说法的背后也反映了中国人所表现出的矜持的性格特点，即把有关内心生活的一切都很严谨地保卫起来，例如中国音乐从开始到现在始终具有自我控制的成分。相反，与中国人相比，韩国人的性格要更外向，例如，在表达相关感情时，韩国人经常用"하늘을 날다 飞上天""구름 위를 걷다 踩在云端"等夸张性的表达，还用"얼굴에 웃음꽃이 피었다、웃음꽃이 만발하다"等与脸有关的直抒性表达，这些都表达愉悦的心情，而汉语直接出现"脸"字的相关表达是"满脸是笑"或"满脸堆笑"，很多情况下表达的是献媚讨好之意。此外，韩国人对待曲艺的态度也与中国人有很大的不同(同一章的"12.5.8.3")。

　　关于韩国人的社会性格，已经有很多学者作出研究。황필호(1984/1988：78-88)将现代韩国人的性格描述为"现世主义(金钱万能、权力至上、结果第一)、分派主义、宿命主义(自卑、自闭、内向)"，其中自闭表现为重视面子和外貌、虚荣、喜欢察言观色等。이근후(1995)利用调查研究的方法研究了韩国人的性格，经过对3所大学541名大学生的调查发现，韩国人具有"性情或行动急；情绪化和重感情；缺乏正确性；喜欢看别人的脸色；强烈的家庭或集团主义；喜欢虚张声势；有浓厚的个人主义倾向；不喜欢变化；内向型的性格；重视权威"[02]等特点，这些性格综合一下可总结为：急性子、

02　성격이나 행동이 급하다;감정적이고 정이 많다;정확성이 부족하다; 남의 눈치를

重感情(缺乏正确性)、集体主义与个人主义(重视权威，不喜欢变化，内向，看别人的脸色)。

　　本章主要借助语言来分析韩国人性格中的"急性子、重感情、多恨(压抑)、乐观(排解)"等四部分内容，最后分析韩国人性格中所表现出的两面性。关于韩国人所表现出的其他性格特点，如"重视权威、喜欢察言观色、慎言、重视外貌打扮、喜欢干涉他人、小集团主义"等详见第十章以及笔者的《韩国精神文化语言学》。

12.2 慢性子—急性子

12.2.1 从慢到急

　　据金文学(2015:19-21)的研究发现：日本统治时期的昭和二年(1927年)由朝鲜总督府编辑刊发的《朝鲜人的思想与性格》一书中，提到了韩国人的性格特点之一是"宽容、慵懒、不以为意"，并且不喜欢用极端的方式表达自己的情感；100年前到过朝鲜的西方人的记录中提到韩国人"凡事从不匆忙行事，而表现出从容不迫"的性格特点。一直到20世纪80年代，众多研究都认为韩国人最突出的性格特点是重感情，而不是急性子。

　　但现在急性子已成为韩国人的标签。이근후(1995)的研究也发现大学生提出的韩国人最突出的性格特点是急性子。2008年东亚日报委托谷歌以OECD国家为对象进行了"韩国人代表印象"调查，发

보다;가족주의 또는 집단주의가 강하다;허세가 심하다;개인주의적 성향이 강하다;변화를 싫어하다;내성적이다;권위주의적이다. (이근후 1995:384-385)

现位列前四位的分别是"急性子、工作狂、亲切、诚实能干"(김미형等 2013:64)。

为什么韩国人懒散从容的性格消失殆尽而演变成了今天的急性子呢？金文学(2015:21)解释说这是日本的侵略、朝鲜战争等促使韩国人的民族性格有了改变。这种分析不无道理。对个人来说，大病一场或劫后重生等特殊、极端的经历会改变一个人的人生观、价值观，这种变化随之会表现在行为、行动、性格上，使当事人就像换了一个人一样。对一个民族来说，多灾多难的社会变革、战争等也足以改变一个民族的整体性格。步入现代社会的韩国引入了西方资本主义的经济体制，由此形成的竞争机制、危机意识对韩国人从懒散的性格向急性子改变也应该起到了推波助澜的作用。이근후(1995:386)认为产业化的飞速发展使韩国人更加性急，失去了从容。所以在韩国人日常生活中经常听到"홧김(火-)"这个表达，如"홧김에 저질렀다. 一气之下闯下了祸。"

但是，韩国人的急性子其实还有深层次的文化和思想原因，韩国人具有现世思想，因为人生苦短，所以为了在现实世界生活得好而不得不加快生活的节奏(김태균 2007:17, 31)。发展到朝鲜社会后，儒家文化的影响使韩国形成了重视秩序的垂直社会，例如，韩国人特别重视集体关系，在集体内重视他人的看法，要搞好人际关系，建立自己的人脉，只有这样才能改变自己的地位和阶层，这种纵向的社会关系使韩国人急性子的特点越来越突出。

当然韩国人急性子的特点在不同阶层上的表现并不完全相同，例如贵族阶级受儒学的影响，讲究形式和礼仪，形成了贱视劳动的思想，这种思想表现在美术作品中就是贵族普遍上身长下身短，相反普通百姓是上身短下身长；表现在生活中，就是贵族阶级多是"坐着"，且行动"缓慢"，而下层百姓则以"站"为主，且行色

"匆匆"。也就是说，在古代社会，急性子可能主要表现在下层百姓身上，没有形成一种广泛的民族性格。即使是下层百姓，其急性子的性格表现也不如现代社会明显，究其原因，这与韩国传统的农耕生产密切相关，农业生产规律受制于自然环境，农民靠天吃饭，所以人的行动不得不适应于外部世界，因而形成了看似不急的性格。

到了现代社会，随着工业化生产的普及，古代那种明显的阶级区分被淡化，韩国人面临的都是现代韩国这样一种不确定性避免程度高的社会，这种社会特点使人们普遍产生了一种高度的紧迫感和进取心，因而易形成一种努力工作的内心冲动(Hofstede等2014:226)，表现在性格上，就使得韩国人的急性子表面化、民族化了。当然，韩国人的急性子也与民族和社会的单一性有关，因为这种单一性使得在做重大决定、处理复杂问题时可以快速行动(김영명2005:141)。

韩国人的急性子反映了韩国人的很多特性，其中之一就是反映了韩国人重视结果而不重视过程的思维特征，韩国人的这种"结果主义"思维也反映在很多俗语里，如"모로 가든 서울 가면 된다"意思是不管怎样只要能到首尔就行。韩国人的这种思维方式也表现在生活的各个方面，例如，韩国人喝酒好像更重视醉酒这个结果，醉了之后耍酒疯，好像有为了耍酒疯而喝酒的倾向，而韩国也成了对醉酒、耍酒疯格外宽容的社会(이규태 1983/2011(3):48)。韩国的这种酒文化也反映在语言上。虽然中国人也有酒文化，但中国人的酒文化更多的是"为了营造一种热闹的氛围"(翟学伟2011/2014:306)，由于中国人的性格非常收敛，所以即使喝酒一般也会控制在不醉的范围内，并且对醉酒后耍酒疯持批判态度。

韩国人的急性子产生了一些消极影响，其中之一就是使韩国人产生了梦想一夜暴富、一夜成名的心态，韩国语称作"한탕주의(——

主義)"或"한건주의(一件主義)"。但急性子并不总是消极的，任何事物都有正反两面，消极与积极是此消彼长的。正像英国金融时报认为，韩国人的急性子使韩国人具有卓越的推进力，使韩国一跃成为亚洲强国(김태균 2007:16)，김영명(2005:141)则认为：韩国社会的急性子可以形成高度的政治领导力，当然这种状况如果超过一定限度也会带来权力的过分集中；这种高度的权力集中反过来也会加强韩国人的急性子；但是，急性子也与活力和工作速度密切相关，韩国人的急性子象征的是快速的变化速度与能量。

12.2.2 急性子的生活表现

韩国人的急性子表现在生活的方方面面，例如，吃饭时间短，据说韩国人的吃饭速度是世界上最快的。韩国人的吃饭方式也反映了韩国人的这种急性子，강준만(2012:157)提到韩国传统饮食都是汤类，这类饮食其实反映出韩国起初是一种"慢食文化"，虽然汤类文化属于"慢食文化"，但韩国人传统的"泡饭"却将"慢食"改成了"快餐"。韩国的传统拌饭也能将吃饭时间缩短三分之二(이규태 2000:53)。这种快速吃饭的方式也反映了韩国人重视结果不重视过程的结果意识，因为对韩国人来说，吃饭只是为了填饱肚子，而不是为了享受吃饭的过程(차종환 2007:31)。"폭탄주(爆彈酒)"也是韩国人为了快喝、快醉而发明出来的(강준만 2012:255)[03]。

---

03 也有人认为韩国人喝炮弹酒与日本统治韩国期间实行的晚上11点就宵禁的统治有关，因为快到11点时，酒馆里的客人就会焦躁、抓紧喝酒，所以30年的统治时间最终催生了这种"喝快酒"的习惯(김성현，빨리빨리 음주 문화의 시작은 '통금'〈서울의 밤문화〉서평，조선일보，2006년 3월 4일)。

韩国人的文化生活也反映了韩国人的急性子。东亚新闻2018年1月12日在"함께 읽는 동아일보/천세진"栏目中报道了文化评论家천세진的文章《문학 편식은 삶의 편식 文化偏食就是生活偏食》，其中提到，韩国人尤其喜欢短篇小说，中篇小说、长篇小说在韩国没有市场，对此천세진评论道："短篇小说要求快速行动。大众偏爱短篇小说，说明我们这个时代的文化喜欢快速行动。韩国以网速世界第一为自豪，智能手机的更新换代也最快。整个韩国市场就是'早期用户'，是衡量世界各国新产品成败的晴雨表。这与(韩国人偏爱短篇小说的)这种文化环境不无关系。"[04]

也就是说，韩国人的急性子影响了阅读习惯、产品的更新换代周期、对新产品的渴望，形成了所谓的"快餐文化"或"냄비문화铝锅文化"[05]。

12.2.3 急性子的语言表现

韩国人的急性子还表现在语言上。韩国人喜欢音乐，伴奏的乐器也很多，其中有一种"소고(小鼓)"是两面用皮革缝制而成的，由于比较小，多用手拿着，所以也叫"수고(手鼓)"。还有腰鼓，这种小鼓一般用狗皮做成[06]，但杀狗、剥皮、风干、缝制这一系列的过程

04　단편소설은 빠른 호흡을 요구한다. 대중이 단편소설을 편식한다면 우리 시대의 문화가 빠른 호흡을 즐기는 것으로 볼 수 있다. 한국은 전 세계에서 가장 빠른 인터넷 속도를 자랑한다. 스마트폰의 모델 세대교체 속도도 가장 빠르다. 한국 시장은 그 자체로 '얼리어답터'이고, 세계 각국에서 만들어진 신제품의 성패를 가늠하는 바로미터 역할을 하고 있다. 그런 문화적 환경과 무관하지 않을 것이다.

05　因为铝锅热得非常快，借此来比喻韩国的急性子文化。

06　"장구"多用狗皮、绵羊皮、狍子皮做成(박태순 2009/2010:146)。

是需要时间的，所以性急的韩国人就等不及了，为了描写这种急性子，产生了俗语"개 꼬리 잡고 선소리하겠군"，意思是急性子的韩国人等不及做出小鼓来，就会拽着狗尾巴来唱歌，比喻那些没有耐心的人。韩国人性格之急跃然纸上。

与韩国人的急性子有关还有很多俗语，如表1所示：

[表1] 与急性子有关的俗语

	俗语	意义
1	우물 들고 마시겠다	端起井来喝。
2	싸전에 가서 밥 달라고 한다	去米店要干米饭吃。
3	보리밭에 가 숭늉 찾는다	到大麦田里找锅巴汤。
4	우물 가에 숭늉 찾는다	去井边找锅巴汤。
5	떡방아 소리 듣고 김칫국 찾는다	听到做年糕的声音找泡菜汤。
6	떡 줄 사람은 꿈도 안 꾸는데 김 칫국부터 마신다	别人还没想给年糕呢，自己先把泡菜汤喝了。
7	급하면 콩마당에서 간수 치랴	着急就去豆子地放卤水吗？
8	털도 안 뜯고 먹겠다 한다	说是连毛都不褪就吃。
9	개 머루[약과] 먹듯	就像狗吃山葡萄/油蜜果一样。
10	개가 약과 먹은 것 같다	就像狗吃了油蜜果一样。
11	밀밭만 지나가도 주정한다	只要经过麦子地就耍酒疯。
12	보리밭만 지나가도 주정한다	只要经过大麦田就耍酒疯。
13	가랑잎에 불 붙기	在叶子上点火。
14	괄기는 인왕산 솔가지라	比喻性格非常急、坚强；性格不宽容、很挑剔。

如上有十四个俗语，其中大部分都与吃喝有关，1与喝水有关，2-10与吃有关，而吃的东西涉及"밥、숭늉、떡、김칫국、콩、약과、머루"等，这些分别是韩国人的主食、典型食物或者特色饮食。

11-12与酿酒文化有关，通过这两个俗语也可推测韩国人酿酒有两大原材料就是小麦和大麦。13与点火有关。14与地名和植物有关。

用饮食用语来比喻着急是韩国语的一大特色，例如，嘲笑那些急着回家的人时，韩国语也用与食物有关的表达，如(1)。

(1) a. 화롯가에 엿을 붙이고 왔나. 你是把麦芽糖贴在火炉上了吗？

　　 b. 솥뚜껑에 엿을 놓았나. 你把麦芽糖贴在锅盖上了吗？

　　 c. 노구 전에 엿을 붙였나. 你把麦芽糖放锅沿上了吗？

　　 d. 이불 밑에 엿 묻었나. 把麦芽糖放被窝里了吗？

韩国人的急性子还表现在流行语"바쁘다、바빠""빨리빨리"之上。这两种表达都是强调意义，前者是"바쁘다"的基本形与半语形，而"빨리빨리"是"바쁘다"的副词重叠形式。此外，韩国语还有发达的加速意义的副词，如"빨리、재빨리、날쌔게、얼른、금세、당장(當場)、냉큼、선뜻、후딱、싸게、잽싸게、속히(速-)、즉각(卽刻)"，流行语以及众多的加速副词都是对韩国人急性子的鲜明写照(이규태 1991b:313)。

急性子在一定程度上也给韩国人带来了压力大、高消费的思维习惯等。所以韩国语里有很多俗语告诫人们不要性急，如表2所示：

[表2] 告诫不要性急的俗语

	俗语	字面义	比喻意义
1	성급한 놈 술값 먼저 낸다	性格急的人不知道酒会喝多少就先付酒钱。	比喻性急的人易受伤害。

2	꼬리 먼저 친 개가 밥은 나중에 먹는다	先摇尾巴的狗后吃饭。	急着采取行动的人反而会落后。
3	먼저 꼬리 친 개 나중 먹는다		
4	성나 바위 차기	生气踢石头。	嘲笑那些发火后不计后果发泄怒气反而招致祸患的行动。
5	성난 끝에 돌 차기		
6	성내어 바위를 차니 발부리만 아프다	生气踢石头，只有自己的脚疼。	

如上，这些俗语分为三大类，第一类与急着付酒钱有关(如俗语1)；第二类与急着吃饭有关(如俗语2、3)；第三类与着急发火的后果有关(如俗语4、5、6)，即着急生气踢石头，这三类行动带来的后果都是消极的，事与愿违的，借此来告诫人们不要着急、不要上火，因为性急的人容易受到伤害，欲速则不达。而这些众多俗语的存在也反过来证明了韩国人是多么性急。

韩国语里也有嘲笑行动慢的俗语，如"흉년에 밥 빌어먹겠다"意思是遇到灾年的话该讨饭吃了，嘲笑那些做事非常慢、没有手腕的人或那样的处事方式。

12.3 重感情与身体接触

Axtell(1998:40)研究了不同国家的身体接触程度，将其分成了三个层次，如下所示：

(2)非接触: 日本、美国和加拿大、英国、斯堪的纳维亚、

北欧、澳大利亚

中间: 法国、中国、爱尔兰、印度

接触: 中东国家、南美、希腊、西班牙和葡萄牙、韩国
和一部分亚洲国家、俄罗斯

如上，不同国家对身体接触的接受程度不同，其中，韩国人喜欢身体接触，而身体接触本身是情感表示的一种，并且比语言表示更进一步。美国人属于不喜欢身体接触的国家，这也难怪当看到韩国女性之间手拉手走路或跳舞，或者看到韩国大学生枕着朋友的膝盖或者抚摸朋友的腿部时，美国人会认为他们是同性恋，而对韩国人来说，这不过是表达他们关系亲密的一种方式(김숙현等2001:215, 53, 216)。也就是说，身体接触是韩国人情感表达的非常重要的方式，这种情感表达在面对亲人时更是有过之而无不及，例如，韩国与朝鲜因朝鲜战争产生的离散家族的会面中，几十年未见面的家人又搂又抱以及强烈的话语表达都反映了韩国人对血缘关系的重视和感情表达的外放性。

韩国人借助身体接触表达情感的具体表现有多种。例如，虽然韩国人传统的问候礼节是非接触性的，但是日常生活中普通人之间会经常性地借助握手或其他身体性接触来表达亲密感情，恋人之间也经常会有非语言手段。例如，两手举过头顶作出心状来表示爱情是韩国典型的爱情表示，开始于20世纪90年代，后来借助广告扩散开来(이노미 2009)。而中国普通人之间很少握手或有其他身体接触，恋人之间的接触性爱情表示也较少。韩国语里与手有关的惯用语 "손(을) 내밀다" 也发展出了亲热意义，而汉语一般没有这种表达; 韩国语还有 "손에 손 잡다、손을 잡다、손을 맞잡다" 比喻同心协力，汉语有 "手拉手、手挽手、携手、联手" 等，而日本文化

里一般很难接受手拉手的行为，也难以出现相应的语言表达；韩国语还有"손/손가락(을) 걸다 拉钩"比喻约定，中国文化里也有这种用手拉钩表示约定的行为，但"拉钩"没有出现"手"，并且不是一个词，不过日常生活中可以表达约定意义，如"拉钩算数"；而拒绝拉手行为的日本文化里一般也不会产生这样的相关语言表达。

韩国人对孩子有更多的身体接触，代表性的就是亲小孩的脸蛋，这种行为被称作"뽀뽀"，韩国MBC专门有一个少儿节目题目就是《뽀뽀뽀》[07]，2018年4月2日又有了新改编节目《뽀뽀뽀 모두야 놀자》，节目的主题歌如下所示：

(3) 아빠가 출근할 때 뽀뽀뽀 엄마가 안아줘도 뽀뽀뽀
    만나면 반갑다고 뽀뽀뽀 헤어질 때 또 만나요 뽀뽀뽀
    우리는 귀염둥이 뽀뽀뽀 친구 뽀뽀뽀 뽀뽀뽀 뽀뽀뽀 친구

从主题歌的歌词内容可以看出，韩国人对孩子的接吻可以说随时随地都可以进行。汉语相应的单词是"亲"，但使用频率远不像"뽀뽀"那样频繁。属于非接触性国家的日本根本没有相关的语言表达，说明在日本这种行为非常罕见(黑田勝弘 1983/1985:168)。

韩国成年子女尤其是女儿与父母的身体接触也非常频繁，例如电视剧《하나뿐인 내편》64集中，主人公김도란与私人司机김기사是父女关系，所以去逛市场时互相挎着肩膀，而不知道两人是父女关系的장도야偷偷看到后，不禁误以为两人是不伦关系而惊得张大了嘴巴。也就是说，在韩国子女与父母之间挎肩膀、拉手、拥抱都是常见的身体接触，其肢体的亲密程度堪比恋人。

07　节目从1981年5月25日首播后，一直到2013年8月7日，共播放了7754集。

身体接触和身体之间的距离还表现在晚辈与长辈之间。同样是对长辈行礼，韩国人多行叩头礼，虽然属于非接触性的行礼，但双方之间的身体和情感距离很近，而中国人的这种礼节基本已经消失，改成行点头礼，双方之间的身体和情感距离较远。一般社交关系中，韩国人之间的身体接触也很多，身体距离很近，所以才有了惯用语"옷깃을 여미다 整理衣领"，当对象是他人时比喻关怀和亲密。

除身体接触外，韩国人重感情的特点还表现在生活的方方面面，例如，韩国人不喜欢分餐制，喜欢共享一盆汤、一锅饭，喜欢共用一个酒杯喝酒，喜欢用自己的筷子为他人夹菜，甚至喜欢用自己的手为他人撕泡菜、去鱼刺、给对方包好饭送到对方嘴里。韩国人搬家、升职、开业等重要日子里都会给邻居送年糕等，这也是一种感情的需要，希望与周围建立起感情的纽带，寻求一种感情上的认同。

韩国人重感情的性格表现在语言上就是经常把"정감(情感)、정들다(情—)"等挂在嘴边，如(4)。而俗语"정들자 이별"表达的是见面没多久就要分开的依依惜别之情。而"드는 정은 몰라도 나는 정은 안다"比喻之前虽没有感觉到但分手的时候突然感觉到已有了深情厚谊；也比喻有感情时感觉不到，但感情变坏后却有深刻的感受。

(4) 하나 더 가져가. 원래 하나 주면 **정**이 없는 거야.《사랑이 오네요, 38회》再拿一个，如果只拿一个，显得太没人情味了。

韩国人还非常重视旧情。与此相关有丰富的词语，如"구정(舊

情）、구의(舊誼)、옛정(-情)、전정(前情)"，但相反词只有"신정 (新情)"，从词语数量的不对称来看，韩国人非常注重长久的感情， 很难割舍已有的缘分和情感，反映这一思想的还有很多俗语，如表3 所示：

[表3] 与"旧情"有关的俗语

	俗语	意义
1	신정도 좋지만 구정을 잊지 말랬다	新感情固然好，但也不要忘旧情。
2	신정이 구정만 못하다	新情不如旧情深。
3	옷은 새 옷이 좋고 사람은 옛 사람이 좋다	衣服是新的好，人是旧的好。
4	옷은 새 옷이 좋고 임은 옛 임이 좋다	衣服是新的好，恋人是旧的好。
5	사람은 헌[때 묻은] 사람이 좋고 옷은 새 옷이 좋다	人是旧的好，衣是新的好。
6	고기도 저 놀던 물이 좋다	鱼也喜欢原来的水。

如上，六个俗语反映的都是注重旧感情的这种心理，借用的修 辞方式大都是对比，其中1-2都是直接强调旧情比新情好，而3-5则是 借助人与衣服的对比来说明人是老朋友好，6是借助隐喻的方式即利 用鱼来比喻人喜欢原来的环境。

韩国语里的朋友也是"친구(親舊)"，表达的也是旧情好。并且 对韩国人来说，朋友的概念要小于中国人的朋友的概念，因为韩国 人要对朋友付出很多，这也反映了韩国人重视感情的心理。

对旧情的重视，也使韩国人表现出了惜离别的性格特点。例如 与交通工具有关，韩国人更关注交通工具驶离车站出发后的那种场 景，因为这些场景更容易诱发韩国人产生落寞的情感，所以在韩国 语里汽车、火车(包括高速火车KTX)多用来表达离别、分手、为时已

晚、后悔等消极意义，如(5a)中的"버스 떠났다"比喻恋人分手，(5b)中的"기차 떠났다"比喻为时已晚，(5c)中的"너네 이별에 가는 KTX다"也比喻离别。

(5) a. 그만해. **버스 떠났어.** 남자 입에서 돈 얘기 나오면 다 끝난 거야.《천상의 약속, 23회》都算了吧。已经结束了。只要男人提到钱，那就是结束了。

b. 누가 미리 알려줬으면 덜 까불었을 텐데. 어쩌나? **기차 떠났네.**《사랑이 오네요, 10회》如果有谁提前告诉你的话，你就不会这么嚣张了。但是怎么办呢？后悔已经晚了。

c. 사랑의 유효기간은 삼 개월이잖아. 니들 삼 개월 됐잖아? 이걸 잘 넘겨야 한다. 안 그러면 너네 **이별에 가는 KTX다.**《푸른바다의 전설, 14회》不是说爱情有效期为3个月嘛。你们不已经到三个月了啊？要好好地度过这个时期啊。否则，你们就会踏上离别的高速列车/高铁。

韩国人还表现出了对外出远行的否定态度，如韩国语有汉字词"여벽(旅癖)"，是将喜欢外出旅游看作一种病症，而汉语却没有这样的词语。与佛教有关的"행각(行脚)"本意是僧人云游四方，汉语没有特殊意义，但这个词在韩国语里产生了否定意义，这表现出的都是对远游和离别的否定。韩国人的这种思想也反映在孝道文化之上，与中国人当"忠孝不能两全"时选择为国尽忠相比，韩国人在同样情况下更支持为父母尽孝，而不是为国尽忠，因为为国尽忠意味着与父母离别，要远行。

关于韩国人的重感情现象，有人认为这源于儒家文化的影响（이근후 1995:386），因为儒家文化强调"修身、齐家、治国、平天下"，家庭是一切人际关系的基础，在这种文化的影响下，就形成了韩国人的集体主义思想和重视血缘、地缘、学缘、军缘等人际关系的价值观，这种价值观反映的都是韩国人重感情的性格特点。此外，与游牧文化相比，韩国属于定居文化，这种长期在某一个地区定居的生活文化也加强了人际关系的亲密，从而形成了韩国人重感情的性格（이규태 1983/2011(4):16），韩国传统的生产方式是农业，农作物对节气要求很高，农忙时期需要村里的人们共同合作，其他生孩子、婚丧嫁娶等重大仪式活动也需要人们的合作（전재호、홍사만 2005:111）。并且，从上面的分析可见，韩国语里与感情有关的词语都是汉字词或"固有词+汉字词"的混合词，却没有固有词表达，根据这种词汇分配，我们也可以小心地去推测，韩国人的这种重感情的性格确实是受中国文化的影响。但儒家文化和定居文化还不足以解释韩国人的性格，因为中国人虽然也具有这两个文化传统，但与韩国人相比，中国人的感情显得不那么外露，反而显得更深沉，更加重视对度的把握，而不像韩国人那样过度。

例如，韩国人传统婚礼的一切流程都沿袭于中国，但在结婚典礼举行之时却又有明显区别，例如中国的新娘子与新郎拜堂时是不能露面的，必须戴红盖头，一直戴到入洞房后新郎用秤杆挑开红盖头为止。相反，韩国传统婚礼中的新娘不需要遮面，并且可以与新郎对视。由此可见，儒家文化并不足以解释中韩两国人在身体接触和感情表达上出现的差异。

태평무(1999:103-104)曾从养育方式的差异分析了东西方人不同的性格差异，他认为东方人养育孩子时与孩子保持了密切接触，所以在与亲人尤其是母亲的耳鬓厮磨中东方人养成了重感情的性格

特点，相反，西方人则培养出了独立的人格特点，但他没有分析中韩两国人的性格差异。但我们可以依据这个思路来继续分析，从养育方式上来看，虽然中国人也重视与孩子的亲密接触，但中国人睡床，当孩子到一定年龄之后就需要与父母分床睡，或者换为跟着祖父母睡，因此中国父母与孩子的亲密接触具有很强的时间性和阶段性，相反，韩国人传统的席地而坐的生活习惯影响了韩国人睡觉的方式是睡在地板上，从而形成了一家人不论大小睡在一起的现象，没有时间性和阶段性。也就是说，养育方式会影响民族性格，但养育方式最终是受制于生活方式的。

因此，笔者认为中韩两国人不同的性格特点还可从各自不同的集体主义特点和坐式文化中去寻找答案，韩国人的集体主义属于小集团主义，非常重视小集团内的纽带关系，个人在其中没有存在感，更多地依靠周围的人来确立自己的地位和身份，在这种社会文化中自然形成了重感情的民族性格；另外，感情交流与身体交流是一致的，韩国人席地而坐的坐式文化也是促进身体交流继而促进感情交流的方式，除了会影响睡觉方式和养育方式以外，坐式文化中进门脱鞋的习惯是解除心理戒备、增加感情的首要步骤，并且席地而坐的生活习惯也客观上拉近了双方的身体距离，席地而坐时甚至可以膝盖碰膝盖，尤其是传统的暖炕文化使韩国人形成了非常亲密的睡眠文化，所以这种席地而坐的坐式文化使得韩国人增加了很多可以借助身体来表达感情的途径和机会。而中国的高坐式文化都是坐在椅子上，中间必须隔着具有一定空间的桌子，这种拉大的空间距离无疑增强了双方的心理距离；并且，中国文化虽也属于集体主义，但这种集体主义要比韩国的小集团主义虚化，尤其是在现代社会更多的是一种组织观念上的集体主义，在实际生活中中国人都拥有极强的自尊心，不喜欢与他人有过多的接触和交流，所以自然在情感交流上显得要弱[08]。

韩国人的小集团主义和坐式文化不仅加强了韩国人重感情的性格特点，这种性格特点反过来也加强了韩国人的小集团主义，形成了韩国特殊的关系文化。韩国语有俗语"잔 잡은 팔 밖으로 펴지 못한다、잔 잡은 팔이 안으로 굽는다"，意思是拿杯子的胳膊都是往里拐的，人们更喜欢与自己比较亲近的人。此外，还有告诫类的俗语"정들었다고 정말 말라"，意思是不能因为有了感情就说实话，告诫人们不论多么亲近的关系，不能说的话就绝不能说。这些都说明重感情的性格会产生一些负面影响，例如：会产生公正心的不足；重视血缘、地缘(김경동 1992:31-40)以及学缘、同事缘等关系；产生不顾及公共利益的集团利己主义(최재석 1980:15-80)，喜欢拉帮结派(안기수 2011:302)等，这些是韩国代表性的关系文化所表现出的特点。可以说，重感情的性格与韩国人特殊的关系文化是互为因果的关系。

12.4 多恨、压抑

12.4.1 韩国人的恨、压抑

"恨"也存在于其他文化中，但其他文化里的愤怒、怨恨都是一种瞬间的反击或报复，韩国人的"恨"具有与众不同的特点。如

08　中国人一般更重视人情，中国人的"人情"主要分为三类：恩情回报、人情投资与礼尚往来，其中礼尚往来更多地发生于自然的家庭支持网；人情投资一般只用于对已成功者的关系建立上；而最重要也可遇不可求的人情是恩情的建立(翟学伟 2011/2014:252)。

果不了解韩国的"恨"，就无法理解韩国的传统和文化。

12.4.1.1 恨的概念

在20世纪70年代前，对韩国人"恨"的研究多集中于文学界，从七十年代开始，韩国学、文化批评界也开始关注韩国人"恨"的感情。

关于韩国人的恨见解颇多，박승호(1998)认为"恨"可以说是集体的也可以是个人的，这是一个多层次的概念。《표준국어대사전》里对"한05(恨)"的解释是"몹시 원망스럽고 억울하거나 안타깝고 슬퍼 응어리진 마음."即不满、冤枉、郁闷、忧伤等郁积于心的心情。한완상、김성기(1988:96)认为韩国人的"恨"是"역사적으로 누적된 욕구 좌절의 부정적 체험 历史上积聚起来的欲求得不到满足的消极体验。"김성경(2009:14)认为韩国人的"恨"包括"비애감 悲哀、상실감 失落、우울 忧郁、억울함 冤枉、원통함 愤恨、원망 不满、뉘우침 后悔"等感情，主要是一些否定的消极的感情。与这些观点相反，홍경완(2009:131)认为韩国人的"恨"是一种包括四类感情在内的综合感情，具体为"증오·적개심 憎恶与敌对""한숨·탄원 叹息与哀求""자비·온유 仁慈与温顺""원망·희망 不满与希望"，也就是说韩国人的"恨"既有消极的一面，也有积极的一面。不过大部分人都是用消极的感情来定义韩国人的"恨"。

12.4.1.2 "恨"的产生、发展

韩国人的"恨"具有多个层次。首先，从国家和民族来看，이을환(1978:253)认为朝鲜半岛沦为日本殖民地的历史使韩民族陷入了具有否定性和闭锁性的思维意识中，虽然这种否定意识与封建社会

儒家思想的形式主义影响不无关系，但让这种意识站稳脚跟的还是韩国这种特殊的历史在起作用。홍경완(2009:131)还认为：除上述原因之外，日本投降后，朝鲜半岛在其他国家的外力下分裂为两个国家，分别被两种完全不同的意识形态所统治，并且韩国还经历了军政府独裁统治时期，在韩民族整个历史背景上逐渐生成的社会和文化的产物就是"恨"。所以，韩国民众的代表性感情就是"恨"。因此将韩国的文化说成"恨"的文化毫不为过。

从个人角度来看，"恨"的产生与韩国社会重视集体主义、重视权威的无我思想价值观密切相关。韩国属于东方文化，受中国儒家文化的影响，强调个人在家庭、社会、集团中的关系，是自我依赖型的文化，儒家思想的家长制在韩国还有很强的势力。历史的原因、中国儒家文化的影响、等级观念的高压、重感情的性格特点等，这些导致在韩国个人没有自我的位置，大家都忙于察言观色以确保自己的位置，确保人际关系的和谐。他们要"通过实现使重要他人(比如其父母)快乐以及满足他人期望的目标来获得并保持其幸福感"(Oishi & Diener 2001:1680)，所以，与个人主义社会相比，集体主义社会的幸福感要低(Diener, Suh, Smith & Shao 1995; Wirtz, chiu, Diener & Oishi 2009)。例如，对韩国青少年与美国青少年的对比研究发现，韩国人报告的生活满意度普遍更低，他们对家庭成员、朋友、学校和环境也更不满意(Huebner & Park 2005)。韩国人的关系是格外重视上下层级、高低、稳固与否的垂直性的"线绳文化"，这种关系文化更强调竞争，更追求时效性，由此形成的形式主义、面子文化、结果主义所导致的竞争意识、唯恐落后的"末班车思想"和危机意识也使得韩国人的幸福感很低。在这种文化背景下，韩国人更容易产生"恨"的感情。

从不同社会阶层来看，某些阶层更容易产生"恨"的感情。

Hyun Kyung Chung(1990:42)将"恨"的生成总结为无路可走之时产生的感情,穷人和女性无法挑战社会上的不公平,他们的身心被压迫、不得伸张,遭受来自有权有势阶层的暴力,因为没有抒发自己感情的通道只能在内心郁积,这无法表达的愤怒与冤屈成了他们灵魂中难以消解的"郁积(응어리,lump)",而"恨"就是被牺牲而不得排解的感情的郁积,是实实在在的苦痛和悲哀的郁积。

除了穷人和女性,其实一般人也容易产生"恨"的感情,尤其是处于社会底层或者处于某个社会组织下层的人,因为他们更容易被韩国人所要求的秩序而束缚,所以军事用语"군기를 잡다"才成了社会普遍通用的抓秩序的代名词。对现代韩国人来说,在受到不正当的待遇时,在自己的欲求得不到满足或者与他人进行比较而感到自己不足时,当自己出现不可挽回的失误或不幸时都会产生"恨"的感情(최상진 1991),从客观条件来看,韩国普通上班族客观上的劳动时间过长,加班加点是家常便饭,每小时的劳动收入过低[09]等也对现代韩国人"恨"感情的产生起到了一定作用,导致大部分韩国人产生一种压抑感。

在韩国,"스트레스(stress)"这个词的使用频率非常高。压力过大就会产生疾病,世界上唯独韩国人会生的病是"가슴앓이"或"화병(火病)",西方社会称这种具有韩国文化特色的病为"분노증후군(Anger Syndrome)"《문화일보,2018.02.02》[10]。韩国还有极具特色的"주부 우울증 主妇忧郁症",其比例是男性的两倍。"화

---

09 2018年1月11日,东亚日报在《광화문에서/동정민》中刊登了题为《더 평등해야 더 즐겁다》的文章,提到韩国人年均劳动时间是2071小时,位居世界第二位,但每小时劳动收入为31.8美金,OECD35个国家中位居第28位。因为韩国人经常加班加点,所以对韩国人来说"저녁이 있는 삶 有晚饭的生活"成了梦想。

10 http://www.munhwa.com/news/view.html?no=2018012601073711000001

병""주부 우울증" 等的主体都是女人，也就是说，韩国人整体的压力很大，但相对于男性来说，女性的压力和压抑感更大。女性身上的"恨"是社会和家庭双重枷桎下产生的感情(이효재 1978)。

韩国女性与中国旧社会的女性极其相似，地位非常低，她们"必须服从于父亲、丈夫和婆婆。当丈夫去世后，她甚至于必须服从她的儿子。她唯一的办法便是等待时机，将心中的不平发泄于女儿，或是儿媳妇，或是那些与她无亲无故，但碰巧妨碍她的人身上"(许烺光 2001:230-231)。韩国家庭中至今仍存在着严重的婆媳关系矛盾。有时女性也会通过很多的肢体打斗或唠嗑来发泄自己的不满。韩国男人也会通过辩论、言语争执甚或肢体冲突来发泄自己的不满，这从韩国国会辩论中双方对骂等可见一端，实际上这种行为与韩国人重视礼节这一传统是相悖的，这也有可能是西方民主制度中的自由辩论政治形式的影响，但不管怎样，这是韩国男人用来发泄压力的方式之一。不过，这些方式对重视关系、权威文化的韩国人来说并不是正当的发泄渠道。对韩国人来说，最常见的方式就是"忍受"。

因此，韩国语出现了很多与此相关的表达，如"가슴앓이、걱정、생가슴(生--)、냉가슴(冷--)、울화(鬱火)、고민(苦悶)"，前两个是固有词，还有两个混合词，只有两个是汉字词，可见韩国人的这种情绪是历史悠久的固有品质，是最常用的词语[11]。词组有"마음 고생(苦生)"。与此相关，韩国语还有"인고전(忍苦錢)[12]、인고

---

11 因为在汉字词输入韩国的过程中，非常多的固有词因为各种原因被汉字词替代。当然其中有语言学方面的原因，如固有词音节过长。但是最基本的常用词一般都没有被汉字词取代。由此，我们可以反过来推断，没有汉字词化的上述语言形式说明这种思想感情是韩国人固有的情绪和文化特征。

12 朴趾源写的《열녀 함양 박씨전(烈女咸阳朴氏传)》中记录，年纪轻轻就守寡的朴氏

봉(忍苦縫)", 描述的也是女人忍受痛苦的物件。如果这种情绪和感情发泄不出来，韩国人尤其是女人就会患上 "화병、주부 우울증" 等病症。

此外，与其他文化的语言相比，尤其是与同处儒家文化圈的日本相比，韩国语的感情词汇中表达 "화 怒" 的语言强度更强(김민수 2015:148)，如:

(6) a. 버스를 두 번씩 갈아타며 출퇴근하는 **불편, 답답함, 울화가 한꺼번에 치밀어 올랐다.** 需要转乘两次公交车上班的不便、郁闷、恼火一下子爆发了。

b. 연희가 다분히 사무적인 어투로 부하에게 지시라도 하듯이 말하고 있었기 때문에 그는 더욱 **울화가 끓었다.** 因为连姬说话就像给下属下指示那样是公事公办的语气，所以他的火更大了。

c. **화가 머리끝까지 치밀어 오른** 준기는 벌떡 일어나다가… 怒发冲冠的俊基突然一下子站了起来……

d. 그래서 현복이는 **울화가 터진다.** 그 울화를 마음껏 표현할 수도 없다. 所以炫福怒了。那种怒又不能尽情表现出来。

e. 주저주저하고 있는 사이에 민겸호의 **불호령이 떨어졌다.**(권연진 2017:408)犹犹豫豫的时候，闵兼浩的呵斥从天而降。

为了排解心中苦闷和性需求，当夜不能寐的时候，就会反复地摸索一个铜钱，十年下来铜钱的正反面的字被磨平了。有时还会在房间里滚钱，找到后继续滚，这样反复几次，天就亮了。所以这样的钱称作 "인고전"。

如上，这些感情表达的强度都非常大，其中(6a-c)都是对
"忍"的描写，而感情到了极点就要爆发，如(6de)是对感情爆发的
描写。这些表达也反映了韩国人内心的压抑多么严重。

韩国人的"화병"最终的结果就是达到超越阶段的"恨"，"화
병"患者经过多年的痛苦后逐渐总结出自己的一套人生哲学，随着
年龄的增长变得更加智慧和宽容，即"화병"更强调改变自身以适
应环境而不是改变环境，到最后阶段，患者会将"화병"与"恨"
视为一体(이시형 1977)。也就是说，韩国人的"恨"可以说是在内
心克服不健康的情绪后产生的消解过程，在这个过程中，韩国人逐
渐成熟，对人生的理解也更加透彻(천이두 1993:102-103)。

12.4.1.3 对"恨"的认识和处理

从历史角度来看，韩国传统里存在着两种巨大的文化、艺术洪
流，一种认为"恨"是个人的、感伤的、抒情的、虚无主义的或者
是攻击性的感情；一种则认为"恨"是一有机会就可以进行社会历史
变革的力量，是一种道德上的愤怒感情；后者是一种社会自我意识，
必要时可以发展成革命的力量，而前者是顺从现实的悲观论的开始
(Jae Hoon-Lee 1994:15)。

正因为韩国传统里具有这两种极端对立的"恨"的感情，所以
表现在现实生活中也就有了极其对立的各种社会现象。

当"恨"是力量、愤怒时，可以解释：备受磨难的韩民族为什
么能够最终屹立于世界民族之林并成为"亚洲四小龙"之一；为什
么韩国人能够团结一致，举国进行烛光示威来抵制外国牛肉进入国
内，为什么韩国农民为了抗议韩国政府进口外国大米不惜自焚，为
什么韩国人具有很高的创新意识……

当"恨"是个人的、感伤的、虚无主义的感情时，尤其是在现

代社会，那么就会产生很多消极现象。

关于"恨"带来的消极现象，韩国人处理自己的"화병、한"这些消极感情时多采用了内部消解的方式。表现在语言上，与"한"结合的动词主要有两类，其中一类是"맺히다、품다、서리다、쌓이다、박다、깊다"等。也就是说，韩国人的"恨"是一种凝结、无法分解的感情(신은경 1999:239)，这些动词中"박다"的意义更深一层，所以有了惯用语"한을 가슴에 박다"，意思是产生了永远无法排解的"恨"，而"쌓이다"则经常用于重叠形式"쌓이고쌓이는 한"，表示"恨"的程度加强。"한"所结合的另外一类词是排解意义的"풀다、달래다、삭다"，如(7)。从词语的数量来看，与"恨"的产生相关的词语很多，表示"恨"的排解或消失的词语相对来说要少，对韩国人来说，内心的"恨"最终不是消失，而是被分解。

(7) a. 가슴에 **맺힌 한을 풀다** 化解心头之恨
　　b. 술로 망향의 **한을 달랬다**. 借酒消乡愁。

因为韩国人处理消极感情时采取这种内部消解的方式，在外人看来，就非常令人郁闷，所以韩国语里产生了很多"답답하다、답답이""갑갑하다、갑갑이"类的词语，比喻极难猜透而令人纳闷的话或事情，也比喻不爱说话的人。形容词"안타깝다"指不合心意或看起来很可怜而感到郁闷、烦闷，也是对他人的感觉。

前面提到，韩国人是急性子，但却又有这种内部消解式的压抑的感情处理方式，两种矛盾性格左右着韩国人，导致现代韩国人出现了极高的自杀率[13]。而这也与韩国社会所呈现出的"不确定性规避指数高"这一特点密切相关。与韩国人相反,中国人自杀率较低,这也与中国所呈现出的"不确定性规避指数较低"这一特点密切相关,而这些反映出的都是民族性格。

汪凤炎等(2004/2015:85-86)解释道:"在中国历史上……生存环境多艰,很多中国人为了生存与发展,只好充分利用实用思维来应对环境,若理想我无法在现实中展现,便将理想我藏在心中,而在现实生活中展现一个与理想我有较大出入甚至截然不同的现实我。在多数中国人看来,这种内方外圆式的做人方式是可以接受的,正所谓'海纳百川,有容乃大''宰相肚里好撑船'。对于多数中国人而言,理想我与现实我之间存在一定的距离甚至二者之间完全不同,也是可以接受的,大多数中国人不会因此而产生心理困惑,更不会因此而生出心理疾病。与此同时,正由于理想我与现实我之间可以存在较大的距离,若理想我与现实我发生冲突,多数中国人宁愿'收起'理想我,只讲现实我,这显得颇为实用。"

中国人"知足常乐",可以接受理想我与现实我之间的差距,相反,韩国人非常看重理想我与现实我之间的一致性,若二者之间存在较大差距,则易产生认知失调,甚至产生人格分裂。

韩国人的"恨"给个人生活带来了一定消极作用,所以对韩国人的"恨"和压抑,过去都从病理性的、消极的角度来看待,但

13　2016年9月27日,韩国统计厅公布了2015年韩国人的死亡原因统计,每10万人中,自杀比例分别是: 10岁左右的人中有4.2名,20岁左右的人中有16.4名,30岁左右的人中有25.1名,60岁左右的人中有36.9名,70岁左右的人中有62.5名,80岁以上老人有83.7名。

（http://news.donga.com/3/all/20160928/80511915/1#csidxe4dcc71e410765
5bc0440aeccc30c47）

现在逐渐出现了一种倾向，那就是将"恨"视为一种积极、健康的概念，是将消极的经验进行消解并升华继而成长的过程，将消极意义的"恨"与"解恨"看做一个"共同体"，结果是同感能力的增强、成熟以及实现自我价值和集体发展的过程(양옥경、최명민 2001:20)。对韩国人"恨"的感情的这种态度变化也反映了韩国人压抑的性格，也就是说，对消极感情的存在采取认可并尽可能从积极的角度进行解释，而不是采取批判和革新的态度去对待以求改变，这本身就是压抑性格的一种表现。

综上所述，韩国人的"恨、压抑"的性格的产生以及韩国人对它的认识与处理具有很强的文化性，是韩国的地理环境、历史背景、儒家思想、社会阶层、客观现实等多种因素作用下的产物。

韩国人压抑的性格在语言上的表现就是身体语言的发达、喜欢用消极词汇，在表达拒绝之意时会出现一系列的关系考虑，并且喜欢用非直抒性的表达。

12.4.2 身体语言与感情

韩国人压抑的性格表现在身体语言上，其中之一就是在与他人交往时喜欢察言观色，讲究慎言和说话的礼仪，这种文化导致的另外一个结果就是身体语言的发达，也就是说韩国人更喜欢和更擅长用身体语言来间接地表达自己的思想、感情以及与他人的关系，而表现在语言学上就产生了异于其他文化的更细致入微的身体语言表达。

韩国语里与头、脸、眼、耳、口、齿、鼻、胸有关的语言表达中，有一部分具有文化的共性，汉语也有类似的表达，但与汉语相比，韩国语的表达更加细致，有一些表达在汉语里不可能借用身体语言来表达。

例如，韩国语里借用鼻子的状态来表达诸如"自得、傲慢、了不起、固执、没了气焰、丢脸、没精神、抬不起头、受挫、喝醉酒、抓住把柄、以此为荣"等相关的感情和心理状态，韩国语还借助鼻涕、掉在地上的鼻涕以及鼻屎等分泌物来表达"搞破坏、行动猥琐、自私、轻松完成、胸有成竹、没骨气、软蛋"等意义，如(8)所示：

(8) a. 콧등이 찡하다/시큰하다/시다、코허리가 저리고 시다
　　b. 콧등이 붓다/세다
　　c. 코가 솟다/우뚝하다/높다、코를 쳐들다
　　d. 콧대가 세다/이마에 붙다/높아지다/오뚝하다/천장을 뚫고 나가다、콧대를 세우다
　　e. 콧대를 꺾다/깔아뭉개다/내려놓다/낮추다
　　f. 코를 납작하게 만들다、코가 납작해지다、코(가) 빠지다
　　g. 콧방귀를 뀌다、콧방귀도 안 나오다
　　h. 코대답、콧노래、코 먹은 소리
　　i. 코를 빠뜨리다、눈물 콧물 다 빼다
　　j. 코푸렁이、코딱지

借助后背的动作，韩国人可以表达依靠别人、支持和鼓动、断绝关系、抢夺财物、辛苦、难以忍受、精神高度紧张、伤心、害怕、厌烦、折磨别人等丰富的关系与感情。其中，在表达与他人关系的不和与决裂时，韩国人喜欢用的身体动作之一就是背转身，而不同的动词结构"등지다"与"등을 돌리다"分别表达不同的感

情，前者表达状态，而后者强调由好变坏的过程。韩国人用后背所表现出来的关系与感情在汉语里大部分难以用身体语言来表达。

借助肚子，韩国人除了可以表达具有共性的与吃喝、怀孕有关的生理需求意义外，还借用肚子来表达男女不正当的感情，高兴、得意、嫉妒、生气等心理感情，以及胆量、想法、眼力、态度等思想。

韩国人还借助膝盖和膝窝来表达多种感情，例如与膝盖有关的身体语言可以表达使屈服、吃惊、高兴等感情，与膝窝有关的身体语言可以表达不安分、放荡、被吸引、害怕、被某物所累、放心悠闲、满意、不踏实、抓住把柄、恐吓或告诫等心理感情或心理状态等[14]。

如上，借助身体语言来表达心理感情、心理状态与思想是一种非直抒性的间接表达，比直接用感情词汇来表达要更加委婉、隐晦，是压抑型性格的表现之一。

12.4.3 消极词汇与感情

韩国人多恨、压抑的感情还表现在经常使用消极性的词汇。例如，韩国人经常使用的感情词汇（430个）中72%是消极性的词汇，其中排在前十位的消极词汇如（9）所示，这些消极性的语言表达的多是压抑的感情。

(9) 참담하다、한 맺히다、역겹다、배신감、경멸하다、증
오하다、열등감、억울하다、비참하다、절망하다(박인
조、민경환 2005)

14　关于身体语言与感情，详见前面第三章以及笔者的《韩国自然文化语言学》。

除消极意义的感情词汇外，韩国人还喜欢用"별수 없다、할 수 없다、어차피、차라리"等消极性表达，这些表达都隐含着顺应自然、社会，放弃自己的意志、努力和作用的消极心态，表现的是一种"无我主义"和"转嫁主义"(이규태 1991b:219-220)。

此外，韩国人还经常使用"더럽다、거지"等看似与感情无关的词语来表达感情或者作修饰语。"더럽다"在基本意义——不干净的基础上又发展出了表达不满、不快的心情或者令人不满意的状态等意义。"거지"意为乞丐，除了指人，还用来骂人，其对象不仅是人，还可以是场所、事件、礼节、心情、趣向等，所修饰的范围非常广，多用于"거지와 같다""거지 같은"结构，如表4所示：

[表4]"거지와 같다"类表达

对象	例子	翻译
人	**거지** 같은 게 어디 와서 행패야?	你这破烂货竟敢到这里来撒野？
	거지 같은 인생	下三滥人生
场所	**거지** 같은 농장	破烂农场
	거지 같은 집	破家烂窝
事件	이런 **거지** 같은 결혼 못하겠습니다. 《그래 그런 거야, 16회》	这种破婚我不能结。
礼节	어쩜 그렇게 **거지** 같은 매너가 다 있어? 《미워도 사랑해, 15회》	怎么一点礼貌都没有啊？/怎么一点也不知道怜香惜玉啊？
心情	**거지** 같은 기분	心情糟透了。
趣向	취향은 **거지**와 같다.	眼光真臭。

如上，这些消极类的词语都逐渐发展出了感情意义，这些消极表达方式也是韩国人压抑性格的一种外在表现，是对压抑的一种隐晦地发泄和反抗。

12.4.4 间接表达与感情

表达同样的内容时，包括美国在内的很多西方国家多用直接表达的方式[15]，与西方人相比，包括韩国人在内的东方人多采用间接表达的方式，这种表达也可称作委婉表达。但同是东方文化，韩国人的间接表达要突出的多，这也是韩国人要面子、重视他人看法、察言观色心理在语言上的表现，因为面子主义也要充分考虑他人的面子问题。韩国人的间接委婉表达有多种形式。

12.4.4.1 推测表达

韩国人常用表推测的副词"아마"，所以德国人称韩国人为"아마 박사"(이규태 1991b:65)，年轻人或者女性喜欢用"같다"，如"그런 것 같다""-인 것 같다"等，之所以采用此类表达，김동섭 (2013:240)认为这是因为说话者不想直抒己见，而是察言观色看自己的意见是否与大家的意见一致，当与大家的意见有冲突时可以随时为自己寻找出路。这与韩国语SOV这种"分总"结构的语言特点是一致的，而在语尾添加推测性表达只不过是对韩国语这种特点的强化而已。

12.4.4.2 反语与委婉语表达

非直抒性表达的代表性方式之一就是借用反语，反语表达的是一种否定意义，因为反语的心理原理就是否定性原理。所谓否定性，简单地说就是在认知某个概念或事态时采用的不是肯定方式而

15　当然，即使是在美国，与男性相比，女性更喜欢用间接表达(Pearce 1994)，这是男女性别在语言表达上的差异，这里仅分析东西方差异，不分析男女性别差异。

是否定方式(김진우 2010:271)，但这种否定是为了缓解紧张而使用的一种修辞，是一种幽默方式，Martin(2000)认为笑和幽默可以通过以下四个步骤来缓解紧张和压力：

(10) a. 笑和幽默以它们的本质属性可以将紧张、否定视角下的状况转化为委婉、肯定的方向。
b. 笑和幽默可以使人际关系更和谐，增强双方的亲密感和信赖。
c. 笑和幽默产生的愉悦感情可以压制与压力有关的消极感情。
d. 笑和幽默所带来的生理变化可以减轻因压力而诱发的对身体的消极影响。

上面的(10bc)与反语有关，即反语可以通过幽默来增强人际关系，并使个体获得愉悦心情。

委婉语也是间接表达的方式之一，其产生的心理基础是为了避免引起交际双方的不快，反映的是一种以他人为中心的交际方式，体现的是说话者压抑的心理感情。

12.4.4.3 敬语

韩国人重视集体主义、与他人的关系以及礼仪，在语言上最突出的表现就是有发达的敬语系统。韩国人在使用敬语系统时要充分考虑对象的身份、年龄、职级、性别，还要考虑各种不同的场合与关系的亲疏，这反映了"考虑别人的想法，以别人的想法为中心，而不是以自己为中心"的思想，这虽然有利于维持和谐的人际关系，但也造成了韩国人压抑的性格。

在表达对他人的不满、愤怒等强烈的感情时，韩国语虽然也有相关的骂人的表达，但韩国人日常生活中更常常借用敬语表达的异常使用来间接地表达这种消极否定的感情，例如：对应该使用敬语的人不使用敬语，对不应该使用敬语的人反而使用敬语，或者对自己使用敬语，通过三种表面上看似矛盾的语言表达来间接地表达说话人对听者或第三者的消极感情。

先看敬语的降级私用，一般情况下对长辈不能用半语，不能用第二人称代词"당신"，但在表达不满的思想感情时，则可以动用这些手段。例如，电视剧《폼나게 살 거야, 39회》中，继子최구형对自己的继母发火时说道：

(11) 내가 모를 줄 알아? 사실상 **당신 같은 여자** 세상에도 없을 거야. 세상 제일 무서운 여자가 **당신 같은 여자**야… 그러고도 …착한 척, 불쌍한 척, 쇼도 잘하시지! 이젠 안통해. 你以为我不知道啊？实际上天底下都没你这样的女人。你是天底下最令人恐怖的女人……你还装善良，装可怜，真会演戏啊! 现在你这一套不管用了!

这几句话的词尾用的都是半语，并且用了第二人称代词"당신"来指称继母，表达的是强烈的不满，到后半部分，又说了"쇼도 잘하시지"，这里的敬语标志"-시-"表示的是嘲讽。

反过来，韩国语里一般不对晚辈使用敬语，如果对晚辈使用敬语一般是有意为之，表达的更多的是感情意义。例如，电视剧《그래 그런 거야, 26회》中，当儿媳妇晚上喝酒耍酒疯后，婆婆한혜경非常生气，对着儿子半鞠一躬说道：

(12) 참 대~단한 며느리를 **모셔오느라 수고하셨습니다.** 您
    (为我们家)迎娶了这么一位了不起的儿媳妇，真是辛
    苦您了。

　　如上，这句话里首先出现了形容词"대단하다"被用作反
语，其次，这句话还对儿子使用了敬语形式的"모셔오다""수고
하셨습니다"，表达的是对儿子和儿媳的不满之情。（王芳、金基石
2021:119）

　　再看敬语用于自身的情况，其实这可以看作是升级使用的一
种。例如，电视剧《월계수 양복점 신사들, 24회》中当听妻子反问自
己不想要孩子是不是因为没有忘记初恋情人时，丈夫裴三道说道：

(13) 기가 막혀서 **돌아가시겠네.** 정말. 도대체 무슨 얘기를
    하고 싶은 거야? 我真是无语了啊，活叫你给气死了。
    你到底想说什么啊？

　　这句话里在提到自己时用了敬语"돌아가시겠네"，表达的是愤
怒之意。

　　如上，韩国语里的这些敬语的异常使用虽然表达的是发火、不
满、愤怒等强烈的消极感情，但是却没有使用任何消极性的表达，
只是将敬语的语法标志、语尾、词汇做了相应的改动，所以是比较
含蓄的感情表达。

12.4.4.4 间接拒绝表达

　　韩国语里表示拒绝的方式可以分为两类，即直接拒绝和间接
拒绝。直接拒绝又可以分为两类，第一类主要使用形容词"되다、

싫다、없다" 以及 "안" 否定、"못" 否定、"말다" 否定等方式
(추준수 2012:111)，这种直接拒绝多发生在男性之间，当双方社会
地位相当或者比较亲密时使用频度很高(추준수 2012:113)。第二
类是采用另外的策略，即表明自己不想做的想法，一般是否定副词
"못""안" 与表示说话者意志的 "-겠-""-고 싶다""-ㄹ 거" 相
结合的方式，此类方式的使用主要是为了最大程度地保护对方的颜
面，所以采用了在前后说明理由的方式。从性别来看，这种拒绝方
式多出现于女性说话者；从社会地位来看，当说话者的社会地位低
于对方时用的最多，当双方社会地位相当时一般不采取这种方式；
从亲密度来看，一般多用于双方关系比较疏远时，亲密关系时有时
也会使用(추준수 2012:115)。也就是说，韩国语的直接拒绝方式具
有很强的性别差异，此外，还受双方地位、亲密度的影响。

关于韩国人的间接拒绝，추준수(2012)研究发现，韩国人间接
拒绝时多采用 "이유 설명 说明理由""불만 표현 表达不满""수정
修正""비난 指责""원칙 설명 说明原则""회피 回避" 等方式。
其中说明理由来进行间接拒绝的方式多用于社会地位或力量相当或
者非常亲密的时候(118页)。而通过表达不满来间接拒绝多用于说话
者地位较高、双方社会地位相当或者双方关系很亲密时(121页)。通
过修正对方的话来间接拒绝的方式多用于说话者的社会地位较高或
双方地位相当的男性之间，但与亲密度无太大关系(123页)。通过说
明原则的方式进行间接拒绝一般多用于男性之间，说话者多表现为
社会地位较高(127页)。而通过回避的方式表示间接拒绝一般会给对
方带来不快感或心理上的矛盾(129页)。也就是说，韩国人即使采取
间接拒绝的方式也要充分考虑双方的关系和对方的感受。

韩国女性有时也会用一些疑问句来表达反对的意思，这样可以
使反对更加委婉(송경숙 2002)。此外，韩国人在表示拒绝时还会在

句首添加一些转折词，如"나도 그렇게 생각하지마는…""그 말씀도 일리가 있습니다만…""백번 지당한 말씀이지만…""좋기야 좋지만…""예쁘긴 한데…""하긴…"，使用这样的转折表达是先对对方的话进行肯定，是为委婉地拒绝或表示反对做铺垫。

这些表示拒绝的转折表达词一般都用于句首，所以也被称作"전치사 前置词"，이규태(1983/2011(3):81)更将其命名为"안개 전치사"，他认为：韩国人使用这些表达的用意是为了模糊自己的意见、主张或希望等，通过这种表达可以获得心理上的安定，缓解结论式表达所带来的不安或不和谐。并且，他从地理环境的角度解释了这种思想的形成，因为韩国山多林密，处于其中时，一切都是模糊的，这种"幻""幽"空间影响了韩国人的认知和思维方式，使其变得相对其他地理环境下的民族来讲具有了模糊性(이규태1983/2011(3):83)。笔者认为，这种解释具有一定的合理性。

12.5 排解

中国人与韩国人具有相似的社会文化基础，那就是数千年的封建专制统治对人们的压制。中国人纾解这种社会现实所带来的压抑和不满情绪多依靠语言，即笑话，而这些笑话多与政治无关，主要是有关人性方面的内容，人们通过笑话来苦中作乐，娱人娱己(吴礼权 2013:229)，林语堂(1992:52)认为中国人"有一种自己独特的幽默，他们总喜欢开开玩笑，这种狰狞的幽默建立在对生活的滑稽认识之上……这种闹剧性的幽默，结果使中国人对任何事情都严肃不起来"。

韩国文化除了封建专制的压制外，受地理位置的影响，历史上饱受侵略和战争之苦，多灾多难，这样特殊的历史文化背景最终形成了韩国人多恨、压抑的民族性格，所以韩国人排解这种民族情绪的手段和方式必然不同于中国，韩国人的排解方式主要有如下九种类型：

12.5.1 压抑与排解

韩国民俗信仰认为有九个可以主宰人的命运的星，分别是"처용직성(處容直星)、토직성(土直星)、수직성(水直星)、금직성(金直星)、일직성(日直星)、화직성(火直星)、계도직성(計都直星)、월직성(月直星)、목직성(木直星)"，十岁时，男人开始轮值处容直星，女人轮值木直星。所以，"직성(直星)"用来指天生的命运，或指天生的品性或性格，如(14a)；惯用语"직성(이) 풀리다"指按照自己的性子来，心里很满意，如(14bc)。

(14) a. **직성**에 맞지 않는지 연방 투덜댔다. 他一直嘟嘟囔囔的，好像那件事不合他的性格。

b. 모든 것 본인이 직접 해야 **직성이 풀리는** 성격인가 봅니다.《별이 되어 빛나라, 124회》看来你的性格是不管什么都要自己亲自做才会作罢，是吧？

c. 너는 자식이란 자식을 다 잡아먹어야 **직성이 풀리겠냐?**《우리집 꿀단지, 15회》你是非得把所有的孩子都弄死，才甘心，是不是啊？

如上，韩国人认为按照自己的性子来才会舒畅，但因历史、社会以及文化的原因韩国人又被迫形成了"恨""压抑"的文化，所以压抑的感情需要有突破口。

韩国人表示气愤时多用意为"气被堵住了"的表达"기막히다、기똥차다"，这是把人体看作了一个有口的容器，口被堵住了，就成了生气。而排解时，则需要把内心舒展开，让心里敞亮起来，所以多用动词"풀다"。因此韩国的文化也被定义为"푸는 문화 排解的文化"(이어령 1978)。

韩国文化充满了"분풀이 泄愤""살풀이 辟邪"等(이규태 1991b:279-281)，与辟邪有关还有专门的"살풀이춤 辟邪舞"。与泄愤有关，还有各种类型的"한풀이 泄恨""화풀이 撒气、解气""속풀이 解气[16]"等。

韩国"MBN 매일방송"电视台有专门的电视节目叫作"동치미 속풀이쇼"，广告是："당신의 **답답한 속을 한겨울 동치미처럼 시원하게 풀어드립니다.**"，即"让您郁闷的心情就像吃了三九寒天的冰萝卜汤一样痛快"。这个节目主要是邀请普通百姓来录制节目抒发对他人的不满或怨恨，以求内心平和。电视节目是对社会现象的反映，这类节目的出现反映了韩国社会的压抑以及对排解的渴望。

上面广告词中动词"풀다"前面跟着"시원하다"作状语，"풀다"还经常与"후련하다、속시원하다、속이 후련하다"等一起使用，这些词(组)之所以被频繁使用，是因为大部分韩国人都有"恨"，内心都很压抑。对韩国人来说，不仅郁闷的心情需要排解，就是开始工作时也说"이제 몸 좀 풀어볼까"，而工作结束后的聚餐或庆功会韩国语也称作"뒤풀이"。

"풀다"的被动词是"풀리다"，除了指个人心情的排解，还可

---

16 "속풀이"也有醒酒的意义。

以扩大到人际关系，如(15a)；也可扩大到人生，如(15b)。

> (15) a. 그 아가씨랑 뭔가 안 **풀리**는 모양인 것 같다.《별난
>   가족, 41회》看来和那个姑娘进展不顺利啊。
>   b. 그쪽 인생도 참 안 **풀리**네요.《미녀 공심이, 5회》你
>   的人生也真是不顺啊。

　　如上，韩国人的文化是"푸는 문화 排解的文化"，也是"풀리
는 문화 被排解的文化"。如果我们再开阔视野会发现，韩国人的这
种排解文化与韩国人的人际关系文化也密切相关，因为韩国人的关
系文化是"线绳文化"(详见第九章"9.6")，而解开线绳、绳结的动
词是"풀다"或被动形式的"풀리다"。因此，韩国人的关系文化与
排解文化形成了一个完整的有机体。

12.5.2 超自然的力量

　　韩国人排解心情最具代表性的就是萨满教，是借助超自然的力
量来体验解放的心情(홍경완 2009:135)。萨满教最重要的活动就是
跳神。萨满教的跳神是一种共同体的宗教活动(gemeinschaftliche
religiöse Zelebration)，是社区共同参加的活动，借助跳神，可以
将个人的"恨"转化为共同体的感受，这是韩国萨满教的固有特征
(Chang Hee-Son 2000:57)。

　　萨满巫师首要的课题就是通过跳神来共享他人的"恨"，并且为
他人来解恨。萨满教的世界观认为所有问题的根源都在人间外部世
界，外部力量的介入是引起"恨"的原因，所以如果能阻挡外部力

量的介入，那么就能恢复正常的生活；跳神是通过歌舞来通神，借助与神的会面来实现普通条件下无法实现的事情，其中代表性的就是将郁积心中的"恨"通过巫师的嘴来转换为人类可以听懂的语言；萨满教不仅是解恨，而是为"恨"提供了一个解决方法，起到了将人从"恨"里解脱出来的作用(홍경완 2009:135-136)。韩国萨满教在现代社会仍然拥有很大市场的原因就在这里。

12.5.3 身体动作

韩国人还利用身体动作来排解郁闷或悲愤的心情，这些身体动作可以分为三类。

12.5.3.1 单纯的肢体动作

单纯的肢体动作代表性的就是捶胸顿足、以头抢地等，这与中国人是一致的，因为汉语有"哭天抢地"，但这类身体动作对日本人来说是不可能的。韩国语还有"솜뭉치로 가슴(을) 칠 일(이다)""담뱃대로 가슴을 찌를 노릇"，意思是用棉团或烟袋来抽打胸部，但因为棉团或烟袋没有力度，所以用来比喻非常郁闷、悲痛。但这些惯用语里出现的棉团或烟袋只是强调作用。

上面的这些身体动作一般还会伴随着哭声，因为痛哭也是宣泄心情的一种办法。但韩国女人过去并不能随便哭，受了委屈偷偷哭被发现三次就要被休掉(이규태 1999/2000:292)，所以只能找可以公开哭的场合。例如，韩国过去如果有人家里发丧，那么就会有很多非亲非故、具有不好境遇(寡妇、被丈夫遗弃的女人、小妾、失去孩子的母亲、孩子是残疾人的母亲等)的女人来到丧家痛哭，这种习俗

当然是因为有"丧家的痛哭声越大越好"的观念，但这些没有任何关系的女人来痛哭，不过是借用这样的场合来宣泄自己的压抑罢了（이규태 2009(2):88）。本章"12.4.1.2"已分析过，与男人相比，韩国女性是倍受压制的对象，在这种特殊的文化背景下，韩国女性也需要释放自己的压抑才能活下去，因此才促生了这种与收钱帮哭的"곡비(哭婢)"相反的免费帮哭的风俗。

12.5.3.2 劳动

韩国女人还借助劳动来排解自己的心情，其中之一就是不停地缝制衣服，而这种行为称作"인고봉(忍苦缝)"，因为现代心理学已经证明反复地重复做同样的事情可以有效地缓解痛苦或悲伤(이규태 1999/2000:107)。其二是利用石臼捣米。其三是利用"棒槌"来舒缓压力，方式就是借捶打衣服之际间接而隐晦地来宣泄自己内心的压抑和"恨"，有时还会伴着棒槌的节奏唱"씨에미 마빡 뚝딱/씨누이 마빡 뚝딱/시할미 마빡 뚝딱/시고모 마빡 뚝딱"(서울경제 2004.06.02)[17]，意思是：婆婆头顶上一棒，小姑子头顶上一棒，祖奶奶头顶上一棒，祖姑奶奶头顶上一棒。正因为如此，所以韩国人可以从韩国女人敲棒槌的声音上来猜测其心情如何，如：

(16) 아내는 무엇이 불만인지 **빨랫방망이로 빨래를 북 치듯**
두드렸다. 不知妻子有什么不高兴的，拿着棒槌像敲鼓
一样敲打衣服。

---

17 https://news.naver.com/main/read.nhn?mode=LSD&mid=sec&sid1=103&oid=011&aid=0000037686

现代社会的女人已经不再用棒槌捶打衣服，所以就借用棒槌来捶打食物。例如韩国人喜欢吃晒干的明太鱼做成的"북어"，在吃之前一般用擀面杖使劲敲打，打碎、撕碎后，才能做着吃。这种与饮食制作有关的动作常被韩国女性当作泄愤的手段。

例如，电视剧《미워도 사랑해, 42회》中，当得知前夫与自己的朋友再婚后，장정숙口头上说不在意，但回家后拿了一只干明太鱼，放在案板上，一边用力地砸一边歇斯底里地骂道：

(17) 오늘은 너 좀 잡자. 스트레스 풀고 저녁은 북어국으로 하
고. **북어국하고 그 인간은 사흘에 한 번씩 패고! 멸치하**
고 그 인간은 이틀에 한 번씩 볶아대고! 아! 아! 아! 이젠
또 뭘 팰까? 뭘 패? 아! 아! 나쁜 놈! 나쁜 놈! 今天我得收
拾你一顿，也消解一下压力，晚上做明太鱼汤喝。明
太鱼和那混蛋三天打一次，小鳀鱼和那混蛋两天炒一
次！啊啊啊！再砸什么啊！砸什么啊！啊！啊！坏蛋！坏蛋！

这时大女儿在外面因工作不顺心而受了气，回家看见妈妈在砸明太鱼，便从妈妈手里拿过明太鱼，也是一顿乱砸。紧接着二女儿也受气回到了家，从姐姐手里夺过棒槌，也是一顿乱砸。

12.5.3.3 游戏

韩国人有时也利用游戏来排解郁闷的心情。例如，韩国女人经常利用剧蹭瓢子来发泄自己的消极情绪，所以才产生了惯用语"바가지를 긁다"，因为这种剧蹭瓢子的声音非常刺耳，儿媳妇故意借此来让婆婆听，间接地诉说自己的不满。这虽然不是一种严格意义上的游戏，但是因为不产生任何劳动成果，因此也可以看作是一种游戏。

韩国还有很多与瓢子有关的女人游戏，其中，韩国小白山脉山脚下的"打匏"巫俗在为疯女人治病时就是诱使她击打瓢子发泄对婆婆的愤恨，因为这些女人大多是因为婆媳矛盾而发疯的；还有一种叫"시장군치기"的游戏，在大盆里装满水然后扣上一个瓢子，女人们一边哼唱咒骂婆婆的小调一边击打瓢子；还有由此变形而来的游戏，叫作"물장고"，把瓢子扣在水缸里，一人用棍子击打瓢子，击打声以及瓢子与水相撞发出的声音交汇发出特殊的声响效果，其他人则围着水缸边唱边跳，一玩就是一整天(이규태 2009(2):53)。

　　发展到现代社会，韩国有了很多新的娱乐设施，其中有"두더지게임"，人们借助用锤子使劲砸"두더지"来排解压力。这种玩具有面向儿童、青少年、成人等多个群体的各种类型的产品，有微型的(图1)也有大型的(图2)，有室内的(图1,3-5)也有室外的(图2)，有固定的(图2)也有移动式的(图1、4、5)，有实物的还有虚拟网络的(图3)，有给人玩的(1-4)还有给猫玩的(图5)，有手巧的韩国妈妈还会在家里用废旧纸箱自制这种玩具(图4、5)。由此可见，韩国人非常喜欢用身体动作来排解心情。

[图1-5] 图片来自网络

　　但是愤怒等负面情绪借助上述方式来进行宣泄不见得会取得很好的效果。心理学研究证明，"发泄愤怒可能会使个体表达更多的愤怒"(Lohr,Olatunji,Baumeister & Bushman 2007；舒尔茨、舒尔茨 2016:44)。"发泄愤怒并不会减少负性情绪"(Bushman 2002；舒尔茨、舒尔茨 2016:45）。所以这种借用身体来发泄的方式并不可取。

12.5.4 饮食

韩国人排解心情的方式还有饮食。吃东西减压具有世界共性。最常见的方式就是吃垃圾食品、甜食或者饮酒。

韩国语有汉字词"중독성(中毒性)"，这个词本来指如果吃或接触的话就会引起病症或对生命造成危险的东西，韩国语里用这个词来比喻食物让人上瘾。这种用毒品来比喻食物的现象在语言学上是普遍存在的，对这种现象的产生，任韶堂（2017:111）认为：这说明了"这种对垃圾食品和甜食引人上瘾的理解深深扎根于我们的文化中。……女性比男性更常使用这种毒品的比喻，说明他们为了保证健康或者低热量饮食承受了更大的压力。"烈酒在韩国语里称作"독주(毒酒)"，也是强调饮酒会让人上瘾。

与普通的减压方式不同，韩国人排解心情时还有很特殊的方式就是吃辣食、吃鱿鱼。

韩国国营广播电视台KBS于2016年3月26日播出了《생로병사의 비밀》第576集，其中提到韩国人在解除压力、缓解郁闷心情时，采取的方式就是吃辣食，有的人说一周会吃三次以上的辛辣食物，特别是心情不好的时候更想吃辣。有的人说吃了辛辣食物后会感觉到比较爽、惬意，所以为获得这种感觉而更加不断地寻找辣食。

电视剧里有很多关于韩国人吃辣的场面以及对吃辣作用的解释，如：

(18) 처음에 내가 이게 뭔 맛이 있나 싶었는데 식감도 좋고 **매콤한데 은근히 중독성이 있더라구요**. 《월계수 양복

점 신사들, 42회》才开始我还想这能有什么味道啊？但是(这鸡爪)有嚼劲，还辣乎乎的，所以很让人上瘾啊。

(19) 보아하니까 머리가 복잡하신 것 같은데 정신이 복잡하실 때는 **매운 것 딱입니다**.《전생에 웬수들, 19회》看您好像有什么心事，脑子乱的时候吃辣的最合适。

(20) 차도훈:먹어봐. 너 우울하다고 해서 **맵게 했어**. 尝一下吧。你说很抑郁，所以我做得很辣。

윤상은: 별로 안 매운데. 一点儿也不辣啊。

차도훈:많이 우울한 모양이네. **매운 것 못 느낄 만큼**.《해피시스터즈, 56회》连辣你都感觉不到，看来你真的是很抑郁啊。

如上，正因为全国老百姓都有这种吃辣解压的嗜好，所以KBS节目组告诫韩国人：从医学角度来看，辣食对消除压力并没有什么帮助，吃辣虽然会带来心情的愉悦，但也会降低抗压能力。从这个节目的播放可以看出，韩国人是多么喜欢吃辣食，导致最大的电视台会专门做一档节目来纠正偏误。

韩国人还借助吃鱿鱼来排解心情，之所以采用这种方式，是因为人们受到委屈后身体的自然反映是想咬牙切齿地骂人，所以才有了惯用语"이를 갈다、이가 갈리다"等，而表示咀嚼的动词"씹다"也因此产生了背后说坏话这样的意义。适合咀嚼的食物最好是有韧劲的，所以鱿鱼成了韩国人尤其是韩国女人用来发泄的代表性食物。

例如，电视剧《전생에 웬수들, 86회》中，婆婆오사라做好了炸鱿鱼圈送给儿媳妇최고야，说道：

(21) 내가 시어머니때문에 열 받을 때마다 만들어 먹던 거야.
그러니까 너도 **날 뒤에서 씹지 말고 대신 이 오징어를
씹어**. 있다 지석이랑 맥주 한 잔 하면서 안주해. 以前我
因为婆婆上火的时候经常做这个吃。所以，你不要在
背后骂我，上火的时候吃鱿鱼吧。一会和智硕两个喝
杯啤酒，当下酒菜吧。

上面这段话中提到了"안주감"，指的是下酒菜。但是"안주
감"也可以用来比喻人，也就是说，在喝酒时说他人的坏话，被说
之人就成了最好的下酒菜。如电视剧《전생에 웬수들, 20회》中，当
看到오나라不告诉自己父亲的消息时，최고야便威胁要把她抢别人老
公这事告诉她的同学，并说道：

(22) 안 그럼 다음 동창회 때 당신은 친구들 사이의 아주 맛있
는 **안주감**이 될 테니까. 否则，下次你同学聚会的时候，
你就会成为你朋友之间非常有意思的"下酒菜"的。

如上，韩国人将人作为下酒菜，即背后谈论他人，这在韩国语
里称作"험담(險談)"。这被이규태(1991b:230-33)称作韩国人特有
的"험담병"，这也是韩国人舒缓压力的方式之一。

12.5.5 禁忌语的使用
禁忌语有多种类型，主要指与习俗、信仰、疾病、排泄等有关

的词语。韩国人喜欢用禁忌语。这些禁忌语主要表现为以下三大类：第一与排泄物有关，第二与性有关，第三与死有关。

对他人使用禁忌语时，可唤起对方的情感反应，有时还会在想给他人造成痛苦时发生作用，所以人们在侮辱、诅咒时多用禁忌语（平克 2015:415）。人们频繁地使用禁忌语主要是因为这会释放压力、宣泄愤懑（平克 2015:428）。有时，禁忌语也表明与对方关系亲密，也是一种信任的表示(이석규 2007:111)。使用禁忌语的这些效果同样适用于韩国人。

12.5.5.1 与排泄物有关

韩国语里排泄物为"똥、오줌"，这些排泄物属于禁忌语系列，在很多语言里都会使用相应的委婉语，韩国语里在具体指排泄物时虽然用相应的委婉语，但同时将排泄物的语言表达"똥、오줌"等发展出了众多的语义以及众多的表达方式，其中"똥"还发展出了很多"定中结构"的合成词或词组，将"똥"挂在嘴边，用在日常生活中。韩国语里屎尿的大肆泛滥既是韩国人压抑性格的一种体现，也是一种感情的发泄。与"똥"有关，如"기막히다"的通俗说法就是"기똥차다"，表达的是强调意义。韩国语还用拉屎来形容生活，如"(똥구멍이) 찢어지게 가난하다/어렵다"比喻非常艰难，有时经常省略"똥구멍"，而用"찢어지게 가난하다/어렵다"。拉出屎来也并不意味着好过，"똥(을) 싸다"俗指非常辛苦，这是强调累得把屎都拉出来了，有时还用"죽을 똥 싸다"。

与屁有关，韩国语有"베 고의에 방귀 나가듯"，比喻某种东西非常轻松地四散出去的样子。"층층시하에 줄방귀 참는 새댁처럼"意思是就像大家族中忍着一串屁不敢放的新媳妇一样，比喻实在难以忍受的困难。

与排泄物有关，韩国人还经常用动物的屎屁如"개똥、말똥、쇠똥、닭똥、새똥、멸치똥、족제비 똥、참새똥、승냥이 똥"等来作比喻，其中，"개똥"比喻不起眼的、低贱的、不像样的，可以修饰很多抽象词，如(23a)，并且还有"개똥같다"，经常用于日常生活中，如(23b)是记者采访时的场面。麻雀拉屎也被用来比喻可笑，如(24)。

(23) a. 개똥철학、개똥번역、개똥상놈、개똥참외(박갑수 2014(상)a:39)

b. 배우로 사는 일? **개똥 같지만**…이 순간이 가장 행복.《이코노미조선, 2018.10.26》演员生活？虽然什么都不是……但是这一时刻我最幸福。

(24) 니가 일을 해? 아이구! 날아가는 **참새가 웃다가 똥을 싸겠다**.《내 남자의 비밀, 50회》你工作？哎哟! 从头顶上飞过的麻雀该笑出屎来了!

与动物的屁有关，有俗语"처녀들은 말 방귀만 뀌어도 웃는다"，意思是少女听见马放屁都笑个不停，"부엉이 방귀 같다"意思是猫头鹰被自己所放的屁吓了一跳，比喻一点小事就大惊小怪的，类似的还有"노루가 제 방귀에 놀라듯、토끼가 제 방귀에 놀란다"。"개 방귀 같다"比喻非常小、不起眼，好像没有一样。"새도 염불(을) 하고 쥐도 방귀를 뀐다"用来嘲笑那些在众人面前既不能唱也不能跳的人。

与肛门有关，有俗语"재물 있고 세력 있으면 밑구멍으로 나팔을 분다"，比喻只要有钱有权没有做不到的事情。

韩国语里还会用其他分泌物来比喻非常小的东西，如眼睛的分

泌物——眼屎，叫作"눈꼽"，但"눈꼽"也并不是一无是处，因为
韩国人经常用它的惯用表达"눈꼽만큼　없다"来表达强调，指一点
也没有，并且语用频率很高，如(25)。

(25) a. 인정머리 **눈꼽만큼도 없는 사람**이야! 누나가!《우리
　　　　집 꿀단지, 47회》姐姐! 你连一点人情味儿都没有!
　　 b. 찬빈이는 너한테 **눈꼽만큼의 마음도 없는데** 그런 말
　　　　이 나오니?《내딸 금사월, 30회》灿彬对你连丁点的
　　　　感情都没有，你还能说出这样的话来啊？

　　排泄物中还有鼻子的分泌物——鼻涕、鼻屎，这两种东西在汉
语里难登大雅之堂，但韩国语却有丰富的表达，如"코를　빠드리
다、내　코가 석자다/코가 석자/오비삼척(吾鼻三尺)、코흘리개、코
묻은 돈、눈물 콧물 빼다、손 안 대고 코를 푸는 격/손 안 대고
코를 풀기、코푸렁이、코딱지"等。
　　与韩国语"코딱지만한、눈꼽만한"这种表达相近的汉语有"屁
大点的"，这里的"屁"意为屁股，因为屁股在人体中是不起眼的，
所以也就有了"不起眼的、丁点的"类意义，如"屁大点事、屁大
点地方、屁大点东西"，但因为汉语书面语和口语区分明显，这样的
表达虽然可以出现在口语里，但书面语或正式场合用的非常少。

12.5.5.2 与性有关

　　与性有关的表达在一般社会里是禁忌语，但韩国人喜欢使用
一些与性有关的表达，并且有些表达还被韩国人赋予了比喻意义用
于日常生活中。这种将禁忌语日常化的现象也是感情宣泄的一种方
式。与性有关的表达详见第十一章，这里仅简单地看一下不同的类

型。

第一，性动作比喻一般行为、感觉等，其中"꼴리다"原义为阴茎勃起，比喻因某事不合心意而勃然大怒。"빼도 박도 못하다"及缩略语"빼박""빼박캔트(can't)"原义为通奸被发觉，比喻进退两难，非常狼狈。"불감증(不感症)"原义为性交感觉不到快感的病症，比喻感觉迟钝或因习以为常而没有特殊感觉。

第二，性器官做修饰语，例如"불알"为睾丸，"불알친구、불알동무"比喻小时候的亲密伙伴或形影不离的东西；"불알시계"比喻带钟摆的挂钟；"시계불알"指钟摆，也比喻没事乱逛游的人。"오입"为误入，"오입쟁이"指通奸的人，而"오입쟁이떡"指多种材料制作而成的糕。"쌍화"与性有关，而"상화떡"是一种食物。虽然其他语言[18]里也有将性用语日常化的情况，但是用性来表达食物却比较少见。

第三类，与生殖器官、两性关系有关的表达也被用于日常口语中表达强调和夸张，如(26)。

(26) **졸라** 예쁘다. 진짜!《그녀는 거짓말을 너무 사랑해, 6
　　회》真漂亮啊，真是漂亮。

这里的"졸라"其原形是男性生殖器"좆"，多用于非常吃力的时候，意思是累得男性生殖器都出来了，其形态经历了"나올정도로->좆나게->좆나->존나->졸라"的变形过程。在方言里有时也用"좆나게""좆빠지게"等形式。此外还有合成词"좆같다"，比喻事

18　例如，英语的suck(吸吮)、bite(咬)、blow(吹)都源于描写口交(fellatio)的词语，而sucker(笨蛋)源自cocksucker，jerk(混蛋)源自jerk off，scumbag(人渣)源自condom，这些词都被人们不假思索地拿来使用(平克 2015:388)。

物非常令人不满意或很难看。

第四，性器官用于俗语中。如"마파람에 돼지 불알 놀듯"比喻不受任何束缚的人晃来晃去，无所事事的样子。"씨아 틈에 불알을 놓고 견디지"意思是还不如把睾丸放在去籽机上的那种感觉好受呢，多用来比喻别人折磨自己。"돈만 있으면 처녀 불알도 산다"强调有钱能使鬼推磨，"처녀 불알"也可单独使用，比喻不合道理。"문둥이 자지 떼어먹듯"意思是就像庆尚道的人吃别人的阴茎一样，比喻拿别人的东西就像吃萝卜那样只知道吃，但不知道偿还。

第五，文学作品中有时借用对性的描写来表达诙谐，如《南原故事》中在描写春香与梦龙的初夜时，借用同音词对生理带的形状和作用进行了细致入微的描写(박갑수 2015：139)。

12.5.5.3 与死有关

对古代人来说，死是司空见惯的，因为战争、灾祸、传染病以及医疗条件的恶劣，死亡经常发生。而人最后死亡的场所多是家里，所以普通老百姓的希望就是"寿终正寝"。不能"寿终正寝"是人们所忌讳的，所以韩国人在骂人、诅咒人时就会利用这种心理，如"밭도랑을 베개 하고 죽을 놈"，意思是你不会好好地在自己家里寿终正寝的，而是在外流浪最后死在野外。

虽然发展到现代社会，因现代医学技术的发达，死好像已经远离了我们的日常生活。但人们依然是"谈死色变"，刘宝俊(2016：182)说：含有"死亡、疾病、灾祸"等不祥意义的词语是对人类心理极具"杀伤力"的禁忌语。例如，英语中有关"死"的禁忌语有300种左右(刘纯豹 1992；转引自刘宝俊 2016：182)。

虽然韩国深受中国文化影响，但在对待死亡的态度上与中国却有所不同，因为韩国人的日常生活中经常出现与死有关的表达。有

时虽然汉语也有相似的表达，但意义不同。例如，汉语有"死相"，除了指人死时的相貌，还比喻让人看着感到厌恶的表情、言谈举止、打扮等，一般多用来骂人，如(27)。韩国语也有"죽상、죽을상"，意思是就像要死了一样表情不好，但不是骂人用语，如(28)，一般多用来指不高兴的表情，对应的汉语一般是"丧着脸""哭丧着脸"或"耷拉着脸"，从语义韵来看，有时前后还会出现意为"笑"的"웃다"类搭配，如(28bc)，而汉语"死相"的前后搭配的却是消极的语义韵，如"鬼见了你都怕"。

(27) 瞧瞧你这副死相，鬼见了你都怕。《北大中文语料库》

(28) a. 무슨 일인데 **죽상**이야?뭔 일 있어?《검색어를 입력하세요 www, 13회》怎么了？怎么丧着脸？有什么事吗？

b. '왜 **죽을상**을 짓고 있어, 음?' 의사가 빙긋 웃으면서 말했다. 《열두 컷의 낡은 필름》医生一边笑着一边说道："怎么哭丧着脸啊？"

c. 이제 그만 **죽상** 좀 펴고 웃어 보아라. 别再耷拉着脸了，笑一笑。

韩国人会用坟墓"무덤"来比喻成堆的东西，而中国人却难以使用这种表达。韩国人在强调交通秩序的标语中有"5분 먼저 저승 먼저 早走5分，早下地狱""신호등 보고 걷자, 차바퀴 사정없다 遵守交通信号，轮子不讲情面"[19]类威胁性的表达，这都是用死亡来威胁大家遵守交通秩序。而汉语更多的是劝告式的，如"珍爱生命、

19　标语例句来自박갑수(2015:54)。

安全出行"。

　　中国人忌讳"死"的同音词"4、14"等，韩国人虽然也有这种倾向，但好像比中国人要轻很多，因为韩国人的电话、车牌号很多都带有"4"，并且有的"4"是末尾数，这在中国几乎是看不到的。

　　韩国语还有"둘이 먹다 하나(가) 죽어도 모르겠다、셋이 먹다가 둘이 죽어도 모른다"，是用两人或三人一起吃饭时其他人死了都不知道来比喻饭菜好吃，但汉语一般不会用这种极端表达。

　　이어령(2002/2011:20, 23)曾提到：没有哪国人像韩国人这样爱用"죽다"这个词，他还说这反映了韩国人对生命的关注。韩国语里与死有关的表达首先是固有词"죽다"以及一些汉字词，韩国人对这些"死"的表达的爱用反映了韩国人对死没有太多的禁忌，并且很多表达表达积极意义。韩国语里与死相关的表达实际也是一种对禁忌语的违反使用。关于禁忌语的违反使用，沃德华(2009:283)认为，这种用法有时是为了引人注目，有时是为了表示蔑视、攻击、挑衅或嘲弄权威，有时是一种言辞挑逗(如骂人)。但与众不同的是，韩国语"죽다"的一些表达还表现出了对现实的抗争与不屈精神。

　　최상진等(2001:52)、김해옥(2016:46)分别对解放后到1996年的大众歌谣、1970-2000年代的大众歌谣歌词进行研究发现，在动词词汇上，"죽다、미치다"等的出现频率增加，这说明韩国人已经从过去被动、消极的态度转向了积极、能动的态度。也就是说极端的词汇表达的是积极、能动态度，是对自己感情的真实回应。

　　韩国人之所以乐于使用与死有关的表达，这可以从"죽다"的语义来进行分析。"죽다"的基本意义指生命体没有了生命，如"굶어 죽다 饿死"。"죽다"还有其他引申意义，具体如表5所示：

[표5] "죽다" 的引申义

	引申义	例句	汉语
1	火灭了。	아궁이 불이 **죽어** 방 안이 썰렁하다. 灶里的火灭了，房间内很凉。	灭
2	原来的颜色或特征发生变化。	옷에 풀기가 **죽다**. 衣服不挺了。날씨가 추운지 입술이 파랗게 **죽어 있었다**. 可能是因为天冷吧，嘴唇都发青了。양념을 많이 넣으면 재료 원래의 맛이 **죽게 된다**. 如果放过多的调味料，材料原有的味道就被盖住了。	不挺/发青/盖住
3	性质或力气等被削弱。	기가 **죽다** 蔫了。아저씨의 거칠던 성질이 요즈음은 많이 **죽었다**. 大叔粗鲁的性格最近柔和了很多。	蔫/柔和
4	在人的心中或意识中消失，被忘记。	그날의 기억은 이미 **죽은 지** 오래되었다. 那天的记忆已经被忘记很久了。	忘记
5	运动着的物体停下来，不再发挥作用。	시계가 **죽는** 바람에 늦잠을 잤다. 表不走/停了，所以起晚了。라디오를 떨어뜨렸더니 **죽어 버렸다**. 收音机掉到地上，坏了。	不走/停/坏
6	在比赛或游戏中，被对方所困，无法发挥功能。	포가 **죽자** 전세가 역전되었다. 炮一被吃掉，战势就发生了逆转。	被吃(掉)
7	文章、话语或某种现象的效力与现实发生偏离，失去生动感。	그 글은 이젠 **죽은 글이** 되었다. 那篇文章现在已经过时了。그런 말은 이젠 **죽은 말이다**. 那种话已经过时了。그 조항은 이젠 **죽은 법률이** 되어 적용하지 않는다. 那个条款已经成了被废弃的法律，不再使用了。	过时/废弃
8	作隐语，指进监狱。		

　　如上，"죽다"有八个引申义，因主体的不同，具体的引申义

也不同，这些引申意义在汉语里一般很少用"死"或与"死"有关的表达。只有极其个别的情况，"죽다"会对应汉语里与"死"有关的表达，如用于第3个意义的惯用语"기색이 죽다"，指脸色阴暗，没有生气，有时可对应汉语的"垂头丧气"。从"죽다"的语义引申可以发现，对韩国人来说，"죽다"的基本义——"死亡"已经被淡化，可以适用于各种事物，如颜色、味道、性情、记忆、物体、比赛、游戏、文章、话语等，当一个词适用范围扩大后，这个词的语义就发生了泛化，那么出现的结果是：人们在联想到这个词语时，由于其他引申义意象的干扰，基本义"死亡"的意象就会被削弱，所以使得人们日常生活中可以非常轻松地使用这个词。

不仅是固有词"죽다"经常被用于生活中，就是很多汉字词也发生了与"죽다"类似的语义变化，如(29)。

(29) a. 그렇게 쌓은 신뢰가 하루만에 시궁창에 처박혀졌어. 그럼 다 잃은 거야. 건축사로선 **사망통보**(死亡通報)라구.《내딸 금사월, 12회》多年来建立起来的信赖一夜之间成了垃圾。这相当于赔光了。对建筑师来说，这就是"死亡通知书"啊。

b. 보호수용법은 충분히 논의되지 않은 채 **사장됐다**.《동아일보, 2018.01.15》保护收容法没有经过充分讨论就被封存了。

c. 다른 것 몰라도 이 공을숙이 의리 빼면 **시체잖소**.《당신은 선물, 79회》

c'别的不说，我公乙淑如果不讲义气了，那就是一具尸体啊。

c"别的不说，我公乙淑绝对不会忘恩负义的。

韩国语里，"사망통보(死亡通报)"可以用来比喻危机，如(29a)，虽然汉语可以直译成"死亡通知书"，但平时很少有这样的用法，有时用"最后通牒"，但意义不同。"사장되다(死藏--)"比喻把某物保存起来使其无法发生作用，如(29b)，汉语没有这样的表达，一般用"封存"。韩国语还有混合词"초주검(初--)"，指挨打或者病重而半死的状态，或极度疲劳无法动弹。韩国人在表示强调时还用"시체(尸體)"，如(29c)，这是电视剧中当母亲告诫女儿공을숙不要忘了众人的投资时，공을숙笑着说的话。汉语虽然有"行尸走肉"，但都用于极端批判，因为中国人一般不会将"尸体"作为日常用语，所以上面的话译成汉语应该是"别的不说，我公乙淑绝对不会忘恩负义的"，如(29c'')。

12.5.6 发泄性、极端性的语言表达

发泄性与极端性的语言表达在中国也曾经存在过，那就是文化大革命期间，周有光(1995:97)曾抽样统计过，发现"文革"期间10篇《人民日报》社论中，"批"字出现140次，"斗"字出现231次；"文革"前10篇《人民日报》社论中，"批"字只出现1次，"斗"字只出现88次；"文革"过后，这两个字的出现频率又大大下降。文革期间所形成的这种"威逼型"的话语风格(郭熙 2013:319)表达的是那个时代人们的特殊情感。虽然现代汉语里也仍然存在这种极端表达，但数量与使用频率已大大下降，现在出现的一些极端表达有"割肉、骨灰级、发烧友"等。

韩国虽然没有经历"文革"这种类似的政治时期，但韩国历史上多灾多难，近代又沦为日本的殖民地，解放后又经历了朝鲜战

争、南北分裂，之后韩国开始了军事独裁政权统治，并且实行男人全部参军的兵役制度，这些政治、历史和社会环境都对韩国人的语言产生了很大影响，使韩国人说话出现了一个突出特点就是极端性词汇的频繁过度使用。강신항(2007/2008:128)曾对此做了具体分析，他说：“生活在废墟之上的木板房里的韩国人直面的是阴森可怕的社会环境，在这种情况下，一般话语已经使他们无感，只有给与神经末梢以刺痛感才能让他们得到满足，所以他们的嘴里才会充斥着带着恶意的咒骂。”[20]洪堡特(Homer Bezaleel Hulbert, 1863-1949)曾在“大韩帝国灭亡史”(The Passing of Korea, 1906)中对韩国人的讨论文化提出了批判，他说：韩国人的谈话就像在吵架，韩国人的会议就像是斗士们的决战场，很难得出合理的结论，有“谁的嗓门大谁是大爷”的恶习(신복룡 2010:15, 16)。有报道说，韩国人的语言已经从“돌직구 说话呛人”发展到了“미사일 导弹”级别。

其实，韩国人的这种语言习惯是一种感情抒发，是欲求得不到满足的压抑情绪的一种释放形式。正所谓物极必反，压抑的文化所带来的结果就是这种极端性用语的泛滥。韩国语里极端性语言表达表现在六个方面：与身体有关、与“打”有关、与地理环境有关、与饮食有关、与政治军事医学有关，此外还有一些抽象的表达。

12.5.6.1 与身体器官有关的极端表达

与身体器官有关的极端表达主要涉及脖子、脸、肠子、魂魄等。

20　강신항(2007/2008:128)曾说 “살벌한 분위기, 폐허 위의 하꼬방 삶에 지친 언중들에게 예사말로는 자극을 줄 수 없어서 말초신경을 찌릿짜릿하게 자극을 줘야만 만족을 했고, 악(惡)만 승(勝)한 입에서는 욕설만 쏟아져나왔다.”

与脖子有关的极端表达主要与关系到生计的职位、工作有关。其中表达职位不保时，韩国语用"목이 붙어있다、목이 달랑달랑하다"等；如果解雇或被解雇则用与砍脖子、被砍脖子等有关的"목이 날아가다[달아나다]/잘리다/떨어지다、모가지가 날아가다/잘리다/떨어지다、목(을) 베다/자르다/떼다[따다]/치다/파다、모가지를 자르다/치다/날리다"等，汉字词"문경(刎頸)"也比喻被解雇或辞职。但这种极端表达在汉语日常生活中极少用到，"刎颈"也没有这种意义。

与脸有关，汉语有一句俗语为"打人别打脸，骂人别揭短"，但韩国语里的"뺨치다"却用打别人的脸来比喻超越比较的对象，如(30)。

(30) a. 프로 기사 **뺨칠 정도**의 바둑 실력 超越职业棋手的围棋实力。

b. 전문가 **뺨치게** 잘 알다 知识比专家知道的都多。

c. 그놈 참 어른 **뺨치게** 장사 한번 잘하는데. 那小子很有经商手腕，连大人都自愧不如。

d. 연예인 **뺨치게** 예쁘다. 美得令演艺人员汗颜。

e. 연예인 **뺨치는** 사업파트너가 있는데.《사랑이 오네요, 67회》有一个比明星还漂亮的合作伙伴。

f. 나 젊었을 때 배우 **뺨친다**는 소리 자주 들었지.《우리 집 꿀단지, 28회》我年轻时，经常听别人说我比演员还漂亮。

g. 양귀비 **뺨칠 정도**로 더 이쁜 것 같습니다.(网络)比杨贵妃还漂亮/漂亮得让杨贵妃都自叹不如。

h. 현모양처 **뺨치는** 말씀이십니다.《사랑이 오네요, 64

회》这话让贤妻良母都感到汗颜啊。

如上，韩国人所打的脸多是"프로 기사、전문가、어른、연예인、배우、양귀비、현모양처"等专家、大人、演艺人员、古代美女、贤妻良母的脸。这种表达可从多个角度分析，首先，从语义和思想上去分析的话，这种表达实际是不太合适的，不符合韩国人尊老、尊重权威的传统，具有暴力倾向，说明了韩国人喜欢用发泄性的语言表达；其次，这些表达也反映了韩国人想超越他人的竞争心理，以及韩国人的无我思想，即总是借助与他人的关系来寻找自己的位置。

再看与身体内部器官有关的表达，其中"환장(换肠)"字面意义是把肠子换了，指心情或行动变得不正常，如(31ab)；也俗指过于集中于某事而神情恍惚，如(31cd)。这两种都是极端性的夸张表达。

(31) a. 정말이지. 미치고 **환장**하겠습니다.《최고의 연인, 61회》真的。真是气死了!

b. 죽고 싶어서 **환장**을 했어?《내딸 금사월, 13회》你想死想疯了，是吧？

c. 돈에 **환장**하고 살았어.《왕가네 식구들, 17회》直接就钻到钱眼里去了。

d. 처음부터 좋아서 **환장**하더니만 아이구 기어코 꼬신모양이네.《왕가네 식구들, 17회》一开始就喜欢得不得了，哎吆，最终还是把她骗到手了。

再看与魂魄有关的表达。韩国语"혼나다"是由汉字词"혼(魂)"与固有词"나다"结合形成的混合词，其基本意义为"魂出来

了"，在这个意义的基础上又产生了比喻意义，形容非常惊慌、辛苦等，这时主语是第一人称，如：

(32) a. 자신의 연기가 부끄러워 **혼났다**. 自己的演技也太丢人了。

b. 매도하고 싶은 것을 참느라 **혼났다**. 强忍着想抛售的想法，感觉难受死了/实在是太难受了。

c. 단 둘이 차 타고 오는데 설레 **혼났어**.《왕가네 식구들, 43회》只有我们两个人坐车来，所以激动得不得了。

"혼나다"之所以产生这种意义，是因为古代人相信人是有魂魄的，如果魂都出来了，那么则是程度强烈的，汉语也有这样的表达，如"魂不守舍、魂不附体、魂飞魄散"等，主要表达害怕、吃惊等心理感情，但韩国语"혼나다"的意义更加抽象化，所以与其对应的都是"太、不得了"等程度副词或结构。

"혼나다"还有第二个意义，表示被严厉地责骂或受惩罚，也是对程度的强调，这时主要用于第二、第三人称，表达的是被动、遭受意义，字面意义是"魂魄被弄出来了"，极端意义非常强，但实际表达的意义却是"挨骂、挨训、被……训"等，如：

(33) a. 너 정말 **혼나고** 싶니? 你真想挨骂啊？

b. 그 개구쟁이는 또 숙제를 안 해서 **선생님께 혼났다.**
那个淘气鬼又因为没写作业被老师训了。

如上，韩国语里的"빱치다、환장하다、혼나다"都是具象表

达，给人一种栩栩如生的画面感，有一种动作的冲击感，这些词对应的汉语分别是"令人汗颜、真漂亮""气死了、疯了、钻到钱眼里、喜欢得不得了""快……死了、太、不得了、挨骂、挨训"等，抽象性更强，所表达的程度要比韩国语弱很多。换句话说，韩国语里本来可以用较弱的程度表达词的地方都用了视觉冲击非常强烈的具象词。这种极端的表达也从某种程度上反映了韩国人发泄性的性格。

12.5.6.2 与"打"有关的极端表达

在中国历史上的一段特殊的历史时期里，"打倒"这个词用的特别多，但现在这个词并不常见。相反，韩国语里的汉字词"타도(打倒)"在现代生活中却甚嚣尘上，如(34)。

(34) a. 올해도 다른 팀의 **타도** 대상으로 꼽힌다. 今年也成了
其他球队的打倒对象。
b. 기성세대를 **타도한다** 打倒老一辈

如上，两个例句实际表达的意思是打败球队、破除长辈所建设的一些既有的思想观念等，但用了"타도"一词。这与前面的"빰치다"的思路是一致的。

前面"빰치다"中的"치다"也是打，其同义词是"때리다"，指用手或用手中物打，还指激烈撞击，如"파도가 바위를 때린다. 波浪击打着岩石"，此外还有四类比喻意义，并且都是消极意义或贬义，如表6所示：

[表6] "때리다" 的意义

	意义	例子
1	比喻用话或文章来批判他人的错误。	비리 정치인들의 잘못을 신문에 **때리다**. 在报纸上抨击腐败政治人士的问题。
2	贬称随便、胡乱地做。	**때려** 마시다 牛饮
		완전히 밥차 간다. 밥차 가. 지가 얼마 **때려먹겠다고**?《폼나게 살거야, 29회》简直就是来了个饭桶啊! 饭桶! 他这是要吃多少啊?
		오늘 우리 다 **때려 먹자**.《부탁해요 엄마, 53회》今天我们就敞开肚皮大吃一顿吧。
		김 서방은 남은 재산을 다 **때려 쓰고** 거지꼴이 되었다. 金姑爷把剩下的财产都挥霍一空，成了穷光蛋。
		그는 그동안 해 오던 공부를 **때려치웠다**. 他放弃了坚持多年的学习。
		그 영화감독인지 뭔지 당장 **때려치우라구**!《아이가 다섯, 4회》那个什么电影导演不导演的，趁早拉倒!
3	贬称某种行为。	전화 한 통 **때리다** 打一个电话。
		노래 한곡 **때려봐**.《내조의 여왕, 5회》来唱一首吧。
		광고를 **때리다** 发广告。
		수배령을 **때리다** 下发通缉令。
		제보를 **때리다** 举报
		야단을 **때리다** 闹腾
4	贬称某种特点或品行。	배신을 **때리다** 背信弃义
		멍을 **때리다** 发呆
		눈치를 **때리다** 察言观色

　　第1类比喻批判，与原型意义的"打"距离较近，只不过是所使用的工具从具体的身体或实物发展成了言语，汉语用"抨击"；第

2类意义贬称胡乱做，多用于"때려+动词"形式，仍然有具体的动作，如"때려 먹다、때려 마시다、때려 쓰다、때려치우다"等，因为"吃、喝、使用、收拾"等仍然需要肢体。在此意义基础上还发展出了第3类意义，表示某种行为，这些行为虽然仍然与手有关系，但动作性不是非常明显，其中打电话需要用手指按键，在练歌房唱歌也需要按键，而发广告、下通缉令、举报、闹腾等更是一种行为。第4类意义更加抽象，更多地表达一种特点或品行。

由此可见，"때리다"的语义已经非常广，几乎可以表达生活中的任何事情。反过来，也可以反映出韩国人是多么爱用这样的打斗性词语。

12.5.6.3 与地理环境有关的极端表达

与地理环境相关的极端表达主要与天、地、绝壁、打闪、打雷等有关，其中与天地有关的如(35)。与地球有关有"지각변동(地殼變動)"，这个词本意为地壳变动，可以比喻巨大变化，如(36)。

(35) a. **하늘**이 두 쪽이 나도… 就算天崩地裂……

b. **땅**이 꺼지겠다. 唉声叹气地该把地砸塌了。

(36) 청아그룹은 전문경영인 강필주 회장의 시대를 열어서 새로운 **지각변동**을 예고했습니다.《돈꽃, 22회》青雅集团开始了以CEO姜毕柱为会长的时代，这预示着公司将出现崭新的大变化。

韩国语还有"절벽(絕壁)"，本意指山上的绝壁，也比喻困难处境，与此相关出现了很多表达，如"일자리 절벽"比喻求职者难以找到工作的现象；"주거 절벽"比喻急剧上涨的住房费用导致经济窘

迫的现象；"창업 절벽"形容创业难以成功的现象；"임금 절벽"指物价持续上涨，但工资不涨，比喻经济状况窘迫；"재벌 절벽"比喻大财团的经济垄断给其他经济弱势群体造成的不利；"인구 절벽"形容人口急剧减少；"고용 절벽"比喻就业困难。

与打闪有关韩国语有"번개 결혼、번개 데이트、번개 회식"等词组。与打雷有关，根据打雷速度快的特点，"벼락"可以修饰名词，形成很多合成词或定中结构的词组，如"벼락김치、벼락장、벼락부자、벼락감투、벼락방망이、벼락 같은 행운"，还形成了惯用语或词语"벼락 치듯、벼락치기"，根据打雷的方向是从上到下的，还形成了"물벼락、돈벼락、소금 벼락、벼락닫이"等词语和词组。

如上，韩国语里与地理环境有关的这些极端意义的出现与这些地理现象的特点有关。汉语虽然有时用"天崩地裂"，但日常生活中一般很少使用。其他的表达在汉语里也一般难以找到相应的地理环境表达。

12.5.6.4 与饮食有关的极端表达

饮食用语中，与极端表达有关的主要是烹饪方式，这些表达几乎都被赋予了比喻意义，其宾语且都可以是人，如表7所示：

[表7] 对象可以是人的烹饪词

烹饪方式	对象可以是人的烹饪词	
收拾、拾掇	닦달하다	
做料理	요리하다	
煮	구워삶다	구슬려삶다
烤	구슬리다	
蒸	찜 져 먹다	

炒	볶다、달달볶다、들들볶다、들볶다、볶아채다
	볶이다
熬	달게 굴다
	우려주다、우려내다、우려먹다

如上，韩国语里的这些烹饪用语都可用来比喻对人采取某种不好的行动。这种现象汉语也有，如"收拾、宰、砍、消灭、撕碎、剥皮、剁"等，但汉语只强调给对方加以伤害、伤痛或者取对方的性命，中国人只有在最极端的时候才采用"喝你的血，吃你的肉"等方式，并且鲁迅对旧社会发出的最严重的控诉就是"吃人的社会"。但韩国人却将"煮着吃、蒸着吃、炒着吃"等挂在嘴边，也就是语义重心在"吃"之上，在此基础上继续对吃的方式进行细分。

韩国语里的烹饪动词都有很多合成词或词组，也多用来表达极端意义，其宾语也可以是人，表达的也是一种非常强烈的消极情感。例如，韩国人在表示怀疑、批评或咒骂时用"국 끓여먹다"或"말밥에 얹다"，成为他人批评的对象用"말밥에 오르다"或者用"조상에 오르다、도마 위에 오르다"。成为别人口中的乐子被比喻为"안주감"。这些表达都将人或事物食物化了，使之变成了可以"吃、咀嚼"的对象，也是一种极端表达。

中韩两国人都有吃动物内脏的饮食文化，在认知思维中都有[内脏是食物]这种认知模式，但汉语里很少用吃内脏等来作比喻意义。但韩国语里有很多类似的表达，如"벼룩의 간을[선지를] 내먹는다、간(을) 빼 먹다"等。

韩国人还将酒视作冤家对头，而采用的方式就是把它吃了喝了，如果看到一个人喝酒很凶，就可以对他说："술과 원수 졌냐?你和酒有仇啊？"

不仅如此，有一些合成词的宾语还可以是一些非食用的东西，如"삶아 먹다"对象也可以是道路、土地、电话机、火药桶等一般的物品，表达的也是极端意义，如"화통을 삶아 먹다 吃火药桶"。再如"곳간을 들어먹겠다. 把仓库给吞了"，表达的也是极端意义。

综上所述，韩国人将这些烹饪或食用方式用来表现对人或物的处置，表达的更是一种泄愤的情绪，是舒缓压力的手段之一。

12.5.6.5 与政治、军事、医学有关的表达

首先看与政治、法律等有关的表达，例如，韩国人把罪犯称作"범인(犯人)"，但现在也常用于日常生活，有时还用于一般的被怀疑对象，例如自己的孩子。与罪行有关的"죄(罪)、도둑"、与审问有关的"고문(拷問)"等的意义也发生了变化，可轻松用于日常生活中。韩国语里还有很多刑罚用语被用来骂人，如"난장을 맞을、난장을 칠、칼 물고 뒈질 녀석、오라질、우라질、제길/제기랄、젠장/옌장"。汉语虽也有这种现象，但用的较少。박갑수(2013:371)所总结的汉语里与刑罚相关的骂人的话只有15个(不是很全)，而韩国语足有35个。

此外，政治新闻使用极端性语言的频率很高，这可能与韩国的议会民主政治有关，因为在野党与执政党分庭抗礼，所以自然就针锋相对、互相攻击，这些攻击性的语言表达方式就被动用起来了。当然这需要大量的政治新闻文本的分析，且留作后续研究。这里仅举几个例子，如：

(37) a. 민중은 **개돼지**로 보고, 먹고살게만 해주면 된다. 民众就是猪狗，只要能让他们吃上饭就可以了。

    b. **쓰레기**가 단식한다고 해서… 因为那个垃圾绝食……

c. **사람이 아닌 사람**은 조용히 하라! 叫那个不是人的人
安静点!

d. 우리는 **짐승의 말**을 듣고 있다. 我们正在听禽兽叫
唤。

e. 막말을 서슴지 않는 홍 지사를 빨리 '**수거**'해 가라! 赶
快把那个乱说话的洪知事给清了!

如上，(37a)是韩国教育部政策企划官员的言论，(37b)是庆尚
南道道知事对绝食示威的道议员所说的话，(37cd)是金海市议员在公
开会议上的言论，(37e)是国会议员노회찬针对新国家党(새누리당)
议员的不当发言发出的同样不当的发言。[21]

此外，韩国人还经常用一些历史事件来作比喻，日本侵占韩国
这种不光彩的历史也被韩国人拿来作比喻，例如韩国西江大学史学
系教授계승범曾说过：

(38) 정확한 통계자료는 모르겠으나 10년이나 20년 전에 비
해 다름과 틀림의 혼용이 훨씬 더 심해진 것 같다. 솔직
히 요즘엔 혼용 차원을 넘어 마치 **일제가 대한제국을 꿀
꺽 병합해버렸듯이** '틀리다'는 말이 '다르다'는 말을 거
의 먹어버린 게 아닌가 하는 느낌이 들 정도다. 그만큼
'틀리다'는 말이 홍수를 이룬다.(강준만 2012:65)虽然没
有正确的统计资料，但与十几年甚至二十年前相比，
"다름"与"틀림"的混用越来越严重了。说句实在话，
现在感觉已经不是混用了，而是就像日本帝国主义一

21　例文内容引自 "'으르렁말' 의 사회– 우무석(시인)", 경남신문, 2016. 07. 20.

口把大韩帝国吞了那样，"틀리다"几乎把"다르다"吞并
了。已到了"틀리다"泛滥的地步。

如上，在比喻"틀리다"具有大超"다르다"之势时，用了
"일제가 대한제국을 꿀꺽 병합해버렸듯이 就像日本帝国主义一口
把大韩帝国吞了那样"，而中国人一般不会用这种比喻。

再看与军事有关的"战争形态、部队、武器、排兵布阵、失
败、战争的结局"等词语，如"전쟁、전쟁터、작전、산전수전、소
모전""연대、분대、군단、현역、예비역、백수""사기、군기、부
대찌개""무기、화살、방패、총、눈총、지뢰、폭탄、대포、포화、
발、연발""진、장사진、공세、선봉、연막""반기、백기""초토
화"等，这些军事用语要么具有一定的暴力性、破坏性，要么具有
一定的高压性，但现在都已经被生活化，成了人们的日常用语。

韩国人日常生活中送礼对方不接受时，可以用"장부가 칼을
빼었다가 도로 꽂나"这个俗语来劝说对方接受礼物。这种用法以中
国人的思维是难以理解的，因为刀是武器，极具杀伤力，结果却用
来说拿出来的礼物无法再拿回去。吃水果或吃饭用的叉子韩国语用
"삼지창(三枝槍)"来表达，吃水果的时候，韩国人会说"삼지창을
가져와. 把三叉戟拿来"。

下面再看几个例子，"杀"本指取人性命，但韩国语汉字词"상
쇄(相殺)"却用于日常生活中，指相反的事情互相发生作用，效果
被抵消，如(39)，汉语都不用与"杀"有关的词语。

(39) a. 김치나 깍두기는 명성에 비해 딸리지만 육개장의 품
질이 완전히 **상쇄를 한다**.《조선닷컴, 2012.07.23》
虽然白菜泡菜和腌萝卜的味道与饭店的名声不相

称，但是辣牛肉汤的质量却完全可以弥补/抵消这一
点。

b. 이번 사건은 과거 불미스러웠던 일을 **상쇄한 셈**이었
지만 그래도 홍이는 마음이 편치 않았다.《박경리,
토지》虽然这个事件相当于与过去的丑闻相互扯平
了，但是洪心里并不舒服。

"킬러"本来意为"杀手"，韩国语却有"매운음식 킬러 嗜
好吃辣的人""국수킬러 爱喝面条的人《유일한 내편, 27회》"等表
达，有时也用"킬러"做定语，如"킬러 문제"意为超高难度的
问题。"테러"意为恐怖，现在却有"문자테러 短信泛滥"。"화이
팅"本为战斗，现在却被韩国人用来鼓励别人。

在韩国，喜欢用极端语言的代表性人物就是朴正熙，他非常喜
欢用"목숨을 걸다"，还喜欢用"필사(必死)、결사(决死)、자결
(自絕)"等与死有关的表达，这可能与其发动政变而夺取了政权的
人生经历以及政府性质有关(강준만 2012:402)。但这也与他的军人
身份有关，因为这些词都是军人的常用词。作为一国的总统这样爱
用极端词，那么上行下效，老百姓自然也会跟风了，何况韩国人的
性格本来就有跟风从众的特点。

与医学有关的词语也被用来骂人，如"병신、지랄、용천지
랄、지랄용천、귀먹었어? 눈 멀었어?"等。박갑수(2013:364)中所
总结的用疾病来骂人的韩国语表达足有24个，而汉语里与疾病相关
的表达只有4个。由此也可看出，与中国人相比，韩国人更喜欢这种
极端性表达。

12.5.6.6 抽象的极端性表达

천소영(2007/2010:233)曾经提到韩国人的极端性表达，其中就提到一些极端性副词和名词，如"끝장、온、온통、왕창、몽땅、깡그리、싹쓸이"等。

其中"끝장"指事情的结局，惯用语"끝장(을) 보다"指要见分晓，如(40a)；其相关词"끝내주다"俗指非常好、程度深，如(40b)。

> (40) a. 그는 일을 시작하면 **끝장**을 보는 사람이다. 他的性格
> 是只要开始了某事就一定要见结果。
>
> b. 내 팔자도 이만하면 **끝내준다**.《왕가네 식구들, 27
> 회》我的命这已经算是非常好的了。

此外，韩国人还喜欢用由前缀"최(最)-"所形成的派生词，如"최고、최초、최대"，对韩国人的这种"최고주의 最高主义""일등주의 第一名主义"，윤평중认为：这与韩国倍受欺压和统治的现代史有关，虽然现在经济发展了，国际地位提高了，但并没有摆脱韩国是弱小国家的这种自卑心理[22]。

12.5.7 比喻、夸张的幽默表达

韩国人的排解还表现在修辞手法上，韩国人喜欢幽默、诙谐，而诙谐的民族总善于利用一些出乎意料的比喻和夸张手法，这些修辞

22　윤평중, 대중에서 공중으로, 중앙일보, 2005. 12. 01.

手段所起到的表达效果很多是趣味性的、幽默的，有时是讽刺的。

12.5.7.1 比喻

通过比喻，可以诱发人的联想，从而进行思维转换，由理性进入想象；可以将抽象的道理形象化、具体化，使人能够感知(高长江1992:214-215)。通俗地说，比喻可以使语言表达更富有趣味性，更容易理解，也使表达显得更加委婉，从而起到更好的交际效果。

比喻有很多形式，这里仅举几个例子。例如，韩国人喜欢用身体器官作比喻，但比喻方式却很独特，例如俗语"진눈 가지면 파리 못 사귈까"，其中"파리 못 사귈까"意思是与苍蝇交朋友，整个俗语的意思是眼睛生病有湿乎乎的分泌物自然就引来苍蝇了，比喻只要有才干，自然有人来聘你，只要有钱财，自然有人来追随。与气候有关有"소한 추위는 꾸어다가라도 한다"，意思是小寒即使不冷也会借来寒气变冷的，强调小寒必冷，而用"꾸어다가라도 哪怕借(寒气)"进行强调的比喻方式非常具有民族性。嘲笑人体毛多时，韩国人用"엿을 물고 개잘량에 엎드러졌나"，意为你是嘴里含着麦芽糖摔到狗毛垫子上了吗？这样的事件联想比喻会让人情不自禁地发笑。

12.5.7.2 夸张

韩国人的夸张在日常生活中有很多表现。

1) 大词小用

例如，韩国语里的"병원(病院)""대학교(大學校)"等在日常生活中都有这种使用倾向，如下图6、7所示，"병원"本指大型综合医院，"대학교"指大学，但在这里却分别被用作修鞋铺和烤肉店的

店名，这都属于大词小用，从修辞来看都是夸张手法。

[图6、7] 2019年1月24日摄于韩国全罗北道全州

大词小用还表现在其他方面。例如，韩国语里有汉字词"죄(罪)"，指作恶或犯法的行为，但是也可以指违背良心和道理的行为，如"죄를 범하다 犯错""죄가 많다 做坏事做得太多"，这都属于大词小用。为了更好地说明，请看下面的对话：

(41) 나대라(아들):쟤 왜 저래요? 요즘 주라 얘기만 나오면 쌍
　　　　　심지를 켜고 덤비네. 那孩子是怎么回事啊，最近
　　　　　只要一提到侏罗，她就朝我瞪着眼发火。
　　　모성애(모친): 지가 **지은 죄가 있으니** 그렇지. 그냥 넘어
　　　　　가자.《폼나게 살 거야, 37회》她有对不住侏罗的
　　　　　地方，所以才这样。算了吧，别再说了。

从上面的对话，可以比较明显地知道，"죄"并不是犯罪，而是指错误，所以译成汉语可以用"对不住别人"。汉语"罪"虽也有过失、错误之意，但多用于古代汉语，现代汉语里多用来指苦难、灾祸，如"受罪"。

645

韩国语里"죄"还指因错误或过失而应接受惩罚的事，如(42)。此时，汉语多用"毛病、错误"等。

(42) 형은 **다리병신인 죄**로 시집을 못 가거니와 동생이야 왜 시집을 못가겠습니까. 姐姐因为腿有残疾的毛病，无法找到婆家，但妹妹为什么就不能找婆家？

如上，韩国语"죄"大词小用时所对应的汉语多是"错、坏事、毛病、错误"等。

2) 谦虚与称赞

박갑수(2013：34，43)在提到韩国人的谦虚文化时，说韩国人准备了一大桌子的饭却说"차린 것이 없습니다"，反过来，被招待的一方则会说"진수성찬、산해진미"以示称赞，他说这与西方文化中准备东西不多还自卖自夸的现象形成鲜明对比。

其实从文化角度来看，韩国人的文化与中国人的文化很相似，但从语言表达的角度来看，韩国人却比中国人夸张的多，虽然中国文化中也有很多夸张成分，代表性的就是浪漫主义诗人李白的"飞流直下三千尺、疑是银河落九天"，但在日常生活中老百姓却具有收敛、含蓄的性格特点，不会刻意夸张，如果像韩国人那样准备了一大桌子饭，不会故意谦虚，而是会实话实说"多准备了几个菜"，被招待方也不会像韩国人那样夸张，说什么"진수성찬(珍羞盛馔)""산진해미(山珍海味)"，因为汉语的这些词多用于书面语，而不会用在口语中，当然，韩国人用这些表达极度称赞的汉字词，与汉字词在韩国语里的位置和特性有关。除了这些汉字词表达外，韩国人也有固有的表达习惯，如"상다리가 부러지겠다 把桌子腿都压

断了"等，这说明韩国人喜欢用极端表达是固有习惯。而含蓄的中国人顶多会说"准备这么多，辛苦了""不用这么麻烦的""吃不了这么多的""太感谢了"等致谢类的话。

中韩两国人的不同语言特点也反映在一般的称赞和奉承语言中，박애양(2008:82-83)通过调查研究发现，韩国人一般性的客套、寒暄性的称赞或过多的称赞在中国人眼里会被视为阿谀奉承，认为缺乏真心。因为韩国人的称赞大多具有夸张性，如：

> (43) a. 사장님 그렇게 입으시니 **장동건 같습니다**.(박경옥 2006:31)您这样穿，简直就是张东健的翻版啊。
>
> b. 오늘 **김치맛이 예술이다**. 그리고 이 콩나물 무침도. 너 콩나물 무치는 솜씨가 나날이 발전해.《옥탑방 고양이, 12회》今天的泡菜真好吃。这个拌豆芽也很好。你拌豆芽的水平是一天一个样啊!

如上，韩国语里的此类称赞虽然有的可以直译，如(43a)，但中国人一般交际场合很少用这样夸张的手法，除非与听者关系非常亲近而调侃对方。(43b)中的"예술"一般无法直译成"艺术"，因为中国人很少用这种夸张手法来称赞一个人的厨艺。

中韩两国人这种不同的称赞文化也表现在对称赞的接受程度上，例如Chen(1993)通过对中美两国大学生进行调查研究发现，当面对别人的称赞时，美国人39.28%采取接受态度，12.70%的人采取拒绝策略；相反，中国人采取接受策略的只有4.03%，采取拒绝策略的人高达95.73%。이원표(2001:351)发现韩国人表现出了与美国人类似的倾向，79.5%的人采取了接受策略，只有20%采取了拒绝策略。

关于中韩两国人在称赞文化上所表现出的不同，이원표

(2001:354)认为这是韩国接受西方文化和民主制度之后，儒家文化的垂直文化的影响减弱，人们交际时更多地采取平等原则而不是谦虚原则而产生的结果。这种分析固然有一定的道理，但本研究认为中国人之所以对别人的称赞多采取拒绝策略，最根本的原因是因为中国人具有含蓄、不夸张的民族特点，既不喜欢夸张地称赞别人，也不会盲目地接受别人的称赞，尤其是面对韩国人式的夸张性称赞时。例如，中国人很少直接称赞女性漂亮，即使称赞，也会借用比较委婉的方式，例如"长得很秀气"，而不会像韩国人那样说"미인이시네요"。现在中国兴起的见人说"美女"的习惯，其实也不是称赞之辞，只是一种对年轻女性的称呼语而已。

3) 数字夸张

韩国人还经常用数字来表达夸张之意，所动用的数字也非常多，如：

(44) a. 우리한테 이서방 있어 다른 집 아들 **열 둘**도 안 부럽지.《아이가 다섯, 13회》我们有李姑爷在，别人家就是十二个儿子我们也不羡慕。

b. 미순 언니보다 **열배 스물배** 더 잘하겠습니다.《가화만사성, 23회》我会比美顺姐干得好十倍、二十倍的。

c. 언닌 입이 **백** 개라도 할 말이 없어.《폼나게 살 거야, 8회》姐姐，你就是一百张嘴也无话可说。

d. 월급쟁이 **백날** 해봤자 돈 못 만들어.《우리집 꿀단지, 106회》上班族干一辈子也挣不着钱。

e. 옛날에 너 그 여자보다 **백이십배**나 더 예뻤어.《아이

가 다섯, 9회》以前你比她漂亮好几百倍。

f. 누나 하는 것보다 **백삼십배**나 더 맛있는데.《우리집
   꿀단지, 12회》比姐姐做的要好吃二百倍。

g. **오백년**에 한 연앤데 좀 도와줘라.《질투의 화신, 23
   회》我多少年了才谈次恋爱，帮帮忙吧。

h. 혜림은 나한테 **천금** 같은 손녀예요.《다시, 첫사랑,
   22회》慧琳是我千金不换的宝贝孙女。

i. 그 아주마 항상 일등, 엄마 **만년** 이등.《당신은 선물, 1
   회》那个大妈总是第一名，妈妈总是第二名。

j. 니가 거기서 왜 나서! 니 오지랖이 **오만 평**이냐!《쾌걸
   춘향, 2회》你在那儿出什么头啊! 你闲心也操得太宽
   了吧!

k. 애미 너 오늘 하루 종일 정신이 어디 달나라 저기 먼
   구만리 밖에 나가 있는 것 같은데.《내딸 금사월, 14
   회》孩子他妈，你今天怎么一整天都像丢了魂似
   的？你的魂都丢到九霄云外了吧？

l. 이혼하는 것보다 **백만배** 나아요.《아이가 다섯, 7회》
   这比离婚好一百(万)倍。

m. 당신은 해상이보다 **억만배**로 나쁜 사람이에요.《내
   딸 금사월, 19회》你比海尚还坏一亿万倍。

n. 시치미 뚝 떼고 그 집에 들어가서 **천년만년** 행복할
   줄 알았더니.《내딸 금사월, 19회》装作什么事都没
   有一样，进入那人家里，以为能幸福一千年一万年
   呢……

如上，韩国语里分别用"열 두 12""열배 10倍""스물배 20

倍""百 100""백날 100天""백이십배 120倍""백삼십배 130倍""오백년 500年""천금 千金""만년 万年""오만 5万""구만리 9万里""백만배 100万倍""억만배 亿万倍""천년만년 千年万年"等来表达夸张、强调之意，所动用的数字类型非常丰富，使语言显得诙谐幽默不呆板。虽然这些数字夸张可以直译成汉语，但汉语日常生活中表示强调时经常用的多是"十、百、千、万"等。

4) 文学夸张

韩国文学作品也经常用到夸张的手法，尤其是传统小说《兴夫传》《春香传》等经常利用夸张手法。《春香传》的异本《南原故事》中提到李梦龙的父亲怕李梦龙伤了身体，所以给他找了一个天下第一丑女当侍女，描写如下：

> (45) 책방 수청을 드리되 귀신 다 된 아해놈을 드리것다. 상
> 모를 역력히 뜯어보니 대가리는 북통 같고, 얼굴은 밀
> 매판 같고, 코는 얼어죽은 초빙줄기만 하고, 입은 귀까
> 지 돌아가고 눈구멍은 총구멍 같으니, 깊던지 마던지,
> 이 달에 울 일이 있으면 내월 초승에 눈물이 맺혔다가
> 스무날 경이 되어야 낙루하고, 얽던지 마던지 얽은 구
> 멍에 탁주 두 푼어치 부어도 잘 차지 아니하고, 몸집은
> 동대문 안 인경만 하고, 두 다리는 휘경원 정자각 기둥
> 만 하고, 키는 팔척장신이오, 발은 겨우 개발만 한데 종
> 아리는 비상 먹은 쥐 다리 같으니, 바람 부는 날이면 간
> 드레간드레 하다가 된통 바람이 부는 날이면 가끔 낙성
> 하는 아희놈을 명색으로 수청을 드리니…《남원고사》
> (박갑수 2015:138)

如上，《南原故事》借用夸张的手法表现了韩国人的幽默和诙谐，而从句式来看，表达夸张时很多用的是比喻结构"-같다""-만하다"等；从内容来看，是穷尽式的列举法，这种列举法多用于人物的外貌和行动描写，(45)是对外貌的列举夸张。列举法夸张是韩国传统戏剧"판소리"的代表性搞笑手段。

除了以上夸张手法外，韩国人还经常在广告里用到夸张手法，不过用到的多是夸小(understate)。

5) 人体夸张

韩国语里还有很多与人体语言有关的夸张表达，例如，韩国语有俗语"눈썹만 뽑아도 똥 나오겠다"，字面意义是拔根眉毛疼得能拉出屎来，这是一种夸张手法，比喻一点小疼痛、小事都忍受不了因而战战兢兢、哆哆嗦嗦的样子。

12.5.8 "兴"

韩国人性格中有充满"兴"的一面，关于韩国人的这种"兴"，赵要翰(2008:序言第二页)做出了这样的解释，即"一兴奋就容易无视规则，陶醉于其中，韩国人的这一性情源于巫教的影响"。韩国人的这种"兴"反映的是韩国人内心深处的"及时行乐主义"，如下面的歌词：

노세 노세 젊어서 놀아 늙어지면은 못노나니
화무는 십일홍이요 달도차면 기우나니라
얼씨구 절씨구 차차차

지화자 좋구나 차차차

화란춘성 만화방창 아니 노지는 못하리라

차차차 차차차

가세 가세 산천경계로 늙기 전에 구경가세

인생은 일장의 춘몽 둥글둥글 살아나가자

얼씨구 절씨구 차차차

지화자 좋구나 차차차

춘풍호류 호시절에 아니 노지는 못하리라

차차차 차차차

　　这首歌词的内容是让年轻人及时行乐，因为老了就无法行乐
了，反映的是一种现实主义，即不能让有限的人生白白流逝(김태균
2007:80)。而歌词本身所反映出的则是韩国人的"兴"，也是韩国人
感情排解和释放的一种形式，韩国人的"흥(興)"主要表现为两种
形式，一种是曲艺歌舞，一种是"신명、신、신바람、흥성거리다、
흥청망청"等文化词。

12.5.8.1 曲艺

　　韩国人用来摆脱压力的方式之一还有曲艺。"艺术职能的重中之
重是提供一种宣泄的渠道、一个净化的过程；我们由于社会压力而
产生、积聚的情感很可能会在突然事件的触动下爆发出反社会或极
具破坏力的行动，而这些情绪可以通过戏剧的跌宕起伏得到无害的
释放和缓冲"(杜兰特　2013/2017:68)。韩国人用来排解的曲艺主要有
三种形式。

1) 搞笑

韩国有传统的搞笑活动，这种搞笑称作"재담(才談)"，距今已有一千多年的历史。"재담"始于三国时代之前，有文字可查的最早记录是《삼국사기(三國史記)》记录的崔致远的《향악잡영(鄉樂雜詠)》(반재식 2000:7-8)。从高丽时代起一直到朝鲜时代王宫中举行的驱鬼活动——"나례(儺禮)[23]"的一个环节就是搞笑"재담"。"재담"的主要表现形式是利用各种修辞，例如谐音、委婉语、反语、多义双关、比喻、夸张等。

日常生活中的韩国人也非常喜欢开玩笑，강신항(2007/2008:68)提到，韩国人即使是第一次见面也会不断地开玩笑，如果吃饭喝了酒那么就会更加厉害。

2) 说书

韩国过去有一种职业是为人说书，这样的人称作"입담꾼"，并且分专为男人说书的"사랑 입담꾼"和专为女人说书的"안방 입담꾼"，这种说书形式如果加以曲调，就成了"판소리"，因为全罗道过去每个村落都有这种供人说书的亭子，所以全罗道的"판소리"在韩国也最发达(이규태 2009:30)。"판소리"可以称作韩国搞笑文化的宝库，其代表性的搞笑手段就是借用夸张手段之一——列举法(정병헌 2008:130, 147)。

例如，《兴夫歌》中通过详尽的列举描述了"兴夫"的形象，如(46)；另外还通过列举法来描写了打开宝葫芦时的情形，如(47)。

23　"나례"源于中国(송기호 2009/2010:271)。中国叫《大儺舞》，在二千年前的《礼记·月令》中就已经有记载，本是人与兽斗的舞蹈，后来发展为驱逐瘟疫、追赶恶鬼的民俗舞，多在除夕春节时举行(常任侠 2013/2015:5)。

(46) 〔잦은몰이〕 흥보가 건너간다 흥보가 건너간다. 흥보
   치레를 볼작시면 철대 떨어진 헌 파립 버릿줄 총총 매여
   조새갓끈을 달아서 떨어진 헌 망근 밥풀관자 종이당줄
   두퉁나게 졸라매고 떨어진 헌 도포 실띠로 총총 이어 고
   푼 배 눌러 띠고 한 손에다가 곱돌조대를 들고 또 한 손
   에다가는 떨어진 부채 들고 서리 아침 찬 바람에 옆걸음
   쳐 손을 불며 가만가만 건너간다.(《흥보가》 송만갑 판,
   박녹주 창)

(47) 박이 쫙 벌어지니 흥보가 그 안을 들여다보니
   박 속은 휑 비고 웬 궤 두 짝이
   쑥 불거지거날
   흥보가 기가 막혀 아유 복 없는
   놈은 계란에도 뼈가 있다더니
   어떤 무지한 도적놈이 박 속은
   싹 다 긁어다 먹고
   염치가 없으니까 남의 집 조상
   궤만 훔쳐다 넣어놨구나
   여보 마누라 예 마누라 예
   이거 관가에서 알면 큰 일이 흥보가 한 궤를 슬그머니
   열고 보니 쌀이 하나 소복
   또 한 궤를 열고 보니 돈이 하나
   가득 들어있겄다
   흥보가 좋아라고 궤 두 짝을
   한 번 털어 비워 보난디
   흥보가 좋아라고 흥보가 좋아라고
   궤 두 짝을 털어 붓고 나면 도로 수북

톡톡 털고 들었다 돌아보면

도로 하나 가득하고

돌아섰다 돌아보면

돈도 도로 하나

가득 쌀도 도로 하나 가득

부어내고 부어내고

부어내고 부어내고…

这种说书和听书的娱乐活动也成了旧时韩国人纾解压力和压抑的一种渠道。虽然过去韩国的很多传统小说都是悲剧性的，但韩国人尤其是韩国女人正是借听取他人的不幸并痛哭来释放压抑的情绪的(이규태 1983/2011(3):256)，其实从心理学上讲，通过他人极度的不幸也可以验证自己的幸福，这样就形成了韩国人特殊的幸福观，即如果别人比自己还不幸，那么自己就是幸福的。因为韩国人的认知和思维是集体性的、相对性的，是处于与他人的比较中的，是以他人为标准来判断自己的。

3) 歌舞

"舞蹈作为最富有表现力的身体的展示，除了自身能量中的优雅、矫健和美丽之外，无需任何东西"(张之沧、张禹 2014:171)。也就是说，舞蹈是人表达自己感情的最本能的身体动作。最初的舞蹈是"原始人生活的一个必要部分，它的作用，本不在于娱乐，而是狩猎、采植和战斗等谋生行为的内容之一。……是事奉神灵的一种动作。……社会往前进展，以舞事神的工作，慢慢由全民从事而分工到一些专门家身上"，这些专门家指的就是"巫"(庞朴 1986:4)。从舞蹈的历史发展来看，最初的舞蹈是一种集体行为，后来才逐渐演变成了"巫"的个人行为，最后发展成了具有娱乐意义的个人或集体行为。

韩民族具有"能歌善舞"的民族标签，차종환(2007:46)说韩国人不论男女都多多少少有点"무당 기질 巫婆气质"。这个说法可以说是入木三分、一针见血，这个说法不但点明了舞蹈的起源，也透露出韩国人酷爱歌舞的民族性格。歌舞是韩国人宣泄压抑感情的代表性方式之一。

(1) 韩国歌舞的日常形态

韩国人非常喜欢歌舞，有代表性的传统面具舞"탈춤"，所用的面具不像日本面具那样是浓缩了喜怒哀乐等各种表情的中性表情（이어령 2002/2018a:124），也不像中国的京剧脸谱那样颜色丰富多彩、夸张、性格化并具有装饰性，而是形状怪异、色彩浓重，具有诙谐、讽刺等特点。

韩国人喜欢歌舞还可从电视节目《전국 노래자랑》中可见一斑，这个节目始于1950年的"라디오 노래자랑 收音机歌曲大赛"，1980年开始电视广播，至今已有36年的历史，每周星期天举行，共举办了1700多次，累计参加演出的人员超过3万，预审参加人员有85万，累计现场观众千万以上，开创了韩国全民参与试镜节目的先河，是最长寿的节目，创造了多年来同一时间段收视率最高的纪录。并且，《전국 노래자랑》还闯入了世界舞台，2003年在平壤，2005年在日本东京，2007年在美国纽约，2009年在中国沈阳，2011年在中国青岛都分别举办了特辑节目。由此可见韩国人对歌舞的热衷程度。

韩国人的日常生活也充满了歌舞。例如，韩国人插秧时会不时地唱"들노래"，即在野外唱的歌。除劳作时唱的歌之外，韩国人还

喜欢吃饭时唱歌，有时用筷子敲着桌沿或杯沿来助兴唱歌，在酒吧里这种唱歌方法称作"니나노"；有时还把勺子放在酒瓶里制作临时的麦克风来唱歌。不过大多数时候韩国人唱歌都去"노래방"，所以韩国"노래방"是非常兴盛的文化。正因为韩国人对曲艺的热爱，韩国语里与曲艺有关的众多表达都产生了比喻意义。

(2) 透过俗语看歌舞

韩国人喜欢歌舞从俗语中也能看出来，如俗语"개 꼬리 잡고 선소리하겠군"，比喻韩国人性急，不过从另外一个角度来看，我们也可发现韩国人的另外一种文化，那就是韩国人喜欢歌舞，对笔者来说，没有小鼓，不唱不就得了吗？有这个必要吗？但对韩国人来说却非常有必要，非唱不可，并且清唱还不行，还必须要有伴奏，所以只能以次代好，用狗尾续"鼓"了。韩国人中也有不会跳舞唱歌的人，对这样的人，韩国人常用"새도 염불(을) 하고 쥐도 방귀를 뀐다"来嘲笑他们，意思是连鸟都会念佛，连老鼠都会放屁，怎么你连歌都不会唱，连舞都不会跳啊？由此可以看出，不会唱歌跳舞在韩国的地位连鸟鼠都不如，反过来看的话，就是韩国人大多都喜欢并且擅长唱歌跳舞。

(3) 透过"놀이、노래"看歌舞

韩国语里表达玩意义的动词是"놀다"，这个词有两个名词形式，即"놀이"和"노래"，分别是动词词根与后缀"-이、-애"结合形成的。汉语"戏剧"与韩国语的"놀이"具有同样的思想，即将歌舞视作游戏。而根据"놀+애 工具"的结构可以看出，韩国人将诗歌也看做游戏的工具。虽然이상섭(1984:172)认为将诗歌视作一种游戏是比较少见的现象，但中国古代填诗作赋最初就是一种游戏。

并且荷兰文化学家胡伊青加(1998:173)认为游戏是一切艺术的基础。

韩国人不仅将歌舞视作游戏，就连生活也视作游戏，如"같은 물에 놀다、노는 물이 다르다、큰물에서 놀다"等都将生活比喻成了玩水。

(4) 跳舞的动作、人

与跳舞有关，韩国语还有副词"덩실덩실"，指高兴得动起四肢跳舞的模样，如(48)，汉语一般用"高兴得手舞足蹈"或"高兴得动起来"。

> (48) a. 지금이라도 떡두꺼비 같은 아들 안겨주면 당신이 **덩실덩실** 춤이라도 출 걸.《월계수 양복점 신사들, 17회》如果现在塞给你一个大胖小子，你肯定会高兴得手舞足蹈的。
> b. 금방도 어깨춤이 **덩실덩실** 나왔고. 马上手舞足蹈起来。
> c. 온몸에 **덩실덩실** 신바람이 났다. 身体不由自主地高兴得动起来。

韩国语里表达兴致高时还用动词"날아가다"，这个词的基本意义是飞向空中，在日常生活中还比喻心情非常好，如(49)，这也与人的一般心情有关，高兴的时候想又蹦又跳的。这与汉语是一致的，也符合[幸福是向上的]这种文化共性(Ning Yu 1995, 1998)。

> (49) a. 어쩌나?내가 **날아갈 것 같은데**.《다시, 첫사랑, 13회》怎么办呢？我(心情好得)直想跳呢。

b. 급하게 일을 시작했는데 **목소리가 날아가네**.《사랑
이 오네요, 56회》匆匆找的工作，但是听声音好像
很喜欢(这个工作)啊。

韩国过去有"무동(舞童)"，这些孩子跳舞时，虽然可以自己
跳，但有时也站在大人的肩膀上跳舞，因此"무동(을) 서다"就
有了站在别人肩膀上的意思。这一动作也就是说，这种日常生活中
最常见的"踩着别人的肩膀"这一动作也被韩国人用与舞蹈有关的
"무동"来表达，可见舞蹈对韩国人的重要性以及熟悉程度。
韩国人跳舞时的身体舞动幅度很大，并且多旋转式的舞步，即
使是即兴跳舞时，韩国人也一般都有旋转式舞步，而巫婆跳神时，
还有几次大幅度的蹦跳动作，所以이어령(2002/2018a:203)认为韩国
的舞蹈让人联想起鸟在舞蹈。

12.5.8.2 兴致

韩国人将在上述曲艺活动中所感受到的情趣、快乐感情称作
"흥(興)"，如(50a-c)。"흥"还多用来指人比较有意思，喜欢唱歌
跳舞，如(50de)。惯用语有"흥에 띠다"，有两个意义，第一个指沉
浸在快乐之中，心里非常兴奋，如(51)；第二个指利用有兴致的瞬
间。而"제 풀에 흥이 나다"意为自我陶醉。

(50) a. **흥**이 나다 来了兴致。

b. **흥**을 깨뜨리다 破坏兴致/扫兴。

c. 춤과 노래로 **흥**을 돋우었다. 用歌舞来助兴。

d. **흥**이 많은 사람 能歌善舞的人

e. 30년 넘게 회사와 집밖에 모르고 골생원으로 사셨던

분이 어디서 그런 **흥**이 나는지 몰라. 난 그런 우리 아
버지 낯설어.《가족을 지켜라, 107회》他30多年间一
直往返于公司和家两点一线之间，过得非常保守。
不知道哪来了唱歌的兴致。父亲现在这个样子我感
到很陌生。

(51) 민요 가락에 **흥**에 띠어 춤을 추다. 听着民谣曲子高兴得
跳起了舞。

关于韩国人的"兴"，还有"신명"与"신02"，这两个词
都是具有独特色彩的文化词，也是韩国文化心理的体现（이난수
2014:110）。

其中，"신02"指对某件事情产生兴味或热情而非常高兴的气
氛，如(52)。与"신"有关，有俗语"신이야 넋이야""넋이야 신
이야"比喻把想说的话尽情说出来。俗语"신에 붙잖다"比喻不满
意、不满足。

(52) 그는 **신**에 겨워 어쩔 줄 몰랐다. 他高兴得忘乎所以。

关于"신명"，《표준국어대사전》有三个"신명"，分别为"신명
1、신명5(神明)、신명6(神明)"，但这三个词应该都是同源词，即都
与"神"有关（최재선 1997；허원기 2001；한민 2007），"신나게 달
린다"虽然有"来了兴致，所以奔跑"之意，但也有"发挥自己的
能力，像神仙一样奔跑"之意（최재선 1997:101），所以在韩国的实
际生活中，固有词"신명"与汉字词"신명5,6(神明)"被当作同义
词使用（허원기 2001）。也有人从宗教现象角度来分析"신명"，
认为"신명"是与神融为一体时所经历的感情状态（김열규 1982），认为

是与神灵合一时所取得的成就感和解放感觉(조향 1987)；是神与人相遇时所诱发的神秘体验(유미희 1989)。

与韩国人的"兴"有关，还有"신바람"，指来了兴致而情不自已的那种情趣和气力，如(53)。"신바람"的近义词是"어깻바람"，由此我们可以想象得出，韩国人来了兴致而手舞足蹈欢快地载歌载舞的样子。

(53) a. **신바람**이 나다/일어나다 来了兴致。
  b. 그는 **신바람**에 취해서 일하는 일꾼이다. 他是个热爱
    工作的人。

与韩国人的"兴"有关，还有一些动词、副词和形容词。首先看汉字词"흥성거리다(興盛---)"，字面意义是"兴盛"，但是韩国语里意为许多人聚在一起高兴谈笑而营造出的兴致勃勃、盛大的氛围，如(54)。

(54) 화개 장터엔 장날이 아니라도 언제나 **흥성거리는** 날이
    많았다.《김동리, 역마》即使不是有集的日子，花介
    市场也总是热闹异常。

韩国语里表达兴致的还有副词"흥청망청"，指沉浸于兴致中而随心所欲尽情享受的样子，如(55ab)；"흥청망청"也指随便花钱、消耗东西的样子，如(55cd)。汉语在表达这些意义时一般用贬义词"挥霍""大把大把花钱"等。

(55) a. **흥청망청** 먹고 마시며 놀다 大肆挥霍玩乐。

b. 젊음을 **흥청망청** 보내다 大把大把地挥霍青春。

c. 너 이 돈 가지고 가서 **흥청망청** 쓸 생각이었어?《최고의 연인, 69회》你原来是想拿这钱去挥霍啊？

d. **흥청망청** 돈을 쓰면 뭘 해요?《최고의 연인, 81회》大把大地花钱做什么？

如上，虽然"흥、신、신명、신바람、흥성거리다"等的意义都是积极的，但副词"흥청망청"的意义是贬义。

12.5.8.3 韩国人的"兴"与中国人的"兴"

如上，韩国人这种"兴"的文化特别突出。随着韩国经济的发展，国际地位的提升，韩流的全球蔓延，韩国人的"兴"逐渐超越了"恨"与"压抑"的民族性，而成为韩国人新的民族标签。

由于其他国家的人对韩国人这种"兴"文化不了解，有时则会出现交际上的障碍。例如，山东省泰安市每年一届的泰山国际登山节活动都有大型的开幕式，并会邀请国际表演团队来助兴。记得有一年是邀请韩国人来表演农乐舞——"사물놀이(四物--)"，中方按照惯例给的表演时间是五分钟，最多不能超过十分钟，这引起了韩国人的不满，他们说，农乐舞最少需要半小时的时间，五到十分钟的话，演员的"신 兴"还没有上来呢。因为双方没有达成一致意见，最后表演被取消了。这个故事反映的不仅是交际的问题，而且是不同文化中不同的"兴"的碰撞。

耶鲁大学的人类学教授Cornelius Osgood在《韩国人及其文化》中对中日韩三国的"兴"进行了比较，他说："中国人和日本人在唱歌、跳舞上是自我克制的，他们注重的是形式，韩国人跳舞那种兴奋的样子在中国和日本看不到。虽然发达的韩国古典音乐和舞蹈明显受中国的影响，但部落人民的广泛参与却像韩国连绵的丘陵一样，是固有的"(转引自赵要翰 2008:59)。

正像Osgood所说，中国人的"兴"与韩国人的"兴"确实有很大不同。中国人的"兴"表现在歌舞上是有节制的"兴"，中国人的"兴"更多地表现在其他方面。

例如汉语"赏花""看枫叶"更强调视觉观赏，是一种"个人的"、相对"安静的"行为，而韩国语里这两种行为分别是"꽃구경/꽃놀이""단풍놀이"，是将赏花看景视作一种游戏，是一种"集体的""动的"的行为。这也是中国人的"兴"与韩国人的"兴"的不同之处。

再如，中国古代私塾老先生给人的形象多是"穿长袍、戴眼镜、拿着戒尺"的迂腐形象，鲁迅在《从百草园到三味书屋》中写到先生念书念到好处时的表现是"总是微笑起来，而且将头仰起，摇着，向后面拗过去，拗过去"，这是中国读书人所表现出来的兴到极致的"兴"。

中国文人的"兴"还表现在饮酒和吟诗作赋之上，楚辞汉赋唐诗宋词元曲这一切都是中国文人兴之所至，情之所及的产物。中国人也用与舞有关的"舞文动墨"，是将单纯的肢体语言发展成了文学艺术形式，即"填诗作赋"。这种"兴"与"情"是一种间接的、节制的、内敛的、含蓄的表达方式，与韩国人多用肢体语言——舞蹈来表达是截然不同的两种境界和情趣。

当然，中国人也有强烈的肢体动作，也有与舞有关的"舞枪弄棒"，中国人将本能的肢体动作发展成了"武术"这一更高层次的强身健体、御敌防身的技术。而"舞文动墨"与"舞枪弄棒"的结合，最终形成了中国"文武兼备"的文明和文化。

12.5.9 韩国版的"阿Q精神"

鲁迅先生的《阿Q正传》里描述到：阿Q被钱大少爷打了之后，碰见小尼姑，阿Q对她又是骂脏话又是掐脸蛋，终于觉得刚才的憋气都散了，又充满了自豪感。鲁迅先生描写的是中国版的阿Q。但是韩国也有韩国版的阿Q，我们主要借助俗语来分析一下。

韩国语有俗语"종로에서 뺨 맞고 한강에서[빙고에서/한강에 가서/행랑 뒤에서] 눈 흘긴다"，意为在钟路挨了打不敢怎样，却到汉江或冰库、行廊去瞪眼睛，"서울서 매[뺨] 맞고 송도서[시골에서] 주먹질한다"意思是在首尔挨了打却到松岛或农村去打别人，"영에서 뺨 맞고 집에 와서 계집 찬다"意思是在官府里挨了打回家打老婆，"읍에서 매 맞고 장거리에서 눈 흘긴다"意思是在市里挨了打到集上去瞪眼睛。类似的俗语还有"다리 아래서 원을 꾸짖는다、다리 밑에서 욕하기、다릿목 아래서 원 꾸짖기"，比喻无法把话讲在当面而在听不见的地方发牢骚、骂人。这些俗语反映的都是典型的阿Q心理和行为。

日常生活中也经常用到这样的俗语，如(56a)，有时还会出现变形，如(56b)中"눈을 흘기다"变成了"화풀이하다"，但表达的意义是相同的。

(56) a. **종로에서 뺨 맞고 한강에서 눈 흘겨도 정도껏 흘길 것이지.** 저러다 눈이 찢어지겠네.《전생에 웬수들, 5회》虽说在钟路挨了打可以到汉江边来发泄，但是也得适度啊。你这样对别人撒气，小心把眼瞪斜了。

b. **종로에서 뺨 맞고 한강에서 화풀이한다더니** 시우군이랑 싸운 게 왜 우리 남진이 탓이에요?《비켜라, 운

명아, 55회》都说在钟路挨了打到汉江撒火，你和时
宇吵架怎么怨到我们南镇头上了啊？

韩国语还有很多与婆媳关系有关的俗语，如(57)，意思是受了
婆婆的气之后转而来踢狗，这里虽然讲的是婆媳关系，但却比喻将
怒气或愤恨发泄到毫不相关的人身上，也是一种转嫁思想。

(57) a. 시어머니에게 역정 나서 개 배때기 찬다

　　 b. 시모에게 역정 나서 개의 옆구리 찬다

　　 c. 시어미 미워서 개 옆구리 찬다

　　 d. 시어미 역정에 개 옆구리[배때기/밥그릇] 찬다

除了像阿Q一样挨了打到别处撒火外，韩国人还习惯于自我安
慰，如"개 복에도 먹고산다"，指像狗这样不起眼的动物也有自己
的福气，更何况是人呢？所以只要不失去信心，肯定会有美好的未
来。韩国人还相信每个人有每个人的幸福，正像俗语"개도 손 들
날이 있다"所说，狗也有来客人的一天，有时韩国语里还经常拿乞
丐来作比喻，如"거지도 손 볼 날이 있다"，意思是乞丐也有来客
人的一天啊。这两个俗语都是让人们不要放弃希望和信心。

12.6 性格的两面性

12.6.1 压抑与自由创新

国家的地理环境、历史、文化和现实虽然造成了韩国人更看

重权威、集体、他人的眼光与意见，具有压抑和多恨的性格特点，但任何事物都有两面性，韩国人的压力与"恨"也是一种变革的力量。此外，资本主义体制的引进、个人主义的侵入使韩国人也产生了追求自由和个性的特点，例如韩国语里有"내마음대로、맘대로、멋대로、뜻대로、좋을 대로"等表达，体现的是随心所欲和对自由的向往。

在不确定性高的国家、社会当中，人们普遍有一种高度的紧迫感和进取心，因而易形成一种努力工作的内心冲动(Hofstede等2014:226)，所以在压力与"恨"背后所隐藏的变革力量与追求自由的思想结合在一起就诞生了创新能力。美国康奈尔大学、欧洲工商管理学院和世界知识产权组织2013年7月1日在日内瓦发布了《2013全球创新指数(Global Innovation Index)报告》，报告显示，韩国位列全球创新指数第18位，中国排名第35位，中国香港位列第7位，从中可以看出韩国人的创新指数在某种程度上要高于中国大陆。

而韩国人最大的创新莫过于韩文的有目的的自主创制。此外，韩国人的创新意识还反映在生活的方方面面，当然也反映在饮食上。

例如，韩国人不习惯单独外出就餐，但在生活中不可避免地也会遇到需要一个人吃饭的时候，所以精明的韩国人为了照顾这些被称作"싱글족"的顾客群体，就创造了这样一种饭店：每个人一个小格子座，外面有一个布帘遮住客人的脸部，从外面看无法知道里面的人，而里面的人又可毫无顾忌地享用自己的美食。这种饭店称作"일인식당"。

韩国人非常喜欢吃西餐，认为这是一种上流社会的生活，充满创意的韩国人为了满足"一个人想买牛排吃"的这样一个消费群体，

有人就卖起了"길거리 스테이크 路边摊烤牛排"[24]，这类似于中国的"烤羊肉串"，但烤的不是羊肉串，而是牛排而已。不过从氛围和配置上要比中国路边的烤羊肉串显得更"摩登"、更"讲究"一些，因为卖主会提供与烤牛排相搭配的配菜或红酒，让人在路边就可轻松地享受到高级西餐厅级别的烤牛排，而不用去在意他人的眼光。

韩国人的创新能力也与韩国人敏感于流行、喜欢跟风的性格有关，韩国有非常突出的"줄 서기 排队"文化，例如在美食店前、名牌产品店前常会排起很长的队伍，这种排队文化反映的是消费上的跟风，这种跟风性格反映在创业、产品制造上，就会表现出创新能力。

很多人并不把创新与自由看作性格特点之一，但这也的确是韩国人比较突出的特点之一。

12.6.2 极端与中庸

中国人的典型性格特点之一是中庸，在中国文化里，"中庸与和谐是宇宙间万物彼此联系的准则，是万物存在和生长的源泉。受儒家中庸之道思想的影响，中国文艺的优秀传统向来重视感觉的赏心悦目，而不像西方诗学那样主张感觉至上和情感的渲泄，而是追求以理节情、情理融合、美善相兼，使表层的感觉经过理性的净化、道德的锤炼、情操的陶冶，转化为感动人心的艺术魅力。中国古典诗学讲究含蓄蕴藉，就如中国人的性格一样，有限的言语中往往包含着无限的意蕴。"（杨元刚 2005:380）

同属汉字文化圈的韩国人的性格却具有两面性，主要表现在有时是极端主义的，有时是中庸主义的。韩国人的极端主义表现最为

24　韩国KBS《생활의 발견》2015年11月5日广播。

明显的就是急性子，正因为急，所以出现了高速的工作速度，带来了韩国的快速发展，还出现了"结果主义""한탕주의"，这种急性子和极端主义也表现在生活与语言中，例如，在排解郁闷、愤怒时会伴随很多幅度夸张的身体工作，还会使用很多禁忌语，如与排泄物、性、死有关的表达，还有很多发泄性与极端性的语言表达，并且喜欢用比喻和夸张，在比喻时喜欢用一些极端的表达，这些都是直抒性的表现形式。另外，韩国人还喜欢从众，从而出现了"쏠림문화 一边倒文化"。

　　除了这些表现外，从历史上看，韩国众多的民乱也是极端性格的表现，当然民乱有很多外界的政治和历史因素，但背后也隐藏着韩国人追求现世幸福的思想，也就是说如果外界因素影响了韩国人追求现世幸福，那么韩国人就会采取极端手段以示反抗(김태균2007:191-202)。韩国人的这种性格特点并没有随着历史的发展而消失，例如现代韩国频繁的罢工(见图8-10)、示威游行、绝食示威，甚至是焚身自杀等都是这种极端性格的表现，而最深层次的原因就是自己的现世幸福被妨碍。

[图8、9、10] 2019年1月3日上午首尔大学后勤人员总罢工出征式
摄于首尔大学中央图书馆前

　　韩国人的这种极端性格其实也可以从韩国的巫俗信仰中寻找痕迹，即韩国传统的萨满教最典型的巫俗活动就是跳大神，而跳大神

是一种即兴表演和感情抒发，并且伴随激烈的肢体动作和语言，看起来"很放纵，缺少逻辑性"(이부영 1979:239)，而这与现代韩国人的极端性格应该是一脉相承的。

韩国人的性格还有中庸的一面，所以在正常的语言交际中经常采用非直抒性的委婉表达，这与极端性的直抒性表达是截然相反的两面，所以这让韩国人的性格充满了两面性。

韩国人性格的中庸还表现在宗教方面。就像Alford(2000:27)所说：韩国是地球上宗教最多样的国家之一，但却又是同一民族，因为大部分国家出现宗教多样性的原因是不同民族信奉不同的宗教；但是在韩国即使有了新的信仰，一般也不会取代旧的信仰。《서양인의 한국 종교 연구》的编纂者김종서认为：19世纪末来韩国的西方传教士有的认为韩国人是有宗教的，有的则认为韩国人是没有宗教的，之所以出现这两种截然相反的观点就是因为韩国社会的宗教具有"중층다원성(重层多元性)"的特点，例如，丈夫是儒教的信奉者，但是却会让妻子去寺庙上香，身体不舒服会叫巫婆来跳大神。他还说：如果把各宗教的信奉者的数量汇总起来会发现远远超过韩国的总人口，因为一个家庭里会存在多种宗教，本来信奉佛教或改新教，但儿女结婚时却又看四柱八字、择吉，所以韩国的宗教是互相包容，为我所用的[25]。

朝鲜时期虽然表面上是儒家文化立国，但观其深层却是以萨满教为基础的巫佛仙的融合，后来传入的基督教也受到韩国人所具有的现世祈福思想的影响，也变成了一种祈福式的宗教(김태균 2007:133-134)，基督教中，"개신교(改新教)"虽然宗教戒律比较严

---

25 김한수, "아버지는 절에 다니고 아들은 교회 가는 한국 외국인들은 신비롭게 봐." "성인의 한국 종교 연구' 펴낸 김종서 교수, 조선일보, 2006.07.20.

格，但是"천주교(天主教)"却更多地与韩国传统妥协，教徒可以饮酒，也可以搞祭祀。

"与深受宗教摩擦折磨的东欧、中东、非洲国家相比，韩国社会的基督教(改新教)、天主教、儒教、天道教却和谐相处。韩国是最开放的国家。韩国向我们证明了亚洲价值与欧洲价值的融合是可能的。"(임혁백 2004:132)

与韩国人和韩国文化在宗教上所表现出的中庸思想相比，中国人和中国文化表现更突出的是包容性，即求大同存小异，善于同化、会通其他思想，在中国民间就有了三教九流，让孔老释坐在一座殿堂里(李泽厚 1986)。例如中国的"文昌殿"虽然供奉的是道教神仙系统的"文昌帝君"，但其左边奉的却是儒家代表孔子，右边奉的是宋代理学大师朱熹。

12.7 小结

一个民族的性格与这个民族所处的地理环境、生产方式、历史以及文化密切相关。中国人是大陆性性格，日本人是岛国性格，韩国人的性格特点兼具大陆性性格与岛国性格的特点，居于两者之间。

一个民族的性格特点表现在方方面面，也表现在语言上，反过来具有文化特色的语言也会影响、加强民族性格。研究一个民族的性格特点有很多方式，其中之一是借助语言手段来研究语言里所反映出的民族性格特点。

韩国人的性格具有四个典型特点和一个突出特点，第一，韩国人在过去是慢性子，但随着资本主义体制的引进、产业化的发展，韩国人逐渐发展成了急性子。这种急性子表现在很多俗语中，这些俗语绝大部分都与吃喝有关，而吃的东西大部分是韩国特色食物。

韩国人的第二个性格特点是重感情，并且喜欢借助身体接触来表达感情。韩国人重感情的表现方式有很多，表现在语言上，韩国语产生了很多与重情、惜分离、重视旧情有关的表达。韩国人重感情的性格特点虽然与儒家文化重视人际关系、重视家庭与集体的思想有关，但也与韩国人的小集团主义和传统的席地而坐的坐式文化有关，可以拉近双方距离的席地而坐的坐式文化为身体接触提供了条件，也加强了韩国人重感情的性格特点。

韩国人的第三个性格特点是多恨、压抑。虽然其他文化里也都存在"恨"的感情，但韩国特殊的地理环境造成了韩国多灾多难的历史，日本的殖民统治、南北分裂、军阀独裁统治等造就了韩国人特有的"恨"文化。具体到个人，个人受儒家文化的影响，等级、权威观念严重，重视人际关系、重感情，这使得韩国人形成了压抑的性格。从阶层来看，穷人和女人以及现代社会的一般上班族更容易产生压抑的性格和病理现象，患上韩国人特有的"화병(火病)"。韩国人处理感情的方式多是忍受，使自己顺应环境，因此最终产生了"恨"的性格。急性子、重感情、高压产生的压抑与"恨"最终也导致了韩国人极高的自杀率。

韩国人对"恨"的认识并不仅是消极的，韩国人认为恨从个人角度来看虽然具有消极的一面，但对恨的消解过程也是自我成长和发展的过程。从社会角度来看，韩国人认为"恨"可以发展成革命的力量，这也可以解释韩国经济快速发展的动力来源以及在一些特殊事件上所表现出的"团结一致"甚至是强烈的"民族主义"特点。

韩国人压抑的性格特点在语言上有多种表现形式，其一是善于

借助身体语言来间接、隐晦地表达感情；其二是对消极感情词汇、惯用语和"더럽다""거지"等消极词汇的使用；第三是借助反语、委婉语、敬语等间接表达感情，即使是采用拒绝性表达，一般也要考虑各种因素来选择拒绝的策略，这虽然会促进和谐人际关系的维持，但这种表达本身其实给人带来的却是压力和压抑。

韩国人的第四个性格特点是乐观、排解。有压抑有恨就要排解，韩国人的文化可以说是"排解的文化"。韩国人排解心情主要有八种方式：

第一是借助超自然的力量——萨满教的跳神。第二是借助身体动作，例如"두더지게임"玩具在韩国的兴盛反映了韩国人对发泄的需求，而女人则可以灵活运用葫芦、棒槌等物件，并形成了独特的"葫芦游戏文化"，过去韩国女人用棒槌捶打衣服是一种非常光明正大且隐晦的宣泄方式，现代韩国女人则可以用棒槌来捶打干明太鱼来宣泄，因为干明太鱼汤是韩国人代表性的食物。第三是借用饮食，最常见的就是饮酒、吃辣食和具有嚼劲的鱿鱼。第四是借助禁忌语"死"来进行宣泄。第五是借助发泄性、极端性的语言表达。第六是借助比喻和夸张的修辞手段。第七是借助曲艺方式，而曲艺的终极就是韩国人的"兴"；韩国人的"兴"与中国人和日本人的"兴"不同，韩国人的"兴"更强调肢体动作，表现在语言上就是与跳舞有关的动词和词组都有了抽象的比喻意义，并且有各种与舞有关的表达；中国人的"兴"是一种节制、内敛、含蓄的"兴"。第八，韩国人缓解压力的方式还有发扬"阿Q精神"。

韩国人性格的突出特点是具有两面性，首先表现在压抑与追求自由的矛盾，其次表现为极端与中庸的矛盾。

第十三章

韩国语言文化结构

13.1 引论

文化人类学主张整体观，并且这种文化整体意识得到了越来越多的文学批评家的认可(叶舒宪　2018:18)。文化哲学也主张文化整体观，具体而言，"文化不是简单的个别的具体事物和联想。这种简单的、个别的具体事物和现象只能说是'文化事物'和'文化现象'。文化从其个体来说，是指某一个民族和国家的人类的生活样式系统，从其整体来说，是指人类的全部生活样式系统。"(李鹏程1994/2008:417)

这种文化整体观也适应于文化语言学的研究，因为文化现象是错综复杂地交织在一起的，涉及多个方面的人或事物，那么反映在语言上也可以有多种表现形式，也就是说，不同的语言形式可以解释同一文化现象。反过来，一种语言现象也有可能反映多种文化。这样，很多看似不相关的文化、语言现象可以形成一个文化语言框架，而一种大的文化是由无数这样小的文化语言框架构成的，各个不同的小的文化语言框架又互相联系在一起，最终形成韩国文化语言结构。

몇십년 동안 서로 달리 살아온 우리. 달라도 한참 달라 너무

피곤해. 영화도 나는 멜로 너는 액션. 난 **피자** 너는 **순두부**.

그래도 우린 하나 통한 게 있어 **김밥**. **김밥**을 좋아하잖아. 언제나 **김과 밥은 붙어 산다고** 너무나 부러워 했지. 잘 말아줘 잘 눌러줘. **밥알이 김에 달라 붙는 것처럼. 너에게 붙어 있을래.**

날 안아줘 날 안아줘. **옆구리 터져 버린 저 김밥 처럼.** 내 가슴 터질 때까지.

예전에 **김밥** 속에 **단무지** 하나. 요새 **김치**에 **치즈 참치가.** 세상이 변하니까 **김밥**도 변해. 우리의 사랑도 변해…

如上，这是韩国的一首歌曲《김밥》的歌词，歌曲是一种文化产物，但歌词本身却是语言形式的一种。这首歌借韩国代表性的饮食——"김밥 寿司"来比喻爱情，反映的是语言学上的修辞现象，第一段歌词中还出现了另外两种饮食"피자(pizza)"和"순두부(純豆腐)"，前者是西方饮食比萨饼，反映的是西方文化对韩国饮食文化的渗透，后者——炖豆腐脑是韩国传统饮食的代表。第四段歌词中还提到"김밥"的内容物，即过去是"단무지 甜萝卜片"，现在又有了"치즈 奶酪"和"참치 金枪鱼肉"，而这也是西方文化的产物，这也反映了"文化是发展变化的"这一特性。

从语言上来看，"김밥"之所以可以比喻爱情，利用的是关联思维以及韩国语的多义双关修辞，因为韩国语动词"붙다"可以表达具体意义，即黏在一起，而异性黏在一起则意味着相爱，所以有了具体意义的"밥알이 김에 달라 붙는 것처럼"和抽象意义的"너에게 붙어 있을래"两种表达。而动词"터지다"可以指具体的炸开意义，但也比喻人情绪高涨，所以可以有具体意义的"옆구리 터져 버린 저 김밥"和抽象意义的"내 가슴 터질 때까지"两种表达。

从思维方式来看，借助具体的食物来比喻爱情这种修辞是韩国人具象思维的充分体现，同时，这种修辞还将两个不同的文化领域——饮食语言与爱情联系了起来。

从跨文化对比来看，这首歌曲具有非常强的民族文化性，因为"김밥"是韩国特有的饮食，在此基础上所衍生出的上述文化现象、语言现象、思维也具有了异于中国文化的特点。中国与食物有关的类似的歌曲有"疗伤食肉粽子""你的扣肉""豆浆油条"等，这些歌曲反映的则是中国特有的饮食文化、语言、修辞和思维。

如上，一首歌曲中所出现的词语、词义、修辞、思维等形成了一个特殊的语言文化语义场，这样所形成的各个不同的特殊的语义场和文化语言框架表现的是一个民族的文化特质。一个民族中最典型的文化特质，常常有相应的一个或几个语言文化语义场与之相当。因此，只有对一个民族的每个语言文化语义场进行透彻的分析，并将众多特殊的语言文化语义场联系起来，才可以构建相应的更大的语言文化框架，最终才能从一个较全面、较高的层次来更加客观、真实地了解它的民族性。

13.2 人体、语言与文化结构

人体是自然的产物，是自然界的一个组成部分，并且处于人认识世界的中心，但人体亦是文化的。人体自身的活动具有文化性，人类对世界的认识是由人的感官所开始的，人的视觉、触觉、味觉和嗅觉、听觉以及空间感觉等将外界具体的事物与人的意识联系起来，使自然地理世界具有了文化性，而人类的生活、精神也无不与人体活动密切相关。

具体到语言表达上来说，与人体有关的语言虽然在不同的文化之间拥有共性，但韩国的人体语言文化亦有许多独特的方面。例如，对身体部位的深刻观察与联想使人体的各个身体部位语言产生了丰富的、独特的比喻意义，而这反映了韩国人非常突出的"具象思维"的特征；韩国语里有与眼睛有关的丰富的具象化表达、与口有关的大量告诫人们要慎言的表达，这些又与韩国人重视上下社会秩序、重视他人看法、察言观色的文化密切相关。韩国语里与低头有关的表达非常丰富，有五种形式，分别比喻屈服或佩服，与抬头有关的表达很少，只有两种，其中"머리를 들다"表示具体动作时多用于命令句，"머리를 쳐들다"用于具体动作时比喻反抗，由此所表现出的语言形式多少的差异以及意义和用法的不同反映的是韩国的礼仪与上下级关系。

鼻子在韩国文化里具有非常突出且重要的位置。虽然鼻子能够产生的动作或行为比较有限，但韩国语里有很多与鼻子有关的惯用语，表达抽象的比喻意义。鼻子还与性文化、生殖文化密切相关，因此产生了很多与鼻子相关的民俗活动与信仰，也与宗教里的乡村守护神发生关联，为了求生儿子可以去把守护神的鼻子割了熬水喝。这种文化也表现在文学作品里。

人体中非常隐私的部分有口水，所以韩国语里"침"借助不同的动作和状态，如"咽口水、流口水、吐口水、抹口水、口水干了"等表达多种意义。日常生活中，与西方人的分餐制相比，韩国人共同食用一盆汤的饮食习惯相当于共享各自的口水，这种食用习惯代表的是关系亲密和小集团意识，当然表现这种意识的还有吃大锅饭，即"한솥밥"。也就是说，在韩国文化里，口水、饮食与小集团意识是互相联系的。

人类认识世界需要动用各种器官和感觉，尤其是与口有关的

"吃喝吞咽咬啃嚼"动作，用于咀嚼的牙齿，吞咽东西的喉咙，与饥饿和饱腹有关的肚子，与味觉有关的各种感觉词等，它们虽然分属于不同的文化领域，如饮食、人体、感知等，但因为都是人认识世界的手段或工具，所以在韩国语里都产生了相似或相关的比喻意义。

韩国语里"脸面"可以象征身份、关系的建立、内心感情、健康状况、阅历等，与脸面有关的丰富表达、脸皮的厚薄、大小等都反映了韩国人重视脸面的关系文化，往脸上抹黑的"똥칠、먹칠"也反映了这种脸面文化。韩国语里脸面还与经济有关，因为会被标上价钱，形成"얼굴값、꼴값"类表达。韩国的秩序文化使韩国人不善于外露感情，这从"내색"的否定用法中可窥一斑。而反过来能够给别人一记耳光则意味着高人一筹，如"뺨치다"的用法等，而这也是韩国人压抑性格的表现之一。

腿是重要的人体部位，韩国人逃跑时会说"다리야 날 살려라"，也会说与膝窝有关的"오금아 날 살려라"，或者说抽象的"걸음아 날 살려라"，这三个俗语首先反映了韩国人特殊的逃跑文化，这些俗语的产生与韩国人传统的席地而坐的坐式文化密切相关，而逃跑时所说的语言也反映了韩国人将命运付诸于身体某一部位、而不是将命运付诸于具有能动性的人自身的思想。腿脚还与坐姿有关，韩国人的坐姿具有很强的男女性别差异。

人体中的头发具有很强的文化意义，韩国人的头发不仅是年龄的象征，还是身份、秩序的象征；在过去束发是正常的，散发是不正常的，是消极的；自己削发意义的"자수삭발"是积极的，被他人强制的"머리를 깎이다"是消极的；剃短发可以是自由的象征，但剃光头却是消极的，而这些内容涉及了生活的方方面面。此外，头发以及相关的服饰还与婚丧嫁娶文化产生联系，耳朵也与韩国人的婚姻有关，并且耳朵还是女人贞操的象征。

外貌也是人体的一部分，虽然外貌本身具有自然属性，但对外貌的判断与评价反映的却是人的意识，对外貌的描述可以借用属于其他文化领域的动物、植物、事物等，有的具有很强的感情色彩差异，尤其是当外貌低于人们的期待值时就会成为被嘲讽的对象。如果外貌出现较大的问题就会成为"残疾"，所以医学语言中有大量与此相关的表达。当用人的外貌表达去比喻其他事物时，那么其文化性就会进一步增强。人的外貌还包括服饰打扮，所以人体又处于服饰文化的中心。

与人体行为有关的身体语言还与人们的日常生活例如礼仪密切相关，从而形成了韩国"身体距离"与"语言距离、心理距离"成正比的特殊的语言文化现象。

13.3 物质、语言与文化结构

自然地理对一个民族来说具有非常重要的作用，它是民族文化最基础的影响因素。人在最初认识人类自身时，依赖的也是自然世界，是借助对外界的探索来探求世界的本源和人类的诞生，而这也是古代神话以及人类神话思维产生的基础，即使人类从神话思维发展到了抽象思维阶段，自然地理也依然对人类和人类文化起着莫大的作用。但因为自然地理具有地区特性，又因为人类在观察、利用事物时具有主观能动性和民族差异，因此，表现在自然地理中的语言和思想虽然有时表现出一定的共性，但也具有很强的民族性。

自然地理中的天是古代哲学思想的内容之一，对天的认识和敬畏思想也体现在语言上，但是在中韩两种文化里的具体语言形式以及语义的发展却出现了较大的不同。韩国人对地的认识主要集中在对地的方位、厚度、距离、塌陷、地形以及对泥土的利用之上。韩国人还利用天地来表现人的心情、性格、高矮等意义，从而更加拉近了天地与人的关系。再看日月，日月从远古时就被赋予了生命本源这一认识，并且表现出了世界共性的特点，而韩国也产生了高句丽始祖朱蒙的诞生说。太阳还与光、火产生密切关系，所以太阳所象征的生命力与性的意义也被转换到光和火之上，从而使与火有关的语言具有了性的意义，而受儒家传统文化的影响，火的这种隐喻意义具有消极性。与天有关的电闪雷鸣也被韩国人拿来与日常生活联系起来，尤其是在借用闪电和雷比喻人的行为和性格这一点上具有很强的民族性。韩国文化里，雨具有消极的联想意义，也是艰难险阻的象征，这也表现在词语的语序之上，这种联想意义也影响外来文化的翻译，这也反映了文化背景对人的认知的影响。

韩国多山的地理环境不仅形成了韩国人的山林信仰，也产生了一系列的山林文化。首先，山林文化为佛教扎根韩国提供了背景信仰，影响了韩国人的出行方式和运输手段(如：지게)，而韩国传统的运输方式也反映了韩国人被动的性格特点。多山的地理环境还形成了韩国人以村落为中心的集聚定居生活，形成了以小规模农耕为主的生产方式，也形成了韩国人重视地缘和血缘的人际关系。其次，多山的环境还影响了地名的命名(如：산넘어)、娱乐活动(如：화전놀이)，也影响了韩国人的丧葬文化(如：산소)。多山的环境还形成了韩国人"山林式"的思考方式，即注重微观视角，使韩国人的思维方式具有了微观但全面的特点，这种思维特点也影响了韩国语的语义引申特点，例如韩国语"집"的语义泛化方式与汉语"家"的语义泛化出现了很大不同。

自然文化里的动植物与人类的生存密切相关，根据与人类生活远近和密切程度的不同而表现出不同的语言和文化现象。中韩两国人对动植物的认识也有很大差异，其中，与动物繁殖有关的卵、蛋、排泄物等都被韩国人赋予了文化意义；具体动物中，熊与韩国的创世文化密切相关，熊女变人的神话背后反映的是韩国人被动的精神文化，而韩国人被动的精神文化还反映在非直抒性的表达、善于察言观色的关系文化和语言表达等之上，看似无关的众多的文化、语言现象其实是紧密相连的；动物中表现突出的还有鱼类，与鱼类有关的丰富的语言形式和语义引申具有很强的文化性，而这与韩国的半岛地理位置和渔业生产的发达密切相关；韩国还有蛙文化，这与精神文化里的生育文化密切相关。此外，狗、圆月、女性、生育等虽属于不同的文化领域，却也密切相连。动物文化中的麻雀、蟋蟀与饮食文化中的年糕、虾酱等看似没有任何关系，但是却因韩国有察言观色的文化而通过俗语使互相之间产生了语义上的相似性，从而使动物文化、饮食文化和精神文化融为一体。

植物语言中除花草树之外，很多与食用植物有关，这又与农业生产息息相关，而农业又与教育、家庭管理有关。韩国还有突出的葫芦文化，葫芦不仅与运动、婚姻、婆媳关系、祈福思想等文化有关，而且还与宗教、乞食、修行相关，最终形成了众多抽象的语言表达。韩国还有植物——冬瓜，冬瓜的茎为"동아줄"，这种植物语言可比喻绳子或机会，反映了韩国人对绳子的重视，以及韩国人的"线绳文化"，这种"线绳文化"的产生又与韩国人对天、神仙的崇拜和畏惧心理有关，所以才会出现童话故事《해님，다님》，才会出现天上放下绳子救主人公于危难之中的故事情节。正因为对天、神仙等的畏惧，所以韩国人才会非常轻松地接受强调上下秩序的中国儒家文化，并且将其发展到了登峰造极的程度，现代韩国社会的秩序文化和上下层级文化都要比中国范围广、程度深，这种文化体现

的是某个集体内和谐但却排外的小集团主义。此外，韩国人的"线绳文化"还表现在传统服饰上，例如：韩服没有扣子而使用衣带和裤带，这样一来，植物文化的冬瓜茎与韩服被"线绳文化"联系了起来。韩国还有发达的辣椒文化，辣椒可与多个不同文化领域发生关系，首先与饮食发生关系，例如辣椒酱文化、与辣椒蘸酱有关的俗语；辣椒还与人体有关，可形容男性的生殖器；还与人体和服饰有关，形容老年男性很小的发髻；还与眼病产生联系；还产生了惯用语表达抽象意义。

此外与生活样式有关，生活样式因阶层和时代不同而不同，具有很强的时代性和阶层性，生活文化的各个下位层次与人们生活的密切程度也有所不同。

首先，饮食是对自然、历史、文化的综合反映。例如，韩国人过去曾经有过游牧生活，饲养家畜并喜食肉类，但佛教文化的传入，禁杀生，因而肉食远离了百姓生活，之后随着蒙古的影响，又重新开始肉食生活，之后一直延续至今(박갑수 2014(하)a:56)；又因为现代韩国实行男性都要参军的兵役制度，所以很多军队饮食也扩散为一般百姓饮食，例如"부대찌게"。而"폭탄주(爆彈酒)"也是20世纪80年代从军队兴起的(黑田勝弘 1994:194)。与饮食有关的器具，如石臼、碓臼、杵、磨房等，在韩国文化里还与"性、女性、婚姻"等这些看似无关的具象或抽象的文化现象产生了密切的关系，从而形成了韩国特有的性、性别和婚姻文化，并且形成了与"碓(방아)"有关的丰富的比喻意义，如"입방아、엉덩방아、고갯방아、이마방아、방아깨비"分别形容人的动作或给动物命名。韩国还具有独具特色的"糕文化、酱文化、泡菜文化、汤文化、勺子文化"等，这些不仅是一种文化现象，更重要的是发展出了丰富的语言形式，与烹饪方式、吃喝吞咽等有关的动词也都发展出了具有特

色的语义，例如表示吃的动词"먹다"的语义泛化，而这种语义泛化也影响了韩国人的交际文化，即经常利用多义词的不同意义来形成多义双关语，增强交际的效果。味觉词的发达也是韩国语特有的语言现象之一，韩国人不仅用味觉形容词来比喻人的性格，还用具体的实物来比喻人。饮食文化中的各种食物还与韩国人的节日、婚丧嫁娶、宗教的仪式等密切相关，例如，韩国人喜欢喝汤，所以吃米饭会吃"汤饭"或者"水泡饭"，即使在跳大神祭神时也要用水把饭泡一下，所以形成了"물밥"，并且有了变形词"무랍"。有些食物，例如辣食、有嚼劲的鱿鱼、干明太鱼、"동치미"等还成为韩国人发泄压抑感情的媒介，使食物与性格特点发生了联系。

服饰文化具有很强的时代性，其时代变迁相对于其他文化来说表现最为明显。从服饰特点来看，韩国的传统服饰具有长长的衣带、宽大的裙幅，就像飞动的蝴蝶，给人一种飘逸的感觉，这与韩国语的俗语"옷이 날개"具有很强的一致性，而韩国人的传统舞蹈也非常强调上肢的舞动，就像鸟儿在飞，韩国人表达高兴时用动词"날아가다"，动态的韩服形象和人舞动时的肢体动作非常一致。舞蹈还是韩国巫术的基本形式之一，也是韩国人缓解心理压力的非常重要的方式之一。从服饰打扮的习惯来看，韩国人非常重视服饰打扮，喜欢穿正装、穿名牌，这些文化现象都是内在思想的外化，即过于重视他人看法，正是这种过分依存于外界人际关系的思想认识造成了韩国人的"겉치레"文化。此外，与各种服饰、衣料、制作等相关特点有关，相关词汇还都发展出了比喻意义，从而使得服饰语言与其他文化现象产生了联系，例如，韩国语里绸缎可以和声音发生关系，口若悬河、悲鸣、语言美都可以用绸缎来形容，服饰缝制方式之一的"누비다"的语源与佛教有关，摸帽檐"벙거지 시울을 만진다"和摸头"머리(를) 긁다"都比喻羞愧的心情，使服饰语

言中的帽子与人体语言联系了起来。服饰语言中的线文化与韩国的关系文化——"线绳文化"密切相关,"올이 되다、한올지다、실타래"等都反映了韩国特有的关系文化。

韩国还有独特的"包裹文化",这不仅表现在服饰上,还表现在饮食(보쌈)上,也表现在日常起居上,例如屏风的使用、用品的随时整理、寝具放在橱子里等,都是"包裹文化"的延伸。

韩国的住居文化中最突出的就是席地而坐的坐式文化,这种文化对社会生活的方方面面,如建筑、取暖、服饰、饮食习惯、礼仪、教育、艺术、婚姻和死亡都产生了非常大的影响。坐式文化还使坐卧成了韩国人最常见和最突出的身体动作,这不仅影响了人们的肢体动作与感情的表达,还产生了"앉을 자리 봐 가면서 앉으라、앉을 자리 설 자리를 가리다[안다]、누울 자리나 보고 다리를 뻗으라고"等俗语,这都是用坐卧动作来强调要察言观色,住居文化与韩国人察言观色的精神生活联系了起来。席地而坐的坐式文化和多人同居一室的生活、睡眠文化等还缩短了韩国人之间的身体距离,形成了韩国人亲人间的亲密关系,也促进了韩国人重感情、重身体接触的民族性格的形成。

韩国人对幸福的朴素追求是能吃饱、能睡暖炕,而这形成了韩国人的暖炕文化、"찜질방"文化以及与此相关的具有民族特色的"送温暖"文化。暖炕文化使韩国人睡觉时也要遵循一定的秩序,即长辈和客人要睡热炕头,所以这对韩国社会最终发展成秩序社会起到了促进作用。

韩国人传统的房屋构造和多人同居一室的住居文化还与韩国人的睡眠质量发生关系,再加以韩国过去战乱不断的历史,从而形成了韩国人独特的早安问候,也形成了韩国语里与睡觉有关的丰富的语义场。

出行不仅与地理环境有关，还与马、牛等传统运输手段发生联系。社会的发展使出行表现出了更多与时俱进的特点，所以出现了大量的汉字词及英语外来语，与传统出行有关的很多词语消失了，但也有一些表达，如与轿子、轿杆、车把等有关的惯用语、俗语仍然具有生命力。并且与现代交通方式有关的很多表达还与一般人际关系或恋爱关系发生联系。

与出行有关，韩国人受定居与群居生活方式的影响，对外出旅行、搬家、背井离乡等持消极态度，而这也表现在语言上，如"여벽(旅癖)"反映的是韩国人对外出旅游的否定，这个词在汉语里并不存在；韩国语还有与树、与鸟有关的俗语告诫不要搬家，也有与乌龟有关的俗语告诫人们如果离开自己生长的地方就容易短寿。反映佛教徒修行方式的"행각(行脚)"在韩国语里也产生了消极意义，比喻因某种目的而到处转悠，并且多与乞讨、逃亡、行骗、犯罪等意义的词语结合。而汉语"行脚"只有云游之意。

农业是中韩两国传统生产方式之一，与种植业有关的土地、农业器具和装备以及与种植和收获有关的词语都被拿来比喻人的一般行为，例如插秧与风水、迁坟等文化现象发生联系，与农业有关的表达如"방목하다、가르치다、농사"等发展成了教育用语。经济生活中的价值形态、货币等很多也与传统的畜牧和农耕有关。渔业生产、畜牧业和农业生产还与自然文化发生密切关系，使韩国的大量鱼类、动物和植物都产生了比喻意义。不同生产方式还养成了不同的民族性格特点。

政治法律语言中，与政治有关的封建社会的各个阶层和相关的身份、地位在现代社会虽然已经不存在，但相应的语言却大量保留在了俗语里，与法律有关的封建社会的众多刑罚以及相关的刑具虽已消失，但相应的语言大量保留在惯用语、俗语里，并且产生了相关的缩略语用来骂人。由此而产生的大量的骂人用语又与韩国人极端性、发泄性的性格密切相关。

经济语言中，古代货币类型、货币单位以及现代社会的小额货币发展出了"少、不值钱、没有价值"等意义，与传统经商形式有关的表达一般多保留在俗语里。与讨价还价有关有"가오리흥정"，这是因为鳐鱼价钱比较低廉，经济行为与自然文化和渔业生产发生了关系。与现代企业经营方式有关的股份、经营权等主要与外来文化密切相关，因为这些都是韩国吸收外来文化的结果。韩国还形成了异于中国的特殊的"图章文化"，除了与经济有关外，韩国语还形成了"눈도장、발도장、출근동장、도장 찍으러 가자(去离婚)"等与身体器官、职场、离婚等有关的表达。

军事语言虽然是专门性语言，但在韩国男性都要服兵役的社会制度下，又加之以韩国社会用语中男性词汇占据了很大比例，所以导致军事用语大量汇入社会用语中，从而造成了大量军事用语的日常社会化现象出现。军事用语尤其是具有暴力性的词语在日常生活中的大量泛滥也反映了韩国人喜欢发泄的语言习惯和极端性格。韩国人还喜欢创造新词，如"산전수전공중전우주전(山戰水戰空中戰宇宙戰)"类新词的出现也反映了韩国人喜欢运用夸张的修辞手法。本研究所涉及的军事用语绝大部分都是汉字词，这说明中国文化对韩国军事领域的影响非常大，当然也有部分汉字词是日源汉字词，反映的是日本文化对韩国的影响。

医学语言也是专门性语言，首先与人体密切相关，有的与人体的生理或心理感觉有关；有的与人体的外貌有关，如与麻子脸有关的很多语言形式反映的是韩国人的审美观；当表示病症的词语所结合的不是人体语言时，所反映的多是韩国人对他人行为和心理的评价。医学与人类生活密切相关，所以产生了很多惯用语和俗语，如

与传染病"天花"有关的词语、惯用语和俗语等还反映了韩国传统的风俗文化;与眼病、兔唇有关的很多俗语,如"안질에 고춧가루、눈 앓는 놈 고춧가루 넣기、언청이 굴회 마시듯、언청이 아가리에 콩가루、언청이 아가리에 토란 비어지듯",以及俚俗语"굴젓눈이 得了白內障的眼"等,反映的都是韩国的自然和饮食,俗语中出现的辣椒面、牡蛎、芋头等都是韩国自然文化和饮食文化的代表。此外,很多医学用语发生了语义泛化,从指称具体的人体感觉发展出了抽象意义;从词汇类型来看,医学用语中有超过一半的词是汉字词,反映的是中国文化对韩国的影响,但韩国的"汉医"后来被改称为"韩医",反映的则是语言政策对语言的影响,背后隐藏的是韩国人对中国文化的复杂情感。

教育语言也属于专门性语言,但却反映了更多的社会现象,如韩国人重视教育和学历,攀比孩子的教育投入等反映的是韩国父母的代理满足心理,也反映了韩国是垂直秩序社会,重视他人看法,以及由此产生的社会学竞争心理。与学制、学位、学习生活和学习用品有关的很多用语都发展出了很多非教育的意义。韩国的教育热也催生了韩国人的高考祈愿文化,这也使很多食物、普通用品产生了特殊的文化意义,而这都利用了与考试有关的"붙다、찍다、풀다、풀리다、굴리다、치다、맞추다、열다、부풀다"等动词的多义性。东方文化中,重要的学习方式之一就是大声朗读,正因为有这种文化背景,所以韩国人将青蛙与读书联系起来,因为对青蛙来说其叫声是非常突出的特点,因此产生了"성균관 개구리、반와(泮蛙)"等表达,意思就像成均馆的书生一字排开呱呱背书一样,比喻不分昼夜只知道读书的人。

13.4 精神、语言与文化结构

历史上中国文化的强盛以及中韩地缘上的关系，促成了韩国对中国文化的吸收，最终形成了韩国对中国的事大主义思想，即"慕华"思想，这对韩国社会造成了深远影响，时至今日，韩国人的整个社会生活尤其是精神生活无不体现了这些影响。

表现在语言上就是直接影响了国家语言政策，在韩国古代社会一个重要的传统就是需要学习汉文，韩国文字——韩文被创制之后，拼音文字的语言特点再加之以韩国半岛文化的开放性，这些最终都影响了韩国语的发展，尤其是词汇方面形成了汉字词占韩国语词汇系统60-70%的语言现象。随着中国国际地位的变化，韩国现代社会的语言政策也发生了变化，代表性的就是"去汉字化"政策，这种政策变化也对韩国人产生了很大影响，例如现代韩国人的汉字知识极其薄弱，这对生活造成了各种影响，其中之一是韩国人的人名尤其是女性开始部分地用固有词起名，男性取名虽然依然用汉字取名，但有的开始利用起名公司来起名，因为父辈的汉字知识贫乏，导致难以亲自为孩子起汉字名字。除了汉字词之外，中国历史上的很多人物名、文学作品里的人名、地名(包括神话传说中的地名)等在韩国语里也都产生了相关的词语、惯用语或俗语，经常用于韩国人的日常生活中，这也说明了中国文化对韩国文化的影响之重。

中国对韩国的影响还表现在儒家思想对韩国整个社会的重大影响之上，使得时至今日的韩国依然生活在儒家思想的影响之下，从而表现出了与中国文化的极大相似性。例如，韩国人非常重视血缘关系，有浓厚的祖先崇拜思想，非常重视家族、姓氏、族谱等，韩国人起名时非常重要的一个原则就是用汉字取名，遵循汉族人的取名原则。中韩两国人的姓名语序是"姓+名"，与西方人"名+姓"

的语序形成鲜明对比，而语序的前后顺序反映的是对事物重要性的认识，这也反映了东西方文化中各自对家庭或个人的不同的重视程度。不仅是人名，就是韩国的地名也深受中国文化的影响，现在韩国绝大部分地名都是汉字名。与韩国各个地名有关产生了很多俗语，这些俗语反映了当地的地理环境特点、特产以及当地人的性格特点等。

中韩两国同属儒家文化圈，都曾拥有极其严格的秩序思想，有很强的男尊女卑思想和等级观念，发展到现代社会，在中国这些现象已经有了很大程度的改变，但体制上属于资本主义且西化倾向明显的韩国在秩序、等级、性别观念等之上却依然如故。这与韩国南北分割的历史和政治形态密切相关，因为韩国的历史和政治形态使韩国男人都要服兵役，造成了韩国社会中军事文化的强势，而强调层级、垂直秩序的军事文化对韩国传统的精神文化起了促进和加强作用。综合作用下的韩国精神文化在语言上的表现就是韩国语依然存在极其发达的敬语和等级表现，韩国社会男女性别的不平等也导致大量相关语言现象出现了不对等和语义差别，军事语言对日常生活的渗透也使韩国语出现了众多的极端、发泄性表达，而这也是韩国人的性格表现之一。

儒家文化重视自己的身份和位置秩序，如居住地、住房的方向、位置和大小等，韩国传统的韩屋还特别强调睡觉的位置，这些都是身份的反映，最终也都表现在语言上。

重视家庭的儒家思想、祖辈定居于某地的居住文化造成了韩国人重感情的民族性格，这种性格有多种表现，例如饮食上喜欢共享食物、外出不喜欢单独就餐、喜欢与他人分享食物和礼品等，但任何事物都有两面性，这样形成的亲密关系文化也带来一些弊端，如形成了韩国人以"우리편、우리문화"为代表的"小集团主义"思

想。在小集团内没有隐私，可以深入介入对方生活，例如表示对他人的生活进行干涉意义时，韩国语用"도시락을 싸들고 다니다 带着盒饭""밥차를 끌고 다니다 推着饭车"类身体动作来表示强调，而汉语一般用"苦口婆心、费尽口舌"等口头语言，与口头干涉相比，身体的干涉程度更强。

韩国人的集体主义还表现在将家庭关系和家庭运营扩展到社会关系和企业、社会、国家的运营之上，即出现"泛家族化"，而这带来的是"집、살림"等的语义泛化。虽然中国文化里也有这种现象，但两者依然有所不同。

尽管中韩两国都属于儒家文化，都重视上下层级与秩序，重视关系，但中国人形成的是"圈子文化"，韩国人形成的是"线绳文化"，各自具有不同特征，具体表现有七大方面。韩国人的这种"线绳文化"要想达到和谐，需要将各种人际关系中缠绕、扭曲的部分理顺，即需要人际关系的各方互相把心结"풀다 解开"或"풀리다 被解开"，而这也是韩国人最突出的"푸는 문화 排解的文化"，也就是说，韩国人的排解文化不仅与韩国人的"恨文化"相关，还与韩国人的关系文化——"线绳文化"相关，三者互为一个整体。

韩国人的尊卑思想、秩序观念以及单一民族文化使韩国人比中国人更重视他人看法，形成了更强的强语境文化特点，表现在语言上除了有众多的重视他人看法的表达外，还导致韩国人的语言表达产生了以听者为中心的特点，这种特点在敬语使用上表现最为充分，另外，韩国人还喜欢用委婉的表达方式，不喜欢直接拒绝类表达，多使用间接拒绝的表达方式，这都是为了避免伤害他人、要照顾他人面子的思想的反映。

婚丧嫁娶也与儒家思想密切相关，这些文化习俗也与日常的生活密切联系在一起，因此使得日常生活中也产生了一些禁忌，例如韩国人喝酒都是干了之后再倒酒，一般不能随便添酒，因为只有祭祀时才有添酒这一环节。韩国人结婚看八字，很多与此相关的表达反映了韩国人尤其是韩国女人所具有的"宿命主义"的性格特点。婚姻关系中的两性关系将各种动物、植物、饮食、服饰、经济用语联系在了一起，并且韩国语里与性有关的词语还可以修饰其他事物，从而又将婚姻和性与动植物文化、饮食文化、医学文化等联系了起来。

性别文化中所表现出的男女差异虽然具有世界共性，但韩国的性别文化也是儒家思想的延伸和表现，身体活动、性格、职业、活动空间、地位、话语权等方面所表现出的不同无不是男女差异与尊卑思想共同作用的结果，而这也表现在语言形式和日常用品的联想意义之上。在东方文化中，人们对人体的生理活动——笑的认识比较消极，并且"笑"也具有很明显的性别区分，东方人对"笑"的这种消极认识也影响到词语的语义，例如"우습다"隐含的语义特征就是[-积极]，而这也影响了其语义泛化的方向，对"笑"的消极认识还反映在俗语中，韩国语里有大量对笑进行批评指责的俗语。而西方文化中对"笑"的认识与东方文化正好相反，表现在语言上，英语里与笑有关的表达都是单纯词，而韩国语里大部分是合成词，单纯词与合成词的差异反映了西方文化与韩国文化对"笑"的不同认识。

除了儒家思想，韩国还吸收了中国的道教和佛教。道教在韩国虽然没有形成规模，但对韩国社会产生了很重要的影响，并且与韩国的传统巫教相结合，使韩国的巫教具有了很多道教的元素。道教对韩国影响最突出的就是韩国的国旗、阴阳思想、气文化、风水思想等，道教的多神论也影响了韩国，韩国相应的鬼神都产生了很多俗语。

韩国佛教兴起于新罗时期，盛于高丽时期，到朝鲜时期尊儒抑佛，这种政治导向和宗教地位的变化也影响了语言表达，例如高丽时期僧人具有很高的社会地位，而佛教用语"출세"随之产生了"俗世之成功"的意义。但后来佛教势力被削弱，世人对佛教的看法出现变化，这也表现在语言上，例如韩国时调里提到僧人经常用具有消极感情色彩的"중놈、승녀"，而不用敬语"스님"，俗语里也不例外(박갑수 2014a(하):265)，不仅如此，与佛教、僧人有关的很多表达也都产生了消极的比喻意义。与僧人的僧服"납의"有关，不仅产生了僧舞的新的名称——"나비춤"，还产生了新的服饰缝制方式"누비다"。佛教用语中有大量的汉字词，但很多汉字词产生了异于汉语的意义。此外韩国语还有与医学有关的"여벽(旅癖)、방랑벽(放浪癖)"等词语，这些汉字词在汉语里要么是不存在的，要么是虽然存在但现代汉语已经几乎不用，也就是说这些词反映的都是韩国人的思维——对"远行"的否定。这也反映了韩国人非常重视以"家"为代表的内在的、现在所拥有的世界，而不是斩断与现有世界的关系走向"家"的反面——外部世界(이어령 2003:75)。而"家"的代表就是父母和孝道，外部世界的代表就是"国"与"忠"，所以韩国人当"忠孝不能两全"时会选择为父母尽孝而不是为国尽忠，而这反映了韩国人重情意、恨别离的民族性格。

　　韩国的传统宗教是萨满教，萨满教时至今日依然在韩国拥有很大市场，影响着韩国人的生活，并且影响着韩国人的世界观，形成了韩国人的外部归因思维和被动的精神文化，而这也影响了韩国人的语言表达。在萨满教的影响下，韩国的宗教都带有了巫教的色彩。

　　宗教还与乐器、舞蹈密切相关，因为宗教仪式中必不可少的就是音乐和舞蹈，而鼓、喇叭等还具有重要的军事意义，并且产生了丰富的语义以及相关的惯用语和俗语。韩民族是能歌善舞的民族，包括舞蹈在内的曲艺是韩国人表达心情的重要手段之一。

追求"美"是人的文化性的表现，美给人带来的是精神愉悦，反之，不美给人带来的是精神上的嫌恶和厌弃。审美则是对事物或行为带给人的感觉的一种判断和评价。"每个民族都有其特定的美学精神，这种美学精神以其特有的历史传统与文化积淀为其土壤。一个民族的美学精神是一个民族文化内在本质的体现"（杨元刚2005:378）。审美意识系统表现为多个方面，例如，韩国人的外貌观反映了韩国人的审美观，而审美除了这种对人体的评价之外，还表现在其他很多方面，例如：对人们的行为如"吃相、走相、坐相"的各种约束、对礼貌礼节的重视，都与审美有关；对服饰、建筑的认识也是一种审美；对动植物的认识也是一种审美，当然这种审美除了外在表象的评价，也有对有用性的评价，如果是动物，也包括对习性的评价。词语的语义演变方向受核心意义限制，而对核心意义的判断反映的也是一种审美判断，代表性的就是感官词的语义演变，例如"软"意义的词语比喻人时都具有消极意义，这反映的即是对人的能力的判断评价。

一个民族的审美观反映的是这个民族的主流思想，而这也表现在生活的各个方面，过去中韩两国人都有轻视劳动的观念，即认为劳动是下等人干的事情，西方人正好相反。在韩国刚进入开化期的时候，看到西方人打网球，韩国的贵族就说"왜 하인들을 시키지 않고 직접 하느냐？为什么不让下人们打，却自己打啊？"（박갑수(2014(하)a:289），也就是说，在韩国贵族眼里，这些肢体类活动都是身份低下的人干的，而贵族所要做的事情就是欣赏他们的表演，而不是直接去体验。

以中韩为代表的这种思想也表现在艺术上，韩国画家오주석

(2003/2010:111)提到，在过去的人物画作中，一般沉稳、学识高的学者的上身都很长，而腿却很短，因为上身长了才有长者风范；相反，下人们一般头都很小，而腿却很长，因为他们要跑来跑去地干活。这里隐含的也是韩国人认为"头大——聪明，头小——笨""腿短——高贵，腿长——低贱"这种思想。关于腿短高贵这种思想，其实中国也存在，如隋高祖杨坚据记载就是"上身长下身短，深沉威严"(许晖 2013:8)。

在韩国，轻视劳动的思想还表现在语言上，即表示动作的词语"짓"多表达消极意义。虽然随着社会的发展，现代审美观认为腿长更美，但过去的审美观和社会观念所形成的"짓"的这种消极意义并没有改变，当然"짓"的这一语义特点也与韩国语的词汇系统有关，即与汉字词相比，固有词大多表达消极意义。

中国文化对韩国语言文化的影响还表现在文学艺术之上，中国的很多文学体裁不仅被韩国吸收，大量的文学作品人物也为韩国人所津津乐道，并被赋予了异于中国文化的特殊意义。

13.5 性格、语言与文化结构

韩国人的性格充满了多面性，兼具内向与外向，重情但又排外，压抑却又奔放，守旧但又西化，充满热情的急性子却又喜欢用消极表达。韩国人的这种性格特点与韩国社会"不确定性规避指数"密切相关。因为在不确定性规避指数高的国家更可能出现的是表现型文化，例如手的动作非常多，大嗓门，感情外露，并且有用力敲桌子的倾向(Hofstede等 2014:226)，这些倾向与韩国人所表现出的性格特点非常一致。韩国人这些性格的形成是韩国民族文化、历史以及社会特性等的综合产物以及反映。

韩国半岛国家、多山少地、多水湿热的地理环境决定了韩国人的生产方式是农耕，并且多水田，这种定居生活使得集体主义与和谐主义成为生活的重心，农耕生活的各种农事容不得耽误，这使得人们必须勤劳，而水稻种植要比其他农作物更加需要人们的辛勤工作多达九个月之久，这些都造成了韩国人急性子的特点，之后这种性格随着工业化的发展又被加强。

定居和集体主义生活使韩国人在村落基础上形成了很强的集体意识，特别重感情。但这种重感情是在集团内部的，不适用于他集团的人。韩国人特别注意感情的输入和输出，所以语言具有"정감"，非常具体化，因为越是具体的东西人们越熟悉，越容易产生感情，所以越容易产生感情共鸣，形成良好的交际氛围，取得预想的交际效果。这也与韩国人直观性、具象化的思维方式密切相关。因此韩国人的语言表达可用一个"俗"字来进行总结，这个"俗"使得人际关系更加和谐和充满人情味。

在集体内部，人们受儒家思想和秩序观念的影响，要格外注意他人的态度，从而形成了韩国人特别在意他人视线和看法的性格特点，而这表现在生活的方方面面，其中之一就是形成了攀比心理、竞争意识、危机意识，因为这归根结底在"做给他人看"这一点上是相通的。而攀比和竞争意识反过来又加强了韩国人的危机意识，但危机意识又是创新的动机和源泉，所以韩国人的经济社会生活一直强调变化，例如影视节目、娱乐节目、广告行业等不断地推陈出新，而这也直接造成了韩国人巨大的心理压力。这种心理也使韩国人的语言习惯表现出了很突出的特性。

儒家思想和集体主义的影响使韩国人讲究"慎言"，但韩国人又

是一个重感情的民族，韩国传统宗教——萨满教的即兴式的感情宣泄方式也对韩国人的感情表达起了影响，所以发展出了韩国人特有的情感表达方式，例如，利用歌舞来宣泄自己的感情，不分男女老少都喜欢身体接触，这种身体接触也使得韩国人的人体语言非常发达，几乎每个人体器官都被发展出了异常丰富的状态、动作意义，而且发展出了丰富的惯用语和俗语意义，而语言表达的细化和丰富则暗示着这个民族肢体语言的丰富。例如，中国的演艺节目更多的是借助语言取胜，尤其是相声，而小品也更多地是借助语言来表达，相反，韩国很多的演艺、广告节目更多地与肢体语言有关，多是借助多变、夸张的肢体动作来达到搞笑的目的，所以有人说韩国人具有一种特殊的"笑感"，而这种"笑感"更多地是来自于肢体，而不是语言。这种特点的产生与韩国所表现出的比中国程度更深的强语境文化密切相关，韩国的强语境文化更重视交际的整体脉络，而不仅依靠语言表达这种单一模式(윤태일 2008:263)。尽管韩国人的语言也有自己独特的艺术魅力，如反语、谐音、多义双关、比喻、夸张等修辞手法的运用。

韩国人特有的"感情发散"或"感情宣泄"被很多人分析认为是韩流兴起的原因，例如미즈노 슌페이(水野俊平，2000:114-115)认为日本人不善于表达喜怒哀乐等感情，总是处于感情的抑制状态，而韩国人不论男女老少都喜欢明确表达自己的意思，所以韩国人具有强烈的个性与自我主张，而日本人显得比较萎缩。日本女演员黑田福美则认为：深深打动日本人的是韩国的情，日本人虽然也很重视情，但是一般多隐含不露，并且孩子二十岁之后都离开父母独立生活，所以韩国电视剧里所表现出的家人之间的深情和爱让日

本人很受冲击[01]。

从语言上来看，韩国语里感情词汇比较贫乏，但这并不是说韩国人的感情贫乏，只不过韩国人表达感情的方式不仅借助于感情词汇，还大量借助于感觉词、肢体动作、与人体有关的惯用语，同时还会利用韩国语里特有的敬语表达，借助称谓语、词尾、敬语的语法标志等来表达丰富的情感，如恳求、喜爱、调侃、不满、愤怒、蔑视、嘲讽等。

韩国语具有通俗性的特点，这不仅表现在固有词上，就是来自中国典籍的具有强烈书面性的汉字词也受到韩国人思维的影响，最终被通俗化，被运用到韩国人的日常生活中，使韩国语没有出现明显的书面语和口语的区别。

从思维方式来看，韩国多山的地理环境使韩国人形成了山林式思考方式，韩国在亚洲地区的特殊的地理位置、多战争的历史也很大程度上影响了韩国人的思维，韩国人必须对世界做非常细致的观察和分析，并在此基础上审时度势，从而形成了微观思维，表现在语言上也有多种表现，例如韩国语里丰富的感觉词汇以及大量的近义词族，韩国语"分总"结构的语序，这些都反映了韩国人微观思维的特点，而这种思维特点使韩国人对事物的特点往往不是抓重点，而是各个角度、各个方面都有所关注，所以使得同一事物的语言表达极其详细，而正因为详细、面面俱到，所以使得韩国语具有了其他文化和语言里所没有关注到的特殊性，使韩国语具有了极其突出的语义泛化的特点。

韩国人的微观思维也可以用"抠"来表达，因为注重细节、抠

---

01 김정섭, 한국적 정(情) 일본인에 크게 어필: 일 배우 구로다 후쿠미 인터뷰, 경향신문, 2004. 11. 29.

得仔细，所以才使韩国人具有了创新能力，而因为是对具体事物的"抠"，所以韩国人的思维具有了具象化、直观化的特点，缺乏对概念的抽象化，这些思维特点也表现在语言上，如词汇的上位范畴词(上义词)大部分是汉字词，语言结构是SOV式的"分总"结构，很多惯用表达的语义也只有"分"却没有"总"，很多具象化意义的文化词对应的汉语是抽象表达。

因为韩国人对事物的观察面面俱到，表现在语言上就是语义的泛化和强语境性以及丰富的近义表达，从而造成了语言表达上的语义模糊，而这与韩国人察言观色的人际交往特点所表现出的强语境性和语言表达委婉、敬语发达、不直抒胸臆是一脉相通的，换句话说，韩国人的性格特点与韩国语的语言特点是互通的，韩国语语义模糊的特点反过来也加强了韩国人察言观色、说话具有强语境性的文化特点。细腻的敬语表达也是韩国人察言观色人际交往特点的表现，因为要细致体会对方的心理感情，所以自然在语言表达上要细致，要注意不同表达的细微差异和微妙的感情差异，所以使得韩国语出现了大量近义表达。正因为韩国人的性格和强语境的特点，所以也形成了韩国语具有灵活性的特点，因为韩国人要根据周围的人和事物随时调整语言表达。可以说，韩国人的文化也是一种"无我"的文化。这其实是一种把自己融入周围环境而淡化自我的无我境界，这也表现在韩国人的自然观之中，具体而言，韩国人向往自然，房子都是依山依势而建，寺庙都在山里，韩国人想静心修养时多选择去山庙里，即使不是佛教徒或信奉者。

韩国人还表现出强烈的杂食性，吃饭的方式如拌饭、汤饭等都是混着吃，不仅是饮食，其他方面也一样，只要对自己有用，不管是东方的，还是西方的，都奉行"拿来主义"和"现实主义"，然后将其为自己所用，所以韩国人的衣食住行、政治、经济、军事、

教育、医学以及精神文化都表现出了东西混杂的现象，形成了典型的"잡종문화"，例如，在保留中国儒学、道教的基础上，又吸收了佛教、基督教；与中国同属集体主义文化圈，却追随西方的资本主义民主，个人主义化也高于中国；虽然保留了位阶社会、秩序社会的传统，善于察言观色，性格具有压抑性，但情感的宣泄却是活动性的、极端性的。

韩国人还喜欢刺激性食物，所以味道"淡"一般具有消极意义，很多与酒掺水有关的俗语以及与水有关的"맹물、맹물단지"等词语都比喻人没有性格。在韩国人思维里隐藏着"人要有性格"以及"没有性格即不聪明"这种思想，所以在韩国社会急性子并不是缺点，没性子才是真正的缺点，因为意味着不聪明。正因为韩国人有这样的思维，所以在汉语里是贬义词的"당돌하다(唐突—)"在韩国语里才会产生"聪明"意，在韩国这样重视长辈、权威和关系的文化背景下，才会出现看起来极其"不合时宜"的"빠치다"类表达。

综上所述，韩国的自然地理条件、历史文化等广义的文化都对韩国人的生产方式、日常生活和语言生活产生了重大影响，形成了韩国人极具特色的生活样式和精神文化，形成了与中国既具有很强的相似性但亦有自己强烈民族色彩的韩国文化、韩国语言和性格特点。韩国人的认知思维特点、性格特点与韩国语的典型特点一脉相通，表现出了很强的一致性，这也证明语言对人和文化的影响力之大。

13.6 小结

文化语言学坚持文化整体观。文化语言学坚持宏观和微观结合的、综合研究的范式，通过分析各种语言形式、语言演变所蕴含的文化现象，并借助心理学、认知学、社会学、人类学、进化论、生态学、宗教学等理论尽可能全方位、多角度地分析解释韩国语现象，探讨语言和文化的关系。

语言学家从哲学角度研究语言学以发掘语言的本质特征，把对语言现象的思考更自觉地放到人类对自然、社会、人类自身思考的大背景中去进行，这是语言学的一个重要分支。所以借助语言来讲文化，借语言学来探讨哲学，利用哲学的观点和头脑来研究语言和文化，这应该是一个统一体。

语言和文化只有在对比中才能凸显差异，韩国文化语言学研究应该与其他语言与文化做对比研究。只有基于对比的对认知、语义、搭配、语境、语序、语言结构等差异的综合研究，才能最终构建较为全面的韩国语言文化结构网。

参考文献

中文文献

岑麟祥, 论词义的性质及其与概念的关系[J], 中国语文, 1961(5):8-10.

常任侠, 中国舞蹈史话[M], 北京:北京出集团公司北京出版社, 2013/2015.

陈 原, 社会语言学[M], 上海:学林出版社, 1983.

陈建民, 文化语言学说略[A], 邵敬敏, 文化语言学中国潮[C], 北京:语文出版社, 1995:16-27.

陈先达, 文化自信中的传统与当代[M], 北京:北京师范大学出版社, 2017.

陈新夏、郑维川、张保生, 思维学引论[M], 长沙:湖南人民出版社[M], 1988.

陈载舸, 东方魔块之"魔":汉字社会功用的厘定与阐释[M], 广州:广东人民出版社, 2017.

戴昭铭, 文化语言学导论[M], 北京:语文出版社, 1996/2010.

丁 伟, 中国民族性[M], 西安:陕西师范大学出版社, 2006.

丁广惠, 中国传统礼仪考[M], 哈尔滨:黑龙江教育出版社, 2016.

董 睿·李泽琛, 易学视野下的建筑风水研究[J], 东岳论丛, 2008(05):50-52.

费孝通, 美国人的性格[M], 上海:华东师范大学出版社, 2013/2015.

甘 阳, 从"理性的批判"到"文化的批判", (德)恩斯特·卡西尔, 语言与神话—代序[M], 于晓等译, 北京:生活·读书·新知 三联书店, 2017.

高名凯, 语言论[M], 北京:商务印书馆, 1995.

高长江, 文化语言学[M], 沈阳:辽宁教育出版社, 1992.

郭 熙, 中国社会语言学(第3版)[M], 北京:商务印书馆, 2013.

郭齐勇, 守先待后:文化与人生随笔[M], 北京:北京师范大学出版社, 2011.

何晓明, 中华文化结构论[J], 中州学刊, 1994(01):108-112.

侯玉波, 社会心理学(第三版)[M], 北京:北京大学出版社, 2013.

黄树先, 比较词义探索[M], 成都:四川出版集团, 2012.

吉益民, 网络变异语言现象的认知研究[M], 南京:南京师范大学出版社, 2012.

季羡林, 《罗摩衍那》卷1, 《童年篇》[M], 北京:人民文学出版社, 1980.

蒋 勋, 蒋勋说红楼梦(第二辑)[M], 上海:上海三联出版社, 2014/2015.

蒋 勋, 蒋勋说红楼梦(第四辑)[M], 上海:上海三联出版社, 2014/2015.

蒋 勋, 蒋勋说红楼梦(第五辑)[M], 上海:上海三联出版社, 2014/2015.

蒋 勋, 蒋勋说红楼梦(第六辑)[M], 上海:上海三联出版社, 2014/2015.

蒋 勋, 品味四讲[M], 南宁:广西师范大学出版社, 2014.

蒋 勋, 无关岁月[M], 南京: 译林出版社, 2012.

蒋栋元, 帽子民俗的文化解读[J], 西北民族大学学报(哲学社会科学版), 2005(1):105-110.

金文学, 丑陋的韩国人[M], 贵阳:贵州人民出版社, 2011.

金文学, 一百年前的中日韩[M], 北京:中国出版集团现代出版社, 2015.

金英君, "亚洲价值观"之争[M], 北京:北京大学出版社, 2015.

李国正, 生态汉语学[M], 长春:吉林教育出版社, 1991.

李鹏程, 当代文化哲学沉思(修订版)[M], 北京:人民出版社, 1994/2008.

李庆善, 中国人新论—从民谚看民心[M], 北京:中国社会科学出版社, 1996.

李文中、濮建忠、甄凤超、邵斌, 再探语义韵[J], 当代外语研究, 2020(2):72-83.

李泽厚, 美的历程[M], 北京:生活·读书·新知三联书店, 2009/2017.

李泽厚, 中国古代思想史论[M], 北京:东方出版社, 1986.

梁漱溟, 东西文化及其哲学[M], 北京:商务印书馆, 2010/2015.

梁漱溟, 人心与人生[M], 上海:世纪出版集团上海人民出版社, 2011/2015.

林语堂, 中国人[M], 郝志东、沈益洪译, 杭州:浙江人民出版社, 1992.

林语堂, 美国的智慧[M], 北京:万卷出版公司, 2013a.

林语堂, 生活的艺术[M], 北京:北方联合出版传媒(集团)股份有限公司万卷出版公司, 2013b.

刘宝俊, 社会语言学[M], 北京:科学出版社, 2016.

刘承华, 文化与人格—对中西方文化差异的一次比较[M], 合肥:中国科学技术大学出版社, 2003.

刘丹青, 科学精神:中国文化语言学的紧迫课题[A], 文化语言学中国潮[C], 邵敬敏, 北京:语文出版社, 1995a:92-105.

刘丹青, 语义优先还是语用优先——汉语语法学体系建设断想[J], 语文研究, 1995b(02):10-15.

刘宓庆, 汉英对比研究的理论问题(下)[A], 对比语言学论文集[C], 王福祥编, 北京:外语教学与研究出版社, 1992:67-75.

罗常培, 语言与文化[M], 北京:北京出版社, 2011/2016.

罗常培, 语言与文化[M], 北京:语文出版社, 1989.

罗常培, 中国人与中国文/语言与文化[M], 北京:新星出版社, 2015.

马未都, 都嘟(第一季)[M], 北京:新星出版社, 2015/2017.

马未都, 醉文明+收藏马未都(1)[M], 北京:中信出版社, 2017.

马未都, 醉文明+收藏马未都(5)[M], 北京:中信出版社, 2017.

马未都, 醉文明+收藏马未都(6)[M], 北京:中信出版社, 2017.

马未都, 醉文明+收藏马未都(8)[M], 北京:中信出版社, 2017.

牟宗三, 中国哲学十九讲[M], 长春:吉林出版集团有限责任公司, 2010/2014.

潘文国, 汉英语对比纲要[M], 北京:北京语言文化大学出版社, 1997/2014.

潘文国, 语言的定义[J], 华东师范大学学报, 2001(1).

潘文国, 语言哲学与哲学语言学[J], 华东师范大学学报, 2004(3): 96-102+125.

潘文国, 中国的语言和文化研究综观[A], 文化语言学中国潮[C], 邵敬敏, 北京:语文出版社, 1995:276-289.

庞 朴, 道家辩证法论纲(上)[J], 学术月刊, 1986(12):4-10+29.

庞 朴, 文化概念及其他[A], 庞朴, 中国文化与哲学论集[C], 上海:上海人民出版社, 1988:65-74.

钱冠连, 美学语言学—语言美和言语美(第二版)[M], 北京:高等教育出版社, 2004/2006.

钱冠连, 语言人类最后的家园:人类基本生存状态的哲学与语用学研究[M], 北京:商务印书馆, 2005.

乔建中, 音地关系探微, 洛秦, 音乐人文地理[M], 上海:上海音乐学院出版社, 2010.

曲彦斌, 民俗语言学新探[A], 陈建民、谭志明, 语言与文化多学科研究[C], 北京:北京语言学院出版社, 1993:354-364.

曲彦斌, 语言民俗学概要[M], 郑州:大象出版社, 2015.

邵敬敏, 关于中国文化语言学的反思[A], 邵敬敏, 文化语言学中国潮[C], 北京:语文出版, 1995:80-91.

邵敬敏, 前言[A], 文化语言学中国潮[C], 北京:语文出版社, 1995.

申小龙, 汉语人文精神论[M], 沈阳:辽宁教育出版社, 1990.

申小龙, 汉语与中国文化[M], 上海:复旦大学出版社, 2014.

沈锡伦, 表现民族文化的语言形式[A], 文化语言学中国潮[C], 邵敬敏, 北京:语文出版社, 1995:59-67.

苏新春, 文化的结晶——词义[M], 长春:吉林教育出版社, 1994.

孙 机, 中国古代物质文化[M], 北京:中华书局, 2014/2015.

孙隆基, 中国文化的深层结构(第二版)[M], 北京:中信出版集团, 2015/2017.

孙汝建, 汉语性别语言学[M], 北京:科学出版社, 2012.

唐晓峰, 文化地理学释义[M], 北京:学苑出版社, 2012.

田艳, 文化聚合与文化推进[M], 北京:中央民族大学出版社, 2014.

万维钢, 万万没想到——用理工科思维理解世界[M], 北京:电子工业出版社, 2014/2016.

汪大昌, 语言和文化[M], 北京:首都师范大学出版社, 2009/2013.

汪凤炎、郑红, 中国文化心理学(第五版)[M], 广州:暨南大学出版社, 2004/2015.

汪郎, 食之白话[M], 北京:中国林业出版社, 2006.

汪郎, 衣食大义[M], 北京:中国华侨出版社, 2013.

汪如意, 文字里的意象世界[M], 长春:吉林文史出版社, 2016.

王铎、王诗鸿, "山水城市"的哲学思考[J], 城市发展研究, 2000(2):46-51.

王芳, 韩国语汉字词与汉语词对比研究[M], 北京:商务印书馆, 2020.

王芳, 韩国语前缀的否定意义[J], 解放军外国语学院学报, 2011(06):62-67.

王芳, 韩国语前缀语义系统研究[M], 青岛:中国海洋大学出版社, 2013.

王芳、金基石, 韩国语敬语变则使用与情感表达[J], 东疆学刊, 2021(2):115-120.

王恩涌, 文化地理随笔[M], 北京:商务印书馆, 2010.

王恩涌, 文化地理学[M], 南京:江苏教育出版社, 1995.

王永聘, 走出民族文化语言交际的困惑[J], 北京大学学报, 2003:158-161.

韦旭升、许东振, 新编韩国语实用语法[M], 北京:外语教学与研究出版社, 2006/2013.

维诺格拉多夫, 词的词汇意义的主要类型[J], 俄文教学与研究, 1958(1-3).

吴礼权, 修辞心理学(修订版)[M], 广州:暨南大学出版社, 2013.

伍铁平, 比较词源研究[M], 上海:上海外语教育出版社, 2011/2015.

项退结, 中国民族性研究[M], 台北:中国台湾商务印书馆, 1970.

萧国政, 语言的多角视野与应用研究[M], 北京:中国社会科学出版社, 2015.

肖家燕、庞继贤, 文学语境与人名隐喻的翻译研究[J], 浙江大学学报(人文社会科学版), 2007(5):193-200.

邢福义, 文化语言学(修订本)[M], 武汉:湖北教育出版社, 2000.

邢台市传统文化协会, 佛教文化常识[M], 北京:宗教文化出版社, 2016.

熊培云, 一个村庄里的中国[M], 北京:新星出版社, 2011/2016.

许晖, "三长两短"的原意[J], 南京师范大学文学院学报, 2012(3):188.

许晖, 身体的媚术——中国历史上的身体政治学[M], 北京:商务印书馆, 2013.

许晖, 古人原来是这样说话的[M], 青岛:青岛出版社, 2015.

许嘉璐, 中国古代衣食住行[M], 北京:北京出版社, 2011/2016.

许烺光, 祖荫下—中国乡村的亲属·人格与社会流动[M], 王芃、徐隆德合译, 台北:南天书局有限公司, 2001.

许余龙, 对比语言学概论[M], 上海:上海外语教育出版社, 1992/1997.

杨荫深, 居住交通(事物掌故丛谈:戊)[M], 上海:上海辞书出版社, 2014/2015b.

杨荫深, 器用杂物(事物掌故杂谈:巳)[M], 上海:上海辞书出版社, 2014/2015a.

杨元刚, 英汉词语文化语义对比研究[D], 华东师范大学博士论文, 2005.

杨振兰, 动态词彩研究[M], 济南:山东人民出版社, 2003.

姚双云, 由"语义镜像法"看"而且"的并列用法[J], 汉语学报, 2017(03):2-8+95.

姚亚平, 文化的撞击-语言的交往[M], 长春:吉林教育出版社, 1990.

叶舒宪, 高唐神女与维纳斯[M], 西安:陕西人民出版社, 2005.

叶舒宪, 从女娲到女蛙——中国的蛙神创世神话及信仰背景[M], 上海:复旦大学出版社, 2012:48-62.

叶舒宪, 原型与跨文化阐释[M], 西安:陕西师范大学出版社, 2018.

叶舒宪、章米力、柳倩月, 文化符号学——大小传统新视野[M], 西安:陕西师范大学出版社, 2018.

游汝杰, 中国文化语言学刍议[A], 邵敬敏, 文化语言学中国潮[C], 北京:语文出版社, 1995:1-15.

游顺钊, 手势创造与语言起源:离群聋人自创手语调查研究[M], 北京:语文出版社, 2013.

余英时, 从价值系统看中国文化的现代意义[M], 台北:时报文化, 1984.

余英时, 中国思想传统的现代诠释[M], 南京:江苏人民出版社, 1989.

翟学伟, 中国人的关系原理——时空秩序、生活欲念及其流变[M], 北京:北京大学出版社, 2011/2014.

张　崇, 山西方言反映的民俗[A], 陈建民、谭志明, 语言与文化多学科研究[C], 北京:北京语言学院出版社, 1993:253-262.

张公瑾, 文化语言学的性质和任务[A], 陈建民、谭志明, 语言与文化多学科研究[C], 北京:北京语言学院出版社, 1993:344-353.

张公瑾, 文化语言学发凡[M], 昆明:云南大学出版社, 1996/2007.

张公瑾, 文化语言学发凡[M], 昆明:云南大学出版社, 1998.

张铭远, 黄色文明[M], 上海:上海文艺出版社, 1990.

张世广, 德汉合成词比较[A], 对比语言学论文集[C], 王福祥编, 北京:外语教学与研究出版社, 1992:129-136.

张之沧、张卨, 身体认知论[M], 北京:人民出版社, 2014.

赵毅衡, 趣味符号学[M], 重庆:重庆大学出版社, 2015.

赵毅衡, 哲学符号学:意义世界的形成[M], 成都:四川大学出版社, 2017.

支顺福, 释名析义—万物名称与中外文化探微[M], 上海:上海外语教育出版社, 2012.

朱 狄, 原始文化研究[M], 北京: 三联书店, 1988.

周有光, 语文闲谈(三编)[M], 北京:生活·读书·新知三联书店, 2012.

周有光, 语文闲谈(上)[M], 北京:生活·读书·新知三联书店, 1995.

周振鹤、游汝杰, 方言与中国文化[M], 上海:上海人民出版社, 2015.

朱 狄, 原始文化研究[M], 北京:三联书店, 1988.

朱 跃、朱小超、鲍曼, 语言与社会[M], 北京:北京大学出版社, 2015.

朱明泉·张智君, 言语与手部运动关系的研究回顾[J], 心理科学进展, 2007(01):88-93.

竺可桢, 天道与人文[M], 北京:北京出版社, 2011/2015.

中文译著

(奥)弗洛伊德, 精神分析引论[M], 高觉敷译, 北京:商务印书馆, 1984.

(奥)维特根斯坦, 哲学研究[M], 韩林合译, 北京:商务印书馆, 2017.

(澳)罗伯特·迪克森, 语言兴衰论[M], 朱晓农等译, 北京:北京大学出版社, 2010.

(丹)奥托·叶斯柏森, 语法哲学[M], 何勇等译, 北京:商务印书馆, 2011.

(德)J.G.赫尔德, 论语言的起源[M], 姚小平译, 北京:商务印书馆, 2011.

(德)爱娃·海勒, 色彩的性格[M], 吴彤译, 北京:中央编译出版社, 2017.

(德)恩斯特·卡西尔, 人论[M], 甘阳译, 上海:上海译文出版社, 1985.

(德)恩斯特·卡西尔, 人论[M], 唐译编译, 吉林出版集团有限责任公司, 2014.

(德)恩斯特·卡西尔, 语言与神话[M], 于晓等译, 北京:生活·读书·新知三联书店,
    2017.

(德)汉斯·贝尔廷(Hanns Belting), 脸的历史[M], 史竞舟译, 北京:北京大学出版社,
    2017.

(德)马克斯·冯·贝恩(Boehn, Max von), 时尚(2册, 第三修订版)[M], 慕尼黑, 1986.

(德)威廉·冯·洪堡特, 论人类语言结构的差异及其对人类精神发展的影响[M], 姚小
    平译, 北京:商务印书馆, 2011.

(法)安德烈·勒鲁瓦—古昂, 史前宗教[M], 上海:上海文艺出版社, 1990.

(法)丹尼斯·库什, 社会科学中的文化[M], 张金岭译, 北京:商务印书馆, 2016.

(法)海然热, 反对单一语言—语言和文化多样性[M], 陈杰译, 北京:商务印书馆, 2015.

(法)加斯东·巴什拉, 火的精神分析[M], 杜小珍、顾嘉琛译, 郑州:河南大学出版社,
    2016.

(法)克劳德·列维—斯特劳斯, 我们都是食人族[M], 廖惠瑛译, 上海:上海人民出版社,
    2016.

(法)克洛德·列维—斯特劳斯, 野性的思维[M], 李幼蒸译, 北京:中国人民大学出版社, 2006/2014.

(法)西蒙娜·德·波伏瓦, 第二性 I [M], 郑克鲁译, 上海:上海译文出版社, 2011/2016.

(韩)金慧媛, 中韩文化谈[M], 北京:北京大学出版社, 2013.

(韩)李御宁, 韩国人的手, 韩国人的心[M], 田建国、田建华译, 北京:中国出版集团现代出版社, 2015.

(韩)赵要翰, 韩国人的美[M], 黄红辉译, 济南:山东人民出版社, 2008.

(荷)胡伊青加, 人:游戏者——对文化中游戏因素的研究[M], 成穷译, 贵阳:贵州人民出版社, 1998.

(荷)吉尔特·霍夫斯泰德, 格特·扬· 霍夫斯泰德, 文化与组织——心理软件的力量(第二版)[M], 李源、孙建敏译, 中国人民大学出版社, 2010/2012.

(荷)曼弗雷德·凯茨·德·弗里斯(Manfred F.R.Kets de Vries), 性、金钱、幸福与死亡[M], 丁丹译, 北京:东方出版社, 2010/2016.

(加)罗纳德·沃德华, 社会语言学引论(第五版)[M], 雷洪波译, 上海:复旦大学出版社, 2009.

(美)C.恩伯、M.恩伯, 文化的变异—现代文化人类学通论[M], 杜彬彬译, 沈阳:辽宁人民出版社, 1988.

(美)E.Bruce Goldstein, 认知心理学—心智、研究与你的生活(第三版)[M], 张明等译, 北京:中国轻工业出版社, 2017.

(美)I.戈德伯格, 语言的奥妙——语言入门人人学[M], 张梦井译, 太原:山西人民出版社, 2003.

(美)L·罗伯特·科尔斯, 解读韩国人[M], 徐冰译, 北京:中国水利水电出版社, 2004.

(美)L.A.怀特, 文化的科学——人类与文明研究[M], 沈原、黄克克、黄玲伊译, 济南:山东人民出版社, 1988.

(美)Neil R. Carlson, 生理心理学—走进行为神经科学的世界(第九版)[M], 苏彦捷译, 北京:中国轻工业出版社, 2017.

(美)爱德华·霍尔, 无声的语言[M], 何道宽译, 北京:北京大学出版社, 2010/2015.

(美)保罗·艾克曼, 心理学家的面相术——解读情绪的密码[M], 何小力译, 长沙:湖南科学技术出版社, 2016.

(美)保罗·艾克曼、华莱士·V·弗里森, 心理学家的读脸术——解读微表情之下的人际交往情绪密码[M], 宾ನ澍译, 北京:当代中国出版社, 2014/2017.

(美)彼得·里克森、罗伯特·博伊德, 基因之外—文化如何改变人类演化[M], 陈姝、吴楠译, 杭州:浙江大学出版社, 2017.

(美)戴维·M.巴斯, 欲望的演化(修订版)[M], 谭黎、王叶译, 北京:中国人民大学出版社, 2011/2016.

(美)丹尼尔·利伯曼, 人体的故事:进化、健康与疾病[M], 蔡晓峰译, 杭州:浙江人民出版社, 2017.

(美)丹尼斯·库什, 社会科学中的文化[M], 张金岭译, 北京:商务印书馆, 2016.

(美)杜安·舒尔茨、西德尼·舒尔茨, 人格心理学——全面·科学的人性思考(原书第10版)[M], 张登浩、李森译, 北京:机械工业出版社, 2016.

(美)段义孚(Yi-Fu Tuan), 空间与地方—经验的视角[M], 王志标译, 北京:中国人民大学出版社, 2017.

(美)加里·保罗·纳卜汉, 写在基因里的食谱——关于饮食、基因与文化的思考[M], 秋凉译, 上海:上海世纪出版集团, 2015.

(美)卡罗尔·恩贝尔、梅尔文·恩贝尔, 人类文化与现代生活——文化人类学精要(第3版)[M], 周云水等译, 北京:电子工业出版社, 2016.

(美)康拉德·菲利普·科塔克, 人类学—人类多样性的探索(第十二版)[M], 王晴锋译, 北京:中国人民大学出版社, 2012/2016.

(美)克利福德·格尔茨, 地方知识——阐释人类学论文集[M], 杨德睿译, 北京:商务印书馆, 2014.

(美)克利福德·格尔茨, 文化的解释[M], 韩莉译, 南京:译林出版社, 2014/2017.

(美)肯尼思·本迪纳, 绘画中的食物——从文艺复兴到当代[M], 谭清译, 北京:电子工业出版社, 2016.

(美)拉里·A·萨默瓦、理查德·E·波特、埃德温·R·麦克丹尼尔, 跨文化传播(第六版)[M], 闵惠泉、贺文发、徐培喜等译, 北京:中国人民大学出版社, 2013/2017.

(美)理查德·尼斯贝特, 逻辑思维[M], 张媚译, 北京:中信出版社, 2017a.

(美)理查德·尼斯贝特, 思维版图[M], 李秀霞译, 北京:中信出版社, 2017b.

(美)理查德·舒斯特曼, 身体意识与身体美学[M], 程相占译, 北京:商务印书馆, 2014.

(美)理查德·谢弗, 社会学与生活(第11版)[M], 赵旭东等译, 北京:世界图书出版公司, 2014/2015.

美)罗伯特·路威, 文明与野蛮[M], 文化生活译丛, 吕叔湘译, 北京:生活·读书·新知三联书店, 2015.

(美)马尔科姆·格拉德威尔, 异类[M], 苗飞译, 北京:中信出版社, 2014/2016.

(美)玛格丽特·维萨, 饮食行为学——文明举止的起源、发展与含义[M], 刘晓媛译, 北京:电子工业出版社, 2015.

(美)迈克尔·H. 普罗瑟(Michael H. Prosser), 文化对话—跨文化传播导论[M], 何道宽译, 北京:北京大学出版社, 2013.

(美)迈克尔·托马塞洛, 人类沟通的起源[M], 蔡雅菁译, 北京:商务印书馆, 2012/2016.

(美)乔安娜·韦利—科恩, 追求完美的平衡——中国的味道与美食[A], (美)保罗·弗里德曼 主编, 食物——味道的历史[C], 董舒琪译, 浙江大学出版社, 2015/2016:65-100.

(美)任韶堂, 食物语言学[M], 王琳淳译, 上海:上海文艺出版社, 2017.

(美)萨丕尔, 语言论—言语研究导论[M], 陆卓远译, 北京:商务印书馆, 2011.

(美)塞缪尔·亨廷顿, 文明的冲突[M], 周琪等译, 北京:新华出版社, 2013/2017.

(美)塞缪尔·早川、艾伦·早川, 语言学的邀请[M], 柳之元译, 北京:北京大学出版社, 2015.

(美)史蒂芬·平克, 思想本质—语言是洞察人类天性之窗[M], 张旭红、梅德明译, 杭州:浙江人民出版社, 2015.

(美)泰丽·贾米森、琳达·贾米森, 直觉[M], 吴茜译, 北京:企业管理出版社, 2013.

(美)威尔·杜兰特, 哲学的故事[M], 蒋剑锋、张程程译, 北京:三联书店, 1997.

(美)威尔·杜兰特, 哲学的故事[M], 蒋剑锋、张程程译, 北京:新星出版社, 2013/2017.

(美)威廉 A.哈维兰等, 文化人类学—人类的挑战[M], 陈相超、冯然译, 北京:机械工业出版社, 2014.

(美)维朗妮卡·格林(Veronika Grimm), 手中的佳物——古希腊罗马的味道[A], (美)保罗·弗里德曼 主编, 食物——味道的历史[C], 董舒琪译, 浙江大学出版社, 2015/2016:29-64.

(美)亚瑟·史密斯, 中国人的素质[M], 梁根顺译, 西安:太白文艺出版社, 2010.

(美)约翰·R·霍尔、玛丽·乔·尼兹, 文化:社会学的视野[M], 周晓红、徐彬译, 北京:商务印书馆, 2009.

(美)约翰·S.艾伦, 肠子, 脑子, 厨子——人类与食物的演化关系[M], 陶凌寅译, 北京:清华大学出版社, 2013.

(美)约翰·奥莫亨德罗, 像人类学家一样思考[M], 张经纬等译, 北京:北京大学出版社, 2017.

(美)约翰·麦奎德, 品尝的科学[M], 林东涵、张琼懿、甘锡安译, 北京:北京联合出版公司, 2017.

(美)詹姆斯·M·汉斯林(James M.Henslin), 走进社会学—社会学与现代生活(第12版)[M], 林聚任、解玉喜译, 北京:电子工业出版社, 2016.

(美)赵志裕·康萤仪, 文化社会心理学[M], 刘爽译, 北京:中国人民大学出版社, 2011/2015.

(美)朱利安·巴吉尼, 吃的美德——餐桌上的哲学思考[M], 闻佳译, 北京:北京联合出版公司, 2016.

(日)内山完造, 中国人的生活风景—内山完造漫语[M], 吕莉译, 北京:中国出版集团现

　　代出版社, 2015.

(日)松冈正刚, 山水思想——"负"的想象力[M], 韩立冬译, 北京:中国友谊出版公司, 2017.

(苏)斯大林, 马克思主义与语言学问题[M], 中共中央马克思、恩格斯、列宁、斯大林 著作编译局译, 北京:人民出版社, 1971.

(意)翁贝托·艾柯, 美的历史[M], 彭淮栋译, 北京:中央编译出版社, 2011/2017.

(英)L·R·帕默尔, 语言学概论[M], 李荣等译, 北京:商务印书馆, 2016.

(英)彼得·史密斯, (加)彭迈克, (土)齐丹·库查芭莎, 跨文化社会心理学[M], 严文华、 权大勇译, 北京:人民邮电出版社, 2009/2015.

(英)丹尼尔·图德, 太极虎韩国[M], 于志堂、江月译, 重庆:重庆出版社, 2015.

(英)韩礼德, 语言与教育[M], 刘承宇译, 北京:北京大学出版社, 2015.

(英)克莱尔·吉普森, 如何读懂符号——思索触类旁通的标志意义[M], 张文硕译, 沈 阳:辽宁科学技术出版社, 2018

(英)泰勒, 原始文化[M], 蔡江浓编译, 杭州:浙江人民出版社, 1988.

韩文文献

SUN JING, 중국인 한국어 학습자를 위한 문화 간 의사소통 중심 교재 연구[D], 경희대 학교 박사학위논문, 2018.

강경호 외, 언어와 문화[J], 서울:박이정, 2009/2010.

강길운, 국어의 전의어와 사어의 연구[J], 어문논지, 1976(2):13-30.

강명관, 조선풍속사(1)[M], 서울:푸른역사, 2010/2011.

강승혜, 재미교포 성인 학습자 문화프로그램 개발을 위한 요구조사 분석연구[J], 한국 어 교육, 2002(1):1-25.

강승혜, 한국문화교육론[M], 서울:형설, 2010.

강신항, 오늘날의 국어생활[M], 서울:도서출판 박이정, 2007/2008.

강정구, 미국인 눈에 비친 19세기 말의 조선[A], 김태준 외, 문학지리·한국인의 심상공 간[C], 서울:논형, 2005:410-423.

강준만, 세계문화의 겉과 속[M], 서울:인물과 사상사, 2012.

강희숙, 국어 마찰음화에 대한 연구[J], 인문과학연구, 1992(14):37-50.

강희숙, 국어 유기음화에 대한 사회언어학적 연구-전남 장흥 방언을 중심으로-[J], 한국 언어문학, 1994(32):1-17.

고길섶, 우리시대의 언어게임[M], 서울:토담, 1995.

고려대학교민족문화연구소, 중한사전[M], 서울:민족문화연구원, 1998.

고혜화, 신문을 이용한 한국어 문화교육 방안[D], 국민대학교 석사학위논문, 2009.

구현정·정수희·김해수, 텔레비전 어린이 만화에 나타난 국어사용의 문제점 - 지상파 방송 3사 프로그램을 중심으로[J], 사회언어학, 2006(2):49-73.

국사편찬위원회, 옷차림과 치장의 변천[M], 서울:두산동아, 2006.

권경근 외, 언어와 사회 그리고 문화[M], 서울:박이정, 2016.

권연진, 인지언어학에서 은유의 보편성과 상대성[M], 서울:한국문화사, 2017.

권오경, 한국어교육에서 문화교육 내용 구축 방안[J], 언어와 문화, 2009(5-2):49-72.

규장각한국학연구원, 조선여성의 일생[M], 파주:글항아리, 2010/2011.

김경동, 한국인의 가치관과 사회의식 변화의 경험적 추적[M], 서울:박영사, 1992.

김경일, 중국인은 화가 날수록 웃는다[M], 서울:청액, 1996.

김규훈, 융복합 교육을 위한 생태언어학 기반 국어과 빅 아이디어 제안[J], 교육과정평가연구, 2015(3):29-54.

김기란·최기호, 대중문화사전[Z], 서울:현실문화, 2009.

김대행, 언어교육과 문화인식[J], 한국언어문화학, 2008(1):1-62.

김대행, 한국어교육와 언어문화[J], 국어교육연구, 2003(12):157-180.

김동섭, 언어를 통해 본 문화 이야기[M], 서울:신아사, 2013.

김동진 저, 조항범 편석, 선인들이 전해 준 어원이야기[M], 서울:태학사, 2001.

김명운, 현대국어 청자대우법에 대한 사회언어학적 연구[D], 서울대학교 석사학위논문, 1996.

김미형, 우리말의 어제와 오늘─정신의 변화를 안고 흐른 국어의 역사[M], 서울:제이앤씨, 2012.

김미형·김형주·엄소영·최기호, 한국어와 한국 사회─한국어를 통해 들여다본 한국인의 자화상[M], 서울:한국문화사, 2013.

김미형·엄소영·임혜원·전영옥·전정미, 인간과 언어:본능과 능력 사이[M], 서울:도서출판 박이정, 2005.

김민수, 한·일 감정 관용어 대조 연구[D], 부산대학교 박사학위논문, 2015.

김민주, 설화를 활용한 한국 언어·문화교육 방안 연구[M], 한국외국어대학교 석사학위논문, 2007.

김방한, 한국어의 계통[M], 서울:민음사, 1983.

김성경, 한국전통음악 악식의 미학사상 연구[D], 성균관대학교 박사학위논문, 2009.

김소은, 멜로드라마의 '감정 구조' 형성 방식 연구:TV 드라마 <응답하라 1988>을 중심으로[J], 드라마연구, 2017(52):5-60.

金荣晃, 문화언어학[M], 北京:민족출판사, 2013b.

金榮晃, 사회언어학[M], 北京:민족출판사, 2013a.

김숙현 외, 한국인과 문화간 커뮤니케이션[M], 서울: 커뮤니케이션북스, 2001/2007.

김숙현·김평희·박기순·신인아·이두원·정현숙·최윤희, 한국인과 문화간 커뮤니케이션[M], 서울:커뮤니케이션북스, 2001.

김승곤, 한국어 조사의 통시적 연구[M], 서울:대제각, 1978.

김승곤, 한국어의 기원[M], 서울:건국대학교출판부, 1984.

김열규, 恨脈怨流―한국인, 마음의 응어리와 맺힘[M], 서울:주우, 1982.

김영명, 신한국론:단일사회 한국, 그 빛과 그림자[M], 서울:인간사랑, 2005.

김영순, 몸짓의 문화, 문화의 손짓[A], 성광수.조광제.류분순, 몸과 몸짓 문화의 리얼리티[C], 서울:소명출판, 2003:58-104.

김은일, 문화 간 의사소통과 언어[M], 서울:한국학술정보, 2018.

김은정·임린, 역사속의 우리옷 변천사[M], 광주:전남대학교출판부, 2009.

김인택, 신체언어와 문화의 상관성[J], 우리말 연구, 2009(24):165-195.

김장미, 한국어 교재 내의 문화 교육 양상과 개선방안 연구:문화와 언어의 통합을 중심으로[D], 한성대학교 석사학위논문, 2010.

김정호, 국어 높임법에 대한 체계적인 사회언어학적 접근[J], 겨레어문학, 2004(33):31-53.

김정호, 국어 청자 높임의 변화에 관한 사회언어학적 연구[J], 한말연구, 2005(16):43-74.

김주필, 《國語學》 50년-음운 연구의 성과와 전망[J], 국어학, 2010(57): 293-333.

김중순, 이미지와 언어:문화교육을 위한 상상력[J], 한국언어문화교육학회 학술대회, 2006:170-178.

김진우, 언어와 문화[M], 서울:중앙대학교 출판부, 1996.

김진우, 언어와 수사[J], 서울:한국문화사, 2010.

김진호·장권순·이태환, (외국인을 위한)한국문화[M], 서울:역락, 2011.

김태균, 빨리 빨리와 전통사상[M], 서울:도서출판 양림, 2007.

김태길, 한국인의 가치 연구[M], 서울:문음사, 1983.

김학수, 스크린 밖의 한국영화사1[M], 서울:인물과 사상사, 2002.

김해연, 한국어 코퍼스에 나타난 '얼굴'과 관련 어휘의 분석[J], 담화와 인지, 2009(16-3):89-110.

김해연, 한국어 코퍼스에 나타난 '얼굴'의 은유적 의미의 인지언어학적 분석[J], 언어와 언어학, 2010(49):23-45.

김해옥, 문학 교육과 어휘 교육[M], 서울:새미, 2005.

김해옥, 언어문화 교육을 위한 한국 대중가요 분석[J], 언어와 문화, 2016(2):29-52.

김향숙, 한국어 감정표현 연구[D], 인하대학교 박사학위논문, 2001.

김현석 외, 사회 언어학: 언어와 사회, 그리고 문화[M], 서울:글로벌콘텐츠, 2014.

김혜숙, 현대국어의 사회언어학적 연구[M], 서울:태학사, 1991.

김혜숙, 현대 국어 생할에 나타난 높낮이 말씨 선택의 변화 양상[J], 사회언어학, 1995(1):17-34.

김혜숙, 사회언어학 연구와 국어교육의 연계성 - 국어교육에 미치는 사회언어학적 영향을 중심으로[J], 국어국문학, 2005(141):379-405.

김홍매, 사회문화적 의사소통을 위한 한국어 교재의 언어문화 교육 연구[D], 영남대학교 박사학위논문, 2019.

김훈호, 한자와 문화:문화언어학적 접근[M], 서울:학고방, 2008.

나익주, 은유의 신체적 근거, 담화와 인지[J], 1995(1):187-214.

남광우, 「웃브니, 웃브리, 웃비(ㅅ=반ㅅ, ㅂ=순경음ㅂ)」연구[J], 국어국문학, 1961(24):21-28.

남광우, 국어학 논문집[M], 서울:일조각, 1960/1979.

노대규, 국어 의미론 연구[M], 서울:국학자료원, 1988.

노명우, 세상물정의 사회학---세속을 산다는 것에 대하여[M], 파주:사계절, 2013/2015.

노진서, 영어와 한국어의 은유의 보편성-신체 표현을 중심으로[J], 이중언어학, 2005(29):79-88.

민현식, 국어의 성별어(genderlect)연구사[J], 사회언어학, 1996(2):3-29.

민현식, 국어 남녀 언어의 사회언어학적 특성 연구 1[J], 사회언어학, 1997(2)a:529-560.

민현식, 국어 남녀 언어의 사회언어학적 특성 연구2[J], 사회언어학, 1997(2)b:561-587.

민현식, 국어 사용 실태 조사 방법론 연구[J], 사회언어학, 2002(1):73-112.

민현식, 국어교육과 한국어교육에서의 문화교육[J], Foreign languages education, 2003(2):429-452.

민현식, 한국어교육에서 문화교육의 방향과 방법, 한국어교육연구[J], 2005(8), 서울대 사대 외국인을 위한 한국어교육 지도자과정.

민현식, 한국어 교육에서 문화교육의 방향과 방법[J], 한국언어문화학, 2006(3-2):137-180.

민현식, 국어 문화에 나타난 종교문화의 요소[J], 한국언어문화학, 2004(2):89-118.

박갑수, 한국어교육과 언어문호 교육[M], 서울:역락, 2013.

박갑수, 우리말 우리 문화(상)[M], 서울:역락, 2014a

박갑수, 우리말 우리 문화(하)[M], 서울:역락, 2014a.

박갑수, 한국인과 한국어의 발상과 표현[M], 서울:역락, 2014b.

박갑수, 언어 · 문학 · 문화, 그리고 교육 이야기[M], 서울:역락, 2015.

박갑천, 재미있는 어원 이야기[M], 서울:을유문화사, 1995.

박갑천, 말, 백만인의 언어학[M], 서울:한림각, 1968.

박갑천, 세계의 지명[M], 서울:정음사(倫), 1973.

박갑천, 어원수필-말의 고향을 찾아[M], 서울:을유문화사, 1974.

박경선, 영어와 한국어의 색채어와 신체어에 나타나는 개념적 은유[J], 담화와 인지, 2001(1):69-83.

박경옥, 담화분석을 통한 칭찬화행 연구-한국어 회화교재와 TV드라마 대본을 중심으로[D], 한양대학교 석사학위논문, 2006.

박기환, 성격속의 우리말 어원을 찾아서[M], 서울:해피&북스, 2009.

박승호, 상처받은 하나님의 마음[M], 서울:대한기독교서회, 1998.

박시인, 알아이계어 연구:어음[J], 어학연구, 1967(2):58-98.

박시인, 알타이 문화사 연구[M], 서울:탐구당, 1970b.

박시인, 알타이 인문 연구[M], 서울:서울대출판부, 1970a.

박시인, 알타이계어 연구방법고[J], 어학연구, 1966(1):32-57.

박애양, 한 · 중 칭찬화행의 문화 대조 분석-의례성 칭찬을 중심으로-[J], 중국학연구, 2008(45): 67 -90.

박영노, 현대국어 명령문 연구:사회언어학적 접근[D], 고려대학교 석사학위논문, 1987.

박영순, (한국어 교육을 위한)한국문화론[M], 서울:한림출판사, 2006.

박영순, 문화어를 통한 한국문화교육의 내용과 방법 연구[J], 세계한국어문학, 2011(6):123-156.

박영순, 한국어의 사회언어학[M], 서울:한국문화사, 2001/2007.

박영준, 현대국어 명령문 연구-사회언어학적 접근[D], 고려대학교 석사학위논문, 1987.

박용한, 국어의 존댓말 사용 양상에 대한 연구 -군에서의 압존법 사용을 중심으로-[J], 사회언어학, 2012(1):57-77.

박인기, 국어교육과 매체언어문화:국어교육과 매체언어문화[J], 국어교육학연구, 2010(37):137–158

박인기, 생태학적 국어교육의 현실과 지향[J], 한국초등국어교육, 2003(22):1-36.

박인조·민경환, 한국어 감정단어의 목록 작성과 차원 탐색[J], 사회 및 성격, 2005(1):109-129.

박정자, 국어 음운 변이의 사회언어학적 연구[D], 조선대학교 석사학위논문, 2006.

박종덕, 아동문학 작품의 가치 표상에 대한 사회언어학적 연구 -초등 교과서 「국어(읽기) 1-2」를 대상으로-[J], 동화와 번역, 2006(11):101-132.

박진경, 속담을 이용한 한국어 문화 교육에 대한 연구[D], 홍익대학교 석사학위논문,

2004.

박찬숙, 중급 한국어 수업에서 언어문화 교육을 위한 드라마 활용 방안 연구-드라마 [낭랑 18세]를 중심으로-[D], 선문대학교 석사학위논문, 2008.

박창원, 한국의 국어정책 연구:한국어의 정비와 세계화 2[M], 서울:지식과교양(지교), 2017.

박태순, 장인[M], 서울:현암사, 2009/2010.

박태호, 좋은 국어 수업 전개를 위한 수업대화 분석 요소[J], 한국어문교육, 2004(13):71-93.

반재식, 재담 백년사:한민족의 재담과 재담달인 박춘재 일대기[M], 서울:백중당, 2000.

배해수, 언어와 정신[A], 고려대학교 대학국어 편찬실, 언어와 사상[C], 서울:고려대학교 출판부, 1995:69-77.

서옥란·김송죽, 중국에서의 한국어 문화교육 현황[J], 한중인문학연구, 2012(1):131-149.

서정범, 무녀의 사랑이야기[M], 서울:범조사, 1979.

서정범, 어원별곡[M], 서울:범조사, 1986.

서정범, 어원으로 푼 우리 문화[M], 서울:유씨엘, 2005.

소노다 시게토, 중국인, 이렇게 생각하고 행동한다[M], 박준식 옮김, 서울:다락원, 2002.

송경숙, 담화분석:대화 및 토론 분석의 실제[M], 서울:한국문화사, 2002.

송기호, 시집가고 장가가고-송기호 교수의 우리 역사 읽기(1)[M], 서울:서울대학교출판문화원, 2009/2010.

송기호, 종 부리고 말 타고—송기호 교수의 우리 역사 읽기(2)[M], 서울:서울대학교출판문화원, 2009/2010.

송석구, 한국의 유불사상[M], 서울:사사연, 1988.

송용실, 한국어 문화 교육의 실태와 교육 방향 연구:한국어 교재에 나타난 교육 관점 분석을 중심으로[D], 인하대학교 석사학위논문, 2012.

송원용, 현대국어 임시어의 형태론[J], 형태론, 2000(1):1-16, 도서출판 박이정.

송재란, 한국어교육에서 언어·문화 통합 교육 모형 연구[D], 동신대학교 박사학위논문, 2018.

신복룡, 서양인의 눈에 비친 조선[J], 문화재청:월간 문화재새랑, 2010(3):5-37.

신영훈, 한국의 살림집[M], 서울:열화당, 1983.

신은경, 풍류:동아시아 미학의 근원[M], 서울:보고사, 1999.

신호철, 국어과 예비교사 수업 시연의 언어·행동 평가 기준안 마련을 위한 기초 연구 [J], 사회언어학, 2014(1):141-160.

심영택, 국어과 교육과 언어 정책[J], 한국초등국어교육, 1997(13):29-53.

심재기, 국어어휘론[M], 서울:집문당, 1982.

안기수, 다문화 가족을 위한 한국인의 의·식·주 문화의식의 양상과 의미[J], 다문화콘텐츠연구, 2011(11):287-311.

안예리, 20세기 전반기 국어의 문장 구성에 대한 연구:대중종합지 『삼천리(1929~1942)』의 말뭉치 언어학적 분석[D], 연세대학교 박사학위논문, 2013.

안진현, 한국 미디어에 나타난 여성 외모담론:2000년 이후 뉴스 기사 분석을 중심으로[D], 서울대학교 박사학위논문, 2018.

양경애, 삼국시대 지배계층 복식 연구[D], 숙명여자대학교 박사학위논문, 1997.

양영희, 중세국어 존대법의 사회언어학적 접근 가능성 모색[J], 사회언어학, 2005(1):129-150.

양영희, 중세국어 호칭어와 종결어미의 호응에 대한 재고[J], 사회언어학, 2006(2):233-256.

양영희, 16세기 국어 공손법 등분 설정을 위한 시론[J], 사회언어학, 2007(2):85-115.

양영희, 중세국어 호격조사의 기능 고찰[J], 사회언어학, 2009(2):157-175.

양옥경·최명민, 한국인의 한(恨)과 탄력성(Resilience)[J], 정신보건과 사회사업, 2001(6):7-29.

양주동, 국학연구논고[M], 서울:을유문화사, 1962.

양주동, 고가연구(增訂版)[M], 서울:일조각, 1970.

엄태수, 현대국어의 수의적 음운현상에 대한 연구[J], 국제어문, 2014(60):155-184.

연세대언어정보연구원, 한중일 언어를 통해 본 삼국의 사회와 문화[M], 서울:한국문화사, 2018.

오명기, 영어와 국어 2인칭대명사의 화용적[J], 사회언어학적 용법, 현대문법연구, 2011(66):273-289.

오새내, 현대국어의 형태음운론적 변이 현상에 대한 사회언어학적 연구[D], 고려대학교 박사학위논문, 2006.

오주석, 오주석의 한국의 미 특강[M], 서울:솔, 2003/2011.

왕문용, 국어와 의사소통[M], 서울:한국문화사, 2008.

왕한석, 한국어와 한국사회[M], 파주:(주)교문사, 2008.

유경희, 중학교 『생활 국어』에 나타난 경어법 단원 교과서 분석[D], 서강대학교 석사학위논문, 2008.

유미희, 한국 춤에 나타난 신명에 대한 연구:민속춤을 중심으로[D], 이화여자대학교석사논문, 1989.

유창돈, 어휘사 연구[M], 서울:선명문화사, 1971/1973.

유창돈, 이조 국어사 연구[M], 서울:선명문화사, 1964/1973

윤서석, 한국식품사, 한국문화사계 IV, 풍속·술사[M], 서울:고려 민족문화연구소, 1970.

윤애선, 신체 언어의 의사 소통 기능[J], 성곡논총, 1998(1):351-479.

윤재연, 국어학:패러디 광고의 텍스트성 연구 -텔레비전 광고를 중심으로-[J], 겨레어문학, 2009(42):69-142.

윤태일, 유머광고에 나타난 한국 웃음문화의 특징과 전통성[A], 김유정탄생 100주년기념사업추진위원회, 한국의 웃음문화[C], 서울:소명출판, 2008:258-299.

이 군, 중국 한국어학과의 한국문화 교재 개발 방안 연구[D], 전남대학교 박사학위논문, 2018.

이경숙, 기획논문:국어교육, 어떤 텍스트로 가르칠 것인가;시사 토의 담화의 사회언어학적 분석 -사회자의 관여 전략과 토의자의 협력 원리를 중심으로-[J], 한국어문교육, 2016(19):121-160.

이경우, 국어 경어법 변화에 대한 연구(1)[J], 국어교육, 2003(110):269-300.

이경우, 국어 경어법 변화에 대한 연구(2)[J], 한말연구, 2008(22):251-292.

이경우, 최근 세국어 경어법의 사회 언어학적 연구[J], 애산학보, 1990(10):65-84.

이경우, 최근 세국어 경어법의 사회언어학적 연구(2)[J], 이화어문논집, 1994(13):89-109.

이경우, 최근세 국어 경어법의 사회언어학적 연구(3)[J], 애산학보, 1995(16):135-163.

이경우, 현대국어 경어법의 사회언어학적 연구(2)[J], 국어교육, 2001(106):143-174.

이경우, 현대국어 경어법의 사회언어학적 연구(3)[J]:국어교육, 2004(113):545-587.

이경우·김성월, 한국어 경어법의 사회언어학적 연구[M], 서울:역락, 2017.

이규태, 한국인, 이래서 잘산다[M], 서울:신원문화사, 1999/2000.

이규태, 한국인의 밥상문화(2)[M], 서울:신원문화사, 2000.

이규태, 한국인의 버릇[M], 서울:신원문화사, 1991b.

이규태, 한국인의 의식구조(1)(한국인의 옷 이야기)[M], 서울:기린원, 1991a.

이규태, 한국인의 의식구조(1)[M], 서울:신원문화사, 1983/2011.

이규태, 한국인의 의식구조(2)[M], 서울:신원문화사, 1983/2011.

이규태, 한국인의 의식구조(3)[M], 서울:신원문화사, 1983/2011.

이규태, 한국인의 의식구조(4)[M], 서울:신원문화사, 1983/2011.

이규태, 한국인의 힘(2)[M], 서울:신원문화사, 2009.

이근후, 한국인의 사회적 성격에 관한 조사[J], 이화의대지, 1995(4):383-389.

이근희, 번역의 이론과 실제[M], 서울:한국문화사, 2005/2008/2015.

이기동, 관용어, 은유 그리고 환유1, 담화와 인지[J], 1997(1):61-87.

이기문, 속담 사전(개정판)[Z], 서울:일조각, 1980.

이난수, 인문정신으로서의 '얼'과 한국인의 신명문제[J], 양명학, 2014(37):109-141.

이남덕, 한국어 어원연구(ⅠⅡⅢⅣ)[M], 서울:이화여자대학교출판부, 1985-1986.

이노미, 손짓, 그 상식을 뒤엎는 이야기[M], 서울:바이북스, 2009.

이동규, 중·고급학습자를 위한 한국어 문화어휘 교육-속담관용어 교육을 중심으로-[D], 고려대학교 석사학위논문, 2005.

이미향, 한국어 언어문화교육에서의 사회적 상호작용 고찰-참여자 인식과 대인 관계 형성을 중심으로[J], 한국언어문화학, 2012(2):235-263.

이미혜, 한국어와 한국 문화의 통합 교육-언어 교육과 문화 교육의 통합 양상을 고려한 교육 방안[J], 한국언어문화학, 2004(1):143-163.

이병헌, 한국 고대 국명 지명 연구[M], 서울:형설출판사, 1982.

이부영, 한국적 인간관계에 나타난 무속적 요소[J], 한국문화인류학, 1979(11):237-240.

이상섭, 언어와 상상-문학 이론과 실제 비평[M], 서울:문학과지성사, 1984.

이상억, 한국어와 한국문화[M], 서울:소통, 2016.

이석규, 언어의 예술[M], 서울:글누림, 2007.

이성범, 음식과 언어[M], 서울:서강대학교 출판부, 2013.

이소연, 문화간 의사소통능력을 고려한 한국문화 교수요목 설계 연구[D], 부경대학교 박사학위논문, 2017.

이숭녕, 국어조어론고[M], 서울:을유문화사, 1961.

이숭녕, 국어학연구[M], 서울:형설출판사, 1966/1982.

이승명, 현대 국어의 사회 언어학적 기초 자료 제작을 위한 제 2 차 부산 시내 거리 간판 조사 분석[J], 수련어문논업, 1997(23):83-146.

이시형, 화병에 대한 연구[J], 고려병원잡지, 1977(1):63-69.

이어령, 한국인 재발견[M], 서울:교학사, 1978.

이어령, 한국인의 신화[M], 서울:서문당, 1996/1999.

이어령, 축소지향의 일본인[M], 서울:문학사상, 2002/2018a.

이어령, 흙 속에 저 바람 속에[M], 서울:문학사상, 2002/2018b.

이어령, 뜻으로 읽는 한국어사전[M], 서울:문학사상, 2002/2011.

이어령, 진리는 나그네[M], 서울:문학사상사, 2003.

이원표, 담화분석[M], 서울:한국문화사, 2001.

이을환, 한국인의 의식구조와 국어순화 방안연구[J], 논문집, 1978(18):249-281.

이재춘, 관용구를 활용한 한국어 문화 교육 연구[D], 단국대학교 박사학위논문, 2010.

이정복, 국어 경어법에 대한 사회언어학적 접근[J], 국어학, 2006(1):407-448.

이정복, 국어 경어법의 말 단계 변동 현상[J], 사회언어학, 1996(1):51-81.

이정복, 사회 방언과 국어교육[J], 국어교육, 2013(142):47-78.

이정복, 사회언어학에서 본 국어 순화의 문제점[J], 사회언어학, 2003(2):187-214.

이정복, 학술 논문 속의 경어법 사용 분석: 국어학 서평 텍스트를 중심으로[J], 사회언어학, 1999(2):87-114.

이정복, 한국어 경어법, 힘과 거리의 미학[M], 서울:소통, 2011.

이종묵, 조선의 문화공간:조선시대 문인의 땅과 삶에 대한 문화사[M], 서울:휴머니스트, 2006.

이종철, 속담의 형태적 양상과 지도방법[M], 서울:이회문화사, 1998.

이택, 국어학논고[M], 서울:정음사, 1958.

이효재, 한국 여인의 한[A], 여성과 사회[C], 이효재 편, 서울:정우사, 1978.

임지룡, 감정의 생리적 반응에 대한 언어화 양상, 담화와 인지[J], 1999(6(2)):89-117.

임지룡, 신체화에 기초한 의미확장의 특성 연구[M], 언어과학연구, 2007(40):1-31.

임혁백, 동아시아 지역통합의 조건과 제약[J], 아세아연구, 2004(4):123-165.

임희섭, 한국의 사회변동과 가치관[M], 서울:나남출판, 1994/2003.

전미순ㆍ이병운, 한국어 문화어휘에 관한 일고찰[J], 언어와 문화, 2011(7-1):191-210.

전재호ㆍ홍사만, 한ㆍ일 언어문화 대조연구[M], 서울:역락, 2005.

정병헌, 판소리의 웃음과 웃기기 전략[A], 김유정탄생 100주년기념사업추진위원회, 한국의 웃음문화[C], 서울:소명출판, 2008:124-149.

정인갑, 朝鲜语固有词中的"汉源词"试探[A], 北京大学《语言学论业》编委会, 语言学论业[C], 北京: 北京商务印书馆, 1983.

정태경, 현대국어 <음식물>명칭의 분절구조 연구-, <식사 음식>을 중심으로[D], 고려대학교 박사학위논문, 2005.

정해신, 삼색공감[M], 서울:개마고원, 2011.

정희자, 관용어에 나타난 신체어의 의미 확장[J], 외대논총, 2002(1):355-378.

조 향, 무속에 나타난 '恨'과 '신명', 그 양상에 관한 연구[D], 한양대학교석사논문, 1987.

조성문, 국어 어문규정에 대한 신세대의 인지도 분석[J], 사회언어학, 2002(1):295-318.

조수진, 한국어 문화 교육 내용 선정에 대한 연구[J], 한국언어문화학, 2010(2):195-219.

조재윤, 외국인을 위한 한국무노하 길라잡이[M], 서울:박이정, 2009.

조지훈, 한국문화사서설[M], 파주:나남출판, 1996.

조지훈, 한국학연구[M], 서울:나남출판, 1996.

조항록, 한국 언어문화와 한국어 교육[M], 서울:소통, 2008.

조항범, 정말 궁금한 우리 이야기 100가지(1)[M], 서울:예담, 2004.

조항범, 그런 우리말은 없다[M], 서울:태학사, 2005.

조항범, 국어 어원론(개정판)[M], 청주:충북대학교 출판부, 2014.

조현용, 한국어문화 교육방안에 대한 연구[J], 이중언어학, 2003(22):345-366.

조현용, 한국어 비언어적 행위 표현과 한국어문화 교육 연구[J], 한국어 교육, 2005(2), 국제한국어교육학회, 307-335.

조현용, 우리말로 깨닫다[M], 서울:도서풀판 하우, 2009.

조현용, 한국어, 문화를 말하다--한국어 문화 언어학 강의[M], 서울:도서출판 하우, 2017.

주강현, 우리 문화의 수수께끼[M], 서울:한겨레신문사, 1996.

주명철, 한국주택건축[M], 서울:일지사, 1980.

지헌영, 조선 지명의 특성[J], 조광, 1942(8-9).

차인애, 스토리텔링을 활용한 한국어 문화교육 방안 연구-<우렁각시> 설화를 중심으로-[D], 한국어외국어대학교 석사학위논문, 2009.

차종환, 동·서양 생활문화 무엇이 다른가[M], 서울:동양서적, 2007.

채 완, 1950년대 광고 카피에 나타난 국어의 양상[J], 사회언어학, 2007(2):163-185.

채춘옥, 국어 완곡 표현의 영상 도식 은유에 관하여[J], 사회언어학, 2013(1):301-324.

천소영, 우리말의 문화 찾기-고유어 어원에 담긴 한국문화[M], 서울:한국문화사, 2007/2010.

천소영, 우리말의 속살-우리가 꼭 알아야 할 재미있는 어원 이야기[M], 서울:창해, 2000.

천소영, 한국어와 한국문화[M], 서울:도서출판 우리책, 2005.

천이두, 恨의 구조 연구[M], 서울:문학과지성사, 1993.

최상진, '한'의 사회심리학적 개념화 시도[J], 한국심리학회 연차대회 학술발표논문 초록, 1991(1):339-350.

최상진, 한국인의 심리특성[A], 한국심리학회 편, 한국심리학의 이해[C], 서울:학문사, 2003.

최상진, 한국인의 심정심리학:정과 한에 대한 현상학적 한 이해[J], 한국심리학회지, 1993(3):5-8.

최상진·조윤동·박정열, 대중가요 가사분석을 통한 한국인의 정서 탐색[J], 한국심리학회지, 2001(1):41-66.

최선열 외, 텔레비전 드라마와 여성의 삶과 의식의 변화[M], 이화여자대학교 한국여성연구원 연구 결과 보고서, 1999.

최성윤, 국어의 여성 언어에 관한 사회언어학적 고찰[D], 계명대학교 석사학위논문,

2003.

최재석, 한국인의 사회적 성격[M], 서울:양문사, 1980.

최재선, 신바람의 교육적 의미와 활용방안[J], 연세교육연구, 1997(10):96-121.

최준식, 문화를 가르친다는 것은[J], 한국언어문화학, 2012(1):271-285.

최창렬, 우리말 어원연구[M], 서울:일지사, 1986.

최창렬, 우리 속담 연구[M], 서울:일지사, 1999.

최창렬, 어원의 오솔길[M], 서울:한국학술정보(주), 2002/2003.

최창렬, 어원산책[M], 서울:한국학술정보(주), 2006.

추준수, 한국 TV 드라마 대화에 나타난 요청과 응답 화행 연구[D], 고려대학교 박사학위논문, 2012.

태평무, 사회언어학연구[M], 서울:도서출판 박이정, 1999.

폴리롱, 홍콩 한국어 초급 학습자의 거절 표현 양상 연구[J], 화법연구, 2015(27):139-174.

한 민, 신명의 심리학적 개념화 및 타당화에 관한 연구[D], 고려대 박사학위논문, 2007.

한국학중앙연구원, 한국향토문화전자대전[M], (网络版): http://www.grandculture.net/.

한상미, 한국어 모어 화자와 비모어 화자 간의 의사소통 문제 연구:영어권 한국어 학습자의 화용적 실패를 중심으로[D], 연세대학교 박사학위논문, 2005.

한완상, 김성기, 한에 대한 민중사회학적 시론 — 종교 및 예술체험을 중심으로[A], 恨의 이야기[C], 서광선 엮음, 파주:보리, 1988.

허세립·천소영, 한·중 언어문화론[M], 서울:대원사, 2014.

허원기, 판소리의 신명풀이 미학[M], 서울:박이정, 2001.

허재영, 전문 용어 정책의 역사[J], 어문학, 2014(125):117-145.

호영진, 감투공화국[M], 서울:동아출판사, 1993.

홍경완, 사회적 고난(苦難)체험으로서의 한(恨)[J], 신학과철학, 2009(15):119-145.

홍윤표, 살아있는 우리말의 역사[M], 서울:태학사, 2009/2010.

황보나영, 현대국어 호칭의 사회언어학적 연구[D], 서울대학교 석사학위논문, 1993.

황필호, 한국인의 성격에 대한 종교학적 고찰[A], 이부영·차재호·황필호, 한국인의 성격[C], 서울:한국정신문화연구원, 1984/1988:65-111.

黒田勝弘, 좋은 한국인 나쁜 한국인[M], 서울:고려원, 1994.

英文文献

Axtell, R.E., Gestures : the do's and taboos of body language around the world[M], New York: Wiley, 1998.

Bushman, B.J., Does venting anger feed or extinguish the flame? Catharsis, rumination, distraction, anger, and aggressive responding[J], Personality and Social Psychology Bulletin, 2002(28):724-731.

C. Fred Alford, Korean values in the age of globalization[M](한국이의 심리에 관한 보고서, 남경태 역역), 서울:그린비, 2000.

Cattrysse,Patrick.,Multimedia & Translation:Methodoogical Considerations[A], Gambier, Yves & Gottlieb, Henrik (eds).(Multi)Media Translation. Concepts, Practices and Research [C],Amsterdam:John Benjamins,2001.

Chang Hee-Son, A Philological and Philosophical Exploration ofthe Origin and Identity of the Korean Terms:Haan and Han[M], Maryland:University Press of America, 2000.

Chen, R., Responding to compliments: A contrastive study of politeness strategies between American English and Chinses speakers[J], Journal of Pragmatics, 1993(20):49-75.

Clark, H., Using of Language[M], Cambridge:Cambridge University Press, 1996.

Diener, E, Suh, E. M., Smith, H., & Shao, L., National differences in reported subjective well-being:Why do they occur?[J], SocialIndicators Research, 1995(34):7-32.

Dyvik, Helge., Translations as semantic mirrors:from parallel corpus to wordnet[A], In: Aigmer, Karin & Bengt Altenberg(eds.), Working-with New Corpora. Papers from the 23rd International Coonference on English Language Research on Computerized Corpora(ICAME 23)[C]. Amsterdam/New York:Rodopi, 2002:315-330.

Edaward T.Hall, The Silent Language (침묵의 언어)[M], 최효선 역, 서울:한길사, 2000.

Ekman, P., & Friesen, W.V., Constants across cultures in the face and emotion[J], Journal of Personality and Social Psychology, 1971(17):124-129.

Federici, E., The Translator's Intertextual Baggage[J], In Modern Language

Studies, 2007(2):147-160.

Fiske, S. & S. Taylor., Social Cognition(2nd edition) [M], New York:McGraw-Hill, 1991.

Gentilucci, M., Grasp observation influences speech production[J], European Journal of Neuroscience, 2003(17):179-184.

Hervey, S.& Ian, Higgins, Thinking Translation:A Course in Translation Method: French-English [M], London & New York:Routledge.1992.

Ho, D. Y. F., & Chiu, C.-y. Component ideas of individualism, collectivism, and social organization:An application in the stuDYof Chinese culture[J], In U. Kim, H.C. Triandis, C. Kagitcibasi, G. Choi, & G. Yoon(Eds.), Individualism and collectivism:Theory, methond and applications, 1994:137-156.Thousand Oaks, CA:Sage.

Hofstede, G., Lokales Denken, globales Handeln[M], Muenchen:C.H.Beck, 1997.

Hofstede, G., Culture's Consequences:Comparing Values, Behaviors, Institutions and Organizations Across Nations[M], SAGE Publications Inc; 2nd Revised edition, 2001.

Hofstede, G., Hofstede, G.J. Michael Minkov, 세계의 문화와 조직(Cultures and Organizations, 3rd ed, 2010)[M], 차재호.나은영 공역, 서울:학지사, 2014.

Holtzman, J., Uncertain Tastes:Memory, Ambivalence, and the Politics of Eating in Samburu, Northern Kenya[M], Berkeley:University of California Press, 2009.

Huebner, E.S. & Park, N., A Cross-Cultural Study of the Levels and Correlates of Life Satisfaction among Adolescents[J], Journal of Cross-Cultural Psychology, 2005(36):444-456.

Hui, C. H., & Triandis, H.C. Indiwidualism-collectivism: A study of cross-cultural researchers[J], Journal of Cross-Cultural Psychology, 1986(17):225-248.

Hyun Kyung Chung, Struggle to be the Sun Again[M], New York:Orbis books, 1990.

Kövecses, Z., Language, Mind, and Culture: A Practical Introduction[M], Oxford:Oxford University Press, 2006.(언어·마음·문화의 인지언어학적 탐색, 임지룡·김동환 역, 서울:역락, 2010.)

Lakoff, G.and Johnson, M., Philosophy in the Flesh:The Embodies Mind and

Its Challenge to Western Thought[M], New York:Basic Books.1999. 몸의 철학:신체화 된 마음의 서구 사상에 대한 도전빼), 임지룡·윤희수·노양진·나익주 공역, 서울:박이정, 2002.

Lazar, Gillian., Literature and language teaching : a guide for teachers and trainers[M], New York: Cambridge University Press, 1993.

Lee, Jae-Hoon., The Exploration of The Inner Wounds Han[M]. Atlanta:ScholarsPress.1994.

Levinson, S. C.Interactional biases in human thinking[A].In Social intelligence and Interaction, ed. E. Goody[C].Cambridge:Cambridge University Press, 1995:221-260.

Lohr, J, M., Bunmi, O. O., Baumeister, R. F., & Bushman, B. J., The Psychology of anger venting and empirically supported alternatives that do no harm[J], The Scientific Review ofMental Health Practice, 2007(5-1):53-63.

Markus H R & Kitayama S, Culture and the self:Implication for cognition, emotion, and motivation[J], Psychological, 1991(98):224-253.

Martin R A., Humor.//Kazdin A E. Enclyclopdia of psychology[M], Washington, D C:American Psychology Association, 2000.

Mehrabian, A., Nonverbal communication[M], Chicago:Aldine-Atherton, 1972.

Mircea, Eliade., A history of religious ideas[M], Chicago : University of Chicago Press, 1978.

Newmark, P., A Textbook of Translation[M], Upper Saddle River:Prentice Hall, 1988.

Norenzayan, A., & Lee, A., It was meant to happen:Explaining cultural variations in fate attributions[J], Journal of Personality and Social Psychology, 2010(98-5):702-720.

Oishi, S.& Diener E.D., Goals, Culture and Subjective Well-being[J], Personality and Social Psychology Bulletin, 2001(27):1674-1682.

Paivio, A., Learning of adjective-noun paired associates as a function of adjective-noun word order and noun abstractness[J], Canadian journal of Psychology, 1963(17):370-379.

Pearce, B. W., Interpersonal Communication:Making Social Worlds[M], Harper Collins:NewYork, NY, 1994.

Peter Fawcett, Translation and Language:Linguistic Theories Explained[M],

Manchester:St. Jerome Publishing, 1997, 언어학과 번역, 김도훈 역, 서울: 한국문화사, 2015.

Sinclair, J., The search for units of meaning[J], Textus IX:75-106.

Thatcher, Margaret, 국가경영[M], 김승욱 역, 서울:경영정신, 2002/2003.

Triandis, H. C., & Suh, E. M.. Cultural influences on personality[J], Annual Review of Psychology, 2002(53):133–160.

Wheelwright, P.E., Metaphor & reality[M], Bloomington:Indiana University Press, 1962.

Wirtz D, Chiu C Y, Diener E, et al., What Constitutes a Good Lile? Cultural Differences in the Role of Positive and Negative AfLect in Subjective Well-Being[J], Journal oI Personality, 2009(77-4):1167-1196.

Yu, Ning., Metaphorical Expressions of anger and Happiness in English and Chinese[J], Metaphor and Symbolic Activity, 1995(10):59-92.

Yu, Ning., The Contemporary Theory of Metaphor: A Perspective from Chinese[M], Amsterdam:John Benjamins, 1998.

其他文献

石田浩, 中國農村社會經濟構造の研究[M], 京都:晃洋書房, 1986.

今田高俊·園田茂人, アヅアからの視線[M], 東京:東京大學出版會, 1995.

미즈노 슌페이(水野俊平), 속 터지는 일본인[M], 양혜경 역, 서울:역락, 2000.

王芳(왕방)

1975年生，女，山东泰安人，文学博士，现为山东师范大学副教授，硕士生导师。主要研究方向为语义学、中韩语言对比。

近年来，在《外语教学与研究》《解放军外国语学院学报》《东疆学刊》以及韩国核心期刊上发表论文多篇。在商务印书馆出版《韩国语汉字词与汉语词对比研究》(专著)、《韩国语汉字词学习词典》(编著)，在中国海洋大学出版社出版《韩国语前缀语义系统研究》(专著)。先后主持两项国家社科基金后期资助项目，分别是《韩国语汉字词与汉语词的对比研究》(2015-2018)、《认知语言学视域下的韩国语研究》(2020，在研)，主持并完成"海外韩国学"项目"以中国人为对象的韩国语汉字词学习词典的编撰及相关课程的开设"(2012-2015)。

王波(왕파)

1975年生，男，山东诸城人，特殊教育学博士，现为潍坊学院特教幼教师范学院教授，主要研究方向为特殊教师教育、特殊教育。

近些年来，在《光明日报(理论版)》《中国特殊教育》等发表专业论文30余篇，主持2017年度国家社科基金后期资助项目《特殊教育教师评价》一项、2017年度中国残联盲文项目一项，参与课题项目10余项。

韩国文化语言学综论

초판 인쇄 2022년 7월 12일
초판 발행 2022년 7월 28일

지 은 이   왕방(王芳) 왕파(王波)
펴 낸 이   이대현

책임편집   이태곤
편   집   문선희 권분옥 임애정 강윤경
디 자 인   안혜진 최선주 이경진
기획/마케팅 박태훈 안현진

펴 낸 곳   도서출판 역락
주   소   서울시 서초구 동광로46길 6-6 문창빌딩 2층(우06589)
전   화   02-3409-2055(대표), 2058(영업), 2060(편집) FAX 02-3409-2059
이 메 일   youkrack@hanmail.net
홈페이지   www.youkrackbooks.com
등   록   1999년 4월 19일 제303-2002-000014호
字   數   426,329字

ISBN 979-11-6742-324-5   93710